伊斯兰经济思想研究

马玉秀 著

Research on Islamic Economic Thought

上海社会科学院出版社
SHANGHAI ACADEMY OF SOCIAL SCIENCES PRESS

目　录

— 上编　思想沿革 —

绪　论　　3
　　何为伊斯兰经济思想 / 3　伊斯兰经济思想之特质 / 5　伊斯兰经济思想研究之浅见 / 7　阿拉伯世界伊斯兰经济思想研究之简况 / 9　伊斯兰经济思想研究之意义 / 10

第一章　蒙昧时期阿拉伯半岛的经济（约410—610）　　12
第一节　阿拉伯社会概况　　13
第二节　阿拉伯文明　　16
　　南部阿拉伯文明 / 16　北部阿拉伯文明 / 19　中部阿拉伯文明 / 21
第三节　早期阿拉伯人的思想生活　　22
　　犹太教、基督教、拜火教 / 22　自然崇拜 / 24　偶像崇拜 / 26　原始巫术与卜士 / 27　精灵崇拜 / 27　创造神安拉 / 28　萨比教 / 28　哈尼夫 / 29
第四节　麦加的商贸活动　　29
第五节　伊斯兰教与贝都因人　　31

第二章　黎明时期的伊斯兰经济思想（610—661）　　33
第一节　伊斯兰经济思想溯源　　33
　　《古兰经》/ 34　圣训 / 34　法理 / 38
第二节　《古兰经》和圣训中的经济思想　　39

伊斯兰经济基本哲学理念 / 39　伊斯兰经济主要原则 / 41　伊斯兰经济资源 / 42　所有制 / 43　生产 / 45　消费 / 45　储蓄与投资的关系 / 48　分配 / 49　国家角色 / 51

第三节　先知穆罕默德的传教活动　54

第四节　艾布·伯克尔经济思想　56
艾布·伯克尔简介 / 56　平叛及则卡特的征收 / 57

第五节　欧麦尔经济思想　58
欧麦尔简介 / 58　欧麦尔治下伊斯兰国家的扩张 / 60　欧麦尔经济思想 / 61

第六节　奥斯曼经济思想　67
奥斯曼简介 / 67　奥斯曼的财政管理 / 68

第七节　阿里经济思想　69
阿里简介 / 69　阿里经济思想 / 69

第三章　伍麦叶王朝及其改革（661—750）　72
第一节　哈里发与王朝　72
第二节　伍麦叶王朝的扩征　73
第三节　管理和经济改革　74
邮政服务局 / 74　登记署的设立 / 74　国家管理的阿拉伯化 / 75　货币改革 / 75　大规模城镇化 / 76　农业 / 76　贸易和商业 / 77　合法的商业形式 / 79　国家财政 / 80

第四章　阿拔斯王朝黄金时期的伊斯兰经济思想（750—1000）　82
第一节　经济特质的主要变化　83
产品的丰富与经济活动的多样性 / 84　土地所有权结构的变化 / 84　税种的细化与税收中介机构的设立 / 85　邮政服务局的发展 / 86

第二节　伊斯兰经济思想基础的确立　86
伊斯兰宗教哲学众多流派的出现 / 86　对古希腊、印度、波斯等著名学术著述的翻译与吸纳 / 87　伊斯兰法理的体系化与主要法学流派的形成 / 87

第三节　第一部伊斯兰经济专著　91

第四节　艾布·优素福及其《哈拉吉》　93
艾布·优素福简介 / 94　《哈拉吉》/ 94　土地的固定税与比例税 / 95　税

率 / 96　税收及其管理 / 97　农村发展项目的投资 / 99　粮价及其供应 / 100　租赁 / 101

第五节　筛巴尼及其《收入论》　　102
筛巴尼简介 / 102　消费与收入 / 103　生产与收入 / 103　其他议题 / 105

第六节　艾布·欧拜德及其《财富论》　　105
艾布·欧拜德简介 / 105　《财富论》/ 106

第七节　苏菲主义与经济　　107
苏菲主义的源起 / 107　著名的苏菲修士 / 108　苏菲主义的经济影响 / 111

第八节　穆哈西比及其《论谋生与虔敬》　　112
穆哈西比简介 / 112　《论谋生与虔敬》/ 113

第五章　阿拔斯王朝的衰微和 15 世纪前的伊斯兰经济思想（1000—1400）　　117

第一节　政治分裂与哈里发的溃位　　117
阿里派活动 / 117　阿拉伯分离活动 / 118　非阿拉伯分离活动 / 119

第二节　政治分裂与文化的进一步多元化　　121

第三节　马瓦尔迪及其《苏丹政令书》　　122
马瓦尔迪简介 / 122　《苏丹政令书》/ 122

第四节　拉基布·伊斯法罕尼及其《沙里亚法益处之简介》　　124
拉基布·伊斯法罕尼简介 / 124　《沙里亚法益处之简介》/ 124

第五节　贾法尔·大马士基及其《概论商贸的益处》　　127
贾法尔·大马士基简介 / 127　《概论商贸的益处》/ 127

第六节　伊本·乌宏瓦及其《希斯拜律例中接近真主功修的标志》　　130
伊本·乌宏瓦简介 / 130　《希斯拜律例中接近真主功修的标志》/ 131

第七节　伊本·泰米叶及其《伊斯兰中的希斯拜》　　132
伊本·泰米叶生平及其思想主旨 / 132　伊本·泰米叶经济思想 / 134　伊本·泰米叶经济思想的影响 / 139

第八节　伊本·盖伊姆经济思想　　140
伊本·盖伊姆生平及著述 / 140　伊本·盖伊姆经济思想 / 142

第九节　伊本·赫勒敦及其《绪论》　　145
伊本·赫勒敦生平 / 145　《绪论》/ 146　伊本·赫勒敦经济思想 / 148

3

伊本·赫勒敦的历史地位 / 157

第六章　奥斯曼、萨法维、莫卧尔三大王朝时期的伊斯兰经济思想（1400—1800）　158

第一节　伊斯兰的浴火重生　158

第二节　奥斯曼帝国　159

哈里发制的奥斯曼化 / 159　奥斯曼帝国的伊斯兰经济文献 / 160　奥斯曼帝国的衰落 / 161

第三节　萨法维王朝　162

乌里玛的角色 / 163　萨法维王朝的文化发展 / 163

第四节　莫卧尔王朝　164

印度次大陆文化的发展 / 164　沙·瓦里云拉的社会政治经济思想 / 165

第七章　近现代伊斯兰改革运动与伊斯兰经济思想的变革（1800年—20世纪初期）　168

第一节　传统改革运动　168

瓦哈比运动 / 168　赛努西运动 / 169　马赫迪运动 / 170

第二节　调和改革运动　171

第三节　世俗化改革运动　172

第四节　什叶派学者巴齐尔·萨德尔及其《我们的经济》　172

第五节　毛杜迪经济思想　175

毛杜迪简介 / 175　毛杜迪著作及其经济思想 / 177　毛杜迪关于伊斯兰经济学的框架 / 182

第八章　20世纪中后期的伊斯兰复兴与伊斯兰经济思想　185

第一节　伊斯兰复兴　186

伊斯兰会议组织 / 186　伊斯兰发展银行 / 187　伊斯兰金融机构的建立 / 188　部分伊斯兰国家经济体系的伊斯兰化尝试 / 191

第二节　20世纪中后期的伊斯兰经济议题　192

第一届国际伊斯兰经济会议 / 192　国际伊斯兰经济研究中心 / 193　伊斯兰研究和培训机构 / 193　国际伊斯兰思想研究所 / 193　伊斯兰基金会 / 194　马来西亚国际伊斯兰大学 / 194　巴基斯坦国际伊斯兰大学 / 195

第三节　20世纪下半叶伊斯兰经济思想的发展　　196
影响伊斯兰经济研究的因素 / 196　赞助机构和组织 / 197　专业出版社 / 199　主要的经济议题 / 200

第四节　优素福·格尔达维及其《则卡特的法理》　　214
优素福·格尔达维简介 / 214　优素福·格尔达维著述及其经济思想 / 216

— 下编　卧格夫研究 —

理　论　篇

绪　论　　224

第九章　卧格夫概况　　226
第一节　何为卧格夫　　226
卧格夫的含义 / 226　与卧格夫相关的词语 / 228
第二节　卧格夫的种类　　229
从卧格夫的属性分类 / 229　从卧格夫的受益人分类 / 230

第十章　卧格夫的教法依据　　232
卧格夫的《古兰经》依据 / 232　卧格夫的圣训依据 / 233　卧格夫的公议依据 / 234　西方学者的观点 / 234　我国学者的观点 / 235

第十一章　卧格夫的教法断定　　239
第一节　卧格夫的要素　　239
卧格夫表决词 / 240　卧格夫捐赠者 / 240　卧格夫的被捐赠对象 / 243　卧格夫捐赠物 / 244
第二节　卧格夫的租赁　　246
谁有权租赁卧格夫 / 246　须遵守捐赠者提出的租赁条件 / 246　卧格夫租金的计算 / 246　关于在卧格夫田地里的树木和建筑 / 247　卧格夫的分割 / 247

第三节　卧格夫功能受损或受限时的举措　　248
尽可能修缮 / 248　置换卧格夫 / 248　卧格夫主权回归捐赠者 / 249

第四节　卧格夫管理的教法断定　　249
姆塔瓦利必须具备的条件 / 250　姆塔瓦利的薪资 / 251　是否可以设立多位姆塔瓦利 / 253　结语 / 253

第十二章　卧格夫之社会功能　　255
为清真寺的学者和授课教师设立的卧格夫 / 255　卧格夫学堂——昆塔布 / 256　卧格夫客栈——里巴特 / 257　卧格夫学校——麦德莱赛 / 258　卧格夫图书馆 / 260　卧格夫医院 / 260　卧格夫天文台 / 261　卧格夫苏菲道堂——扎维耶 / 262　卧格夫静室——塔卡亚 / 262

第十三章　卧格夫之历史沿革　　263

第一节　先知穆罕默德和四大哈里发时期(610—661)的卧格夫　　263

第二节　伍麦叶王朝时期(661—750)的卧格夫　　264
伍麦叶王朝概况 / 264　伍麦叶王朝时期的卧格夫 / 265

第三节　阿拔斯王朝时期(750—1258)的卧格夫　　267
阿拔斯王朝概况 / 267　阿拔斯王朝时期的卧格夫 / 269

第四节　法蒂玛王朝时期(909—1171)的卧格夫　　270
法蒂玛王朝概况 / 270　法蒂玛王朝时期的卧格夫 / 271

第五节　赞吉王朝时期(1127—1262)的卧格夫　　272
赞吉王朝概况 / 272　赞吉王朝时期的卧格夫 / 273

第六节　阿尤布王朝时期(1171—1250)的卧格夫　　274
阿尤布王朝概况 / 274　阿尤布王朝时期的卧格夫 / 274

第七节　马木鲁克王朝时期(1250—1517)的卧格夫　　275
马木鲁克王朝概况 / 275　马木鲁克王朝时期的卧格夫 / 276

第八节　奥斯曼帝国时期(1299—1922)的卧格夫　　278
奥斯曼帝国时期的卧格夫类型 / 279　奥斯曼帝国时期卧格夫的影响 / 286

第九节　20世纪的卧格夫　　288

实践篇

第十四章　沙特阿拉伯王国近现代卧格夫
　　——以麦地那为例　　292

近代(1750—1926)麦地那卧格夫概况 / 293　新沙特时期(1926 年至今)麦地那卧格夫状况 / 303

第十五章　摩洛哥王国的卧格夫　　310

摩洛哥的卧格夫历史 / 311　卧格夫在摩洛哥社会生活中的作用 / 316　摩洛哥的卧格夫类型 / 317　摩洛哥的卧格夫管理 / 318

第十六章　阿尔及利亚的卧格夫　　323

阿尔及利亚的卧格夫历史 / 324　阿尔及利亚的卧格夫运行机制 / 327　卧格夫在阿尔及利亚的经济作用和投资渠道 / 327

第十七章　约旦哈希姆王国的卧格夫　　329

约旦卧格夫法的诞生及发展 / 330　约旦关于卧格夫的立法 / 331　约旦的卧格夫机构管理 / 332　卧格夫对促进约旦经济与社会发展发挥的作用 / 335　约旦卧格夫的管理前景 / 339

第十八章　黎巴嫩的卧格夫　　343

黎巴嫩的卧格夫历史 / 344　黎巴嫩的卧格夫管理 / 347　黎巴嫩卧格夫产业现状 / 349　黎巴嫩的卧格夫投资利用 / 351　黎巴嫩卧格夫投资利用的建议与解决困难的办法 / 351

第十九章　科威特的卧格夫　　354

科威特的卧格夫历史及其管理机构 / 354　科威特卧格夫机构的结构 / 357　卧格夫基金与卧格夫项目经验 / 358

第二十章　苏丹共和国的卧格夫　　362

苏丹的卧格夫历史 / 363　苏丹的卧格夫管理 / 364

第二十一章 马来西亚的卧格夫 368

马来西亚的卧格夫管理 / 369　卧格夫的行政管理体制 / 371　马来西亚的卧格夫资产利用 / 371　马来西亚卧格夫管理存在的问题 / 372

第二十二章 埃及近现代卧格夫 374

埃及的卧格夫历史 / 375　埃及近现代卧格夫的捐赠主体 / 379　埃及近现代卧格夫的捐赠对象 / 386

第二十三章 印度的卧格夫 414

印度的卧格夫历史 / 415　印度卧格夫立法体系的历史发展 / 416　1995 年卧格夫法出台后印度卧格夫事务的管理体制 / 417　中央卧格夫委员会的职能 / 418

第二十四章 其他国家的卧格夫 420

英国的卧格夫 / 420　新加坡的卧格夫 / 420　南非的卧格夫 / 421　美国和加拿大的卧格夫 / 421

结　语 423

卧格夫之管理经验 / 423　卧格夫之社会功能 / 428

附　录　当代阿拉伯世界的卧格夫研究专著及其国际研讨会 433

卧格夫国际研讨会 / 433　当代阿拉伯世界的卧格夫研究专著 / 433

英汉对译表 436

主要参考文献 451

主要术语简介 460

后记 469

上编
思想沿革

绪　　论

一、何为伊斯兰经济思想

伊斯兰经济思想系伊斯兰教关于社会经济问题的理论和观点的统称。其渊源包括《古兰经》、圣训、早期阿拉伯哈里发国家的历史经验和伊斯兰学者著作中有关经济的表述等，在长期实践过程中形成伊斯兰经济制度，包括财产制度、商事制度、金融制度、税收制度、遗产继承制度、卧格夫制度等。伊斯兰经济思想涉及面广泛，其基本特点是从宗教信仰和宗教道德规范出发来观察经济事务和经济活动，从信仰者对真主的义务的角度做出原则规定。其理论观点虽因时代不同而互有差异，但皆以伊斯兰经典中的经济观为基础。

伊斯兰经济思想是个动态的概念，因时空的变化而不断衍变。伊斯兰经济思想经历了从简单到复杂、从零散到较为系统的过程，其发展过程可分为中世纪经济思想和近现代经济思想。中世纪经济思想包括：1.财产观。涉及伊斯兰教对财产的取得、占有、利用、处理，为伊斯兰经济思想的集中体现，其他经济思想皆以此为据。其基本原则为：(1)承认真主为绝对主权者，认为真主为宇宙万物的主宰。"天地万物，都是真主的。"[1]世间的一切财富皆是真主所创，皆归真主所有，世人无权染指，但与此同时，真主又允许世人占有、利用其财富，这是真主对世人的委托和考验。(2)承认世人有同等的权利占有、利用真主所赐之财富，但反对分配上的平均主义，在给养上允许一部分人超越另一部分人，个人只能享受自己的劳动所得。(3)承认和保护私有财产，但反对贫富差距过大。财富的取

---

[1]《古兰经》：星宿(奈智姆)章第 31 节(本书所引《古兰经》均采用马坚译，中国社会科学出版社 1981 年版。——笔者注)。

得和利用必须正当,禁止侵占公物和骗取、强夺、侵吞他人财物,反对挥霍无度,提倡节俭和为主道而施舍财物。2. 商事观。体现为伊斯兰教法就物物交易、商品交易、各种商事契约所作的一系列原则规定。提倡诚实经商、公平买卖、等价交换、信守合同,禁止投机冒险、欺行霸市、哄抬物价、以次充好等不法行为。3. 金融观。以真主准许买卖、禁止重利等经文为金融活动的基本原则,称为利息禁令。禁止放债取利,鼓励债主放弃余欠的重利或给予宽限,但允许正当取利,经商、劳动所得受法律保护。另一原则是提倡储蓄以保障开支,但反对以储蓄为名垄断社会财富。4. 税制观。主要体现为则卡特制度。认为世人只有为主道奉献自己的部分财产,才能净化心灵并安心享用真主所赐财富。则卡特制度后来发展为国家税制的一部分,其收益主要用以弘扬主道,包括赈济贫民,以缩小贫富差距、防止两极分化。5. 遗产继承。认为男女皆有权继承父母和至亲的遗产,个人应得法定的份额。主张保护孤儿、寡妇、贫民的权益,并以部分遗产周济他们。这些思想后来成为伊斯兰继承制度的原则依据,体现为以法定继承为主、遗嘱继承为辅的继承法,至今仍有重要影响。6. 卧格夫。从净化心灵、乐善好施、虔诚事主的宗教道德准则出发,认为世人不仅应履行法定施舍,即交纳则卡特,而且应自愿施舍,为主道奉献自己的资财。这一思想观念同宗教义务和遗产分配相结合,形成了公共卧格夫制度和私人卧格夫制度。

　　近现代伊斯兰经济思想内容更为充实、系统,不同学派间的差异更为明显。近代以来,由于传统经济思想与社会发展不相适应,伊斯兰教内部兴起改革思潮,形成现代主义和激进主义两种经济观。现代主义在坚持伊斯兰教基本教义的前提下,主张修改某些不合时宜的旧传统,对伊斯兰经济思想作了新的解释。如认为利息禁令只适用于私人间的借贷,而不适用于商业利息、银行利息和国家间的官方借贷;伊斯兰教的商事法、继承法、卧格夫法应予修订,并适当引进某些外来的经济思想等。在其影响下,传统伊斯兰经济思想日趋衰落,伊斯兰国家的社会经济制度深受西方国家经济制度和发展模式的影响。激进主义经济观仍以传统经济思想为基础,但作了许多新的解释和拓展,认为伊斯兰教是自我完善的,它无需借用外来的经济制度和发展模式,而应以伊斯兰教所特有的经济原则和发展方式为基础,创建一种富于平衡和进取的伊斯兰发展道路。其经济思想集中体现为正在创建中的伊斯兰经济学框架:(1)伊斯兰经济思想史;(2)伊斯兰经济哲学,即伊斯兰经济理论;(3)伊斯兰经济制度,即所有制、生产、消费、交换、分配、税收、保险、福利等制度;(4)伊斯兰架构下的经济分析。

伊斯兰经济思想以传统的财产制度、商事制度、金融制度、则卡特制度为基础,辅之以宗教道德教育,认为任何经济制度、经济理论、经济活动皆有道德前提,伊斯兰教道德观具有无比的优越性,相信只要遵循伊斯兰发展道路,伊斯兰国家就能消除愚昧、落后、贫困和剥削,建立一种平等、自由、正义的伊斯兰社会,一种既非资本主义,亦非社会主义的理想的政治体制,但伊斯兰经济思想在许多方面仍是不明确的,在诸多重大问题上仍存有分歧。一些评论家认为,《古兰经》与圣训并未提供一个广博的经济系统,并未给当今或将来社会面临的每个经济问题提供神圣的解决方案和满意的答复,而是提供了一个基础的框架,伊斯兰社会应立足于这一坚实的基础,建立尽可能详尽的经济体系;或认为,《古兰经》与圣训不能为这个时代,尤其是工业社会的经济问题提供出路;或认为,《古兰经》与圣训适用于具有简单经济活动的初级社会,并不适用于现代复杂的工业社会,应弃置不用;或认为,《古兰经》与圣训是神圣的,却未预料到 21 世纪经济问题的所有形式,未能提供答案。当然,多数的伊斯兰经济学家仍然认定,《古兰经》与圣训的神圣性不容置疑,适用于过去、现在和未来。

二、伊斯兰经济思想之特质

(一)富含宗教内蕴

宗教规约将神圣对象置于神秘莫测、神圣不可侵犯的地位,宗教规约本身即为神圣观念的伴生物。宗教生活以神圣事物为其核心,而以各种规约为其神圣物的支撑,如果宗教不围绕神圣事物规定一系列禁忌就不复成其为神圣。任何宗教规约对于社会行为都有显而易见的影响,人们的言谈举止、社会生活习惯以及指导他们的伦理原则,无不体现宗教规约对信众思考生命本质、宇宙万物的生成变化以及个体价值追求等方面的影响。

伊斯兰经济思想同其宗教信仰相辉映,有其时代特色。《古兰经》是真主的启示,是根本性的律法渊源,圣训为仅次于《古兰经》的第二大立法依据。伊斯兰教根据经训精神形成了一套指导社会经济生活的准则,经训中有大量关于财产权、商业活动、商业道德、社会福利、消费、课税、农林牧业、利贷等方面的命诫与论述。穆罕默德提出商业经营主张,与其丰富的从商经验不无关系,也与其所倡导的宗教道德思想有关,体现出深刻的道德内蕴。伊斯兰经济思想更多关涉俗世社会，与现实社会的关系更为密切，但同世俗经济思想相比较，它又具有强烈、浓厚的信仰学色彩，伊斯兰教基本信仰中包含着对伊斯兰经济思想的信仰，从而使伊斯兰经济思想成为神授的至高信条，具有神圣、绝对的权威性地位。

伊斯兰教以其精深教义教导信众树立良善观，通过教义对信仰者行为加以调控并作用于社会，它要求信众在关注终极实有、注重精神修养之余，通过社会行为履行宗教义务，进而服务社会。伊斯兰经济思想将信仰与规仪结合在一起，其运作机制是规仪制度与伦理道德的有机结合，进而发展为系统的伊斯兰经济理论，从而指导穆斯林完成宗教义务并规范其行为。

（二）公正性的特别强调

任何宗教都会以扬善弃恶为宗旨，建立一套与自己的教义学说相适应的道德规范，伊斯兰教概莫能外。伊斯兰教作为一种操控型宗教，集宗教、道德、律法于一体，既履行着律法功能，亦实践着道德功能。比照佛教最为讲求的慈悲、基督教传布的博爱，伊斯兰教极为提倡公正，并成为其道德信条中最为张扬的思想特质。"公正"这一概念起初代表公平和诉讼制度规则，渐次由道德术语转变为经济术语，由原初的宗教道德指向经济生活，由古典学派的"常态"终于马歇尔等的"平衡"，成为自由市场良性运作的结果。安萨里在11世纪、托马斯·阿奎那在13世纪也提到类似术语，伊本·泰米叶是第一位详尽讨论这一概念的伊斯兰学者。

公正不仅反映了人类社会生活中建立起来的一种有效标准，且为个体间合理社会关系的一种标尺。对于阿拉伯—伊斯兰学者，公正的概念构成了社会平等与平衡的重要标杆，亦是法学家们汲源沙里亚法，阐释伊斯兰经济议题的出发点与归宿，借此，我们亦能管窥伊斯兰经济思想深厚的伦理关照。除却伊斯兰经济，伊斯兰社会思潮等均不离其右，追求公正向为其重要标杆，抓住这一思想主旨，有助于我们更好地透过现象看本质，领悟伊斯兰社会诸多社会现象之根源。

（三）一定程度上的动态性

无论历史上，还是近现代或当代，伊斯兰教都遇到来自内外的挑战，它或迟或早地都予以了回应。面对挑战，是坚持传统与仿效，还是主张变革与创新？历来受穆斯林民众尤其是乌里玛所瞩目。在伊斯兰学理层面，坚持传统与仿效者总是居于正统地位，主张变革与创新者总是居于被动境地。但在实际生活中，伊斯兰教的自我发展和更新往往是在创新和变革的过程中完成的，离却创新和变革,伊斯兰教只能维持其原始状态,它会因停滞不前而丧失其生命力。伊斯兰教能有今日的面貌,与其创新精神密切关联,创新和变革不断充实着伊斯兰教,使之在顺应时代发展的趋势中不断前进。

伊斯兰教具有的权变思想和适应时势的机制,使得它在现实生活中得以巩固和发展。伊斯兰经济思想亦复如此。伊斯兰教产生伊始,就极为关注社会经济生活,一部伊斯兰教史,亦能折射出诸多伊斯兰社会经济生活的影子。从四大哈里发时期、伍麦叶王朝、阿拔斯王朝、奥斯曼帝国,再至现代化历程,伊斯兰经济思想不断迎合时代变革,一部伊斯兰经济思想史,实为伊斯兰经训指导下的思想创新史。伊斯兰经济思想除却以经训为依据的高度一致性,还在很多议题上存有很大的争议和差异性,这虽易导致实践层面的不一致,却为伊斯兰经济思想的发展带来了无限活力。

三、伊斯兰经济思想研究之浅见

对任何事物的研究加以哲学方法论的指导与历史脉络的梳理,最为常用,亦最为行之有效。推而广之,伊斯兰经济思想的研究亦是如此。

(一)追本溯源

所谓万变不离其宗,追根溯源,伊斯兰经济思想皆不离《古兰经》与圣训。伊斯兰经济思想是伊斯兰教义在经济领域的阐发,其思想母体仍为伊斯兰教本身。离却伊斯兰经训,无法深入体悟伊斯兰经济思想之内涵。因之,对伊斯兰教宗教思想的深入领悟是研究伊斯兰经济思想的充要条件,也因之,伊斯兰经济思想不离宗教道德之藩篱,实为伦理经济抑或道德经济。西方利他主义经济学与社会经济学较之经典经济学更接近伊斯兰经济思想之实质,即追求生产功能或经济发展的目标时,不忘伦理道德价值之关怀。

(二)经济哲学

无论是穆斯林、犹太教徒,抑或基督徒学者,在相当长历史时期内,对经院哲学法理学的探讨都限定于宗教道德范畴。这些学者对经济议题的观照本意并非立足于经济生活本身,其理论学说的前提是,人类的所有活动包括经济活动都是有的放矢,其终极目标指向最高实在并力求获得拯救。伊斯兰经济哲学深深根植于伊斯兰沙里亚法,强调经济生活在内的世俗生活仅仅是一种考验,真主通过赐福于一些人,同时剥夺另一些人之所得掌控着他的受创物,"得"并非真主恩典的明证,"失"亦非失却恩惠的表征,如此,受伊斯兰经训的指导,文明社会的最高目标就是提升社会—经济的公正。[①]

(三)研究方法

1. 注重伊斯兰经济思想史的梳理。所谓以史为鉴,对历史的回眸最终要回归现实,推古而知今,为现实所用。由于国内伊斯兰经济思想研究相对薄弱,从基本的历史脉络梳理做起,即从伊斯兰经济思想史入手,以经济思想史脉络为纵轴,转而深入研读伊斯兰经济思想的其他内涵,应有其独到之处,亦会多有心得。

(1) 伊斯兰历史上,尤其是阿拔斯王朝黄金时期,杰出的阿拉伯—伊斯兰学者频出。不少学者论述精到、深邃,尤以伊本·泰米叶与伊本·赫勒敦为最,其经济思想之精辟,不逊于后世一些西方知名的经济学家。历史上伊斯兰学者的经济思想对后世伊斯兰经济学家、政府决策者多有影响。换言之,现代不少伊斯兰经济学家、政治家对传统经济思想的历史遗产多有承袭。通过梳理伊斯兰经济思想史,可以更好地体味现代伊斯兰经济思想。

(2) 通过对伊斯兰经济思想史的梳理,亦可窥见中西方思想交融和合的历史痕迹。尤其是经济著述最为丰硕的阿拔斯王朝,以其海纳百川、包罗宏富之胸襟赢得了百年辉煌,其思想文化的光芒传入中世纪的西方,为西方人所借鉴吸纳,从而保留了人类思想的财富。借此不难看出,只有开放包容才能赢得社会的振兴,交融和合是人类社会发展的主流。

2. 对伊斯兰经济思想的研究宜有经济学背景。除却以马克思主义政治经济学为指导,此处的经济学更多指向西方经济学。以西方经济学的框架去比照伊斯兰经济,虽则遭部分学人批判,但西方经济学历经百年发展,渐趋完善,有其成熟的学科研究方法与体系,所谓洋为中用,在目前中国的伊斯兰经济思想研究相较薄弱之境,师夷长技不失为上策。但西方经济与伊斯兰经济毕竟生存土壤迥异,我们可以借鉴西方经济学研究的方法与体系,但若以西方经济亦即资本主

---

① Ibn Al-Qayyim, *Uddah al Sabirin* (*Tools of the Patience*), Vol. 3, Dar al Jadidah, Beirut, 1978, p. 14.

义经济完全、过度地比照伊斯兰经济,难免有支离伊斯兰经济之嫌,亦很难发掘伊斯兰经济思想之特质。

四、阿拉伯世界伊斯兰经济思想研究之简况

阿拉伯世界作为伊斯兰教的策源地,自然格外关注其母体文化,对伊斯兰经济思想的研究亦不外其例。先知时期与四大哈里发时期在穆斯林内心留有永恒的美好情愫。彼时,由于政教一体,对经济议题的论述与处理向由先知、四大哈里发承担。伍麦叶王朝伊始至奥斯曼帝国后期,社会生活日趋复杂纷呈,经济议题多由伊斯兰法学家阐发,对经济的论述多散见于法学家的各类著述中,且与其他社会议题如哲学、历史、文化、宗教等相为杂糅,鲜见经济类专著。伊斯兰法学家对大量经济议题的关注印刻有宗教伦理道德的烙印,也略乏现代经济学深奥的抽象方法与理论构建,但这丝毫无损于他们对伊斯兰经济思想研究的重要历史贡献。

至 20 世纪中叶,大量关涉伊斯兰经济思想研究的著述出自受过伊斯兰教宗教教育的宗教学者之手。出于宗教虔敬之心,抑或兴趣使然,这些学者力求澄清部分穆斯林与非穆斯林的疑虑,说明伊斯兰教还能在 20 世纪发挥作用,还具备适应现代社会新变化的因子,还有能力作为培植经济发展、政府运作和国家重建的载体。1976 年,沙特吉达的阿卜杜拉·阿齐兹国王大学主持了第一届国际伊斯兰经济会议,设立了国际伊斯兰经济研究中心,对伊斯兰经济研究具有开拓之功。

20 世纪后半叶以降,阿拉伯世界的伊斯兰经济思想研究初步迈入系统化和规模化,或政府投资,或由穆斯林出于宗教虔敬之心捐以资财,研究人员多系阿拉伯国内或留学欧美的有经济学专业背景的人士,穆斯林居多,惯用西方经济学模式投射伊斯兰经济,但也多遭批判。在研究方法、思路的磨合吸纳中,现今伊斯兰经济思想的研究已颇有力度,研究人员也不少,但却很难从中彰显出某位经济学者来。另外也仍未发展为系统规范的独立学科,尤其在经济学以及沙里亚法的投射下,有时伊斯兰经济学指向"伊斯兰的方法",有时指"伊斯兰经济体系",更多时候被视为"从伊斯兰视域"关注经济问题,并非是有自身优点的独立学科。可能需要 20 多年的时间,伊斯兰经济才能成为独立的研究领域。[1]

---

[1] Ahmed EL-Ashker and Rodney Wilson, *Islamic Economics a Short History*, Leiden·Boston, 2006, p. 50.

五、伊斯兰经济思想研究之意义

任何科学研究,究其质,除却为人类发展留有思想财富,亦要为现实所用,对文化传统的回顾尤为如此,托古以求改制是许多研究的最终诉求。伊斯兰经济思想的研究不外其例,有其重要的理论和现实意义。

(一)构建中国特色社会主义经济思想体系的需要

在中世纪,几乎没有阿拉伯—伊斯兰学者的经济思想被刊册于相关文献中,这种疏忽只在一些中世纪后期关于阿拉伯—伊斯兰学者经济思想的英文文献中得到纠偏。如斯宾格勒专文伊本·赫勒敦时提及:"经济行为的知识在一些团体内的确非常有成果,如果有人要想了解真正的伊斯兰经济思想的表述,就必须转向这些著述,了解它并且体验它。"[1]

当前的经济学文献也认为,市场力量、供需矛盾等许多经济学概念的出现,都是经济思想史上很晚近的事情。约瑟夫·熊彼特在其经典《经济分析史》中提出了备受争议的"大缺陷"理论,认为希腊和拉丁经院哲学家,尤其是托马斯·阿奎那时期的几世纪为"空白的世纪",其间,经济方面几无著述。[2] 其实,"大缺陷"理论完全漠视了阿拉伯—伊斯兰学者以及一些欧洲学者对部分重要经济议题的贡献,这种论述是站不住脚的。参阅其所述文化部分,可能熊彼特不清楚阿拉伯—伊斯兰文献关于经济的阐述。[3] 事实上,中世纪至少有近40名著名的阿拉伯—伊斯兰学者探讨过多种经济学议题。回顾这些杰出思想家的贡献,可以更好地补缀经济思想史,也是构建中国特色社会主义经济思想体系的重要参照。

(二)深入了解和深化研究伊斯兰教的需要

中国现代宗教大多属于世界性宗教,如佛教、基督教、伊斯兰教等,甚至源自中华本土文化的道教也已获得了世界性影响,因而有着广泛的国际关联。宗教问题的世界意义使得著名宗教学家孔汉思、池田大作等人建议在宗教伦理的基

---

[1] Spengler, Joseph J., "Economic Thought of Islam: Ibn Khaldun", *Contemporary Studies in Society and History*, No. 3, 1964, p. 304.

[2] Schumpeter, Joseph A., *History of Economic Analysis*, Oxford University Press, New York, 1954, p. 74.

[3] Ahmed EL-Ashker and Rodney Wilson, *Islamic Economics a Short History*, Leiden·Boston, 2006, p. 54.

准上建立起一种共有的世界伦理精神,认为这决定着人类未来的共存与发展。孔汉思强调,如果没有各宗教之间的相互了解,国家之间就不可能相互了解;如果没有各宗教之间的对话与沟通,则很难达到它们之间的和平与友好,而国与国之间也就谈不上能够和平相处或安全共存。由此出现的"全球伦理""普世伦理""宗教和平""宗教议会"等现象,都值得我们关注和研究。我们对世界形势全面、客观的把握离不开对各大宗教现状的系统了解。注意宗教与国际政治的联系,由此制定相应的文化战略,以妥善解决国内问题、改善国际环境,这正是我们研究宗教的一项重要任务。①

在世界三大宗教中,伊斯兰教最重经济,涉及经济亦最为广泛,不了解其经济思想,也就不可能深入了解伊斯兰教。伊斯兰经济思想源起于伊斯兰教,在伊斯兰宗教规约中占有重要地位。对伊斯兰经济思想的研读,有助于深入了解和理解伊斯兰教,加强文明传统间的宗教理解,以期实现"美美与共"。

(三)发展中国与阿拉伯、中国与伊斯兰国家和地区之间经贸文化往来之必需

早于唐宋时期,来华的阿拉伯商旅就以"居其津要,取其膏腴""善营利"见称,穆斯林聚居的广州、扬州、泉州,亦一度成为商贸重镇。阿拉伯人苏莱曼②于唐宣宗大中五年(851年)来广州经商,在其归国后所著的《苏烈曼游记》一书中称:"中国商埠为穆斯林商人麇集者,曰康府(即广州),该处有回教(族)教师一人,教堂一所……各地回教(族)商贾既多聚康府,中国皇帝因任命回教(族)判官一人,依回教(族)风格,治理回民。判官每星期必有数日专与回民共同祈祷,朗读先圣戒训。终讲时,辄与祈祷共为回教(族)苏丹祝福。判官为人正直,听讼公平。一切皆能依《古兰经》、圣训及回教(族)习惯行事。故伊拉克商人来此方者,皆颂声载道也。"③但封建王朝后期一度奉行的禁海运、闭关锁国之策使这些贸易港口一度沉寂。改革开放的今天,历史的一幕重又上演,广州、温州、义乌等复次成为阿拉伯商人与华贸易的首选之地,亦是中国与阿拉伯世界贸易往来的重要窗口。对伊斯兰经济思想的研究,能对伊斯兰文化视域下的阿拉伯商贸特质有一体悟,从而知彼知己,更好地为双方的贸易互惠服务。

---

① 卓新平:《宗教理解》,社会科学文献出版社1999年版,第93页。
② 又译苏烈曼。——编者注
③ 张良烺编注:《中西交通史料汇编》(第2册)之《苏烈曼游记》,中华书局1977年版,第201页。

第一章　蒙昧时期阿拉伯半岛的经济
（约 410—610）

《古兰经》将伊斯兰教产生之前的阿拉伯社会时期称为贾希里亚，意即蒙昧时期。蒙昧时期有广狭两义。广义的蒙昧时期，泛指伊斯兰教以前的漫长历史，即从人祖阿丹诞生到穆罕默德为先知。狭义的蒙昧时期，指伊斯兰教兴起前 100—150 年。

蒙昧这一概念并非和"知识"相对，贾希里亚原意含有愤恨、轻薄、骄矜、暴戾之义。其真实含义是指伊斯兰教产生前阿拉伯半岛社会没有天启经典，未被伊斯兰之光所照耀。

学界对伊斯兰教产生之前的阿拉伯社会研究存有难度，研究亦不太完整，但它对伊斯兰文明研究而言意义非凡。正如哈里发欧麦尔所言，"不了解贾希里亚，就不了解伊斯兰教"。伊斯兰教在改变早期阿拉伯人的思想方面扮演了决定性的角色，它将阿拉伯人凝聚在伊斯兰旗帜之下，为其更广范围的世界征服做好了准备。

阿拉伯居民的生活模式分为两种：游牧和定居。定居指向阿拉伯零星的绿洲地区，这里的居民从事农耕生活，例如叶斯里卜[①]和奈季兰。另外还从事商业贸易往来，例如麦加、皮特拉和巴尔米拉。麦加作为伊斯兰教的起源地，宗教进一步提升了其重要性，它亦是朝圣者心中的圣地，在阿拉伯市镇中具有特殊位置，被冠以"村庄之母"。虽然阿拉伯半岛有农耕和商贸活动的存在，但占据主导地位的还是游牧生活，贝都因人的游牧生活成为阿拉伯社会居民生活形态的主要特征。实际上，古代阿拉伯半岛的定居民与游牧民之间并未有明确的界限，因为多数定居民同时也是准游牧民。

[①] 麦地那的旧称。叶斯里卜本意为瘟病，因该地曾得过瘟疫，故名。先知穆罕默德与众迁士徙居麦地那后，因叶斯里卜有不雅之义，加之麦加贵族嘲讽麦地那的穆斯林为来自有瘟疫之地者，故先知穆罕默德将叶斯里卜更名为麦地那·穆楠瓦尔，意为光辉的城市，惯称"麦地那"。

第一章 蒙昧时期阿拉伯半岛的经济（约 410—610）

第一节 阿拉伯社会概况

阿拉伯半岛位于亚洲的西南端，北起巴勒斯坦南部，向东延伸至波斯湾和阿曼湾，西至红海，南至印度洋。这是一片广袤的土地，相当于欧洲的 1/4、美国的 1/3。现代阿拉伯半岛分属于 7 个国家：沙特阿拉伯（占整个半岛的大部分）、也门、阿曼、阿拉伯联合酋长国、卡塔尔、巴林、科威特。

远古时代，阿拉伯半岛雨量充足，沃野万里，草木青翠葱茏，从这里走出了最初的闪米特人。[1] 但到第四次冰川期（约公元前 12 万年—公元前 1.8 万年）前后，由于欧洲大陆冰川期结束，引发了世界气候的巨大变化，原先冰天雪地、万物凋零的欧洲大陆冰雪消融，江河解冻，气候变得温和宜人。阿拉伯半岛却由温润湿和变得酷热干旱，江河日渐干涸，沃野逐渐成为沙漠，为找寻水源和牧场，闪米特人在冰川结束后的数千年间不断向外迁徙，并不断侵袭临近国家，这些危机促使叙利亚人、亚拉美人、迦南人（包括腓尼基人和希伯来人）和阿拉伯人迁入了肥沃的新月地带。

"阿拉伯"一词源于希伯来语"阿热卜"（Aravi），意为干旱，它亦是"阿拉拜"（Arabah）的另一版本，"阿拉拜"亦有相同的希伯来语含义——沙漠平原。[2]《圣经》中的阿拉伯指从加利利海到红海。事实上，阿拉伯或阿拉拜作为干旱土地或沙漠平原的定义囊括了所有至北也门的干旱土地。从历史文献考察，早在公元前 9 世纪，南部阿拉伯碑刻中就已出现"阿拉伯人"，用以指称沙漠中的游牧人即贝都因人。著名历史学家希罗多德及其后的希腊、罗马历史学家扩大了这一概念，将其引申为整个阿拉伯半岛，包括阿拉伯人、沙漠绿洲中的定居民以及西南部较发达地区的居民。

阿拉伯半岛除西部、南部和东南部有少量山地和高原外，大部分是沙漠和少量的绿洲。半岛地势由西南向东北倾斜，这里土地干瘠，气候多变，盛暑和干旱左右着整个半岛除希贾兹之外的绝大部分地区。希贾兹的本义为间隔和障碍，因为

---

[1] 闪米特人，旧译闪人。得名于《圣经·旧约·创世记》10：1 所载传说，称闪米特人（Semite）为诺亚（Noah）的长子闪（Shem）的后裔。泛指西南亚及北非的阿拉伯人、叙利亚人、犹太人、埃塞俄比亚人、古代巴比伦人、亚述人、腓尼基人等。
[2] 《申命记》3：7；《约书亚记》3：16，11：16；《耶利米书》52：7，中国基督教两会 2003 年版。

它是一段山脉，分开了红海沿岸的低地和东边的高原内志。① 半岛大多数居民以放牧骆驼和牛羊为生，因此半岛最初的阿拉伯人被称为贝都因人，意为游牧人。

大多数阿拉伯人是在沙漠的艰苦环境中生活的，他们长期逐水草而居，形成了一套不变的游牧制度。"他的生活方式，仍然是他的祖先的生活方式——住在用羊毛或驼毛织成的'毛屋'里，用同样的方法，在同一块牧地放牧着绵羊和山羊。养羊、养驼、养马、狩猎和劫掠，构成了他主要的职业。"②

阿拉伯人特有的生活方式，形塑了其独特的性格。

忍耐。这是环境作用于人的最明显特质。由于身处干旱之地，阿拉伯人并无太多受享之物。为了能在充满艰辛的环境中生存，贝都因人努力使身心适应艰苦的环境，不得不学会忍耐——索卜，因为他自知无力改变贫瘠的土地，他们的食物微薄，主食椰枣、面粉和牛奶（或水）的混合物，衣物与其食物一样简陋。

个人主义。有双重表现：忠诚于个人和忠诚于氏族。除却这两极，其他人的利益不受个人关注。这种特性是环境的产物，沙漠广袤而开放，这给予了贝都因人自由之感，如若居住地的政治环境紧张，他们就会迁移他处。个人主义亦是沙漠艰苦生活的产物，在这种艰辛的环境中，先己后人被迫成为生存之道。

宗族主义。贝都因人的爱国理念即为部落忠诚，他会保护部落成员，当然亦会受到他们的保护，会参与任何与周边部落的战争。部落作为一种社会单位，有其名义上的头目——谢赫，部落成员依年纪、经验、智慧，以及个人品质选举出谢赫，谢赫代表本部落与其他部落交涉，但谢赫并无绝对权威，在重大的司法事务和部落冲突中，谢赫还需向由部落族长组成的委员会咨询。个人主义迫使谢赫与部落成员平等相处，这有助于建立部落社会的民主基础。个人意识与部落忠诚亦形塑了蒙昧时期阿拉伯社会的经济结构，由于个人主义的力量，私有财产受到重视，但宗族主义也使共同的经济事务受到关注。

好客。这是蒙昧时期阿拉伯社会的主要特征。它深植于沙漠生活，受到热切推崇，不管彼此间有何敌意，如若登门为客，他应当受到最热忱的优待。③ 好客慷慨看似与阿拉伯人缺乏经济资源的生活相矛盾，但确是这种生活环境的产物，在艰难的境遇中，无助的感觉培育了高度认同的好客遗风。个人与部落的声名与荣耀是好客的主要动机，有违好客之举将给个人甚或部落带来污名。

---

① 内志，指现今沙特的中部地区，如利雅得。
② 希提：《阿拉伯通史》（上册），商务印书馆1979年版，第25页。
③ Ahmed EL-Ashker and Rodney Wilson, *Islamic Economics a Short History*, Leiden·Boston, 2006, p. 8.

好斗。由于缺少生活资源,没有足够给养的部落被迫进犯那些给养丰盈的部落,进犯的目的大多是为经济。除非迫不得已,否则进犯时一般并无血光之灾。① 当时沙漠中盛行的争斗之风似乎又进一步强化了这些行为,源自神圣宗教的伦理价值并未在阻止受经济利益驱动的军事行动方面扮演重要角色。泰格里布等基督徒部落,亦充盈着冲突杀伐。②

坚韧。对个人与部落而言,没有什么能像勇气与坚韧那样值得骄傲,即便它意味着失去生命。好斗之士在决斗技能方面或许并无称颂之处,但至少表明了面对危险时的决绝。曾有诗人称颂自己部落的军事和霸权地位,标榜自己及其部落是征服者,从来不曾被征服,例如当他们带领牧群找到泉水,他们总能抢先饮用,后来者只能得到他们喝剩的水。

信仰多神的阿拉伯人认可的是勇猛、豪侠、慷慨以及血亲复仇。这些在蒙昧时期的诗人托尔法的诗中有所反映:

> 族人问道:"谁家子,独行广漠走荒山?"
> 我闻言来细思量,应声急起不彷徨,
> 长鞭策马往前行,沙如烈火酷骄阳;
> 胯下雄骓昂摆尾,一似娇姬舞罗衫。
> 我非杜门逃山野,人求我兮我行善;
> 贵族会上君求我,盛宴席前舞杯觞;
> 芬芳洌酒奉尊前,劝君痛饮勿徜徉。
> 乡里聚会争荣誉,我家贵胄高门墙;
> 樽前良俦皎若月,白衣歌女衬红衫;
> 女儿引吭作高歌,珠喉玉润声婉转。
> 娇音再起多凄凉,哀如母驼悲子殇。
> 欢乐畅饮无已时,挥金如土父遗产。
> 穷奢引起家人恨,弃我索居如羔羊。
> 我虽独处名远播,富家知我贫瞻仰。
> 君何阻我多欢乐?君何阻我上战场?

---

① Hitti,Philip K.,*History of the Arabs:From the Earliest Times to the Present*,8th Ed.,Macmillan & Co.,1963,p. 59.
② Hitti,Philip K.,*History of the Arabs:From the Earliest Times to the Present*,8th Ed.,Macmillan & Co.,1963,p. 9.

如君不能保我千百寿,我必狂饮欢乐寻死亡!①

第二节　阿拉伯文明

从地理概念上来讲,阿拉伯半岛文明主要分为三部分:南部阿拉伯文明、北部阿拉伯文明、中部阿拉伯文明。这种划分归因于土质以及古代阿拉伯的不同文明水准。

一、南部阿拉伯文明

历史最早可溯至公元前15世纪抑或更早。不确知其起源,美索不达米亚文明被视为其出处之一。相较于贝都因人的游牧生活,南部居民已有了定居模式。有别于阿拉伯其他地区,南部降雨丰富,土地肥沃。南部阿拉伯人修建水坝用以灌溉土地,建于首都马里卜的马里卜水坝最为著名,该水坝的最古老部分建于公元前750年。马里卜人利用高超的技术,在城市东部两山之间的窄点修建水坝并安装闸门,以控制水的流量,水源分成许多支流流经广阔的平原。

(一)赛伯邑

在南部王国中独占鳌头,建都希尔瓦哈,后迁都马里卜。赛伯邑人是最早开化的阿拉伯人。公元前10世纪到公元前115年,阿拉伯半岛西南隅的也门望族赛伯邑人建立了最早的阿拉伯国家,极盛时几乎拥有整个南部阿拉伯地区。赛伯邑靠近红海,土地肥沃,在印度商贸路线中占据着战略性地位。王国起初奉行政教合一,国王身兼祭司之职。约公元前610年,王国迈入世俗化。《古兰经》提到了赛伯邑女王与苏莱曼的遭遇。②

---

① 艾哈迈德·爱敏:《阿拉伯—伊斯兰文化史》(第1册),商务印书馆1982年版,第83—84页。
② 苏莱曼与赛伯邑女王(Sulayman Wa Mali Kah Saba'),系《古兰经》所载古代先知苏莱曼的故事之一。赛伯邑是阿拉伯半岛西南端的一个文明古国,位于也门地区奈季兰以南,《旧约全书》称"示巴"(Sheba)。相传与苏莱曼同时代的赛伯邑女王名叫拜勒吉斯(Balqis),出身于南阿拉伯人族系,崇拜太阳为神,后受苏莱曼劝化归信伊斯兰教。赛伯邑女王受到劝化归信真主的故事集中在《古兰经》奈木勒(蚂蚁)章第20—44节,这段麦加章经文具有规劝以古莱什贵族为首的多神教徒以赛伯邑女王为榜样,及早放弃偶像崇拜,归信伊斯兰教的现实意义。

赛伯邑出产乳香和末药,商业发达。赛伯邑人了解南海航路,不仅熟悉暗礁和港口,而且熟悉难以捉摸的季风,他们长期独占着南海的贸易,与隔海相望的非洲沿海地区,主要是埃及中部海岸的哈麻麻特等地保持着频繁的商贸联系。赛伯邑人还开辟和发展了从也门到叙利亚的陆路交通,他们沿半岛西岸北行,经麦加和皮特拉,北分三路,分别到达埃及、叙利亚和美索不达米亚,并长期控制着这条商路,设立了商站和屯兵所。

公元前2世纪末,赛伯邑衰落,被希木叶尔国所灭。

(二)马因

又译米奈、卖因。意为泉水。赛伯邑建国50年后,在也门西北的焦夫地区建立了马因国。马因王国从约公元前700年持续至公元前70年,极盛时期曾囊括了南部阿拉伯的大部分地区,首都盖尔诺,即现今的马因,位于焦夫以南,萨那的东北面。宗教圣地叶西勒,即现今的伯拉基什,位于焦夫南部,马里卜西北面。王国以乳香和其他芬芳产品出名。如同赛伯邑人,马因王国也始于政教合一,终于世俗化。从出土的马因铭文来看,马因王国曾在北方商道上设立了一些栈房和驿站。

(三)希木叶尔

公元前115年以后,来自阿拉伯半岛西南高地的希木叶尔人逐渐强盛,取代了赛伯邑人,建立了希木叶尔王国,建都佐法尔,①整个王国延续了几百年。希木叶尔人从事商业和农业,他们掌管着海路到亚丁,陆路到汉志和叙利亚的商道,从乳香贸易中获得丰厚收入,并修建了许多堤坝、水井,用以发展农业。希木叶尔人还精于建筑,所建的雾木丹王宫高达20层,是有史以来的第一座摩天大楼。国王拥有土地,发行金质、银质和铜质的货币。

(四)哥特班和哈达拉毛

哥特班从约公元前400年持续至公元前50年,哈达拉毛从约公元前450年持续至公元1世纪末。相较于赛伯邑王国与马因王国,这两个王国略显逊色,但在香料贸易中扮演了重要角色。

---

① 今也门的首都萨那。

公元前 115 年起,希木叶尔王国相继统领了其他王国。希木叶尔人继承了赛伯邑与马因人的贸易,拥有了与赛伯邑人同样的文化与语言。约 300 年,希木叶尔人兼并了哈达拉毛和哥特班,统领了南部阿拉伯地区。

信仰和命运的变化。宗教在南部阿拉伯扮演了重要角色。356 年,康斯坦丘斯向南部派遣了首位官方基督教传教士,这部分反映了罗马和波斯出于控制这一战略要地而相互竞争的政治意蕴。经过传教士的努力,不少地区建造了教堂,与此同时,犹太教也得以传布,末代希木叶尔国王也成了犹太教徒,两种宗教的传教竞争开始了。523 年 10 月,犹太教徒国王祖·努瓦斯将奈季兰的 2 万名基督徒赶进壕沟,火烧了他们,这一事件导致了该地区的重大政治变化。作为基督教势力的保护者,罗马皇帝贾斯汀一世要求阿比西尼亚[①]的内格斯,亦即距离最近的基督教势力出面干预。525—575 年,阿比西尼亚军队占领了希木叶尔,这一举措也限制了北部的克尔白对南部新建教堂的宗教影响。571 年,阿比西尼亚军队指挥官阿布拉哈领导了对麦加的军事侵征,以破坏克尔白,因军队受到天花的干扰未遂。是年,伊斯兰教的先知穆罕默德诞生。

南部阿拉伯强大的政治力量是基于经济的繁盛。南部肥沃的土地增强了其贸易路线的战略地位,有助于发展其经济力量。南部农业发达,农产品丰富,盛产玉米、蔬菜、水果、藤、香料、没药、乳香。南部地区也是通往印度的重要商贸路线。赛伯邑王国是各地产品的必经之地,有波斯的珍珠、中国的丝绸、印度的剑和面料、埃塞俄比亚的金、象牙、驼绒。赛伯邑人是南海的腓尼基人,他们统帅着强大的商业舰队,连接起印度洋与南部阿拉伯。由于红海航运的困难,半岛西岸的麦加、皮特拉、巴尔米拉成为也门至叙利亚的陆路贸易路线。哈达拉毛和马里卜发展起了另一条商贸枢纽,将南北相联结。

3 世纪末,南部阿拉伯的经济发展受到了阻滞。原因主要有三个:其一,日益激烈的海上竞争。托勒密人发展起强大的海军,他们穿越红海北部,进入托勒密湖。托勒密二世重新开通了尼罗河与红海之间的航运,这条运河最早开凿于 1700 年前塞索斯特里斯统治时期,南部阿拉伯控制的部分陆路贸易转移到了红海。公元前 2 世纪末,托勒密人掌握了红海南部的季风航海技术,进入了印度洋,建立了与印度的直接贸易,南部阿拉伯经济开始下滑。其二,内部分裂。新改宗的基督徒、犹太教徒、多神教徒之间由于宗教歧见引发的政治骚乱,导致了

---

① 埃塞俄比亚的旧称。

经济的衰落。其三，马里卜水坝的漏裂。由于年久失修，阿比西尼亚人统治时期，马里卜水坝决堤，水坝的毁损严重影响了经济的发展。

二、北部阿拉伯文明

（一）奈伯特

系北部最早出现的阿拉伯国家。历史学家认为，奈伯特人很可能是公元前6世纪初来自外约旦和中部阿拉伯北面地区移居的游牧民，他们占据了死海与亚喀巴湾之间以东地区，建都皮特拉，即今天的瓦迪穆萨。皮特拉位于干燥的海拔900多米的高地上，是一个由岩石凿成的强固城堡。

至公元前312年左右，奈伯特国运昌盛，继承亚历山大成为叙利亚王的安提哥那两次进攻奈伯特，都被奈伯特人打败。哈里塞四世（公元前9年—公元40年在位）执政时，奈伯特国势达到极盛。耶稣基督时代，奈伯特的疆域北至大马士革，南达希贾兹北部的希志尔。105年，奈伯特被罗马皇帝图拉真所灭，成为罗马帝国的一个行省——阿拉伯省。皮特拉遂失其重要性，百年后衰落为村镇，渐被淡忘。

奈伯特人虽然起初为游牧民，但发展起了高度发达的农业和贸易。其商贸延伸到了罗马、波斯湾、小亚细亚、埃及等地。皮特拉是从南部阿拉伯到地中海东岸的交通要道，四周环以悬崖绝壁，只有一条狭路蜿蜒通向城里。在约旦河与阿拉伯半岛中部之间只有皮特拉能供给丰富清洁的水源，各地商队在此休养生息，筹集旅途所需。皮特拉还控制着西到加沙，北至大马士革，南往亚喀巴，东向波斯湾的商道，一直是重要的商贸中心。

奈伯特人日常讲阿拉伯语，书面语为阿拉马语（闪语的一支）。阿拉马语的字母逐渐演变成北部地区的阿拉伯语字母，现代阿拉伯语由此演变而成。

（二）巴尔米拉

首都巴尔米拉是块绿洲，位于叙利亚中部，是四方交通的枢纽。130—270年，巴尔米拉进入了辉煌时期。巴尔米拉人组织了商队贸易，其贸易远至中国，巴尔米拉人还为保护其他商队充当向导，为其提供畜力，向过境商品征收关税。

266—267年，巴尔米拉国王伍德奈斯及其王子被杀，其妻齐诺比雅代替幼子摄政,自封"东方女王"。齐诺比雅颇富雄才大略,一度扩其疆域,屡挫罗马,辖治了叙利亚、阿拉伯半岛北部、小亚细亚部分地区,占领了东罗马帝国的陪都亚历山大港,其次子自称埃及王。及至罗马皇帝奥里利安励精图治,国势渐盛,终于两次打败齐诺比雅的军队。272年,罗马军队攻入巴尔米拉城,这位阿拉伯女王骑着单峰骆驼逃入沙漠,但最终被罗马骑兵俘虏,用金链子拴住,由人牵着解往罗马。巴尔米拉的历史告终。

巴尔米拉的文化较为杂糅,它糅合了希腊、叙利亚和波斯的文化要素。巴尔米拉人讲阿拉伯语,书面使用阿拉马语,公共法令使用希腊文。

(三)加萨尼

加萨尼人原是南部阿拉伯部族的后裔,3世纪末,因著名的马里卜大水坝崩溃,加萨尼人从也门迁往豪兰和巴勒卡。哲弗奈在查比叶建立了加萨尼王国,建都昭兰,后迁都大马士革附近的吉里格。

6世纪,加萨尼王国进入了兴盛期。国王哈里斯二世倾大力于对莱赫米王国的战争。544年,莱赫米之王孟迪尔三世俘虏了哈里斯二世之子,并献祭给爱神欧扎。10年后,哈里斯二世的女儿哈丽梅在肯奈斯林地区的战役中为弟报仇,杀死了仇人。开战前,哈丽梅亲手为加萨尼的几百名敢死队队员撒上香水,为他们穿上铠甲,并加穿白麻布寿衣,以示战死之心。

在636年的雅穆克战役中,加萨尼人联手拜占庭反对阿拉伯穆斯林,遇挫,国王哲伯莱·本·艾伊海木逃往君士坦丁堡,王国历史告终。

加萨尼人的文明程度很高,混合了阿拉伯、叙利亚、希腊的文化要素。加萨尼人用玄武岩造就的各式房屋、宫殿、凯旋门、公共澡堂、剧院和水道,曾经煊赫一时,其文化对后来的阿拉伯人产生了一定影响。阿拉伯古典文学就含有加萨尼人的历史、典故,内容丰富异常。《悬诗》七位作者中最年轻的莱比德就曾在哈丽梅的复仇之役中协助加萨尼人作战,纳比格、罕萨尼·本·萨比特等著名诗人也都自称与加萨尼人有关。

(四)肯德

首位肯德国王受南部阿拉伯国王委派去统治中部阿拉伯的一些部落,后立国,故南部阿拉伯对中部阿拉伯王国的影响在肯德更为明显。王国从480年持续至529年,奠基人为胡志尔,据传是希木叶尔之王哈萨尼的异母兄弟,其后其子阿慕尔继任。肯德最有名的国王是阿慕尔之子哈里斯，哈里斯建都巴格达西北部的安巴尔。529年，哈里斯与莱赫米之王孟迪尔三世交战，失利后连同50多位王室成员一同遭戮，肯德的其余杰出成员回到了来源地哈达拉毛。改宗伊斯兰教后，肯德人对叙利亚和伊拉克的征战表现出巨大的热忱。

肯德立国时间不长，但它是阿拉伯人建立统一国家的初步尝试，这种经验为穆罕默德统一阿拉伯半岛提供了先例。肯德人在文化方面的贡献，是不仅出现了悬诗中最著名的诗人伊本鲁勒·盖伊斯，而且在肯德族后裔中产生了具有真正阿拉伯血统的首位著名哲学家叶尔古白·本·易司哈格·铿迭。

三、中部阿拉伯文明

阿拉伯半岛北部和南部土地肥沃，适合发展农耕和商业。中部是伊斯兰教的发源地，除却零星的绿洲，多以干旱地区为主。没有证据表明中部地区有与北部和南部相媲美的文明。

中部阿拉伯地区的早期居民是否为纯粹的闪米特人，抑或是闪米特人与非闪米特人的混合？吸引了人类学家的关注。含米特—闪米特、印欧、乌拉尔—阿尔泰之间的同源相似性表明，早期居民来自北部。《圣经》指出，一些居民系闪米特人的后裔，其他来自诺亚之子含，含定居在阿拉伯北部和西北部，其中的部分部落民沿着红海迁徙至南部，这为阿拉伯居民来自北部的假设提供了神学支持。

中部阿拉伯确指麦加和麦地那，农业是麦地那的主要活动。伊斯兰教产生后，麦地那赢得了声誉，成为伊斯兰教在半岛扩展的根据地。不像北部和南部的邻居，伊斯兰教创立之前的中部阿拉伯人并未发展出自己的文明，他们对阿拉伯文化遗产唯一但却非常重要的贡献就是语言，谈吐是他们拥有的一种艺术品质，且代代相传，传衍至今。"智慧寓于三件事物之中：弗兰克人的头，中国人的手，阿拉伯人的舌头。"[①]"男人的美在于巧舌如簧"[②]颇受阿拉伯人称道。蒙昧时期，阿拉伯人不仅重骑马射箭，还乐于用散文诗歌来温雅贴切地表情达意。亦如希提所言，"世界上恐怕还没有人能像阿拉伯人那样对文学化的表述有如此热忱，其措辞、言说或写作能如此动人。几乎没有任何语言能像阿拉伯语那样对使用

---

①② 希提：《阿拉伯通史》（上册），商务印书馆1979年版，第105页。

者的心智有如此不可抗拒的影响"。① 麦加是阿拉伯中部文明的中心,阿拉伯诗人在麦加附近的欧卡兹举办文艺活动,竞逐诗辞长赋,最著名的长赋为7首描金悬诗,它用金水描写后悬挂在克尔白的墙上。除却著诗作赋,诗人也投身于商贸或征战。

第三节　早期阿拉伯人的思想生活

伊斯兰教产生前,阿拉伯半岛的社会形态基本上处于奴隶制或奴隶制向封建制转变的过渡阶段。与此相应,蒙昧时期阿拉伯人的思想生活比较简单,主要表现为原始的宗教观和道德观。随着商业的发展,传入了犹太教、基督教、拜火教等,在这些外来宗教的基础上,又发展出萨比教等本土宗教。

一、犹太教、基督教、拜火教

(一) 犹太教

犹太教是世界三大一神信仰中最古老的宗教,也是犹太民族的生活方式及信仰。犹太教的主要诫命与教义来自托拉,即《圣经》的前5卷书。犹太教最重要的教义在于只有一位神,即无形并且永恒的上帝,他愿所有的人行公义,好怜悯。因为上帝按照他的形象造人,所以人都应该有尊严且受到尊敬。犹太人以学习及祈祷来侍奉上帝,同时遵行摩西五经所指引的诫命。但犹太教并不主张其他民族为了被救赎而必须接受他们的宗教信仰和敬拜方式,这世界会因为他所行的而受审判,而不是因它所信的教条而受审判,所有公义的民族皆分享将要到来的和平世界,因此犹太教并不是一个积极传教的宗教。犹太会堂所接受的改信者,必须遵照犹太教公会的规定,因为一个人改信犹太教并非只是简单的自我认定。

犹太教有三部典籍:第一部是《希伯来圣经》(又称《塔纳赫》),所有犹太人都要绝对忠诚地信奉它。《希伯来圣经》的前五卷书称为《托拉》(又称《律法书》《摩西五经》),是其中最重要的著作。第二部是《塔木德》,它对《托拉》及犹太教

---

① Ahmed EL-Ashker and Rodney Wilson，*Islamic Economics a Short History*，Leiden·Boston，2006，p. 8.

经文中的"613条诫律"逐一做了详尽解释。第三部是《米德拉什》。除《托拉》外。犹太教典籍多是一些阐释与评注式著作,由于编纂年代和地域的不同,常常出现相互包容和交叉评注现象。

基本教义以摩西·迈蒙尼德于12世纪归纳的13条为核心:(1)创造主创造并主宰宇宙及一切受造之物;(2)创造主为独一无二的真神;(3)创造主无形无体无相;(4)创造主前无始,后无终;(5)创造主为唯一应受敬拜之主,此外别无可敬拜之物;(6)先知一切传述皆真实无妄;(7)摩西是先知中最伟大的一位;(8)律法为神向摩西所传,并无更改;(9)律法不可更易;(10)创造主洞察世人一切思想行为;(11)创造主予遵守律法者奖赏,对践踏律法者惩罚;(12)复国救主弥赛亚必将降临,应每日盼望,永不松懈;(13)人死后将复活。

(二)基督教

基督教是以信仰耶稣基督为救世主的宗教。天主教、新教、东正教统称基督教。基督教的基本经典是《圣经》,由《旧约全书》和《新约全书》两大部分构成。天主教、东正教、新教的《圣经》并不一致。《旧约全书》即犹太教的《希伯来圣经》是基督教承自犹太教的,但《旧约全书》和《希伯来圣经》有所差异,书目的顺序也不同。天主教的《圣经》多了数篇《塔纳赫》跟基督新教《旧约》都没有的经卷,亦即"旁经"。《旧约全书》在《摩西五书》之后是历史书,天主教和东正教的历史书增加了《多俾亚传》《友弟德传》《玛加伯上》《玛加伯下》四卷。其次又在文集中增加了《智慧篇(索洛蒙的智慧书)》《德川篇(希拉赫的智慧书)》。另外,基督教《旧约全书》虽然也是以马苏拉文本为准,但顺序上则继承了希腊文《圣经》,以先知书结尾,不同于犹太教《塔纳赫》以《历代志》结尾。同时,基督教《旧约全书》在马苏拉文本之外,还包括了死海古卷、七十士译本以及其他古代文本。380年前后,早期大公教会通过严格查证,对《圣经》中应包括的经卷达成一致。现代最流行的国际通用英文版基督教《圣经》前言所述:马苏拉文本虽然出版最晚,但作为旧约标准的希伯来文本,是翻译的底本。死海古卷包含了更早的希伯来文本内容,与撒玛利亚圣经以及与文本误差有关的古代抄经士传统文本一同作为参考资料。

尽管有三大教派,但其基本教义相同,即上帝创世说、原罪救赎说、天堂地狱说。基督徒信奉的"上帝"或"天主"本体上是独一的,但包括圣父、圣子、圣灵(圣神)三个位格。基督是"基利斯督"的简称,意思是上帝差遣来的受难者,为基督宗教对耶稣的专称。基督宗教是信奉耶稣基督为救主的各教派的统称，于公元1世纪由巴勒斯坦拿撒勒人耶稣创立。因犹太公会不满耶稣基督自称为上帝的独子、唯一的救赎主，将他交给罗马统治者钉死在十字架上。基督徒相信，耶稣于死后第三天复活，显现于诸门徒，复活第40天后升天，世界末日时会再度降临人间，拯救人类。

（三）拜火教

摩尼教之源，系基督教诞生前中东最有影响的宗教，是古代波斯帝国的国教，也是中亚等地信奉的宗教，中国称之为祆教。阿胡拉·马兹达（意为智慧之主）是该教的最高神，又名欧马兹特。阿胡拉·马兹达在善恶二元论中是代表光明的善神，与代表黑暗的恶神阿里曼进行了长期的战斗，最后获胜。阿胡拉·马兹达是全知全能的宇宙创造者，它具有光明、生命、创造等德行，也是秩序和真理的化身。马兹达创造了物质世界，也创造了火，即"无限的光明"，因此拜火成为拜火教徒的神圣职责。

二、自然崇拜

恩格斯论述宗教的本质时指出："一切宗教都不过是支配着人们日常生活的外部力量在人们头脑中的幻想的反映，在这种反映中，人间的力量采取了超人间的力量的形式。"[①]作为阿拉伯人的原始宗教，同样也是人间的力量采取了超人间的力量的形式。

阿拉伯人生活于广袤的沙漠地区。"沙漠地方的人，日对大自然，目无所障；烈日当空，则脑髓如焚；明月悠悠，则心花怒放；星光灿烂，则心旷神怡；狂飙袭来，则所当立摧。"[②]面对这些景象，蒙昧时期的阿拉伯人产生了形形色色的幻想和假设，他们将人与人之间的社会关系和心理状态移加到人与自然界的关系上面，将整个自然界的运动发展过程看成是有意识的实体活动，将那些给他们的生活带来好处的自然物和自然现象视为良善的能保护他们的神灵。他们认为，自然界和自然现象与人一样也有人格、意志，还具备人所没有的特性，如万能性、永

---

① 《马克思恩格斯选集》（第3卷），人民出版社1972年版，第354页。
② 艾哈迈德·爱敏：《阿拉伯—伊斯兰文化史》（第1册），商务印书馆1982年版，第48页。

恒性和普遍性，这些构成了自然界的神圣性。故而，他们用人格化的方法来同化自然力，从而产生了最早的宗教信仰——自然崇拜。

蒙昧时期的阿拉伯人以部落形式生活在阿拉伯半岛，他们居住的自然条件不完全一样，因此产生的自然崇拜也不尽相同。其自然崇拜主要有两种形式：

（一）天体崇拜

日月星辰和天体现象是蒙昧时期的阿拉伯人最感到困惑不解、惊惧而又不得不依赖的自然物和自然现象，因此蒙昧时期最早的自然崇拜就是对日月星辰等天体现象的崇拜。

南部阿拉伯人崇尚月神。[①] 其原始宗教可称为拜月教，崇拜月神的仪式在南部阿拉伯半岛非常普遍。月亮有各种美名，如爱、父亲、叔父等。月神是一个阳性神，在天体诸神中被奉为首神，是一个全仁全智全能的大神，其地位高于太阳神，太阳神是其配偶，金星神则是其子。这三位神组成一个小组，称为三神小组。月神和太阳神这对配偶生出的其他许多天体，都被认为是有神性的。南部阿拉伯人崇拜月神与其所处的地理环境和生活方式有关，南部地处热带和亚热带，大多是沙漠，雨量稀少，气候炎热，居民大多以畜牧和狩猎为生。白天日照强，气温高，酷热难耐，人的体力消耗很快。夜晚则凉爽宜人，是狩猎和放牧的大好时机。夜晚的活动全赖月光，月亮有光明而无毒热，深得阿拉伯人的喜爱，因此月亮成为阿拉伯人的依靠和希望，成为他们可敬的大神。

北部阿拉伯人崇拜太阳神。崇拜太阳的阿拉伯原始宗教最初可能源自两河流域的巴比伦。在巴比伦的万神庙，太阳神居于万神之首，传入阿拉伯半岛后，降到了月神之下，成为月神之妻，这是由于月亮崇拜是游牧社会的象征，而太阳崇拜则是农业社会的象征。阿拉伯半岛大部分地区是游牧社会，农业晚起而且不普遍，因此太阳神从属于月神。

除了月神和太阳神，第三大神是金星神。这种崇拜可能也源自巴比伦。在两河流域，金星神是爱神兼战神，到了阿拉伯地区，金星神成了一位男神。

除了月亮、太阳、金星，阿拉伯人还崇拜其他星辰，如天狼星、火星、水星、土星、昴星等，但对这些星辰的崇拜远不如对以上三星的崇拜那样广泛和深远。

---

① 《古兰经》牲畜（艾奈阿姆）章第 77 节记载，当他看见月亮升起的时候，他说："这是我的主。"当月亮没落的时候，他说："如果我的主没有引导我，那末，我必定会成为迷误者。"

（二）其他自然物崇拜

水。阿拉伯半岛雨水稀少，水更显珍贵。阿拉伯人将雨水视为救星，将麦加附近的地下水源奉为圣泉，认为是易卜拉欣之子伊斯玛仪由于干渴而啼哭，足蹬石块涌出的圣水。

岩石。岩石在沙漠里也不多见。在阿拉伯人看来，岩石有特殊的色彩和形状，来历玄奥，因此对它产生了崇拜。克尔白四周有许多被供奉的神石，天房中的一块黑石被阿拉伯人当作圣石，凡来天房朝拜之人，都要加以吻拜。

动植物。有些野生植物是阿拉伯人维持生命的必需品，故受到了崇拜。奈季兰有棵枣椰树，树上挂有武器、衣服、布条，被视为圣洁之树，古代阿拉伯人认为此树能收到各式礼物。此外，阿拉伯人认为有些与月亮有关或形似月亮的动物，如牛、蛇、鹰等，都是神灵，也对之崇敬有加。

三、偶像崇拜

偶像崇拜是阿拉伯人原始宗教的后期形式。偶像因部落不同而各异，流行最广和影响最大的有胡伯勒、欧扎、拉特、麦那。

（一）胡伯勒

胡伯勒意为蒸汽、精神、灵魂。这是古代阿拉伯人崇拜的最有势力的偶像，具有人形。在它的旁边放着用以决疑的神签，占卜者据此判断祸福。据传，胡伯勒是从美索不达米亚传入麦加，成为麦加的主要神灵之一。

（二）欧扎

欧扎意为强大的。欧扎崇拜流行于麦加以东地区，它与拉特、麦那并列为古代阿拉伯人崇拜的三大女神。其形象由三棵大橡胶树和圣石等物构成。人祭是其祭仪的主要特点。古代阿拉伯人的宗教仪式有两种：一为祈祷，二为献祭。祈祷关乎精神，祭祀则主涉物质。在物质匮乏之日献祭比祈祷更为重要，以人为祭比用他物更为珍贵，这说明欧扎的位势之高。

（三）拉特

拉特意为女神。其形象是一块吊有各种饰物的白石，主要神坛在希贾兹地区的塔伊夫附近。此处禁止伐木狩猎、杀人流血。

（四）麦那

麦那意为命运，是司命运之神。其偶像是一块大黑石，神坛设在麦加和麦地那之间的库达德地区。麦那在三大女神中排行第三，是势力最小的。

四、原始巫术与卜士

在阿拉伯人的部落宗教中有形形色色的卜士，但不存在真正的祭司职务或教士阶层。卜士（卡欣）的职能是发布神谕和预言，用神签决疑，主持朝拜或祈雨一类的迎神仪式。圣地护卫（萨丁）只是圣石或圣地的世袭监护人，他们不主持献祭，因为每个人都有权利自己宰杀祭牲。占兆者（阿伊夫）能从飞鸟走兽的动向解释预兆，占卜吉凶，并裁决棘手的内部争执和血统问题。其中最重要的是卜士，特别是女卜士（卡希娜），他们被认为具有一种神秘的力量，能够祈雨驱灾，除病辟邪，他们也行使仲裁人的职责。在部落战争中，他们伴随着驼轿，预卜敌人行动和谋划的情报，并用咒语使敌方的武器和战术失灵。在长期的部落战争中，随着部落宗教的解体和巫术的衰微，其地位逐渐被诗人所取代。[①]

五、精灵崇拜

贝都因人在接触犹太教和基督教的宗教观念之前，还没有来世生活和灵魂不朽的观念。他们认为死者是在某个阴暗的住所睡觉，在一定的时间内还有半知觉状态。妇女的哀歌和哭喊仿佛想挽回离开尸体的灵魂，男人则用誓言安慰死者。埋葬死者时通常都举行献祭：把骆驼拴在墓前，断其筋腱，让它慢慢死去。他们从不在坟堆上加添石头或树枝，忌讳乘骑经过墓旁。他们相信有一种超人的力量控制着周围的自然界，但巫术能役使这种神力。随着巫术的衰落，它

---

① 金宜久：《伊斯兰教史》，江苏人民出版社2006年版，第33页。

进而与神灵区分开来，被设想成和人类一样具有繁衍，也受死亡支配的精灵，这就是阿拉伯语的"精尼"。人迹常至的地区，由神灵主宰；人迹罕至的荒野，归精灵统治。精灵成了这种观念人格化的产物，在传说中常常伪装成性格残暴的贝都因人出现。在伊斯兰教时代，精灵的数量增加了，因为拜物教的神灵都被贬入精灵的行列。

六、创造神安拉

伊斯兰教产生前，麦加一直是阿拉伯多神教徒的圣地。阿拉伯人崇拜的诸神大多有自己的形象。在360多尊偶像中，胡伯勒、欧扎、拉特、麦那影响最大，但也存在没有形象的神，这就是古来什部落的主神安拉。

安拉是古来什部落首要的神灵。蒙昧时期的阿拉伯人认为，安拉是造物主，是最高的养育者，是告急之时可以求助的唯一神灵。

七、萨比教

萨比教是公元1—2世纪产生于哈兰的一种宗教，是古代巴比伦人和亚述人信仰的延续。有曼达派、拜星教等异称。萨比教是多神教，它在崇拜真主之外还崇拜精神、星辰、偶像。萨比教有自己的教义、宗教经典、宗教仪式及与之配套的风俗。萨比教徒主要居住在伊拉克南部幼发拉底河与底格里斯河汇集的阿拉伯河及伊朗境内的卡龙河两岸。这里水源丰富，便于净身洗礼。依据教规，男女礼拜者在做礼拜前应先沐浴净身，污秽之躯不能从事任何宗教活动。净身必须用活水即流动的水。净身的方法是：不管冬天或夏日，礼拜者要三次浸入水中。大净后，还要进行小净。因之，萨比教徒只得远离城镇，居住在河畔湖边。随着社会的发展，生活条件的改善，萨比教教长允许教徒用水管里的水大小净，同时也允许他们从远处带来活水净身。小净时，礼拜者应先扎紧腰带，坐在河边，面向摩羯座，不停地念诵规定的经文，先从手洗至肘处，再用手捧水洗三次脸，然后用浸湿的手从右向左抹前额，再用食指连掏三次耳朵，呼吸三次，漱一次口，再用10个手指头蘸些水拍打一下膝盖，拍打两次小腿，然后甩去手指上的水，象征着甩去身上的脏物，再洗双脚，即可做礼拜了。但小净后，如果如厕、排气、行房事或接触了产妇和月经期的女子等，小净均无效，必须重作小净。对于流鼻涕或口鼻出血等,擦洗干净后仍可做礼拜。每日三次礼拜,分为晨礼、晌礼和晚礼。每个星期日及节假日举行聚礼。礼拜时要衣着整洁,赤足,双手略高过头,面向摩羯座,做站立、跪坐的动作,不叩首,默诵经文、祈祷约一小时,礼拜即告结束。

萨比教经历了近1800年的历史变迁,至今仍活跃在伊拉克南部。究其原因,是因为萨比教不仅仅是一种宗教,还是一种生活方式。因此,它虽然是世界上规模最小的宗教之一,但却是宗教研究者应该注意的一种文化现象。

八、哈尼夫

伊斯兰教兴起前,阿拉伯人中已出现模糊的一神观念。氏族制度的瓦解和社会矛盾的加剧,使得部落宗教的观念和仪式越来越不合时宜。在这种背景下,一些人对以外在仪式为特征的拜物教感到厌倦,产生了对个体信仰和道德的追求,开始转向超越部落的有关个人得救的宇宙神信仰。但激烈竞争的基督教和犹太教带有异族入侵的背景,尽管明显优越于阿拉伯人的拜物教,却有悖于阿拉伯人的民族感情。因此,有人在宗教领域进行探索,主张追求真正的一神信仰。

这些人后来被称为"哈尼夫"(意为真诚者)。《先知传记》提到四名麦加的哈尼夫,其中韦赖盖·本·诺法勒、奥斯曼·本·侯伟里斯、欧贝德拉·本·加赫什三人后来都成为基督徒,只有宰德·本·阿慕尔(欧麦尔的叔父)既非基督徒,亦非犹太教徒。他因为否定麦加的偶像崇拜遭到驱逐,独自在麦加附近的山上隐修。有的资料还提到另外几个哈尼夫,如伊雅德族的库斯·本·赛仪达(他曾被误认为是一名基督教主教,穆罕默德在乌卡兹集市上听过他的讲道)、塔伊夫的伍麦叶·本·阿比·赛勒特、麦地那的阿布·阿米尔等,后两人都是早期伊斯兰教的激烈反对者。这些哈尼夫声称追随"易卜拉欣的宗教",厌弃偶像崇拜,拒食祭牲,谴责活埋女婴,甚至反对部落贵族的特权。从他们的苦行隐修方式和宗教态度看,他们已经感受到时代的变化,为种种宗教问题所困扰,显示了基督教和犹太教的影响以及建立一神教的趋势。

第四节 麦加的商贸活动

阿拉伯半岛系欧、亚、非三大洲交通要冲,是沟通三大洲贸易的重要商道和商品重要集散地之一。商人经常耗时数月,驱赶着庞大的驼队往来于波斯、拜占庭和埃及等地。在商品经济的进一步发展中出现了为数不多的繁荣城市,以麦加和麦地那为最,尤其是麦加,是当时红海商道上的商业中心,有近2.5万名居民。

6世纪末7世纪初,波斯同阿比西尼亚因也门之争引发战争,致使阿拉伯人的红海商道遭到破坏,贯通东西方的中转贸易遇挫,加之波斯人开辟了从波斯湾经两河流域到地中海的商路即有名的丝绸之路,红海商道进一步衰落。商道的改变和阿拉伯人商业的衰微进一步加剧了阿拉伯半岛已有的社会危机。为挽救颓势,维护和扩大阿拉伯人的经济利益,阿拉伯人要求将分散的、相互争权夺利的各部落统一起来。这种建立统一的民族国家的政治要求反映在意识形态上,就体现为要求一种新的一神教的出现。如此,伊斯兰教产生的时机便成熟了。印度尼赫鲁大学中文教授谭中认为,大乘佛教是统治者想实现一统局面的助推力。同理,伊斯兰教亦是形成阿拉伯统一局面的推动力,这是历史发展之必然。

麦加的古来什人积累了巨大的财富,创造出了金融供需、货币兑换和保险三种商业形式。金融供需是贸易扩大的需要,合伙关系是其中比较合适的形式,对于不愿承受风险者,则以贷款取而代之。

合伙关系(穆哈拉白)的期限可以商旅时间为限,商旅结束后,合伙关系可宣告结束,也可续签。合伙关系中,管理者可参与贸易,受到主要由古来什商队提供的保护,并向其支付一定的保护费。古来什商队则以收取的部分保护费打点商队途经的其他部落,以求平安通行,这也是严酷现实中的不得已之举。合伙关系的利润根据事先商定的比例分成,但损失由资金支付者承担。先知就曾为后来成为妻子的赫蒂彻参与商贸活动。伊斯兰教产生后继续将合伙关系作为合法的商业模式。如果包括管理者在内的所有合伙人均提供资金,穆哈拉白就谓之穆沙拉卡。

作为繁盛的商业中心,麦加也有货币兑换和借贷。如果借款者不能如期还款,将在借款额的基础上支付额外数额,从而产生里巴,即利息。

出于贸易风险最小化的需要,阿拉伯商人开始熟知保险。商队穿越危险或充满敌意的领地时,有可能丧失资产以及生命,这可通过进行贸易之前筹集的资金得到部分或全部的补偿。先知穆罕默德在一次贸易中,商队迷失在沙漠中,成员得到了赔偿的保险金,弥补了幸存者以及丧生者家属的商品、马匹、骆驼的损失。① 商旅结束后,保险金或终止,或用于其他贸易。其间,允许新成员的加入,

---

① El-Ashker, *The Islamic Business Enterprise*, Croom Helm, 1987, p.198.

现有的成员也有离开的自由。保险金的赔偿额度与投资额成正比。蒙昧时期的保险虽然复杂程度不似今日,但必定需要一种远远领先于当时水准的组织,明晰权利和义务。

第五节　伊斯兰教与贝都因人

伊斯兰教团结了充满敌意的各部落,驯服了阿拉伯人,将其推向世界征服者之列。但并非所有蒙昧时期的事物都受到了谴责与抛弃,伊斯兰教承袭了阿拉伯人的一些品质,如容忍、好客、坚韧。

伊斯兰教拓宽了容忍的范畴,包涉对艰苦生活的容忍、对投身于崇拜真主的容忍、对军事吉哈德的容忍,容忍成为真主的真正信士的品格。伊斯兰教亦强调为了真主而对穷人和有需求者的好客与施舍。"以物配主者当中如果有人求你保护,你应当保护他,直到他听到真主的言语,然后把他送到安全的地方。这是因为他们是无知的民众。"①

坚韧是贝都因人的最高美德之一,阿拉伯诗歌对其大加赞赏。《古兰经》将其视为穆斯林的良好品性,尤其遇及军事吉哈德,献身者被许以后世的天园,生还者则享受两世的惠赐。"为主道而被戕害的人,你们不要说他们是死的;其实,他们是活的,但你们不知觉。"②"为主道而阵亡的人,你绝不要认为他们是死的,其实,他们是活着的,他们在真主那里享受给养。他们又喜欢真主赏赐自己的恩惠,又喜欢留在人间,还没有赶上他们的那些教胞,将来没有恐惧,也不忧愁。他们喜欢从真主发出的赏赐和恩惠,并且喜欢真主不使信士们徒劳无酬。"③在阿拉伯国家的扩张中,坚韧在组建一支强健的军队方面扮演了重要角色。由于超强的忍耐力,阿拉伯军队在缺衣少食的景况下展现了较之其他部队更强的耐力。

伊斯兰教并未否决蒙昧时期的个人主义,对私人所有权的再三保证是认可个人主义最好的明证,但它亦非绝对的个人主义。伊斯兰教认可个体运用自由意志,这种自由以不伤害他者为基本准则。宗族主义也得以驯化,变成了全体穆斯林隶属的伊斯兰社团——乌玛。

---

① 《古兰经》:忏悔(讨白)章第 6 节。
② 《古兰经》:黄牛(百格勒)章第 154 节。
③ 《古兰经》:仪姆兰的家属(阿黎仪姆兰)章第 169—171 节。

伊斯兰教产生后,接受了蒙昧时期的一些贸易形式,将其视为合法。蒙昧时期的商业保险继续存在并得以延续,但有息借贷受到谴责。蒙昧时期的贝都因人也受到了谴责。"游牧人们曾说:'我们已信道了。'你说:'你们没有信道,虽然你们可以说:'我们已归顺了',但正信还没有入你们的心。如果你们服从真主和使者,他不减少你们的善功一丝毫。真主确是至赦的,确是至慈的。"①当面对军事吉哈德,贝都因人对是否参战犹豫不决,却宣称要得到战利品份额,《古兰经》对此予以谴责。②

蒙昧时期的阿拉伯社会与社会公正之间的关联不甚强烈,当然,这并不必然引申出缺乏慈善。事实上,蒙昧时期的诗歌也赞颂对弱者与有需求者的帮扶,将慈善作为一个强力的部落所具有的值得骄傲的资源,对穷人、有需求者、弱者的慈善,亦显示出部落的力量和财富。伊斯兰教继承了这一优秀传统,将社会公正根植于教义信条。"他们的财产中,有乞丐和贫民的权利。"③"你应当把近亲、贫民和旅客所应享的权利,交给他们,对于要想获得真主的喜悦者,这是更好的,这等人确是成功的。"④蒙昧时期的阿拉伯社会无法做到对个体的平等尊重。伊斯兰教虽然认识到个体有能力、财富之别,但要求个体之间的平等对待与同等尊重,在此意义上,伊斯兰教倡导的是财富的相对均平。

质言之,伊斯兰教在社会经济事务上并未过于破坏贾希里亚时期的社会理念,但信仰方面并非如此,它坚决否决贾希里亚时期的多神信仰与偶像崇拜,降示了彻底的真主独一论。

---

① 《古兰经》:寝室(侯主拉特)第 14 节。
② 《古兰经》:忏悔(讨白)章第 90 节、第 97—101 节、第 120 节。
③ 《古兰经》:播种者(达理雅特)章第 19 节。
④ 《古兰经》:罗马人(鲁姆)章第 38 节。

第二章 黎明时期的伊斯兰经济思想（610—661）

第一节 伊斯兰经济思想溯源

综观世界各大宗教，伊斯兰教可谓将一神信仰推至极致。在穆斯林宗教经验中，真主被描述为威严的至高无上者，同时也是仁慈、怜悯、饶恕和宽容的化身。真主创世的圣明构思表现为让信众去赞美、感激的至高目的，个体必须生活在对真主恒久的敬畏与赞美之中，永远纪念他的圣名。与最高实在的威严性相伴随，《古兰经》也强调了真主的仁慈、良善和恩惠，真主不仅是威严的，而且是保护者、供给者、宽恕者、慈爱者，随时准备恕饶悔改者，因此对真主的惧怕也包含着虔敬与依恋。亦即，对穆斯林而言，真主完全是超越的，但同时又表现为对人类的关怀。他既是显现的又是隐藏的，他的力量、威严和审判是可怕的，但同时他也慷慨施与，具有同情心和仁慈心。人既不能创造也不能毁灭道德律，而必须遵循它，对真主命令的顺从就叫伊斯兰，对道德律的体验与对真主神圣性的体验紧密结合，对作为宇宙独一创造者的体验越深，对创造性、秩序和仁慈的性质体验就越完整。

信仰是伊斯兰教的核心，它以坚定确信真主独一的形式表现出来。真正的穆斯林必须是信仰真主的人，而且要信仰先知及其圣典，意味着与全知全能的主的密切联系。伊斯兰教的神圣结构表现在人对真主的依赖，以及相应的对真主命令的服从。真主是神圣的和有吸引力的，仆从感构成了伊斯兰宗教经验的基本元素，服从于主的意志是人生的意义与目的。许多穆斯林的名字都由阿卜杜（顺从者）所构成，例如"阿卜杜·卡里姆"、"阿卜杜·马立克"，等等，暗示着伊斯兰宗教经验的核心观念。犹太教对耶和华的神圣和圣洁的体验中，爱与恐惧相伴随的交互情愫占据主导地位。伊斯兰教对神圣性的经验则明显表现为屈从于真主的神圣意志,遵从神圣主宰的意愿与命令,信奉沙里亚法的教导。

伊斯兰教沙里亚法原指通向水源之路,引申为真主指明的道路,凡真主启示所涉内容均可视为沙里亚法的一部分。沙里亚法涵盖宗教礼仪制度、婚姻家庭关系、遗产继承、民商交易、民事伤害、反宗教罪、圣战、盟誓等。沙里亚一词所隐含的"大道""常道",更多指从根本上把握真主所指明的、正确得体的伊斯兰生活方式。① 伊斯兰教沙里亚法本质为一种宗教律法,与社会生活密切相关,具有广泛的社会实践性,因而又不只是一种高远的宗教理想,它对社会生活影响全面、具体而又直接,很大程度上规约着穆斯林行为规范。亦即,穆斯林实际上是根据沙里亚法来体认伊斯兰教信仰。

一、《古兰经》

《古兰经》是伊斯兰教的根本经典。对穆斯林而言,它是真主的语言,源自保存在天牌上的"天经之根"。"古兰"一词的本义是诵读,穆斯林认为,真主通过天使吉卜里勒降示给先知穆罕默德的启示,形成了一部诵读的经典——《古兰经》。

《古兰经》共有 114 章,6 200 余节。各章长短不等,每章均有一个简明的章目,有的章目可能与题材有关,有的只是经文中提及的某个词、某个事件或某个动物名称。根据传统的分期,610—622 年间的启示称为麦加章,约计 86 章,语调尖锐激昂,令人动容。从 622 年迁徙麦地那到 632 年穆罕默德去世,是伊斯兰教发展和胜利的时期,这一时期的经文约计 28 章,称为麦地那章。

二、圣训

圣训代表了先知的言、行及其许可之事。为避免《古兰经》经文与先知言语的混淆,先知指示同伴只记录《古兰经》,不记录其言语,其言行只能口头传播。

第一次试图收集记录圣训发生在 8 世纪中叶,适值伍麦叶哈里发欧麦尔·本·阿卜杜·阿齐兹时期。原因有三个:(1)许多圣训传述者和记忆者相继离世;(2)伴随伊斯兰国家的扩张,圣训传述者四处分散,召集他们求证圣训变得较

---

① 吴云贵:《当代伊斯兰教法》,中国社会科学出版社 2003 年版,第 23 页。

为困难;(3)新改宗的部分穆斯林及政治反对者曲解圣训以迎合自身目的。因之,虔诚的穆斯林开始拜访传述者以编辑圣训。为保障圣训的纯洁性,汇编者依靠"伊斯纳德"方法,即每条圣训都由一连串提及姓名的传述者作为支撑,从最后一位传述圣训之人开始,追溯至第一位听到或看到先知所言、所行,或许可之事的传述者。

为提高圣训精准度,汇编者审核圣训,形成了初步的编辑规则。中世纪法学家艾布·优素福主张:(1)应强调圣训的真实度,圣训若要被视为权威,应符合《古兰经》;(2)采集圣训时应坚信其真实性;(3)在社会上广泛流传和普遍接受;(4)学者、法理学家传播、了解和接受;(5)传述者以正直、诚信见称;(6)与伊斯兰教义的基本精神相符;(7)代表着先知的规范行为,而非独特的个人行为。①

(一)逊尼派著名圣训集

1.《布哈里圣训实录》。系穆罕默德·本·伊斯玛仪·布哈里(810—870)收录编纂的圣训集简称,全名为《真主的使者(求真主赐他吉庆与平安)的言行及其生平事迹实录大全》。该圣训集的编纂始于831年,847年完稿,历时16载。其间,布哈里不辞劳苦地奔波各地,寻访名师搜录圣训,考察传述人的生平及其为人,探究圣训来源,去伪而存真,根据教法内容分门别类地编辑成册。

2.《穆斯林圣训实录》。编者系著名的圣训学家穆斯林·本·哈贾吉(伊历206—261/公元821—874),纳瓦维将其冠名为《穆斯林圣训实录:先知穆罕默德言行的逊奈》。被奉为仅次于《布哈里圣训实录》的"第二真本"和"伊斯兰知识的宝库"。内容包括伊斯兰教的基本信仰和功修、婚姻、妇孺、商业、农耕、遗嘱、继承、馈赠、刑律、判决、吉哈德、狩猎、饮食、衣饰、交往、礼仪、求学等,亦包含对《古兰经》部分经文的解释与阐发。共54章,收录圣训1.2万余段,传述系统1万多条,其中,内容重复的圣训约有4725段。

3.《艾布·达乌德圣训集》。系波斯锡吉斯坦圣训学家艾布·达乌德(伊历202—275/公元817—888)汇编。他从50余万段圣训中加以甄别,辑录出4800段圣训,并以教法问题划分类目。该圣训集主要包括穆斯林宗教功修、品德修养、宣教劝化、礼法制度。艾布·达乌德注重圣训正文的各种录写格式和多种传

---

① Ansari, Z., "An Early Discussion on Islamic Jurispredence", in Khurshid Ahmad and Zafar Ishaq Ansari (eds.), *Islamic Perspectives: Studies in Hounour of Sayyid Abul A'ala al-Maudoui*, Islamic Foundation in association with Saudi Publishing House, 1979, p. 101.

述渠道,注重关涉教法的圣训。

4.《提尔密济圣训集》。提尔密济(？—892)编著。收录圣训 5 000 余段,每段圣训附有该圣训的其他传述系统和圣门弟子、再传弟子及教法学家的主张。采集圣训时,提尔密济采纳了布哈里和穆斯林·本·哈贾吉的辑录原则,以真实、符合伊斯兰精神、理性、传述人公正无私为标准。《提尔密济圣训集》对部分传述人写有评论,对各教法学家有争议的问题亦有提示。圣训内容涉及教义、教法、传闻逸事、道德操守等,被誉为"圣训百科"。

5.《伊本·马哲圣训集》。系波斯圣训学家伊本·马哲(伊历 209—274/公元 824—886)汇编。辑录圣训 4 341 段,传述人多为三人,被称为"三人传述系统"。伊本·马哲按教法体系将圣训分类立目,检阅方便明晰。共 37 章,1 515 节,篇目细致,标题简要。第一章专讲圣训的重要性及其地位,其余述及伊斯兰教的五功、农商、婚姻、衣饰、礼仪、道德、遗产继承、馈赠、狩猎、屠宰等。

6.《奈萨仪圣训集》。系呼罗珊圣训学家奈萨仪(伊历 215—303/公元 839—915)辑录汇编。奈萨仪将其中自认为最真实可靠的圣训重新列目编排,称为《圣训小集》,亦称《穆吉太巴集》,原集改称《圣训大集》。共 8 卷 51 章,收录圣训 5 700 余段。奈萨仪采用布哈里和穆斯林·本·哈贾吉编排圣训的原则,并按门类分别编排,内容涉及信仰、教规、拜功、宣礼、清真寺、日月食拜、祈雨拜、会礼、殡礼、斋戒、则卡特、朝觐、吉哈德、婚姻、公产、遗嘱、馈赠、盟誓、狩猎、宰牲、农耕、商业、衣饰、禁酒、法官守则等。

7.《穆宛塔圣训集》。亦称《圣训易读》。系最早的圣训集,亦为马立克教法学派的基本典籍。由马立克·本·艾奈斯(伊历 93—179/公元 715—795)汇集,收录圣训 1 836 段。① 全书按教法题材分类编排,分为"圣洁篇""礼拜篇""斋戒篇""则卡特篇"等 31 个篇目,每篇分若干章节,含 1 700 个审判律例,并附有编者评注。

8.《艾哈迈德·穆斯奈德圣训集》。编者系罕百里学派创始人艾哈迈德·本·穆罕默德·本·罕百勒(780—855)。罕百勒从 75 余万段圣训中精选出 4 万余段圣训,其数量超过其他圣训集。该圣训集提及传述圣训的圣门弟子千余人,向作者传授过圣训者 283 人,所收圣训按传述者的等级排序,突出了圣训在教法中的地位和功效。伊本·罕百勒去世后,其子阿卜杜拉对圣训集作了补充。

9.《达尔密圣训集》。编者艾布·穆罕默德·阿卜杜拉·达尔密(？—伊历

---

① 该数字为 2006 年埃及开罗"穆赫塔尔"版最新编排,也有人统计为 1 843 段。

255)集经注学、教法学、圣训学知识于一身,著作甚丰,以《达尔密圣训集》为最。该圣训集内容丰富,分清洁、礼拜、斋戒、朝觐、宰牲、狩猎、婚姻、商业等23章,收录圣训3503段。

上述圣训集中,《布哈里圣训实录》和《穆斯林圣训实录》在穆斯林中应用广泛。其中,《布哈里圣训实录》除却丰富的圣训知识,侧重于教法问题;《穆斯林圣训实录》记录的圣训准确可靠;《伊本·马哲圣训集》教法学资料丰富;《艾布·达乌德圣训集》被多数法学家所接受并视为立法创制的根据;《提尔密济圣训集》内容广泛,涉及圣门弟子和法学家的意见,为研究教法分歧意见的主要资料;《奈萨仪圣训集》着重揭示和评论教法问题的渊源。[①] 综观各圣训集特点,有学者做出如下评价:谁欲精通教法,就当研习《布哈里圣训实录》;谁欲掌握圣训正文,就当研习《穆斯林圣训实录》;谁欲更多地了解传述圣训的知识,就当研习《提尔密济圣训集》;谁欲统计有关教法律例的圣训,就当研习《艾布·达乌德圣训集》;谁欲了解最好的教法编排及其分门别类,就当研习《伊本·马哲圣训集》;《奈萨仪圣训集》则汇集了上述的所有特点。

(二)什叶派著名圣训集

什叶派编撰了自己的圣训集。十二伊玛目派辑录了什叶派四大圣训集,亦称"四圣书",被什叶派尊为仅次于《古兰经》的经典。四大圣训集的传述系统以阿里及其后裔的传述为据,辑录了先知、阿里及其他伊玛目的言行,为该派的教义和教法学确立了统一的经典依据。

1.《宗教学大全》。一译卡菲。编者为穆罕默德·库莱尼(伊历?—328/公元?—940),被什叶派誉为"伊斯兰教可信赖的权威"。库莱尼历时20载,收录传自什叶派追随的圣裔伊玛目的16 000多段圣训,[②]被视为什叶派最主要的经典之一。

2.《教法学家不予光顾的人》。一译《教法自通》。编者阿里·本·哈桑·本·巴拜韦·库米(918—991)。什叶派认为该书是编者在麦加时受伊玛目梦中启示所得。全书共62章,辑录圣训近6 000段,[③]内容上至阿丹,下至伊玛目转

---

① 秦惠彬:《伊斯兰文明》,中国社会科学出版社2000年版,第60页。
② 对《宗教学大全》收录的圣训数目,各注释家以不同的统计方法做出不同的统计,有的统计为16 099段,有的统计为16 121段,有的统计为15 977段。
③ 此数据有不同的统计,有人统计为9 044段。

世的征兆。该圣训集有阿拉伯文和波斯文的注释本。

3.《教法修正》。又译《法令修正篇》。编者艾布·贾法尔·图西（伊历358—460/公元995—1067）。该书是对穆菲德（947—1022）所著《教法学精华》的注释，内容比较广泛，共93章，收录圣训13 590段。

4.《圣训辨异》。一译《伊斯提布赛》，直译为"对有争议圣训的研究"。编者艾布·贾法尔·图西。收录圣训55 210段，共93章，注重陈述看似相互矛盾的圣训并加以阐释调和。

什叶派著名学者卡沙尼·穆罕默德·本·穆尔太扎[①]（伊历？—1091/公元？—1680）将四大圣训集加以汇编，命名为《问题与圣训大全》，收录圣训近5万段。

四大圣训集的内容非常广泛，除了先知穆罕默德的言行，还包括阿里及其后伊玛目们的言行。除却四大圣训集，另有三部圣训集被什叶派视为该派的圣训典籍：穆罕默德·本·巴基尔·麦吉利西（伊历1038—1104/公元1628—1699）所编《光的海洋》；穆罕默德·本·哈桑·宏勒·阿米里（伊历？—1104/公元？—1962）所编《什叶派法学论》；侯赛因·努里·塔伯里西（伊历？—1320）所编《媒介续论》。

什叶派的权威圣训集也有五大圣训集之说。第五部圣训集说法不一，一说是谢里夫·莱迪汇编的《辞章之道》，另说是阿里·本·哈桑·本·巴拜韦·库米（伊历306—381/公元918—991）所著的《知识城》。《辞章之道》是阿里的言论汇集，选收阿里的重要谈话、演说、信函、指令和嘱咐等799篇，篇幅长者洋洋万言，短者寥寥数语。《辞章之道》共3章：演说与指令，共242篇；信函，共79篇；箴言，共478篇。由于什叶派民众视阿里关于信仰、《古兰经》注释及对教法的判决和阐释为仅次于《古兰经》、圣训的立法依据，故《辞章之道》备受什叶派推崇。

三、法理

法理系先知辞世后伊斯兰社会发生变化的产物。伴随着伊斯兰国家的快速扩张，穆斯林面临着一系列先知时期未曾遇及《古兰经》和圣训未曾提及的新情况。早期的穆斯林领导人不得不从《古兰经》和传统惯例中演绎新规则，以适应新情况。"法理"一词在阿拉伯语中意为努力形成个人意见。其宗教合法性源于

---

① 也叫毛拉穆赫辛。

先知派遣同伴穆阿兹·本·贾伯里去也门做法官，在对穆阿兹的指导中，先知赞成如若遇及《古兰经》和圣训中未有清晰规约的情况，可运用理性达成规则。

法理的来源首先是《古兰经》和圣训。《古兰经》和圣训明确规约之处，没有为自我判断留有多少余地，但若没有明文规定，法学家就可依据经训精神达成规则，但不能违反沙里亚法原则。因之，法理的核心是《古兰经》和圣训。

伊斯兰教法理产生的其他基础是公议（伊智玛尔）、类比（基亚斯）、优选法（伊斯提哈桑）、公共利益（伊斯提素俩哈）、习惯法（乌尔夫）。

1. 公议。系权威的乌里玛在具体问题上的一致决议。
2. 类比。是从已往的最佳案例中推导出新规则的过程。这一方法有助于填补沙里亚法实施中存在的空白。
3. 优选法。又谓唯美。系依据类比法，以更贴切的理由达成《古兰经》、圣训或公议没有明确规定的规则。
4. 公共利益。《古兰经》和圣训未有明确规定时，基于大众利益达成的无前例的判断。
5. 习惯法。《古兰经》和圣训未明确提及，也未有公议，从而运用特定社会时期的正面惯例或习俗。

上述法理原则虽不似神圣的沙里亚法重要，但对穆斯林法学家裁决伊斯兰社会经济议题意义重大。法学家借此对经济议题制定规则，对伊斯兰经济思想的发展做出了重要贡献。

第二节 《古兰经》和圣训中的经济思想

一、伊斯兰经济基本哲学理念

（一）讨黑德

讨黑德源于穆斯林对"除真主外，绝无应受崇拜者"的坚定信念。它与"穆罕默德是真主的使者"构成了伊斯兰的信仰支柱。讨黑德包含多重含义：信主独一、拜主独一、认主独一。其结果是，宇宙的统一与真主的独一相关联，人类的存在并非孤立，其意愿和活动也并非分离，真主的受创物系一整体。因之，任何个体或团体的经济活动不应伤及他者利益,或不应伤及宇宙中善的其他来源。追求个人利益最大化时,不应误用或滥用经济资源,或牺牲他者利益,经济资源的使用者应掌握好这一平衡力度,若有所偏离,应加以矫正,个体若置若罔闻,国家有权力纠偏。这种偏离若刻意且持久,真主就会惩戒违犯者,对其施以后世的炼狱和今生的惩罚,但违犯者听从了警告与建议,矫正了自身行为,真主亦会以其至慈与至赦慷慨奖励悔过者。此外,讨黑德的理念也扩展为,除却人类,地球上的生物都有权利生活于大地的恩惠中,因此,禁止在饲养或承载货物时虐待动物,因为它们也在为满足人类的生存服务着。人类为了自己,也为了他人,应该保护和建设地球。

(二)代治者

《古兰经》宣称人是地球上的代治者。"他使你们为大地上的代治者。不信道者自受其不信的报酬;不信道者的不信,只使他们在他们的主那里受痛恨;不信道者的不信,只使他们更蒙亏折。"[①]"你们应当信仰真主和使者,你们应当分舍他所委你们代管的财产,你们中信道而且施舍者,将受重大的报酬。"[②]真主以他意愿的方式制定了利用经济资源的规约,代治者需在真主的指导下履行其职责。换言之,无论人拥有何种经济资源,都是代为托管。资源的使用受到托管规则的制约,任何对这些规约的侵害都会使受托方因为对托管事物、经济资源的误用和滥用而产生罪恶感,都会招致真主的惩戒,饶恕与否只留于真主。

(三)自由意志与责任

自由意志是人类选择、决定的能力,体现了人类与真主托管关系的一方面。责任则体现了这种关系的另一方面,它限制了人类的选择自由,使人类要为其行为负责。人类拥有经济资源建立于"所有权托管"基础之上,其运行要符合托管规约。因之,人类的自由也谓之经营自由,它并非绝对而是有所限制的。

(四)奖惩系统

《古兰经》对责任给予了相应评判。我使每个人的行为附着在他的脖子上。

---

① 《古兰经》:创造者(法颓尔)章第 39 节。
② 《古兰经》:铁(哈迪德)章第 7 节。

在复活日,我要为每个人取出一个展开的本子,(说:)"你读你的本子吧!今天,你已足为自己的清算人。"①奖惩系统有助于完善托管的运作机制。

二、伊斯兰经济主要原则

(一)适度

适度原则规定人类的行为应中庸平和,不走极端。"阿丹的子孙啊!每逢礼拜,你们必须穿着服饰。你们应当吃,应当喝,但不要过分,真主确是不喜欢过分者的。"②"你不要把自己的手束在脖子上,也不要把手完全伸开,以免你变成悔恨的受责备者。"③

适度原则既关注物质资源的使用,尤其应用于消费,也延及服从真主的宗教功修。先知曾劝诫三位发誓要寻求真主喜悦者:一位想终生斋戒,另一位整夜祈祷,还有一位弃绝婚配。对此,先知强调:"须知!以真主起誓!我确是你们中最害怕、最敬畏真主的人,我有时封斋,有时开斋,有时礼拜,有时睡觉,我还结婚,背离我道路的人,不属于我。"④

(二)效益

效益是讨黑德与代治者的衍生品。使用资源时,无论是生产还是消费都要做到效益最大化。对此,《古兰经》提及两个重要概念:伊斯拉夫(过份)和泰卜齐尔(浪费)。

伊斯拉夫指消费水准超过了基本需要,达至奢侈消费。在存储与消费关系中,也指向牺牲将来的消费与存储用于即时消费,反映了消费者分配当前和将来消费的时间偏好。

泰卜齐尔指经济资源的一种不必要的使用,是对资源的过度、浪费使用。"挥霍者确是恶魔的朋友,恶魔原是辜负主恩的。"⑤泰卜齐尔会导致真主的惩罚,实践泰卜齐尔者被视为撒旦的兄弟,被天园摒弃,进入炼狱,不被真主饶恕。

---

① 《古兰经》:夜行(伊斯拉)章第13—14节。
② 《古兰经》:高处(艾耳拉弗)章第31节。
③ 《古兰经》:夜行(伊斯拉)章第29节。
④ 《布哈里圣训实录全集》(第3卷),第5 063段,商务印书馆2018年版,第1729页。
⑤ 《古兰经》:夜行(伊斯拉)章第27节。

伊斯拉夫与泰卜齐尔是伊斯兰的独特概念,它们可延伸至任何经济或非经济活动,伊斯兰社会的生产与消费活动明显受此影响。

(三)公正

伊斯兰讲求社会公正,社会公正尤其运用于收入分配中。"他们的财产中,有乞丐和贫民的权利。"①

三、伊斯兰经济资源

(一)自然资源

作为一种生产要素,自然资源包括土地、动物、矿产、风、水、海洋、河流等。《古兰经》多处提及自然资源,表明真主惠赐人类,以便人们感激真主。"他从云中降下雨水,用雨水使一切植物发芽,长出翠绿的枝叶,结出累累的果实,从海枣树的花被中结出一串串枣球;用雨水浇灌许多葡萄园,浇灌相似的和不相似的橄榄和石榴,当果树结果的时候,你们看看那些果实和成熟的情形吧。对于信道的民众,此中确有许多迹象。"②

(二)劳动

劳动既包括人的辛劳,也包括人的积极表现和实现自我的需要。"劳动"一词源自古日耳曼语,主要表示体力活动的辛劳、痛苦、艰难、累赘等特征。在古德语中,劳动仅仅表示辛劳。在创造了"机器人"一词的斯拉夫语中,劳动同样意味着奴役和劳役。因此,从劳动一词的词源看,从事劳动会使人感到疲惫、劳累。与此相反,对劳动的结果——绩效或产品,评价则是积极的。

《古兰经》和圣训都强调劳动。先知鼓励所有合法的工作,即便是惠及鸟类与动物。"凡穆斯林栽树种田,而后被鸟或人类或牲畜所食,被食的部分即为穆斯林的施舍。"③先知及其同伴在市场谋生的事例更是举不胜举。

劳动不单指雇佣劳动,也包含根植于资本与土地中的所有种类的劳动。伊

---

① 《古兰经》:播种者(达理雅特)章第19节。
② 《古兰经》:牲畜(艾奈阿姆)章第99节。
③ 《布哈里圣训实录全集》(第2卷),第2320段,商务印书馆2018年版,第741页。

斯兰中的劳动亦包括创业,劳动是穆斯林的职责,即便他(或她)很富裕,没有为既有钱又有闲留有余地。全身心地投入于敬拜真主不能成为不劳作的理由,如先知看到有人整日在清真寺敬拜真主,就问是谁在供养这人,当得知有一些人在支持这人时,先知说这些人比这人更优越。劳动者应尽最大努力满足工作需求,诚实、勤奋、讲求效率。雇主应公平对待雇员,按时发放工资,提供适宜的工作环境,根据能力安排任务。"你们的侍从就是你们的弟兄,真主使他们生活在你们手下,谁的手下有弟兄(奴隶),自己吃什么,就给他吃什么,自己穿什么,就给他穿什么。不要责成他力所不及的活干。如果责成他们,应帮助他们。"①

(三)资本

西方经济学将资本视为主要的生产要素之一,它产生于经济体系本身,目的在于通过生产进一步创造出更多的产品和劳动。资本包括货币资本、实物资本和人力资本等。西方经济学认为,资本积累意味着减少消费,但由于资本在生产中具有创造更多产出的能力,使得资本所有者对时间产生偏好,他们为了获得更多的未来收益和未来消费,宁愿牺牲自己当前的消费,积累资本,使之与土地、劳动等其他要素投入协同生产。资本所有者在进行投资前,往往将资本预期所能得到的效益与其成本相比较,如果前者大于后者,则投资决策被视为可行。

四、所有制

《古兰经》中所有权的概念建立在两个主要公理上:真主是宇宙的终极所有者;人是真主在大地上的代治者,是真主的"受托人",真主将代理权赐予他,人的所有权的基础是"所有权托管"。

(一)私有制

《古兰经》和圣训允许私有制,但禁止滥用私有财产。如若滥用,伊斯兰国家有权介入,矫枉过正。

首先,《古兰经》认为私有制符合人的天性。"他对于财产确是酷好的。"②"财

---

① 《布哈里圣训实录全集》(第1卷),第30段,商务印书馆2018年版,第20页。
② 《古兰经》:奔驰的马队(阿底雅特)章第8节。

产和后嗣是今世生活的装饰；常存的善功，在你的主看来，是报酬更好的，是希望更大的。"①《古兰经》命戒穆斯林为主道和圣战做出牺牲时也关注财富，在这些经文中，"财富"一词总是在"自我"一词之前。"信道而且迁居，并借自己的财产和生命为主道而奋斗者，在真主看来，是品级更高的；这等人就是成功的。"②"你们当轻装地，或重装地出征，你们当借你们的财产和生命为真主而奋斗。这对于你们是更好的，如果你们知道。"③事实上，每当提及财富与其他事项，诸如自我、子女、父母、宗族，财富总是至上。唯一的例外只来自一段经文，"真主确已用乐园换取信士们的生命和财产。他们为真主而战斗；他们或杀敌致果，或杀身成仁。那是真实的应许，记录在《讨拉特》《引支勒》和《古兰经》中。谁比真主更能践约呢？你们要为自己所缔结的契约而高兴。那正是伟大的成功。"④

其次，《古兰经》高度重视私有财产的神圣性。如"偷盗的男女，你们当割去他们俩的手，以报他们俩的罪行，以示真主的惩戒。真主是万能的，是至睿的"；⑤"为保护财产而战死的人是烈士"。⑥

再次，《古兰经》和圣训为私有财产的继承提供了具体指导，男女老幼都有继承份额，获赠份额与他们跟死者的关系亲疏有关。

（二）公有制

水和牧场是阿拉伯社会生活必不可少的自然资源，大众有权利使用这些经济资源。这些资源成为社会公有，其原因不言自明，它是大众，尤其是阿拉伯人极需的基本物品，没有它们，民众生活难以为续，也因之，这些基本资源被排除于私有财产之外。

需强调的是，社会或国家虽然拥有这些自然资源的所有权，但个人仍可拥有他们自己的水源。这就产生了一个重要问题，经济资源何时被视为公共资源？在早期的游牧社会，如早期伊斯兰国家，这个问题不难回答，但在日趋复杂的现当代社会，这一问题很难界定。在此，法理学的重要性得以凸显，法学家从《古兰经》和圣训衍生出新规则以适应新需要，如对于开采的矿藏，马立克等中世纪的

---

① 《古兰经》：山洞（凯海府）章第 46 节。
② 《古兰经》：忏悔（讨白）章第 20 节。
③ 《古兰经》：忏悔（讨白）章第 41 节。
④ 《古兰经》：忏悔（讨白）章第 111 节。
⑤ 《古兰经》：筵席（马以代）章第 38 节。
⑥ 《布哈里圣训实录全集》（第 2 卷），第 2 480 段，商务印书馆 2018 年版，第 797 页。

伊斯兰法学家认为，矿产不应属于业主，而应属于社会，即国家。[①] 对矿产的这种规则也可应用到油田。

五、生产

（一）生产目标

所有经济活动中，发展经济是生产的总目标。生产者对员工以及周围环境要负一种社会责任。生产者应使企业家、员工、社会三种团体达到目的，生产者在实现这些目标的过程中应努力实现这三组目标的"平衡"，最终的回赐就是赢得真主的喜悦。

（二）生产要素

西方经济理论中，生产要素有四：土地、劳动、资本、组织。伊斯兰经济中，生产要素有六：环境、自然资源、人力因素（包括劳动和管理）、资本、社会、沙里亚法指导和真主的祝福。[②] 此六点与经济发展目标相关联。伊斯兰经济发展的目标并非产值或利润的最大化，而是从经济发展中产生有利于个体与社会的福利收益。

六、消费

（一）伊斯兰与物质需要

伊斯兰并非反对物质主义，物质被视为真主的惠赐，富裕不是罪恶，天园并非穷人独家享有，也为富人开放，允许信众享受真主的惠赐，但受制于"适度"这一重要原则。

在消费行为的传统理论中，消费者被视为"同源经济人"，其最终目的是实现消费商品、享受服务的最优化。这种行为假设受到利他主义经济学家的批判，利

---

① Al-Zarqani, Muhammad ibn Abdel-Baqi ibn Yusuf Al-Misri Al-Azhari Al-Maliki (d.1713), *Commentary of Zarqani on Imam Malik's Muwatta*, *sharh Al-Zarqani ala muwatta Imama Malik*, Dar of Academic Books Publication, 1990 (in Arabic), p. 118.

② Ahmed EL-Ashker and Rodney Wilson, *Islamic Economics a Short History*, Leiden · Boston, 2006, p. 63.

他主义经济学家认为,应当更多强调消费者的社会责任,消费者应对社会利益给予更大关注,即伦理价值应对消费者寻求满意度最大化的行为产生相当大的影响。宗教是种特殊的伦理价值资源,对穆斯林抑或穆斯林消费者而言,伊斯兰教高度影响到其言行,这并非说所有穆斯林在寻求消费行为满意度时都追寻同一种行为模式,因为个体的虔敬度不同,宗教的虔敬度成为形塑消费者效用函数及其消费模式的一个影响因子。对伊斯兰经济学家而言,通过伊斯兰伦理审查消费者,将使其从"同源经济人"转向"同源伊斯兰"。① 这一概念要求穆斯林消费者的消费、储蓄、投资都要符合伊斯兰伦理价值。在"同质经济—伊斯兰"模式中,消费者受四种主要因素的指导:托管关系中的所有权概念;后世奖惩体系;适度原则;储蓄与投资关系。②

(二) 消费的其他要素

在影响消费的因素中,收入最为重要。美国经济学家 F. 莫迪利安尼、R. 布伦贝格、A. 安东共同提出的生命周期假说;美国经济学家弗里德曼提出的持久收入假说;美国经济学家 J. 杜森贝利提出的相对收入假说主要研究了收入对消费的影响。但影响消费的还有许多其他因素:(1)利率。古典经济学家认为,利率是影响储蓄最重要的因素之一,进而影响消费。利率的变动同储蓄成正比,与消费成反比。(2)价格水平。(3)收入分配。(4)消费品存量。(5)流动资产。(6)预期收入。(7)财政政策。

穆斯林的消费不仅受到上述要素的制约,伊斯兰今后两世的奖惩系统亦会影响穆斯林的消费模式及其追求最大化的效用函数。其消费途径不仅涵盖生理—社会需求这一世俗层面,且包含社会慈善、为主道而工作等增加后世回赐的层面。因之,其消费模式由两个要素构成:世俗效用与后世效用。

(三) 适度原则

穆斯林法学家以《古兰经》和圣训为据,将需要分为食品、衣物、住所、婚姻、

---

① Khurshid Ahmad (ed.), *Studies in Islamic Economics*, International Centre for Research in Islamic Economics, and Islamic Foundation, 1980.
② Kahf, Monzer, "A Contribution to the Theory of Consumer Behaviour in an Islamic Society", in Khurshid Ahmad, *Studies in Islamic Economics*, International Centre for Research in Islamic Economics and Islamic Foundation, 1980, p. 59.

宗教信仰等，所有这些都应适度使用。穆斯林被前定为消费要适度，对待自身、家属应慷慨但不奢侈。适度不意味着吝啬，禁止奢侈也不意味着小气。

适度原则承认了一个基本前提，即资源的稀缺。资源稀缺是中世纪阿拉伯半岛的主要特征之一，是当时贝都因人的生活写照。贝都因人由于物资稀少，无需《古兰经》强调，消费中只有适度而别无他选。《古兰经》为社会经济的长期发展提供了一种框架，伊斯兰国家历史上不仅有过繁荣富足，亦经历过饥馑与困厄，适度原则不失为居安思危之智举。

传统法学家将消费水平分为三个主要层面：必需、便利、优越。第一层面包括食物、住所、宗教、思想、婚姻，它包含基本的生理—社会需要。第二层面包括商品和服务，它们不及第一层面那样迫切，但仍属基本需要。第三层面是最受适度原则指摘的奢侈品。[1]

适度原则与后世奖惩体系相关联，不同消费水平带来不同的奖惩回报。如果收入充裕，但缺乏第一层面即必需品的支出，将会受到惩罚。消费者在这一层面的支出越多，所受惩罚越少。消费者在第二层面即便利层面支出越多，回赐越多。第三层面最需要适度原则，若在这一层面还遵循适度原则，将给予消费者最大的神圣回赐，逾此就是奢侈程度，要受到谴责。[2]

适度原则既应用于消耗品、服务、慈善，也用于支出与储蓄的关系。

第一，应用于消耗品与服务的支出。现代社会很难建构适度消费的标准。某一社会或某一时期，奢侈消费可以转变为普通消费，服装、给养、娱乐、教育的消费即为其例。部分伊斯兰学者认为，应当在生活标准、国家收入水平、收入分配模式、国家发展、消费习俗等方面建立经济和社会指标，使它成为特定阶段某一社会的公约，以此施行适度原则。

第二，慈善支出与世俗需要支出。施舍者在满足世俗需要、帮助需要依靠的继承人免于贫困之后，余者可用于施舍。"你应当借真主赏赐你的财富而营谋后世的住宅，你不要忘却你在今世的定分。你当以善待人，像真主以善待你一样。你不要在地方上摆弄是非，真主确是不爱摆弄是非者。"[3] "他们问你他们应该施

---

[1] Khurshid Ahmad (ed.), *Studies in Islamic Economics*, International Centre for Research in Islamic Economics, and Islamic Foundation, 1980.
[2] Ahmed EL-Ashker and Rodney Wilson, *Islamic Economics a Short History*, Leiden·Boston, 2006, p. 70.
[3] 《古兰经》：故事（改赛素）章第77节。

舍甚么,你说:'你们施舍剩余的吧。'真主这样为你们阐明一切迹象,以便你们思维今世和后世的事务。"①

第三,支出与储蓄。伊斯兰要求消费者在支出与储蓄之间保持一种合理的关系,给需要依赖的继承人留有遗赠居于储蓄多重目的之首位,即便是用于慈善目的的支出亦复如此。先知的同伴萨阿德要施舍绝大部分财产,先知建议只捐赠三分之一,其余留给继承人。"就三分之一,三分之一已经够多的了,你让你的继承人变成富人,强于让他们受穷向人乞讨。"②

七、储蓄与投资的关系

凯恩斯将人们储蓄的动机归纳为八种:(1)建立准备金,以防止未来预期不到的变化;(2)为未来的消费支出做好准备,例如,为着养老、子女教育,或赡养亲属而储蓄;(3)获取利息及其他收益,这就是牺牲现期消费,赚取利息或投资收益,以增加未来的收入与消费;(4)出于一种人类本能,希望未来的生活水平比现在高,尽管年老后享受能力会下降,人们也仍会这样做;(5)即使没有什么特殊用途,也想进行储蓄来维护个人的独立感或有所作为感;(6)获得从事投机活动或发展事业的本钱;(7)给后人留下遗产;(8)满足纯粹的吝啬欲,以致节省到不合理的程度。凯恩斯将这八种储蓄动机概括为"谨慎、远虑、计算、改善、独立、企业、自豪与贪婪",与此相应的消费动机则为"享受、短见、慷慨、失算、炫耀与奢侈"。③

伊斯兰高度重视储蓄的首要目的,即为继承人留有遗产。为实现这一目的进行适宜的储蓄,会受到真主的喜悦,得到后世的回赐。只要与适度原则相适应,则不会谴责其储蓄动机,但谴责过一种吝啬的生活以期富裕。

伊斯兰的储蓄涉及三个要素:则卡特、利润、利息。则卡特系伊斯兰信仰的内核之一,是敬畏真主的表征,则卡特还指向收入分配与经济公正。则卡特有助于实现储蓄与投资的合作,减少社会闲散资金。尽管则卡特缴纳的最低阈限让一部分人避免了纳课,但总的来说是将绝大部分穆斯林的部分收入纳入经济活动之中,阻止了囤积。就利润与利息而言,伊斯兰教认可利润,但禁止利息。交易双方即资金的供应方与使用者应共担盈亏。利润是合法的,应该在盈亏共享

---

① 《古兰经》:黄牛(百格勒)章第 219 节。
② 《穆斯林圣训实录全集》(下册),第 1628 段,商务印书馆 2016 年版,第 897 页。
③ 约翰·梅纳德·凯恩斯:《就业、利息和货币通论》,商务印书馆 2007 年版,第 94 页。

而非利息的基础之上进行投资。

总之,伊斯兰视域中的消费者行为概括如下:(1)消费者寻求最大化的效用函数,由两个要素组成:商品与服务的消费效用;宗教—社会慈善支出的效用。(2)伊斯兰强制将部分储蓄遗赠给需要依靠的继承人,储蓄的其他部分要依据适度原则。(3)则卡特提升了宗教—社会慈善的情愫,为伊斯兰国家带来了一笔基于宗教—社会慈善的收益,是征集社会闲散资金的另一种方式,有助于缩小储蓄与投资之间的差距。(4)储蓄用于投资至少要保证财富的最终值,投资应在盈亏共担而非利息基础之上进行,从长远看,这有助于鼓励储户进一步创业。(5)谴责垄断,银行可向企业发放免息贷款。

八、分配

伊斯兰并不坚持收入的绝对平等分配,相反,它承认由于天赋、能力、努力程度的不同,个体的收入和财富有异。"真主使他所意欲者享受宽裕的给养或窘迫的给养。他们因今世的生活而欢喜,然而今世的生活比起后世的生活来,只是一种(暂时的)享受。"①"在给养上,真主使你们中一部分人超越另一部分人,给养优厚者绝不愿把自己的给养让给自己的奴仆,从而他们在给养上与自己平等,难道他们否认真主的恩惠吗?"②合理的经济区隔有助于社会结构趋于平衡,但伊斯兰禁止种族等的不合理区隔。人们平等如梳齿、"你们中最优秀者,是你们中道德最高尚的人"。③ 个体间财富的不平等并不意味着歧视与不公。"真主不看你们的体格,也不看你们的外表,但要看你们的心灵。"④劝诫穆斯林不要因财富而制造歧视。"众人们!你们以前的人之所以毁灭,就是因为贵人行窃时,他们置若罔闻;穷人行窃时,他们就执行法度。以真主起誓!倘若穆罕默德的女儿法蒂玛行窃,我誓必断去她的手。"⑤

收入再分配是借由政府的税收、转移支付等措施使收入由高收入阶层向低收入阶层转移,从而增加整个社会的福利。它以基数效用论为基础。按照基数

---

① 《古兰经》:雷霆(赖尔得)章第 26 节。
② 《古兰经》:蜜蜂(奈哈勒)章第 71 节。
③ 《布哈里圣训实录全集》(第 2 卷),第 3559 段,商务印书馆 2018 年版,第 1161 页。
④ 《穆斯林圣训实录全集》(下册),第 2564 段,商务印书馆 2016 年版,第 1417 页。
⑤ 《穆斯林圣训实录全集》(下册),第 1688 段,商务印书馆 2016 年版,第 944 页。

效用论的观点,货币收入的边际效用是递减的,一个人收入愈多,货币收入的边际效用愈小。收入愈少,货币的边际效用愈大。因此,一些西方经济学家指出,如果政府通过采取征收累进所得税、遗产税等措施,同时通过各种社会福利设施,如养老金、免费教育、失业保险、医药保险、食物补贴、住房补贴等,将一部分货币收入从富人那里转移到穷人手中,就可以增加货币的边际效用,从而增加总的社会满意度。英国经济学家庇古最早较为系统地论述了收入再分配对社会福利的影响,提出了收入均等化的主张。伊斯兰强调财富和收入的公平分配,以减小贫富差距,主要采取了三种实现社会经济公正的财富再分配的重要手段:自愿施舍、则卡特、继承法。

(一) 自愿施舍

穆斯林要给予穷人和需要帮助者施舍以取悦真主。《古兰经》无论何时提到真主慷慨地赐予个体,就会提到个体应当施舍。命戒穆斯林施舍的经文非常之多,回报非常慷慨,部分经文表明回报有十倍之多,有时又表述为"为主道而施舍财产的人,譬如(一个农夫,播下)一粒谷种,发出七穗,每穗结一百颗谷粒。真主加倍地报酬他所意欲的人,真主是宽大的,是全知的"。①《古兰经》通过隐喻强调施舍就如同借贷给真主。"施财的士女,和以善债借给真主的士女,他必定加倍偿还他们,他们将受优厚的报酬。"②"你们当量力地敬畏真主,你们当听从他的教训和命令,你们当施舍,那是有益于你们自己的。能戒除自身的贪吝者,确是成功的。如果你们以善债借给真主,他将加倍偿还你们,而且赦宥你们。真主是善报的,是至容的。"③"你的主的确知道你礼拜的时间,不到全夜的三分之二,或二分之一,或三分之一。你的同道中,有一群人也是那样做的。真主预定黑夜和白昼的长度,他知道你们不能计算它,故赦宥你们。你们应当诵《古兰经》中简易的(文辞)。他知道你们中将有一些病人,和别的许多人,或旅行四方,寻求真主的恩惠;或为真主而作战,故你们应当讽诵其中简易的(文辞)。你们应当谨守拜功,完纳天课,并以善债借给真主。你们为自己做什么善事,都将在真主那里得到更好更大的报酬。你们应当向真主求饶,真主是至赦的,是至慈的。"④借

---

① 《古兰经》:黄牛(百格勒)章第 261 节。
② 《古兰经》:铁(哈迪德)章第 18 节。
③ 《古兰经》:相欺(台昂卜尼)章第 16—17 节。
④ 《古兰经》:披衣的人(孟赞密鲁)章第 20 节。

此，施舍受到了高度激励。

施舍也遵循各种条件，主要有：（1）给他人的施舍之物应当是施舍人自己也喜爱的。"你们绝不能获得全善，直到你们分舍自己所爱的事物。你们所施舍的，无论是什么，确是真主所知道的。"①（2）施舍不应伴随对受施者的侮辱，言辞友善是更好的。"与其在施舍之后，损害受施的人，不如以婉言谢绝他，并赦宥他的烦扰。真主是自足的，是至容的。"②（3）可公开施舍，但秘密施舍是更好的。"如果你们公开地施舍，这是很好的；如果你们秘密地施济贫民，这对于你们是更好的。这能消除你们的一部分罪恶。真主是彻知你们的行为的。"③（4）可以施舍给非穆斯林。"未曾为你们的宗教而对你们作战，也未曾把你们从故乡驱逐出境者，真主并不禁止你们怜悯他们，公平待遇他们。真主确是喜爱公平者的。"④

（二）则卡特

系《古兰经》规定的一项宗教义务。《古兰经》规定了则卡特的缴纳，但未决定其税基，即最低阈限。先知穆罕默德按照财富种类征收则卡特，并明确了征收阈限。艾布·伯克尔通过成功对抗一些不愿缴纳则卡特的穆斯林，以政令强制征收则卡特，则卡特成为国家特权，个人无权酌决。哈里发奥斯曼时期，因为国家岁入已很丰厚，奥斯曼决定将则卡特排除在国家财政之外，穆斯林可自愿支付则卡特，其适宜程度视他们自己的宗教良知而定。⑤ 这种新的税收实践似乎为历史上伊斯兰国家的多种税收政策打开了大门，则卡特由强制性的国家管理转变为自愿基础上的非国家机构征集。

九、国家角色

市场正常运作时国家不应固定价格或施以类似举措，国家没有权力阻挠正常的市场运作。国家权力的应用基于三个主要方面：国家作为企业主，市场结

---

① 《古兰经》：仪姆兰的家属（阿黎仪姆兰）章第 92 节。
② 《古兰经》：黄牛（百格勒）章第 263 节。
③ 《古兰经》：黄牛（百格勒）章第 271 节。
④ 《古兰经》：受考验的妇人（慕姆太哈奈）章第 8 节。
⑤ Al-Neim, A., *Taxation System in Islam and its Applicapility to Saudi Arabia*, *al nizam al dharibi fi al Islam wa tatbeeqahu ala al mamlakah alsaudiah al Arabiyah*, Dar el-Irshad, 1969 (in Arabic), p. 99.

构,国家财政。

(一) 国家作为企业主

国家的基本角色是监督、计划和组织,以便为自由经济的运作提供适宜环境。四大哈里发时期,国家功能进一步增强,如欧麦尔主张国家应该控制征占的土地。此外,土地作为经济资源,其有效利用引起欧麦尔的格外关注,他指示那些拥有土地超过自身耕种能力的人将土地返还给国家,即便这些土地是先知赠予这些人的。8世纪中叶起,阿拔斯王朝扮演企业主角色,国家抢先进入一些对个体而言风险太大不敢贸然运作,或回报极为丰厚的经济活动之中。

(二) 市场结构

依据《古兰经》和圣训对市场规则的阐释,不难看出伊斯兰主张市场的自由竞争,认为价格应由供需力量决定。伊斯兰的市场具备以下特征:

1. 谴责垄断。圣训谴责任何形式的垄断。"谁囤积、谁犯罪"[1]"审判日,那些干预价格而抬价者,真主将让其坐于火凳上。"[2]"那些囤积食物达40天者是真主的敌人。"[3]法学家认为,垄断或囤积如果具备一些特征就是罪恶的:(1)囤积的物品超过个人及其家庭一年的生活所需,囤积必需品的最高时限为一年。(2)囤积的目的是为影响价格或打算价格上涨后再行出售。(3)囤积的物品是市场稀缺品。(4)垄断或囤积本身并不被视为罪过,但囤积的目的不善,或产生了垄断结果的垄断者或囤积者是罪恶的。

2. 市场供需决定价格。应当通过市场力、供需矛盾决定价格。真主或慷慨或廉减地赐予众人,真主制定了价格。我不想带着别人对我本人或财富的抱怨去见真主。[4] 这虽是所有穆斯林都接受的一般规则,但伊本·泰米叶等法学家认为,先知所言建立在市场稳定基础之上,如果市场由于不公正运作而失衡,国家有权介入以固定价格。

3. 信息对称。信息对买卖双方都应是畅通的。先知谴责在卖方还未到达

---

[1] 《穆斯林圣训实录全集》(下册),第1605段,商务印书馆2016年版,第880页。
[2] 《艾哈迈德穆斯奈德圣训集》,第20313段,沙特阿拉伯利雅得国际思想社2002年版,第1454页。
[3] 《艾哈迈德穆斯奈德圣训集》,第4880段,沙特阿拉伯利雅得国际思想社2002年版,第273页。
[4] Abu-Yusuf, *Book of Kharaj*, *Kitab al-Kharaj*, trans. Ali, Abid Ahmad & A. H. Siddiqui, Islamic Book Centre, 1979. p. 119.

市场之前就加以拦截并与之签约的行为。在市场的交易可以使卖方有机会了解行情,也可使买方不受中间方的影响而购买商品。如果买卖双方已缔约,就禁止其他买家给卖家出更高的价位以变更协约。缔结协约之前,买卖双方应遵循市场中通行的价格。

4. 谴责在不确定产品数量的基础上预先缔结协议。不确定性的内涵广泛,它既与追求利润最大化的厂商决策理论相联系,又与寡头理论相关。当与厂商决策理论相联系时,不确定性是指厂商对于未来事件,特别是对于不能加以保险和不能精确地预见的未来事件做出决策时,其结果是不确定的。在不确定的条件下要做出合理的决策,须依赖于厂商主观预期价格和预期成本的概率,也就是依赖于预期利润的概率。当与寡头理论相联系时,不确定性是指在寡头市场上,由于竞争的厂商不能够获取有关需求和对于厂商如何行动的全部信息,因而无法事先确定自己的价格和产量,只能由竞争的结果来确定。① 如此,不能够从假定的前提出发得出必然的逻辑结论,亦即,不确定性不能从理论上说明均衡的价格和产量到底是由什么决定的。伊斯兰认为,因为卖方无法确定他兑现协约的能力,由于交付的数量模糊不清,有可能影响到合同将来的效用,如卖方要在将来某一时限向买方出售产品(地里的谷物、在一个时间段内捕获的鱼、一次出海的产量、动物的胎羔等),则协约不合法。交易商品的数量、样式、位置、时间、价值等的不确定性,可能会导致买卖双方的争议,致使协议失效,谓之不确定的销售(白尔·格拉勒),先知对此予以谴责。

伊斯兰历史上,哈里发就曾意识到市场力及其对价格的影响。639 年左右,麦地那由于商品供应短缺,物价大幅增长。第二任哈里发不想固定价格,而是指示埃及总督向他提供物品以抑制物价,遂如愿。② 767 年,哈里发曼苏尔选择巴格达作为新城,据称曼苏尔想找一个地方,人们能在此谋生,物价不会太高或供应稀缺,因为如果他居住的地方无法由水路或陆路输运货物,供应品就会短缺,人们就面临物价高涨的困难。③

---

① 胡代光、高鸿业:《现代西方经济学辞典》,中国社会科学出版社 1996 年版,第 84 页。
② Tuma, Elias H., "Early Arab Economic Policies, 1st/7th – 4th/10th Centuries", *Islamic Studies*, Vol. 4, No. 1, March 1965, p. 1.
③ Tuma, Elias H., "Early Arab Economic Policies, 1st/7th – 4th/10th Centuries", *Islamic Studies*, Vol. 4, No. 1, March 1965, p. 1.

（三）国家财政

先知时期，国家财政收入主要有五项：法伊、战利品的 1/5、则卡特、吉兹叶、私人捐助。除却私人捐助，收入的其他种类及其支出方式在《古兰经》都有所提及。欧麦尔时期，由于土地扩张等原因，国库的收入种类与数量有所增加。伍麦叶王朝与阿拔斯王朝早期，国库收入进一步激增。

第三节　先知穆罕默德的传教活动

610 年，阿拉伯半岛腹地的历史发生了剧变，不仅影响到其历史进程，也改变了其他许多国家的历史，这就是伊斯兰教的诞生。犹如犹太教、基督教的产生，伊斯兰教的诞生亦受到阻滞。贝都因人很重视过去的宗教与传统，拒不接纳任何有违原先信仰与习俗的思想，不愿轻易改宗新的信仰，加之伊斯兰教不仅是宗教，亦是政治、社会、经济的巨大变革，危及当权派的权利根基，因之，受到上层社会尤其是来自麦加的巨大阻隔。

出于政治和经济利益的考虑，麦加的贵族集团反对伊斯兰教。他们担心穆罕默德的活动会影响整个部落的统一和贸易的收益，至少会损害麦加作为朝觐和集市中心的繁荣。克尔白供奉着众多的偶像，是阿拉伯人朝拜的中心，古来氏人是克尔白的管理者，麦加贵族预感到穆罕默德作为先知的政治含义，认定穆罕默德宣传的一神教定会损害古来氏部落最重要的经济收益，他们同样意识到了伊斯兰启示的道德观念与自身致富手段和生活方式的尖锐对立，于是加剧了对穆斯林的迫害。

穆罕默德传教初期，举步维艰。617 年，哈姆泽、欧麦尔等重要人物皈依伊斯兰教，给处境艰难的穆斯林极大的鼓舞，但两人的皈依并未从根本上改变穆斯林的窘境。619 年，圣妻赫蒂彻和穆罕默德的伯父阿布·塔里布相继去世，这对穆罕默德影响很大，尤其是阿布·塔里布的去世使事态更加严重，穆斯林在麦加陷入了困境。伊斯兰教在麦加无法取得进一步的发展，面临夭折，现实迫使穆罕默德到麦加之外去谋求伊斯兰教的生存和发展，他在麦加附近的集市上宣教布道，失败后来到塔伊夫，试图取得赛基夫部落的支持和保护，在那里建立穆斯林的居留地，但无功而返。620 年，穆罕默德向来朝觐的阿拉伯人宣传教义。在乌卡兹集市上有6名麦地那的哈兹拉吉人对他的宣教产生了兴趣。翌年,12名麦地那人,其中有3名奥斯人和9名哈兹拉吉人,前来邀请穆斯林前往麦地那。穆罕默德派遣了一名忠诚的穆斯林随同他们前往麦地那发展信徒,除了与犹太部落杂居的一个氏族,几乎每个氏族都有皈依者。622年6月底,75名代表来到麦加,正式邀请穆罕默德迁居麦地那,他们在夜间与穆罕默德秘密会晤,希望他能够调解奥斯部落与哈兹拉吉部落之间的多年争端,并立誓服从和保护穆罕默德,此即著名的"阿格白誓约"。此时的穆罕默德确信,他在麦加的传教难成正果,因此,他敦促所有的穆斯林迁居麦地那。622年9月24日,穆罕默德偕同艾布·伯克尔抵达麦地那南郊的库巴,受到了麦地那人的欢迎,这就是著名的"希吉拉",意即迁徙,一项经过两年的谈判和计划而采取的重大行动。迁徙麦地那是伊斯兰教发展史上的重要转折点,标志着麦加时期的终结和麦地那时期的开端。多年以后,穆斯林领悟到这一事件的历史意义,欧麦尔决定以迁徙年之岁首,即公元622年7月16日作为伊斯兰教新纪元的起点。

根据阿拉伯人的惯例,穆斯林迁徙麦地那后也就放弃和终止了因血缘关系而自动产生的一切权利和义务。在他们与麦地那人共同组成的社团中,伊斯兰教成为支配人们的意识形态,穆斯林突破了氏族制的外壳,以信仰为基础建立了全新的社团——乌玛,[①]以满足麦地那的现实需要。穆罕默德与各氏族集团订立了"麦地那宪章"。其后,又经历了白德尔之战、伍侯德之战、壕堑之战、征服海巴尔、光复麦加、侯奈因之战、远征塔布克、麦地那的社会改革、辞朝等一系列活动。632年,先知穆罕默德去世。虽然先知的辞世不可避免,诚如《古兰经》所述,先知只是一个人,只是诸多使者之一,并告诫他们,反对任何先知归真之后出现的阻滞。[②] 但穆斯林还是震惊了,先知的亲密伙伴,即后来的第二任哈里发欧麦尔,相信先知就像圣人尔萨那样只是暂时离开,最终还会回来,并威胁那些散布先知辞世"谣言"的人。先知的另一位亲密伙伴并岳父艾布·伯克尔宣布了先知的辞世,并用《古兰经》经文提醒先知的追随者,"谁崇拜穆罕默德,穆罕默德已经归真。谁崇拜真主,真主将永存。"欧麦尔后来说,当他听到艾布·伯克尔念诵这段经文时,他感

[①] "乌玛"一词源自苏美尔语。在古代阿拉伯铭文中,它意指伦理和宗教的共同体,或指具有某种身份和特征的人群共同体。该词在《古兰经》中经常出现,可能间接转借自希伯来语(意为"部落""族人",引申为"民族""国家"),用意广泛,但主要是指由宗教纽带结合在一起的人群共同体。

[②] 《古兰经》:仪姆兰的家属(阿黎仪姆兰)章第144节。

觉是第一次听到它们，虽极为震惊，但产生了一种永恒的希望。①

先知穆罕默德的辞世引发了其后穆斯林都要面对的哈里发位之争，即谁将接替先知作为国家的首领？作为真主的信使，先知之位不可替代，但作为国家首领，可以被接替，谁为继任者成为焦点。从先知辞世至"土耳其之父"穆斯塔法·凯末尔于1924年3月废黜末位徒有虚名的奥斯曼哈里发阿卜杜勒·哈米德二世，哈里发位之争一直是关键议题。②

伊斯兰历史上诸多的哈里发中，穆斯林极为尊崇四大哈里发，认为他们受真主的正确引导，具有极高的精神品格。四大哈里发分别为艾布·伯克尔（632—634年在位）、欧麦尔（634—644年在位）、奥斯曼（644—656年在位）、阿里（656—661年在位）。他们均为先知的亲密同伴，都与先知有亲属关系：艾布·伯克尔、欧麦尔是先知的岳父，奥斯曼、阿里是先知的女婿。四大哈里发中，除了艾布·伯克尔，其余都殁于非命。

四大哈里发首先遭逢了包含经济在内的伊斯兰法理议题，这些议题在先知时期并未出现，即便出现，程度与水平亦有异。四大哈里发对伊斯兰经济议题以及经济发展做出了不同的贡献。

第四节　艾布·伯克尔经济思想

一、艾布·伯克尔简介

艾布·伯克尔性情温和、平易近人、慷慨、虔诚，系四大哈里发中首位皈依伊斯兰教之人，被誉为笃信者。他无条件地追随先知，对先知所言不存任何疑虑。信奉伊斯兰教后，他倾其全部财力用于主道，赎买穆斯林奴隶再行释放，将他们从劳苦中解救出来。当先知问他将全部财力用于主道，给家人留有什么时，他的答复是，我将他们留给了真主与使者。

艾布·伯克尔在位时间短暂，在先知归真后的关键时期，他成功地树立了领

---

① Ahmed EL-Ashker and Rodney Wilson，*Islamic Economics a Short History*，Leiden·Boston，2006，p. 93.
② Hitti, Philip K.，*History of the Arabs：From the Earliest Times to the Present*，8th Ed.，Macmillan & Co.，1963，p. 90.

导权。但艾布·伯克尔不想创新,成为哈里发后,他在给穆斯林的首次演讲中说他并不想革新,只是服从真主及其使者的引导,只要他尊奉真主和使者的教导,大家就应服从他。艾布·伯克尔身具赢得穆斯林大众认可的超凡魅力,这归因于他与先知的亲密关系。作为皈依伊斯兰教、积极响应伊斯兰号召的第一人,他全身心投入伊斯兰事业,先知最后病重时,他作为先知的代理在清真寺领拜。《古兰经》不止一次提到这一事实。

二、平叛及则卡特的征收

艾布·伯克尔在控制叛乱方面成效显著。成为哈里发不久,艾布·伯克尔就面临对其领导权的第一个考验:叛教暴乱。先知归真不久,几个部落起而反抗,意欲脱离麦地那政权的控制,拒绝缴纳则卡特。艾布·伯克尔决意平叛,但对方是穆斯林身份,艾布·伯克尔如何使平叛行为合法化?先知穆罕默德说他的同伴应当同不信道者战斗,直到他们宣言万物非主,唯有真主;穆罕默德,是真主的使者。依据先知的教导,欧麦尔强烈反对艾布·伯克尔,"你怎么能对那些宣称万物非主,唯有真主;穆罕默德,是真主的使者的人宣战?"艾布·伯克尔的答复是,"我发誓要与那些将则卡特与拜功分离的人战斗"。两人的争论持续了几次,最终,欧麦尔接受了艾布·伯克尔的观点,"主啊,当我意识到艾布·伯克尔决意平定叛乱,我开始相信这是来自真主的引导。"[①]依艾布·伯克尔温和的天性,但凡可能,定会避免军事征伐,但天性温良的哈里发决意平乱,战斗就不可避免了,而且凭借艾布·伯克尔的虔诚,其出战目的定是合法的。这些似乎是欧麦尔接受艾布·伯克尔坚持军事对决的缘由。[②] 对彼此性情的了解促进了双方的理解,两人在诸多事情上达成了默契。

即便对方是穆斯林,但艾布·伯克尔决意军事对决,可从多个视角来解读:

其一,宗教因素。艾布·伯克尔认为,伊斯兰是统一的,五项天命即认主、礼拜、斋戒、则卡特、朝觐不可分割。他从《古兰经》找寻依据,认为《古兰经》总是同时提及则卡特与拜功,拒缴则卡特是企图分割伊斯兰价值观的不合法行径,是对

---

① Al-Suyuty, Galal-Addin, *The History of Caliphs*, *Tarikh alKhulafa*, ed. By Muhammad M. Abdel-Hamid, al-Maktbah al-Tujariyyah alKubra, 1964 (in Arabic), p. 111.
② Ahmed EL-Ashker and Rodney Wilson, *Islamic Economics a Short History*, Leiden·Boston, 2006, p. 97.

伊斯兰教基本价值观的一种剥离。再者,部落反叛也有违对先知生前的承诺。

其二,统一阿拉伯半岛的需要。尤其在伊斯兰国家转型,亦即贝都因人转变为统一的政治实体时期,尤需如此。贝都因人惯于广袤沙漠中的自由散漫,除却家庭与亲属认同外并无其他忠诚。如希提所言,贝都因人从未设想他们成为一种国际型社会存在或发展出超越部落的献身共同利益的理想。[①] 艾布·伯克尔认为,强制贝都因人服从国家意志,是驯服其性情,增强其对国家的忠诚度,以适应伊斯兰国家新的组织结构的必经之路。的确,贝都因人会服从先知的意愿及先知组建的伊斯兰国家,但艾布·伯克尔并非先知,对贝都因人而言,只有先知本人及其源自神圣启示的精神魅力,而非一位民选的继任者,才值得完全服从。因之,艾布·伯克尔需要借此从一种纯粹的公民意识发展出国家概念。

其三,通过战斗,强调了则卡特作为分配手段在财富分配及社会慈善方面的特殊角色。

其四,当时的伊斯兰国家并不是很富裕,国家财政资源有限,众多穆斯林需要国家的财政支持。加之彼时适值征服南叙利亚,并意欲对叙利亚全境和伊拉克的大面积征服,是故需要国家有更多的公共财政收入作为军费保障。

633年,平叛结束,艾布·伯克尔获胜。通过平定拒交则卡特的叛乱,艾布·伯克尔巩固了伊斯兰的重要宗教实践——则卡特,将之作为国家权利,穆斯林个体无权自行删免。

第五节　欧麦尔经济思想

为免于重蹈先知归真后穆斯林就哈里发问题产生争论之覆辙,艾布·伯克尔建议,他归真后任欧麦尔为哈里发,得到穆斯林社团的赞同。634年,欧麦尔成为第二任哈里发。

一、欧麦尔简介

欧麦尔,全名欧麦尔·本·哈塔布。欧麦尔的性情完全不同于艾布·伯克

[①] Hitti, Philip K., *History of the Arabs: From the Earliest Times to the Present*, 8th Ed., Macmillan & Co., 1963, p. 208.

尔,不似艾布·伯克尔的柔情温和与平易近人,欧麦尔因其勇气、体力、胆识、毅力,让人敬畏。他成为穆斯林之前,穆斯林都害怕他,他成为穆斯林后,穆斯林又都敬畏他。欧麦尔起先抵触先知穆罕默德,认为先知要为麦加社会的分离负一定的责任,为此,他惩戒了包括家人在内的改宗者。但先知一直热衷于让欧麦尔成为穆斯林,"主啊,援助伊斯兰要凭借两个欧麦尔,欧麦尔·本·希沙姆和欧麦尔·本·哈塔布。"伊斯兰教诞生6年后,欧麦尔从一位曾试图杀害先知的人转变为有一天前去拜访先知,并作证"除真主外,绝无应受崇拜者;穆罕默德,是真主的使者。"他的皈依成为佳话,被广为传颂。皈依伊斯兰教后,欧麦尔成为信念坚定的穆斯林,并成为伊斯兰历史上最杰出的领导人之一,以其虔诚、简朴、公正与智慧赢得了穆斯林的尊敬。

终其一生,影响欧麦尔国家政策的一个重要因素是他的晚期才皈依伊斯兰教。或许欧麦尔内心有一种深深的悔憾,即他不是早期信仰伊斯兰教的穆斯林,因此,他极为欣赏那些早期皈信者,尤其是艾布·伯克尔。"在伊斯兰的事情上,艾布·伯克尔总是走在我前面,即便是当我把一半的财产捐赠给了主道,想我总算走在了他前面时,我发现艾布·伯克尔捐献了他全部的财产。"[1]欧麦尔以"尽早加入伊斯兰教"以及与先知的亲密程度作为给穆斯林分配津贴的两个重要指标。"我不想将那些早先与先知为敌后加入伊斯兰教之人与先知的矢志不渝的难友相提并论"是欧麦尔一贯的措辞。[2] 欧麦尔之子曾抱怨父亲分配给自身的津贴比其他一些人的少,有失公正,欧麦尔的回答是那个人的父亲比他的父亲(欧麦尔自己)更受到先知的喜爱。同样,欧麦尔分配给圣妻阿伊莎2 000迪尔汗,要高于先知的其他遗孀,因为她跟先知最为亲密,虽然阿伊莎谢绝了特殊的酬劳。曾有一些穆斯林指摘欧麦尔给了其他穆斯林更多的津贴,但那些人无论在级别或部落历史方面都不比他们优秀,但欧麦尔告诉他们,分配是依据尽早加入伊斯兰教这一标准,他们只有接受这一规则。[3] 有区别的是,艾布·伯克尔主

---

[1] Al-Suyuty, Galal-Addin, *The History of Caliphs*, *Tarikh alKhulafa*, ed. By Muhammad M. Abdel-Hamid, al-Maktbah al-Tujariyyah alKubra, 1964 (in Arabic), p. 211.

[2] Al-Tabari, Abu Ja'afar Muhammad ibn Jarir., *History of Nations and Kinds* (*Tarikh al-umam wal-shua'oob*), al-Istiqama Publication, Cairo, 1939, Dar of Academic Books Publication, Beirut, 1991 (in Arabic), p. 160.

[3] Al-Tabari, Abu Ja'afar Muhammad ibn Jarir., *History of Nations and Kinds* (*Tarikh al-umam wal-shua'oob*), al-Istiqama Publication, Cairo, 1939, Dar of Academic Books Publication, Beirut, 1991 (in Arabic), p. 160.

张平等分配战利品,认为尽早加入伊斯兰教与真主相关联,真主会给予回赐。但战利品与今生相关,平等分配有助于人们的生活。

艾布·伯克尔作为四大哈里发中首位皈信伊斯兰教之人,拒绝将尽早加入伊斯兰教作为分配标准,欧麦尔在伊斯兰教产生6年后皈依,却主张将尽早加入伊斯兰教作为分配标准之一,两人对伊斯兰教的忠诚与虔敬由此可见一斑。

欧麦尔智力超群,白德尔战役即为一例。白德尔一役后,部分穆斯林建议,狱犯中富裕的麦加领导人可以重金为自己赎身。欧麦尔对此强烈反对,认为如果他们被赎,反过来会以更强的力量对抗穆斯林,应杀害他们以削弱敌人实力。后来,启示强烈否定了勒索赎金,"先知在大地上重惩敌人之前,不该有俘虏。你们欲得尘世的浮利,而真主愿你们得享后世的报酬。真主是万能的,是至睿的"。[1] 另一事例是禁止饮酒。《古兰经》禁止酒精类饮品,规定穆斯林礼拜时不要饮酒。但欧麦尔不满足于只在敬拜真主时禁酒,主张彻底禁酒。此外,据称欧麦尔是少数提议唤拜形式——艾赞[2]者之一,这是伊斯兰的唤拜有别于其他宗教的独特之处。欧麦尔还建议先知,圣妻在公共场合应以黑贾布[3]着装,启示后来也支持了这一建议。伊斯兰历法的设立也归功于欧麦尔,他以先知迁徙到麦地那之年作为伊历的开端。[4] 有了日历的帮助,穆斯林能精确记述历史事件。此外,欧麦尔发展了伊斯兰法理学,其经济思想亦较为丰硕。

二、欧麦尔治下伊斯兰国家的扩张

先知在世时就有意于伊斯兰国家的扩张,并预言了拜占庭和波斯的征服,认为阿拉伯人应当统治这些国家。先知归真之际,正值扩征叙利亚南部,军队震撼

---

[1]《古兰经》:战利品(安法勒)章第67节。
[2] 伊斯兰教召唤穆斯林礼拜的仪式,阿拉伯语艾赞(Adhan)的音译,波斯语为邦克(Bang)。均意为"召唤"。伊斯兰教每到礼拜时辰,穆安津或满拉就在宣礼楼上高声念唤拜词,召唤穆斯林到清真寺去礼拜。先知穆罕默德迁徙麦地那后,穆斯林礼拜无需别人召唤,随着穆斯林人数增多,产生了很多不便,穆罕默德遂决定用钟声等唤唤人们做礼拜。624年又采用阿卜杜拉·本·栽德提出的口头宣礼方式。首次宣礼的是黑人穆斯林毕拉勒。宣礼词为"真主至大!真主至大!我作证:除真主外,别无他主!我作证:穆罕默德是真主的使者!快来礼拜吧!快来走获救之路吧!真主至大!真主至大!除真主外,别无他主!"。什叶派对宣礼词中的个别词句略有修改。
[3] 黑贾布本义为遮掩。代指穿着宽松的、能遮住曲线的服装。
[4] Al-Suyuty, Galal-Addin, *The History of Caliphs*, *Tarikh alKhulafa*, ed. By Muhammad M. Abdel-Hamid, al-Maktbah al-Tujariyyah alKubra, 1964 (in Arabic), p. 110.

于先知的归真,不得不停军在麦地那郊区。① 先知给艾布·伯克尔安排了扩征任务,至艾布·伯克尔辞世,穆斯林已在伊拉克与叙利亚南部取得胜利。欧麦尔接任哈里发后,完成了艾布·伯克尔未遂的任务,征占了叙利亚与伊拉克。此外,在拜占庭前线,636 年,穆斯林军队攻占大马士革,638 年,耶路撒冷投降,640 年,打败赫利奥波利斯附近的拜占庭军队;攻陷巴比伦。近一年后,攻占伊斯坎德里耶。641 年,攻占凯萨里亚,644 年,阿什凯隆投降。同时,穆斯林军队开进埃及,但拜占庭帝国并未完全毁灭,因为安纳托利亚和巴尔干还在拜占庭帝国手中。在波斯前线,穆斯林尽管遭遇顽强抵抗,634 年还一度受挫,但穆斯林在 636 年的卡迪西亚战役中取得了决定性胜利,642 年,取得"胜利之上的胜利",结束了波斯人在伊拉克的抵抗,波斯国王被迫撤退到波斯波利斯。② 由于波斯人的顽强抵抗,欧麦尔不想再追逐波斯人,希望"在我们与他们之间建立一个屏障"。③ 652 年,伍麦叶王朝摧毁了波斯的残余抵抗,波斯国王被杀。

伊斯兰的扩征带来社会经济结构的变化。对经济议题的处理需要全新的视野,欧麦尔对此做出了显著贡献。欧麦尔的经济政策是其思想的一种折射,有时与先知的政策相一致,有时有所偏离,但这种偏离只是观点的区隔,并非原则的偏离,伊斯兰教作为一种信仰和精神体系一直得到矢志不渝的尊奉。

三、欧麦尔经济思想

(一)经济资源的所有权

欧麦尔经济思想的新奇之处在于他将土地所有权视为生产要素。伴随着伊斯兰的扩张,穆斯林战士要求实施《古兰经》规约,分配征服的土地,要求分得包括土地在内的 4/5 的战利品,1/5 留于国家。欧麦尔不予同意,他将战利品区分为移动的和静止的。移动的战利品依照《古兰经》的规定,1/5 上缴国家,其余分给战士。静止的战利品,尤其是土地的所有权属于国家,土地本身留于原业主之手,但业主须缴纳土地税——哈拉吉。欧麦尔集团为此产生了分化,欧麦尔不赞

---

①③ Ahmed EL-Ashker and Rodney Wilson, *Islamic Economics a Short History*, Leiden·Boston, 2006, p. 102.

② Al-Tabari, Abu Ja'afar Muhammad ibn Jarir., *History of Nations and Kinds*(Tarikh al-umam wal-shua'oob), al-Istiqama Publication, Cairo, 1939, Dar of Academic Books Publication, Beirut, 1991(in Arabic), p. 101.

成分配土地,但反对者坚持认为,在伊拉克与叙利亚的穆斯林战士有权分得《古兰经》规定的包括土地在内的战利品。对此,10位有身份的支持者,其中5位来自2个重要的部落,受欧麦尔之邀去讨论各方观点,争议最终以同意欧麦尔的建议告终。欧麦尔不赞成分配土地的原因如下:

其一,经济原因。(1)将征占的土地分配给穆斯林士兵有可能使伊斯兰社会成为封建社会。这有别于先知曾将征占的海拜尔[①]分配给穆斯林,因为先知分配的土地非常之少,与后期征占的土地面积无法相提并论。曾有位穆斯林在幼发拉底河岸购买了一块土地,欧麦尔命令他将土地返还给原主人,并把钱要回来,"这些是土地的业主(指着在座的穆斯林),你问问能否从他们那里购买土地?"[②](2)给穆斯林战士分配土地会在伊斯兰社会产生等级差异。欧麦尔引用《古兰经》关于战利品分配的经文,指出他所采取的分配方式是阻止或消除财富集中于富人手中。"城市的居民的逆产,凡真主收归使者的,都归真主、使者、至亲、孤儿、贫民和旅客,以免那些逆产,成为在你们中富豪之间周转的东西。凡使者给你们的,你们都应当接受;凡使者禁止你们的,你们都应当戒除。你们应当敬畏真主,真主确是刑罚严厉的。"[③](3)不能只为了眼前福利牺牲后代的利益。欧麦尔的解释是,"如果我分配了土地,就不能给你们后面的人留下什么了,他们会发现土地已经被分配和继承完了。拿什么留给这些后代和妇孺,以及叙利亚和伊拉克的人民?"(4)新土地的分配将限制欧麦尔设想的建立国家安全体系的能力。(5)欧麦尔喜欢一种建立在伊斯兰教义基础之上的社会主义,既允许私人所有权,也允许公有制。"我已给那些应得到犒赏的人分配了战利品,我拿出了1/5,分配了它们。我相信我使这些土地国有化并对其征税,向这些土地业主征收他们应当缴纳的人头税,这对穆斯林而言是一项永久的福利,有利于战士以及后人。"

其二,军事原因。(1)国家要为那些保护征占土地,追求吉哈德的军士考虑。"难道你们没有看到需要委派军士去保卫边疆?"(2)国家需要固定的财政收入用于保卫国土并开辟新的征服,这一收入源自土地税——哈拉吉,"你们可曾看到像叙利亚、贾兹拉、库法、巴士拉、埃及这样的大城市,急需向那里委派军事长官并给他们发放固定的津贴,如果我把所有的土地和骡子都分配完了,如何给他们付薪?"

[①] 沙特地名。
[②] Abu-Ubaid al-Qasim, *Book of Wealth*, *Kitab al-Amwal*, edited by M. K. Harras, Dar al-Kutab al-Ilmiyyah, Academic Book House, 1986, p. 120.
[③] 《古兰经》:放逐(哈什尔)章第7节。

其三,宗教原因。欧麦尔认为,先知给穆斯林分发战利品合情合理,但《古兰经》应允战士分得 1/5 战利品的规定是特定的,认为战利品的分发不能导致财富集中于富人之手。

(二) 经济发展

欧麦尔的土地政策至少反映出他对早期伊斯兰国家两个重要经济议题的认识:经济发展与财富分配。欧麦尔将土地视为一种生产资料,有效使用经济资源尤其是土地似乎是他发展经济的基本目标。事实上,将土地留于原业主之手实是明智之举,因为原业主比阿拉伯人更善于耕种。此外,征收哈拉吉税有助于增加土地的利用效益。

欧麦尔重视土地效益,并采取了一系列举措。其一,回收不毛之地以及超过业主耕种能力的土地。欧麦尔主张,"谁开垦了荒地,谁就是它的主人"。[1] 其二,"如果土地主人在长达三年的时间内一直不利用土地,其他人开垦了他弃置不用的土地,则他们可以宣称拥有这块土地的所有权"。[2] 欧麦尔严格实施这些规则,没收了先知赐予圣门弟子比俩里的土地,面对比俩里的抗议:"你怎么可以收走先知给我的土地?"欧麦尔反驳道:"先知给你土地是要利用它,不是剥夺他人。保留你有能力耕种的土地,其余退还给其他穆斯林。"[3]

欧麦尔努力实现经济资源的利润最大化。他对充分利用经济资源的认识并未止于将土地作为生产手段,还发展到人力资源与资本。伊斯兰教义鼓励劳动,欧麦尔关于劳动的政策强调了这些教义,他鼓励人们耕耘劳作,为真主而努力工作,"让我死于为希求真主的慷慨而努力工作的途中优于死于为真主进行的圣战中"。[4] 欧麦尔认为,劳动不仅是个体对国家的一种责任,亦是国家对个体的一种权利。"真主让我们作他的仆人,保护人们免于饥饿,提供衣物,为他们提供职务。"此外,欧麦尔意识到失业与社会动乱的关系,"如果他们发现不了需要服从

---

[1] Abu-Yusuf, *Book of Kharaj*, *Kitab al-Kharaj*, trans. Ali, Abid Ahmad & A. H. Siddiqui, Islamic Book Centre, 1979, p. 69.

[2] Abu-Ubaid al-Qasim, *Book of Wealth*, *Kitab al-Amwal*, edited by M. K. Harras, Dar al-Kutab al-Ilmiyyah, Academic Book House, 1986 (in Arabic), p. 123.

[3] Abu-Ubaid al-Qasim, *Book of Wealth*, *Kitab al-Amwal*, edited by M. K. Harras, Dar al-Kutab al-Ilmiyyah, Academic Book House, 1986 (in Arabic), p. 123.

[4] Al-Shaibani, Muhammad ibn-al-Hassan, *Earning of a Clean Living*, *al-Iktisab fi al-Rizk al-Mustatab*, edited by M. Arnnos, al-Baz Publishing and Distribution, Makkah, 1986 (in Arabic), p. 200.

的工作,他们就会找着许多不服管教的事。因此,在他们让你寝食难安之前,让他们保持忙碌以遵纪守法"。事实上,除却引起社会动乱,失业也会引起经济损失。20世纪60年代,美国经济学家A.奥肯提出,失业率与实际国民收入增长率之间也存在关联。

伊斯兰不谴责物质的享受,将消费分为几个层面,从维系基本的生活所需到奢侈消费,适度消费居中。欧麦尔认可的适度消费非常接近必需品的水平,居其之上的属于奢侈。据说他曾责备一位前去看望他,并带了很大数量肉食的人,两次叫道:"你买这些都是你情愿的吗?"欧麦尔认为需谨防暴饮暴食,认为暴饮暴食不仅有害身体,还浪费金钱,适度的饮食既节省钱,还能居于正确的道路,更接近真主。欧麦尔强调理性消费的重要性,他建议臣民将收入分为两部分:"一部分用于消费,另一部分用于投资。"

(三)财富分配

则卡特与战利品专款专用的特征旨在劫富济贫,有助于消除社会经济资源的分配不公。欧麦尔强调税收作为重新分配经济资源的功能,也强调接济穷人的重要原则:如果可能,给穷人的接济应使其致富,而非仅仅满足其基本需要,即"如果你给予,就让他富裕"。他曾送给一位穷人三峰骆驼,声称他可以继续赠予,即便给一个人的数量达到100峰。但欧麦尔并不认为贫困是种体面,据说他曾申斥那些不努力谋生或将全部时间用于清真寺的穷人,即便他们是为敬拜真主、诵念《古兰经》。

欧麦尔分配社会财富的第二个工具是津贴制度。他利用哈拉吉税收给穆斯林发放货币津贴和实物津贴,所有穆斯林包括孩童都有权利享受津贴,津贴数额随着年龄的增长而增加。分配实物津贴时,他别出心裁,召集了一群人(30人),在一段时间内供养他们至完全满意的程度,然后依此决定每人每月享受多少实物津贴。[①]

(四)税收结构

欧麦尔时期的税收有则卡特、哈拉吉、吉兹叶(人头税)、乌什尔(关税)、五一

---

① Abu-Yusuf, *Book of Kharaj*, *Kitab al-Kharaj*, trans. Ali, Abid Ahmad & A. H. Siddiqui, Islamic Book Centre, 1979, p. 211.

税(1/5 的战利品)。

艾布·伯克尔将则卡特的征集作为国家权利之一。欧麦尔沿袭了这一政策,但遇及饥荒等严峻问题,欧麦尔会推迟则卡特及其他税务的征收。欧麦尔从则卡特受益人中剔除了非穆斯林头目名单,声称伊斯兰国家自身足够强大,无需他人的保护或忠诚。欧麦尔的诸多社会实践表明,即便《古兰经》有所规定,先知与艾布·伯克尔已实践过,但他依然会做适度权变,依据经训规约派生出新规则,这一原则被法学家广为认可。

欧麦尔以哈拉吉税取代了给穆斯林战士分配征占的土地,并由此产生了大量的哈拉吉税收。他要求测量和登记哈拉吉土地,在其指示下,奥斯曼·本·哈尼夫调查了土地。

历史学家希提等认为,"直至伍麦叶王朝后期,哈拉吉与吉兹叶两种税制才出现区隔"。① 对此,部分学者不以为然,认为希提等人忽视了欧麦尔之语,"我依据他们的土地征收哈拉吉,根据人口征收吉兹叶"。②

欧麦尔征收的另一税收是乌什尔。欧麦尔的一位官员艾布·穆萨·艾什阿里在来信中提到,"我们领地的穆斯林商人去敌国,会对他们征收乌什尔"。对此,欧麦尔予以报复关税,"如同他们向穆斯林商人征税一样向他们征收乌什尔税"。③ 乌什尔税的阈限为 200 迪尔汗,每年对运转的同一商品征一次税,而不管它们越境的次数。④ 征税对象覆盖跨越边境的所有商品。欧麦尔实施优惠关税,不同信仰者征收不同的乌什尔税,穆斯林商人付 2.5%,犹太教徒、基督徒、袄教徒商人付 5%,持其他信仰的商人征收其商品价值的 10%。做如此区隔,是基于保卫国家的重任主要在穆斯林,而非其他教徒身上,因为无论是保卫抑或扩征,非穆斯林均可免于参战。欧麦尔一般将乌什尔收入用于国家事务。

欧麦尔时期,公共财政还来自五一税和萨瓦斐收入。五一税是穆斯林战士赢得的战利品,要将 1/5 的份额上缴国家,包括征占土地产出的宝藏和矿物。萨

---

① Hitti, Philip K., *History of the Arabs: From the Earliest Times to the Present*, 8th Ed., Macmillan & Co., 1963, p. 286.
② Abu-Yusuf, *Book of Kharaj*, *Kitab al-Kharaj*, trans. Ali, Abid Ahmad & A. H. Siddiqui, Islamic Book Centre, 1979, p. 79.
③ Abu-Yusuf, *Book of Kharaj*, *Kitab al-Kharaj*, trans. Ali, Abid Ahmad & A. H. Siddiqui, Islamic Book Centre, 1979, p. 79.
④ Abu-Yusuf, *Book of Kharaj*, *Kitab al-Kharaj*, trans. Ali, Abid Ahmad & A. H. Siddiqui, Islamic Book Centre, 1979, p. 145.

瓦斐是由于伊斯兰的征战,原业主离弃不顾的土地,此类土地置于伊斯兰国家的直接管理之下。

(五) 国家财政

公共财政支出途径的变化多依赖于收入来源。《古兰经》对则卡特、战利品的支出作了明确的规定,但未规定吉兹叶的支出方式。欧麦尔时期,公共支出分为三种主要类型:社会慈善支出,津贴支出,日常和投资支出。第一种支出用于社会救助;津贴支出用于穆斯林士兵、长官、财务主管、法官和文员;日常支出与国家日常事务相关,投资支出则具有持久性,用于修桥护路、挖河凿渠、帮助资金短缺者创业。欧麦尔非常重视基础设施建设,曾坦言,如果有骡子在幼发拉底河堤岸摔倒了,他就要对没有铺好路负责。[1]

(六) 国家管理

欧麦尔之前,国家的运作依从麦地那的中央管理。欧麦尔时期,国家疆域扩大,管理日趋复杂,中央政府制定了税收政策,长官无权强加新税种或决定税率,但长官有权将税收用于地方事务,余者上缴中央政府。如埃及将税收的 1/3 用于维护本地道路、建桥、挖掘运河,则卡特也可首先用于本地的社会慈善事务,余者上缴麦地那中央政府。欧麦尔时期,管理灵活机动,官员置于欧麦尔的监管之下,滥用权力要遭到严惩。官员任期结束后,要对其上任至退休期间财富的大幅增加做出解释,他人以个人身份赠送给官员的金钱礼品都要上缴国家。曾有官员将给他个人的礼物与给国家的礼品加以区隔,欧麦尔对此严加申斥,"如果他不是一位长官,还会给他赠送礼物?!"

国家财政通过地方金库与中央国库加以管理,每个省建立地方金库,由国家委任的司库领导,负责地方的财政收支,向国家元首负责,但司库并非地区长官。中央国库设在首都麦地那,也由一名司库领导。地方金库将其盈余上缴中央国库,或按照中央国库的指示,用其盈余支援其他有财政赤字的地方金库。

在委员会的建议下,欧麦尔采用国家注册法,最著名的是战利品注册与哈拉吉注册。战利品注册包括人名、部落、地点、津贴。哈拉吉注册包括哈拉吉土地

---

[1] Ahmed EL-Ashker and Rodney Wilson,*Islamic Economics a Short History*,Leiden·Boston,2006,p. 114.

的征税、业主、土质、产品、哈拉吉税额、土地的公共支出。

644年,对伊斯兰社会做出巨大贡献的欧麦尔在清真寺领导集体礼拜时,遭到波斯奴隶拜火教徒艾布·鲁欧鲁仪的毒匕暗杀。欧麦尔害怕穆斯林的分裂,得知刺杀者为非穆斯林时感谢真主,但十多年后伊斯兰社会还是产生了分裂。欧麦尔的突然辞世表明了一位杰出的穆斯林领袖时期的终结。

第六节　奥斯曼经济思想

奥斯曼·本·阿凡是欧麦尔临终前仓促提名的6位哈里发候选人之一,这6位候选人均为先知的同伴,都曾赢得先知的称许和祝福,以其对伊斯兰的虔敬和忠诚见称。在最后的人选阿里与奥斯曼中,奥斯曼胜出。

一、奥斯曼简介

就个人秉性而言,容忍、平和、谦逊的奥斯曼更接近艾布·伯克尔,皈依伊斯兰教的时间也很接近,更重要的是,《古兰经》被启示后,奥斯曼是被先知挑选去记录《古兰经》的极少数人之一。奥斯曼也有其前任都不具备的条件——财富。身为普通穆斯林时,财富对他是件好事,但身为哈里发后并非总是如此。伊斯兰事业困窘之时,奥斯曼为主道慷慨捐赠,据说捐助了社团1/3的支出。但成为哈里发后,财富变成了祸患。奥斯曼已习惯了舒适的生活,成为哈里发之后依然如此,有时甚至有过之而无不及,与欧麦尔衣食的贫寒形成了巨大反差,对此,伊斯兰社会质责之声迭起,但奥斯曼认为他花的都是自己的钱,并非来自国库。欧麦尔留给穆斯林的印象以及克己品质太过无与伦比,很难一下子涤除,至少对普通穆斯林而言,领导者的风格变化太快也太大,这为伊斯兰社会的失稳埋下了伏笔。此外,七十开外的奥斯曼或许太过老迈,无法抵制亲属的政治欲求,表现羸弱,有袒护裙带关系之嫌,诱发了伊斯兰社会后来的动乱。但奥斯曼完成了《古兰经》的整理工作,领导了伊斯兰社会的进一步扩张,至其离世,伊斯兰国家的扩征已东至赛吉斯坦,北至里海与黑海之间的格鲁吉亚,西至北非海岸,扩张为帝国带来了巨额财富。

二、奥斯曼的财政管理

欧麦尔的经济政策稳固妥帖,没有适当理由很难加以更改。奥斯曼更多的是沿袭前任,与欧麦尔的政策大体重合。需指出的是,作为欧麦尔委员会的成员之一,奥斯曼也参与决策,在关于征占土地的所有权争论中,奥斯曼是欧麦尔的支持者之一。

奥斯曼时期,国家已将那些由于伊斯兰的征战而逃离伊拉克或叙利亚的业主留下的土地收归国有,谓之萨瓦斐,归穆斯林大众所有,这对其后的土地所有权结构产生了深远影响。欧麦尔主张萨瓦斐土地应由国家直接管理,奥斯曼则认为,这些土地应在租赁的基础上由国家交给私人耕种。这种转变始自叙利亚总督穆阿维叶请求奥斯曼将伊斯兰征占后拜占庭官员弃置的土地赐予他,穆阿维叶的理由是,其大部分薪金用来打理临近的拜占庭帝国,因此入不敷出,既然其部分个人收入用于国家政治收益,将萨瓦斐土地补偿给他也就合情合理。穆阿维叶能言善辩,加之他在叙利亚的影响力以及奥斯曼的亲属身份,其请求得到了奥斯曼的许可,但奥斯曼却为此被指摘任人唯亲。

奥斯曼认为,可基于分担原则将土地租赁给民众,土地所有权属于国家。这有助于提高土地产量,增加国库收入。将土地分配给个人会减轻国家的公共支出,因为它减少了国家对土地的管理费用。由于土地政策激励个体产生了额外收入,加之国家土地管理费用的减少,从而增加了土地的净收入。奥斯曼时期,国家收入从 900 万迪尔汗增加到 5 000 万迪尔汗,国库收入大幅增长。

依照现代经济术语,奥斯曼更青睐私有化,较少动用国家的经济功能。相较而言,欧麦尔更注重发挥国家的经济功能,而较少私有化。

奥斯曼的新政策为裙带关系大开方便之门。起始时,个体对土地只有使用权,所有权留于国家,但最终以放弃全部所有权收场,经济政策逐渐使国家收入、个体所有权发生了巨大变化,壮大了私有财产,减弱了公共部门的根基。其结果是,不管奥斯曼的真实意图何在,其经济体系促进了伊斯兰封建经济的发展,埋下了伊斯兰社会封建主义的种子。

第七节　阿里经济思想

一、阿里简介

阿里,全名阿里·本·艾比·塔利布,系先知的堂弟、女婿,先知疼爱的孙子哈桑和侯赛因的父亲。奥斯曼之后被推选为哈里发,但上任不久,希贾兹就有人挑战阿里的继任者身份,挑战者由两位有影响力的人物领导,并由信仰者之母——先知的年轻的妻子阿伊莎增援。双方最终发展为军事冲突。656年,阿里与三位联盟对手在伊拉克的巴士拉对决,因阿伊莎在战役中骑一峰骆驼,谓之"骆驼之役",战役以三位对手败北告终,两位对手被杀,阿伊莎被捕。阿里郑重地埋葬了对手,并以一种体面的、适合先知遗孀的方式将阿伊莎送返麦地那。

657年,阿里与穆阿维叶的军队交锋,阿里胜出,穆阿维叶一方在长矛上举着《古兰经》要求仲裁,但谈判结果反而对阿里极为不利,阿里的支持者中有几千人不满仲裁,形成新团体——哈瓦里吉派。哈瓦里吉派既不支持阿里也不支持穆阿维叶,后遭到阿里弹压,但又成功地聚合,成为其后几十年对哈里发制度的一种威胁。661年1月24日,阿里在去库法清真寺晨礼的途中被哈瓦里吉派的阿卜杜·拉赫曼·本·穆勒杰姆刺杀,葬于库法附近的纳杰夫。同年,阿里长子哈桑让位穆阿维叶,穆阿维叶成为伍麦叶王朝的首位哈里发,建都大马士革。

阿里的沙里亚法知识渊博,先知誉其"阿里是知识之门"。阿里自孩童时就被先知抚养带大,他非常勇敢,在先知迁移以逃避包围之际,他曾掩护先知,佯装先知睡在床上,决斗时勇猛向前,与出名的远比他有经验的骑士决斗。由于骁勇善战,阿里被先知誉为"真主的雄狮"。

二、阿里经济思想

阿里的经济思想反映在他写给新委任的埃及长官马立克·阿什塔尔的内容广博的指示文件中。与先前哈里发给长官的指示相比,阿里的信件内容更为广博,折射出他对国家经济管理事务的态度。

阿里根据道德、公正、和平与安全、发展经济,制定了政府的一般功能,以寻求人民的福利和城市的繁荣。对阿里而言,这四个议题殊途同归,共同促进了社会的繁荣。

阿里将社会分为七个部门:臣民,军队,法官,行政人员和办事员,耕种者,工商业者,贫困者和残疾者。阿里强调所有部门彼此依赖,军队是臣民的堡垒与和平的保障,没有军队,臣民无法生存,但军队也只有依靠真主前定的臣民收入才能维系;没有法官,军队和臣民也不复存在,行政人员和秘书关于合同、税收的事项都要通过法官;没有商人和手工业者,上述阶层都不会存在,工商业者为人们提供必需品,设立市场,使别人不用亲自动手就能得到这些商品;经济状况最低的是贫困者,对其支持和帮助是真主制定的义务。

突出了社会的一般结构及其重要性后,阿里继续探讨具体的部门。

农业。阿里强调农业部门的重要性,认为比起土地税的征收,应当更关注土地的耕种,因为没有种植,收入就无从谈起。无论是谁,不照顾耕种而一味征税,就会毁坏那个地区,并导致该地区人们的死亡。满足耕种者的需求,为他们排忧解难是对他们的一种投资,会因公正也惠及他们,从而带给他们信心。

工商业者。对社会繁荣同等重要,因为他们是利润的创造者和提供有用商品的渠道。工商业者从遥远的地区带来商品,往往要穿过陆地、海洋、平原、山区中他人不敢冒进的地方。国家有责任给工商业者提供专业建议和信息,但工商业者或许会通过垄断危及社会,囤积商品以求高价,这是对人们的一种伤害,也是主管人员的一个污点,遇及这种状况,国家应予以阻止,因为先知禁止垄断。市场的称量与价格要公正,对社会、买卖双方都没有伤害。总之,市场应实现政府监控下的自我调节。

公共服务部门。阿里认为这一行业包括法官、行政人员、宗教机构,他们应当善于思考疑点、关心论据、不厌烦当事人的争吵烦扰、做出判决时无所畏惧。工作人员不应受到其他管理部门的权力压制,委任前应对其加以考核,不加偏袒,避免不公正。而且,公共服务部门的薪酬应当很丰厚,以免他们盯着自己保管的钱财,但他们应置于国家和可信赖的监察员的监管之下。

阿里认为,宗教机构的重要性在于协调和增强政府间的交流,应将宗教机构分成不同部门,一个主管部门管理其他部门。宗教工作应认真仔细,一旦秘书出现疏漏,政府就要负起相应责任。应谨慎选择秘书人员,因为要将包含政策和机密的政府文件委托给他们,工作人员的选择不应只依据自我陈述,还应加以考核,并参考先前的工作状况。

阿里认为,社会繁荣依赖三个要素:道德伦理、经济发展、经济资源的公正分配。认为伊斯兰教义的道德伦理是社会繁荣的必然要素,应保持合理的社会结构。经济发展有赖于社会各部门的经济一体化,阿里认为社会各部门彼此相互作用,每一部门的发展都应成为政府的关注点,这类似于柏拉图在《理想国》中的分类。阿里虽然格外强调农业在经济发展中的角色,颇有些重农学派的意蕴,但也强调贸易的重要性,认为包括军队在内的服务部门在经济发展中扮演着重要角色,政府角色尤为重要。关于经济资源的公正分配,不唯阿里如此,其他几位哈里发也认为,经济发展不仅是产量的增长,也涵盖产值在人民中的分配。按照现代经济术语,它不仅是国民生产的增长,而且也牵涉这些国民生产如何分配给个体。阿里主张社会成员间的平等分配,认为经济发展过程中收入的最佳分配就是某一个体财富的增长不会带来其他人财富的削减,这一最佳分配的理念即便不是完全等同,至少也非常接近柏拉图的高效分配理念。

661年,阿里辞世,四大哈里发时期让位于伊斯兰历史上第一个封建王朝——历时90载的伍麦叶王朝。

第三章　伍麦叶王朝及其改革（661—750）

伍麦叶王朝的来临标志着哈里发选举制向封建王朝世袭体制的转变,王朝疆域的进一步扩征、货币政策的改革,管理系统的简化等,带动了贸易的大幅增长和大规模城镇化,为其后阿拔斯王朝的繁兴铺平了道路。

第一节　哈里发与王朝

661 年,哈里发阿里被刺杀不久,身为沙姆[①]地区总督的穆阿维叶成为哈里发,建立了伍麦叶王朝。或许是缺乏像支持穆阿维叶一样的拥护者,或为阻止进一步的流血冲突,抑或是对政治较为寡淡,其后不久,成为阿里接班人的阿里的长子哈桑退位。

穆阿维叶策划了哈里发从选举制向世袭制的转变。在不否认穆斯林有选举哈里发权利的同时,穆阿维叶将儿子叶齐德作为合法的继承人,并引荐给穆斯林社团,声称这有助于避免因继承人问题产生冲突,且不违背选举规则。理论虽则如此,但现实是另一回事。穆阿维叶诱导有影响力的穆斯林向叶齐德表达敬意,接纳他为准哈里发,极少数持异议者被视为反叛者,迫于叶齐德的威力而三缄其口。穆阿维叶去世后,叶齐德继位,伊拉克与希贾兹地区起兵,领兵伊拉克的是阿里的幼子侯赛因。由于支持者的退却,侯赛因很快失利,680 年,侯赛因一家遭叙利亚军队屠戮。683 年,叶齐德用兵麦地那,以镇压希贾兹的反抗,叙利亚军队劫掠了三天,麦加被包围,遭到弹射器的攻击,引燃了克尔白。希贾兹的反

[①] 包括现在的叙利亚、约旦,以及巴勒斯坦的部分地区。

抗遭到强力镇压,正如地方长官哈贾杰所威吓的,"我看到了切割的头颅,我也是去收集它们的人之一";"我会像拷打离队的骆驼一样拷打你"。692年,希贾兹复归平静。

哈里发制的另一显著变化是,哈里发不再与大众为伍,或像外国使节看见的哈里发欧麦尔那样睡在树下。他们超然于民众,高高在上,参加集体礼拜时有卫兵护送,并设立仪仗队。伍麦叶王朝的建立标志着伊斯兰封建社会的开始,90年后,先知的叔叔阿拔斯的后裔在王朝东面的呼罗珊和伊拉克的影响日增,与长期反抗伍麦叶王朝的阿里的追随者结成联盟,推翻伍麦叶政权,建立了阿拔斯王朝。

第二节 伍麦叶王朝的扩征

伍麦叶王朝时期,伊斯兰的势力主要朝着北、西、东三个方向扩征。在北线,穆斯林舰队与拜占庭帝国竞逐于地中海,661—714年,穆斯林军队三次围困拜占庭首都君士坦丁堡,但君士坦丁堡政权的真正终结是1453年被号称"征服者"的土耳其人穆罕默德二世推翻。穆斯林军队还成功地将塞浦路斯、罗得岛、克里特等具有战略意义的岛屿纳入治下,从而将地中海的贸易路线置于伊斯兰国家的局部控制下。[①] 在西线,穆斯林取得了较之北线更为长久的成功。682年,穆斯林军队在北非击败了拜占庭帝国,穿越北非海岸线,抵达大西洋,但也遭到了当地居民柏柏尔人的反抗,导致北非有段时间脱离了伍麦叶王朝的掌控。705年,北非海岸线重新置于中央政府之手。对北非的控制以及成功将柏柏尔人招纳进伊斯兰军队使得伊斯兰教传播到了安达卢西亚[②]的伊比利亚半岛。711年,穆斯林穿过地中海进入半岛,进一步导致了柏柏尔西哥特王国的衰落。在东线,伍麦叶军队成功征服了伊拉克,并兵分两路向东进发,一路从呼罗珊进军印度河流域,另一路到达了呼罗珊的东北边境。705年,穆斯林军队攻占了巴尔赫;709年,占领了布哈拉;713年,抵达印度河三角洲,攻克了北部的木尔坦、拉合尔、坎加拉;715年,将撒马尔罕、花剌子模、费尔干纳纳入伊斯兰国家的领土;751年,

---

① Hitti, Philip K., *History of the Arabs: From the Earliest Times to the Present*, 8th Ed., Macmillan & Co., 1963, p.158.
② 今西班牙地区。

占领了塔什干。借此,穆斯林在中亚确立了权威地位。

第三节　管理和经济改革

政治障碍的清除以及贸易路线的拓展,带动了王朝内各省份间的贸易往来以及管理和经济体制的改革。

伍麦叶王朝以其管理改革见称。虽然穆阿维叶不受早期历史学家的青睐,认为他将选举的哈里发制转变为世袭制,而且作为国家首领远离了穆斯林大众,但穆阿维叶的几项管理倡议还是值得称道,如设立邮政服务局和登记局、国家管理的阿拉伯化、货币改革等。

一、邮政服务局

邮政服务局设立的初衷是能让哈里发与地方长官迅速取得联系,但最终惠及了大众。邮政服务局每隔12里设立一个邮寄点,除却运送邮件,还负责向哈里发传达任何潜在的政治干扰或长官渎职的信息。此外,还运送波斯的骡马、阿拉伯的骆驼等。鸽子也用来服务于空邮。

二、登记署的设立

登记署发轫于哈里发欧麦尔时期。攻占伊拉克和叙利亚后,欧麦尔设立登记署,负责将哈拉吉税分配给穆斯林。登记清单的最上列是先知的亲属,其次是早先信仰伊斯兰教之人,最后是晚些时候的皈依者,付酬依次变化。伴随伊斯兰的征战,伍麦叶王朝与阿拔斯王朝国家事务日趋复杂,为此,建立了新的行政机构:通信局迪瓦尼·莱萨伊勒和印章局迪瓦尼·亥提姆。通信局的主要功能有:(1)监督哈里发与地方长官之间的通信往来;(2)以特殊文档保存哈里发对外信件的副本,以备日后参考;(3)监察国家档案;(4)拟定哈里发给臣民的公共宣言。通信局领导直接向哈里发负责,在国家管理中身居显职。通信局极具重要性与敏感性,其功能类似于现代国家的情报中心,来自地方的信息能反映出国家的法律状况和秩序,以及臣民任何潜在的不满情绪。出于控制国家文件的需要，穆阿维叶还设立了印章局，其宗旨在于：(1)防止哈里发滥用图章；(2)保证哈里发信件的密封性并盖以特殊邮戳，以阻止邮务员开启信封并改写信的内容。虑及印章工作的敏感性，印章局的领导也直接向哈里发负责。

三、国家管理的阿拉伯化

为加强国家管理的阿拉伯特征，哈里发阿卜杜·马立克(685—705年在位)及其儿子瓦利德(705—715年在位)将税收注册由希腊语和波斯语改译为阿拉伯语。697年在伊拉克、700年在叙利亚和埃及，不久之后又在呼罗珊完成了这一转变。[①] 阿拉伯化也针对国家官员，王朝前十年，国家管理由讲希腊语和波斯语的官员承担，他们来自原来的两个帝国，为新占领地服务，但到700年，讲阿拉伯语的新一代官员任职，其后代成为阿拉伯国家的秘书骨干，一直延续到20世纪。[②] 为加强阿拉伯化，王朝也注重在文书方面减少或消除对非阿拉伯穆斯林的依赖，提升阿拉伯语在非阿拉伯穆斯林中的应用，并发展了阿拉伯语的写作与书法。

四、货币改革

历史上的货币改革多是国家首脑表达政治自治、经济独立意愿的一种途径。先知接受了蒙昧时期流行的罗马和波斯货币作为交换手段。先知未做任何货币改革，可能是向拜占庭和波斯边界的扩征占据了很大的精力。另一原因是，早期伊斯兰国家的版图或复杂程度不需要自行铸币，当时国家也未有帝国意识，其钱币在罗马或波斯也未必被接受。[③] 欧麦尔通过在当时通行的钱币上铭刻阿拉伯语与《古兰经》经文，初步尝试改变货币形式。伍麦叶时期，开始出现了阿拉伯钱币。[④] 695年，哈里发阿卜杜·马立克第一个铸造了阿拉伯金币第纳尔和银币迪尔汗，进一步加强了国家管理的阿拉伯化。

[①②] Lapidus, *A History of Islamic Society*, Cambridge University, 2002, p. 213.
[③] Ahmed EL-Ashker and Rodney Wilson, *Islamic Economics a Short History*, Leiden·Boston, 2006, p. 134.
[④] Al-Tabari, Abu Ja'afar Muhammad ibn Jarir., *History of Nations and Kinds* (*Tarikh al-umam wal-shua'oob*), al-Istiqama Publication, Cairo, 1939, Dar of Academic Books Publication, Beirut, 1991 (in Arabic), p. 100.

加强国家主权反映在自己独立铸币。阿卜杜·马立克的货币改革表明,伍麦叶哈里发想建立一个稳固的国家。新币种作为一种统一的货币单位,取代了波斯钱币以及流行于叙利亚和埃及的罗马钱币。

五、大规模城镇化

大规模城镇化始于先知迁徙麦地那后修建清真寺。清真寺不仅是穆斯林敬拜真主之地,亦为学习中心,穆斯林在此讨论各种事务。伊斯兰历史上,清真寺亦曾是存放战利品的地方。清真寺也因此成为穆斯林城市的内核,在此基础上,形成了市场和政府机构——哈里发总署,城市也因此得以建立。伊斯兰征占者很早就表现出了建立新城的需要。早在第二任哈里发欧麦尔时期,欧麦尔就意识到建造城市的必要性,认为军队应远离征占地区的居民,最低限度地减少对当地居民的烦扰,并曾下令建造城市,专门安置士兵及其家属。这些城市中,最著名的是建造了希拉附近幼发拉底河流域的库法。巴士拉战略性地选址在波斯湾上游,以便与麦地那的中央政府进行交往。在埃及尼罗河三角洲的下游建造了福斯塔特。哈里发曼苏尔以及伊拉克的瓦希特承袭了欧麦尔的这一创举,继续对伊拉克的建设。在北非建造了盖鲁旺城,[①]作为伊斯兰在北非扩张途中的军事基地。但在伊朗等地区,穆斯林军队被安置在了现成的城镇与市郊。

六、农业

农业在早期伊斯兰国家居于要位。《古兰经》多处提及,真主会从土地中给予惠赐。穆罕默德亦鼓励发展农业,还制定了土地所有权的两个重要原则,并被后继者沿袭,其一,"土地的最初所有权属于真主及其使者,然后是你们,但谁若修复荒废了的土地,所有权就归谁"。其二,"如果一个人废弃土地达三年之久,所有权就归后面修复它的人所有"。

伍麦叶王朝时期,农业继续在国家经济中占据重要位置。在国家首脑的指示下,地方长官极为关注农业,伊拉克长官哈贾杰即为一例。虽然哈贾杰的残酷与无情不为历史学家所称道,但哈贾杰致力于发展农业,他在伊拉克开凿运河,

---

① 在今日的突尼斯。

开垦土地,并建造城镇。为帮助在新开垦的土地上建立新社区,他运来几千头耕牛(水牛),找来很多劳动力,鼓励他们在开垦区定居。只要有利于农业发展,哈贾杰不惜动用强力,他禁止农业工人移居城市,这些政策后受到有违伊斯兰精神的指摘,只能作罢。经济困难时,哈贾杰甚至禁食牛肉。当时的诗人也有所反映,"当我们抱怨他破坏土地时,他禁止我们食用牛肉"。此举看似粗暴,实则表明哈贾杰对农业的极端重视。与哈贾杰在伊拉克的政策相似,下埃及也有很多家庭从外省迁入拜比斯谋求发展,导致这一地区户数的增长,王朝统治结束时已达3 000户,这在当时已颇具规模。

七、贸易和商业

伴随东至印度,西至西班牙的扩张,伊斯兰国家政治边界有所变动。国家政局的安定、城镇化、农业和制造业产品的丰富,提升了伊斯兰世界的贸易。贸易种类有食品、动物、木材和森林产品、金属、纺织品、鱼和海洋产品、书写材料、医药、奴隶。[①] 伊斯兰世界通往欧洲的贸易路线主要通过叙利亚、埃及、突尼斯、西西里岛,进出口欧洲的主要商品是纺织品和食品。从印度洋流域的印度等国家主要经手香料,对印贸易路线从东面的印度尼西亚和苏门答腊延伸开来,经过红海港口和埃及的旧开罗,西至北非和西班牙。根据开罗格尼萨文献,旧开罗是地中海和印度贸易的总枢纽。[②]

格尼萨文献罗列了来自印度方向供应的商品名单:[③]

香料、染色植物和中草药(47%);

黄铜与铜器(15%);

印度丝绸和其他棉制品(10%);

钢铁(8%);

椰子等热带水果(7%);

珍珠、贝壳、龙涎香(5%);

中国瓷器、也门石盆、非洲象牙(4%);

鞋和皮革制品(3%);

[①②③] Goitein, S. D., "Letters and Documents on the India Trade in Medieval Times", *Islamic Culture*, 1963, July, p. 188.

木材。

东行的商品如下：①

纺织品和服装(35%)；

船只和银饰、黄铜、玻璃、其他材料(22%)；

化学品、药品、肥皂、纸张、书籍；

奶酪、葡萄干、糖、橄榄油、照明用的亚麻籽油等食品(7%)；

地毯、席垫、桌子、煎锅等家用商品(7%)；

金属(7%)；

珊瑚(1%)。

这只是一次的装运量，并非印度贸易的详尽清单。当时还有诸如叙利亚与埃及、埃及与北非海岸、埃及与阿拉伯半岛、伊拉克与叙利亚、伊拉克与阿拉伯半岛等伊斯兰省区间的长短途贸易。商人有穆斯林、犹太教徒、基督徒、印度教徒，这些不同信仰者相处友好。格尼萨文献对不同信仰的商人都用相同的尊敬友好的称谓，就像作者自己的兄弟。②

伍麦叶王朝时期，商人已有生产商和经销商、零售商和批发商、经纪人和拍卖商，但有时每一类型内部以及不同类型商人间的界限并不是很明晰，如制造商不仅售卖自制品也出售他人的产品，批发商也销售单件。商品的多样化程度很广，有纺织品、橄榄油、东方香料、染料、金属、书籍、香水、珠宝、玻璃、珊瑚、食品、皮革、沥青，以及范围广杂的家用品。③ 商品的多样性减少了商业风险，增强了专业化，一些商人成为某种商品的专家，如奶酪经销商"占巴尼"、牛奶经销商"兰巴尼"、香水经销商"安塔尔"、靛蓝经销商"尼里"、椰枣经销商"谭玛尔"，均以经销者的家族名称指代他们经营的某一产品。④

伍麦叶王朝时期，远距离贸易的商人之间不用支付佣金，只要相互提供服务，就可以非正式的方式进行交易。⑤ 远距离贸易还包括帮助征讨外国的企业债务，这种方式可降低成本，很有价值。根据格尼萨文献的记载，如果某商人认为对方不为他的利益考虑，就很难合作，应该通过不断的业务往来逐渐提高信任度，商人的声誉和出行同伙带来的远方的有用信息，使得增进互信成为可

---

①② Goitein, S. D., "Letters and Documents on the India Trade in Medieval Times", *Islamic Culture*, 1963, July, p. 188.

③④⑤ Goitein, *A Mediterranean Society*, Vol.1, Economic Foundation, Berkeley and Loss Angeles, University of California Press and Cambridge University Press, 1967, p. 100.

能。正如戈伊坦所言,"事实是,如格尼萨文献所示,地中海贸易并非纯粹基于利润或法律保证,而主要是建立在相互信任和友好的人文素质基础上"。[①]

出于商业运作的需要,办事处的设置也很常见,商人在异地设置代理人"沃齐勒",代理人在法律纠纷中代表商人,因此,需具备法律专业知识,并作为商人的保管员和商人之间的中正仲裁者。[②] 办事处的仓库同时也是商品拍卖的交易所和商人的货物邮寄处。

八、合法的商业形式

伊斯兰的合法商业形式主要有三种类型:独资、合伙、穆达拉白与国有企业。

合伙分为两种主要类型:穆法瓦达、伊纳尼。穆法瓦达合作关系中,合伙人之间的关系建立在相互担保和相互代理的基础之上,而伊纳尼合作关系只建立在相互代理基础之上。穆法瓦达要求宗教信仰一致,但伊纳尼无此要求,只要非穆斯林合伙人遵守有关商业合作的沙里亚法即可。此外,穆法瓦达不限制合作伙伴的权利,伊纳尼中合伙人则受条件限制,大部分利润会分配给具体的经营者,作为对其劳作的补偿,若有损失,合伙人要按照资金投入的比例承担损失。至于合伙人的财政责任,穆法瓦达合作关系不予限制,伊纳尼合作关系中则受限制。

穆达拉白是商业运作的另一种形式,即一位或一群投资人将资本或商品委托给一位代理人,代理人动用这些资金或商品经商,然后返还给投资人本金和先前商定的利润分成,代理人可分得部分利润作为酬劳。任何由紧急状态或失策的商业计划产生的损失只由投资者承担,代理人不承担责任,他损失的只是时间与精力。[③] 伊斯兰教产生之前,穆达拉白就存在于阿拉伯半岛。阿拉伯语对穆达拉白还有两种表述:盖尔德、穆伽拉达,这三种术语音异而义同,只是受地理位置的影响产生了语音之隔。蒙昧时期的穆达拉白受到先知的许可,成为伊斯兰许可的商业形式,不受信仰不同的限制,只要遵奉沙里亚法,穆斯林与非穆斯林都可拟定此合同。

格尼萨文献认为,缔结合伙或穆达拉白合同时,应虑及下列几点:(1)签订合同者的数量与身份;(2)合同的目的及其目标;(3)合作伙伴贡献的性质和程度

[①][②] Goitein, *A Mediterranean Society*, Vol.1, Economic Foundation, Berkeley and Loss Angeles, University of California Press and Cambridge University Press, 1967, p. 100.

[③] Udovitch, A. L., *Partnership and Profit in Medieval Islam*, Princeton University Press, 1970, p. 67.

（资本、商品、承诺、劳作）及每位合伙人的特殊权利；（4）合伙人的盈亏分担及对投资资本所负的责任；（5）影响合作伙伴开支的条件和合伙人生活费的支出；（6）合伙人能否参与其他合伙关系；（7）合伙关系期限，特殊的商业计划除外；（8）任何形式的具体条件；（9）缺少一定条件时，可依据贸易习惯法和当时的实践。①

伍麦叶王朝时期，除了实践以上的商业形式，还从波斯引进并改良了几种金融工具："鲁格尔"，用阿拉伯语书写，用以表达支付命令；"算克"，系签发的契据和文件；"苏夫塔杰"，在异地、异国转运贷款时，为避免运输风险，即可运用苏夫塔杰，风险完全由债务人承担，且债务人没有任何酬金和工资等回报。法学家认为苏夫塔杰有害于债务人，从而限定了苏夫塔杰的使用：首先，它对债权人有益，对债务人有害，应禁止。其次，如果它对债务人有益，对债权人没有任何益处，债权人在他国制定了付款条件，则允许。再次，如果对债权人和债务人都有益，则允许。② 苏夫塔杰的使用相当广泛，盛行于埃及及其东临国，以及开罗和巴格达之间。③ "哈瓦莱"是"苏夫塔杰"的另一种形式，其间，债务人可将债务转移给自己的债务人或另一位有能力支付最初债权人的人。它至少包含三方，类似现代的汇票，汇票的法语词汇"阿瓦利"即源于此。

九、国家财政

伍麦叶王朝的财政结构类似于四大哈里发时期，哈里发注重各地财政的重组，而非采用新的税种。欧麦尔二世（717—720年在位）对税收规则作了重大修订，以便实现税收系统的划一和平等。哈里发希沙姆（724—743年在位）沿袭前任，力图将欧麦尔二世的税收改革运用到呼罗珊、埃及、美索不达米亚。④

哈拉吉税作为主要税种，引起了哈里发的关注。726—728年，王朝进一步调查了埃及的土地和人口，以便更好地掌控哈拉吉收入。⑤ 此外，由于牧师的财

---

① Goitein, *A Mediterranean Society*, Vol.1, Economic Foundation, Berkeley and Loss Angeles, University of California Press and Cambridge University Press, 1967, p. 111.

② Al-Misri, R., "Suftaja: A Key to Understanding Riba in Islam", *Journal of Research in Islamic Economics*, Vol. 2, No. 1, 1984.

③ Goitein, *A Mediterranean Society*, Vol.1, Economic Foundation, Berkeley and Loss Angeles, University of California Press and Cambridge University Press, 1967.

④ Lapidus, *A History of Islamic Society*, Cambridge University, 2002.

⑤ Al-Maqrizi, T. A. ibn Ali, *Learning lessons from the History of Nations, al-Mawiz wa Al-Iltibar Fi zikre Al-Khitat wa Al-Aathaar*, Nile Publisher, 1324H, Quoted in Philip Hitti, 1963.

富有所增长,不再免于吉兹叶税,但穷人和年迈之人仍可免征。

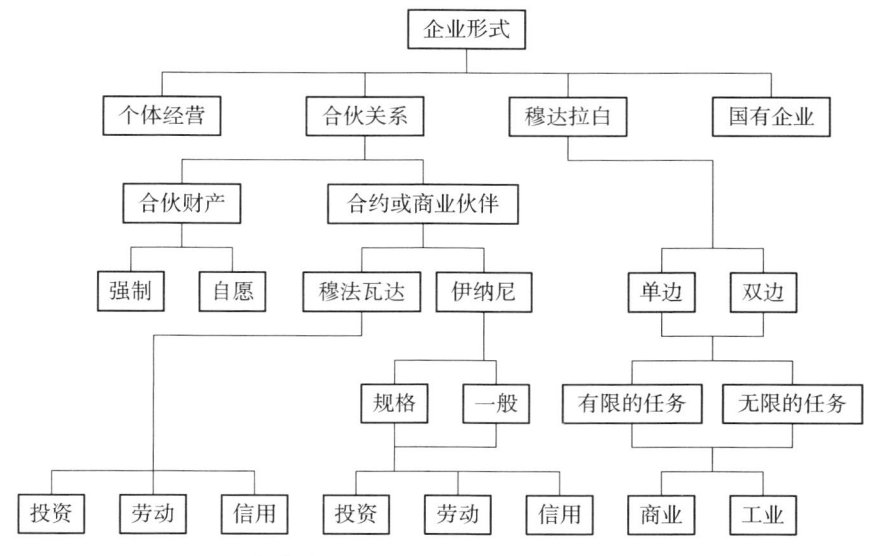

```
                          ┌──────────┐
                          │ 企业形式 │
                          └────┬─────┘
        ┌──────────┬──────────┼──────────┬──────────┐
   ┌────┴─────┐ ┌──┴───┐ ┌────┴────┐ ┌───┴────┐
   │ 个体经营 │ │合伙关系│ │ 穆达拉白 │ │国有企业│
   └──────────┘ └──┬───┘ └────┬────┘ └────────┘
              ┌────┴────┐           ┌────┴────┐
        ┌─────┴───┐ ┌───┴──────┐  ┌─┴──┐  ┌──┴─┐
        │合伙财产 │ │合约或商业伙伴│ │单边│ │双边│
        └────┬────┘ └─────┬────┘  └────┘  └──┬─┘
           ┌─┴─┐      ┌───┴───┐          ┌───┴────┐
         ┌─┴┐┌┴─┐  ┌──┴──┐┌───┴─┐     ┌──┴───┐┌──┴───┐
         │强制││自愿│ │穆法瓦达││伊纳尼│     │有限的任务││无限的任务│
         └──┘└──┘  └──┬──┘└─────┘     └──┬───┘└──────┘
                    ┌─┴──┐              ┌─┴──┐
                  ┌─┴┐ ┌─┴┐          ┌──┴┐ ┌┴──┐
                  │规格││一般│         │商业│ │工业│
                  └──┘ └──┘          └───┘ └───┘
     ┌────┬────┐        ┌────┬────┐
   ┌─┴┐┌──┴┐┌─┴┐     ┌──┴┐┌──┴┐┌─┴┐
   │投资││劳动││信用│    │投资││劳动││信用│
   └──┘└───┘└──┘     └───┘└───┘└──┘
```

上编图 3-1　伊斯兰商业的合法形式

资料来源:El-Ashker, *The Islamic Business Enterprise*, Croom Helm, 1987.

伍麦叶王朝的收入分为两个主要类型:非税收收入,包括法伊、萨瓦斐、商业公共部门收入;税收收入,包括战利品的 1/5、则卡特、吉兹叶、哈拉吉。哈里发欧麦尔最先征收乌什尔(关税),起初是作为外国对伊斯兰国家臣民征税的一种回应,后延及过境穆斯林与非穆斯林的所有商品,伍麦叶与阿拔斯王朝时期,继续实施这一税种。

第四章　阿拔斯王朝黄金时期的伊斯兰经济思想（750—1000）

　　10世纪后期,伍麦叶王朝让位于统治长达500余年之久的阿拔斯王朝。阿拔斯王朝时期,建立了东起印度,西至西班牙的广袤疆域,在国家管理与文化发展上达到了新的高度。这一时期,东西方社会形成了尖锐的比对,西方萎靡、保守,东方则在财富、文化方面取得了辉煌成就,但最终以伊斯兰帝国的衰落与十字军的东征而告终。

　　阿拔斯王朝的创立者是艾布·阿拔斯(750—754年在位),绰号萨法哈,意为屠夫。艾布·阿拔斯慷慨大方,但对敌人喋血无情。阿拔斯王朝的顶峰时期是拉希德(786—809年在位)时期,但王朝发展的转折点也始于此,拉希德之子展开了王位之争,由于兄长麦蒙(813—833年在位)之母为波斯人,弟弟爱敏(809—813年在位)之母为阿拉伯人,进而引发了波斯人与阿拉伯人的争端。王朝衰弱后,帝国东西部出现了分离活动,建立了独立王朝,导致了帝国的瓦解和中央政权的进一步衰微,但地方王朝仍与有名无实的哈里发保持着象征意义上的联系,无能为力的哈里发穆塔米德(870—892年在位)对此曾感叹,"以哈里发的名义征税,而哈里发拿不到一分钱,岂不是很滑稽"。这颇有些挟天子以令诸侯的意蕴。时不时地,也有一些哈里发会恢复政治威权的中兴,但大多时候回天乏力。对阿拔斯王朝的后期攻击来自1096年的十字军入侵,但对脆弱的哈里发制的最后一击来自蒙古人之手,蒙古军西征对伊斯兰世界造成了浩劫之势。1258年,哈里发率领几百名官员会见蒙古指挥官胡拉古,宣布无条件投降,但哈里发一行最终未能免于刀剑之戮。胡拉古的扩征终于叙利亚,1260年,其军队被埃及马木鲁克王朝的指挥官拜卜里斯击毁。

　　抛开帝国的政治风云,阿拔斯王朝的教育、科学、文化、经济还是取得了显著成就。王朝时期,尼罗河流域与叙利亚肥沃的土地上物产丰饶,生活必需品的售

第四章　阿拔斯王朝黄金时期的伊斯兰经济思想（750—1000）

价相对低廉。762年,阿拔斯王朝建造了一座繁荣数世纪之久的名城——巴格达,并定都于此。巴格达坐落于三条内河航线与两条陆路的交汇处。第二任哈里发阿卜杜拉·曼苏尔(伊历136—158/公元754—775年在位)时期,巴格达成为世界商贸中心,集市上商品琳琅满目,除了国内各种丰饶的物产,还有中国的丝绸,印度的貂皮和器皿,马来亚的香料、矿藏、染料,中非的钻石珠宝,斯堪的纳维亚的蜂蜜、蜡,东非的奴隶和黄金、铁器。巴格达的各种制成品及半成品,以及来自海外的各种商品通常都出口到欧洲和非洲。巴格达同时也是世界最大的国际交流中心,来自世界各地的学者、信徒为求知纷纷奔赴巴格达。哈里发曼苏尔对此感慨万分:"这是一个优秀的军事营地。这里的底格里斯河使我们最远可抵达中国,可以给我们带来海产品和美索不达米亚、亚美尼亚及周边地区的食品。幼发拉底河可以为我们带来叙利亚、拉卡及相邻地区的产品"。[1] 9世纪中叶的巴格达作为"和平之城",比当时的罗马帝国与君士坦丁堡之和还要大,可与19世纪末叶的巴黎相媲美。[2] 新城的建立带动了城市及周边经济,库法周围的沼泽得以开发,巴士拉东部的盐碱地得以再生,伊朗的灌溉系统得到了发展,从而发展了农业,促进了贸易,刺激了经济增长。城市发展也吸引了非阿拉伯手工艺者前来定居,整合了阿拉伯人与非阿拉伯人,使城市发展迈向大都市规模。城镇化亦使贝都因人更趋向定居生活,伴随巴士拉与伊朗、印度、中国的贸易往来,阿拉伯居民普遍成为商人。

　　国强则文化发达,反之亦然,文化发达则国力强盛。伴随政治安定和经济繁荣,随之而来的是学术繁盛。阿拔斯王朝的学术繁盛成就了一批豪文墨客,写就了佳美的传世之作。

第一节　经济特质的主要变化

　　从四大哈里发时期到阿拔斯王朝时期,国家财富巨幅增长。奥斯曼时期,国家财富达至四大哈里发时期的高峰,伊历796年拉希德时期,财富达至阿拔斯王朝的

---

[1] Hitti, Philip K., *History of the Arabs: From the Earliest Times to the Present*, 8th Ed., Macmillan & Co., 1963, p. 111.

[2] Hitti, Philip K., *History of the Arabs: From the Earliest Times to the Present*, 8th Ed., Macmillan & Co., 1963, p. 98.

黄金时期,就这两个时期而言,国家财富发生了巨额增长,总量从约 200 402 000 迪尔汗增长到 530 312 000 迪尔汗。这在当时是一笔巨额财富,这种增长不仅反映了国家财富的增长,且带动了国家预算的增长,预算的增长反映了国家的管理规模。

一、产品的丰富与经济活动的多样性

贾赫希亚里在其《列国征服记》中记载了国家收入的明细表,[①]并一再强调其数据来源的真实性。列表有四个特征:(1)详细记录了地区上报的收入数额;(2)地区的规模相当大,实则是我们今天熟知的国家,如埃及、伊拉克、塞浦路斯等;(3)地区数量繁多,囊括了 36 个国家和地区;(4)纳税以货币或实物进行。税收的主要形式是货币,但实物纳税的规模也相当大,且品种繁多,每一地区除了农产品,还有自己的主打产品。《列国征服记》列举了约 50 种各具特色的产品,产品规模与种类包罗万象,有葡萄干、香料、盐、银器、地毯、服装、大象等,此外还有奴隶买卖。这种多样性缘由有两个:其一,区域的广阔与商贸的活跃。由于国土广袤,各地气候不一,故农产品种类繁多。伊斯兰早期的几世纪,随着新品系的传播与培育,耕种者得到的合宜品种大大增加。[②] 巴士拉市场上的枣类多达 360 种之多。安萨里声称,伊历 1400 年,北非海岸一个小村庄附近就出产了 65 种葡萄、36 种梨、28 种无花果、16 种杏……[③]其二是商业原因。地区之间以及与其他国度的商贸往来提供了丰富的产品,使实物与货币税收十分复杂。为应对复杂的税收状况,王朝创造出了一种既符合沙里亚法,又利于控制和管理的行之有效的新税收体系。

二、土地所有权结构的变化

阿拔斯王朝时期,农业继续作为一种主要的经济活动和财政来源。王朝开

---

① 伊本·赫勒敦、伊本·古达迈等历史学家也编辑了类似列表。
② Watson, Andrew M., "A Medieval Green Revolution: New Farming and Corps Techniques in the Early Islamic World", in A.L. Udovitch (ed.), *The Islamic Middle East, 700 – 1900: Studies in Economic and Social History*, The Darwin Press, 1981.
③ Watson, Andrew M., "A Medieval Green Revolution: New Farming and Corps Techniques in the Early Islamic world", in A.L. Udovitch (ed.), *The Islamic Middle East, 700 – 1900: Studies in Economic and Social History*, The Darwin Press, 1981, p. 209.

办的农业学校,就植物种类、适宜的土壤、施肥、灌溉方式等提供必要的研究以及培训。王朝以水对所有人都是免费的这一理念制定水利政策,埃及、伊拉克、也门、波斯等地形成了良好的灌溉网络。有专职工程师团队负责维护运河和堤岸,并建立了水利局(Diwan al-Maa),负责登记每一地区的水供应量,观察水位变化,根据水的供应情况和灌溉系统确定土地税收,工作人员达 1 万之众。

伍麦叶王朝伊始,哈里发为感激做出贡献或服务的穆斯林,经常惠赐土地,称为"基塔阿"。此外,若有人修复了无业主的废地,就具备了对这块土地的所有权。而且王朝伊始,穆斯林向非穆斯林购买土地的现象更为明显。这些因素使得王朝土地所有权结构发生巨变。土地所有权的归属似乎偏向于穆斯林,他们借收购土地之机谋求利润,这种发展倾向迫使部分非穆斯林业主改宗了伊斯兰教。一些法学家凭此认为,业主作为纳税人,由于信仰的改变,纳税种类需从哈拉吉转为则卡特,但也有法学家认为,税种不应随业主宗教信仰的变化而变化。

三、税种的细化与税收中介机构的设立

阿拔斯王朝哈里发十分关注经济工作,尤其是税收这一敏感议题,希望税收工作公正平等。哈里发要求法学家对税率、税基、税收效率、税收分配、公平等复杂议题给出符合沙里亚法的行之有效的答案,这是权威法学家不可规避的任务,如哈里发拉希德要求首席法官艾布·优素福就国家金融问题做出答复。

阿拔斯哈里发麦赫迪(775—785 年在位)时期,财政组织发展显著,王朝设立了中央审计局,其建立归功于被委以监管财政工作的欧姆里·本·巴里亚。巴里亚为牢牢控制财政事务,设立了财政控制局(Diwan-al-Zimam),财政控制局拥有中央和省级两个级别,其领导直接向巴里亚负责。财政控制分内部控制(内部审计)和外部控制(外部审计)。内部控制是出于地方长官的利益考量,由地方工作人员实施。外部控制是出于中央政府的利益考量,在中央政府的直接要求下由中央工作人员承担。现代会计与财政控制系统就建立在相似的双重控制基础之上,即内部与外部控制系统,前者主要是组织的管理员,后者为信息外部使用者的利益服务,主要指向业主或股东。

阿拔斯王朝采用了新税种:(1)市场税。始于 784 年哈里发麦赫迪时期,应用于市场中的商铺,税率高达 33%,导致埃及长达 2 年的动乱。(2)向买方征收房地产买卖的印花税,税率为 2%。(3)继承税,始于 1252 年末位哈里发穆斯塔

西姆时期,税率高达33%。(4)渔业税。对鱼和其他海洋产品征收,针对避免了其他税收的渔夫,税收用于维护港口。

阿拔斯王朝时期,设置了税收中介机构,负责征税地区的总税收,并向国库按时或提前缴纳税款。此举虽便利了国库,但中介机构的收费额经常高于应税额,对纳税人产生了不公,艾布·优素福对此予以了强烈批判。

四、邮政服务局的发展

伴随经济的发展,阿拔斯王朝的邮政服务进一步完善,国家预算包含了对邮局的特殊补贴,路线由设在巴格达的邮政总局负责,惠及了旅行者、商人、朝圣者,以及其后的地理研究者。由于邮政服务的重要性,阿拔斯政府设立了特殊机构——迪瓦尼,邮政领导被称为"萨希卜·白立德",他不仅是邮政总长,也是情报处处长,向哈里发负责,地方邮政局长则向他负责,向他汇报省区的服务状况以及省区长官的行为。

阿拔斯王朝下设邮政服务局、通信局、印章局、军队局、财政局、哈里发府邸支出局,均有省局和总局之分。省局管理地方事务,总局在首都领导地区事务。总局和省局又均设两个分局:管理局(Diwan-al-asl)和财政控制局,前者参与税收管理等事务,后者掌管这些活动的财政和会计。

第二节 伊斯兰经济思想基础的确立

以《古兰经》和圣训为指导的伊斯兰法理学已日臻完善,成为国家律法的基石。

一、伊斯兰宗教哲学众多流派的出现

伊斯兰宗教哲学发展迅猛,短期内就在学科门类与复杂性上达到了一定高度。伊斯兰宗教哲学有各种流派,部分之间还存有一些抵触,一些学派还带有政治意蕴,指控异己的部分其他流派为异端,或不可接受的宗教实践。

9世纪初—11世纪初,伊斯兰世界宗教哲学的主要流派得以发展,出现了穆

尔泰齐赖派、艾什尔里派、苏菲主义、禁欲主义、神秘主义、神智学、泛神论、什叶派、易司马仪派、巴提尼叶(隐义派)、盖拉米塔隐秘集团、努赛尔派、德鲁兹派、波斯和土耳其斯坦的神话阿里派、也门的栽德派等。宗教流派的出现受到部分伊斯兰学者的严厉批判,如著名学者安萨里(1058—1111)视之为迷误者。

二、对古希腊、印度、波斯等著名学术著述的翻译与吸纳

就古希腊文明而言,可谓"吾道不孤",在哲学、逻辑学,乃至文字、语法等方面对伊斯兰文明产生了直接而深远的影响。哲学方面,阿拉伯人先引入柏拉图哲学,以后亚里士多德的理论逐渐取而代之,形成新柏拉图主义,最终将哲学根基建于亚里士多德哲学之上。[①] 一些学者以伊斯兰的视域著写哲学,如与柏拉图齐名的法拉比(870—950),就非常熟稔柏拉图的思想,著有《柏拉图的哲学》。亦有人批判希腊哲学,批驳第一导师亚里士多德的许多观点,结果是,在批驳的过程中不自觉地将希腊哲学吸纳进了伊斯兰。阿拉伯哲学虽为古希腊思想之流,却也并非简单的翻译、模仿和转运,最能体现阿拉伯人独特贡献者莫过于"哲学与凯拉姆学",即对理性与启示的处理。

阿拔斯王朝哈里发麦蒙时期,穆斯林发展了对希腊哲学的兴趣。麦蒙本人崇尚科学,将希腊哲学译为阿拉伯语文献,并为此派出翻译家,保存了大量的资料文献。麦蒙的祖父贾法尔·曼苏尔曾前往拜占庭求赠数学译著,拜占庭皇帝将欧几里得的著作赠送给了他。

三、伊斯兰法理的体系化与主要法学流派的形成

这一时期,对于哲学与政治理论的研究主导着学术活动,伊斯兰经济论述乏善可陈。早期的伊斯兰著述较为关注经济议题,其后伊斯兰法学家对伊斯兰社会—宗教问题给予了特殊关注。第一本伊斯兰经济著述出现之际,两大教法学派(哈奈斐学派、马立克学派)形成已有200余年,第三大流派(沙斐仪学派)亦初现端倪。独立的伊斯兰经济文献成型之时,第四种学派——罕百里学派已完全成型。这些法学家追随其中的某一流派,并深受其影响,如大法官艾布·优素福

[①] 马吉德·法赫里:《伊斯兰哲学史》,贝鲁特东方出版社1983年版,第197页。

追随哈奈斐学派,叶海亚·本·亚当·古来什属于罕百里学派。虑及伊斯兰法理对伊斯兰经济思想发展的巨大影响,有必要对这些法学派别做一梳理。

穆斯林的首次内战发生在阿里与穆阿维叶之间,伊斯兰由此分裂为三个宗教—政治团体:哈瓦里吉派、什叶派、逊尼派。

哈瓦里吉派起初跟随阿里反对穆阿维叶,但仲裁之后产生了异心,脱离了阿里。哈瓦里吉派对宗教的热忱与献身精神毋庸置疑,他们勇敢决绝,决意为宗教献身,但走向了一个极端,即宣称接受哈里发阿里者为无信仰者。

什叶派站在哈瓦里吉派的对立面,他们支持阿里斗争到底。礼拜时除了诵念先知穆罕默德,还要提及阿里之名。阿里归真后,长子哈桑退隐政治,什叶派支持其次子侯赛因反抗穆阿维叶之子叶齐德一世(680—683年在位),许以他军事支持,但未兑现。侯赛因一家在伊拉克南部城市卡尔巴拉遭到叙利亚军队的屠戮,这或许可以解释如今一些什叶派信徒的负罪感,以及在侯赛因纪念日的自戕行为。除了依循经训,什叶派还重点强调阿里是继先知之后唯一合法的继承人,主张哈里发或伊玛目应从阿里后代选出。

术语"逊尼"并不意味着逊尼派只追随先知的逊奈,因为所有穆斯林都遵循逊奈。逊尼派和什叶派主要的争论在于哈里发或伊玛目的合法性。逊尼派传播最为广泛,其基本的政治和信仰哲学基于公议,认为这是逊奈所倡导的。

先知辞世后,伊斯兰社会的变更带动了法学的发展。为符合伊斯兰精神,四大哈里发对于先知时期未曾出现的情况都要向先知的同伴咨询,如艾布·伯克尔对叛教行为,欧麦尔对征占土地所有权问题。早期哈里发及其同伴的公议,成为继《古兰经》、圣训后的第三大法源。阿拔斯王朝时期,国事日趋复杂,需要进一步发展法理学,由于《古兰经》、圣训、圣门弟子的公议鲜有明确的世俗方面的规则,为与伊斯兰精神相一致,法学家求助于类比、优选法、伊斯提哈桑(唯美)、伊斯提斯俩哈(公共利益)等其他途径。

各学派侧重点不同,最终促成了两种哲学流派:在伊拉克库法蓬勃发展的意见派;在希贾兹的麦加、麦地那颇有影响的圣训派。前者倾向于优选法、伊斯提哈桑、类比,较少依赖哈迪斯,后者倚重哈迪斯,较少依赖伊斯提哈桑和类比。若《古兰经》和圣训都未明确规定,就借用一种重要传统支持某人的观点,从而制定规则,据称这源于先知委任穆阿兹·本·贾佰勒为也门的法官时的重要对话,先知问穆阿兹·本·贾佰勒,如何解决发生的事情,穆阿兹·本·贾佰勒答复道:"根据真主的经典"。先知问:"如果你在里面没有找到答案?"穆阿兹·本·

贾佰勒答复道："根据真主使者的逊奈"，先知又问了关键的问题："如果你在里面也没有找到答案？"穆阿兹·本·贾佰勒回答："我将运用自己的推理。"这一答复得到了先知的赞许，为伊斯兰沙里亚法的诠释提供了许多合法支撑。

9世纪后期，形成了六种主要的法学流派，得以流传的有四种，哈奈斐学派、马立克学派、沙斐仪学派、罕百里学派。

（一）哈奈斐学派

创始人为艾布·哈尼法（699—767）。初盛行于伊拉克的库法等地，又称伊拉克学派或库法学派。该派创制教法律例时主要以《古兰经》为据，审慎引用圣训，重视类比和公议，对类比和公议的运用比较灵活变通，尤为强调执法者个人的意见和判决，故以意见派著称。该派在释法时，重教法精神甚于教法词句，认为在特殊情况下，可不受类比推理的约束，教法官即卡迪可依据优选原则，做出更近于公正的判决。

艾布·哈尼法初创该派教法体系时，重宗教伦理，轻司法实践，拒绝为阿拔斯王朝效力，并因此蒙害。其著名弟子艾布·优素福和穆罕默德·哈桑·筛巴尼等继续发展其学说，并转而与统治者合作，使该派得到王朝支持，大批教法学家被委以司法官，该派遂成为影响最广泛的一个学派。主要著作有艾布·哈尼法的《姆斯奈德》、艾布·优素福的《哈拉吉》、筛巴尼的《原理之书》、布尔汗丁·阿里的《希大亚教法》、希格纳吉的《尼哈亚教法》、沙德尔·安瓦尔的《维卡亚教法》《阿拉姆吉尔教法汇编》《奥斯曼民法典》等。哈奈斐学派现盛行于伊拉克、土耳其、阿富汗、埃及、突尼斯、印度、巴基斯坦、中亚等地，中国穆斯林亦大多遵奉该派学说。

（二）马立克学派

由马立克·本·爱奈斯（715—795）创立于希贾兹地区的麦地那，亦称希贾兹学派或麦地那学派。因其教法体系直接建立于圣训、传说的基础之上，并以麦地那学者们的公议予以确认，甚至认为麦地那的传统习惯高于一切，故又称圣训派或传述派。该派在创制教法律例时，除以《古兰经》、公议、类比为据，尤为重视早年麦地那穆斯林社团的传统习惯。与注重教法学家个人意见的哈奈斐教法学派意见相左。该派广征博引圣训，主要根据圣训文本，考证圣训的传述线索是否连贯、真实可信，有时则以《古兰经》为据，排斥不符合麦地那习惯的圣训。该派审慎使用类比法,认为出于社会公益考虑,可以摒弃类比,而以更近于公正的灵活变通的判决代之。马立克学派的主要代表作是马立克编集的《穆宛塔圣训集》,系最古老的圣训教法文献之一。伊斯提斯俩哈的创意亦归功于马立克。该派主要教法学家有赛哈农(？—854)、伊本·哈比卜·苏莱米(？—852)、欧特比(？—869)、伊斯玛仪·本·易斯哈格(？—895)等。马立克学派主要盛行于摩洛哥、阿尔及利亚、突尼斯、利比亚、苏丹、乍得、埃及北部等。中世纪,一度盛行于穆斯林治下的西班牙。

(三) 沙斐仪学派

创始人为9世纪巴勒斯坦人穆罕默德·伊德里斯·沙斐仪(767—819),生于加沙,系马立克的弟子。该派在创制教法律例时,吸取哈奈斐学派和马立克学派的长处,兼重圣训和类比推理,强调将真主启示与人的理性活动有机地结合,更系统地阐释了《古兰经》、圣训、公议、类比四大法源理论体系,缓和了圣训派与意见派的法理之争,增强了教法的实践性和效力。沙斐仪著有《法源论纲》,是关涉法学原理的里程碑式著述,另著有《温姆》。沙斐仪学派在重圣训的马立克学派与重意见的哈奈斐学派之间持均衡之姿,提出的以圣训为仅次于《古兰经》的第二法源的主张,极大地增强了圣训的地位和功能,亦使人的理性活动受到严格的限制。在运用圣训方面,沙斐仪学派主张只有不间断的传述人传述的圣训才能被接受,不得已时运用类比。沙斐仪学派著名教法学家有奈萨仪(？—1083)、艾什尔里、马瓦尔迪(？—1058)、舍拉齐(？—1083)、安萨里、拉菲仪(？—1226)、纳瓦维(？—1277)等。该派主要盛行于下埃及、叙利亚、伊拉克、巴勒斯坦、约旦、黎巴嫩、东非、马来西亚、印度尼西亚、中国新疆等。

(四) 罕百里学派

创始人为艾哈迈德·本·罕百勒(784—855)。罕百勒严格遵循圣训,谨遵字句理解经训,严格限制公议和类比的使用,拒绝任何形式的理性,尤其反对穆尔泰齐赖派的"意志自由"论,甚至拒绝接受艾什尔里的教义学主张。认为源自经训的知识是不谬的,而源自理性判断的间接知识是不可信的。在四大教法学派中,罕百里学派素以经典派著称,主张正本清源,力倡恢复伊斯兰教的本来精神,故有时亦被称为"激进主义派"。罕百里学派在圣训派的基础上发展而成。虽然师从温和的沙斐仪,但罕百勒对伊斯兰法理持不可调和之举,其方式似乎是对穆尔泰齐赖派的一种回应阿拔斯王朝时期，穆尔泰齐赖派借助理性发展信仰学，深得哈里发麦蒙（813—833 年在位）的赏识。麦蒙游说罕百勒改变立场，游说无果后投放监狱让他转变思想，这一举措让罕百勒以更为激烈的方式予以回应。圣训派得势后，罕百里学派亦曾进行报复，压制其他教法学派，甚至温和的艾什尔里学派亦被压制 3 个世纪之久。罕百勒著有《穆斯纳德圣训集》，包含了 4 万条哈迪斯。罕百里学派著名教法学家有艾布·嘎希姆·欧麦尔·卡拉基（？—945）、阿卜杜·阿齐兹·贾法尔(895—974)、艾布·法拉吉·本·贾沃齐(1114—1200)、穆瓦法古丁·古达玛（？—1223）、伊本·泰米叶等。伊本·泰米叶因坚持教法学家有创制的权利，并对苏菲崇拜等行为提出批判，坚持纯正的一神教义，被后世视为新罕百里学派的代表，其思想对近代的瓦哈比教派和当代伊斯兰复兴运动有重要影响。罕百里学派初创时在叙利亚和伊拉克有少数追随者，现盛行于沙特阿拉伯等国。

阿拔斯王朝时期，除却伊斯兰法理学的发展，穆斯林在医学、天文学、数学、占星术、炼金术、地理、工艺美术、建筑、哲学、阿拉伯语法、历史著述、诗歌、音乐、贝列斯字母和书法、法律、神学、哲学、语言学方面，进行了朴素的思考与研究，学习被视为神圣的行为，吉哈德不仅是一种"圣战"，亦指穆斯林坚韧不拔的求知，"你们中最优秀的人是学习了《古兰经》，并教授予人者"。[①] 科学知识分为了两种，宗教科学（Ulumal-Din）与世俗科学（Ulumal-Donia），两者同等重要。伊斯兰经济学是这两种科学相融合的产物，对它的贡献也是对这两种学科体系的贡献。

第三节　第一部伊斯兰经济专著

伴随国家的进一步扩张，穆斯林与非穆斯林之间的财产与所有权结构发生了变化，社会生活日趋复杂多样。农业作为国家的基本且主要的税收来源，继续占据着主导地位，一些哈里发委托学者加以研究，类似于现在的"仲裁委员会"。

经济工作、国家金融的运作这些重要议题并非由哈里发而是由一些法学家完成，这与四大哈里发时期形成了对比。四大哈里发自己制定司法体系与经济政策，如规划伊拉克领土时，欧麦尔自行制订计划，寻求律法与政治依据，并成功

---

① 《布哈里圣训实录全集》（第 3 卷），第 5 028 段，商务印书馆 2018 年版，第 1719 页。

地为自己的政策辩护。作为一名政治家,欧麦尔不仅运用政治理性,而且也从《古兰经》、圣训这些律法渊源寻求法理论据,为其经济政策服务,在他给埃及行省长官的内容广博的信件中,欧麦尔对农业、商贸、工业、公共服务、就业、国家管理、税收、治安等都有阐述,没有对沙里亚法精广的体认,就不可能有如此令人称颂的卓越表现。王朝哈里发似乎没能秉承这种能力,而且,对法学家依赖的增长以及国家元首对法学家的期望也可以在王家法庭随行服务人员人数的变化中得窥一斑。① 其间,一代英主欧麦尔二世(717—720 年在位)是个例外。

从伍麦叶王朝哈里发起,穆斯林民众似乎有一种感觉,即他们的哈里发不再拥有启自真主的万无一失的神圣性和司法的全胜性,王朝哈里发不再仅仅依赖个人宗教的虔敬与卓越的政治才能,而是倚赖民众对国家形成的思想忠诚实施其统治。② 作为政治家与军事领袖,王朝哈里发既缺勇气又乏坚忍,即便以其政治机敏见称的穆阿维叶等人,也是既不著名也不合格、抑或令人称扬的法学家。此种状况的出现或许源于以下因素:首先,伍麦叶王朝与阿拔斯王朝的大规模军事扩征几乎占用了哈里发全部的精力,使他们无暇研读精深的沙里亚法。其次,阿里与穆阿维叶之间的分裂,以及伍麦叶王朝与阿拔斯王朝的更迭,使国家元首置身于错综复杂的政治争斗,只能将法理的研读留给法学家。再次,四大哈里发后期伊始,社会生活与国家事务日趋复杂,需要专业的沙里亚法学者。

伴随着伊斯兰的扩张,国家的分裂,伊斯兰社会发生了变革,出现了第一部伊斯兰经济专著——艾布·优素福所著的《哈拉吉》。《哈拉吉》系阿拔斯王朝的巅峰时刻、文化复兴强盛时期的杰作。

哈拉吉系阿拉伯语词源,本义为定期支付、归还。广义通常指公共金融,包含所有的税收及其分配方式,狭义指代土地税。因之,国家哈拉吉指国家总财政收入,土地哈拉吉指代土地税的收入。早期的穆斯林作者用哈拉吉指向土地税,"国库多种来源的税收中,哈拉吉是最重要的一种"。③《古兰经》提到哈拉吉,"他们说'左勒盖尔奈英啊!雅朱者和马朱者,的确在地方捣乱,我们向你进贡,④务请你在我们和他们之间建筑一座壁垒,好吗?'"⑤有学者认为,伊斯

---

① Ahmed EL-Ashker and Rodney Wilson, *Islamic Economics a Short History*, Leiden · Boston, 2006, p. 156.
② Lapidus, *A History of Islamic Society*, Cambridge University, 2002, p. 200.
③ Levy, Reuben, *The Social Structure of Islam*, Cambridge University Press, Cambridge, 1962, p. 311.
④《古兰经》中,"进贡"的阿拉伯语原词为"哈拉吉"。
⑤《古兰经》:山洞(凯海府)章第 94 节。

兰之前，哈拉吉作为一种土地税在波斯已广为人知。

本·舍迈希谈及伊斯兰税收时，援引了许多8世纪前后关于哈拉吉的书籍。流传于今的有三本，除却艾布·优素福的《哈拉吉》，另有：

叶海亚·本·亚当斯(757—818)的《哈拉吉》。系先知言行中关涉哈拉吉的著述，包含了与其同时代其他学者对哈拉吉的看法。作者偶尔会与艾布·优素福的观点做一对比，篇幅是艾布·优素福的《哈拉吉》的一半甚或更少，其深广性、丰富度也不及后者，但包含了关于土地的基本法律原则，这在现代一些伊斯兰国家都有所运用。[1] 在编撰关涉税收的哈迪斯中，叶海亚以很小的篇幅论述了商贸、农业、种植棕榈树三种行业的益处，并援引《古兰经》和圣训关于这三种经济活动的论述。一些穆斯林断章取义，援引某几段哈迪斯论证商业活动优于其他行业，农业最为低劣，但叶海亚引用《古兰经》和哈迪斯是为了论证这三种行业的合理性，并未做优劣之别。

艾布·法拉吉·古达麦·本·贾法尔(864—932)的《哈拉吉》，是对哈拉吉议题的又一贡献，但讨论的主题没有超过有关哈拉吉的其他著述。古达麦生活的时代适值伊斯兰国家由崛盛转向哈里发穆克塔菲(902—908年在位)的衰落时期，彼时，所有法理学派都已发展成型，已有六本关于哈拉吉的著述，距艾布·优素福的《哈拉吉》已过去了150年之久。

第四节　艾布·优素福及其《哈拉吉》

托马斯·阿奎那(1224—1274)之前的500年被称为"空白世纪"，熊彼特认为此期没有任何关涉经济及其他知识的追求。[2] 事实上，中世纪许多阿拉伯—伊斯兰学者用宏篇长论探讨了多种经济学议题，对农业、制造业、商贸、税收、国家的经济角色、物物交换、货币演变等均有指导性、原理性的阐释，此类探讨主要见诸哲学家以及实际从事经济活动者的著述中，且多不离宗教目的论之藩篱，伊斯兰经院哲学家艾布·优素福即为其一。

---

[1] Ben·Shemesh, *Taxation*, in *Islam*, Vol. II, "Qqdama B. Jafar's Kitab Al-Kharaj", Leiden E. J. Brill, 1967, p. 50.
[2] Schumpeter, Joseph A., *History of Economic Analysis*, Oxford Universiy Press, New York, 1954, p. 74.

一、艾布·优素福简介

艾布·优素福（伊历 113—182/公元 731—798），全名雅古白·本·易卜拉欣·艾布·优素福，生于伊拉克的库法，其余生的后 17 年在首都巴格达度过。艾布·优素福出身贫寒，年少时被迫为生计奔波，但对知识的渴望最终吸引他走向了学术界，其学术思想大部分受惠于导师艾布·哈尼法（？—767），部分受其他学者影响。

艾布·优素福知识积淀深厚，在伊斯兰法理学方面的精深造诣让他脱颖于同仁，被视为法理学造诣仅次于导师的学者。哈里发在重大的政治、财政、管理等议题上都要向他咨询。阿拔斯王朝第三任哈里发阿卜杜拉·麦赫迪（伊历 158—169/公元 775—785 年在位）任命他为东巴格达的卡迪，第四任哈里发穆萨·哈迪（伊历 169—170/公元 785—786 年在位）委任他为全巴格达的卡迪，第五任哈里发哈伦·拉希德（伊历 170—193/公元 763—806 年在位）委任他为王朝的总卡迪，帝国其他卡迪的委任都要向他咨询，艾布·优素福在任上直至其终。

二、《哈拉吉》

艾布·优素福的《哈拉吉》系伊斯兰历史上严肃论述伊斯兰经济思想的第一书。为提升国家公共利益，哈里发哈伦·拉希德从伊斯兰法理学衍生出国家律法，事关政治、管理、国家财政，尤其是税收与消费等突出问题，都要与沙里亚法相一致。在哈伦·拉希德的授意下，艾布·优素福将对此类问题的阐述加以编纂，谓之《哈拉吉》，也以《致拉希德的赋税论》著称。

《哈拉吉》起初只为面向哈里发一人的受命之作，以答复哈里发提问的形式成书。哈里发是否确有提问，抑或是艾布·优素福借此作为该书的体例编排形式，具体已不得而知，但哈里发邀请艾布·优素福对税收、国家财政收入以及相关议题著书立说，表一己之见确有其事。导言章明言："忠诚的陛下，或许是真主要让他更为健全，要求我为他著述。"目的是"避免臣民遭受压迫，并为他们谋福利。"艾布·优素福对哈里发阐明沙里亚法的规约，给予建议与意见，但将抉择留于了哈里发本人，"忠诚的陛下，您可据此决定依从何种观点"是艾布·优素福文末一贯的措辞。

《哈拉吉》的结构如下：

第四章 阿拔斯王朝黄金时期的伊斯兰经济思想（750—1000）

导言。

国家的收支分配。

税收：土地税；哈拉吉；乌什尔；土地税的管理改革。

衍生产品的其他税收：则卡特；吉兹叶；定制费。

公共管理：法律和秩序。

其他议题：土地租赁；公共产品和外部因素；价格，稀缺品和价值。

书写《哈拉吉》时，艾布·优素福参照经训以及判例，以务实的态度调查当时通行的做法，检验过去的实践，研究政策中出现的问题，运用演绎法做出可信的答复，并力求与沙里亚法相一致。据此，尤斯尔·阿卜杜·拉赫曼认为，艾布·优素福是引领伊斯兰经济研究走向"科学"的第一人。

三、土地的固定税与比例税

按照伊斯兰法理学，战争期间并入伊斯兰国家的领土都应纳税。[①] 伊拉克、埃及、叙利亚的许多地区依据和平协议纳入伊斯兰国家版图后，根据土地面积实施固定税率，每英亩征收固定的迪尔汗或谷物。艾布·优素福时期，对于征占的土地——萨瓦克，仍依照哈里发欧麦尔的固定税制，艾布·优素福欲离却欧麦尔的做法，转而采取在农作物收成——穆噶赛麦基础上的税收方式。但脱离欧麦尔的税收实践绝非易事，因法理学家达成法理裁决、发布法特瓦时，欧麦尔的观点向被视为公议的核心。为了论证新的税收体系，免遭批判，艾布·优素福强调这是对现状作了周密调查，并与他人商讨的结果，"我已调查了伊拉克萨瓦克的税收系统及其征收方式，听取了专家和其他人的意见，并与之作了探讨，他们认为继续推行欧麦尔时期的税收方式已不大可能"。[②]

艾布·优素福对固定税持有异议，"我认为对粮食或货币征收固定的税率对苏丹与国库都有不宜，同时也伤及纳税人（农民）"。[③] 有别于对固定税的疏离，他钟情于基于产量的比例税，"就我个人的判断而言，最好的方法是根据土地产量或谷物产量制定一种公正、低廉的税率，这将保证纳税人——农民免于暴

---

①② Abu Yousuf, Yaqub bin Ibrahim, *Kitab al-Kharaj*（*The Book of Taxation*），Al-Maktabah al-Salafya, Cairo,［1346］1927, p.82.

③ Abu Yousuf, Yaqub bin Ibrahim, *Kitab al-Kharaj*（*The Book of Taxation*），Al-Maktabah al-Salafya, Cairo,［1346］1927, p.57.

95

乱与来自他者的剥削,并留给他们一定的份额,既增加了国家收入,也使纳税人免于征税长官的剥削"。① 他对固定税的反论实则取意于对比例税的立论。

首先,固定税中,收税官为了多征税,土地的丈量面积往往多出实际的耕种面积。若税收额度基于产量,与土地面积并无多大关联,就涤除了不公正之源,使农民免于税官的盘剥。

其次,固定税使国家岁入依赖土地面积,而非实际的农作物产量。固定税的征收实则延及可耕植但由于某种原因未被耕作的土地,这有损于存在这种状况的农民。产量比例税可使农民免于负担过重。

再次,农民会对是否耕种贫弱的土地、边缘地带踌躇不决,因为国家会无视土地的实际产量向他们征收相同的税款。产量比例税实则是鼓励耕植这类土地,扩大了产量,有助于增加国库收入。②

世界税收史上,固定税或产量比例税亦曾是税收的主要方式。如中国春秋战国时期,各诸侯国为谋霸展开争夺土地、人口等的兼并战争,其意在于经济利益,最终成败也多取决于经济实力,故各国多变法以图强。公元前 594 年,鲁国实行"初税亩"改革,着力于按土地面积收税。齐国管仲实行"相地而衰征"③的赋税改革,根据土地的不同产量采用级差实物税收,《孙子兵法》佚文《吴问》记载的什伍租率,反映了齐国国库与农民"分货"的比例,达到了"与之分货,则民知得正(征)矣,二审其分,则民尽力矣"④之功效。

按现代术语,固定税与比例税并无实质区隔,因现代的土地税收多基于耕地的多少,而非是否被耕种? 耕种多少? 产量几何? 但艾布·优素福时代,依据产量比例税,产量的增加的确会增加国家收益。

四、税率

777 年,哈里发麦赫迪推行针对不同种植类型的产量比例税:自然灌溉(河流、湖泊、雨水)的土地,征收其产量的 50%;人工灌溉的土地,征收其产量的

---

① Abu Yousuf, Yaqub bin Ibrahim, *Kitab al-Kharaj*（*The Book of Taxation*）, AI-Maktabah al-Salafya, Cairo,［1346］1927, p. 82.
② Abu Yousuf, Yaqub bin Ibrahim, *Kitab al-Kharaj*（*The Book of Taxation*）, AI-Maktabah al-Salafya, Cairo,［1346］1927, p. 58.
③ 《管子·小匡》第二十,李山、轩新丽译注,中华书局 2019 年版,第 374 页。
④ 《管子·乘马》第五,李山、轩新丽译注,中华书局 2019 年版,第 90 页。

33%；雇请劳力灌溉的土地，征收其产量的25%。但固定税继续存在于果园、葡萄园等的征税中。① 麦赫迪统治后期生活奢靡，为满足挥霍所需，他将底格里斯河—幼发拉底河盆地的灌溉田和雨田的税率从50%增至60%。哈迪短暂的统治时期继续这一举措。哈伦·拉希德继位后，任命英明能干的叶海亚·本·哈立德·本·拜尔麦克为相，在其提议下，雨田税率复归50%。②

艾布·优素福认为，税率应在农民的承受范围内，土地产量可以相较轻松地应对税收，且通常意义下，税率应该较为低廉，因低税率益于社会福祉。③ 艾布·优素福提议的税率低于当时的通行税率（见上编表4-1）。

上编表4-1 艾布·优素福建议的税率（收入产出比率）

农田类型	以前的税率	哈里发麦赫迪对税率的增加	艾布·优素福建议的税率
雨田浇灌的谷物	50%	60%	40%
河水浇灌的谷物	33%	33%	10%
果园、葡萄园	固定税	固定税	33%
浇灌的谷物（劳动密集型）	25%	25%	—
夏季谷物	—	—	25%

资料来源：S. M. Ghaianfar and A. Azim Islahi, *Exploration in Medieval Arab-Islamic Economic Thought*, London and New York: Routledge Curzon, 2003, p.129.

五、税收及其管理

艾布·优素福提及了当时存在的诸多税收，如乌什尔税、哈拉吉税、基塔阿④税、修整后的土地税、农业衍生品（土地的提取物、海洋产品等）税、动物类则

---

① Rayees Muhammad Ziauddin, *AI-Kharaj fi Daulat al-Islam (Land Taxation in the Islamic State)*, Cairo, 1957, p.5.
② Rayees Muhammad Ziauddin, *AI-Kharaj fi Daulat al-Islam (Land Taxation in the Islamic State)*, Cairo, 1957, p.407.
③ Abu Yousuf, Yaqub bin Ibrahim, *Kitab al-Kharaj (The Book of Taxation)*, AI-Maktabah al-Salafya, Cairo,[1346]1927, p.133.
④ 单数为Qati'a，为酬谢臣民的服务而赐予的土地，伍麦叶王朝尤其是阿拔斯王朝时期，这些土地面积扩大，成为农业活动主要特征之一。

卡特、吉兹叶、关税。明晰了一些税收原则：

1. 反对在金库与纳税人之间设立中介机构。伍麦叶王朝与阿拔斯王朝时期，税收中介机构有征税职责，将税收按时或提前上缴给国家，这对国库而言自然轻松，甚至有所助益，但中介机构向纳税人的税收经常高于应税额，实际上含有不公正因素。艾布·优素福认为，这种体系中存在对国家的破坏和毁灭，强烈建议取消中介机构。

2. 税收时计量需公正无误，以免损伤农民权益。计量需借用合适的器具，不能靠猜想或臆测粗略评估，也可通过中间方查明市场价值作为参照。如若无法以市场价值作为参考，税收额应建立在既不对纳税人要价过高，也不伤及权威部门利益的公正评估基础之上。在这两种方式中，何种对纳税人便利就采用哪种。此外，农民也可按合理的收入比例以现金纳税。

3. 只有中央政府才有权制定税率，地方政府与征税官无权更改。地方长官无权提升现存税率，增加新税种，或借故额外征税，并严禁向民众收受贿礼。

4. 税收的便利性与文明收税。艾布·优素福建议，农作物丰收不久，国家就应组织征税，以免农作物在农户的储藏室遭损坏，也使农户免于担心，影响其后的生产，但批判粗暴的征税行为，一再要求哈里发寻找良策杜绝这种现象。艾布·优素福力倡税收工作应置于诚实、可靠、精通沙里亚法的官员之手，给予他们合理的回报，但其行为应受严格监控，若税收管理不当应受严厉责罚，任何官员若涉及挪用公款或行为失当，应立即解聘，且永不录用。

5. 税收要有人文关照。首先，艾布·优素福认为，易腐商品如蔬菜瓜果、药草、木材燃料、芬芳植物等，都应该免税。其次，征税阈限以5沃斯格[①]或以上起步，少于此阈限则免税。计算最低阈限时，不同产品数量可以相加，如土地收入了2.5沃斯格的小麦、2.5沃斯格的大麦，共5沃斯格就可征税。藏红花等昂贵产品，即便其最低产量不及5沃斯格，但其价值等于或大于5沃斯格谷物的价值时也需征税。再次，若业主因为抚养家庭、馈送邻友，或因失窃耗损了部分产量，出于对纳税人的宽容，税收应在盈余基础上进行。艾布·哈尼法认为，即便产量很低，免税都无从谈起，艾布·优素福认为不然，"当公正得以建立，对受害者给

---

① 先知时代以沙阿为计量单位，1沃斯格（蒲式耳）为60沙阿，因此，5沃斯格相当于300沙阿。1沙阿包含5.3拉特勒，拉特勒相当于1磅小麦的重量。换言之，税收阈限5沃斯格相当于约1600磅小麦，如果每公斤有2.2磅，当时的税收阈限约等于今天的727公斤小麦。——Ahmed El-Ashker and Rodney Wilson, *Islamic Economics a Short History*, Leiden·Boston, 2006, p. 183.

予了合理补偿,避免了压迫与暴政,才能实现人类的拯救、国家的繁荣,也才能增加财政收入。行善与公正关联紧密,应杜绝压迫与暴政,任何税收若通过压迫获得,将导致国家的毁灭"。① 艾布·优素福允许在照顾家人、亲朋的盈余基础上再征税,的确比艾布·哈尼法的主张更胜一筹。

六、农村发展项目的投资

国家作为公共利益的掌管人,在提升公共利益的经济活动中扮演了重要角色。《哈拉吉》清楚阐明,伊斯兰国家统治者最大的责任就是通过可能的途径提高臣民的公共福利,这是提升民众经济福利最直接的要素。② 艾布·优素福浓墨建议统治者为大众的物质生活谋福祉,哈里发应承担多种社会—经济基础设施的建设,尤其要为广大的农村经济考虑,承担农业发展项目。《哈拉吉》探讨了如何投资这类项目? 项目资金能否源自国库? 项目的直接受益人能在多大程度上回报该项目? 并提供了几条指导原则:

1. 如果所辖地区一些旧运河无法使用,农田被淹,成为泥沼,税收员应向上级建议是否修缮、清洁河道,使运河再行畅通。这些建议被呈递给统治者,统治者可委任博学之人调查情况。这位博学的特派员必须咨询受灾农民以及经验丰富的专家,重要的是,其工作举措不能受限于个人得失。如若这些人认为整修项目有益且能增加国家收入,统治者必须下令修复河道,总费用由国家承担,不应转嫁于当地民众身上。

2. 与修复、建设河道相关联的是,只要纳税人的意愿不伤及临近村庄和社区,就应当予以考虑以实现其利益。如果一些农区项目的实施导致其他农区的减产,使国家收入受损,就不应实施此类项目。

3. 如果民众觉得有必要修复、清理他们的大运河,以免大运河影响底格里斯河和幼发拉底河,统治者就应进行维护,其费用应由国家与受惠的纳税人、农民共同承担。

4. 农民为浇灌农田、果园、葡萄园等挖掘的小河道,其费用由自己承担,不

---

① Abu Yousuf, Yaqub bin Ibrahim, *Kitab al-Kharaj（The Book of Taxation）*，Al-Maktabah al-Salafya, Cairo,［1346］1927, p. 132
② Abu Yousuf, Yaqub bin Ibrahim, *Kitab al-Kharaj（The Book of Taxation）*，Al-Maktabah al-Salafya, Cairo,［1346］1927, p. 3.

应由国家出资。

5. 国家需全力维护底格里斯河和幼发拉底河及其他大河流周围的码头、水坝、桥梁、运河,不应由纳税人出资,因为这事关全社会,对他们福祉的维护实际是关心全民……所有此类支出均应由国家承担。

6. 委任有责任心的人去实施这些任务,委派其他人去监督工人……哪些地方需要维修却遭忽略?哪些地方已经修葺但仍泄漏?为何国家划拨的经费被浪费,而工程几无成效?为此可向上递呈报告,统治者须认真对待属下的这些疑虑和建议,以及由于对工程不满而产生的怨责,并辅之以有序的实际行动。

7. 所有公民平等享用幼发拉底河、底格里斯河及其他河流,可以从这里汲取水源用于浇灌、饲养牛及其他动物,谁都无权阻止他们。每个地区都有权利浇灌农田、枣树及其他树木。

8. 如有人为自家农田所需挖掘大的运河,对河道造成损害,则他无权这么做。
9. 如果大的河流能为民众带来福利,统治者有责任承担维修、保护的任务。
10. 统治者有义务维护水坝以免决堤。①

七、粮价及其供应

通常的理解是,谷价的高低取决于供应的充裕与否,供足则价跌,供缺则价涨。艾布·优素福认为不然,"没有个体能够决定固定的高、低价,这是自然作用力的结果,个体不知其所以然。并非谷丰米贱,亦非粮缺价高,谷价的高低取决于万能的真主并受其掌管"。② 谷价或者迪尔汗的购买力与谷物的供应和产量并无很强或必然的联系,故公共政策尤其是税收政策不应根植其上。

艾布·优素福以先知拒绝固定价格为依据,主张市场规律决定价格的一般原则。亚当·斯密曾详述了反映供求矛盾的剪刀论,艾布·优素福对此并未做详述,他似乎只关注供应,且留下了一个似乎合理的论点——供应本身并不决定价格。此外,艾布·优素福提及了货币供应,并触及经济学关于经济物品、稀缺品、价值之间的关系。艾布·优素福探讨人们是否可以对现成的常用物品要价,

---

① Abu Yousuf, Yaqub bin Ibrahim, *Kitab al-Kharaj*（*The Book of Taxation*）, AI-Maktabah al-Salafya, Cairo,［1346］1927, p. 116.
② Abu Yousuf, Yaqub bin Ibrahim, *Kitab al-Kharaj*（*The Book of Taxation*）, AI-Maktabah al-Salafya, Cairo,［1346］1927, p. 57.

并以水为例,认为奔腾的河流之水或许并无价值,但到了河水没有流经之地就有价值了,借此概括出物品创造价值的三大要素:稀缺性、设备费用、运输成本,这种分析符合经济学对价值的基本分析原理。

八、租赁

租赁是一方以支付预定的租金取得另一方所拥有的机器、设备等资产的合同安排。出租人仍拥有资产的所有权,承租人获得在合同期内使用资产的权利,有时在租期期满后以较低的价格购买所租用的资产。[①] 艾布·优素福以贫瘠的土地作为租赁的特殊参照物,对田野和棕榈园的租赁予以关注。希贾兹和麦地那的法学家尤其是马立克学派允许按收成租赁果园与其他园林,但不允许在分享一半或1/3收成的基础上租赁贫瘠的土地。库法的一些法学家则允许租赁果园和其他园林,也允许收取一半或1/3的收成租赁贫瘠的土地,因为先知曾在产量分成的基础上将海拜尔的土地租种给当地居民,但部分人对此持有异议,认为贫瘠土地的产量无法确定,参与此种交易或许对交易某方有害,这属于不确定性的交易。艾布·优素福则认为,所有的法学家都允许盈亏共担的合作模式,即共享合作合同,其间,一方投入资金,另一方投入劳动与专业知识,利润即便不确知,也在盈亏共担基础上进行。贫瘠的土地、果园,以及其他园林的租赁如同共享合作合同中的资金,都是允许且合法的,并依据先知在海拜尔的先例,认为哈迪斯在支撑肯定之事方面较之支持否定之事更为可靠和普遍。

艾布·优素福澄清了合伙人的关系及各方的税务状况,主张合伙人在贸易之前应对合同状况有清晰认识。

现代租赁的主要形式有运营租赁、融资租赁。艾布·优素福鉴定了租赁合同的不同形式,并探讨了融资租赁与其他类型租赁之间的区隔,扩大了租赁范畴,其分类理念与现代分类不谋而合。

艾布·优素福时期,亚里士多德等希腊学者的思想还未被译为阿拉伯语,换言之,阿拉伯经院哲学家还不熟知希腊话语系统对经济问题的论述。艾布·优素福是首位规范论说伊斯兰经济的作家,其后几个世纪,东、西方历史在经济议题,尤其是公共财政方面能有如此深刻、睿智洞察力和精辟阐述者实属无多。

---

① 胡代光、高鸿业:《现代西方经济学辞典》,中国社会科学出版社1996年版,第210页。

《哈拉吉》篇幅宏大，对国家金融和公共管理提供了一种广博的框架和体系，比亚当·斯密的《国富论》早约 1 000 年，亦比中世纪拉丁语系经济学思想的杰出代表——托马斯·阿奎那的经济著述早 500 年。艾布·优素福对税制的看法与亚当·斯密的税收四原则——平等、确定、便利、经济——有异曲同工之妙，对公共项目费用分担的论述亦与当代许多文献对此的讨论十分接近。

质言之，艾布·优素福在公共财政与税收方面提供了非同寻常的视野与谨严的思考，是现代经济学关于公共财政议题最杰出的先驱之一。

继艾布·优素福的《哈拉吉》之后，伊斯兰经济写作从公共金融转向企业领域，亦即微观经济，借用 19 世纪的术语，即开始了政治经济学的著述。筛巴尼的《收入论》即为一例。

第五节　筛巴尼及其《收入论》

一、筛巴尼简介

筛巴尼（伊历 132—189/公元 750—804），全名穆罕默德·本·哈桑·筛巴尼，曾任法官，但未及大法官之职。筛巴尼师从艾布·哈尼法学习法理学，艾布·哈尼法去世后，又追随艾布·优素福，时人对他评价甚高。筛巴尼生活富足，从父亲手中继承了 3 万迪尔汗，他倾其大半用于学习，将大部分时间用于接受教育。财富并未让筛巴尼走向自大，这一点似乎在其著述中有所反映，他在书中强调，富人需要穷人如同穷人需要富人。

筛巴尼的《收入论》纯粹讨论微观经济，它不涉及公共金融或国家税收，而是关注消费、生产、收入、分配。《收入论》系筛巴尼主动写就，并未受政府权威部门委托或应哈里发之邀，据此，可以说自筛巴尼伊始，伊斯兰经济学才发展为独立的文献实体，其经济思想也与几世纪后一些经济思想不谋而合。

筛巴尼的原稿似乎没能经受住岁月的摧残，《洁净生活的收入》约为 2 万字，是其追随者穆罕默德·本·萨玛哈对其原书的提要，提要还包含赛尔赫希（伊历？—483/公元？—1090）的评注。原书规模几何，我们不得而知，但管窥提要，原著应该很厚重。

《收入论》主要采用演绎法，作者提出议题，查看经训的相关阐述，阐发自己的结论,也从现实生活取材有代表性的事例。遇及有争议性的问题,筛巴尼通常从《古兰经》与圣训中找寻依据,运用分析推理得出结论,结果往往受人瞩目。此外,筛巴尼也运用哈奈斐派的分析法。

二、消费与收入

筛巴尼关于消费水平的分析为从伊斯兰视域解析消费行为理论的经济学家提供了思路。筛巴尼将消费与收入相关联,将消费分为三个层次:生活必需品的水平,适度的水平,奢侈精雅的水平。按照经训规约,消费者有义务保持第一水平,他要顾及自身、妻、子在内的家庭消费,如果父母没有依靠,家庭也包含父母。筛巴尼不提倡以宗教为幌子,放弃这些需要的满足。对这一层次的刻画包含双重含义:没有满足这一水平的消费者将受到神性的惩罚,消费越低,惩戒越大,消费越高,神圣的回赐越高,消费者应努力找寻扩大收入的途径去满足这些需要。第二层次为适度水平,居于奢侈之下,吝啬之上。消费者应该寻求收入途径,以满足这些需要。但如果他有合法的缘由,如花费时间用于求知,或为主道而工作,因而没有去更多地创收,就不应蒙受神性的惩罚,这与先前的等级——不努力去满足需要,因而招致惩戒有所区隔。筛巴尼认为,在节日、宗教场所等某些情形下,个体消费水平若超过适度原则也可以接受,这种情形下的过度消费并不会导致虚荣或自我崇拜。第三等级系奢侈水平,受到限制,这并不意味着消费者不应努力工作以增加超过第二层次需求的收入。《古兰经》言明,奢侈是恶魔的兄弟,额外的收入可用于帮助他人、留给需要依靠的继承人、为生产提供资金、接受教育、为主道而工作,等等。

三、生产与收入

筛巴尼将生产活动分为四种:出租,工业,农业,商业。

出租。通常,出租包含于农业、工业、商业等其他行业。筛巴尼将其单独成列,与生产方式的所有权这一议题有关。

工业。筛巴尼将所有的生产活动视为平等。筛巴尼同时代的人将工业贬低为不及商业的一种生产活动,筛巴尼对此深不以为然,他首先从宗教视域予以审视,罗列了约12位先知及其职业,论辩说这些职业不比他人的低劣,相反地,他们受到了真主的祝福。他从更多世俗理由出发，解释每种生产活动对实现他人的目标和功能的补充，认为生产部门彼此依赖，相互整合。

筛巴尼强调劳动力的专业化和分工的重要性，认为专业化能有效地习得技能，更好地施行专业。筛巴尼从微观角度出发，认为个体如若试图学习所有要求的技能，可能终其一生都难以企及，人们应当依赖真主赐予的能力，尽最大可能去学好一种技能，并依靠他人的技能满足自身所需。依赖个体技能的多样性和真主赐予人们的各种天资，就能更好地完成工作，也能使社会联系得更为紧密，正如圣训所言，各信徒"就像一座建筑中各部分加固了彼此"。筛巴尼的观点延及宏观层面，就可确知专业化有助于增强各经济部门的整合。

农业。有别于同时代的人，筛巴尼大力捍卫农业，他甚至认为农业远远优于其他行业。首先，农业是其他生产部门得以运作的基础，它为工业提供了原材料，为商业提供了农产品的交易，若工业部门制造商品时缺乏原材料，一切都无从谈起。其次，农业比其他部门更有益于民众，在维持生计方面尤为如此。根据哈迪斯"你们当中最好的人就是对别人最有益的人"，可演绎出务农者要优于他人。再次，农业及其衍生活动是满足其他生命体的生存之源。复次，根据《古兰经》规定，农业可以提供农产品则卡特。

筛巴尼的言论表明，这些部门彼此不可分离，各部门之间的合作必不可少，农业的优越是一种相对的优越。

商业。从关于财富、创收、农业和商业之间关系的阐述，筛巴尼阐明，农业是满足个体生活之必需，但商业和贸易才能使财富有所增长。

筛巴尼关于农业的思想与重农主义之间的异同点或许值得比较。出现在18世纪下半叶法国的重农主义强调农业的重要性，认为只有农业才生产"纯产品"即剩余产品，农业是唯一生产财富的部门，工商业则不生产财富。因此，他们将对剩余价值的研究从流通领域转到生产领域。重农主义将农业投资区分为原预付（相当于固定资本）和年预付（相当于流动资本），并在魁奈创立的《经济表》中第一次试图对社会总资本的再生产和流通做出理论上的概括。重农主义者将农业视为能够产生净产品的唯一部门，他们摒弃了重商主义者认为财富及其增长仰赖于交换的理念，坚持认为工商业者大量的生活消耗所需依赖于从事农业者在满足自身所需后对工商业的一种补养。换言之，他们认为劳动生产力若有盈余，首先应该应用于农业，农业是产生盈余的唯一形式，对工业的任何形式的培植都是无用的，商业或贸易不产生价值。直至杜尔哥，才介绍了交换价值，对

第四章　阿拔斯王朝黄金时期的伊斯兰经济思想(750—1000)

魁奈的经济观点作了重要发展。

筛巴尼的所思所虑并不似魁奈的《经济表》走得那么长远,但相较于重农主义,他并不认为农业是唯一的生产部门,其他部门都荒瘠不堪。筛巴尼认为,所有部门都具生产性,但农业优于其他行业。他将交换价值归功于商业,认为商业不能提供生活,但能让财富或收入有所增长。筛巴尼对这一主题的讨论未及重农主义者那般广泛,但提供了一种新思路,并得以进一步发展。

四、其他议题

筛巴尼严厉批评那些自愿放弃职业者,尤其批评当时力求完全规避世俗生活,全力投身于对真主崇拜的苏菲。他质疑,当他人努力投身于生活的劳作,苏菲何以能规避劳动,靠他人的劳作得食？筛巴尼欣赏为谋生而工作的价值,将之与崇拜真主相连接,认为工作亦是完善个体对真主的崇拜,因之,劳动是神圣职责的第一品级。筛巴尼进一步批判有劳动能力,但却不寻求工作者,也抨击那些有工作能力,却倚靠慈善为生者。

筛巴尼对教育予以高度评价,强调其重要性,认为教育有助于增长知识,提升专业化和劳动分工,反过来有助于提高效率。对筛巴尼这样一位耗资大半寻知求教的人来讲,强调教育的重要性不足为奇。

关于作为施舍的则卡特机构,筛巴尼声明,富裕者即施舍的赠予者也需要穷人,倘若没有穷人,富裕者无法完成其宗教职责,也无法从馈赠困窘者的行为中得到神圣回赐。因之,富裕者需要倚借穷人去完成其宗教承诺,否则他们无法得到回赐,因此,则卡特以及其他任何形式慈善的收受者无需受之有愧。对此,筛巴尼重申了伊斯兰的原则,即富人的财富中有贫民的权利。然而,如果宗教慈善的受益人有能力谋生,但虚假地宣称需要资助,应视其为非法。

第六节　艾布·欧拜德及其《财富论》

一、艾布·欧拜德简介

艾布·欧拜德(伊历？—224/公元？—838),全名艾布·欧拜德·嘎希姆·

本·散俩姆，是位法官，但未及艾布·优素福大法官的地位。他因虔敬以及法理、逊奈、历史、阿拉伯文学知识的渊博备受时人赞誉。依其《财富论》，无法确知他隶属于何种教法学派。他调查伊拉克哈奈斐的实践和伊玛目马立克的言说，派生出自己的结论，倾向某一种或另一种，从这个意义上讲，他是一名革新者，而非追随者。艾布·欧拜德著述甚多，关涉《古兰经》、逊奈、法学、诗。一位财力雄厚的长官看了他的著作不无感慨："能有如此智慧，写出如此著作之人不应受谋生负担的烦扰。"这是一位贤能、智慧的赞助人对一位学者的最高赞誉。受其资助，艾布·欧拜德似乎将毕生的时间都用于了写作。

艾布·欧拜德时期，首都伊拉克的哈奈斐学派，麦地那的马立克学派均已稳固阵脚，沙斐仪学派开始在沙姆和埃及崭露头角。社会上广泛流行着艾布·优素福和叶海亚·本·阿丹的关于哈拉吉的著述。

二、《财富论》

《财富论》共622页，篇幅几乎是艾布·优素福的《哈拉吉》的三倍。《财富论》具有《哈拉吉》不曾具备的三个特征：

其一，它包含农业、商业等所有行业，从宏观经济和微观经济方面提供了一种广博视域。

其二，较之其他文本，有更好的文献资料。艾布·欧拜德以一种有案可稽的形式将过去实践过，到他的时代想必还在应用的书面证据合订为一卷，包括先知的一系列言行以及先知及其后哈里发给属下和对手领导层的信件、穆斯林与非穆斯林之间的条约。

其三，对所论问题提供了更多观点。艾布·欧拜德的著述比艾布·优素福要晚30—40年，伴随法学思想的变化，法学观点也有了很大的发展与提升。

《财富论》致力于形塑国家金融，它展示了民众对国家财政的职责与权利，以及神圣的沙里亚法对民众的规约，借此使民众成为虔敬的穆斯林。《财富论》以规章和案例阐明许可和反对之事，对律师、倡言者、诉讼者颇有参考价值。

《财富论》关注公共财政，同时辅以文献，明晰了什么应该纳税，什么不应纳税？谁应当纳税，谁不应纳税？使税收合法化的因素是什么？在消费项目中如何分配收入？其财政思想非常富有启发意义。

第四章　阿拔斯王朝黄金时期的伊斯兰经济思想（750—1000）

第七节　苏菲主义与经济

一、苏菲主义的源起

伍麦叶王朝时期，疆域东至印度，西至伊比利亚半岛，伴随疆域的扩征，随之而来的是经济的繁盛和穆斯林未曾习惯的生活方式。穆斯林，尤其是阿拉伯半岛的贝都因人发现他们置身于当时世界上最辉煌的文明以及一种自身从未梦想过的生活方式，难以抵制波斯人和拜占庭人舒雅生活的诱惑。大多数穆斯林沉迷于大征占后广袤疆域带来的雅逸与安适，但一些人对此持有异议，认为这种新的生活方式是对伊斯兰规范与理念的一种疏离，有违伊斯兰教义宣扬的禁欲主义精神。只要符合适度原则，伊斯兰不反对生活的娱乐，但王朝的奢华生活似乎远甚于此，比照四大哈里发禁欲清贫的生活方式，伍麦叶王朝的生活方式似乎就不能孰视无睹了。

虔诚的穆斯林和诚挚的乌里玛忧心于这种对奢华的张迎，担心这会疏离伊斯兰的基本精神，哈里发之争产生的分裂、什叶派失去哈里发的痛苦以及对伍麦叶王朝的积怨，进一步加剧了这种怨责，但这种怨责并未表现为反对伍麦叶王朝的政治暴乱，而是反求诸己，以内隐的方式净化自我，追寻伊斯兰的原初教义。怀着对伍麦叶王朝政治统治的斥拒，这些后来成为苏菲的穆斯林，力图从导致精神污染、信仰失真的世俗纷扰中涤滤自我。而部分穆斯林的自相残杀、沙姆地区总督穆阿维叶及其子叶齐德傲邈哈里发直至流血冲突、先知的遗孀与先知同伴的失和等遭际与听闻所带来的巨大的心灵震颤，又加剧了拒绝一切世俗生活，转向真主的心灵诉求，苏菲主义便应运而生。

"苏菲"一词据称源于两个词源，第一种已广为人们熟知，即苏菲意为弃绝了轻柔的棉花及其他类似面料，穿着粗糙的羊毛衫，阿拉伯语谓之苏夫。第二种意为纯洁，苏菲强烈关注崇拜真主时对自我的否定以及对世俗生活的弃绝，为取悦真主并希求惠赐而弃绝物欲。出于信念，苏菲几乎无意于索财，仅用些许的劳作勉强糊口以能够敬畏万能的真主，也不热衷于追求世俗地位，其最终目的是用绝对的爱与热忱崇拜神圣主宰。

二、著名的苏菲修士

（一）哈桑·巴斯里

哈桑·巴斯里（伊历？—110/公元？—728）系苏菲思想早期的创始人，宣扬为了真主回归禁欲主义，弃绝个人对世俗生活的追求。哈桑·巴斯里与先知家族是近亲，直至第三任哈里发奥斯曼辞世，他都生活在麦地那，其后迁居巴士拉，因宣扬以先知为榜样的苦行生活以及为了真主放弃世俗生活而见闻于当地。虽然巴斯里接受穆阿维叶为新哈里发，认为他和后继者还能对自身行为负责，但他批判伍麦叶王朝的奢华。哈桑·巴斯里并不宣称自己为苏菲，根据古筛里（伊历？—465/公元？—1072）所言，直至公元815年希吉拉历的第二个世纪末，苏菲一词在当时并不广泛使用，其时离巴斯里殁后约一个世纪。

波斯巴尔赫皇室成员易卜拉欣·本·艾德罕、巴尔赫的艾布·阿里·舍基格、改宗的强盗头目福德勒·本·伊雅德、库法的苏富扬·扫利，均与苏菲主义的早期历史有涉，他们归真于希吉拉历2世纪中后期（767—815）。易卜拉欣·本·艾德罕为了真主放弃了财产与皇室生活，在山洞中生活数月。舍基格强调"泰万库勒"，即托靠、依赖，以个人的事迹与行为完全地仰赖与信任真主。福德勒宣称，"为了人的原因避免做事是虚伪，为了人的原因去做每件事是偶像崇拜"。苏富扬·扫利创立了法学派别，曾因拒绝公职遭受虐待。希吉拉历3世纪中叶，又出现了一些苏菲，如埃及的祖浓·密苏里（伊历？—246/公元？—861）。但见称者是巴士拉的拉比阿·阿黛薇叶和巴格达的哈拉智。

（二）拉比阿·阿黛薇叶

来自巴士拉阿德威部落的女苏菲拉比阿·阿黛薇叶（717—802）用神秘之爱来解释信士与真主的关系。她认为，真主是至高之美，人们达到永恒之美的途径只有一个，即纯粹之爱。所谓纯粹之爱，就是不为任何报酬，只因其对象本身纯粹地去爱的一种爱，是同自爱相反的一种爱。当修道者怀着纯粹之爱，从一切外在性和感性中净化灵魂达到自我彻底消亡的时候，至高之美就以其庄严的姿态灿然显现。此时，灵魂和真主直面相观，神圣的精神完成"结婚"，人达到希望和幸福的最终点。这就是拉比阿的爱和美。

拉比阿一生遁世修道，独身未嫁。她认为，她已将自己的圣洁之体全部奉献给了真主，从而也就失去了肉体的自我。她提出，婚姻的结合是那些还认为有现象的"我"存在的人所做的事。而失去了自我的人，即由全身心地念主而达到的自我消失或无我状态，"我"已存于真主之中，与主在一起。"我"生活在主的命令的庇护下，结婚之事不是从"我"这里，应该是从他（真主）那里去寻求。她拒绝对天园作形象和欲念的描绘，主张信仰并非缘于对天国的向往和对火狱的恐惧，而是出于对真主的爱慕和渴望。把真主作为尽情喜爱的对象，通过虔敬之爱达到对真主的感悟和认识，达到人主合一的境界。据安萨里记述，她经常面对夜空热忱地祈祷："我的主啊，星星在天空中闪耀，人们已进入梦乡，地上的王公们锁上了宅邸的重门，年轻的恋人们成双成对地在一起。我也在此时这样地同你在一起。"她在一首赞主诗中写道："如果我崇拜你是出于对地狱的恐惧，那就在地狱里把我烧成灰烬吧；如果我崇拜你是梦想进天堂，那就把我从天堂里赶出来吧；而如果我是为了你而崇拜你，那就请你毫不吝啬地把你永恒的美赐给我吧！"①拉比阿这种素朴的神秘之爱的言论，将以前信士对真主的敬畏、恐惧变成对真主的爱慕、亲近之情，它增强了宗教情感因素，缩短了与真主的距离。这种精神的、直觉的爱，是苦行主义向神秘主义转化的基石，神爱论或神爱思想从此成为苏菲主义学说的核心主题。

神爱论的基本思想是：真主乃真、善、美、恩、慈爱……的体现，是人们热诚喜悦和爱慕的对象。爱是真主的属性之一，人之爱是真主之爱赋予人的结果，也是真主爱的意志的体现。爱分为三类：自然之爱，只重肉体而无精神，它是短暂的、外露的和世俗性的，属低俗之爱。精神之爱，兼具肉体和精神两方面，它既是内在的又是外露的，是在世俗之爱的基础上产生的一种真实之爱，是达到神圣之爱的桥梁和手段。神性之爱，系纯粹的精神之爱，是最高尚和最神圣的爱。它只有精神而无肉体，是永恒和绝对的。它源自爱者的心灵，是对被爱者的一种深情、狂喜与着迷。人应以神性之爱为人生追求的目标，这爱像洪水、似烈火，一旦爆发，会淹没一切、焚毁一切。人只有淹没于神性之爱中，焚毁私欲，灵魂才得以净化，最终可以达到爱者—爱—被爱者（真主）三者完美的统一。这种无我的神秘主义最高精神境界是人生的根本意义所在。

神爱论后来也给文学带来了深刻影响。抒情诗人往往把关于灵魂对真主的

---

① 奥夫向尼科夫主编：《中近东美学》，中国人民大学出版社1992年版，第91页。

爱，比喻为美男子对不在今世的高雅贤淑的美女之绵绵深情而予以歌吟。这是在一种既神圣又世俗的独特的官能性诗境中展开的，这种境界成为后世伊斯兰文学特别是波斯诗歌的一大特征。

（三）哈拉智

哈拉智（858—922），原名艾布·穆依姆·侯赛因·本·曼苏尔。生于波斯法尔斯省贝达乌东北的图尔镇。祖父原是拜火教徒，后皈依伊斯兰教，其父是位弹棉花师傅，在图斯铁尔至底格里斯河畔的瓦希兑一带产棉区干活。哈拉智自幼随父帮工，传说他曾为自家活计与作坊师傅换工，代之弹棉花，显露出纯熟技艺而得称哈拉智，意为弹花者。

1. 从存在的单一到见证的单一。哈拉智的传世之作《塔辛书》对此有集中阐述：世界被创造和被认知之前，永恒中已显出真主之真理。真主独一无偶，与己谈话，无字无言。赞美的主在自身中看见自己，永恒中只有真理，别无其他。真主看见自我，爱上自我，进而赞美自我，于是，在不可描绘不可限定的爱中自我显现。这种爱是存在的最高形式和存在的原因。而后，赞美的主（真理）欲见自我于外在的可见的可对话的形式之中，他望着永恒，从虚无中抽出自我的形象，造成永具其形象的阿丹，并赋予阿丹属性和名称。真主推崇他的创造物阿丹，颂扬他，选择他为代理人。当真主的真理显现于阿丹身上时，人即真主。①

2. 从人主合一之寂灭到人神说。哈拉智如此描绘寂灭之内心体验：出于爱心去追求完美，赞念中忘乎自己。见到爱时方见真，知者的祈祷变不信。② 你走进了我，我感到你即我，我在爱恋中消失，寂灭于你中。③ 人神说是苏菲非遵法派最重要的哲学观念，哈拉智肯定了神在合一中的主导地位和统一者的身份。修炼为人神，与真主共存是哈拉智终身的追求。哈拉智进一步主张，摧毁天房和肉体的寺庙，用躯体向主献祭，从而得到再生。

哈拉智一生曾三次朝觐，两次云游。哈拉智的"离经叛道"在麦加朝觐时已初见端倪。传说他曾在巴格达的市场上惊呼："穆斯林，救救我！真主没有抛弃我，我也没有抛弃自己。我渴望亲近真主，可真主并未从我中将我带走，使我安

---

① 艾哈迈德·爱敏：《阿拉伯伊斯兰文化史》（第 2 卷），商务印书馆 1999 年版，第 278 页。
② 汉纳·法胡里：《阿拉伯文学史》（第 4 卷），宁夏人民出版社 2008 年版，第 481 页。
③ 阿卜杜·穆尼伊姆·赫法基：《苏菲遗产中的文学》，开罗格里布书局 2007 年版，第 211 页。

第四章 阿拔斯王朝黄金时期的伊斯兰经济思想（750—1000）

心,这让我不能忍受。"①他视不能与主合一为耻辱,决心要洗刷这一耻辱。于是,又在曼苏尔大寺中疾呼:"你们要知道至圣的真主要你们放我的血,杀死我吧!付出牺牲,我便心安理得。穆斯林在这个世界上没有比杀死我更重要的事了。这样,你们就是圣战者,我即烈士。"②

无论从社会政治角度,还是宗教信仰角度,哈拉智无疑都脱离了当时的正统思想与教义,走上极端,为宗教、社会所不容。他的老师祝奈德早就警告过他,"你打破了伊斯兰的完整。捅破的洞只能用你的头颅去填"。③ 但哈拉智对此充耳不闻,最终被处以碟刑,殒命巴格达。哈拉智的挚友希伯里原本与他思想一致,也无视祝奈德的劝告,目睹了哈拉智的极刑后,希伯里装疯卖傻才免遭不幸。为此,他对弟子说:"哈拉智的殉难是禁止的美之结晶,而不是众人可分享的不朽营养,应该将其珍藏起来。"进而主张合一的秘密不可泄露说。

哈拉智以死实践了他的主张,捍卫了他的信仰与追求。200年后,一些穆斯林憎恶伍麦叶王朝以降奢靡无度的生活方式,转而走向苏菲主义。

三、苏菲主义的经济影响

苏菲拒绝大众惯常的生活方式,惯于减缩其消费和收入,不关注宏观经济层面,认为回归禁欲主义是服务真主的一种理想方式,所有虔诚的穆斯林都应坚持。

有学者认为,苏菲的生活模式若上升为社会整体层面,会产生一定的经济影响。

1. 简朴的生活模式适宜于通货膨胀,通货紧缩情况下不宜提倡。简朴有助于抑制由于商品和服务总需求的增长引起的通货膨胀状况下的需求拉力,但当经济处于通货紧缩状态,按苏菲的经济行为模式,由于对现成的商品供应和服务没有充裕的需求,通货紧缩会进一步恶化。

2. 商品和服务的总需求受到限制,将影响企业销售,利润降低,长此以往,会导致企业生产的损失,经济总量也会因部分企业的关闭、幸存的企业降低生产而下降,商品和服务的总供应减少,价格也会因总供求的减少而下降,但那是一种经济困窘状态中的低价格。

---

① 艾哈迈德·爱敏:《阿拉伯伊斯兰文化史》（第2卷）,商务印书馆1999年版,第74页。
② 阿卜杜·高迪尔·麦哈穆德:《伊斯兰苏菲哲学》,阿拉伯思想出版社1966年版,第349页。
③ 阿卜杜·高迪尔·麦哈穆德:《伊斯兰苏菲哲学》,阿拉伯思想出版社1966年版,第350页。

3. 如若按照许多苏菲的主张,社会整体限定在身心刚达到舒适水准的境地,生产水平将会更低,经济发展几无余地。

4. 如若经济发展滞后,伊斯兰国家就没有足够的资金用于教育、卫生及其他公共服务。在几近为零或微薄的防卫预算面前,保家卫国也无从谈起。

5. 即便从宗教视域,没有充裕的食物和基本需求,很容易导致一个人病弱不堪,影响到对真主的虔敬崇拜。[1]

苏菲主义实质上是一部分穆斯林的一种经济生活方式,这种经济生活方式在相当长的历史时期内,同奢侈性的经济生活方式一起构成了穆斯林经济生活方式的两个极端。但在中亚和我国新疆15—19世纪那样的特定条件下,被称为"依禅派"的部分苏菲头领却在"和卓依禅"崇拜的旗帜下将自己演变为占有物质财富最多、生活最为富有的极少数人,从而在经济思想上完全不同于传统的苏菲,为传统苏菲的一种典型的异化。

苏菲无法以经济模范自立,苏菲主义宣扬禁欲克己,作为一个派别,就更需要其他教派以更世俗化的方式生活,以便社会其他成员能够提供包括苏菲在内的群体的生活所需。如此,筛巴尼等人批判苏菲的消费与收入观也就不足为奇,也不奇怪著名苏菲穆哈西比开辟了有别于其他苏菲的收入与禁欲主义。

第八节 穆哈西比及其《论谋生与虔敬》

一、穆哈西比简介

苏菲主义真正的创立人是巴格达的阿卜杜拉·哈里斯·本·阿萨德·穆哈西比(伊历？—243/公元？—857)。依其传记,穆哈西比出生于伊拉克的巴士拉,故别称"巴斯里",无法确知其生年,凯什特在1983年最新的一份传记中认为他出生于希吉拉历2世纪后期。

穆哈西比自愿成为一名苏菲,他出身相当富足,其后他选择的生活与此大相径庭。其父辞世时,穆哈西比能继承到一笔丰厚的遗产,保证其富足体面的生活

---

[1] Ahmed EL-Ashker and Rodney Wilson, *Islamic Economics a Short History*, Leiden·Boston, 2006, p. 102.

第四章　阿拔斯王朝黄金时期的伊斯兰经济思想（750—1000）

和声名，但他弃如烟云，转而置身于困窘者行列，成为著名的苏菲。

穆哈西比是一位真正追求自身信念者，即便损失巨大的物质财富也在所不惜，在此意义上，正如他传道时的所为，他大大缩小了理论与实践的差距。穆哈西比是一位遵循自己思想的学者，尽管其父在教派追随者中颇具声望，但他不拘囿于父亲的教条，也不受限于当时流行的宗教—哲学思想，他研习哈瓦里吉派、穆尔泰齐赖派、穆尔吉阿派（展缓派）及其他学说，对这些派别予以强烈而客观的批判，形成自己独特的思想。

有别于其他苏菲，穆哈西比并不倡导贫困，认为苏菲主义不等同于选择贫困生活，宣称对真主完全的依赖和信任，泰万库勒（Tawakkul）并非意味着一个人放弃合法渠道的谋生，也并非倚靠他人过一种懒散的生活。[①] 穆哈西比认为，寺庙的和尚与禁欲的穆斯林在依赖他人方面存有区隔，他不认可因追求真主之爱而放弃世俗生活的热忱，认为不应借此懒惰，强调为了真主，即便拿起剑也是苏菲的一种精神。

穆哈西比强调过禁欲生活的同时，认为也有必要通过合法途径谋生。在伊斯兰经济思想史上，伊斯兰经济学家谈及穆哈西比的经济思想，重点在于消费禁欲和追求合法渠道的谋生。从这个意义上讲，穆哈西比的著作是首部关于节制和禁欲消费的论著。穆哈西比致力于自我的净化、精神的提炼、世俗利欲与财富的禁绝，因对真主之爱而追求节制与禁欲消费。虽然他并不关注经济，但从苏菲主义视域书写了收入与禁欲主义。穆哈西比热切地探讨了宗教热忱"泰万库勒"——托靠真主，同时寻求谋生途径，与不受欢迎的泰瓦库勒（twaakul），即倚赖真主，在获取收入时没有自我劳累这一概念形成了区隔。

穆哈西比的弟子朱奈德（伊历？—289/公元？—910）追随先师足迹，创造了法纳（Fana'/陶醉）、自我否定、白噶（Baqa'/永恒）、米萨格（Mithaq/缔约）等新概念，巩固了苏菲思想，加之其后苏菲创制的另外一些概念，苏菲们开始有了连续的感念，渐续形成了苏菲主义，对宗教哲学和神智学做出了重大贡献。

二、《论谋生与虔敬》

穆哈西比著有《论谋生与虔敬以及围绕谋生产生的疑虑，对允许与否以及获

[①] Smith, Margaret, *An Early Mystic of Baghdad: A Study of the Life and Teaching of Harith B. Asad al-Muhasbi A.C. 781–857*, London: Sheldon Press, 1977, p.121.

113

得收益的不同途径的答复》，简称《论谋生与虔敬》。篇幅为 10 500 字，手写约 43 页，每页 20 行，每行平均 12 字，打印本约为 133 页。穆哈西比提及，只要允许，他就会依靠《古兰经》、逊奈、公议、类比，缺乏明文时突出运用演绎法。

《论谋生与虔敬》写于苏菲们主张放弃谋生，一心专注于崇拜真主的时期。苏菲认为真主会赐恩于其崇拜者，不论人们如何奋斗，都不能超越真主的前定。穆哈西比立足苏菲学说，持不同观点，认为虽然收入系真主的前定，但收入不会擅自来临，真主要求人们找寻一种收入方式，以便借此慷慨惠赐每个人，真主的惠益只有通过个体追求收益的途径才能眷顾于人。

《论谋生与虔敬》章节如下：

导言

第一章　对真主的托靠"泰万库勒"以及收益

第二章　追求收益的途径

第三章　放弃追求收益的途径

第四章　虔诚的含义，与乌里玛在定义虔诚上的分歧，饮食与衣着方面的"瓦拉伊"

第五章　接受压迫者的帮助

第六章　拒斥父亲的遗产

第七章　与乌里玛关于素卜哈（Shobha/赞词）的分歧

第八章　《古兰经》经文"不要与不公正和侵略合作"的含义

第九章　允许与禁止

第十章　与乌里玛关于统治者、苏丹的奖赏的分歧

第十一章　寻求喜悦的食物

第十二章　追求饥饿及对宣传它是崇拜的组成部分的回应

第十三章　寻求生活来源

第十四章　法伊土地与哈拉吉

第十五章　遭遇不公正的暴力胁迫时的祈祷

第十六章　并非上述所有章节都称得上"章节"

导言部分传达了一个非常清晰的信息：真主前定了收益，是为了他的创造物能够努力追求它，这与其他苏菲的思想有直接的碰撞。首先，导言指向收益的合理起点，因为真主许可他的创造物收益是合法的。其次，重点在于心灵的追求，信仰者如何进行神圣的思考并反思他的伟大的创造者，这是对当时占优势的

忽略心灵、追求文本的派别如罕百里学派、表义派的一种回应。人类感激真主的创造,作为追求崇拜的一部分,苏菲需要努力去谋生。再次,强调真主创造有生理需求的目的是为了生存和发展,这似乎也是隐隐告诫他的子民——苏菲。最后,它进一步强调真主确保给予每个人一定数量的前定的收益,以便人们能对真主有信心,不要过多专注于获取收益的愁苦,忽略了对真主的崇拜。

第一章关涉人与真主的关系,尤其是谋生这一关键议题,这是泰万库勒与泰瓦库勒之间的区别。泰万库勒意为人一生中托靠真主,包括谋生,条件是个人努力奋斗追求所需,即穆哈西比所谓的哈拉克。泰瓦库勒也意为完全依赖真主,包括谋生。按照穆哈西比的表述,泰万库勒归结起来就是信仰加努力,而泰瓦库勒有信仰但乏努力。哈拉克被定义为个体努力谋生,或赢得希望得到的东西。泰万库勒和泰瓦库勒的含义和意图非常不同,真主前定人们依赖他追求收益,但这种依赖并非否决真主要求追求收益的命戒,也并不意味着放弃诚挚的努力。这些在今天听起来很合情理,但在当时许多苏菲以乞要为业,倾其所有心智用于崇拜、敬爱真主的年代,无疑是一剂清醒剂。

第二章重笔讨论了追求收益的道德基础:允许的与禁止的。一般而言,允许的就是不违背真主的规约与命戒,禁止的就是偏离真主的命戒。穆哈西比明确了个体要谋生以及对家庭的责任,批驳了一部分苏菲认为崇拜真主优于谋生的观点,并指出,只投身于崇拜真主而不供养家庭会让家庭受灾,这违背了真主的命戒,并用先知及其同伴的谋生实践以及道德操守来强化论点。

第四章聚焦波斯呼罗珊著名的苏菲萨迪格·本·易卜拉欣·本·阿里·艾兹迪·巴尔希。萨迪格认为:(1)如果一个人虔信真主,真主将会惠赐于他,满足其需要,如若这人仍然致力于谋生,则隐含着这人怀疑真主供给的能力,这是库夫勒;(2)努力去赢得真主已前定于一个人的生活所需,这扰乱了真主前定的惠赐一个人的时限安排,这也不被允许;(3)追求生计源于信仰的弱化,因为真正的信仰者满足于真主已经给予的恩赐,应该等待真主的惠赐降临于他。萨迪格这种看似合理的观点折服了那些通过各种途径祈求真主福泽,或面对谋生的艰辛心力交瘁的穆斯林。穆哈西比剖析了这些观点,并从《古兰经》、逊奈、早期圣门弟子的实践给予了合理的驳斥。

《论谋生与虔敬》的其余部分关涉收益及其使用,并述及收益的各种伦理议题。有别于其他经济著述,《论谋生与虔敬》彰显了有极高精神价值追求的苏菲的观点,驳斥了部分苏菲的偏激看法,这是《论谋生与虔敬》重点强调的一个主题。此外，穆哈西比提及禁欲主义的概念——瓦拉伊，按照之前以及同时代其他苏菲导师的观点，很难以一个精准的表述去定义它，它是避免真主不喜悦的言行、内心想法、内心欲望，以及避免有违真主前定的行为、思想、情感。戒除了似是而非——舒布哈特，因为"确定"是瓦拉伊的主要特征。

穆哈西比批驳了苏菲追求收益和消费等经济行为的思想误区，展现了部分苏菲的收益观，富含道德和伦理关照，是苏菲教徒对经济议题的重大贡献，穆哈西比亦影响了其后安萨里及其杰作《圣学复苏》。

第五章　阿拔斯王朝的衰微和 15 世纪前的伊斯兰经济思想（1000—1400）

从艾布·法拉吉·古达麦·本·贾法尔的《哈拉吉》，到马瓦尔迪的《苏丹政令书》，一个多世纪以来几无伊斯兰经济的专门著述。原因有四个：（1）伊斯兰宗教政治哲学的发展；（2）伊斯兰法哲学的发展；（3）对希腊哲学的兴趣转移了学者的注意力，减弱了对伊斯兰经济的关注度；（4）伊斯兰国家的分离活动导致中央政府的衰微，政治失衡影响到了学术活动。

第一节　政治分裂与哈里发的溃位

哈里发政治的衰落始于穆台瓦基勒（847—861 年在位），他是阿拔斯王朝第一位被卫兵杀害的哈里发，这种衰落可以溯及哈里发穆尔台绥木（833—842 年在位）受控于为遏制影响日益增长的波斯士兵而招徕的土耳其卫兵。这一时期发展起了三股不同的力量：阿里派活动，阿拉伯独立活动，非阿拉伯独立活动，并影响到了科学、艺术、文学的发展。

一、阿里派活动

阿里派支持阿拔斯王朝推翻伍麦叶王朝，曾一度寄望于哈里发能将其视为合法继承人，退而求其次也能参与国家事务，结果一无所得，遂意图建立自己的王朝。少数阿里派成员试图建立独立的法蒂玛王国。以先知的女儿同时亦是哈里发阿里的妻子法蒂玛之名命名的法蒂玛运动影响深远。法蒂玛运动源于以阿里的第七代后裔伊斯梅尔之名命名的易司马仪派，该派宣称，根据先知的预言，马赫迪——伊斯梅尔之子穆罕默德将重返人间主持公正,反抗压迫,实现平等。901年,易司马仪派在也门取得胜利,908年,在突尼斯建立了法蒂玛哈里发政权并外征领土,969年,兼并了埃及,1003年,兼并了叙利亚。①

法蒂玛政权倾大力于知识与教育,开罗作为科学与知识的中心,成为学者施展才华,乐而趋之处。建于972年的艾资哈尔清真寺既为敬主之所,亦为学习中心,并成为世界上现存最古老的大学之一。1005年,王朝划拨专款创建了专事书籍和研究的智慧宫,尤为关注从8—9世纪至法蒂玛王朝著名的伊斯兰书籍的著写与保护。哈里发穆斯坦绥尔(1035—1094)时期,建立了皇家图书馆,馆藏图书达20万册。②

法蒂玛王朝的科学、艺术发展卓越,但除却11世纪中叶马瓦尔迪的《苏丹政令书》,并无伊斯兰经济专著,较之经济议题,当时的法学家似乎更关注什叶派信仰学的发展提升。

二、阿拉伯分离活动

阿拉伯分离活动的著名者为在阿拔斯帝国的北部与东北部,即在美索不达米亚北部建立的什叶派哈姆丹尼王朝(929—991)。该王朝定都毛绥里。944年,哈姆丹尼将疆土扩展到北叙利亚,与埃及进行角逐并占据了上风。哈姆丹尼人是阿拉伯泰格里布部落的后裔,哈姆丹尼成为继北非的伊德里希德之后第二个独立的什叶派国家,1003年,王朝的末位哈里发让位于法蒂玛政权。③

相较于非阿拉伯的其他王朝,哈姆丹尼王朝的知识生活极为丰富,他们鼓励知识,组建杰出的学术团体,王朝之剑——塞弗·道莱(916—967)就是一位诗人,以赞助求知著称。此外有著名的哲学家—音乐家法拉比、历史学家—音乐家伊斯法罕尼、能言善辩的朝廷布道师伊本·奈巴特、杰出的桂冠诗人穆台奈里、诗人兼哲学家艾布·阿拉·麦阿里(973—1057)。

---

①② Hitti, Philip K., *History of the Arabs: From the Earliest Times to the Present*, 8th Ed., Macmillan & Co., 1963, p. 211.
③ Ahmed EL-Ashker and Rodney Wilson, *Islamic Economics a Short History*, Leiden · Boston, 2006, p. 225.

第五章　阿拔斯王朝的衰微和 15 世纪前的伊斯兰经济思想（1000—1400）

三、非阿拉伯分离活动

（一）波斯分离活动

阿拔斯王朝的东北部主要是波斯人和土耳其人建立的半独立国家，有塔希里亚、萨法里亚、萨曼王朝。

巴格达东部是塔希里亚，哈里发麦蒙命名，塔希里亚政权从 820 年持续至 872 年。[①]

萨法里亚是另一波斯王朝，867—908 年统领波斯至印度边界。

萨曼王朝系一名拜火教贵族创建的波斯政权，900 年，从萨法里亚王朝夺取呼罗珊，后进一步扩张领土而成。有别于前朝，萨曼王朝重视知识，接纳了全才拉齐、医学家兼哲学家伊本·西那等，阿拉伯文献被首次译为波斯语，首都撒马尔罕领先于巴格达，成为学习和艺术中心。萨曼王朝对知识的兴趣可被解释为是贵族创建者素质的折射，这与其他非阿拉伯分离主义运动中奴隶创建者对文化建设的淡漠形成了鲜明对比。

萨曼王朝时期，土耳其人力量增长，王朝征召土耳其士兵，又被后者取而代之。962 年起，加兹尼人的影响初现端倪，后建立帝国，至 1186 年，其统治覆盖了阿富汗和旁遮普。加兹尼王国的创建者是苏卜克亭（976—997 年在位），他是萨曼王朝一名长官阿勒卜亭的奴隶并女婿。1186 年，加兹尼终结于阿富汗的古利人之手。

布韦希政治集团的建立彰显了波斯人对哈里发的影响。945 年，阿拔斯王朝哈里发穆苏泰克菲（944—946 年在位）为抵制土耳其人的势力，邀请伊本·布韦希进入巴格达，授予其"指挥官司令"之职，被视为"能使国家强大之人"，但其后布韦希人紧紧操控了哈里发，哈里发若有反抗，或遭流放，或蒙羞辱。946 年，穆苏泰克菲遭受盲刑，被伊本·布韦希流放，安置的新哈里发亦遭盲刑，在巴格达街头行乞为生。在整个世纪的霸权中（945—1055），布韦希人随意任免哈里发，恣意妄为，哈里发有名无实。偶尔地也会达成一种布韦希人的政治实权与哈里发宗教合法性的联盟，如 980 年，为巩固政教联盟，布韦希王朝的阿多迪·道

[①] Hitti, Philip K., *History of the Arabs: From the Earliest Times to the Present*, 8th Ed., Macmillan & Co., 1963, p. 212.

莱(949—983)迎娶了哈里发泰伊(974—991年在位)之女。彼时,出现了三位哈里发:巴格达有名无实的阿拔斯哈里发;开罗的法蒂玛哈里发;科尔多瓦的伍麦叶哈里发。

虽则在玩弄权术方面不足称道,但值得一提的是,布韦希人致力于经济与管理改革,他们修缮运河,建修清真寺、医院、公共建筑、天文台和馆藏1万册的图书馆,大力赞助文人雅士。这一时期,马瓦尔迪著写了《苏丹政令书》,书名源于病中的哈里发赐予布韦希长官的名号"苏丹",这一称号有阿拉伯语的内涵,它源于名词"苏丹",意为权力、能力、权威。哈里发根据需要,以一种极其尊崇的称号封赐一位官高位显之人,马瓦尔迪以此冠名,暗含重臣苏丹在朝廷的威慑力与无上地位。

1055年,由于僚属的内讧,加之逊尼派对布韦希人导致王朝衰落的怨愤,塞尔柱土耳其人乘机进入巴格达,结束了布韦希王朝的统治。

(二)土耳其分离活动

哈里发哈伦·拉希德的两个儿子的王位之争,其不可逆转的结局即为波斯人影响的崛起。母亲为波斯人的麦蒙从波斯寻求支持对抗其兄爱敏,最终胜出。波斯人认为哈里发的胜利应感恩于他们的襄助,故气势日渐喧嚣。为抗衡波斯人的霸气,哈里发穆斯塔希姆(833—842)借调来自中亚河的4000名强健的土耳其士兵,但借兵土耳其适得其反,勇武的土耳其卫兵很快掌控了哈里发,861年,哈里发穆泰瓦齐勒之子教唆卫兵杀害了父亲。

土耳其创建王朝始于埃及。法蒂玛王朝之前,艾哈迈德·本·图伦创建了图伦王朝,图伦之父即为土耳其人,817年,布哈拉的统治者将其父作为礼物送与麦蒙,877年,处于鼎盛时期的图伦王朝统治了叙利亚。意识到农业对埃及经济的重要性,图伦王朝极为关注灌溉系统和公共事务,艺术、建筑业、手工艺也得以发展。艾哈迈德·本·图伦清真寺至今屹立在开罗,成为城市一景。

图伦王朝是个短命王朝,二世而亡。王朝主要依赖从国外招募的军队,依靠对病中的哈里发表面的宣誓效忠,未有深厚的政治或传统基奠,无法论证统治的合法性,除却外借来的强力的军队统治,王朝并未有太多群众根基,缺乏与社会的亲和力。在其后的伊赫什德身上,历史又重新上演了这一幕。伊赫什德是埃及继图伦王朝之后的另一个土耳其人创建的王朝,935年起实行准自治,969年被法蒂玛王朝征服。一如图伦王朝,伊赫什德王朝的创建者系哈里发委任的埃及行省长官,他吞并了叙利亚,并将麦加和麦地那纳入管辖领域。

图伦王朝与伊赫什德王朝几无卓著的文学作品,更无从谈起伊斯兰经济著述。但由于文学更易赏心悦目,而且更适于赞誉,赞美剧和喜剧得到了朝廷的丰厚奖赏,诗人取代法学家成为王室随行人员,其职能就是吹捧统治者,为其进行政治宣传。

土耳其人在伊斯兰历史上扮演重要角色始于956年,一位名为塞尔柱的头人将其游牧部族安置在布哈拉地区,他们虔信伊斯兰教,成为伊斯兰历史上一支重要的政治力量。1055年,他们进入巴格达,受到寄望他们保护的哈里发的优待。塞尔柱人四处征服,西亚再次实现了统一,达到了伊斯兰历史上的辉煌时期。[①]

第二节 政治分裂与文化的进一步多元化

在地方王朝中,除极少数外,大多数王朝均取得了文化的发展。文化的发展与否似乎取决于王朝创建者的文化品格和出身背景,王朝的奠基者若缺乏独特的思想底蕴与知识积淀,仅凭军事力量,王朝的社会文化生活就羸弱不堪,典型者如萨法里亚王朝,其创建者为一名匪首,整个王朝统治期间未有文化的发展。埃及的伊赫什德亦复如此。

除却萨法里亚和伊赫什德,王朝通常都大力赞助文人、乌里玛。萨曼王朝的创建者为一名贵族,王朝极为重视发展教育、修建学校,热衷于保护伊斯兰教。王朝没有麦加、麦地那那样的圣地,保护伊斯兰教的替代形式就是保护沙里亚法,朝廷不乏乌里玛,乌里玛就沙里亚法事务向哈里发提供必要的指导,根据需要发布法特瓦,这有助于增强王朝的宗教合法性,加强民众对朝廷的拥护。

阿拔斯王朝的衰微时期,虽似未见到有专门的著名的伊斯兰经济思想著述,但在政治、法学、哲学、伦理、历史等著述中也包含有一定的经济类思想,其中有的著述如伊本·泰米叶的《伊斯兰中的希斯拜》《伊斯兰公私法》,伊本·盖伊姆的《治国之道》,伊本·赫勒敦的《绪论》等,经济思想还相当丰富和精彩,内容涉及了经济生活的方方面面。

[①] Hitti, Philip K., *History of the Arabs: From the Earliest Times to the Present*, 8th Ed., Macmillan & Co., 1963.

第三节　马瓦尔迪及其《苏丹政令书》

一、马瓦尔迪简介

马瓦尔迪，全名艾布·哈桑·阿里·本·穆罕默德·本·哈比布·马瓦尔迪（伊历 364—450/公元 972—1058），沙斐仪派学者，生于巴士拉。像同时代的许多其他学者，马瓦尔迪先后学习了《古兰经》、圣训、伊斯兰教法。马瓦尔迪在法理学、伦理学、政治学、文学方面的造诣为他在巴格达赢得了一个受人尊敬的职业，他起初被任命为法官，后成为首席大法官。马瓦尔迪在协调衰落的阿拔斯王朝与日益崛起的布韦希和塞尔柱王朝之间扮演了重要角色，塞尔柱接管布韦希后，他仍然留在巴格达。

马瓦尔迪对政治学、社会学的贡献显见于其一系列丰碑式的著作，著名的有《苏丹政令书》《辅政令》《谏王书》等。这些著述探讨了政治学的原则，哈里发、总督、长官的职能与责任，民众与政府的关系。《苏丹政令书》与《辅政令》已经出版，并被译为多种文字。其《大全》是关于法理和沙斐仪教法的内涵深广、包罗宏富的杰作之一。马瓦尔迪赞同强力的哈里发中央集权制，反对委以地方总督重权，以防拥兵自重。马瓦尔迪对哈里发的选举、选民素质都作了明晰规定，尤为注重哈里发的知识水平和纯洁的品格。

马瓦尔迪被视为中世纪最著名的政治学学者之一，其著述影响了政治学、社会学的发展。其后，伊本·赫勒敦进一步发展了它。

二、《苏丹政令书》

无法确知马瓦尔迪给布韦希统治者著写《苏丹政令书》是否与艾布·优素福给哈里发拉希德著写《哈拉吉》如出一辙，通过书名称谓——苏丹，可知马瓦尔迪在表明权力的中心何在，并隐晦地向国家的实际统治者——苏丹表达敬意。但马瓦尔迪并未将布韦希置于哈里发之上，他不顾布韦希影响日增并凌驾于哈里发之上的现实，阐明哈里发之职是真主的安排，哈里发是先知的继任者，他将哈里发之职，至少是象征性的精神意义，置于苏丹之上。

《苏丹政令书》的写作目的有三个：其一，帮助执法者很好地理解法令，以便更好地实现公正；其二，帮助制法者更好地领悟沙里亚法，以便律法不偏离沙里亚正道；其三，帮助法学家和学者领悟苏丹旨令的根基，若日后需要，邀请他们共同制法。所有这些均取意于公正，如马瓦尔迪自己所言："苏丹的命令对那些执法者而言，比其他人（使用者）更为重要"，但"苏丹的命令与其他命令混杂在一起，执法的官员在政治和管理事务上负担过重，对他们而言，领会和审核这些命令或许比较困难"。因此，"我写了这本专业书，以与要求的命戒相符"，以便于"法学家知道需要填补和履行什么"，其最终目的是"在判决和执行中取得公正，实现最终的公平"。

马瓦尔迪认为，有必要书写关于国家律法的著述，向执法者阐明这些法令的沙里亚法依据，这对国家的最高统治者，也是律法的发布者——苏丹也不无帮助。在政治动荡的非常时期，制定这些法令尤为必要。

《苏丹政令书》共20章，其中的9个章节主涉国家财政管理。与当时的政治文化相一致，围绕哈里发制的争论，也因为穆斯林对权力日益高涨的非阿拉伯人政治领导权合法性的质疑，马瓦尔迪开篇讨论了伊玛目政治领导权，认为只要一位强有力的统治者能保护伊斯兰教信仰，民众都应该服从他。他进一步明确，一位能保护宗教信仰的不公正的统治者优于公正但无力保护宗教信仰的统治者，直至出现既公正又强有力的统治者，即所谓的"次优原则"。

《苏丹政令书》的结构、成书情形类似于艾布·优素福的《哈拉吉》，两者都受统治者的指示；都意图为国家事务管理制定公正的框架；都意为国家管理者提供指导；都由与统治者很接近的大法官著写。但也有几点区隔：艾布·优素福为一位强劲的哈里发著述，马瓦尔迪为一位强势的执政官著述；艾布·优素福的《哈拉吉》明确阐明了哈里发的指示，马瓦尔迪的《苏丹政令书》隐射出这一指示；艾布·优素福隶属哈奈斐派，马瓦尔迪从属沙斐仪派，这折射出他们思想的不同。此外，《苏丹政令书》的结构似乎更为清晰，扩大了议题范围，表现在对国家管理这一议题单独成章。《苏丹政令书》还对希斯拜单独成章，这在他之前的著述中未曾出现，其后，伊本·泰米叶著写了有关希斯拜的专著——《伊斯兰中的希斯拜》。

马瓦尔迪对待法理议题时，先查验艾布·哈尼法、艾布·优素福的观点，但总是持不赞同态度。在表述反对意见中，他会查览马立克、沙斐仪学派的观点，从经训中寻求依据，并表述自己的看法。作为一名沙斐仪派的学者，其表述与该派的理念相吻合。

有别于阿拔斯王朝早期的平稳,马瓦尔迪时期国家政治失稳,多事之秋更需取得公正。《苏丹政令书》旨在维护与公共财政相关的沙里亚法,力求通过税收等提高国家财政的公正性。《苏丹政令书》打破了几个世纪以来弥漫在伊斯兰经济文献上几无成就的沉寂,是这一领域重要的参考文献,可与艾布·优素福的《哈拉吉》相媲美,但比后者晚约四个半世纪。

第四节　拉基布·伊斯法罕尼及其《沙里亚法益处之简介》

一、拉基布·伊斯法罕尼简介

拉基布·伊斯法罕尼(伊历？—502/公元？—1108),全名艾布·嘎希姆·侯赛因·本·穆罕默德·本·穆夫达·拉基布·伊斯法罕尼。依其姓名,可知他来自伊朗的伊斯法罕。据说伊斯法罕尼隶属于沙斐仪学派,一些人将其纳入什叶派,因为其著作对阿里表现出崇高的赞誉,另一些人将其视为艾什尔里学派,还有人认为他属于穆尔泰齐赖派,因为他侧重思想和精神的推理,这亦能折射出当时几种宗教—政治派别的矛盾,甚至混淆。至于他自己,从未对逊尼派或什叶派表现出政治倾向,对当时穆斯林中的政治争论亦未表现出太大兴趣。

二、《沙里亚法益处之简介》

拉基布·伊斯法罕尼的著作可归于道德哲学,因为其经济议题与道德、伦理相融合。《沙里亚法益处之简介》系一部早期经济伦理学著作,共7章,其中2章主涉经济学,其他章节也涉及消费行为等。其写作议题有:(1)人类:重要性、职能、需求;(2)生产活动:生产的重要性、合作与专业化、生产方式、就业和失业、经济活动的范畴;(3)财富及其来源、人类和财富的关系、富裕与贫穷、货币;(4)支出:支出的平衡与失衡、消费。

《沙里亚法益处之简介》第一章涉及人类的属性、创造、责任、需要。首章谈论人类是比较合理的安排,因为人是经济决策赖以实施的支点,万物之灵长。

（一）人的需要：消费

伊斯法罕尼研究了人类作为消费者的需求，依据满足这些需求的目的，将人的需要加以分类。在他看来，人类的需要可分为两种主要类型：生理需要，满足伦理与道德价值的精神需要。伊斯法罕尼认为，生理需要除却食物、服装、住所，还包括婚姻。这位虔诚的伊斯兰学者关于需要的分类折射出伊斯兰关于人类的基本需要观。伊斯法罕尼强调，根据真主的命戒，应当履行这些需要，或需要应当得到满足。履行沙里亚法、崇拜真主能进一步满足精神需要。伊斯法罕尼将消费水平进一步分为拮据、最低限度、欲望、丰富、奢侈，每一消费是前一消费水平质与量的扩展，他认为奢侈是对资源的浪费，受真主禁止。此外，他强调学习与求知亦是人类基本需要的组成部分。

（二）人类的角色：生产

伊斯法罕尼从三方面突出了人类的职能：第一，为经济发展而工作。经济发展居于首位，因为它保证了人类需要的满足，实现了人类的教化，基本需要的满足应伴随着对真主的崇拜，以感激真主的惠赐，并寻求真主的支持。第二，崇拜真主。表现为追随真主的诫命与要求，以取悦真主的方式谋求发展。第三，以真主在大地上的代治者行事。只有通过沙里亚法的指导，符合真主的规则与诫命，才能实现以真主代治者的身份行事。

伊斯法罕尼关于经济发展的定义并未止于生理需要的满足，而是超越到"生活的便利适宜"，这就要求增加能提高物质、精神生活质量的公益事业。伊斯法罕尼强调个体的消费至少要等量于其生产，若个体的消费量超过其生产量，就是对同胞的一种不公正。伊斯法罕尼概述了失业的破坏性影响，突出了失业与通货膨胀、经济活动的减少、生活水准下降之间的关联性，表明失业的影响不仅在于失业本身，且为一个更宽广意义上的社会—经济问题。伊斯法罕尼强调经济发展是人类履行在宇宙中的职能的起点，可以视为对当时盛行的苏菲思想的一种回应。苏菲将拜主视为人类最重要的职能，认为拜主优于生产活动。一如之前的筛巴尼，伊斯法罕尼对此持反对意见，他反对只崇拜真主而不事生产或放弃谋生，认为苏菲主张的自愿失业是一种对社会的不公正，国家应当力求避免。他论辩说，如果一个人死于饥饿，则他或她就无从崇拜真主，因之，生存比拜主更重要，抑或，工作也是拜主的一种形式。

（三）社会中的人：合作

伊斯法罕尼介绍了工业、收益、支出。指出若要实现个体的需要，就迫切需要个体间的合作，如生产一块面包需要具备不同方法和能力的个体间的合作，并重申了先知的教导，"信仰者彼此就像一座建筑，其间部分加固了彼此"。伊斯法罕尼进一步强调，"如果每个人都旨在自足，可能导致全球性故障"。

（四）经济效率中的人：专业化

伊斯法罕尼从合作转向专业化，强调专业化能取得更好、更有效的成就，专业化能使人们根据能力、意愿选择喜好的工种，进而精益求精。就宗教内涵而言，伊斯法罕尼阐明各种能力系真主的惠赐，尽人事而后听主命可以取得良好的生产成绩。

（五）经济活动中的人：经济一体化

伊斯法罕尼讨论专业化和合作时也强调经济一体化，他指出了每一工种是如何需要他人，每个人又如何是他人所需产品的生产者或是消费者。

有别于筛巴尼的《收益论》，伊斯法罕尼并未将农业置于其他经济活动之上，他认为所有活动无优劣之别，同等重要。有学者认为，伊斯法罕尼关于农业、商业、工业等经济活动同等重要的认识源于其生活环境。伊斯法罕尼生活的城市是经济中心，其周边地区垦殖良好，牧场丰盛，是附近村庄以及许多小城镇的配送中心，也是重要的商贸集散地，它不仅有重要的长途贸易，也是当地许多工业，尤其是销往世界各地的奢侈纺织品的销售中心。生活于这样一个城市，伊斯法罕尼意识到所有经济活动同样重要，将其置于同等地位也就不足为奇了。

（六）人与心理：工作的动机

伊斯法罕尼间接承认了商品的需求及其供应之间的关系，暗示了工作的动力就是害怕缺乏物品，"贫穷和对它的畏惧是努力奋斗的动力，并有意无意地惠益他人。"这与亚当·斯密的"看不见的手"[1]这一命题如出一辙。

---

[1] 亚当·斯密(1723—1790)是市场经济理论无与伦比的先驱。1759 年，亚当·斯密出版了伦理学名著《道德情操论》，使他后来名扬四海，则是他出版于 1776 年的《关于国民财富的性质和原因的研究》（简称《国富论》），该书不仅思想影响深远，即使就学科建设而言，也是首次为政治经济学成为（转下页）

（七）人与货币

伊斯法罕尼对货币的讨论较为简单，但亦提出了一些论点：其一，"货币是建立世俗经济生活的途径之一"，阐明了货币在经济生活中的重要角色；其二，认识到货币与商品供应之间的关联，"如果货币价值提高了，就会便利市民的生活"；其三，指出了货币的交换职能，"通过使用货币，使经济合作过程成为可能，一个人将货币给了另一个人，以寻求收益，那个人又将货币给了第三方以寻求收益，以便他们的经济活动平稳进行"；其四，探讨了货币供应与价格增长的关系，"囤积流通中的货币如同囤积人们的利益，因为货币能为他们的经济生活提供便利"；其五，货币的使用并非是需要货币本身，而是需要发挥其媒介功能，"真主创造货币是为了让它发挥其应有之用，而非为了它自己"。

伊斯法罕尼的思想影响了其后的安萨里等人，并受到后者的高度评价。

第五节　贾法尔·大马士基及其《概论商贸的益处》

一、贾法尔·大马士基简介

贾法尔·大马士基的生卒年月不详，据他自述，他于1175年完成了《概论商贸的益处》，可推断出他生活于12世纪后半叶。依其昵称"大马士基"或"大马士库散"，即"来自大马士革之人"，他必定在叙利亚的大马士革生活过。

二、《概论商贸的益处》

（一）财富

在《概论商贸的益处》中，大马士基以定义财富起始，将财富分为四种类型：第一，非贸易类型，例如货币。第二，贸易类型，如股票、动产、金属产品。第三，

（接上页）一门独立的科学奠定了基础。亚当·斯密在《国富论》中提出了著名的"看不见的手"的命题，即"每个人在追求他自私自利的目标时，他好像被一只看不见的手引导着去实现公共的最好的福利"，用以说明追逐个人利益为动机的经济行为整体上的互惠性与合理性。

地产,分为两种主要类型,第一类为有屋顶的,例如房子、宾馆、商店、公共浴池、磨坊、面包房;第二类是开垦地,例如果园、葡萄园、牧场、树林。第四,生命体,如奴隶、动物。大马士基关于财富的分类类似会计学意义上的固定资产或流动资产。

大马士基关注财产、资本及其产生额外财富的功能,深刻洞察了财富创造过程中的相互关系、合理的商业资产结构对企业的重要性。

(二) 财富的来源

大马士基解释了各种财富的来源,主要有两个:第一是意外之财,如继承等;第二是努力奋斗,分为三种:权威部门、企业、两者的混合。权威部门又进一步分为政府的、苏丹的、非政府的。苏丹的资源可通过税收、国企等获得。非政府来源为非法的盗窃和暴力抢劫等。企业来源有三个:商贸、工业、商贸和工业的组合。关于企业和权威部门的混合,大马士基指向苏丹的商业活动,苏丹的商业活动在当时似乎很兴盛,它是一种商业垄断,因为没有人能对苏丹要价或限制他的市场垄断。

(三) 劳动力

大马士基将劳动力分工与个体获取知识的能力相关联,认为个体的多重需要以及获取知识的有限的能力必将要求专业化。伴随人类需要的多样化,专业化反过来促进了经济活动的多样性以及经济一体化。为论证这一主题,如同之前的伊斯法罕尼与安萨里,大马士基除了列举制作面包的事例,还以服装制作为例。

(四) 货币

大马士基阐明了使用货币作为交换手段的原因,即需要一种东西以确定所有物品的价值,凭此衡量物品的相对价值。衡量商品价值的东西应该是贵金属,最好是金银。金的优点是"不易腐,不像铁、铜那样生锈,颜色像铅一样不会发生变化,但又不像铅那样脆弱,有可塑性,可任意造型,但价值不会损失,无味但外观亮丽,埋藏后价值或外表没有损失,能保留铸造时的印记","谁赢得了这一金属,就赢得了该金属能够交换的所有商品与服务"。[1]

---

[1] Al-Dimashqi. Jafar, *Kitab al-Ishara ila Mahasin al-Tijara* (*The Book of Knowledge of the Virtues of Commerce*), Martba'at al Mu'ayid, Cairo, Translated into German by H. Ritter as "Ein Arabisches Handbuch de Handelswissenschaft", Der Islam, 7, 1917, p. 21.

第五章　阿拔斯王朝的衰微和15世纪前的伊斯兰经济思想（1000—1400）

（五）商人的心态和意识

大马士基概括出商品的价值依靠三个要素：产品的成本，包含的劳动力数量，产品的需求。他举例祖母绿，"伴随包含的工艺，祖母绿的价值会有戏剧性的增长"。[①] 大马士基还考虑到交通运输成本及会计的脑力成本。他建议商人，需求下降时不要购置商品，可见他意识到了需求状况对商品价格的影响。[②] 他认为，"价格上涨并非由于商品的丰富，而是由于与需求有关的商品的短缺"。[③]

（六）需求、供应、价格

大马士基很明晰供应、需求、价格之间的关系。他指出，商品价格或许会因运输道路的阻滞、延迟交货、需求的增长而变动，由于自然、上天或世俗的原因造成现有数量的短缺。

大马士基将价格增长分为不同种类，起点是平均价格，平均价格之上的增长衍生为五个阶段：移动、畅销、攀升、大幅增加、暴涨。相反方向的变化也被分为从"平和"到"衰退"六个阶段。

（七）价格差距

提及不同地区和国家商品的不同价格，大马士基提到了商品的价格差距，"商品的平均价格从一个地方到另一个地方会有所变化，在印度的一种价格到摩洛哥会有另一种价格，到也门也会有不同的价格，这是因为材料的来源地、制作产品的工艺不同"。

谈及商品的市场需求，大马士基认为，商品的价格上涨，表明该地区对商品的需求也在增长，奢侈品、贵重商品的价格越高，对它们的购买力就越强，因为炫富通常是购买这些奢侈品的主要驱动力，其价格的下跌会引起需求的下降，为

[①] Al-Dimashqi. Jafar, *Kitab al-Ishara ila Mahasin al-Tijara* (*The Book of Knowledge of the Virtues of Commerce*), Martba'at al Mu'ayid, Cairo, Translated into German by H. Ritter as "Ein Arabisches Handbuch de Handelswissenschaft", Der Islam, 7, 1917, p. 36.

[②] Al-Dimashqi. Jafar, *Kitab al-Ishara ila Mahasin al-Tijara* (*The Book of Knowledge of the Virtues of Commerce*), Martba'at al Mu'ayid, Cairo, Translated into German by H. Ritter as "Ein Arabisches Handbuch de Handelswissenschaft", Der Islam, 7, 1917, p. 81.

[③] Al-Dimashqi. Jafar, *Kitab al-Ishara ila Mahasin al-Tijara* (*The Book of Knowledge of the Virtues of Commerce*), Martba'at al Mu'ayid, Cairo, Translated into German by H. Ritter as "Ein Arabisches Handbuch de Handelswissenschaft", Der Islam, 7, 1917, p. 70.

此,大马士基解释道:"国王和苏丹对宝石的需求是因为它们昂贵的价格,别人需要可能是因为炫耀。"

利润满意度和业务目标。大马士基坚持以利润满意度而非利润最大化作为商业目标,认为容忍和仁慈是谋生和推广业务的最重要因素,"不要说'我应当再努力向顾客索要更高的价位,他似乎能轻易地接受这个价位',因为这将导致买方去往他处"。大马士基尤其强调容忍在商业中的作用,诚实与公正亦为经商最基本的原则,"过度地追求财物会导致商品的短缺,过度地寻求利润最大化会导致利润的损失"。①

有别于安萨里,大马士基赞赏富裕,认为富裕强于贫穷,如果富人是由于继承遗产而致富,这至少说明了他的家庭的信誉。如果其富裕缘于辛勤劳作,说明此人是位脚踏实地的实干家。而且,富人通过其辛勤劳作和对业务的妥善经营而致富,至少反映了他的高智商。

第六节 伊本·乌宏瓦及其《希斯拜律例中接近真主功修的标志》

一、伊本·乌宏瓦简介

伊本·乌宏瓦(伊历648—729/公元1250—1329),全名齐亚丁·穆罕默德·本·穆罕默德·本·艾哈迈德·古来什·沙斐仪,埃及人,其著作在叙利亚等地很有影响。

据称,第一个希斯拜机构设立于伍麦叶哈里发希沙姆·本·阿卜杜·麦立克(伊历105—125/公元724—743年在位)时期,旨在实现阿拉伯化、货币与农业改革,并建立公正的市场。希斯拜极具权威性和声望,其管理者——穆哈泰希卜的委任,要经过一种独特的礼仪。希斯拜类似于现代政府的两个重要部门:工商部、中央审计机关。事实上,它还类似于英国的防止虐待动物协会,因为穆哈泰希卜的职责之一是确保动物不要超重负荷或受虐待。此外,希斯拜还有宗

---

① Al-Dimashqi. Jafar, *Kitab al-Ishara ila Mahasin al-Tijara* (*The Book of Knowledge of the Virtues of Commerce*), Martba'at al Mu'ayid, Cairo, Translated into German by H. Ritter as "Ein Arabisches Handbuch de Handelswissenschaft", *Der Islam*, 7, 1917, p. 66.

教监督功能，穆哈泰希卜有责任监督人们履行崇拜真主的宗教实践。

艾布·优素福谈论治安时，曾间接述及希斯拜。马瓦尔迪在《苏丹政令书》中将希斯拜单独成章，其后，又以独著形式论述了希斯拜——《寻求希斯拜的级别》。与马瓦尔迪同时期的罕百里学派大法官艾布·叶阿俩·法拉（988—1066）也著写了《苏丹政令书》，与马瓦尔迪的书名相似，主题的讨论、编排体例、覆盖范围都极为相似，或许法拉是想从罕百里学派的视角回应马瓦尔迪。此外，讨论希斯拜的还有安萨里的《圣学复苏》、伊本·泰米叶的《伊斯兰中的希斯拜》、伊本·巴萨姆的《寻求希斯拜的最终级别》。

二、《希斯拜律例中接近真主功修的标志》

伊本·乌宏瓦详细考察了穆哈泰希卜实施职责时面临的实际问题，著有《希斯拜律例中接近真主功修的标志》，共70章，主题广泛，许多章节尤其是前10章讨论了市场管理、商业活动等问题，具体包含希斯拜的资格和穆哈泰希卜的职责；扬善而止恶；酒和非法贸易；禁止的交易；实践禁止的和实践允许的；公共市场中的非法行为；重量及其称量；规模、容量和长度测量；传道者；法官和证人；军事指挥官和地方长官及其活动。其余章节涉及商业种类和工业，涵盖面粉商、磨坊主、面包师、烤肉商、香肠制作商、屠夫、肝脏和开胃菜商、熟头肉供应商、熟肉制品销售商、腌制肉制品销售商、煎鱼商、甜点商、牛奶商、药剂师、织布工、裁缝、制鞋匠、兽医、眼科医生、外科医生、银匠、卖稻草者、木材商、棕榈木商，等等。伊本·乌宏瓦在末章讨论了别处未曾述及的希斯拜的细节。

《希斯拜律例中接近真主功修的标志》详细论述了市场管理和商业部门的工作，并作了一些理论探讨。它依据沙里亚法制定商业规则，向大众提供了拟定商业合同的指导原则，向顾客和企业家阐明了行事规则，表明了政府对市场管理的态度，类似今天的市场或企业管理。

伊本·乌宏瓦认为，希斯拜旨在扬善止恶，其职责范围非常广泛，主要包含功修和商贸两方面。穆哈泰希卜应当只负责履行职责，还是允许他加以创制，是伊本·乌宏瓦及其之前的马瓦尔迪关注的问题，即是否允许穆哈泰希卜酌情使用伊智提哈德精神？如果允许，是依据沙里亚法，还是习惯法，抑或二者兼而有之？伊本·乌宏瓦解释说，对此观点各异，一些人认为穆哈泰希卜有权依据沙里亚法，运用伊智提哈德以及习惯法落实权威部门的决策，另一些人认为，穆哈泰希卜可以在与习惯法相关的事项上做出决策,但不能涉足与沙里亚法相关的事项。

第七节　伊本·泰米叶及其《伊斯兰中的希斯拜》

一、伊本·泰米叶生平及其思想主旨

伊本·泰米叶(伊历661—728/公元1263—1328),全名塔吉丁·艾哈迈德·本·阿卜杜·哈里姆,出生于哈兰,[①]在大马士革度过其大半生,部分时间居于开罗。

伊本·泰米叶身逢乱世,生平为三种前沿而战:作为一名战士,他为反抗来自东方的蒙古铁骑、保卫置于十字军之手的地中海领土而战;作为一名学者,他担心于伊斯兰教育滞足于前4世纪水准的阻滞不前;作为一名改革家,他指针周遭时弊,甚至直指统治者、法理学家及其他学者。由于离反传统,力倡革新,他数度入狱,最终见寂于大马士革监狱。

犹太学者伊格纳兹·戈尔德威厄认为,伊本·泰米叶的思想不属于任何具体的学派,而是"以他自己的方式存在的穆斯林"。[②] 但其思想与罕百里学派存有关联,同时也汲取其他学派的养分。伊本·泰米叶信仰虔敬,知识渊博,熟知法拉比(870—950)、伊本·西那(980—1036)、伊本·哈兹姆(?—1086)、艾布·哈米德·安萨里、伊本·图费勒(?—1186)、伊本·鲁西德(1126—1198)等伊斯兰学者的思想,并汲取了希腊文化的精粹,其思想在一定程度上受到了安萨里的影响,但更多源于伊本·哈兹姆及其直解学派(又名字面学派)。[③]

马木鲁克王朝时期一直存在着希腊哲学的理性、缜密与伊斯兰思想的直观、认主独一之间的争斗,并反映在许多阿拉伯—伊斯兰学者的著述中,伊本·泰米叶概莫能外,其著述多有神学—哲学推理。伊本·泰米叶批评希腊哲学的过分理性主义,不认为理性能引导人走向终极真理,反对演绎法,强调归纳法与经验

[①] 当时属叙利亚,今属土耳其。
[②] Goldziher, L, *Die Zahiriten*, Leipzig, 1884, p. 188.
[③] li, Basharat, *Muslim Social Philosophy*, Jamiyatul Falah Publications, Karachi, 1967, p. 25.

第五章 阿拔斯王朝的衰微和 15 世纪前的伊斯兰经济思想（1000—1400）

法的必要性与重要性。① 伊本·泰米叶重整体综合的研究方法，综合了哲学、宗教、道德、社会学、经济分析，其大量的经济学论述规范而正面，但其学术地位并未定位于经济研究，也未拘囿于当代经济学研究惯用的深奥抽象与理论构建方法，多少区隔于更趋精练与抽象的伊本·赫勒敦。

安萨里试图容纳当时伊斯兰所有的运动和态势，如神秘主义、理性主义、教条主义等（就像一棵树上所有可取的枝条），而伊本·泰米叶寻求涤除他认为不符合伊斯兰沙里亚法的一切事物。② 伊本·泰米叶被视为"复古主义者"，其改革思想在当时并未受到太多关注，但几乎所有的历史学家都认为其思想对 18 世纪杰出的改革家穆罕默德·本·阿卜杜·瓦哈比（？—1792）产生了深远影响，进而深刻影响了当代的沙特阿拉伯。③

伊本·泰米叶是位多才学者，著述至少有 8 本，经济思想主要集中于《伊斯兰中的希斯拜》《伊斯兰公私法》。其经济思想也散见于其他著述，尤其是法特瓦及律法裁决中。伊本·泰米叶建议统治者解决百姓的基本需求，帮助困窘者，倾听失意者，扬善而弃恶，并视此为公正与良善的支柱。至于经济活动的追求，他认为即便是在道德层面，富庶也优于贫穷，贫穷者有接受救济的权利，富庶者则有接济和施舍的义务，强调国家有义务保障个体充裕的最低生活标准，让他实施对万能真主和他的兄弟的义务。④

伊本·泰米叶生于尊奉人是万物之尺度，经济诉求退居其二的年代。人类的终极价值为获得拯救，这是中世纪学者的普遍深层理念，无论是穆斯林、犹太教徒，抑或基督徒均是如此。这些学者经济思想中的宗教道德诉求十分明显，他们对经院哲学法理学的探讨都限于宗教道德范畴，对经济议题的观照本意并非立足于经济生活本身，其理论学说的前提是，人类的所有活动包括经济活动都是有的放矢，其终极目标指向最高实在并获得拯救。作为一名虔敬的宗教人士，伊本·泰米叶认为伊斯兰教系一种宗教信仰和生活方式，多方关注经济生活，是解决问题的一剂良方。与当时流行的社会思潮相一致，伊本·泰米叶信奉政教一

---

① Umaruddin, M., "Ibn Taimiyah: A Thinker and Reformer", in Usbu al-Fiqh al-Islami wa-Mihrajan Ibn Taimiyah, Cairo, 1963, pp. 725–726.
② Umaruddin, M., "Ibn Taimiyah: A Thinker and Reformer", in Usbu al-Fiqh al-Islami wa-Mihrajan Ibn Taimiyah, Cairo, 1963, p. 57.
③ Laoust Henri, "Ibn Taimiyya", in *Encyclopaedia of Islam*, 3, Luzac & Co., London, 1971, p. 950.
④ Ibn Taimiyah, *Majmu' Fatawa Shaikh al-Islam Ahmad Ibn Taimiyah*, 35vols + 2vols index, Matabi al-Riyad, Riyadh, 1983–1989, Vol. 24, p. 280.

体,认为两者的分离无从谈起,缺乏国家强权的保障,信仰之路就有危险;缺乏宗教启示的引导,国家也易走向暴虐跋扈。① 伊本·泰米叶认为虚假的信仰会导致盘剥与社会动荡,其经济哲学亦深深根植于天启经典——伊斯兰沙里亚法,如此,受伊斯兰经训的指导,文明社会的最高目标就是提升社会—经济的公正。②

二、伊本·泰米叶经济思想

(一) 市场供需矛盾

伊本·泰米叶讨论了供应的两种途径:国内生产和进口。他讨论了自主交换、自由市场经济、市场供需矛盾等,虽不似当代教科书提及的那样精准,却足以代表那个时代认识的制高点。当时的通常认识是价格上涨是不公正、部分卖方违规操纵,抑或是凌驾于市场操作的结果,但伊本·泰米叶认为价格的涨落不总是缘于部分人的不公正与欺凌,还取决于市场力量,有时也缘于需求品生产的下降和进口的减少,供小于求则价格上涨,反之,供大于求则价格下跌,这种供需状况并非总是人为使然,虽然有时它含有不公正因素,但却不失公正。③ 伊本·泰米叶认为,如果人们按照通用的方式售出他们的货物且不存有任何不公正,价格的上涨取决于商品的减少或买方的增多,如此,也符合真主的大道。④ 由此,伊本·泰米叶区隔了影响市场供需状况,进而影响价格的两种因素:市场自身的运作和卖方的违规操纵。

伊本·泰米叶的阐释清晰地凸显了现代经济学供需关系中的"转化"现象,虽然他并未提及这一术语,即价格一定的情况下,需求的增长与供应的降低将导致价格上涨,反之,供应的增长和需求的降低将导致价格下跌,依据供需的变动幅度,价格的涨落可大可小,或几无变动。此外,伊本·泰米叶认为价格还受限于其他若干因素:(1)需求强度及产品的丰裕度。人们的需求多样,商品的稀缺

---

① Ibn Taimiyah, *al-Shaykh al-Imam*, *Al-Siyasah al-Shariyah fi Islah al Rajyah*, eds Al-Banna and Ashur, Dar Al-Sha'b, Cairo, 1971, p. 189.

② Ibn Al-Qayyim, *'Uddah al Sabirin (Tools of the Patience)*, Vol.3, Dar al Jadidah, Beirut, 1978, p. 14.

③ Ibn Taimiyah, *Majmu' Fatawa Shaikh al-Islam Ahmad Ibn Taimiyah*, 35vols + 2vols index, Matabi al-Riyad, Riyadh, 1983 – 1989, Vol. 8, p. 583.

④ *Ibn Taimiyah Al-hisbah wa mas'uliyah al-Hukumah al-Islamiyah*, or *Al-hisbah fi-Islam*, ed. Salah Azzam, Dar Al-Sha'b, Cairo, 1976, p. 24.

较之丰裕更易引起人们对它的追求。价格的涨落既依据需求者数量,如需求者数量庞大,则价格上升,也受限于对商品需求的强度,若需求强烈,价格涨幅就比较大。伊本·泰米叶已注意到高价格与高需求之间的关联,以及买方需求总量对商品价格的相对重要性。(2)信用度。伊本·泰米叶认为,价格还取决于交易方,如若经济行为体经济状况殷实且还债信誉良好,与他的较低的价格交易则是允许的,若行为体经济困窘,或惯于欠债逾期不还,则低廉的价格交易亦不可取。[①] 伊本·泰米叶还讨论了签订合同的必要性,认为合同的目的是通过签约使立约双方互惠互利,若付款方不具备偿还能力,或无意履约,合同可发生效力。(3)现金支付贴现(现金付款折扣)。伊本·泰米叶注意到信用与销售的关联性,当信用交易普遍时,买方必定面临日后付款的不确定性,卖方有可能对现金交易贴现。伊本·泰米叶不仅对供需矛盾有清晰认识,且关注到奖惩、市场交易中的不确定性,对经济分析做出了重要贡献。

(二) 自由市场与政府的价格干预

西方微观经济学的主旨在于论证所谓的"看不见的手"的原理,即在一系列理想化假定条件下,完全竞争市场经济可以使整个经济达到一般均衡,资源配置达到帕累托最优状态。但这个定理并不真正适用于现实的资本主义经济:由于完全竞争市场以及其他一系列理想化假定条件并不是现实资本主义经济的真实写照,因此,西方学者认为,一般来讲,在现实的资本主义经济中,"看不见的手"的原理并不能成立,通常无法实现帕累托最优状态。换言之,现实的资本主义市场机制在很多场合不能实现资源的有效配置,这种情况被称为"市场失灵"。市场失灵通常因四种情况而起,即垄断、外部影响、公共产品和不完全信息。

虽然伊本·泰米叶从未使用"竞争"一词,但其市场竞争理念极为清晰,认为强买强卖既不公正也不合法,对买卖双方的沆瀣一气也持批判态度,讲求规范、有序的市场秩序,认为知识、诚实、公平交易与自由贸易为必不可少的要素。伊本·泰米叶对于消除基于市场自身运作产生的不公正有一基本理念:要想完全消除不公正似属不能,但有义务将其降至最低。

伊本·泰米叶钟情于市场经济,但并不主张任由"看不见的手"自由调控,市

[①] Ibn Taimiyah, *Majmu'Fatawa Shaikh al-Islam Ahmad Ibn Taimiyah*, 35vols + 2vols index, Matabi al-Riyad, Riyadh, 1983 - 1989, Vol. 29, p. 523.

场经济并非无所限制。某些情况下,尤其是遇及市场缺陷(垄断、饥馑、战争等非常时期)时有必要实施价格调控。① 涤除经济的不公正是伊本·泰米叶为国家干预市场经济辩护的主要出发点,他认为价格调控是国家的一种无可争议的责任,三种情况下国家应予以调控以遏制强权:其一,必需满足人类的基本需要,如食物、服装、住所等,若消费者大量需求的必需品受制于市场的不完善,国家应予以干预;其二,卖方操纵市场,期待日后供应短缺、价格上涨时再出售商品,危害到消费者和生产者的选择,对此国家应予以限制;其三,卖方为谋求高于商品价值的价格而操纵市场,国家应为买、卖双方考量,制定与价值相符的公正的固定价格,不允许任何固定价格高于或低于价值。

固定价格的最终目的是为了涤除社会的不公正,如果市场没有出现不公正现象或政府不考虑市场秩序是否公正,则不允许干预市场。伊本·泰米叶解释说,如果卖方合理地出售他们的商品,没有人为操纵价格,价格上涨是因商品的短缺,或因需求的增长而起,则不能以特定的价格强制卖方出售他们的商品。如果固定价格包含了对卖方的伤害,强制他们以一种没有道理,且他们不乐意的价格出售他们的商品,则不合法。但如果这是一种人们之间的不公正交易,应该强制他们以一种公正的价格出售商品,阻止他们的不公正的违法的思想,不仅是允许的,还是一种义务。通过固定价格对市场进行干预虽则附有条件,但对国家而言是一种权利。"价格控制除了强制以公允的价格出售商品外,别无他意。"②伊本·泰米叶熟知过度的价格调控的负效应,对过多的"行政定价"持谨慎的批判态度,因为它伤及利益驱动下的个体积极性,而且,行政部门制定的几无利润的过低价格会导致价格机制的崩溃,鼓励囤积。伊本·泰米叶钟情于建立代表买卖双方利益的委员会,以便于他们放心交易,根除黑市。

伊本·泰米叶的观点或许在主张自由市场者中存有争议,但他强调当垄断行为导致市场经济无法良好运作时国家干预的重要性,这对市场经济的健康发展而言至关重要。

(三) 希斯拜与穆哈泰希卜的市场管理

如果撇开希斯拜,任何对伊本·泰米叶市场机制的讨论都是不完整的。希

---

① Ibn Taimiyah *Al-hisbah wa Mas'uliyah al-Hukumah al-Islamiyah*, or *Al-hisbah fi-Islam*, ed. Salah Azzam, Dar AI-Sha'b, Cairo, 1976, p. 25.
② Abdul Azim Islahi, *Economic Concepts of Ibn Taiyiyah*, The Islamic Foundation, 1988, p. 271.

第五章　阿拔斯王朝的衰微和 15 世纪前的伊斯兰经济思想（1000—1400）

斯拜是早期希腊的市场管理员和罗马营造官的伊斯兰版本，这种严格管理经济活动的组织广泛存在于早期希腊和罗马文明中。中世纪的伊斯兰社会对此作了相当程度的继承，并给予一定文化体制上的调整。依据当代伊斯兰学者的观点，希斯拜履行着一种行政控制职能，政府根据伊斯兰原则或当时通行的正面习俗，管理宗教、经济以及公共事务，以确保社会的公正与正义。直至 20 世纪初，作为一种"伊斯兰式"的机构，希斯拜还广泛存在于伊斯兰世界。

希斯拜并不源于《古兰经》，但其目标与功用不违背经文要旨。一些伊斯兰学者以如下经文作为设立希斯拜的法源："你们中当有一部分人，导人于至善，并劝善戒恶；这等人，确是成功的。"[①]此外，穆罕默德时期的一些传统也作为设立希斯拜的依据。通过希斯拜，监督和管理市场中关涉公共利益的经济活动，并延及道德、精神以及对社会和市民活动的监督，尤其顾及官方权威部门没有涉猎的地方，推而广之，可用于整个伊斯兰社会。

伊本·泰米叶考察了希斯拜的理论基础，将其宗旨定义为"扬善禁恶"。《伊斯兰中的希斯拜》明言希斯拜旨在要求良善、公平、正确、合理，禁止罪恶、不公、错误、不合理。

《伊斯兰中的希斯拜》共 10 章，主题涉及希斯拜的基本原则，规范商业和经济生活的伦理指导，征集商品和国家的责任，价格调控，犯罪与惩罚，扬善和禁恶，改革举措，人类和运动，社会和领导权，知识、公正、统治者和被统治者的责任。

一如其他探讨希斯拜的著述，《伊斯兰中的希斯拜》首先讨论了道德伦理问题，并如其他著者一样，重申了《古兰经》、圣训关于精准的称量，以及监察官穆哈泰希卜在监管市场中的角色。伊本·泰米叶声明，当商品极度短缺，但售卖方不愿当即出售他们的商品，想留待日后谋求更高价位时，权威人士即穆哈泰希卜有权强制卖方以合理的价格出售他们的存储品，从而使消费者和生产者免于市场不公正，保护经济免于市场任意操纵的危害。[②]

完全竞争模型的一个重要假定是完全信息，即市场的供求双方对于所交换的商品具有充分的信息。例如，消费者充分了解自己的偏好，了解何时、何地存在何种质量的以何种价格出售的商品；生产者充分了解自己的生产状况，了解何时、何地存在何种质量的以何种价格出售的商品等。伊本·泰米叶强调要阻止

---

① 《古兰经》：仪姆兰的家属（阿黎仪姆兰）章第 104 节。
② Holland. Muhtar (trans.), *Ibn Taimiyah's Public Duties in Islam: The Institution of the Hisbah*, The Islamic Foundation, Leicester, 1982, p. 100.

故意隐瞒市场信息(信息不对称)进而影响参与方做决定,抑或故意提供错误信息(信息隐瞒)误导参与方做出判断。在隐瞒或误导信息的基础上签订合同,影响买卖双方的决定,都被视为不合法。不完全信息往往是导致完全竞争市场失灵的原因之一,需要穆哈泰希卜介入加以干预。

伊本·泰米叶认为,除却经济活动,穆哈泰希卜还发挥市政功能,如他基于鼓励某一行业的考量,在同一地区兴建工业,同时避免破坏周遭环境,如污染性工业的设置会远离医药业和服装业,以免发生任何危及公共安全的事件。穆哈泰希卜的职责还包含负责真主允许或禁止的公私领域的各种事项,强制民众执行参加主麻和会礼,保证行为合乎教法,禁止言谎、不诚实、缺斤短两,严防工业、商业和宗教信仰的舞弊欺瞒等。

(四) 财产权

伊本·泰米叶从个体、社会、国家层面探讨了所有权问题,认为个体在遵循道德约束的前提下完全有自由追求财富,借此完成一定的义务,但若逾越沙里亚法就会受到国家的制衡。与其市场机制理论相一致,基于"社会公益"的考量,伊本·泰米叶认为私有财产系社会的基本维度,个体行为若符合经训规则,则其私有财产神圣不可侵犯。纵观其著述,保护私有财产的精神一直贯穿始终。

伊本·泰米叶详谈了物物交换、货币的属性与功能、货币贬值,以及早期的格雷欣法则。[①] 此外,他立足伊斯兰经训立场详谈了高利贷,对此予以全面否决。

(五) 必需品的供应与政府调控

虽然伊本·泰米叶主张市场的自由运作,但他并非"看不见的手"原理的信奉者,当然,这一理论在中世纪也是不明晰的。国家在伊本·泰米叶经济理念中扮演了重要角色,作为公共利益的保护者,国家以伊斯兰原则为指导,通过希斯拜治理公共事务。伊本·泰米叶全面探讨了国家角色,认为伊斯兰社会的至高目的就是提升社会—经济的公正,国家须在个体与政府权力间掌握平衡,致力于根除贫困,改善财富收入不均,将市场机制的不完善降至最低,加大基础设施建设,公正有效地实施律法。

[①] 早期这一概念也被安萨里(伊历450—505/公元1058—1111)提及,但它常与14世纪的法国学者尼古拉·奥里斯姆(Nicholas Oresme, 1328—1382)相关联,当代文献中则与英国人托马斯·格雷欣(Thomas Gresham, 1519—1579)关联紧密。

第五章 阿拔斯王朝的衰微和 15 世纪前的伊斯兰经济思想（1000—1400）

除却价格干预，伊本·泰米叶认为，生产方面，市场调控的另一形式是必需品的供应。如果生产方不能给社会提供必不可少的必需品，就不能任由市场力量自由运作，如果人们需要耕作、编织、建造，对那些有能力完成这些任务的人而言，这些就是一种绑定的责任，如果他们拒绝，权威部门在给予公正薪酬的条件下可以强制他们执行。因而，国家的角色有两方面：鼓励那些有能力满足社会需要的人创业，并寻求合理的利润，当此举无效，则用强力让有能力者去提供社会所需，但应给予他们合理的薪酬，避免剥削。通常情况下，当市场不能为社会提供公共物品时，国家应进行干预。

三、伊本·泰米叶经济思想的影响

伊本·泰米叶涉猎的经济主题极为广泛，除却上述若干议题，还关注税收、公正价格、利息、货币、合股、农业、工业、贸易、公共财政、收入与财富的再分配、劳动力和社会保障、禁止的经济实践（利息、囤积、欺诈、投机、高利贷）等其他经济议题，且论述极为规范。约瑟夫·熊彼特认为"18 世纪中叶之前，对价格机制的论述几乎无从谈起，对此有所贡献的最闪亮的光辉如巴蓬、皮特、洛克都所述无多"。[1] 有别于熊彼特的观察，早于 500 年的伊本·泰米叶虽然没有谈到价值论话语体系中的价格机制，但他与更早时期的安萨里谈及价格机制时对供需矛盾作了相当明晰的分析。降至 18 世纪，欧洲古典经济学才涉及了这一伊本·泰米叶早于几世纪前就有了严谨论证的主题。因之，若谓著名的现代经济思想之先驱，伊本·泰米叶受之无愧。

14 世纪杰出的伊斯兰学者伊本·赫勒敦在其《绪论》中提及伊利汗国君主合赞汗与乌里玛时，两处提到了伊本·泰米叶。阿里·沃尔迪认为，在批判逻辑学方面，伊本·赫勒敦受到了安萨里和伊本·泰米叶的影响。[2] 值得一提的是，伊本·泰米叶提出了创造等级的观点，《绪论》中也能发现相同的内容。[3]

20 世纪的许多穆斯林思想家亦深受伊本·泰米叶的影响。埃及的穆罕默德·拉希德·里达等力图采纳伊本·泰米叶和伊本·盖伊姆关于"里巴·法德

---

[1] Schumpeter, Joseph A., *History of Economic Analysis*, Oxford University Press, New York, 1954, p. 305.
[2] Abdul Azim Islahi, *Economic Concepts of Ibn Taiyiyah*, The Islamic Foundation, 1988, p. 94.
[3] Abdul Azim Islahi, *Economic Concepts of Ibn Taiyiyah*, The Islamic Foundation, 1988, p. 97.

勒"和"里巴·奈希埃"的观点,里达非常钟情于收集并出版伊本·泰米叶的著作。对伊斯兰经济研究贡献巨大的毛杜迪亦对伊本·泰米叶的著作给予了高度评价。穆罕默德·穆巴拉克在《伊斯兰经济制度》中广泛引用伊本·泰米叶关于经济领域中国家干预的观点。现今伊斯兰经济学家中的年轻一辈,包括美国的伊斯兰社会学家,其思想都深受伊本·泰米叶的影响。此外,当今伊斯兰世界的许多伊斯兰学者、政治家寻求其传统文化解答国家的各种经济问题时,伊本·泰米叶精湛的论述都是有益的思想资源。借用布什·蒙哥马利·瓦特的评价:"伊本·泰米叶深刻影响了伊斯兰信仰学的进程,其思想在将来都富有影响。"[①]

第八节 伊本·盖伊姆经济思想

当前的经济学文献认为,市场力量、供需矛盾等许多经济学概念的出现,都是经济思想史上很晚近的事情。约瑟夫·熊彼特在其经典《经济分析史》中提出了备受争议的"大缺陷"理论,认为希腊和拉丁经院哲学家,尤其是托马斯·阿奎那时期的几世纪为"空白的世纪",其间,经济方面几无著述。[②] 其实,"大缺陷"理论完全漠视了阿拉伯—伊斯兰学者及一些欧洲学者对部分重要经济议题的贡献。事实上,中世纪许多杰出的阿拉伯—伊斯兰经院哲学家大量阐述了经济议题,有些甚至单独成文,如艾布·优素福、法拉比、纳赛尔丁·图西等,伊本·盖伊姆亦不外其例。

一、伊本·盖伊姆生平及著述

伊本·盖伊姆(伊历 691—751/公元 1292—1350),全名沙姆素丁·艾布·穆罕默德·本·艾布·伯克尔,也以伊本·盖伊姆·召齐叶见称。生于大马士革,在此度其大半生,是罕百里学派杰出的法学家。伊本·盖伊姆曾师从多人,1313 年拜师伊本·泰米叶,穷尽师学并辅助导师推广其说,同时又保留了自己的思想特质。如同那个时代的许多学者,伊本·盖伊姆的思想也深具时代烙印,

---

[①] Abdul Azim Islahi, *Economic Concepts of Ibn Taiyiyah*, The Islamic Foundation, 1988, p. 102.
[②] Schumpeter, Joseph A., *History of Economic Analysis*, Oxford University Press, New York, 1954, p. 74.

第五章 阿拔斯王朝的衰微和 15 世纪前的伊斯兰经济思想（1000—1400）

注重"历史"的研究方法，他的教育尤其宽泛和富有盛名。① 相较于导师，伊本·盖伊姆少有论辩但多有宣讲，比照其师文风的透辟尖锐，伊本·盖伊姆的辩才为其身后留下了"天才的作家"之美名。② 伊本·盖伊姆职业生涯平稳，著述丰硕，一些伊斯兰学者投其门下并成为追随者。逮至今日，伊本·盖伊姆在瓦哈比耶、赛莱菲耶及北非穆斯林的许多派别中都备受尊崇。

伊本·盖伊姆时期，叙利亚和埃及部分领土隶属马木鲁克第一王朝，代表了学习的中心。"由于蒙古的侵犯导致的巴格达沦陷、十字军东侵导致的西班牙穆斯林政权的解体，大马士革和开罗成为阿拉伯世界的中心，两大城市学校繁多，担当着保存、输送和学习阿拉伯科学的重任。"③一如其师伊本·泰米叶，伊本·盖伊姆的学术成就也在这一时期完成。古希腊哲学的理性、缜密与伊斯兰的统一、直观之间的思想争斗也反映在伊本·盖伊姆等许多学者的著述中。

伊本·盖伊姆著述至少有 11 本之多，部分为多卷本，主题丰富。主要有：

《修行者的道路》（3 卷本），被视为罕百里学派杰出的神秘主义文献。

《法官须知》（3 卷本），系法理学论述，承袭了伊本·泰米叶的思想。

《治国之道》，建立在伊本·泰米叶的《伊斯兰中的希斯拜》和《法学策略》之上。伊本·盖伊姆目睹了十字军和蒙古军的入侵、穷人的困窘以及统治阶层的盘剥造成的社会—经济的混乱，其多种写作主题中都包含了经济议题，许多经济思想见诸《治国之道》。

伊本·盖伊姆主张应向人们灌输诸如敬畏真主、诚实、真实等品德，避免欺诈、虚假、腐败等劣迹，认为罪恶的行为不仅损毁后世的拯救，而且减损了世俗生活，包括剥夺生计。④ 相反，高洁的生活就像经训描绘的那样，不仅能赢得后世的拯救，且能带来现世经济的繁盛。伊本·盖伊姆强调人类需要与意愿的满足，进而寻求两世吉庆，如果谷物只有在经过了一系列农事活动之后才能获得这一点是前定的，就意味着没有播种和耕耘土地，收获就无从谈起。同样，解渴或满足食欲只有依靠喝水或进食，但若离却必要的努力，就无法实现这些目标。今生

---

①② Laoust Henri, "Ibn Kayyim al-Djawziyya", in *Encyclopaedia of Islam*, 3, Luzac & Co., London, 1971, p. 821.

③ Hitti, Philip K., *The History of Syria (including Lebanon and Palestine)*, Macmillan, London, 1951, p. 651.

④ Ibn Al-Qayyim, *al Da'wa*, *al Dawa' (The Disease and the Medicine)*, Matba'ah al Madani, Cairo 1958, p. 7.

的所有事务也同后世相关联。①

二、伊本·盖伊姆经济思想

（一）贫富观

虑及苏菲主义的自我否定与守贫思想对当时的深广影响，伊本·盖伊姆考察了守贫与逐富，他从中庸与现实的角度出发，认为富庶相伴着对真主的感激以及对人类的责任与义务，更为可取。而且，财富能让个体有能力更好地行善，不管是宗教事务还是世俗事务，是自愿的还是义务的。② 在《修行者的道路》中，伊本·盖伊姆阐释了"祖赫德"的含义，认为祖赫德并不意味着对财富的放弃，而是一种思想境界，意味着对物质欲望的一种净化和超脱，个体占有物质的同时也可达到祖赫德的境界。③ 伊本·盖伊姆赞成老师伊本·泰米叶的观点，"穷人和富人中，真主最偏爱敬畏者及有良善事迹者。如果一个穷人和一个富人在这个标准上平等，则他们具有相同的等级"。④

（二）禁息

蒙昧时期，里巴极为普遍，伊斯兰经训明文禁止里巴，中世纪的犹太教、基督教同样禁息。除却常规的利息，伊斯兰学者依据穆罕默德时期的一些传统，认为交易中出现的任何利息的伪装形式也应被禁止，托马斯·阿奎那以及早于伊本·盖伊姆200年的安萨里也对此作了阐释。

伊本·盖伊姆主张禁息，其论据除却罪恶，还虑及交易中的经济剥削与不公正。伊本·盖伊姆用相当的篇幅详谈了利息问题，探讨了"公开的利息"（常规利息）和"伪装的利息"。伪装的利息通过两种途径产生：其一，"里巴·法德勒"，意为在同种商品的交易中要求多余的数量。依照哈迪斯，交易应"金子换金子，

---

① Ibn AI-Qayyim, *Shifa'al'Alil fi Masa'il al-Qada'wa al-Hikmah wa al-Ta'lil*（*Healing the Sick on Issued of Decree, Predetermination, Wisdom, and Reasoning*），Maktabah Dar al Turath, Cairo, 1975, p. 56.
② Ibn AI-Qayyim, *Shifa'al'Alil fi Masa'il al-Qada'wa al-Hikmah wa al-Ta'lil*（*Healing the Sick on Issued of Decree, Predetermination, Wisdom, and Reasoning*），Maktabah Dar al Turath, Cairo, 1975, p. 303.
③ Ahmed EL-Ashker and Rodney Wilson, *Islamic Economics a Short History*, Leiden·Boston, 2006, p. 133.
④ Ibn AI-Qayyim, *Bada'i al Fawa'ed*（*The Best of Benefits*），Part 3, Dar al Kutub al Arabiah, Beirut, n.d., p. 162.

第五章 阿拔斯王朝的衰微和 15 世纪前的伊斯兰经济思想（1000—1400）

小麦换小麦，大麦换大麦，枣换枣，盐换盐"。一个人要求多偿还或偿还者多支付都包含了利息，例如买、卖一蒲式耳的小麦，换来 1.5 蒲式耳的分量。严格按照禁止"里巴·法德勒"的规则，交换数量应相等，但允许近似值的交换，即数量稍有不等也可接受。其二，"里巴·奈希埃"，即一定的商品与其他相同或相近的商品交易时，如果一方延期，其中的一种商品被立即移交给另一方，亦即因延期偿还、交易而付的利息。伊本·盖伊姆认为，这两种交易或因数量不公，或因延期而付息，均包含了不平等，为阻止剥削或对他人财产的侵损，均应禁止，但若牵涉社会公益，则允许。允许金、银饰品与金、银条的买卖重量不等，因为饰品包含工艺劳作，但不包括金币第纳尔和银币迪尔汗的交换。[①]

讨论了两种"伪装"的利息后，伊本·盖伊姆观察到，"如果允许人们以信用形式交换粮食，除非有利可图，否则他们不会马上出售他们的商品，更愿意等待日后更高的利润，如此，需求者很难得到他们想要的食物，因为大众并不经常有钱，尤其是农村人，拿着微薄的现金，通常只跟别人交换一种粮食，因此，就像贵金属交易一样，立法者在食物交易中禁止延期付款实为英明之举，也很仁慈"。[②]

（三）市场机制与希斯拜的干预

伊本·盖伊姆深得尊师伊本·泰米叶的神韵，《治国之道》也讨论了伊本·泰米叶在《伊斯兰中的希斯拜》中涉及的议题。伊本·盖伊姆赞成导师关于通过供需矛盾运作市场的观点，认为市场要有序运行，诚实、公平竞争与自由选择是必不可少的因子。强调企业家利润动机的重要性，没有法学家允许公共权威部门在不考虑卖家是否有利润，也不考虑他们购买或生产这些物品成本的情况下就下达命令。如若如此，毫无公正可言。而且，公共权威部门不应强制商家以等于或低于成本的价格出售他们的商品。[③] 但如果市场缺陷占上风，公共部门——希斯拜的干预就必不可少。就像伊本·泰米叶一样，伊本·盖伊姆也强调一些经济活动应置于希斯拜的监管之下，如必需品的供应，工业、商贸、服务业的监管。通过希斯拜这一管理机构与市场的自由运作，许多关涉公共利益的经济活动得到了监

---

① Ibn Al-Qayyim, *I'Lam al-Muwaqqi'in'an Rab al-'Alamin* (*Informing Those Who Sign on Behalf of the Lord of the Worlds*), Vol. 2, Maktabah al-Tijariyah al-Kubra, Cairo, 1955b, p. 135.
② Abdul Azim Islahi, *Economic Concepts of Ibn Taimiyah*, The Islamic Foudation, 1988, p. 40.
③ Ibn Al-Qayyim, *al Turuq al Hukmiyah* (*The Rules of Governance*), Matba'ah al Sunnah al Muhamadiyah, Cairo, 1953, p. 255.

督和管理。此外,伊本·盖伊姆认为,所有的资源最终属于真主,但个体有权拥有私有财产,受伦理道德制约,个体要关心社会福利,若个体运用财产的方式侵犯了社会福利,国家有权进行干预甚而没收这些财产,同时给予适当的补偿。①

(四)价格公正

托马斯·阿奎那几乎全盘接受了亚里士多德关于贸易、公正价格、财产、高利贷的观点,并根据时代需要,用基督教教义加以修缮。经过一番提纯,因袭了阿尔伯特·马格努斯将劳动力成本分析纳入公正价格的讨论。伊本·盖伊姆与阿奎那关于公正价格的概念(安萨里谓之"通行价")有很多相似之处,均认为公正价格须是竞争性的市场价格,不得有欺诈,公正价格受到干扰时应实施固定价格。但制定固定价格时,阿奎那只考虑卖方的主观价值,伊本·盖伊姆虑及了买、卖双方的主观价值,其分析比阿奎那更为全面。

如同伊本·泰米叶与托马斯·阿奎那,伊本·盖伊姆认为,公正的价格是市场自由运作,同时也是供需矛盾作用下正常、均衡、自然的价格。② 如果市场偏离了公正价格,公职部门有必要进行市场干预,制定规章并做一些价格调控。伊本·盖伊姆不认为市场有能力进行自我有效运作的价格控制,但出现垄断或其他市场缺陷,伤及公共利益时,可进行价格调控,并讨论了公正的补偿、公正的工资、公正的利润。此外,伊本·盖伊姆强调市场交易中个体间的交易要符合公平与道德,衍生出"交换公正"这一概念,进而探讨了则卡特的目标,即分配的公正。

(五)则卡特

伊本·盖伊姆讨论了则卡特的重要性,认为则卡特之目的是提升社会—经济的公正,培养对他人的良善之心。因此则卡特的征收应确定一个具体且相对低廉的税率,如此,对于不太富裕的人而言,小额征收也不至于影响到他们的日常生活。高税率不仅打击积极性,也易使富人加以规避,如若将高税率征收来的则卡特收入用于穷人,易使穷人产生依赖感。这两种极端都有损于则卡特的宗旨。③ 伊

---

① Ibn AI-Qayyim, *al Turuq al Hukmiyah* (*The Rules of Governance*), Matba'ah al Sunnah al Muhamadiyah, Cairo, 1953, p. 245.
② Ibn AI-Qayyim, *al Turuq al Hukmiyah* (*The Rules of Governance*), Matba'ah al Sunnah al Muhamadiyah, Cairo, 1953, p. 244.
③ Ibn AI-Qayyim, *Madarij*, *al Salikin* (*Paths of the Seekers*), Vol.1, al Muhammadiyah, Cairo, 1983, p. 148.

第五章　阿拔斯王朝的衰微和 15 世纪前的伊斯兰经济思想（1000—1400）

本·盖伊姆讨论了则卡特的四种适宜税率，认为评价税率的合理性要考虑到效率与平等，则卡特的劳动含量是决定税率的关键因素，如果经济活动的劳动含量较大，税率应低一些，如河水浇灌的土地以及需要更多劳动力的田地应该征收较之雨田更低的税率，最高的税率适合于发现的宝藏上（其前提假设是劳动含量很低）。① 伊本·盖伊姆认为，税率的合理变动是为了提升效率与公平，如果无视劳动含量，所有的商品和财富征收相同的率例，将会打击工作积极性，产生不公。伊本·泰米叶对此也持同样的看法。

伊本·盖伊姆还讨论了则卡特的缴纳时间。则卡特只有在谷物获得丰收，产生了收益之后才行缴纳，但若发现了宝藏，应立即缴纳则卡特。伊本·盖伊姆认为，按周、月缴纳会对纳课者造成一定的困难，一生只收集一次会对缴纳者，尤其会对穷人造成难度。因此，按年缴纳比较适宜。② 这类似于亚当·斯密主张的便利、简单等税收四原则。

伊本·盖伊姆时代，经济学未曾作为一门独立的学科，未有独立的研究准则，伊本·盖伊姆对大量经济议题的关注印刻有那个时代宗教伦理道德的烙印。与阿拉伯—伊斯兰以及拉丁—基督教同仁相似，我们可以在伊本·盖伊姆的著述中发现大量关于经济的表述，但其学术地位并未仅仅定位于对经济思想的阐述，也不能发现现代经济学已经发展起来的深奥的抽象方法与理论构建，但这丝毫无损于伊本·盖伊姆对伊斯兰经济思想研究的重要贡献。

第九节　伊本·赫勒敦及其《绪论》

一、伊本·赫勒敦生平

伊本·赫勒敦（1332—1406），全名艾布杜·拉赫曼·艾布·栽德·本·穆

---

① Ibn Al-Qayyim, *Zad al Ma'ad fi Hadi Khayr al'Ibad* (*Provisions for the Return of the Guidance of the Best of Worshippers*), Vol.1, Al Matba'ah al Misriyah wa Maktabatuha, Cairo: n. d., p. 148; Ibn Al-Qayyim, *I'Lam al-Muwaqqi'in'an Rab al-'Alamin* (*Informing Those Who Sign on Behalf of the Lord of the Worlds*), Vol.2, Maktabah al-Tijariyah al-Kubra, Cairo, 1955b, p. 91.
② Ibn Qayyim, *Zad*, pp.147-148; Ibn Al-Qayyim, *I'Lam al-Muwaqqi'in'an Rab al-'Alamin* (*Informing Those Who Sign on Behalf of the Lord of the Worlds*), Vol.2, Maktabah al-Tijariyah al-Kubra, Cairo, 1955b, p. 92.

罕默德·本·穆罕默德·本·赫勒敦，历史哲学和社会哲学最早的创始人，被誉为"阿拉伯世界的孟德斯鸠"，是一位具有世界意义的学者。伊本·赫勒敦出身于书香门第并仕宦之家，其世谱可以追溯到曾在也门教授《古兰经》并宣传伊斯兰教的圣门弟子瓦伊尔·本·哈哲尔。9 世纪，其先祖哈立德·本·奥斯曼曾随也门军队迁移到了欧洲南部的安达卢西亚，此后，家族按照马格里布人的习惯改称赫勒敦。[1] 赫勒敦家族人才辈出，在安达卢西亚塞维利亚地区威望甚高。伊本·赫勒敦的父亲艾布·伯克尔·穆罕默德对语言文学独具造诣，赫勒敦深濡其间，加之承继了他的摩尔人祖先热衷的政治诉求，成就了今天我们熟知的集哲学家、社会学家、历史学家、文学家于一身的伊本·赫勒敦。一如同时代的学者，伊本·赫勒敦的教育始于学习《古兰经》、圣训、法理学，后又学习阿拉伯神秘主义和摩尔贵族哲学。伊本·赫勒敦的生平极富色彩，一生荣辱沉浮，今日座上宾，明日阶下囚，先后身历法学家、政治家、首相、首席法官、朝臣、囚犯、流放者、学者，并往返于突尼斯、费斯、科尔多瓦、开罗等地，殁后葬于开罗的苏菲公墓。

二、《绪论》

伊本·泰米叶离世 4 年后，伊本·赫勒敦生于突尼斯，并在此度其大半生，余生在埃及度过。伊本·赫勒敦历时 15 载著写了《殷鉴书》，它成书于 1377 年，分为 3 部 7 卷：(1)《绪论》[2]1 卷，(2)《阿拉伯人历史》3 卷，(3)《柏柏尔人、扎纳特人历史》3 卷。其中，贡献最大者为《绪论》和柏柏尔人历史部分，前者是对历史科学的理论阐述，涉及历史科学的作用、历史学家错误溯源、人类文明史，后者叙述了马格里布地区柏柏尔人的历史，许多系伊本·赫勒敦亲身遭际，它迄今仍是研究柏柏尔人的重要参考文献。

伊本·赫勒敦以超凡脱群的史学家和哲学家的才华，揭示了历史科学的真实含义，即历史事件不仅仅是政治事件，而且是政治、地理、经济、社会和心理等各种因素相互作用的结果。伊本·赫勒敦使历史的概念近似于文明的概念，亦即，使历史成为各民族和人民的历史，而非国王、埃米尔或名人雅士的传记。伊本·赫勒敦认为，历史研究的目的是研究文明和社会生活。历史的内容极为广

---

[1] 杰米耶·索里巴：《阿拉伯哲学史》，贝鲁特知识书局 1973 年版，第 543 页。
[2] 又译《伊本·赫勒敦历史》《历史绪论》《历史概论》《序言》《总论》等。

第五章　阿拔斯王朝的衰微和15世纪前的伊斯兰经济思想（1000—1400）

泛，它不只局限于国家、国王、重大事件、战争等消息，还包括社会生活的变化。历史应该是文明史或文化史，而不只是政治史。

伊本·赫勒敦认为，历史是一门艺术，不论是专业人员，还是普通群众都喜欢历史，因为所有的人都想了解过去，不过了解的程度有异，专业人员了解事件的脉理，而普通群众只看到事件的表象。历史科学的最高目的，就是了解历史事件的真相。历史学家要避免错误，须注意两方面：其一是澄清史料，其二是分析事件。但这两件事都非易事，由于个人、社会原因，或者由于对自然规律和文明状况缺乏了解，历史学家常常陷于谬误。伊本·赫勒敦指出，"历史的写作是一门艺术，它要求一种调查的思想，并通过检验，引导历史学家走向真理……仅仅是从他处的搬移容易导致遗漏和错误"。他表示，为了避免错误，应该运用科学的头脑，用各种常情去质疑历史信息，包括党派和学派的观点。

"伊本·赫勒敦的出现，使历史不再是事件和年代的汇编，而是成为透过事件力求得出规律的人文科学。"[①]因此，不少研究者认为，伊本·赫勒敦是伊斯兰历史上最伟大的历史哲学家，也是世界历史上最伟大的史学家之一。

伊本·赫勒敦在哲学方面的建树主要体现在《绪论》，它是整部《殷鉴书》的前言，提纲挈领，所以又可单独成书。《绪论》共6章：人类的主要文明、文明的种类、文明地区的分布；贝都因文明，包括桀骜的部落和国家；统治王朝、哈里发、皇权、苏丹的等级；定居文明、国家和城市；职业、谋生方式、收入途径；科学的获取与习得。伊本·赫勒敦谈到了《绪论》的写作目的，"形成具有独特目的的独立的科学是这本书的目的，它包涉人类的文明和社会组织，它有自身解读的独特问题，反过来，这种解读又使它附有文明的精华"。文明是他关注的焦点，"文明，就是人类为谋生而相互合作的天性，为满足需要，通过群体的方式在一个地区共同居住和相互斗争"。[②]文明有两种形式：游牧文明和定居文明。所有的科学、法律、规则和原则，包括神圣规约和宗教教义，都意在文明的保存。

伊本·赫勒敦关注社区，不管它们是在城镇、绿洲边缘，抑或山脚下。他认为，社区是建立文明的基础，社区生活要求交流与合作，从而产生经济的整合，反过来又促进了人类的合作，并满足了人的需求。

伊本·赫勒敦在其《绪论》中探讨了经济和政治理论，讨论了"阿萨比亚"（社

[①] 马塞尔·佩鲁东：《马格里布通史》，上海人民出版社1974年版，第220页。
[②] 伊本·赫勒敦：《绪论》，贝鲁特知识书局1993年版，第30页。

会凝聚力),他将此视为一些文明变得强大,而另一些文明不能如此的缘由,并认为社会凝聚力越强,分工越复杂,经济增长就越快。伊本·赫勒敦认为,虽然会有突然的逆转打断社会的运转模式,但它多呈螺旋式上升趋势。他注意到经济增长和发展能有效促进供需,供需又能决定商品的价格。他还指出了人口增长产生的宏观经济力量,认为人力资源、技术发展会影响到经济发展,人口增长能增加财富。

《绪论》被视为"历史学家揭示人类的政治和社会组织变化模式的最早尝试"。有学者认为,《绪论》的"理性分析、研究方法、广博的内容,几乎代表了对传统史学的一种完全的离却,抛弃了传统的概念和陈词滥调,超越了只有重大事件的编年史体裁,寻求了一种历史哲学的解读。《绪论》关涉历史学、心理学、社会学、地理学、经济学等,第一章的第一部分、第三章的第十部分、第四章的第六部分、第五章都关注经济问题,被视为中世纪最富知识的杰作之一。

三、伊本·赫勒敦经济思想

(一)经济现象

伊本·赫勒敦根据经济社会学的原理分析经济现象,他谈到了供求规律及其对市场和价格的影响,指出价格随着需求的增加而提高,随着需求的下降而降低。但他讨论这些问题不是从抽象的一般意义上去泛泛而论,而是对影响供、需的各因素进行了剖析。

伊本·赫勒敦将商品分为两种:一种是生活必需品,另一种是奢侈品,但其界限并不是绝对的,因为随着文明程度的提高和生活条件的改善,奢侈品可能变成必需品。对有些人来说是奢侈品,对另一些人而言可能是生活必需品。[①]

人类为了维持生计,获得给养,采取了不同的方法,由此形成了不同的职业,最主要的是士农工商,农、工、商是最基本的。伊本·赫勒敦对士农工商各业的特点进行了分析,指出农业是最先出现的职业,简单易行。工业其次,因为工业需要思维和理论,只能出现于定居文明中,在游牧文明阶段不可能出现。商业位居第三,其获利方式大多建立在买和卖之间的差价上。士指的是借贷、服务与从事炼金术等行业的人,他们不是通过劳动获得给养,士这一职业于生计不是一种

---

① 杰米耶·索里巴:《阿拉伯哲学史》,贝鲁特知识书局1973年版,第619页。

自然的需要。[①]

（二）经济规律

其一，人口的增多会对必需品的价格产生影响。如果人口数量增加，那么生活必需品的价格就会降低，而奢侈品的价格就会上涨，如果人口数量减少，就会出现相反的情况。不过这一规律只适合于所有居民都参与工作、生活必需品增加的状况，它符合供求规律。其二，物品的价值取决于生产它所付出的劳动，生产物品所付出的劳动越多，其价值就越高。其三，社会的变动使一些人脱离劳动也能增加财富，例如国家动乱之际，人们很少关注土地和田庄，其价格下跌，这时有人以低价买进，待情况好转、社会趋于稳定后再以高价售出。其四，经济状况与政治因素有关。其五，生活水平会因城市文明水准、人们阶层的不同而有所不同。其六，思想与生活状况有关。

（三）劳动分工

伊本·赫勒敦认为，随着人口的增长和社会文明建设的发展，出现了劳动的社会分工和专业化，并因此提高了社会产量。他指出，"任何人都不能单凭自己一个人的力量来获取其全部生活所需，人们必需在社会文明建设事业中相互合作来维持生计。由某个群体合作生产出来的产品，必定能够满足数倍于他们的人群之需求，因为在实现了劳动的社会分工之后，不仅工作机会将超出劳动者们的需要，人们的劳动成果也足以满足他们的生活需求"。柏拉图和亚里士多德谈及劳动的社会分工时，坚持对社会各个阶层的行业加以硬性划分，单纯强调人的社会出身造成的先天差异。伊本·赫勒敦则认为，社会分工和专业化是建立在公民所受的教育及其对某种职业或行业技能的熟练掌握程度基础之上，任何人生来就有学会某种技能或职业的本领，但一个人在熟练掌握了这种或那种技能或职业后，却很少再有人能够成为另一种职业或行业的行家里手。伊本·赫勒敦指出，一个人同时精通两种行业是十分罕见的，即便是具有思想天赋的科学家们也概莫能外，"技能与才干折射出的是人的天资与灵气，一个人不会拥有太多的天赋"。这充分说明，伊本·赫勒敦很早就了解并强调了劳动的社会分工与专业化的重要意义。无论是对于手工业，还是对于艺术、思想和学术领域而言，专

[①] 伊本·赫勒敦：《绪论》，贝鲁特知识书局1993年版，第618页。

业化分工都具有十分重要的意义。

（四）经济一体化

伊本·赫勒敦认为，社会生活需要经济一体化。一如之前的很多学者，他也以制作面包为例，认为人在本质上是社会性的，需要经济合作，这种合作进一步要求更为复杂的生产活动，从而导致也必定要求经济一体化。

（五）统治者的商业活动

伊本·赫勒敦坚决反对国家干预经济生活。他认为，统治者从事商业活动有害于臣民，对税收系统的影响也是毁灭性的：第一，农民和商人将发现难以采购到与耕作和商贸相关的廉价牲畜与商品，统治者有能力购买臣民无法购买的东西，因为统治者比臣民更有实力，相较之下，臣民的财力有限，难以与统治者相抗衡。第二，统治者能够通过强力，或通过项目以尽可能便宜的价格随意分配到大量的农产品和时兴商品，无人可以出价与其抗衡，他们还可以强制卖方降低价格。第三，统治者可以强制商人从他那里高价购买商品，这可能使商人的流动资金陷入困境，导致资金周转不灵，生活陷入困境，为筹集现金，普通商人有可能被迫低价出售当初他们从统治者那里高价买来的商品，这有可能导致商人无法立足于市场。①

伊本·赫勒敦一针见血地指出，从经济学的角度而言，君王们为满足骄奢淫逸的生活而对百姓横征暴敛的做法，其结果将适得其反。伊本·赫勒敦对劳苦大众的遭遇深表同情，他说，"先是用低廉的价格买走人们手中的东西，接着再用强买强卖的手法逼迫人们花高价购买他们所需的物品，用这样的方法掠夺人们的钱财，既是人类社会最大的不公，也是对文明和国家的极大破坏"。他认为，一旦这种情况反复出现，百姓必定苦不堪言，对赚钱盈利失去兴趣，这肯定会破坏国家的税收。伊本·赫勒敦认为，国家与公众的竞争有可能破坏财政结构，因为大部分收入来源于对农民和商人的税收，如若农民无法务农，商人无力立足于市场，就会严重影响财政收入。伊本·赫勒敦认为，如果统治者将财政税收与他从商业活动中获取的利润加以比对，就会意识到后者要远远少于前者，统治者要想增加财政收入，税收不失为上策，而非王室的商事活动。统治者只有公平对待人

---

① 伊本·赫勒敦：《绪论》，贝鲁特知识书局1993年版，第30页。

民,并关心他们,才能激发民众的工作热忱,进而增加财政收入。伊本·赫勒敦得出结论说,国家对经济事务的干预既伤害百姓,又破坏税收,因为这种干预泯灭了市场竞争,加强了垄断,破坏了机会均等原则,削弱并抑制了人们从事经济活动的积极性。

伊本·赫勒敦认为,国家作为买方进入市场,会使农民和商人感到不快。这是因为百姓的经济状况不相上下,其富裕程度相差无几,一旦拥有巨大财富的国王也涉足市场竞争,则百姓无法在市场中实现自己预期的盈利。国家参与市场尤其是金融市场的重要意义,直到近些年才被经济学家们所领悟。"挤出效应"①认为,一旦国家在借贷市场上与私营部门同台竞争,国家将会剥夺私营投资者们为其投资项目获取资金的机会,这将使私营投资者们对参与生产过程望而却步,从而导致国家整体投资与生产水平的下降。实际上,"挤出效应"的核心思想并未超出伊本·赫勒敦经济思想的范畴。伊本·赫勒敦在对国家参与竞争这一问题进行客观分析的同时,还强调了人们的心理层面,指出国家的这种参与会使其他参与者们心生不快,从而丧失工作积极性。

(六) 公共开支

伊本·赫勒敦认为,公共开支的增长取决于国家文明建设的发展水平。伊本·赫勒敦率先研究了两个一直不为经济学家所关注的问题,即公共需求的经济影响、公共开支所造成的转移影响。世界经济学家们在近些年才对这些问题产生了浓厚的兴趣。

伊本·赫勒敦认为,国家和国王本身就是最大的市场,一旦这个市场出现萧条和经济萎缩,那么,其他市场就会出现同样的连锁反应,情况可能会更糟。他认为金钱应该是在国王和臣民之间流动的,如果国王将金钱扣留在自己手中,留置不用,则臣民无钱可花。于是,社会整体的开支便会减少,商店的盈利也会相应地减少。受此影响,人们上缴的人头税自然也会减少,因为无论是人头税还是其他税收,都是源自人们的生产经营活动,源自市场价格及人们对盈利和利润的追求,随着上缴的人头税的减少,国库将会亏空,国王的钱财肯定会减少。

伊本·赫勒敦认为,政府将公共资金用于购买商品、服务和对一部分臣民提

---

① 挤出效应,指政府扩张性财政政策。政府向公众借款引起政府和民间部门在借贷资金需求上的竞争,减少了对民间部门的资金供应。

供财政援助,有助于活跃市场、实现经济增长。20世纪最重要的经济学家约翰·梅纳德·凯恩斯的核心思想与伊本·赫勒敦的上述经济思想不谋而合,凯恩斯为克服两次世界大战期间西方经济大萧条而提出的极富特色的方法,就是通过国家投资公共工程项目和实施社会援助项目增加社会的实际需要。

(七)消费、劳动力和经济发展

伊本·赫勒敦或许是世界经济思想史上首次提出"动力经济增长"理论萌芽的人。他认为,"如果劳动增多,劳动的价值就会提高,人们的收入也会相应增加。富裕和社会促使人们追求奢华高雅的生活,而这又会使劳动市场和各行各业更加兴旺发达,城市的收入与支出也会相应增加,人们会因劳动致富。当社会文明得以进一步提升时,劳动再次增多,劳动的价值也会进一步提高,人们的收入会再一次增加,劳动市场更加繁荣昌盛。因为现在增加的劳动不同于以往,以往的劳动仅仅是为了满足人们的基本生活需求,而现在的劳动是为了让人们过上富足奢华的生活"。社会文明建设的发展会增加人们的收入,后者会增加消费支出,并日益增加对奢侈品的消费需求,从而加大奢侈品的销售,并刺激和加大奢侈品的生产规模。相应地,从事奢侈品生产的人的收入会有所增加,这种收入再次转化为支出,如此循环往复。伊本·赫勒敦有关动力经济增长的理论不以描述某一特定时间内的经济状况为目标,而是在一个较大的时间范围内,通过观察前一事件形成的预期的或非预期的影响,分析经济发展状况。20世纪中叶,伊本·赫勒敦的这种"动力经济增长"理论,被广泛应用于现代经济学。

伊本·赫勒敦认为,消费可以对经济发展以及作为商贸中心的城镇发展产生正向作用,推而论之,缺乏消费将导致相反的结果,可谓存储的悖论。劳动力是创造财富和经济发展的起点,剩余劳动力可用于其他两种事项:城市中的奢侈行业;满足其他城市居民所需。剩余劳动力能增加城市的财富,产生熟练工人,人口增长时会进一步重复这种运转模式。伴随劳动力的增加,对奢侈品的需求进一步增强,从而促成了城市中利润的几何倍数增长,城市的生产更为兴盛。

简言之,伊本·赫勒敦认为,人口的增长本身并不对经济发展造成冲击,相反地,它会进一步促进经济的繁荣。当然,其理论前提是必须存在生产机会,否则会导致失业。若与凯恩斯关于公共消费能够创造就业机会以及收入的消费倾向理论做一比对,伊本·赫勒敦倾向于每座城市的收入与消费是均衡的,收入高,消费就高,反之亦然。如果两者都高,居民安居乐业,城市就能得到发展。

（八）价格

西方经济学界将英国的配第·威廉(1623—1687)视为"劳动决定价值"理论的奠基者。事实上，早在中世纪时期，伊本·赫勒敦就指出，产品或商品是人类劳动的成果，其价值源于人们在其中付出的劳动，"各行各业的工匠们付出的劳动是有目共睹的，他们的劳动创造了很大的价值。人们付出的劳动越多，产品的价值就越大，因为没有劳动便没有这些产品。许多产品包含的劳动价值是显而易见的，可以给它确定一个或大或小的份额。但情形并非总是如此，在某些产品上，劳动价值并不能得到清晰的体现，比如，农业劳动及其生产成本在粮食价格中得到了反映，但在农业和粮食生产成本低廉的国度里，农民的劳动和生产成本在粮食价格中体现得并不那么明显，只有少数农民能感受到它的存在"。

伊本·赫勒敦认为，全部或大部分的产品或商品都是人类劳动创造的价值。他将劳动分为两种，一种是显而易见直接创造价值的劳动，另一种是含有不易被察觉到的、累积起来的价值的劳动。他认为，后者是未来生产劳动所创造的价值的根本。伊本·赫勒敦认为，一般消费品包含了显而易见的劳动，这种劳动赋予了其现有价值，因为一般消费品的价值效用是立刻就显现出来的，而固定资产诸如建筑物、设备、机器等，其效用并未能立即满足现时性的需求，但它们对于进行后面的生产活动是不可或缺的，因此，其价值也毋庸置疑。

伊本·赫勒敦将劳动的价值与其直接或间接的效用联系起来，他认为是社会对劳动和商品的需求决定了劳动和商品的价值。"赢利即是劳动的价值，劳动的价值不同，是由于社会对各种劳动的需求不同。""如果某种劳动对于文明建设而言是不可或缺的，那么，它的价值就越高，对它的需求也就越大。"伊本·赫勒敦认为，"一旦城市开始走向衰败，城市建设将会减少，人口数量下降，对奢华生活的需求急剧降低，人们只会依靠生活必需品过活。如此，生产奢侈品的行业自然不景气，奢侈品从业人员无法赚得生计"。伊本·赫勒敦认为，社会对商品和服务的需求量决定了它们的价值和价格，商品的价值或价格在受到市场需求影响的同时，也受市场供给的影响。首先，商品的价格取决于其稀缺或丰富之程度。"从遥远的地方运输商品，或是运货的路途十分危险，商人的获利会更多。由于路途遥远危险，从事货物运输的人自然也就很少，而抵达目的地的商品肯定数量稀少，因此，这些商品的价格昂贵，商人的利润丰厚。如果货物来自近处，路途又非常安全，那么，从事货运的人一定很多，抵达的商品也很多，其价格自然低廉。"其次，商品的价格又取决于其生产成本。"粮食的价格实际上包含了国王从中抽取的市场税和关税，也包括税吏们为一己之私而抽取的附加税，所以，城市的粮食价格比农村贵很多。此外，粮食价格中也包括生产粮食的成本费用。"再次，劳动和商品的价格还取决于劳动和商品提供者的权势。"在现实生活中，我们发现有钱有势的人，其富裕程度要远远超过没有权势或失去权势的人。一个位高权重之人的身边有许多人对他献媚，为他服务。一个完全没有权势背景的人，即便是一个有钱人，他的财富也仅限于他所拥有的金钱的数量。"伊本·赫勒敦指出，"权势是金钱的帮手，有钱人攀附权贵，以达到逢凶化吉和招财进宝之目的，因为他们知道，结交或用金钱收买权贵，会使他们获取百倍的回报，获得巨额的财富。与此相反，大多数商人、农民和工匠一旦失去了权势的依托，他们通常只能通过自己所从事的行业谋生，并且很快陷入贫困，难有出头之日"。

伊本·赫勒敦清楚地意识到市场对价格的影响，认为价格受限于供、需两种因素。如果社会繁荣，必需品的价格就相对低廉，而奢侈品的价格较高。如果社会发展不景气，会出现相反的景况，必需品的供求在决定这些商品的价格时极具影响力。他进一步阐述道，在一种繁荣的景况中，有充裕的劳动力与丰富的自然资源就可满足社会的繁荣。当社会的必需品需求稳定，且无天灾人祸，商品的供应就能满足需求，价格趋于平稳。但在自然灾害和高生产成本状态下，供应不能满足需求，必需品的价格就会上涨。社会繁荣时，奢侈品如若供应处于常态，价格就居高不下，但如果供大于求，价格就会下跌。必需品的需求弹性较低，而奢侈品的需求弹性较高，需求弹性随着经济的繁荣状况而变动不居。

（九）收益、收入、资本、价值

伊本·赫勒敦区隔了"里兹格"和"凯斯卜"。里兹格意为给养，是真主所赐之物，即便人类并未努力亦能得之，如用于灌溉的雨水。凯斯卜意为谋生，是通过真主的赐予以及人类的努力谋生所获之物，主要指向经济。伊本·赫勒敦认为，凯斯卜由两个层面组成：第一，民生，即生活必需品和基本需求；第二，凯斯卜在满足基本需求并有所盈余时就产生了奢侈品和资本积累，凯斯卜也因此指营养品、奢侈品和存储。如果收益与收入可以互换，按现代经济学的术语，伊本·赫勒敦的方程式就是收入等于消费加存储，亦即凯恩斯的方程式。

伊本·赫勒敦将个体通过努力所得与通过转让所获得的收入加以区隔。前者被视为收益，后者是一种财富的转移，继承财产即为一例。伊本·赫勒敦的区隔有两重含义：强调以工作和努力获取收益的伦理价值，收益或收入与资本的区隔。伊本·赫勒敦指出，当继承人使用遗产时，产生的利润就成了收益。

伊本·赫勒敦虽然将注意力转向价值概念，但并未忽略其他因素。他将劳动作为价值的主要决定因素，价值的大小源于劳动。他以工艺为例，个体的薪酬就是其劳动价值，推而广之，饰品、工艺品等亦复如此，融入其间的劳动越重要，其价值就越高。伊本·赫勒敦关注熟练劳动在生产中的重要性，强调职业训练和求知的重要，以及职业训练对技能水平和专业知识的影响。[1] 他对科学单独成章，讨论了科学的种类和指导方法，并罗列了科学的内涵。经济学作为科学之一，伊本·赫勒敦并未将其包含在内，但经济学也是直到现代才成为一门科学。

（十）劳动力价格

伊本·赫勒敦认为，劳动力成本伴随经济发展水平的增长而增长，拥有丰富文明的城市，劳动力价格昂贵。他认为原因有三个：其一，奢侈品的制作非常需要劳动力的技能；其二，手工业者要价很高；其三，大量有奢侈品消费需求的人受到奢侈品消费热忱的驱动，乐意为他人提供的服务付出高于价值的薪酬。

（十一）贸易

伊本·赫勒敦定义了贸易的概念，"购买商品，试图用高于购买价的价格出售，或者等待市场波动，或者是将商品转运到其他更需要这种商品、价格更高的地区，或者是将来以高价出售，从而增加一个人的资本"。[2]

（十二）金融风险

伊本·赫勒敦提及一系列金融风险：自然风险，例如商品的自然损毁；坏账和延期付款；道德风险；利润或资本的损失。鉴于这些危险，伊本·赫勒敦认为，并非每个人都适合成为商人，商人应当勇于接受挑战，具备商人的素质，例如知道如何结算账目，不惧怕争端，如此方能在贸易活动中争取到更好的机会。伊本·赫勒敦认为，如果一个人缺乏自信，且在司法机关缺乏身份影响力，就必须

---

[1] Ahmed EL-Ashker and Rodney Wilson, *Islamic Economics a Short History*, Leiden·Boston, 2006, p. 283.
[2] Ahmed EL-Ashker and Rodney Wilson, *Islamic Economics a Short History*, Leiden·Boston, 2006, p. 281.

避免从商。伊本·赫勒敦认为,家庭的父传子受模式便捷高效,有利于培养商人,保障商业活动的稳定有序。《管子·小匡》亦指出:商人"旦昔从事于此,以教其子弟。相语以利,相示以时,相陈以知贾。少而习焉,其心安焉,不见异物而迁焉。是故其父兄之教不肃而成,其子弟之学不劳而能。夫是故商之子常为商"。

(十三) 地租

伊本·赫勒敦讲到,地租随着城市的发展而增加,不动产的所有者无需付出任何努力,其财富与收入会自然增长。在国家步入衰败和城市遭到破坏之际,拥有不动产并不令人称羡,因为此时它的价格低廉,只需花费很少的钱便可获得。然而,一旦城市恢复生机,拥有不动产和房产就会令人垂涎,它们的价值会成倍地增长,拥有它们的人自然会成为城市里最富有的人。当然,这并非完全依靠他们自身的辛劳和努力,他们并没有能力单纯依靠自己的劳动赚得这一切。

(十四) 税收

伊本·赫勒敦认为,国家建立初期,公民只应当承担较轻的适量税赋,以后再逐步增加赋税负担。他认为,国家税收的增长,应与公民个人的赋税负担成反比,公民个人的赋税负担越轻,国家的总税收就越多,相反,公民个人的赋税负担越重,国家的总税收就越少。伊本·赫勒敦的这一重要思想至今仍是世界经济学家们关注的焦点之一。20世纪80年代盛行于欧美的拉夫尔曲线定律①所表达的恰恰是伊本·赫勒敦的上述思想,亚瑟·拉夫尔本人于2004年承认,他的这一思想在伊本·赫勒敦的《绪论》中早已有了清晰阐释,因此,他本人并非以他的名字冠名的拉夫尔曲线定律的首创者。

伊本·赫勒敦将公民个人的赋税负担水平同国家的经济、社会发展水平相联系,国家的发展水平越高,它的各项费用开支便越多,因此,国家需要征收更多的税赋。伊本·赫勒敦讲到,人们应当明白,国家成立伊始,由于是游牧社会,并未有什么奢侈的花销,此时,国家的收入与支出相对都较少,国家的税收除了满足需求之外,还有不少盈余。随着文明的进步和国家生活的日趋奢华,加之国王及王室成员步旧王朝之后尘,过着纸醉金迷的生活,国家税收再也无法满足这些

---

① 20世纪70年代,经济学家亚瑟·拉夫尔指出,在某些情况下,随着收取税金比率的降低,得到的税金总额反而会增加。

需求，于是，国家便需要提高税收，增加各种赋税的税额。国家式微之际，国家的开支增多，税收却日益减少，此时，国王便会增设各种赋税，比如在对各种商品抽税的基础上，新增一定数额的市场交易税。国王的这种做法也是迫不得已，因为无论是其奢华的生活，还是军队、卫兵的增加，都需大量的财力，尤其是国家陷入衰败之际，国家的各种开支激增，但市场却由于人们丧失信心与希望而陷入萧条，这一切都预示着文明遭到了严重破坏。

四、伊本·赫勒敦的历史地位

伊本·赫勒敦还对人的本质、人在万物中的地位、人类社会的发展变化、社会经济规律、影响人类文明的诸因素进行了较为系统的论述，并述及了当时的农业、手工业、医疗、纺织等行业，论证了社会分工的必要性和各行业之间相互依赖的社会关系，肯定了人类劳动的价值。伊本·赫勒敦所讨论的这些问题亦是后来社会学、文化人类学等学科的关注点，在他之前从未有人系统探讨过。

在历史研究方面，伊本·赫勒敦改变了以往历史学家流水账式的汇编历史事件的做法，将历史视为一门真正的科学，从哲学高度把握历史事件的起因、发展、因果关联等，充满了理性思辨的精神。伊本·赫勒敦完全改变了中世纪哲学研究的方向，开创了历史哲学。阿拉伯近代著名学者哈纳·法胡里评价说，"伊本·赫勒敦在《绪论》中所表现出来的细致的观察、深刻的思想、精辟的分析使他成为世界思想界的先锋之一"。[①] 其著作在东西方都产生了深远的影响，受到汤因比等人的充分重视和肯定。当然，伊本·赫勒敦的历史哲学只在总体上阐述了一些基本原则，有些问题要留待后人去解决。事实正是如此，伊本·赫勒敦之后，孔德、斯宾塞、马基雅维利、孟德斯鸠、维科等哲学家和社会学家都致力于历史哲学或社会学的研究，并做出了卓绝的贡献。

[①] 李振中：《阿拉伯哲学家伊本·赫勒敦》，《阿拉伯世界》1984 年第 3 期。

第六章　奥斯曼、萨法维、莫卧尔三大王朝时期的伊斯兰经济思想（1400—1800）

第一节　伊斯兰的浴火重生

　　火凤凰是传说中阿拉伯沙漠中的一种鸟，它存在了几个世纪，燃烧自己直至死亡，又从灰烬中复活。从13世纪中叶到15世纪中叶的两个世纪，阿拉伯社会的变革就像是在讲火凤凰浴火重生的故事。

　　阿拔斯王朝的首都巴格达于1258年毁于蒙古人之手，在蒙古铁骑面前，幼发拉底河流域田园荒废，尸骸遍野。1260年，埃及马木鲁克王朝的拜卜里斯在北巴勒斯坦的阿因·贾鲁特战役中败北，阿因·贾鲁特之役是一场穆斯林和伊斯兰的生存之战。马木鲁克政权是蒙古军势不可挡的西征路上的最后一道堡垒，在与马木鲁克的对垒中，如果蒙古军占据上风，伊斯兰的圣地——麦加和麦地那将危在旦夕，因此，各派穆斯林团结起来投身到了军事吉哈德，在穆斯林心目中，这不是一场保卫土地或哈里发的战役，而是在为真主而战。但13世纪末14世纪初，蒙古军破坏践踏后的伊斯兰浴火重生了，那些将伊斯兰世界变成灰烬的人成为点燃火焰的人。四个蒙古王国——底格里斯河与幼发拉底河流域以及伊朗山区的伊尔可汗国；锡尔河—阿姆河盆地的察合台汗国；额尔齐斯河地区的白帐汗国；伏尔加河的金帐汗国先后皈依了伊斯兰教，成为伊斯兰坚强的支持者，这四个王国又衍化出两个强有力的伊斯兰王朝：什叶派的萨法维王朝，它成为今天伊朗的前身；印度次大陆逊尼派的莫卧尔王朝，它构成了今天的巴基斯坦和印度的部分领土。蒙古人的西面，则是历史悠久的奥斯曼土耳其。

　　奥斯曼、萨法维、莫卧尔三大王朝主导着伊斯兰世界的政治舞台，三大王朝各自拥有不同的政治、经济、文化特征，对伊斯兰经济发展产生了不同影响。

第六章 奥斯曼、萨法维、莫卧尔三大王朝时期的伊斯兰经济思想（1400—1800）

第二节 奥斯曼帝国

奥斯曼土耳其在安纳托利亚得以壮大，发展为支配伊斯兰世界达几个世纪之久的力量，其创始人为奥斯曼，1299—1326年在位。其先祖是塞尔柱·土耳其。1453年，享有"征服者"美誉的奥斯曼苏丹穆罕默德摧毁了抵御穆斯林攻势达几个世纪之久的君士坦丁堡，树立了奥斯曼政权在穆斯林中的威信。此后，奥斯曼帝国又征伐欧洲、印度洋、北非和希贾兹，推翻了马木鲁克政权，树立了军事霸权，成为伊斯兰信仰的保护者与捍卫者。至1550年，奥斯曼帝国从波斯湾扩展到南至里海，东至格鲁吉亚，北从摩尔多瓦和匈牙利到亚得里亚海，西至阿尔及利亚，南至埃及和希贾兹。奥斯曼政权迁都君士坦丁堡，更名为伊斯坦布尔，巴格达不再是权力中心。奥斯曼哈里发为保证新都人才济济，召聚了来自不同国家和种族的人才，动员被征服地区的才子前往首都，在新都为帝国的荣耀和辉煌效力。

一、哈里发制的奥斯曼化

从阿拔斯王朝哈里发穆尔台绥木被其土耳其卫兵推翻，到穆台瓦基勒被卫兵杀害，阿拔斯王朝政治衰败日趋明显，哈里发的去留受控于军事首领——苏丹的意愿，哈里发的权限限定于宗教礼仪事项，不再拥有实际的有效权力，国家实际掌控于苏丹之手。逮至王朝末期，末位哈里发穆台瓦基勒[①]亦受制于马木鲁克苏丹，仅仅扮演着一种象征性角色，1517年，奥斯曼苏丹萨利姆征服了马木鲁克王朝，将穆台瓦基勒接往君士坦丁堡，恢复其哈里发之位，但其后，穆台瓦基勒被指控滥用基金，直至萨利姆去世，一直囚禁在监狱，萨利姆之子继任苏丹后，将穆台瓦基勒释放出狱，让其挂冠归乡，回到了埃及。有名无实的哈里发制在奥斯曼土耳其持续了近4个世纪，1924年，被新生的土耳其共和国废除。

政教分离是对根植于伊斯兰教义中的趋政治化的明显偏离。19世纪末20世纪初，世俗化席卷了伊斯兰世界，世俗化与现代化如影随行，政教分离是其产物。20世纪后期，尤其是受1978—1979年伊朗伊斯兰革命的鼓舞，伊斯兰世界

---

① 另一位穆台瓦基勒（al-Mutawakkil），殁于1543年。

的政教联合又进一步加强。

二、奥斯曼帝国的伊斯兰经济文献

与建筑、艺术、军事等的发展相比较，奥斯曼政权对伊斯兰经济的关注较为边缘，相较于之前的几世纪，关涉伊斯兰经济议题的著述甚微。伊本·赫勒敦的杰作以及其后水准相较逊色的马格里济，似乎为伊斯兰思想家卓越的社会经济著述画上了一个休止符。[1] 虽则如此，奥斯曼帝国还是产生了一些杰出的书目作品、传记、汇编和评论。

哈吉·哈利法（？—1657），精通阿拉伯语，土耳其人昵称其为彻莱比的大作家，出身于军队办事员，创写的《书目释疑》按字母顺序编排了他所知的阿拉伯、波斯和土耳其书名。

阿卜杜·瓦哈布·沙拉尼（？—1565），埃及人，宣称曾与先知和精灵沟通，其《名人传记》辑录了所有知名苏菲的生活和历史。

赛义德·穆尔太达·扎比迪（1737—1791），生于印度，在开罗著写了对安萨里《圣学复苏》的长篇评论。

阿卜杜·拉赫曼·本·哈桑·贾巴尔提（？—1822），被拿破仑·波拿巴委以军机处成员，在艾资哈尔主持天文学研究，著有《奇闻趣谈》。

优素福·萨姆阿尼·萨姆阿尼（1687—1768），黎巴嫩人，马龙派基督徒。其杰作《梵蒂冈克莱门特东方图书馆》介绍了罗马各大图书馆收藏的用阿拉伯语、波斯语、希伯来语、亚美尼亚语、科普特语、土耳其语、古叙利亚语、埃塞俄比亚语写就的手稿，共6巨册。

穆罕默德·穆希比（？—1699），叙利亚人，其主要著作收集了1591—1688年间1290位著名穆斯林的传记。

阿卜杜·格尼·纳布鲁希（？—1731），其著述主要关注圣地及其传说。

上述著作虽然内容丰厚，富有信息和启迪，但鲜有创新思想，这主要缘于官方减少了阿拉伯语的使用、创制大门的关闭、西方文化的渗透、追求世俗化导致的宗教的弱化，以及缺乏对司法工作的鼓励。

---

[1] Ahmed EL-Ashker and Rodney Wilson，*Islamic Economics a Short History*，Leiden · Boston，2006，p. 288.

三、奥斯曼帝国的衰落

奥斯曼帝国经济的衰落主要缘于土耳其本土的管理失当,以及发现好望角之后商业路线从陆路到海洋的转移。

(一) 管理失当

帝国总督的任期平均为两年左右,埃及和叙利亚任命的总督——帕夏数量惊人。帝国顾虑总督一旦重权在握,会脱离大马士革中央政权,所以频繁调动总督,在1517—1697年的180年间,有133位帕夏任职,土耳其统治埃及的280年间,有不少于100名土耳其帕夏接任了总督一职。[①] 频繁的调动产生了破坏性结局,总督自知在位时间有限,盘剥变本加厉,加之缺乏经济改革,民众生活悲苦不堪。18世纪中叶起,从东叙利亚至幼发拉底河一度肥沃的新月地带变成了荒漠,并延续至今。18世纪末,整个叙利亚的人口降至150万,埃及人口降至原规模的1/3,伊拉克的管理与埃及和叙利亚相差无几。[②]

(二) 好望角的发现

1498年好望角的发现改变了几个世纪以来穿越北部陆路,以及南部红海的欧洲部分商贸路线。商贸路线的改变对阿拉伯东部国家带来了负面效应,如穆斯林的香料贸易在欧洲的竞争下遭到了重创,这些产品不用经过伊斯兰世界可以直接从产地运走。新路线使葡萄牙在国际贸易中取代了穆斯林,帝国其他地区也遭遇了同样的境遇。此外,1492年的美洲大发现使世界的中心西移,所有这些均对伊斯兰世界的经济产生了负面影响。发现好望角的350年后,苏伊士运河开通,好望角路线面临了严峻挑战,红海再次成为贸易中心。

(三) 西方商业和政治的影响

西方势力对奥斯曼帝国长期的殖民占领很大程度上影响了帝国经济的健康

[①] Hitti, Philip K., *History of the Arabs: From the Earliest Times to the Present*, 8th Ed., Macmillan & Co., 1963, p. 123.
[②] Bonne, Alfred, *The Economic Development of the Near East*, New York, 1945, p. 99.

发展，其影响始于对商业、文化的渗透。十字军东征中伤了伊斯兰世界，但却促进了东方的穆斯林与西方的非穆斯林，主要是与基督徒之间的交融，其影响之一就是在地中海东部港口新建了商业社区。穆斯林掌管这些港口后，并未撤销这些外国社区，或终结其商业活动，这鼓舞了埃及的伊斯坎德里耶等地中海其他港口外国社区的出现。①

19世纪末，西方政权的政治渗透日益明显。1869年，苏伊士运河的开通加大了英国和法国在埃及的政治权益。1879年，拿破仑占领埃及，开通运河的赫迪夫·伊斯梅尔被废黜。1882年，埃及军队与英军对垒，最终败北，英军占领埃及，率军抵抗英军的埃及官员艾哈迈德·欧拉比遭放逐。第一次世界大战后，埃及成为英国的受保护国，1952年之前一直在英国治下维系着半自治。1936年，作为埃及人民反抗英国占领的战果，签订英埃协议，英军被限定在运河地带，距离首都开罗100公里，但埃及国王和民众仍听命于英国指挥。1954年，英军撤离赛德港。英法还掌控了阿拉伯新月国，巴勒斯坦和伊拉克在英国治下，叙利亚和黎巴嫩在法国治下，1921年，伊拉克宣布独立，1945年，叙利亚获得独立。

第三节 萨法维王朝

萨法维王朝（1502—1736）以创建者的曾祖父之名——萨菲丁命名。据称，其家族是什叶派第七伊玛目穆萨·卡兹姆的后代。第十二伊玛目伊斯梅尔宣布什叶为新波斯王国的官方信仰，延续至今。伊斯梅尔力图消除伊朗的逊尼派，1510年，他将逊尼派乌兹别克人驱赶出呼罗珊，强迫他们北行至阿姆河。1514年，伊斯梅尔被奥斯曼苏丹萨利姆一世（1512—1520年在位）打败，首都大不里士、美索不达米亚、亚美尼亚沦陷。萨法维政权意识到反对逊尼派的极端做法徒劳无益，于是转而进行文化改革，引进什叶派乌里玛，为民众讲授传统的十二伊玛目信仰。② 伊斯梅尔为授课的乌里玛和学习者提供资金支持，首都伊斯法罕如同欧洲的文艺复兴，沐浴到了文化复兴的喜果。伊斯法罕建造了公园、宫殿、广场、清真寺、学校，还培育了众多著名的学者。迄今，十二伊玛目信仰形塑着伊

---

① Ahmed EL-Ashker and Rodney Wilson，*Islamic Economics a Short History*，Leiden · Boston，2006，p. 300.

② Armstrong，Karen，*Islam：A Short History*，Phoenix Press，2000，p. 201.

朗的思想路线,这与奥斯曼帝国主要关注西方文化的现代化形成了鲜明对比。

一、乌里玛的角色

相较于奥斯曼帝国下的逊尼派乌里玛,萨法维王朝的什叶派乌里玛有更多的自主权,虽然他们也享受国家的财政支持,但他们保持了学术独立。大部分乌里玛规避政府部门的任职,致力于什叶派的教育和律法。

什叶派与逊尼派之间有明显的区别,当逊尼派认可一位并非先知后代的世俗统治者作为国家的首领或哈里发时,什叶派还在坚持哈里发应当是先知尤其是阿里的继承人,伴随哈里发最后继承人的隐遁,隐遁的伊玛目即十二伊玛目成为伊玛目唯一的合法代表。十二伊玛目派认可谢赫作为国家首领,等待隐遁的伊玛目来临,但谢赫并非伊玛目的替身,可以想象的是,这赋予了什叶派伊玛目很大的威权性。此外,有别于逊尼派,什叶派乌里玛非常支持革新,他们从不赞成创制大门的关闭,这与逊尼派部分人士认为的革新作为比德阿(异端)会进入炼狱的观点形成了对比,也为什叶派宗教法理的革新提供了源泉。

二、萨法维王朝的文化发展

萨法维王朝的文化活动似乎比奥斯曼帝国活跃得多,这可能归因于国家政局的相对稳定、政府的支持,以及乌里玛显著的地位。第一,由于疆域小于奥斯曼帝国,萨法维王朝的政治经营更有策略,社会局面相较稳定。只是在伊斯梅尔企图消除境内的逊尼派,扩大版图以对抗奥斯曼帝国之际,国家政局失稳,但成功推行什叶派教义为官方主导信仰后,国内政局复趋平稳。第二,政府对文化发展的支持。这在阿拔斯一世(1588—1629年在位)时期最为明显。为提升民众对什叶派信仰的领悟,阿拔斯一世从国外迎请什叶派学者,开展了宗教教育改革,建立玛德拉萨作为教学中心,并对教学双方给予资金支持。第三,不似奥斯曼王朝的学者,萨法维政权下的乌里玛受到国家更多的礼遇,其资金支持主要来自大额的整笔款项和慷慨的礼物。而且,由于避免了政府之职,他们不在政府的控制管理之下,一旦受压,他们会起身转向什叶派的圣地——邻国伊拉克的纳杰夫,这使得他们更为独立。

什叶派乌里玛中,米尔迪玛(？—1631)、毛拉·萨德拉(？—1640)、穆罕默德·巴齐尔·马吉里西(？—1700)最为翘楚。米尔迪玛和毛拉·萨德拉钟情于神秘主义和哲学,在伊斯法罕建立了一所讲授神秘主义和哲学的学校,他们坚持乌里玛在寻求真理中拥有直觉和精神的同时,主张不摒斥科学与作为思考方式的哲学。穆罕默德·巴齐尔·马吉里西强烈反对神秘主义和哲学,指摘早他几十年的米尔迪玛和毛拉·萨德拉创建的什叶派神秘主义学校,主张在学习、教授伊斯兰时关注教法。为使精神启示与政治世界相联系,如他在《四重界》中清晰阐述的那样,他坚持政治领导人从政前应经历一番精神的洗礼。

萨法维王朝未有显著的伊斯兰经济著作,因为乌里玛专注于向民众讲授什叶派教义,似乎无暇顾及伊斯兰经济的研究。但这只是问题的一个方面。另一个方面是萨法维王朝自16世纪起为了捍卫自己的主权,一直与奥斯曼君主的欧洲敌人——欧洲诸基督教国家进行频繁的接触,接待他们派来的使臣和代表,也多次派大型的商业代表团前往欧洲各国,这就使它较多地接触到了欧洲资本主义类型的经济,与这种经济思想有所接触,也知道还有马克思主义经济。这自然会使伊斯兰经济思想有了新的比较参照,从而酝酿或开始有了崭新的内容。19世纪60年代后期,杰出的什叶派学者穆罕默德·巴齐尔·萨德尔所著力作《我们的经济》就是证明。

第四节　莫卧尔王朝

莫卧尔王朝的始创者为巴布尔(？—530)。巴布尔在伊斯梅尔与乌兹别克人争战期间逃往阿富汗的喀布尔,力图在北印度帖木儿汗国的遗存上建立政权,但他初战告捷,就受制于持续至1555年的阿富汗埃米尔之间的派系斗争。1560年,其后代阿克巴(1556—1605年在位)南面称帝。阿克巴是一位哲学家、思想家和改革家,希望将帝国塑造为一个完美的社会模型,他保留了旧蒙古帝国的由苏丹直接管理的军事管理系统,并征占了印度斯坦、旁遮普、马尔瓦、德干。

一、印度次大陆文化的发展

较之邻国,印度次大陆似乎早就沐浴在文化发展的春风里,文化的早期发展源于上层。苏菲神学—哲学家伊本·阿拉比认为真主与宇宙为一,真主与受创

第六章 奥斯曼、萨法维、莫卧尔三大王朝时期的伊斯兰经济思想（1400—1800）

物之间并无真正的区隔，因为创造物是真主意愿的一部分。伊本·阿拉比形塑了宇宙整体的理论，认为在所有的宗教中都可发现真主，因此，所有的宗教都是平等的。伊本·阿拉比的哲学在其身后得以传衍，随后的学者们发展演绎出了各种概念，如宇宙的和平、宇宙的爱。或许是出于治理帝国多元宗教的实际需要，或许是受个人内心信仰的激发，国王阿克巴秉持各宗教平等的理念，并落实于其治国实践。莫卧尔王朝宗教信仰多样，有佛教、犹太教、耆那教、基督教、拜火教、雅各派、逊尼派、易司马仪派。阿克巴不曾强制人们皈依其信仰，穆斯林统治阶层属少数族群，如若他强制改宗，宗教冲突有可能导致帝国的离散。阿克巴坚持印度教与伊斯兰教的团结，取消了吉兹叶税，为印度教徒建造神庙，1575年建造的崇敬院允许所有的宗教学者齐聚讨论。阿克巴主张宗教宽容，其政策一直贯穿着宗教平等的思想，由于政策符合民众利益，直至其终，多元宗教和文化并存的帝国都呈现出一片祥和之气。

艾哈迈德·塞尔辛迪（？—1625）站在宗教归一的对立面，号召清洗入侵伊斯兰的哲学思想，尤其是苏菲神秘主义和什叶派教义。塞尔辛迪的观点受到沙·奥林齐贝（1658—1707年在位）的支持，后者颠覆了祖父阿克巴的宗教多元主义，什叶派教义受到遏制，政府减弱了对印度教的关注热情，重新征收吉兹叶税，帝国弥漫起一股仇恨与宗派主义之风，其结果可想而知，沙·奥林齐贝临终之时，帝国已呈解体之势，印度教徒与锡克教徒都在谋求建立自己的国家。

二、沙·瓦里云拉的社会政治经济思想

莫卧尔王朝时期，穆斯林作为少数统治阶层，身处内外压力，内部压力来自日益崛起的印度教与锡克教，外部压力来自伴随英国贸易的发展而日益增长的政治影响。对此，穆斯林开始质疑他们的角色和身份，伊斯兰教如何找回昔日的辉煌，阻缓衰落，成为许多穆斯林思想家在伊斯兰政治落寞之际无法规避的问题，答案常常雷同：回归伊斯兰。在印度次大陆，对这一问题的解答做出突出贡献的是苏菲思想家沙·瓦里云拉（1702—1763）。

沙·瓦里云拉，全名古特卜丁·阿卜杜·拉赫曼，生于德里，杰出的印度伊斯兰学者。沙·瓦里云拉承袭了艾哈迈德·塞尔辛迪，实则还有伊本·泰米叶的思想，认为穆斯林羸弱的原因在于偏离了沙里亚法正道，要想找回伊斯兰的身份与自尊，就需回归沙里亚法。沙·瓦里云拉发现印度的政治状况与塞尔辛迪

165

时期有了巨大变化,就毫不犹豫地加以摒弃,针对性地提出了适合印度次大陆思想特征的体系,并力图恢复伊斯兰势力。他强调运用伊智提哈德,调整沙里亚法,以适应次大陆新的社会经济和宗教政治状况。

沙·瓦里云拉尤为关注社会—经济议题,批判社会—经济的不公正,批评强加于农民头上的重赋。他号召穆斯林建立一个领土国家,使其成为团结国际穆斯林的超级大国,呼吁穆斯林修弥宗派差异,团结起来应对来自内外的敌人。沙·瓦里云拉认为,穆斯林应当具备强势的政治和军事实力,而这些通过回归与团结就可获得。沙·瓦里云拉的观点似乎更倾向于革新而非沿袭,其观点到20世纪还流行于印度穆斯林中。

沙·瓦里云拉的杰作《真主确凿的明证》在经训的研读中融入推理与理性手法,以寻求伊斯兰的理念,迄今仍为穆斯林的学习读物。其著作的中心理念是社会公正,这不仅建立在伊斯兰社会公正的基本概念之上,也基于"伊尔提法格"(合作)。强调伊尔提法格实则是强调个体间的需要,因为伊尔提法格意味着协作,以及在完成一项经济或其他使命时集体努力的必要性。[1] 沙·瓦里云拉的思想表明,如果社会充斥着不公正与压迫,人民就会揭竿而起。

沙·瓦里云拉按逻辑顺序将生活分为四个阶段,最初为纯粹个人的生活,即初级丛林生活,最后为国际化阶段。他极为关注最后的阶段,认为高级社会出现的社会问题须参照沙里亚法,不能忘却伊斯兰教。

由于国土广袤,中央政府无力掌控,沙·瓦里云拉主张权力下放,将国家分为一位统治者统领下的各地方政府,由地方长官负责各省份,各省自给自足,自行管理,可以拥有军队、财政资源。所有这些均应纳入中央政府的管辖,中央统治者应有足够的力量让各省对他负责。沙·瓦里云拉强调,一位强有力的统治者不仅靠强力与自信掌控国家,同时也要以身作则。他认为,统治者应由选举产生,但并非大众选举,而是由社会的精英和头领承担。[2]

为防止选举时滥用权力或受到干扰,沙·瓦里云拉明确了一些原则:(1)统治者和政府首脑应当具备足够的力量控制全局,预防不安全与失序;(2)统治者应当拥有良好的性格、骁勇坚强,否则不会赢得人民或敌人的尊敬;(3)容忍和温

---

[1] Jalbani, G. N., "The Economic Thought of Shah Wali-Allah", in Abul Hasan Sadeq and Aidit Ghazali (eds.), *Readings in Islamic Economic Thought*, Longman, Malaysia, 1992, p. 198.
[2] Ahmed EL-Ashker and Rodney Wilson, *Islamic Economics a Short History*, Leiden·Boston, 2006, p. 311.

第六章　奥斯曼、萨法维、莫卧尔三大王朝时期的伊斯兰经济思想（1400—1800）

和是对统治者更进一步的品质要求；(4)技能是国家有效管理之必须；(5)他应当有意愿去帮助臣民，并致力于提高臣民的福利；(6)通过他的诚意和努力工作赢得臣民的爱戴与尊敬；(7)统治者应当慷慨地回赐臣民，惩诫反对者；(8)除非有证据，否则他不应当惩罚被告；(9)他应当鼓励辛勤的工作，实施奖励措施；(10)心理方面，统治者应当了解人民的心理，有预见性；(11)强力的统治者应当能够拿起武器，与社会中的破坏性因素做斗争，并将其剔除出去；(12)个体之间会因对物质财富的贪婪和野心发生利益冲突，如不加以克服，会导致社会的混乱，政府有职责抑制用非法手段谋求这种目标的倾向，以公正手段解决社会成员的矛盾争端，为建立公正的秩序，政府应当是强大的，制定法律并确保法律的实施；(13)不道德的经济行为应受到压制，政府应当监督并努力消除这种行为；(14)对付社会上有权势的人，政府不应迟疑，这些人拥有权势和影响，或许想用他们的方式对抗法律，与他们的对决甚至要像发动一场战争那样，以保护社会大众的利益；(15)政府应组建一个由英明之人和顾问组成的委员会，留意他们关于维护国家和社会的观点。这些英明之人与顾问最好来自乌里玛和宗教界，因为他们比别人更了解沙里亚法；(16)政府向个体提供正确的建议和咨询，帮助个体克服疏远宗教的不道德行为；(17)充盈的国库将保证政府有能力在战争与和平时期提供必需品，通过政府，国库可以征集不超出纳税人收入负担的各种税款，可以向财富持续增长者、商人、企业主等高收入群体强征税款，但税收也有阈限，只有在满足必需品的基础上才能征税；(18)在与敌人的交涉中，政府应努力收集潜在的尽可能多的敌方信息，削弱其立场，建立间谍系统以提供信息和帮助。[①] 如果这一切都无法运作，沙·瓦里云拉相信定会爆发革命。他认为，为补偏救弊，有时甚至应不惜牺牲自己的生命，但须是别无他法，不得已而为之。

沙·瓦里云拉似乎更倾向于以激进手段进行改革，他呼吁一个集法律和秩序、战争与和平、公正和正义于一身的强有力政府，尤其关注安全、稳定、公平。谈及政府时，沙·瓦里云拉还提到了与政府有关的各种议题，如不幸任命了失职的管理者、政府的腐败、强大的统治者的职责、劳动力的合理分配等。沙·瓦里云拉离世几个世纪后，其观点还流行在次大陆。

[①] Jalbani, G. N., "The Economic Thought of Shah Wali-Allah", in Abul Hasan Sadeq and Aidit Ghazali (eds.), *Readings in Islamic Economic Thought*, Longman, Malaysia, 1992, p. 189.

第七章　近现代伊斯兰改革运动与伊斯兰经济思想的变革（1800年—20世纪初期）

无论何时，穆斯林在处于一种失望状态时，都会回归伊斯兰教找寻答案。纵观整个伊斯兰教史，宗教领袖或新宗教派别的出现多是缘于认为穆斯林偏离了沙里亚正道，为有所改观，号召穆斯林必须回归纯正的伊斯兰，在社会及日常生活中实施沙里亚大法。不唯四大哈里发时期伊斯兰历史上出现第一次分裂时如此，1967年埃及、叙利亚、约旦与以色列军队的六日战争惨败后亦复如此。呼吁宗教改革并非是一种倒退，其初衷意在托古以求改制。

18世纪后期，伊斯兰社会出现了传统改革运动、调和改革运动以及世俗化改革运动。传统改革运动大多呼吁严格回归《古兰经》和圣训，认为不应牺牲伊斯兰理念来进口现代化，对宗教规约的革新属"比德阿"（异端），凡是"比德阿"都是"哆俩赖"（迷误），每个"哆俩赖"都在火狱中。调和改革运动也明确倡言回归《古兰经》与圣训，但认为如若引进的西方文化和知识能为大众谋福利，也应予以接纳。世俗化改革运动则认为，伊斯兰国家若要实现现代化，富有竞争力，世俗化之路势在必行，认为虽然伊斯兰理念具有巨大的宗教价值，但应当限定于个人，以形塑个体与社会行为，不应对政治和国家事务施加过大影响，应重新审视沙里亚法，以避免对今日社会而言已显得冗余和不符之处，如一夫多妻制、离婚规则等。

第一节　传统改革运动

一、瓦哈比运动

18世纪中叶，由阿拉伯半岛纳季德地区的伊斯兰学者穆罕默德·本·阿卜杜拉·瓦哈卜（1703—1792）创立，是近代伊斯兰教复兴思潮和运动的先驱。瓦哈卜的宗教思想是吸取罕百里学派的教法学说和伊本·泰米叶的复古主义思想，并针对时弊提出瓦哈比派宗教改革的主张。瓦哈卜所著的《认主独一论》《信仰机要》《疑难揭示》等，奠定了该派教义学说的基础。瓦哈比派被沙特阿拉伯王国奉为国教，主要传播于阿拉伯半岛，以及埃及、苏丹、利比亚、尼日利亚、印度、印度尼西亚等地，并在世界不少地区都有影响。

瓦哈比派教义的要旨是，革除多神崇拜和一切形式的标新立异，回到《古兰经》，恢复先知穆罕默德时期伊斯兰教的正道，严格奉行认主独一的教义。其主要主张是：（1）严格信奉独一的真主，反对多神崇拜和异端邪说；（2）坚持以《古兰经》、圣训立教；（3）整肃社会风尚，净化人们的心灵；（4）倡导穆斯林团结，共同对敌；（5）在政治上，反对土耳其人对阿拉伯半岛的统治和英国的侵略。

二、赛努西运动

赛努西教团系近代伊斯兰教苏菲派兄弟会组织，由阿尔及利亚的苏菲学者穆罕默德·本·阿里·赛努西（1791—1859）创立。1837年，赛努西在麦加近郊建立了第一个政教合一的传教据点"扎维叶"，后教团中心转移到北非。1843年，在现今利比亚境内昔兰尼加的绿洲地带设立了非洲第一个扎维叶，后成为教团的总部。1853年，总部迁到利比亚的贾加布卜绿洲。赛努西去世时教团已基本成型。1895年，其子穆罕默德·马赫迪·赛努西（1844—1901）将总部南移到交通要地库弗拉，加速了教团的传播，教团发展达到鼎盛，截至1902年，赛努西教团约有136个扎维叶，分布于的黎波里、费赞、库弗拉、苏丹、阿拉伯半岛等地，信徒最多时达300万人，成为当时北非势力最大的宗教社团。赛努西教团在马赫迪侄子艾哈迈德·谢里夫继位期间，以扎维叶为基地，发起了反对法国、意大利殖民主义入侵的多次武装斗争，抵抗运动受挫后，教团势力逐渐衰微。1918年，马赫迪之子伊德里斯接替出走伊斯坦布尔的艾哈迈德·谢里夫，主持教团事务，1951年，成立了利比亚王国。1959年9月，卡扎菲发动军事政变，推翻伊德里斯统治，成立共和国，赛努西教团被取缔。

赛努西教团将苏菲主义与瓦哈比派思想相结合，声称绝对遵奉《古兰经》、圣训和伊斯兰教法，严格履行宗教功课；要求改革伊斯兰教中出现的各种弊端，反对圣徒崇拜和乞灵于圣徒陵墓的陋习，恢复早期伊斯兰教的纯洁性；重视精神修炼,提倡禁欲、苦行,禁止饮酒、言谎、堕落等;鼓励成员务农、经商,各得其所,并掌握骑马、射箭等军事技术;努力开展在非穆斯林地区的传教工作;积极推行圣战,反对奥斯曼帝国统治及西方殖民主义的入侵。赛努西运动在非洲,尤其在利比亚的政治事务中产生了巨大影响,为伊斯兰教在中非和西非的传播做出了重要贡献。

三、马赫迪运动

19世纪苏丹的伊斯兰教派运动和民族起义。19世纪80年代初,英国殖民者吞并埃及后,企图以埃及为据点,进而吞并邻国苏丹。此前英国势力已通过驻苏丹的埃及官员渗入苏丹部分地区。英埃的殖民统治和残酷剥削激起了苏丹人民的愤慨,1881年爆发了声势浩大的马赫迪起义,由沙曼尼苏菲教团导师穆罕默德·艾哈迈德(1848—1885)领导。1870年,穆罕默德·艾哈迈德隐居阿巴岛,从事宣教布道,他向渔民揭露宗教上层的伪善,谴责富人、官员的贪婪,用宗教语言诉说人间的不平,号召人民起来斗争。1881年,他自称是穆斯林民众期待的救世主马赫迪,宣布要在人间铲除不义,建立平等、自由的理想之国,号召人民对外国侵略者发动圣战。1881—1885年,马赫迪起义军多次击败英埃联军,将外国势力逐出了苏丹。1885年1月,起义军经过5个月的激战,攻克英军重兵设防的喀土穆,击毙英军总司令戈登,解放了大部分国土,建立了马赫迪王国。1885年6月,马赫迪之子继位,改称哈里发。新王国的建立并未给人民带来实际利益,沉重的赋税引起民众不满,部落纠纷迭起。1898年9月,马赫迪军队兵败于喀土穆,运动宣告结束。

马赫迪运动是以宗教为旗帜发动的一场苏丹民族武装起义。马赫迪根据斗争的需要提出了一套独特的马赫迪派教义、法规、礼仪,产生了很大影响。马赫迪派以《古兰经》为最高经典,但有以马赫迪名义颁布的启示录和律法。要求民众信仰和服从新先知马赫迪,违者为不可宽恕的罪人;提倡衣食俭朴,反对奢侈腐化,为此参照伊斯兰教法制定行为准则,包括禁止偷盗、酗酒、吸烟,违者处以断手或鞭刑;实行公有制,一切财富归国家所有,由马赫迪分配;禁止举行婚葬礼仪,禁止蓄长发、痛悼死者和用草书写信,战时除外不得骑马,一律步行;要求民众戒嫉妒、傲慢、疏忽礼拜三种恶行,遵守安贫、圣战两大美德。另有十戒主要针对妇女,诸如应披戴面纱,不上坟祭奠亡者,不索要大量财礼,按时礼拜等。

第七章　近现代伊斯兰改革运动与伊斯兰经济思想的变革（1800年—20世纪初期）

第二节　调和改革运动

19世纪中叶起，伊斯兰世界陆续被置于英国、法国、意大利的控制之下。伊斯兰世界意识到相较于西方世界，自身在科技、社会政治科学、教育方面的滞后，明白西方势力拥有发达的科技和政治文化。如何消弭鸿沟，带领国家走向现代化，成为穆斯林改革家关注的焦点。改革的主要源头分别来自埃及和印度次大陆，且遥相辉映。

1798年，拿破仑·波拿巴率领海军登陆伊斯坎德里耶，但奥斯曼帝国以及很多其他国家都未意识到这一几世纪前打败蒙古人的战略要塞的重要性。奥斯曼帝国征服埃及的马木鲁克王朝后，仍将管理置于马木鲁克人之手。埃及分为12个省，各省被马木鲁克谓之"巴亚特"的总督领导，除却每年向奥斯曼帝国的进贡，巴亚特有权自由掌管国土，征收赋税并组建自己的军队。各省总督的任期不超过两三年，以免他们脱离奥斯曼中央政府，由于任期太短，总督们只关注自身利益，国家权益受损，为此，帝国没收了各省总督对土地和军队的实际掌控权，由马木鲁克王朝统一管理。由于重赋、失当的灌溉系统、土地缺少垦植，加之帕夏和巴亚特只对征税感兴趣，埃及民众日趋贫困，身陷窘境。税务配额的任务下放给了土地的监督员，为取媚上司，他向巴亚特保证高额的税收，巴亚特向帕夏提供最高税额，帕夏又向奥斯曼政权承诺高额赋税，税收重赋最终落到了普通民众身上。更糟糕的是，监察员力图以最小的土地投入实现净税收的最大化。腐败、贿赂、饥馑、瘟疫丛生，至18世纪末叶，罗马人治下曾达约800万的人口降至原规模的1/3。

在马木鲁克王朝试图脱离奥斯曼帝国的过程中，法国一直在与英国竞争，将目光投向埃及。拿破仑用阿拉伯语写就的战争宣言，就以惩戒马木鲁克王朝试图脱离奥斯曼政权，同时要保护伊斯兰教为名，但这并未引起马木鲁克王朝的警觉。政治动荡之际，埃及涌现出自由主义改革家穆罕默德·阿卜杜（1849—1905）及其老师哲马鲁丁·阿富汗尼（1839—1897），他们成为埃及现代主义的先驱。

第三节　世俗化改革运动

塔哈·侯赛因(1889—1973)系埃及现代著名的穆斯林文学家,生于上埃及的马加加农村,家境贫困,3岁时双目失明。塔哈·侯赛因聪颖好学,思维敏锐,记忆力惊人,13岁进入艾资哈尔大学接受伊斯兰教传统文化教育,1908—1914年在开罗大学攻读历史、文学和外语,荣获埃及第一个博士学位,不久后留学法国,先后在蒙彼利埃大学和巴黎索尔本学院学习哲学、历史、文学和语言学,还攻读欧洲、法国近现代文学,1918年获巴黎大学博士学位。塔哈·侯赛因在大学时就从事哲学研究和文学创作,撰写的哲学博士论文《纪念艾布·阿拉》和《伊本·赫勒敦及其社会哲学》,奠定了他在文坛上的地位。20世纪20年代前后,塔哈·侯赛因主要从事欧洲、法国文学的翻译,发表了不少文学评论和文学史的研究论文。1926年发表的《论贾希里亚时代的诗歌》,根据欧洲人文主义者关于理性主义、思想自由、大胆质疑等方法,对伊斯兰教创前的阿拉伯诗歌进行了考证和分析,受到保守派的围攻,著作一度受禁。后又发表《星期三谈话》《哈菲兹和邵基》《谈诗和散文》《关于我们的现代文学》等,肯定了阿拉伯文学在世界文学史上的历史地位。塔哈·侯赛因提出向古代文学和外国文学学习的必要性,主张以理性和逻辑代替传统的偏见,要通过对社会生活和社会环境的分析来研究作家及其作品。20世纪30年代起,塔哈·侯赛因著写了著名的伊斯兰历史小说《先知外传》(3卷)和《真实的语言》等,颂扬了伊斯兰教贤哲对阿拉伯历史和文明的贡献,其后还撰写了一批关于伊斯兰教重要人物的传记,试图在伊斯兰教贤哲身上和教义中发现社会主义的因素。此外,塔哈·侯赛因还写有自传体的散文、通讯、评论等作品。塔哈·侯赛因对当代埃及文学和阿拉伯文学影响巨大,被誉为现代"阿拉伯文学泰斗"。他的一些重要作品,特别是自传体的散文《日子》被译为多国文字,也有中译本。

第四节　什叶派学者巴齐尔·萨德尔及其《我们的经济》

巴齐尔·萨德尔是著名的什叶派沙里亚法学者,广受同时代人以及伊斯兰

第七章　近现代伊斯兰改革运动与伊斯兰经济思想的变革（1800年—20世纪初期）

经济学家钦慕。《我们的经济》颇多独到之处，萨德尔度其大半生，在专制政权下著写了此书。

《我们的经济》出现于19世纪60年代末70年代初，适值伊斯兰复兴主义出现。萨德尔没有同时代人那样便利的机会接触西方教育，鲜受西方文化的影响，至少未达到同时代人那样的程度，其经济思想基于纯粹的伊斯兰教义而产生。

萨德尔在《我们的经济》第一版《绪言》中提及，《我们的经济》系《我们的哲学》的续集，其真实用意在于从伊斯兰视域出发，著写涵盖伊斯兰社会科学的系列作品，但其后受迫于当时的专制政权，继续写作已力不从心。

《我们的经济》对马克思主义经济、资本主义经济、伊斯兰经济作了比较分析。一如其他伊斯兰学者，萨德尔的结论亦为，伊斯兰经济体系优于其他经济体系，并利用自身精深的学识、深刻的分析与评判加以佐证。

《我们的经济》的《前言》阐明了写作意图，旨在通过比较和评估，刺激欠发达的伊斯兰经济取得发展，因此，经济发展是萨德尔的主要关注点，并贯穿全书始终。何种经济系统最适合经济发展是萨德尔评估的基础，萨德尔既谨慎又客观地阐明，经济系统间的比较不应只是基于它们的概念、哲理和原则，应建立在它们对经济的适应程度，以及该系统的目的是否为社会服务的基础之上。萨德尔进一步分析了欧洲社会采取资本主义的理由，他研究了欧洲社会的历史发展，以哲学历史的方式解读了欧洲社会何以在追求经济发展中选择了资本主义，缘何利润和物质追求成为这个社会的主要驱动力，借此得出结论，尽管资本主义适合欧洲社会，但并不适合作为发展伊斯兰社会的经济体系，因为伊斯兰社会是基于对真主的信仰和神圣的行为准则。[1]

萨德尔强调，需有一个结构良好的伊斯兰社会，以便运行蓬勃发展的伊斯兰经济体系。保持伊斯兰社会浓郁的宗教氛围是成功运行伊斯兰经济体系的前提条件，伊斯兰经济体系与伊斯兰社会土壤密不可分，没有后者就不能保证前者的成功。此外，萨德尔也强调男性在经济发展中的作用，注重经济发展过程中各因素的相互作用，因为只有整个国家的合作才能取得经济发展。人的合作和全身心投入经济活动是经济发展取得成功的前提条件，因为只有人的合作才能最好地发挥其潜质和技能，实现其经济目标。在伊斯兰国家，为实现人们之间的全面

---

[1] Ahmed EL-Ashker and Rodney Wilson，*Islamic Economics a Short History*，Leiden · Boston，2006，p. 394.

合作，经济系统应当是伊斯兰式的，因此，在伊斯兰社会，为实现现代化而采取世俗化不会在经济发展过程中取得最好的结果，采取社会主义经济体系也不会有太好的发展。

谈及价值时，萨德尔试图回答商品和服务的价值来源以及如何决定商品价格等。探讨利润合法性时，萨德尔意识到了资本、劳动，以及其他生产方式在生产过程中的角色。

《我们的经济》用阿拉伯语写就，第二版有700余页，20余万字，分三个部分：马克思主义，200页；资本主义，40页；其余约460页都关涉伊斯兰经济。萨德尔批判马克思主义，认为马克思主义哲学自相矛盾。同时，他认为资本主义基于言不由衷的自由基础之上，它主张市场自由，但本身并未让个体以自由经济方式行事，市场自由受到了限制，因此，这种自由是虚幻的。萨德尔强调，伊斯兰经济系统照顾到了贫富双方的需要，富含非常独特的伦理价值。

萨德尔对伊斯兰经济的探讨分为六个部分：（1）伊斯兰经济的一般结构；（2）伊斯兰经济是整个伊斯兰系统的一部分；（3）伊斯兰经济的总体框架；（4）伊斯兰经济不是科学的分支；（5）分配独立于生产；（6）伊斯兰视域下的经济问题及其解决办法。萨德尔表示，伊斯兰经济建立在三个基础之上：双重所有权，经济的相对自由，社会公正。萨德尔将所有权分为三种类型：私人所有权，公共所有权，国家所有权。他阐明，伊斯兰经济允许私人所有权和公共所有权，但这两种所有权的混合并不意味着伊斯兰经济是一种混合经济。

萨德尔认为，如果资本所有者忽略了财产，或不能利用它，国家或伊玛目可将它转赠他人，新持有者有使用权，但无所有权，亦不允许通过出售、继承等方式转移所有权，新持有者可将收入的适当份额回赠给法定所有者。按现代术语，这是一种被忽略的生产资料的准所有权而非全部所有权，即便法定所有权通过售卖或继承等方式有所转移，但只要新持有者在使用财产，他就拥有准所有权。

萨德尔通过历史和社会背景区别了伊克塔（封地）的早期形式和西方封建主义，论证了伊克塔的合法性，他支持早期法学家的观点，表示伊克塔并非赐予了个体法定所有权，只是给予了使用权。萨德尔强调，伊斯兰允许伊克塔，国家可以向人们赠与生产资料、土地、矿产等自然资源，但法定所有权应保持在国家、伊玛目手中，这就意味着持有者是准业主，但若要继续维护这种准所有权，需要持有者使用财产。因此，伊克塔并非所有权的过渡，而是伊玛目或国家给予个体优先利用符合其意愿和能力的一份界定明确的财产。

第七章　近现代伊斯兰改革运动与伊斯兰经济思想的变革（1800年—20世纪初期）

萨德尔关于伊克塔所有权的观点与艾布·优素福形成了鲜明对比。艾布·优素福在其《哈拉吉》中认为，伴随买卖和继承，所有权的转移就是完全的转移，哈里发或统治者并无最后的追索权，同一位哈里发或继任的哈里发如若废止了所有权，从所有者手中收回土地，就如同抢劫某人，并将所盗之物给予他人。艾布·优素福汲取先知的实践支持其论点，尽管先知时期伊克塔的规模要比王朝哈里发时期小得多。艾布·优素福秉持这种观点，很可能是认为需要保持经济的稳定和交易的恒定性，并未过多关注所有权的概念。萨德尔比较强调所有权概念，他对所有权合法性的关注要超过务实的艾布·优素福所注重的实践。

萨德尔关于经济自由的看法符合主流的伊斯兰法学家的观点。他认为，虽然伊斯兰允许经济自由，但还是受自我和国家两方面的限制。自我限制源自沙里亚法限定的个体道德行为准则，伴随着个体宗教良知和伊斯兰信仰的增强而增长。萨德尔关注经济伦理，认为个体若偏离了沙里亚法，对社会造成了危害，国家有权力加以纠偏。在萨德尔看来，个体的宗教良知远比国家的矫正重要得多，政府若缺乏对沙里亚法的关注，就要依靠个体的主观能动性。

论及收入的分配，萨德尔强调了劳动在生产过程中的重要作用，强调奖励劳动的重要性。萨德尔认为，如果贫穷更多是因为力不从心和无能为力，而非懒惰与无所事事，社会就有义务为大众提供服务和机会，亦应帮助穷人和需要帮助者。则卡特使伊斯兰经济明显有别于马克思主义经济和资本主义经济。

《我们的经济》彰显了萨德尔的经济思想和沙里亚法知识的深邃。不难推想1980年，根据当时伊拉克政治权威的命令，他被处决时思想发展的深度。[①]

第五节　毛杜迪经济思想

一、毛杜迪简介

毛杜迪，全名赛义德·艾布·艾阿俩·毛杜迪（1903—1979），巴基斯坦著名

---

① Wilson Rodney, "The Contribution of Muhammad Baqir al-Sadr to Contemporary Islamic Economic Thought", *Journal of Islamic Studies*, Vol. 9, No. 1, 1998, p. 48.

学者,当代伊斯兰复兴运动理论家之一。他出身于印度德干地区奥朗则布小镇一苏菲长老家庭,父亲是契斯提教团成员。毛杜迪早年从父学习伊斯兰宗教知识,后进入海德拉巴德一所高等学校深造,因故中途辍学,后经刻苦自学,掌握了阿拉伯语、波斯语、乌尔都语和英语,青年时代曾任德里等地多家穆斯林报刊编辑。毛杜迪曾参加泛伊斯兰的"哈里发运动",反对英国殖民统治,同情、支持被废黜的土耳其末代哈里发。1941年,毛杜迪在印度创建伊斯兰促进会,自任主席,即埃米尔,致力于伊斯兰复兴运动。1947年印巴分治后,毛杜迪同追随者一起迁居西巴拉合尔地区,其组织成为巴基斯坦主要的政治反对派之一。阿尤布·汗当政时期,毛杜迪曾被禁止参与政治活动,其组织一度遭禁。布托领导的人民党执政时期,毛杜迪抵制人民党的伊斯兰社会主义理论与政策,谴责其世俗化倾向和政治腐败,继续倡导国家体制的伊斯兰化,主张全面实行伊斯兰教法,建立伊斯兰社会秩序。其组织一度加入由8个反对党组成的联合阵线,掀起倒阁运动。毛杜迪出访过埃及、叙利亚、约旦、沙特阿拉伯、科威特、土耳其、英国、美国、加拿大等国,举行记者招待会、专题讲座、发表演说1 000余次,以广播、电视、报刊等大众媒介影响舆论,宣传伊斯兰复兴的主张,寻求国内外支持。毛杜迪的著作有120部,主要有《伊斯兰吉哈德》《〈古兰经〉注释》《先知传》《伊斯兰教之基础》《伊斯兰运动的道德基础》《伊斯兰复兴运动简史》《伊斯兰革命的过程》《伊斯兰教法和宪法》等。大部分著作已被译为英文、阿拉伯文等多国文字,影响相当广泛。

  20世纪30年代,在争取印度独立的背景下,一些印度穆斯林领导人开始主张建立一个伊斯兰国家,以满足伊斯兰认同和伊斯兰生活方式的要求,因而出现了"巴基斯坦"这一概念。以毛杜迪为代表的一批伊斯兰学者对于建立独立国家的主张提出了疑问,他们认为穆斯林迫切需要的并非政治独立,而是文化自治。毛杜迪认为,伊斯兰不只是一系列的宗教仪式,还涵盖了教育、艺术、法律、政治和经济等所有人类生存领域。在同西方国家交往过程中,穆斯林感到伊斯兰世界的贫弱以及丧失身份认同的危机。毛杜迪主张通过文化复兴来恢复曾经带来力量、荣誉和繁荣的传统,以消除现实威胁。为了实现文化复兴,他提出了"伊斯兰意识形态""伊斯兰政治学""伊斯兰宪法"和"伊斯兰生活方式"等概念,其中"伊斯兰经济学"概念尤其重要。

二、毛杜迪著作及其经济思想

（一）《当代经济体系与伊斯兰经济体系》

在《当代经济体系与伊斯兰经济体系》中，毛杜迪对伊斯兰经济体系与当代经济体系做了系统全面的比较。章节如下：

导言

第一部分　原则和目标

人类的经济问题

《古兰经》中的经济概念

经济生活中的原则

伊斯兰经济组织原则和目标

伊斯兰和社会公正

资本主义和伊斯兰的区别

第二部分　伊斯兰经济体系

土地所有权

1. 神圣的《古兰经》与个人所有权
2. 神圣的先知和正统哈里发的先例
3. 伊斯兰体系和个人所有权
4. 土地持有限额
5. 谷物分成法和伊斯兰的公正原则
6. 财产使用的限制

利息

1. 伊斯兰关于利息的定性
2. 对利息的理性分析
3. 利息的罪恶
4. 没有利息的经济重构
5. 向非伊斯兰国家的借贷

则卡特及其税率

劳动力

保险及其改革

价格调控

当代伊斯兰法的重新编纂

重新编纂的必要条件

（二）《里巴》

1937—1956年，毛杜迪在一份名为《〈古兰经〉的翻译》的杂志上陆续发表了有关里巴的论文，后编辑整理，名为《里巴》。章节如下：

第一章　里巴的负面影响

第二章　里巴的弊端

第三章　新的银行体系

第四章　伊斯兰对里巴的定性

第五章　里巴种类

第六章　新经济制度原则

第七章　有效的改革措施

毛杜迪首先阐述了非穆斯林对里巴的态度。在非穆斯林看来，里巴属理所当然的事，因为在里巴交易中，债权人认为他应该向债务人收取里巴，无论债务人盈利还是亏本，这与债权人全无关系。债权人将钱借给别人，意味着他承担了很大的风险，债务人借钱付息属理所当然，就如同租房付租金一样，利息视为借款所造成的损失的补偿。再者，债务人将所借钱财用于商业等投资，作为资本赚钱，而资本应该增值，故要求利息是合情合理的。

毛杜迪根据伊斯兰经训的指导，指出里巴交易是一种不合情理、有失公正的社会现象，对人类社会的危害严重。毛杜迪从道德伦理、社会、经济几个方面分析了里巴带来的负面影响。他指出，如果我们对里巴进行心理分析，就会清楚地看到，放债取利者无需伤筋费脑，不花气力就可不劳而获，由此养成了自私、吝啬、心胸狭窄、冷酷的心性，完全成为金钱的奴役。由于自私、人情淡薄、缺乏互助精神和同情心，进而造成社会贫富差距的悬殊。相较而言，在缴纳则卡特、施舍等行为中，个体需要举意将天课等交给收受的对象，从而使人变得慷慨大方、仗义疏财、心胸开阔、志向远大。

毛杜迪将生息的经济行为分为穷人借贷、商人和公职人员借贷、国库券、国债，并指出其经济行为中利息所产生的负面影响。像所有的伊斯兰学者一样，毛

第七章　近现代伊斯兰改革运动与伊斯兰经济思想的变革（1800年—20世纪初期）

杜迪援引伊斯兰经训，找寻禁止里巴的依据，并主张重新审视传统的伊斯兰经济制度。社会的发展日新月异，金融和贸易形式也发生了巨变，伊斯兰初期的教法学家针对当时希贾兹、伊拉克、沙姆和埃及等地的经济状况做出的教法判断已经过时，无法满足当今社会发展的需要，新的经济问题层出不穷，以往的教法典籍找不到解决方案，需要重新创制。

毛杜迪认为，收息和付息不可同等对待。个体在迫不得已时或许会支付利息，但任何情况下都不可能被迫接受利息。富裕的人才有能力将钱借贷给别人，既然其经济状况已经丰足富裕，试问有什么情况迫使他放债取息，将真主规定的非法变为合法呢？"迫不得已"时可以将不合法的事务转变为合法，但并非所有的困难都属"迫不得已"，以至于将里巴合法化。例如，红白喜事大讲排场、铺张浪费不属"迫不得已"，买车买房不属迫不得已，扩大经营并非"迫不得已"，但许多人自己找一些"迫不得已"的理由贷款付息，完全违背了教义。

伊斯兰沙里亚法允许"迫不得已"时支付里巴。① 例如，一个人遭受突如其来的灾祸，声誉或生命受到严重威胁，除了有息贷款再无他法。毛杜迪认为，这种情况下，穆斯林可以申请有息贷款，但与此同时，所有生活富裕的穆斯林都负有一份罪责，因为他们有义务帮助这位穆斯林同胞摆脱灾难，渡过难关。

如何衡量"迫不得已"的度实属重要。"迫不得已"因人而异，要根据实际情况加以界定。一旦"迫不得已"不复存在，里巴交易即为非法，此时，即便是支付一毛钱的利息，也属非法。毛杜迪认为，怎样把握"迫不得已"的度？其特殊性何时失效？这纯粹是信仰的虔敬度和心性问题。

毛杜迪认为，以投资、安全、贸易需要等为由将钱存入银行或买公积金的人，必须缴纳本金的则卡特，若未缴则卡特，则其财产不洁净。穆斯林不得将银行支付的利息付给银行、保险公司或用作公积金，如此，便是助纣为虐。正确的处理方法应该是将息钱取出来，捐给困苦者。毛杜迪指出，在金融交易或贸易交易中，应尽量避免带有里巴嫌疑的利润。这种情况下，穆斯林坚持的原则是：先祛弊，再招益。② 必要时，宁肯放弃利润，也要完全排除有里巴的嫌疑。归信真主

---

① 依据伊智提哈德原则，遇到困难、危及生命等时，可以行使哈拉姆（非法）之事或言论，非法之物可以暂时成为合法之物，即"困难面前无律法"。
② 毛杜迪的这一理念源于伊斯兰沙里亚法。他们问你饮酒和赌博（的律例），你说："这两件事都包含著（着）大罪，对于世人都有许多利益，而其罪比利益还大。"《古兰经》黄牛（百格勒）章第219节）根据这段经文，演绎出了相应的教法原则，即某一事物既有可取之处，也有哈拉姆（非法）的因子，此时，应摒弃或禁止这一事物，以避摄入哈拉姆之嫌。

179

和后世的信士应远离非法,防备真主的责问,这比发展经济、获取利润更为重要。

毛杜迪认为,里巴是人类社会的毁灭性力量,是导致人类精神与物质生活腐败的主要因素之一。倘若所有的经济事物都彻底清除了里巴的存在,能否找出另一种金融制度以满足社会的一切需求,进而推动国家的发展与进步?为此,毛杜迪提出了几点改革建议:

1. 里巴已成为当前人们日常生活中的普遍现象,不可盲目地废除里巴。要废除里巴,首先需要找出行之有效的替代方法以解决实际问题。毛杜迪指出,当今的法制允许里巴,有息贷款的大门敞开,所以很少有人愿意给他人提供无偿的借贷,即"善债",也不愿与他人共担经济风险。

毛杜迪认为,有的人以为,只要废止存在里巴的金融体系,里巴就会被自然淘汰,这是一种天真的想法。只要里巴以法制为庇佑而存在,法庭认可里巴交易的合法性,资本家乐于通过高利贷巧取豪夺,就不可能出现废止里巴的金融体系。若要废除里巴,就要建立禁止里巴的金融体制,而要建立禁止里巴的金融体制,首先需要废除对里巴的法理认可。然而,里巴是社会中根深蒂固之存在,必须通过切实有效的举措才能清除。仅凭伊斯兰经训对里巴做出的道德层面的抨击,揭露里巴的危害还不够。它不仅需要宗教层面的禁止,还要通过法制强制执行,将里巴视为一种犯罪,一经警察逮住严惩不怠,没收其财产。同时,国家应建立新的金融体系,以政府行为征收天课,通过各种媒介对大众进行宣传教育,使人们从内心痛恨里巴,废除里巴思想。

2. 无里巴的借贷。毛杜迪指出,许多人误认为如果取消里巴,人们有可能无法得到借款或贷款,实则不然。如果取消里巴,贷款反而会更加容易。

(1) 个人需求的借贷。个人需求贷款的形式不外乎两种:穷人遇到困难时从放高利贷的人手中借钱;有实力的人从银行贷款。结算时,连本带利一起奉还,且不管用贷款去干什么。倘若无法说服放高利贷的人或银行,他不可能得到贷款,即便他家中有人亡故,也不可能拿到哪怕一分钱的贷款。而富人对穷人的遭遇孰视无睹,他们只顾敛财,毫无怜悯之心。

对含有里巴的经济活动加以批驳之后,毛杜迪向读者描述了禁止里巴的伊斯兰经济体系。该体系以他人的捐赠和施舍为基础,给人提供实实在在的帮助,且坚决不允许给人借钱去犯罪。伊斯兰的无里巴体制中,债权人不许向债务人谋取任何利益,可以通过最便利的方式偿还债务,甚至低收入的人可以通过按揭的形式分期还债。把房产抵押给他人者,若房产盈利,那么借款的本金相对在减

第七章　近现代伊斯兰改革运动与伊斯兰经济思想的变革（1800年—20世纪初期）

少,这样使得债主能够以最短的时间还清债务。这种情况下,富人在贫穷的邻居遇到困难时不会袖手旁观。因为按照伊斯兰教义,人们遇到困难时应相互帮助,这是最起码的道德底线和责任。若向邻居借不到钱,只能求助于政府,政府一接到类似的申请,应立即派人核实和监管,若属实,则应提供帮助。

(2) 贸易需求的借贷。商人出于贸易的需要筹措资金,他们从银行获得短期贷款,支付一定的利息。银行给他们放贷,但他们需要给银行提供抵押品。抵押品与贷款额等值,甚至其价值超过贷款额。

(3) 政府非投资性需求的借贷。倘若政府因突发事件需要大笔的钱款,但并非投资性需要,也非军需,这种情况下,按照当今通行的做法,只有走有息借贷这条路。但在伊斯兰金融体系中,遇到这种情况,个人、团体、贸易公司会借出大笔的钱款,帮助政府渡过难关。因为只要政府废除里巴,有序地运用天课,取得民众的信任,民众便会对政府慷慨解囊。如果政府还筹集不到足够的钱款,就只能向全国的百姓征集无息借贷(善债),而百姓必须心甘情愿地给政府提供"善债"。如若"善债"还无法筹措到足够的钱款,政府可以采取以下措施:第一,挪用则卡特和五分之一税;第二,下令各银行筹集一定数量的准备金,必要时,政府可以向私车、私宅收取一定的车船税和房产税等;第三,迫不得已时,可根据实际需要发行货币,虽然发行货币可能会带来负面影响,但也可以救一时之需。

(4) 国家需求的借贷。毛杜迪指出,在当今世界,不可能从国外获得无息贷款,所以,国家尽量不借外债。毛杜迪确信,只要努力在伊斯兰国度创建无里巴的良好经济体系,很好地运营则卡特,经济状况势必好转,不仅无需向国外申请无息贷款,还能给周边国家提供无息贷款。倘若伊斯兰金融模式能够取得成功,那将是当代史上的惊人巨变,其影响不仅透射在金融和经济领域,还会蔓延到政治、文化、精神领域。届时,伊斯兰国家与其他国家的一切金融往来均建立在免息基础之上,其他民族也会逐渐采纳无息模式。毛杜迪认为,不久的将来,国际舆论势必痛斥高利贷,如同曾痛斥1944年"布雷顿森林货币体系"(Bretton Woods System)。当今很多思想家正在认真思考国债中的高息对国家政治和经济带来的负面影响。倘若那些经济强国真诚地帮助落后的国家,使其能够快速发展,必须从两个方面提供援助:从金融、经济方面提供无息贷款;在政治、文化方面给予帮助。使得各国、各民族能够友爱、互助,消除国际仇视和敌对情绪。

(5) 营利性借贷。毛杜迪建议的新经济体系一方面主张取消里巴,另一方面保障了他人财产的安全。有钱人将钱借给他人去经商或发展工业,后者为前者保障一定的利润。在真正的伊斯兰国度，则卡特制度不允许人们将钱锁在柜子里不予流通，也不允许挥霍。每个人除了基本的生活需求，额外的收入必须采取以下两种方式之一：其一，若自己不愿意拿额外的收入，可以将其用于慈善，或交付慈善机构、政府用于振兴国家，造福百姓的公共福利事业，特别是在政府部门的工作人员深得群众信任的情况下。如此，政府等社会组织能够获得巨额款项用于公共福利或慈善，亦可以凭借此免除其他百姓的税赋。其二，至于愿意拿额外收入的人，唯一的途径就是让他们拿额外的钱进行投资，与他人共负盈亏，可以自己经营，或通过政府、银行操作。如果他们愿意自己出面，他们应当亲自与合伙人达成协议，必须按法律确定利率。如果想通过政府运作资金，只能投资政府的营利性项目，如投资水电站。在这种投资项目中，政府不得有意识地收购个人或公司的股份，以免过 50 年后成为唯一的控股者。通过银行投资营利性项目，这不仅是伊斯兰体制中最有效、最便捷的操作方式，也是当今体制中最有效、最便捷的方式。

20 世纪 30 年代的印度穆斯林在广泛地讨论一个问题：穆斯林和印度人，哪一个是他们首要和根本的身份。一些伊斯兰学者认为，穆斯林的生活方式必须与信奉印度教的印度人和锡克教教徒的生活方式严格区别开来，同时，伊斯兰教义已经提供了关于科学、艺术、医学、法律、政治和经济等所有生活内容的指引。毛杜迪亦秉持这种理念，他特别强调，伊斯兰教是一种完全的生活方式，《古兰经》和圣训能够为穆斯林在现实世界中遇到的所有问题和争论提供直接的答案。所有穆斯林唯一要做的就是遵循《古兰经》和圣训，建立合适的机构或组织。通过遵从《古兰经》的教导，穆斯林能使这些机构变得公平、公正和诚实，这些公平、公正和诚实的机构同样能够帮助广大穆斯林保持团结。这种以"穆斯林经济独立"和"建立某种遵循《古兰经》的机构或组织"为核心的思想渐渐发展成为伊斯兰银行运动思潮。毛杜迪通过对伊斯兰教义的解释，最终提出"穆斯林必须建立独立的经济和金融体系——伊斯兰银行体系"这一观点。

三、毛杜迪关于伊斯兰经济学的框架

毛杜迪复兴伊斯兰教的主张主要包括政治和经济两个方面。在政治方面，主张建立名副其实的伊斯兰国家，认为国家必须承认真主法度的绝对权威，以沙里亚法为立国基础，实行伊斯兰法治，必须废止任何有悖于伊斯兰教法的政令和

第七章 近现代伊斯兰改革运动与伊斯兰经济思想的变革（1800年—20世纪初期）

法规；必须承认先知的尊严和权威，先知的圣言、圣行为立法的依据和国家的指导原则之一；国家自身无立法权，但国家作为真主的代理人，有权代行真主之律法管理国家；国家必须实行政治协商制度，即舒拉，可通过全体穆斯林直接协商或推举代表的间接协商来决定国家大事；国家必须以伊斯兰意识形态为指导思想，由虔诚的穆斯林政治家管理，弘扬伊斯兰信仰，维护民众权益。经济方面，主张实行伊斯兰经济制度，包括禁止利息和变相的放债取利，以投资、经营所得来代替现行税制，以税收和宗教社会福利制度来缩小贫富差距，防止社会分配的两极分化；认为人世间的一切财富皆归真主所有，世人皆有同等的享用权，但因个人能力的差异，导致财富分配的不均，不宜以企业国有化和土地改革的方式变更天然的所有权。

伊斯兰经济学是毛杜迪所倡导的伊斯兰秩序的中心概念。毛杜迪感受到了西方国家的强大，并认识到启蒙运动和工业革命所具有的难以逆转的效应。因此，他认为，除非穆斯林能够以伊斯兰的方式来适应经济发展，否则难免丧失身份认同。伊斯兰世界所面临的紧迫挑战是，必须通过发展"伊斯兰经济学"来阐明新的伊斯兰经济生活方式。毛杜迪同以前的伊斯兰学者，如伊克巴尔、阿布杜和阿富汗尼的显著差别在于，他对创建伊斯兰化的经济学表现出了浓厚兴趣，意识到"新的复杂因素已经被引入生产、分配之中，因而存在着太多的关于经济问题的讨论和科学研究，以至于人类其他问题黯然失色"。[①] 所以，他认为非常有必要进行伊斯兰经济学研究。

毛杜迪反对建立伊斯兰国家，但其发展伊斯兰经济学的主张却适应了当时确立独特的穆斯林文化认同、创建伊斯兰国家的需要。"'伊斯兰经济学'出现的主要推动力在于毛杜迪和他的政治同事的信念：印度的穆斯林社团正丧失其身份认同"。[②]正因此，直到20世纪60年代，毛杜迪的思想在印度次大陆仍有广泛影响力。

在毛杜迪看来，伊斯兰经济体系的目标是建立一个类似于伊斯兰教早期历史上的"黄金时代"，即以伊斯兰教义为基础，没有剥削、统治、异化以及资本主义社会痼疾的理想社会，社会发展速度适中，没有通货膨胀、失业和生态危机等。因此，有学者将伊斯兰经济学定义为："通过符合伊斯兰教义，而不压制个人自由或者造成持续的宏观经济和生态失衡的方式来分配稀缺资源，以实现人类福祉。"[③]

[①②] Timur Kuran, "The Genesis of Islamic Economics", *Social Research*, 64(2), 1997.
[③] M. Umar Chapra, "What is Islamic Economics?" http://www.irtipms.org/OpenSave.asp?pub=66.pdf.

毛杜迪阐明了伊斯兰教解决经济问题的基本原则：第一，合法与非法；第二，遵守伊斯兰商业法；第三，劝阻奢侈生活；第四，禁止利息；第五，支付则卡特；第六，以伊斯兰教的道德原则为整个经济制度的基础。

伊斯兰经济学建构的主要目的是显示伊斯兰教对人类福祉的关心，以对抗社会主义和资本主义意识形态，带有浓厚的意识形态色彩，在很大程度上可被视为对日益兴起的全球自由市场资本主义的抵制。在毛杜迪看来，西方经济思想、政策和机构都是对于自身文化认同的严重威胁。所以，无论是毛杜迪，还是后来的赛义德·古图卜、萨德尔等人，都试图通过创建一个独特的伊斯兰经济体系来论证伊斯兰教与社会主义和资本主义之不同。亦即"伊斯兰经济学家在很大程度上关注的是什么是理想中的'伊斯兰经济学'，它同社会主义和资本主义有什么区别，以及它为什么能够更好地实现人道主义目标"。

毛杜迪对伊斯兰经济学的架构既是毛杜迪站在普通穆斯林的角度，从伊斯兰视域对伊斯兰经济问题所作的阐释，亦是他为复兴伊斯兰教，从经济角度所建构的一大理论板块，是其伊斯兰复兴这一框架结构的重要组成部分，最终目的是服务于伊斯兰复兴这一思想关怀。

毛杜迪既是现代伊斯兰主义的思想导师，亦是现代伊斯兰史上重要的伊斯兰学者，其经济思想丰富而系统。毛杜迪的伊斯兰经济思想在当前诸多伊斯兰经济理论中，具有一定的代表性，其影响传衍至今。对现代伊斯兰世界经济思想的阐释若要绕过毛杜迪，都将是一种明显的缺憾。

第八章　20世纪中后期的伊斯兰复兴与伊斯兰经济思想

伊斯兰改革运动带动了20世纪的伊斯兰教复苏,穆斯林比以往更加明确,伊斯兰教依然是他们解决精神、政治、经济问题行之有效的途径。20世纪中后期,伊斯兰复兴的浪潮在经济思想领域产生了两方面影响:其一,带动了伊斯兰经济文献的大量出现;其二,促成了伊斯兰银行的建立,彰显了社会、政治运动对经济思想发展的巨大辐射作用。

20世纪伊斯兰世界的政治里程碑事件,就是脱离了西方外国势力的占领并获得了解放,西方势力慢慢减少了对被占领国内部事务的干涉,接受了被占领地区要求独立的意愿。在其后的发展进程中,由于世俗化一度受挫,伊斯兰运动得到了青睐,最著名的莫过于六日战争中阿拉伯国家的失利与以色列的胜利,穆斯林对此深感震惊:仅仅六日,埃及的西奈、叙利亚的戈兰高地、约旦河西岸、耶路撒冷都输给了以色列,这对阿拉伯穆斯林而言无疑是一种莫大的羞辱,使其深感六日战争之耻是没有全面实施沙里亚法的后果,这种满心的失望与震撼再次使伊斯兰信仰成为大众无可取代的选择,各阶层对伊斯兰信仰的强烈呼唤带来了伊斯兰复兴主义。

伊斯兰复兴主义产生了一系列结果:民众普遍要求采纳伊斯兰作为一种生活方式,国际伊斯兰宗教组织的出现,国际伊斯兰会议组织、伊斯兰发展银行的建立,伊斯兰经济文献的日益普及,第一届国际伊斯兰经济会议的召开,研究伊斯兰经济和伊斯兰思想专业机构的建立,一些伊斯兰国家经济体系的伊斯兰化,伊斯兰金融组织的设立,伊斯兰工商业的建立等。

第一节　伊斯兰复兴

20世纪70年代中期,伊斯兰教作为大众的生活方式再次彰显了其影响力。年轻人开始蓄须,白袍、古夫坦[①]取代了西服,面纱重新遮盖了年轻女子的头发和面孔,礼拜者增多,更多的人参与到宗教学习中心,清真寺为学生提供免费的夜间辅导,教师们义务执教……民众心中弥漫着一种强烈的感觉,即他们要牢牢抓住那曾几何时几乎被忘却的信仰。这一时期成立了众多宗教社团,后来部分受到质疑并被查禁。这些宗教社团无一例外都坚持伊斯兰教义,期望增强民众对伊斯兰的认知。这时,过去所没有的伊斯兰会议组织、伊斯兰发展银行、伊斯兰金融机构应运而生。部分伊斯兰国家也开始进行国家经济体系伊斯兰化的尝试。

一、伊斯兰会议组织

1969年8月,以色列焚烧了穆斯林在耶路撒冷的圣寺——阿克萨清真寺,9月,伊斯兰国家领导人举行会议,决意建立一个国际性的伊斯兰会议的永久性组织,团结伊斯兰国家的行动,将耶路撒冷和阿克萨从犹太复国主义的占领中解放出来。伊斯兰会议组织是一个政府间的合作组织,截至2006年,已有57个成员国。这些成员国决意整合其资源,齐心维护民众及世界其他穆斯林的利益,保证他们的发展和福利,并制定了主要目标:(1)加强伊斯兰成员国的团结,加强各国在政治、经济、社会、文化、科学领域的合作,为维护全体穆斯林的尊严、独立、国家主权而奋斗;(2)协调行动保卫圣地,支持巴勒斯坦人民的斗争,帮助他们恢复主权,解放被占领地区;(3)努力消除种族歧视和所有形式的殖民主义,为提升伊斯兰国家与其他国家的合作与理解创造良好的氛围。

伊斯兰会议组织下设多个委员会以及附属机构,由国家领导人或部级官员领导。

附属机构:伊斯兰国家统计、社会研究、培训中心(土耳其);伊斯兰历史、艺术、文化研究中心(土耳其),伊斯兰技术学院(孟加拉),伊斯兰团结基金及卧格

[①] 古夫坦(Quftans),前口敞开的棉布长袍。

夫执行局(沙特阿拉伯),尼日尔伊斯兰大学,乌干达伊斯兰大学,伊斯兰工商会(巴基斯坦),伊斯兰首都和城市组织(沙特),伊斯兰国际新月委员会(利比亚),伊斯兰船主协会(沙特阿拉伯),国际阿拉伯—伊斯兰学校世界联合会(沙特阿拉伯),国际伊斯兰银行协会(沙特阿拉伯)。

专门机构:伊斯兰发展银行(沙特阿拉伯);伊斯兰教育、科学和文化组织(摩洛哥),伊斯兰国家广播组织(沙特阿拉伯)。

常设委员会:圣城委员会,信息和文化事务常务委员会,经济和贸易合作常务委员会,科学和技术事务常务委员会。

二、伊斯兰发展银行

经伊斯兰会议组织建议,1973年12月召开了伊斯兰国家财政部长会议,通过了建立伊斯兰发展银行以服务伊斯兰国家的决议。1975年7月,伊斯兰发展银行成立,并于10月正式启动。伊斯兰发展银行以阿拉伯语、英语、法语为官方语言,意在帮助成员国和个别伊斯兰社区的经济发展和社会进步,使其符合沙里亚法。

伊斯兰发展银行依托沙里亚法,帮助提升成员国的外贸能力,向成员国提供技术帮助,扩大人员培训。银行向成员国提供财政支持,还为生产性项目和企业发放股本贷款和赠款,并设立了帮助非成员国伊斯兰国家的基金。

伊斯兰发展银行的股东是伊斯兰国家政府,其中约57个国家系伊斯会议组织成员国,成员国的财政部长是银行的董事会成员(财务主管)。银行授权资本从1975年的20亿第纳尔增长到1992年的60亿第纳尔,2001年增长至150亿第纳尔,认购资金超过了80亿第纳尔。伊斯兰发展银行总部设在沙特阿拉伯的吉达,后在摩洛哥的首都拉巴特、马来西亚的首都吉隆坡、哈萨克斯坦的首都阿拉木图设立了区域办事处,并在11个成员国中设立了代理。

为符合沙里亚法,伊斯兰发展银行的融资模式主要有:(1)贷款。实施无息贷款,每年收取0.75%到2.5%不等的管理费,贷款期限为30年,有10年的宽限期。这些贷款主要为能产生重要社会经济影响的基础设施项目提供长期资金,不属于创收型。(2)租赁。用来资助创收型项目中的资本和其他固定资产。与一般租赁一样,租赁期结束时,资产的所有权转移给承租人(受益人)。酝酿期为6—48个月,租赁期最长为15年,制定租赁付款(租金),每年平均向银行返还收益率的约6%。为保障银行利益,需政府或银行担保。(3)分期付款销售。银行购买设备,以分期付款方式售卖或转让给受益人,最高时限达 15 年,受益人每年约向银行返还平均收益率的 6%。(4)委托制造。银行与受益人签订合同,银行按照受益人要求的规格承担具体的设备制造,并在约定时限内以一定的价格售卖给受益人,期限不超过 15 年,给银行的返利约为 5%。(5)参与股权。最多占股权的 1/3。(6)利润分享。系银行与企业家达成的伙伴关系,利润按协议分成。(7)技术援助。用于研究等前期投资,最高时限为 16 年,包括 4 年的宽限期,佣金约为 1.5%。

伊斯兰发展银行在融资项目、贸易等方面为伊斯兰国家提供了巨大帮助,银行的政策富有同情心但不松弛,审慎但不苛严,借用伊斯兰发展银行副总裁的言辞:"伊斯兰发展银行没有为其融资附带任何条件,只是看项目或商业运营本身。银行不仅仅是一个锦上添花的朋友,所有成员国不管情形好坏,我们都会向他们伸出援手。我们的金融活动只建立在协助伊斯兰世界成员国发展的良好意愿上。"[①]实践证明,银行的这种宣言令人信服。

三、伊斯兰金融机构的建立

1963 年,上埃及开设了第一家伊斯兰金融机构——米特贾母斯储蓄银行。银行先驱艾哈迈德·纳贾尔是一位在西德一家储蓄银行有过实践经验的埃及学者,他将德国经验带到了尼罗河地区。银行的运营建立在借贷者与储户都无息的盈亏共担的伊斯兰原则基础之上,但该银行并未被冠以"伊斯兰",因为当时的埃及正在快速迈入纳赛尔总统所谓的阿拉伯社会主义,国有化法令势不可挡,在这种情境下,米特贾母斯储蓄银行冠以"伊斯兰"似有难度。但如纳贾尔所言,只要银行在伊斯兰无息基础之上运作,冠名与否似无大碍。与当时埃及的所有银行一样,米特贾母斯储蓄银行属政府国有,隶属于财政部,但银行拥有一定程度的自主运作权,这在当时已属不易。银行业务主要有储蓄、借贷、参与股权、直接投资、社会服务等,银行宗旨是动员当地小业主融资。

20 世纪 70—80 年代,伊斯兰世界出现了更多的银行和公司:1975 年的迪拜

---

① Aznan, Syed Jaafar, "The Role of Islamic Development Bank (IDB) in the Promotion of Intra-Regional-Trade Among OIC Countries", Paper Presented at the OIC Business Forum, Organized by the Asian Strategy and Leadership Institute (ASLI) in Conjunction with the 10th OIC Summit, 15 – 16 October, 2003, Putrajaya, Malaysia.

伊斯兰银行；1977年的科威特金融社；1978年沙特阿拉伯的拉吉希货币兑换和商业有限公司；1978年的约旦伊斯兰金融与投资银行；1979年巴林的伊斯兰银行、伊朗伊斯兰银行和卡塔尔的交流和投资公司；1980年埃及的国际投资与发展银行；1983年孟加拉的国际伊斯兰银行和苏丹的塔达蒙伊斯兰银行；1984年的沙特阿拉伯融资社和西苏丹伊斯兰银行，埃及、苏丹于1977年，土耳其于1985年出现了以已故的沙特阿拉伯费萨尔国王之名命名的银行。80年代早期出现了巴拉克集团：1982年苏丹的巴拉克银行和沙特阿拉伯的巴拉克投资与发展有限公司；1984年巴林的巴拉克伊斯兰投资银行和巴拉克土耳其金融社。此外，伊斯兰银行也进入欧洲：1977年巴哈马的伊斯兰投资公司；1978年卢森堡的伊斯兰银行系统；1980年英国的拉吉希伊斯兰投资公司；1981年瑞士的达鲁马里·伊斯兰；1983年丹麦的国际伊斯兰银行和英国的巴拉克国际PLC。

在伊斯兰金融活动中，马来西亚的模式较为成功。受中东地区伊斯兰银行运动的影响，以及马来西亚伊斯兰复兴运动的推动，马来西亚出现了伊斯兰银行。马来西亚政府为了表明自己的亲伊斯兰态度，在将伊斯兰原则引入政府管理、教育领域的同时，也将其纳入经济领域，建立伊斯兰银行势在必行。1981年7月30日，马来西亚政府成立国家伊斯兰银行指导委员会，研究开设伊斯兰银行的问题，并制定马来西亚伊斯兰银行的基本原则：(1)禁止里巴，分担利润和亏损；(2)伊斯兰银行的经营基础是伊斯兰原则，其经营活动不能与沙里亚法冲突；(3)伊斯兰银行不得与穆斯林社团的利益冲突，否则就等于滥用真主的财富。[①] 1983年，马来西亚制定《伊斯兰银行法案》。是年7月1日，马来西亚首家伊斯兰银行——马来西亚伊斯兰银行有限公司成立，其宗旨为："公司所有业务将依据伊斯兰原则、法规和实践运作"。它与一般银行的区别在于：伊斯兰银行不支付任何存款利息，取而代之的是银行与储户分享投资的利润，利润分成比例是7∶3；伊斯兰银行只经营合法的业务，不能与伊斯兰原则相冲突。伊斯兰银行初期业务比较简单，由多家机构投资，其中，马来西亚政府占30%的股份，其他投资者包括"朝觐管理和基金委员会"、各州伊斯兰委员会和帕克姆组织。

马来西亚伊斯兰银行为穆斯林提供了符合教义的服务，但它并非仅仅针对穆斯林，而是面向所有的马来西亚人。银行简便和多样化的融资和贷款方式也

---

① Mohammed Ariff, ed., *Islamic Banking in Southeast Asia*, Singapore: Institute of Southeast Asian Studies, 1988, p. 71.

受到非穆斯林的欢迎,尤其是当美元走势疲软时,购买伊斯兰银行发行的债券可获得较好的回报。马来西亚伊斯兰银行推出的房屋贷款也不同于普通银行,它先购买房产,再以该房产的溢出价出售给购房者,购买者每月只需偿还固定数额的贷款,而普通银行则是根据市场利率波动来决定还贷数额,因此,银行对非穆斯林也有较大的吸引力,调查表明,该银行的顾客中有70%是非穆斯林。①

单个的伊斯兰银行难以形成伊斯兰金融体系,伊斯兰金融体系的建立必须具备三个条件:一是拥有大量客户和服务项目;二是有各种类型的伊斯兰金融机构;三是具备伊斯兰内部金融市场。为了促进伊斯兰金融体系的形成,1989年,马来西亚政府出台了《银行和金融机构法案》,授权国家银行监管伊斯兰银行,国家银行允许现有银行机构开展伊斯兰银行业务,这一决定有效地加大了伊斯兰银行的数量,伊斯兰银行服务项目也大大增加,出现了40多种伊斯兰金融产品和服务项目,在很大程度上增强了伊斯兰银行的吸引力和活动。1994年,马来西亚伊斯兰内部金融市场正式建立。1999年10月1日,马来西亚第二家伊斯兰银行成立,加上其他金融机构、商业银行和招商银行,马来西亚伊斯兰金融体系形成。②

经过20多年的实践,马来西亚伊斯兰银行已自成体系。马来西亚是世界上第一个执行双重银行体系的国家。少数伊斯兰国家,如伊朗和巴基斯坦是单一的伊斯兰金融体系,大多伊斯兰国家则以普通银行为主,辅以零星的伊斯兰银行,只有马来西亚形成了完整的、系统的伊斯兰金融体系。马来西亚前总理马哈蒂尔对此十分自豪,2000年9月1日,他在美国芝加哥一次会议上指出:"我们实践了独特的伊斯兰银行体系,实行双重体系。这种成熟的伊斯兰银行体系与普通银行体系并行,每个人不论是穆斯林还是非穆斯林都能从伊斯兰银行的服务中获益,不论人们的信仰是什么,都能接受伊斯兰银行服务,这是令人赞赏的,它不会妨碍经济活动和发展。"③马来西亚的这种双重银行体系受到其他伊斯兰国家的重视,被视为伊斯兰国家金融体系未来发展的成功范式。

泰国的主体民族是泰族,穆斯林占总人口的4.6%,穆斯林多数是马来人。泰国50%以上的穆斯林集中在北大年、亚拉、那拉提瓦和沙敦南部四府,并在这

---

① 《回教(伊斯兰教)银行日渐受欢迎,大马成为全球焦点》,马来西亚《南洋商报》2003年11月13日。
② 范若兰:《伊斯兰教与东南亚现代化进程》,中国社会科学出版社2009年版,第307页。
③ Hashim Makaruddin, ed., *Islam and the Muslim Ummah*: *Selected Speeches of Dr. Mahathir Mohamad*, Subany Java: Pelanduk Publications (M)Sdn Bhd, 2000, p. 54.

些地区成为主体民族。① 伊斯兰银行建立前,非伊斯兰银行如泰京银行开设了伊斯兰窗口。其后泰国首都曼谷设立伊斯兰银行,又在泰国南部和北部建立分行。此外泰国南部的奥斯曼·本·阿凡金融协会也得以成功运营,该协会尤其迎合了泰国南部省份居人口多数的穆斯林的需要,协会的成功运行代表了泰国的伊斯兰银行在资本、收益、贡献、运作模式的多样性方面取得了一定的成功。

伊斯兰银行和金融机构的设立倚赖两大因素:首先,基层民众伊斯兰意识的增强。如若客户不信奉伊斯兰,就不大可能建立伊斯兰银行,也很难营造伊斯兰金融体系。如若没有客户愿以沙里亚法作为储蓄和投资方式,伊斯兰金融机构即便能成功推出,也会缺少持续发展和生存的因子。其次,富裕穆斯林以及政府的财政支持。伊斯兰银行和金融机构的资金来源主要有三个:第一,富裕的穆斯林尤其是阿拉伯穆斯林,相信伊斯兰银行系统取代利息银行的可行性,从而给予了雄厚的财力支持,例如达鲁马里·伊斯兰和巴拉克集团;第二,政府的财政支持,科威特金融社和马来西亚伊斯兰银行的设立即源于此;第三,广大普通民众的贡献也意义非凡,如约旦伊斯兰银行 98.7% 的资金为私人所有(1.3% 的资金属约旦住房银行),其持股人都不是大股东,也并非由典型的富裕石油国家建立。约旦伊斯兰银行的建立是即便没有政府或富裕发起人的支持,也可建立伊斯兰银行的一个很好的实例。

伊斯兰金融机构的建立直接或间接地鼓励了伊斯兰工商业的发展,伊斯兰工商业涉猎的活动非常广泛,产品覆盖纺织、家具、电子、建筑、医药、建材等。金融机构向愿意奉行伊斯兰法的企业提供资金支持,这些倾向于实施伊斯兰法的企业也吸引了乐意追随沙里亚法的穆斯林民众的资金。

四、部分伊斯兰国家经济体系的伊斯兰化尝试

1979 年,巴基斯坦政府宣称,根据齐亚·哈克总统的指示,国民经济体系的运作模式要转变为伊斯兰经济系统,从而将伊斯兰经济原则付诸实践。政府采

---

① 根据摩西·耶嘎尔提供的材料,泰国目前约 5000 万人口中,穆斯林人口约 200 万人,其中,泰南约集中了 150 万穆斯林。见 Moshe Yegar, *Between Integration and Sesession: The Muslim Communities of the Southern Philippines, Southern Thailand, and Western Burma/Myammar*, Lanham: Lexington Books, 2002, p.73. 沙敦的居民多数是穆斯林,在种族上也以马来人居多,但多数说泰语,只有 10% 左右的人自称是马来族人。

取各种举措实现伊斯兰化：运用伊斯兰税收体系；设立则卡特机构；从金融体系中取缔利息，代之以盈亏分担机制。1979年，政府对国家投资信托公司进行了改革，以盈亏分担机制取代利息，储户对此变更反应积极，国家投资信托公司的净销售额、股息、资本收益大幅增长。[①] 巴基斯坦投资公司也逐步进行了改革，该公司成立于1966年，是一家用于发展资本市场，扩大股权投资的投资公司。同样地，这种转变也因业绩的突飞猛进赢得了成功。1979年，一家新的投资机构——银行证券有限公司成立，旨在向大中私营企业提供盈亏共担模式的融资。1980年，颁布了《穆哈拉巴条例》，银行修正法案允许开启盈亏分担账户以取代利息账户。

第二节　20世纪中后期的伊斯兰经济议题

一、第一届国际伊斯兰经济会议

1976年2月21—26日，沙特阿拉伯吉达的阿卜杜拉·阿齐兹国王大学主持了第一届国际伊斯兰经济会议，约200名伊斯兰经济学家和乌里玛参加了讨论。会议提交的论文范围广泛，涉及伊斯兰经济的概念和方法论；伊斯兰经济的生产和消费；伊斯兰经济中的国家角色；沙里亚法框架下的保险；无息银行；则卡特、税收和财政政策；伊斯兰视域中的经济发展；伊斯兰国家的经济合作；公共利益和公正的价格；当代伊斯兰经济文献；将伊斯兰经济的讲授引入大学的可行性研究、出现的问题、解决办法和补救措施。

乌里玛的参会为教职人员与非教职人员的对话提供了机会，有助于缩小热衷于现代化的学者与视自己为信仰守护者的教职人员之间的隔阂。会议用语是阿拉伯语和英语，提交的论文也用这两种语言写就，会议论文经修订出版了两卷，一卷为英语文集，另一卷为阿拉伯语文集。会议建议在阿卜杜拉·阿齐兹国王大学成立国际伊斯兰经济研究中心，几个月后遂愿。

---

① Shahab, H.V.(ed.), *Interest Free Banking: Introduction and Operation in Pakistan*, Asian Secretarial International, Association of Islamic Banks, Karachi, 1982, p.211.

二、国际伊斯兰经济研究中心

为提升伊斯兰经济研究水准,沙特阿拉伯的丹莱·巴拉克融资集团和阿卜杜拉·阿齐兹国王大学慷慨解囊,在阿卜杜拉·阿齐兹国王大学成立了国际伊斯兰经济研究中心。该中心致力于伊斯兰经济各领域的理论和应用研究,创作、发行、翻译伊斯兰经济学教材,组织讲座和研讨,出版专业期刊、专题论文和系列专著,组织国内和国际研讨会,提供学者交流项目,为穆斯林经济机构开展培训,为年轻的伊斯兰经济学家开展博士、博士后研究提供奖学金,提升各大学和机构在伊斯兰经济研究领域的合作。

三、伊斯兰研究和培训机构

伊斯兰发展银行建立时,规定要为成员国投身于经济发展的人员提供培训,承担研究项目,使伊斯兰国家的经济活动符合沙里亚法。为落实这一条款,1979年,伊斯兰发展银行理事会通过一项决议——为了成员国利益建立从事研究和培训的机构。1981年,在沙特阿拉伯的吉达成立伊斯兰研究和培训机构,1983年运转。其宗旨为:在经济领域实施沙里亚法,组织基础和应用研究;为伊斯兰经济专业人才提供培训;培训伊斯兰发展银行成员国投身于发展事业的人员;建立信息中心,收集、传播这一领域的相关信息;承担任何能推进其目的的活动。

伊斯兰研究和培训机构成就丰硕,有其自己的出版成果和学术期刊,研究质量较高。其培训项目延及穆斯林成员国,以及非洲、亚洲、中东地区穆斯林占多数的国家。不似国际伊斯兰经济研究中心,伊斯兰研究和培训机构并非教学机构,并不颁发学位,它更关注研究和专业培训,其信息中心为成员国提供各种工业、银行、金融领域有价值的信息,并组织研讨会、嘉宾演讲、资深研究员和教授的访学项目、重要著作的翻译、与其他研究中心和大学建立联系、为伊斯兰大学和西方大学的伊斯兰经济研究提供资金支持。

四、国际伊斯兰思想研究所

国际伊斯兰思想研究所1981年成立于美国,旨在让穆斯林知识分子重构人文社会科学领域的当代伊斯兰思想，帮助重建伊斯兰在当今社会的重要地位。建立这一机构的构思最早出现于 1977 年在瑞士举办的国际研讨会，约有 30 位伊斯兰学者讨论了伊斯兰社会的危机以及引领伊斯兰迈入 21 世纪的途径，认为有必要建立国际伊斯兰思想机构，为穆斯林继承丰富的宗教资源提供有深度的帮助。机构成立一年后，承担的首项重要工作就是在巴基斯坦的伊斯兰堡国际伊斯兰大学组织了关于"知识伊斯兰化"的国际会议，由位于美国弗吉尼亚州的总部发起。国际伊斯兰思想研究所组织研讨会，出版有价值的研究成果与教科书，为研究者提供资金支持。研究成果用英语和阿拉伯语出版，涉及知识的伊斯兰化、文化的伊斯兰化、当代伊斯兰思想、伊斯兰方法论、学术研究和论文、大众和嘉宾演讲、工具辞典、术语、伊斯兰遗产和伊斯兰历史、改革运动。国际伊斯兰思想研究所提供的有价值的伊斯兰研究成果，为东方的穆斯林与西方基督教的联系架起了国际桥梁。

五、伊斯兰基金会

伊斯兰基金会 1973 年成立于英国的莱切斯特，主要从事教育、研究、出版活动，从而为伊斯兰与非伊斯兰世界，尤其是英国架起沟通的桥梁。伊斯兰基金会的图书馆藏书丰富，从事的教学和培训项目也卓有成效。

六、马来西亚国际伊斯兰大学

1983 年，马来西亚国际伊斯兰大学成立，意在成为国际出色的教育中心，整合所有学科中伊斯兰的价值理念，保护伊斯兰世界在所有知识领域中的领导角色。马来西亚国际伊斯兰大学受 8 个赞助国和伊斯兰会议组织理事会的指导，与伊斯兰大学联盟、国际大学协会和英联邦大学协会等机构都建有联系。

截至 2020 年，马来西亚国际伊斯兰大学本部拥有 15 000 名学生和 3 000 名教职员工，很多师生是来自约 100 个国家的外籍人士，这与 1983 年它初创时只有住在临时宿舍的 153 名学生以及少数讲师和管理者的寒微相去甚远。更重要的是，马来西亚国际伊斯兰大学致力于复兴和重构伊斯兰学习的概念和传统，将求知作为一种崇拜真主和敬畏神圣的《古兰经》的行为。灌输伊斯兰的道德和精神价值，实现伊斯兰化和国际化，进而取得全面提升。

马来西亚国际伊斯兰大学的教学方案注重提升技能和学术造诣，其设计符合学校宗旨，即必须追求知识并传播知识，要充分认识到它是真主对人类的一种信任。大学强调伊斯兰知识的灌输，将真主是绝对的创造者和人类的主人这一认识作为知识层次结构的顶点，主张知识的发展要符合真主创造宇宙的目的；真主的仆人和代治者应使用知识；求知是一种崇拜行为。

马来西亚国际伊斯兰大学是当今伊斯兰世界最知名的教育机构之一，学校不遗余力，力求在所有学科上提供最好的高等教育，拥有的先进设备也引起了伊斯兰世界的瞩目。

七、巴基斯坦国际伊斯兰大学

巴基斯坦国际伊斯兰大学创建于1980年11月11日，即希吉拉历1401年的第一天，建于新世纪之初象征着穆斯林寻求伊斯兰复兴的期许与希望。学校旨在培养富有伊斯兰知识和理念的有个性的学者和从业者，以满足伊斯兰世界的经济、政治、科技、文化所需。1985年颁布条例，重组为"国际伊斯兰大学"。大学曾经位于气势辉煌的费萨尔清真寺，清真寺占地约19万平方米，能同时容纳约20万人，由土耳其著名的建筑师设计，费萨尔·本·阿卜杜·阿齐兹国王捐赠给了学校。

巴基斯坦国际伊斯兰大学自成立后，先后开设了六个系：教法系、法律系、阿拉伯语系、宗教原理系（研究伊斯兰文化和宗教比较学）、英语系、经济系；内设语言学院、国际经济学院、伊斯兰文化研究所、宣教研究院。同时学校还开设了各个学科的女子部。学校的教师既有巴基斯坦学者，也有聘自阿拉伯国家的专家，大学使用英语、阿拉伯语授课。大学为了适应社会的快速发展，尤其是"9·11"事件以后，伊斯兰世界所面临的问题越来越多，处理国际间的错综复杂的伊斯兰事务急需一大批综合型穆斯林专业人才。在这种情况下，大学又新开设了语言文学系、国际关系系、社会学系、行政管理系、应用科学系、教育系、新闻系、计算机系。

巴基斯坦国际伊斯兰大学自建校起，就确立了坚定的办学方针：遵循《古兰经》、圣训的教诲，以伊斯兰教的伦理道德和传统美德为标尺，瞄准世界一流的教学水准。该校的办学宗旨是培养具有较高宗教学识、宗教操守和掌握现代科学文化知识的专业人员和伊斯兰学者，宣传伊斯兰教学理，开展对各伊斯兰国家历史与现状的研究,加强同世界各伊斯兰组织、团体和大学间的学术文化交流与联系,为伊斯兰社会和个人提供高层次、全面发展的机会和场所,向世界伊斯兰组织输送高层次、高水平的专业人才。大学的教学目标为:(1)为全体教职工和学生提供一个较完善的伊斯兰文化氛围,培养正确的伊斯兰人生观;(2)通过教学、研究和培训等手段,鼓励和促进对社会科学、自然科学、经济、文化、科技知识的发展和应用,从而提高世界穆斯林的整体素质;(3)不定期组织伊斯兰学者聚会,研讨伊斯兰真谛,引导人们以伊斯兰教的真理认识世界;(4)开设科学、合理的课程,并不断开展一些学术活动,培养学生树立伊斯兰正信,努力用现代知识武装自己,使他们成为优秀的伊斯兰学者,迎接新世纪的挑战。

第三节　20世纪下半叶伊斯兰经济思想的发展

20世纪下半叶,大量的伊斯兰经济研究论述对伊斯兰经济思想产生了冲击。萨迪格列举了约700篇关于伊斯兰经济论述的标题,大部分写于20世纪50年代早期至70年代后期。列举的论文主题广泛,包括伊斯兰经济哲学(80个标题)、伊斯兰经济体系(418个标题)、当代伊斯兰经济批判(100多个标题)、伊斯兰框架下的经济分析(约50个标题)、伊斯兰经济思想史(40个标题)、书目。出版较早的是研究伊斯兰银行并将其介绍到欧洲的先驱阿提亚著写的《伊斯兰经济研究指南》(1974年)、1973年汗著写的《当代伊斯兰经济思想注释书目》《伊斯兰经济词汇》《伊斯兰经济:用英语和乌尔都语注明来源》(1983年出版了第1卷,1991年出版了第2卷)。土耳其的伊斯兰经济文献也很丰富,在"当代土耳其伊斯兰经济文献"中,栽姆罗列了20世纪50年代至70年代后期土耳其学者的200余篇伊斯兰经济文献。

一、影响伊斯兰经济研究的因素

第一届国际伊斯兰经济会议的召开使得伊斯兰经济议题受到了广泛的关注。除却篇幅较为冗长的研究论文与专著,论文主要刊登在宗教期刊及普通社会科学文献上,正如汗在《伊斯兰经济:用英语和乌尔都语注明来源》中所阐述的,"大部分伊斯兰经济文献散见于不同性质的期刊上,可以在出于一般性爱好和纯学术研究的宗教期刊上看到它们……伊斯兰经济并未在任何单独具体的标题下分类"。① 当时的伊斯兰经济研究鲜有具备严谨分析或源自一手资料的精深著作。在经济学以及沙里亚法研究的投射下,有些时候,伊斯兰经济学指向"伊斯兰的方法",有时候又是"伊斯兰经济体系",更多时候被视为"从伊斯兰视域"关注经济问题,还未形成有自身优点的独立学科。可能需要 20 多年的时间,伊斯兰经济才能成为独立的研究领域。②

20 世纪下半叶,频繁的宗教团体活动都意在动员穆斯林回归伊斯兰价值和信念,并以此作为当代穆斯林的社会生活方式,以对抗世俗化模式。1928 年,哈桑·班纳(1906—1949)在埃及发起的穆斯林兄弟会、1941 年赛义德·艾布·艾阿俩·毛杜迪成立的伊斯兰促进会,竖起了动员民众复兴伊斯兰的旗帜,成为当时社会复兴思潮的典范。伊斯兰经济是具有挑战性的领域,无论从事伊斯兰经济研究的学者是否隶属于此类宗教团体,这些协会号召回归伊斯兰传统,呼吁以伊斯兰作为现代社会的生活方式,激发了伊斯兰经济的变革要求以及对伊斯兰经济的研究,产生了大量的伊斯兰经济著作,作者及其学术特征都很雷同,研究者主要是:(1)研究伊斯兰教的学者;(2)宗教学者,如沙里亚法学家;(3)在国内外接受过西方经济学训练的经济学家;(4)受伊斯兰宗教情感驱动,或学术兴趣使然而从事研究者。这些学者坚持主张伊斯兰还能在 20 世纪发挥作用,具备适应现代社会新变化的因子,有能力作为培植经济发展、政府运作和国家重建的载体,使伊斯兰社会免于世俗化冲击,回归纯洁的伊斯兰实践,这也是伊斯兰复兴运动的主要目标。

二、赞助机构和组织

(一)埃及的艾资哈尔大学

20 世纪早期,在研究伊斯兰经济的学术机构中,艾资哈尔大学脱颖而出。艾资哈尔大学作为伊斯兰社会,亦是世界上最古老的大学之一,对伊斯兰研究给

---

① Khan, Muhammad Akram, *Islamic Economics: Annotated Sources in English and Urdu*, Vols.2, The Islamic Foundation, 1983, 1991, p. 200.
② Ahmed EL-Ashker and Rodney Wilson, *Islamic Economics a Short History*, Leiden · Boston, 2006, p. 350.

予特别关照,培养了一大批从事经济科学研究的高素质人才,对伊斯兰经济研究做出了突出贡献。1964年,学校下设的伊斯兰研究院举办第一届年度会议,开展了伊斯兰专题研究,学院还支持出版会议记录以及个人研究。萨迪格在其当代伊斯兰经济文献的概览中列举了一些伊斯兰研究院用阿拉伯语出版的文献:阿里·凯斐夫的《个人财产及伊斯兰对它的限制》(1964年第一次会议论文,第128页);哈桑·阿卜杜·拉赫曼·哈桑·阿卜杜勒·拉赫曼的《伊斯兰中的财政资源》(1964年第一次会议论文,第64页);胡赛尼·伊沙克·穆萨的《伊斯兰中的希斯拜》(1964年第一次会议论文,第255—277页);阿拉比·穆罕默德·阿卜杜拉的《财产增长的途径》(1965年第二次会议论文,第124—136页)以及《当代银行交易和伊斯兰的看法》(第79—122页);穆罕默德·艾布·祖呼勒的《则卡特》(1965年的第二次会议论文,第137—201页);《经济和法律话语》(1973年第七次会议论文,第410页);易卜拉欣·达苏基·沙哈维的《希斯拜:一种社会功能》(1973年第七次会议论文,第64页);塔哈维·易卜拉欣的《伊斯兰经济:一种思想流派和体系的比较研究》(1974年第二卷第400页、第616页)。[1]

(二) 埃及的高级阿拉伯研究院

埃及的高级阿拉伯研究院由埃及政府设立。该院的穆罕默德·优素福·穆萨用阿拉伯语探讨了《伊斯兰的继承和遗赠——阿拉伯人和罗马人继承权简介》。此外,埃及的艺术与文学高级理事会作为一家政府机构,举办了关于伊斯兰保险的国际研讨会,研究成果用阿拉伯语出版,冠名为《伊斯兰法理学及伊本·泰米叶纪念活动》。

(三) 沙特阿拉伯的伊斯兰世界联盟

伊斯兰世界联盟,亦称穆斯林世界联盟,系现代伊斯兰教国际性组织。它是一个非政府性的国际泛伊斯兰组织,在联合国享有非政府性咨询机构的地位。

1966年,新加坡的穆罕默德·阿卜杜拉·阿拉比的《伊斯兰社会结构中的经济》、艾哈迈德·扎基·亚马尼的《伊斯兰中的社会公正》、马哈茂德·穆罕默德·巴布里的《伊斯兰经济特征》,均受到了伊斯兰世界联盟的赞助。

---

[1] Siddiqi, Muhammad, N., "Muslim Economic Thinking: A Survey of Contemporary Literature", in Khurshid Ahmad (ed.), *Studies in Islamic Economics*, Islamic Foundation, 1980, p. 161.

第八章　20世纪中后期的伊斯兰复兴与伊斯兰经济思想

（四）科威特的伊斯兰学生协会

科威特的伊斯兰学生协会在出版伊斯兰经济著述方面很有作为。1972年，协会下设的文化与宗教委员会联合开罗大学工程学院以委员会名义作了一项题为"伊斯兰中的财产与所有权"的研究。[①] 开罗大学的前身福阿德一世大学[②]商学院伊斯兰研究学会在协会的赞助下也作了《伊斯兰视域中的经济》（1951年，第114页）的研究报告。1951年，开罗大学产生了一部伊斯兰经济专著。

（五）美国和加拿大的伊斯兰学生协会

美国和加拿大的伊斯兰学生协会后更名伊斯兰社会科学家协会，在研究和出版方面颇为活跃，如卡哈夫·孟齐尔的《伊斯兰经济中的家庭决策模型》（1974年，第19—28页）。1973年还有一次高层次的研讨会，主题为"当代伊斯兰经济问题及社会思想"，论文有阿卜杜·哈米德·艾哈迈德·艾布·苏莱曼的《伊斯兰经济理论：经济中的信仰、情谊、哲学、概念、建议》等。

（六）各类宗教协会

各类宗教协会通过演讲、清真寺学校、每周五的聚礼扩大其影响。六日战争中的军事失利、伊斯兰社会发展遭遇的阻滞，使得宗教团体要求回归伊斯兰理念的呼吁更富有说服力。

三、专业出版社

无论是一般性的伊斯兰研究，还是具体的伊斯兰经济研究，伊斯兰世界都有专业出版社。它们基于虔诚的宗教热忱，当然也有利润考量，承担出版任务，如开罗的阿拉伯思想出版社和阿拉伯出版社以及阿拉伯复兴出版社、黎巴嫩书社、拉合尔的谢赫·穆罕默德·艾什拉夫等，均为伊斯兰经济著作的出版做出了贡献。

[①] Siddiqi, Muhammad, N., "Muslim Economic Thinking: A Survey of Contemporary Literature", in Khurshid Ahmad (ed.), *Studies in Islamic Economics*, Islamic Foundation, 1980, p. 161.

[②] 开罗大学1952年革命前的旧称。

四、主要的经济议题

大部分伊斯兰国家的政府都倾向于以世俗化作为社会发展模式,学术界在顺迎政府的主导思想的前提下,热切关注则卡特与里巴。20世纪中叶,这两个议题比其他议题占有更多的篇幅,因为它们代表了伊斯兰要求公正和团结这两个基本的价值观。20世纪70年代以后,伊斯兰经济研究的领域有所拓展。如今,研究议题几乎囊括了西方经济学的所有内涵,涉及则卡特和税收,里巴,无息银行,货币政策、财政政策、资源分配,伊斯兰经济理论,伦理和经济,消费行为,保险,伊斯兰国家间的经济合作、经济发展、经济研究文献等。

(一)则卡特与税收

20世纪70年代后期至80年代早期,伊斯兰社会保障问题引起了伊斯兰学者的关注,如范格里的《伊斯兰和社会保障:则卡特作为取得伊斯兰社会团结的工具的一项全面简洁的研究》,70年代出版,90年代早期第三次再版。范格里主要阐明则卡特作为一种组织和政策工具,意在取得伊斯兰社会保障,他区别了社会保险、社会团结和社会保障,强调国家角色,阐明社会保险虽是国家组织的一种系统,但个体要支付保险费,而社会团结是个体间互助并采取集体组织形式的自愿安排,国家角色在后者中远远小于前者,社会保障则包含国家对公民的财政义务,向有需要的人提供帮助,且不期望回报。范格里认为,国家的社会保障义务在《古兰经》和圣训关于则卡特的规定中都有明晰阐述,依此,如果政府不能提供社会保障系统,就可视政府为非伊斯兰性质。范格里进一步明确,伊斯兰提供了两种系统:人们向有需要的人提供帮助,形成社会团结;国家有义务以《古兰经》和圣训规定的方式建立则卡特制度,从而建立社会保障系统。

范格里系艾资哈尔大学的学者,身兼埃及立法委员会的高职,其观点反映了他作为世界著名学府杰出学者和政要的看法。其建议有两点尤显重要:在伊斯兰政府内阁建立则卡特秘书部,举办关于则卡特的国际会议。或许是受他的主张的感染,不少伊斯兰政府建立了则卡特部,也出现了关于则卡特的国际会议组织,1984年,科威特率先建立了则卡特院。

关于则卡特的著作还有艾布·苏欧德的《当代则卡特》,由专业出版社——则卡特研究基金会几乎同时用阿拉伯语和英语在美国出版。用两种语言出版是基于英语的读者量很大,如作者在前言中所言:"讲非阿拉伯语的穆斯林几乎是讲阿拉伯语的穆斯林的十倍。"[①]艾布·苏欧德表明,他之所以写这本书,是因为在伊斯兰这一基石上存在很多的含糊性,而且各种伊斯兰学派的观点相互矛盾。[②]这与20年前格尔达维著写《则卡特的法理》的缘由似有雷同。按照艾布·苏欧德所言,虽然格尔达维的作品对他有重要的参考价值,但他有自己的见解和与格尔达维的观点有不相一致的地方。艾布·苏欧德不止一次地反驳传统和当代法学家的观点,"我们不同意古代法学家设立的传统,以及格尔达维和当代许多法学家的观点"。[③]综观全书,艾布·苏欧德在解释了四大哈里发、传统和当代法学家的观点,得出自己的结论之前,总会说到"我们可以不依循这个""我们持强烈的保留意见"或者"我们强烈反对"。

艾布·苏欧德的热忱是毋庸置疑的,《当代则卡特》是对则卡特这一主题有价值的补充。格尔达维与艾布·苏欧德的出发点相同,都是探讨中世纪早期伊斯兰世界不曾存在,即便存在,其规模与程度也不似现今的重要议题,两者在如何更好地运作这些问题方面给出的建议、观点多有所区别,但两人都意识到则卡特是一种社会、经济、宗教组织,其讨论的初衷是想找到最适宜的应用方式。

1984年,科威特则卡特院举办了第一次国际则卡特会议。两年后,沙特阿拉伯财政和国家经济部下设的则卡特和所得税司在利雅得举办了第二次会议。1990年,根据该会议的提案,由马来西亚伊斯兰中心、沙特阿拉伯的则卡特和所得税司、科威特则卡特院、科威特则卡特国际伊斯兰委员会、伊斯兰研究和培训中心联合发起,在吉隆坡举办了第三次会议,会议关注则卡特的实施、管理、如何与沙里亚法相一致等问题,关注的焦点更为务实。会议旨在实现三个主要目标:(1)在伊斯兰会议组织成员国中宣传与则卡特管理有关的信息、知识和经验;(2)帮助成员国将则卡特纳入财政系统,克服实践中的最初困难;(3)进一步理解多种则卡特机构的经济意义。[④] 会议论文主题涉及巴林、埃及、伊拉克、约旦、科威特、利比亚、沙特阿拉伯、苏丹、也门、伊朗、孟加拉、巴基斯坦、马来西亚的则卡特的应用,这对那些力图通过立法形式制定则卡特法、汲取他国则卡特实践经验的国家不无裨益。部分伊斯兰国家未将则卡特纳入财政系统有两个原因:其

---

①②③ Abu-Saud, M., *Contemporary Zakat*, Zakat and Research Foundation, USA, 1988.
④ Abdullah, Ahmad Ali, "Zakatable Funds of the State and Modes of Their Collection", in Ahmed A. F. El-Ashker and Muhammad Sirajul Haq (eds.), *Institutional Framework of Zakah: Dimension and Implicatiion*, Islamci Research and Training Institute, Islamic Development Bank, 1995, p. 99.

一,政府体制内沙里亚法长时期的缺失;其二,认为要实现现代化,伊斯兰经济体系应让位于世俗化。第三届国际则卡特会议关注的议题与这两点有关,因此尤具现实意义。

埃及的福阿德·奥马尔关于埃及则卡特的管理强调了两点:第一,只要实施则卡特,就会对则卡特的管理提出巨大挑战;第二,则卡特的运作模式要将管理成本降至最低。他建议为则卡特收入创造新的渠道,以消除贫困、劝阻行乞。①

穆罕默德·阿克拉姆·汗谈到巴基斯坦的则卡特,关注到可能高达几十亿卢比的闲散资金的管理问题,比较了巴基斯坦和科威特的则卡特管理,二者的相似性主要是两国约在同时(巴基斯坦与科威特分别于 1980 年和 1982 年)将则卡特纳入财政体系,区别在于两国的经济和政治气候区别非常大,这是则卡特在像科威特这样的富裕石油国家与像巴基斯坦这样的贫穷国家应用的比较个案研究。可以想象的是,国家的地理结构影响到了管理的规模和方式,财富水平影响到了征集方式的选择。穆罕默德·阿克拉姆·汗发现巴基斯坦的则卡特管理由中央、省、区、县、乡村五级部门完成,科威特则是大量集中。巴基斯坦的则卡特收集是义务性的,科威特则是自愿的。②

苏丹也出现了关于则卡特的个案研究。萨沃瑞指出,马赫迪时代,则卡特的实施被纳入国家的伊斯兰化进程当中,20 世纪后期,苏丹用了 5 年的时间落实则卡特系统:1980 年成立则卡特基金的自愿阶段;1984 年通过"则卡特和税收法案"后的义务阶段。苏丹的则卡特依靠三个层次实现控制:沙里亚法控制,财政控制,管理控制。萨沃瑞强调为则卡特工作人员提供适当培训以及保证有充裕的工作人手的必要性。阿卜杜拉在其苏丹的则卡特研究中强调了公开则卡特支出的重要性,认为则卡特的支出应真真切切地符合沙里亚法,以便于则卡特的缴纳者明确知晓则卡特的支出,否则一直会在对现有财富的则卡特评估与则卡特部门的实际征收之间存在差距。③ 则卡特管理的第二个主题为是否义务缴纳

---

① Al-Omar, Fouad Abdullah, "General Administrative and Organisational Aspects of Zakah", in Ahmed A. F. El-Ashker and Muhammad Sirajul Haq (eds.), *Institutional Framework of Zakah: Dimension and Implications*, Islamic Research and Training Institute, Islamic Development Bank, 1995, p. 98.

② Khan, Legal, Adminstrative and Financial Control of Zakah, in Ahmed A. F. El-Ashker and Muhammad Sirajul Haq (eds.), *Institutional Framework of Zakah: Dimension and Implicatiions*, Islamic Research and Training Institute, Islamic Development Bank, 1995, p. 101.

③ Abdullah, Ahmad Ali, "Zakatable Funds of the State and Modes of their Collection", in Ahmed A. F. El-Ashker and Muhammad Sirajul Haq (eds.), *Institutional Framework of Zakah: Dimension and Implicatiion*, Islamci Research and Training Institute, Islamic Development Bank, 1995, p. 108.

则卡特。阿卜丁·萨拉马调查了苏丹则卡特的征收从非义务向义务转变产生的影响，相较于采取强制手段之前的收益，则卡特成为义务之后的收益大幅增加，但管理成本也特别高。采取义务手段之前的低收入似乎并非是苏丹人缺失宗教动力所致，更多的是则卡特缴纳者对政府管理部门是否会按照沙里亚法使用则卡特持不信任态度，即似乎怀疑政府管理部门并未将则卡特与其他税收区隔开来，将则卡特用于一般性的财政项目，而与则卡特受益人的需要无关。因之，萨拉马强调将则卡特部门与其他税务部门区别开来。

将则卡特的缴纳规定为一种义务如何或多大程度上影响到了则卡特的自愿支付，引起了伊斯兰宏观经济研究者的关注，研究表明，二者并未有必然的因果联系。在一项巴基斯坦则卡特的实证研究中，法伊兹·穆罕默德得出了重要结论：（1）相较于来自政府则卡特管理部门的资助，需要帮助的人、慈善组织更需要来自非官方的则卡特；（2）将则卡特的缴纳作为义务性规定之后，人们自愿支付则卡特的热忱并未消退；（3）则卡特的自愿支付依赖于许多社会经济和宗教因素。[1]

20世纪末，对则卡特的探讨扩展到了财政政策框架下和资源的公正分配范畴，1978年在麦加和1981年在伊斯兰堡举办了"伊斯兰中的货币和财政经济"研讨会，则卡特是一个重要主题。麦加研讨会关注一些重要的经济理论问题，伊斯兰堡研讨会则聚焦伊斯兰银行的一些经验。研究者在探讨伊斯兰国家财政政策时都会讨论则卡特。[2]

伊斯兰的各议题都提到则卡特，则卡特是个多维主题，其重要性在于：作为崇拜真主的表征之一，它是伊斯兰的第三大功修；具有经济和财政意义，对社会的许多方面都有重要的影响。因之，则卡特成为伊斯兰经济研究中讨论最多的主题之一也就不足为奇了。

（二）伊斯兰银行

伊斯兰银行是出现于20世纪中叶的一个新概念，1969年，伊斯兰经济学家

---

[1] Muhammad, Faiz, "Relationship between Obligatory Official Zakah Collection and Voluntary Zakah Collection by Charitable Organisations", in Ahmed A. F. El-Ashker and Muhammad Sirajul Haq (eds.), *Institutional Framework of Zakah: Diemnsions and Implications*, Islamic Research and Training Institute (IRTI), Islamic Development Bank (IDB), 1995, p. 56.

[2] Khan, Muhammad Akram, *Islamic Economics: Annotated Sources in English and Urdu*, Vols.2, The Islamic Foundation, 1983, p. 208.

第一次用乌尔都语、1973年用英语出版了《无息银行》。辛迪格从伊斯兰的视域讨论了银行的运营，提供了在他之前探讨过无息银行的作者信息，并对无息银行作了进一步的分析和更多的技术讨论，澄清了一般原则。[1] 1973年，辛迪格邀请伊斯兰经济学家就这一主题作了进一步讨论。迄今为止，关于伊斯兰银行，已经有乌尔都语、英语、阿拉伯语的研究成果。乌尔都语方面，有1969年的赛义德·艾布·艾阿俩·毛杜迪的《里巴》、1964年艾哈迈德·伊尔哈德的《无息银行》等。英语方面，有1946年出版的安瓦尔·伊克巴尔·库雷希的《伊斯兰和利息理论》、1955年穆罕默德·欧宰尔的《无息银行概述》、1979年阿夫祖勒·拉赫曼的《伊斯兰中的银行和保险》等。阿拉伯语方面，有穆罕默德·艾布·沙特的《建立伊斯兰银行是可能的吗?》、1965年穆罕默德·阿卜杜拉·阿拉比的《当代银行》、1974年伊萨·阿卜杜的《无息银行》等。这些作者一致认为，尽管有难度，只要国家银行法允许，伊斯兰银行还是能在盈亏共担基础上运作。银行可与储户签订合作协议，储户若不愿投资也可只做储蓄。

　　早期关于伊斯兰银行的写作来自学者和银行工作人员。为反映1963年在埃及建立和运作伊斯兰银行的经验，纳贾尔介绍了在上埃及的米特贾姆斯村庄建立米特贾姆斯银行的情况，该银行成功运营了10年左右，直至政府介入，将银行纳入政府的监管之下。接管米特贾姆斯银行的纳赛尔社会银行的特殊之处在于征集和分配则卡特，为有需要的人提供善债。

　　对伊斯兰银行这一主题的写作出现20年左右后，有关伊斯兰银行的文献出现不同的侧重点，虽然阐述重点不同，研究水准有异，但伊斯兰经济学家一致赞同伊斯兰银行的运作应建立在盈亏共担而非利息基础之上。阿里夫对20世纪60年代中叶至80年代后期伊斯兰银行研究成果的回顾引起了广泛关注。20世纪末，伊斯兰银行理论渐趋成熟，但实证研究非常有限，孟加拉国、埃及、马来西亚、巴基斯坦、苏丹出现了少许个案研究，从这些实证研究可以明显看出不同国家应用盈亏共担模式的相似性和不同点，如孟加拉国的伊斯兰银行提供了盈亏共担存款账户、PLS特别通知存款账户、PLS定期存款账户，马来西亚伊斯兰银行则开通了两种投资存款，一种针对一般民众，另一种针对组织机构。此外，利润分配比率和支付方式也不尽相同，马来西亚按月发放利润，埃及按季发放，孟

---

[1] Siddiqi, Muhammad, N., *Banking Without Interest*, Islamic Publication Limited, Lahore, 1973, p. 121.

加拉国和巴基斯坦每半年发放一次,苏丹一年发放一次。业务技术方面,除了伦敦银行同业拆借利率,伊斯兰银行对利润的计量没有统一标尺,为解决这一问题,伊斯兰银行需要建立盈利指数并将其应用到穆拉巴哈和其他投资业务中。

(三)货币和财政政策与伊斯兰的资源分配

伊斯兰银行建立后不久,货币政策引起了伊斯兰经济学家的关注。伊斯兰学者在如何或应当采取什么样的伊斯兰政策方面存有分歧,但有一个普遍的共识,即伊斯兰国家的财政政策应当基于伊斯兰价值理念,应有别于其他非伊斯兰的模式,它不能是价值中立的。[1]

讨论伊斯兰税收政策时,学者意见出现了分歧。卡哈夫认为,除了则卡特和作为国防目的的税收,伊斯兰国家不应有其他财政税收。[2] 卡哈夫引用早期法学家的观点,认为应该限制国家在征税或财政管理方面的权利,反对将税收作为收入再分配的工具。卡哈夫的观点并不为其他学者所赞同,他们认为伊斯兰国家在税收方面应该扮演更为积极的角色,除则卡特外,还应征收其他税种,并运用政策取得伊斯兰社会的预期目标,构建更为均平的社会经济秩序、加快经济增长、保持货币稳定。[3]

迈特瓦里关于伊斯兰财政政策的观点新颖独到,他强调利用财政政策取得货币市场稳定与平衡的重要性,无息政策有助于实现这一目标。伊斯兰国家可以征收"收入与闲置资产税",其税率可作变更,通过利用闲置资金刺激投资。[4] 有学者认为,这一观点看似正确,但实践中可能会产生副作用,例如增加了消费而非储蓄。此外,它有可能会对现金重复征税:一次是则卡特,另一次是

---

[1] Ahmed, Ziauddin, Munawar Iqbal and M. Fahim Khan (eds.), *Fiscal Policy and Resource Allocation in Islam*, Institute of Policy Studies, and International Centre for Research in Islamic Economics, 1983.

[2] Kahf, Monzer, "Taxation Policy in an Islamic Economy", in Ahmed, Ziauddin, Munawar Iqbal and M. Fahim Khan (eds.), *Fiscal Policy and Resource Allocation in Islam*, Institute of Policy Studies, and International Centre for Research in Islamic Economics, 1983, p. 369.

[3] Ahmed, Ziauddin, Munawar Iqbal and M. Fahim Khan (eds.), *Fiscal Policy and Resource Allocation in Islam*, Institute of Policy Studies, and International Centre for Research in Islamic Economics, 1983, p. 218.

[4] Metwally, M. M., "Fiscal Policy in an Islamic Economy", in Ahmed, Ziauddin, Munawar Iqbal and M. Fahim Khan (eds.), *Fiscal Policy and Resource Allocation in Islam*, Institute of Policy Studies, and International Centre for Research in Islamic Economics, 1983, p. 98.

迈特瓦里所说的收入与闲置资产税，这在沙里亚法中是不允许的。[①]

艾哈迈德、齐西丁、穆纳瓦尔·伊克巴尔和穆罕默德·法希姆·汗认为，伊斯兰国家货币政策还需确定三个主要目标：货币价值的稳定；通过充分就业与经济增长保证社会福利；提升分配的公正。[②] 贾尔希则强调维护货币价值是伊斯兰中央银行的义务。查卜拉的《迈向一个公正的货币系统》对伊斯兰财政和货币政策的技术和运作机制作了全面的解释，他认为，伊斯兰的货币政策应优先关注货币价值的稳定，他在完全赞同伊斯兰货币政策的目标之一就是取得经济增长和充分就业的同时，反对将经济增长的最大化视为伊斯兰财政政策的总体目标。他认为，不应仅仅为了产量最大化就去生产不需要的和有违道德的商品，这是对真主赐予的自然资源的一种滥用。而且，要在用于当前消费的生产与用于今后消费的生产之间保持平衡。[③]

大多数伊斯兰经济学家认为，应当积极利用货币政策以提升伊斯兰经济的分配公正，但阿里夫认为，在货币政策的制定和实施中，过多关注分配公正会对全面达到货币政策其他目标的效益产生不利影响，阿里夫申明，其观点并非说分配公正不重要，恰恰相反，他赞成其他学者关于减少收入不平等是伊斯兰国家货币政策的重要目标这一看法。但他认为，这一目标可以通过其他经济政策的实施，而不应对货币政策赋予过多的目标，让其负担过重。除了控制货币供应，可使用货币政策影响资源配置，伊斯兰系统中的盈亏共担模式可以取代非伊斯兰系统中的利息。[④]

（四）伊斯兰经济理论

第一届国际伊斯兰经济会议显示了参会者的广泛兴趣，与会者首先关注伊斯兰经济的概念和理论框架，个体和国家的不同经济活动，无一例外地宣称他们的研究基于神圣的沙里亚法。同时表明，伊斯兰伦理是伊斯兰经济最重要的特

[①] Ahmed EL-Ashker and Rodney Wilson，*Islamic Economics a Short History*，Leiden·Boston，2006，p. 369.

[②] Ahmed，Ziauddin，Munawar Iqbal and M. Fahim Khan（eds.），*Fiscal Policy and Resource Allocation in Islam*，Institute of Policy Studies，and International Centre for Research in Islamic Economics，1983，p. 155.

[③] Chapra，*Towards a Just Monetary System*，The Islamic Foundation，1985，p. 58.

[④] Ahmed，Ziauddin，Munawar Iqbal and M. Fahim Khan（eds.），*Fiscal Policy and Resource Allocation in Islam*，Institute of Policy Studies，and International Centre for Research in Islamic Economics，1983，p. 59.

质,则卡特与无息银行即为明证。

萨克尔将经济视为一种科学,找寻了西方经济与伊斯兰经济之间的共同点,认为正如规范经济学和利他主义经济学家所主张的,西方经济学富含伦理价值,伊斯兰经济学中也有基于伊斯兰规范与理念的伦理价值,这使得或者应当使得伊斯兰经济更容易作为经济学的分支被西方经济学家所接受。他进一步强调了伊斯兰国家在经济管理中的角色,这包括经济资源的充分利用、指导公共福利开支、国家对市场运作的监管、必要时调控物价、抵制垄断、保护劳动者权益,以确保公正和所有人的机会平等。

范格里除了讨论则卡特,还描述了他所看到的现象:伊斯兰经济学家不懂得沙里亚法,沙里亚法学者不懂得经济学,结果是,许多关注伊斯兰经济的学者就将其作品限定在特定的主题上,尤其是围绕则卡特和禁止里巴,好像伊斯兰经济只关注则卡特和里巴。他建议,伊斯兰经济学家除了在技术上胜任当代经济学研究外,还应接受沙里亚法的系统教育。范格里将1400余年的伊斯兰经济史与当代经济加以调和,明确了重要的两点:其一,伊斯兰经济的概念和原则源于永不变更的《古兰经》和圣训;依据当代状况,这些概念和原则的应用可以随着时空的变化而变化。因此,他认为,伊斯兰经济可以分为两个重要的维度:其一,伊斯兰经济原则不能变更,因为它建立在永恒的《古兰经》与圣训之上;其二,伊斯兰经济系统可以根据社会的需要做出相应的调整。范格里赞成伊智提哈德,认为伊智提哈德大门的关闭对伊斯兰是有害的。

1970年,曼纳尼出版了《伊斯兰经济:理论与实践》,这是一部关于伊斯兰经济的综合性著作,它以教科书的形式写就,几乎包含了伊斯兰经济的所有方面,包括一些与资本主义经济的比较。曼纳尼出版著作时适值伊斯兰经济类教科书比较稀缺,其著作是对伊斯兰经济文献的有价值的补充。

伊斯兰经济学家强调,有别于其他经济系统,伊斯兰经济富有伦理价值,这些价值根植于伊斯兰哲学理念。纳克维在其《伦理和经济:伊斯兰的综合性》中申明,全面理解伊斯兰经济的关键在于其伦理价值,伊斯兰伦理基于四个主要公理:统一、平衡、自由意志、责任。[①] 真主的统一是一个绝对的概念,反映到人类生活,即为宇宙、地球上的生命体、人类合并为一个单位。平衡,指各种元素必须均衡以产生最好的社会秩序。自由意志赋予人们选择的自由,纳克维强调人类

[①] Naqvi, S., *Ethics and Economics: An Islamic Thesis*, Islamic Foundation, 1981, p. 82.

的自由适用于"个体的人"和作为社会成员的"集体的人",二者要有适度的平衡。纳克维认为,伊斯兰关于自由意志的概念有别于西方,西方对个体的私有财产权几乎赋予了无限的权利,全面依靠个体对社会做出最大贡献。纳克维认为,伊斯兰不允许随意干预个体私有权,因为所有的财产都属于真主,人类的所有权是一种托管的所有权。就伊斯兰经济的第四个公理——责任而言,纳克维强调,人对自由意志的使用是有所限制的,实际上,自由意志和责任可以被视为一个硬币的两个方面,因为自由意志赋予了个体选择的自由,责任则限制了其自由,以便他以负责任的态度实施自由,换言之,必须通过责任制衡自由。[1] 纳克维进一步扩展了私人财产,将其置于不同寻常的地位。他主张,当社会财富处于不平等状态,就应通过集体化将私人财产转为集体所有,既然私有财产权的存在是对任何趋于平等的一种重要障碍,私有财富超过了一定阈限就不得不集体化并进行再分配。对纳克维而言,理想的集体化应当是乌里玛作为一个集体控制私有财产,而非国家控制。

(五) 消费行为

卡哈夫聚焦法拉哈,将其作为消费者行为的目标。法拉哈意为今生和后世的成功。卡哈夫认为:(1)凭借则卡特的力量,伊斯兰经济系统使伊斯兰消费者较之其他系统中的消费者有更高的存储率;(2)伊斯兰的经济理念使投资成为储蓄的组成部分;(3)受则卡特的影响,财富水平将维持在伊斯兰允许的限度内;(4)则卡特可增加穷人的可支配收入,借此,伊斯兰系统的总需求增加,从而增加了产出;(5)较之其他的系统,伊斯兰系统为增长和发展提供了更大的保障;(6)伊斯兰系统激活了闲置资金;(7)通过则卡特的管理,伊斯兰系统为国家提供了有效的信息。[2]

汗在其伊斯兰视域下的消费者行为理论中,聚焦麦苏拉哈(公共利益)形塑了伊斯兰消费者的行为。他区别了"欲望"和"需求",认为满足欲望之前,应先满足需求,虽然这些需求也有次序,其中一些会比另外一些更为重要。决定一种商品或服务为"欲望"抑或"需求"时,可使用麦苏拉哈,检验商品的产量和提供的服

---

[1] Naqvi, S., *Ethics and Economics*: *An Islamic Thesis*, Islamic Foundation, 1981, p. 83.
[2] Kahf, Monzer, "A Contribution to the Theory of Consumer Behaviour in an Islamic Society", in Khurshid Ahmad, *Studies in Islamic Economics*, Linternational Centre for Research in Islamic Economics and Islamic Foundation, 1980, p. 89.

务是否会增加社会的福利,如果答案是肯定的,就是需求,可以进行生产和消费,否则就是欲望,必须等到满足所有的需求,再行实施。伊斯兰消费者应当更多地受到他们的需求而非欲望的激励,以形塑其消费行为。汗重申了14世纪学者沙推比的观点,将需要分为生活、财富、宗教、精神、婚姻,所有提升这五个要素的商品对人类而言都是麦苏拉哈。

艾什科尔强调了利他主义经济学与社会经济学的分析以及伊斯兰消费者行为分析这两种理论的异同点。传统经济学家多遭西方社会经济学家和伊斯兰经济学家的批判,认为其经济分析以及消费者行为的探讨都忽略了伦理价值。当然,这种批判并不能完全成立,因为像科勒德这样的传统经济学家也在关注利他主义。社会经济学家主张,应当更多强调消费者的社会责任,消费者应格外关心社会利益。另有一些人进一步建议从基督教教义或伊斯兰教义中寻求经济与伦理的联结点。

有学者认为,尽管社会经济学家与伊斯兰经济学家一致赞同对消费者行为的分析应包括消费者的社会责任,但二者还是有所区别:(1)前者有一套伦理价值,但它未必是宗教,后者源于伊斯兰教义。(2)前者没有具体的供消费者遵循的模式,在关涉伦理价值的消费模式方面,个体是自由的,而后者制定了一套具体的方式。(3)西方社会经济学中的消费者有双重目标:商品和服务消费的满足,道德满足;伊斯兰经济中消费者的目标则有三重:商品和服务消费的满足,道德满足,得到今后两世神圣奖励的满足。[1] 但有批评者认为,伊斯兰的消费者行为理论过于理想化。消费者在其消费行为中会顾虑多少伊斯兰的理念,有待商榷,需要做实证研究。在此类为数不多的研究论文中,艾什科尔调查了伊斯兰消费者的行为和苏格兰这一非伊斯兰国家环境对穆斯林消费者行为的影响,认为:(1)社会慈善支出是受访者继满足基本需要之后的第二大支出,这符合理论分析;(2)环境对消费者行为模式有较为明显的影响,如苏格兰穆斯林对购买汽车、电器的兴趣都高度优先于其他偏好,这在其他收入较低的伊斯兰国家可能不会如此;(3)穆斯林大多将积蓄存入按照西方模式运作的银行,消费者对此有多种解释,多数归结于苏格兰国内伊斯兰银行的缺失,没有人否决伊斯兰的禁息。

---

[1] El-Ashker, Ahmed, "On the Theory of Consumer Behaviour: A Socio-economic Approach with an Islamic Emphasis", Social Science Working Paper, No. 57, Paisley College of Technology, 1983, p. 17.

（六）保险

保险引起了伊斯兰经济学家和沙里亚法学家的兴趣，原因有两个：其一，它的新奇性。作为现代风险管理的工具，保险是伊斯兰早期历史最不可料知其现代形式及其发展维度的新生事物之一，只能依靠诠释得到伊斯兰语境下的允诺。其二，保险作为个人和企业规避风险的手段在现代社会尤显重要。伊斯兰经济并不完全接受或反对保险，一些学者允许所有形式的保险，一些只允许部分保险，但都同意保险在现代社会的重要性及其对商业和个体的必要性。

扎尔卡将保险横向分为互助保险、合作保险、盈利保险，纵向分为财产保险、责任保险、人寿保险，他允许所有形式的保险，认为在沙里亚法中看不到重大的不使其合法化的规定。扎尔卡认为，伊斯兰早期盛行互助保险，现代伊斯兰社会不应禁止，合作保险亦复如此，沙里亚法并未否决，这些险种并非纯粹是为谋利，受损时也会给投保人提供补偿。扎尔卡主张，如果保险金没有减损，除非投保人同意继续签约，否则可以解约，将保险金返还给投保人。如果损失小于预期值，保险金余额也可退还给投保人。①

扎尔卡虽然谴责对投保人的剥削行为，敦促保险公司实现公正，但认为公司有谋利行为实属正常。哈桑等学者否决了这一观点，他们虽然接受互助保险和合作保险，但拒绝承认受利益驱动的保险形式，认为后者在损失和保险费方面存在着模糊性和不确定性，这可能会给投保人带来不公正。② 哈桑似乎格外关注投保人受到不公正待遇，遭到保险公司的变相盘剥，而不关注当今保险公司存在的必要性。

（七）伊斯兰国家的经济合作

伊斯兰经济学家广泛关注伊斯兰国家间的经济合作，要求伊斯兰国家加强

---

① Zarqa, Mustapha Ahmed, "Insurance in Economics in General and the Stand of Shariah on it", Nizamu al-Taamin wa Mawqi'oho fi al-Maidan al-Iqtisadi bi Waghin a'am wa Mauqifu al-Sahri'ah Minho, in International Centre for Research on Islamic Economic, Islamic Economics: Selected Research from the First International Conference on Islamic Economics: King Abdel-Aziz University, 1980 (in Arabic), p. 111.

② Hassan, Hussain Hamid, "Shariah rule on Insurance Contracts", International Centre for Research on Islamic Economics, Islamic Economics: Islamic Economics: Selected Researches from the First International Conference on Islamic Economics, King Abdel-Aziz University, 1980 (in Arabic), p. 101.

合作,也强调合作,但在方法和侧重点上存在区别。尤斯里建议一体化的伊斯兰合作系统,旨在消除对非伊斯兰国家的经济依赖,主张:(1)发展多样化生产和出口,帮助伊斯兰国家摆脱单一产品的经济现象,从对一两种原材料出口的依赖转向发达的工业化国家;(2)发展伊斯兰国家间的跨国伊斯兰投资公司;(3)发展伊斯兰银行和财政机构,为其提供必要的帮助;(4)建立有利于伊斯兰国家的伊斯兰关税联盟;(5)拒绝加入非伊斯兰经济组织;(6)在伊斯兰关税联盟成员国中从事专业化生产经营,以较低成本取得适宜的收益,并实现成员国之间资源的优化配置;(7)成立伊斯兰中央计划委员会,帮助协调伊斯兰国家的经济合作,并为这些国家中愿以伊斯兰方式运营的投资者和企业提供必要的帮助;(8)伊斯兰国家应当在伊斯兰要求的兄弟情谊基础上进行合作。

扎基亦讨论了伊斯兰国家的经济合作,注意到伊斯兰国家存在的一些弊病:(1)财富收入不均;(2)单一产品经济;(3)资本短缺;(4)缺少有技能和专业知识的劳动力;(5)技术水平低下;(6)工业缺乏高科技;(7)缺少有效的战略规划;(8)伊斯兰国家间缺少协调。[①] 为此,扎基建议,需要更好地利用自然、人力、经济资源,加快工农业发展的进程。

威尔逊认为,考虑到伊斯兰世界经济发展的巨大差异和不同的经济结构,伊斯兰国家不大可能调整其货币结构,建立货币联盟。蒙代尔和麦金农认为,要实现最佳的货币联盟需具备三个条件:首先,保证资源特别是劳动力与资本在成员国间的流动;其次,相似的经济结构;再次,密切协调货币、财政和其他经济政策。蒙代尔和麦金农假设自由资本的流动和财政市场一体化的程度是建立成功的货币联盟的前提条件,伊斯兰会议组织成员国似乎并不具备这些条件。虽然伊斯兰发展银行为伊斯兰会议组织成员国提供了大量的财政和资金援助,伊斯兰国家提高了科技应用,熟练劳动力增多,基础设施建设取得了长足发展,但伊斯兰国家间的战略计划和合作依然存在许多不足,伊斯兰会议组织成员国之间的内部贸易非常有限,伊斯兰国家之间很少有资本流动,股票市场和证券投资发展有限,只有沙特阿拉伯和马来西亚是个例外,其股市资本超过了4000亿美元,政府证券交易显著。

---

① Zaki, Hassan Abbas, "Economic Cooperation Among Muslim Countries", in International Centre for Research on Islamic Economics, Islamic Economics, King Abdel-Aziz University, 1980(in Arabic), p. 535, p. 111.

上编表 8-1　伊斯兰会议组织成员国之间的内部贸易(2001 年)

国别	内部出口美元(10 亿)	内部出口的份额(%)	内部进口美元(10 亿)	内部进口的份额(%)
阿尔及利亚	1.33	6.8	0.91	7.9
孟加拉	0.22	3.8	0.88	9.8
埃及	0.76	18.4	1.68	13.2
印度尼西亚	4.81	7.4	4.74	12.2
伊朗	3.68	14.0	2.45	13.3
伊拉克	1.04	9.4	1.10	21.2
约旦	1.19	51.8	1.42	29.1
科威特	2.12	11.3	1.71	21.7
马来西亚	4.95	5.6	4.71	6.4
摩洛哥	0.50	7.0	1.88	17.1
巴基斯坦	1.98	21.5	4.45	43.6
沙特阿拉伯	10.33	14.7	3.39	8.0
叙利亚	1.31	24.0	0.94	14.8
突尼斯	0.73	11.1	0.92	9.7
土耳其	3.90	12.5	5.27	12.7
阿联酋	6.06	15.1	9.00	20.8
也门	0.49	14.0	1.17	38.5

资料来源:《伊斯兰发展银行年度报告》,伊历 1423 年,约旦,2003 年。

有别于约 20 多年前尤斯里的建议,资本从伊斯兰世界流向发达国家。伊斯兰世界大型跨国公司的缺失限制了伊斯兰国家之间的外国直接投资(FDI),伊斯兰国家之间的外国直接投资在全球经济中是微乎其微的,伊斯兰世界的财政市场一体化也不畅通,但海湾合作委员会国家是个例外,由于不限制石油出口以及进口付汇,海合会成员国更容易实现自由贸易,处于更有利的贸易地位。2002年,关税联盟取代了自由贸易区,一体化程度加深,海合会国家通过了 5% 的共同关税(见上编表 8-2)。[①]

上编表 8-2　部分伊斯兰国家资本的流入和流出

国别	私有资本/ 国民生产 总值(1990)*	私有资本/ 国民生产 总值(1990)**	外国直接投资/ 国民生产总值 (2002)*	外国直接投资/ 国民生产 总值(2002)**
孟加拉国	0.9	2.6	0.0	0.1
埃及	6.8	6.6	1.7	0.8
印度尼西亚	4.1	5.4	1.0	2.1
伊朗	2.6	2.4	0.0	0.0
约旦	6.3	7.8	1.7	0.9
科威特	19.3	18.9	1.3	0.5
马来西亚	10.3	19.9	5.3	5.8
摩洛哥	5.5	3.3	0.6	1.4
巴基斯坦	4.2	5.3	0.6	1.4
沙特阿拉伯	8.8	13.9	1.6	0.5
叙利亚	18.0	16.8	0.0	1.5
突尼斯	9.5	10.6	0.6	3.8
土耳其	4.3	7.7	0.5	0.7
也门	16.2	3.6	2.7	1.1

* 外国直接投资的总和与证券投贷的流入与流出。
** 外国直接投资流入和流出的总和。
资料来源:《世界发展指标》,世界银行(华盛顿),2004 年。

(八)经济发展

卡苏·艾哈迈德的"伊斯兰框架中的经济发展"被广为引用,引起了足够重视。艾哈迈德阐明了伊斯兰的经济发展观:(1)发展包含广博的范畴,包括道德、精神、物质;(2)发展的重点和核心是人;(3)伊斯兰经济发展是一个多维活

[①] Looney, Robert E., "The Gulf Co-opeation Council's Approach to Economic Integration", *Journal of Economic Coperation among Islamic Countries*, Vol. 24, No. 2, April 2003, p. 137.

动;(4)伊斯兰经济发展旨在取得经济发展的质与量的平衡;(5)伊斯兰经济发展的目标是开发人力资源,扩大并优先发展有用生产以提高生活质量、创造就业机会、加强社会保障、收入和财富的平等分配、平衡的发展、高新技术的应用;(6)增强国家的自主能力,实现伊斯兰世界更高程度的一体化。

多尼亚在近450页的《伊斯兰和经济发展》中,通过考察非伊斯兰经济系统和伊斯兰经济系统中经济发展的概念,对"伊斯兰是否有可能对经济发展提供有效和综合的方法,既不会错失其他经济系统的优点,又能避免它们的缺陷"这一问题做出了肯定的答复,并得出结论:(1)伊斯兰经济发展受公正、平等、善良、合法性的指导,是伊斯兰教义规定的职责,国家和个体应共同合作完成这些职责,向真主负责。特别注意的是,穆斯林虔诚的信仰是履行这些责任的重要依据,因为任何可能的方案,其成功都源于人们的信念。(2)政府有责任提供知识、科学、信息,国家和个体应当共同负责,不可接受对社会无益的知识,因此,伊斯兰特别要求理论和实践之间的关联。(3)资源的所有权会对经济发展产生影响,伊斯兰允许双重所有权,即私人所有权和公共所有权,在伊斯兰经济发展文献中,后者尤其担当了有影响力的角色。(4)就经济发展而言,伊斯兰允许公共和私人经济,尤其强调经济盈余。(5)合理的经济规划是伊斯兰经济发展的前提条件。(6)收入和财富的公正分配是伊斯兰经济发展的重要组成部分,以便于提供最低限度的必需品,但同时承认社会中收入和财富水平不可避免存在着差距。[1] 上述结论中,多尼亚格外强调其中的两点:生产方面,经济发展是国家和个体共同的责任,而不仅仅是国家的责任。分配方面,个体的富裕程度不受限制,但至少应该为穷人提供维持生存的最低保障。

第四节　优素福·格尔达维及其《则卡特的法理》

一、优素福·格尔达维简介

优素福·格尔达维(1926—?)生于埃及北部一个名为索夫特·土拉卜的村

---

[1] Donia, Shawqy Ahmed, *Islam and Economic Development*(*al-Islam wa al Tanmiyah al Iqtisadiyah*), Dar al-Fikre al-Arabi, 1979 (in Arabic), p. 178.

庄，2岁丧父，由母亲抚养成人。幼年入本村学校接受传统教育，10岁就能背诵《古兰经》。后前往埃及第三大城市坦塔，①先后就读于坦塔宗教学校和艾资哈尔大学附中，中学期间就热衷于法学、文学及诗歌创作，本科就读于艾资哈尔大学宗教原理学系，1953年，以优异成绩毕业，在180名毕业生中名列前茅，获学士学位。之后继续在艾大攻读硕士和博士学位，1960年获艾大宗教原理学系硕士学位，1973年以优异成绩获艾大博士学位，博士论文为《则卡特及其在解决社会问题中的作用》。

从艾大毕业后，格尔达维先任职于国家宗教基金部，后调至艾大任教。1961年，前往卡塔尔一所中学任教。1973年，受聘于卡塔尔大学，负责筹建卡塔尔大学伊斯兰研究系，并担任系主任。1977年，伊斯兰研究系改称卡塔尔大学法学院，格尔达维成为首任院长，达13年之久。1980年，格尔达维任法学院院长，其间创建了卡塔尔大学圣训与先知生平研究中心，迄今仍担任中心主席。

格尔达维目前仍供职于卡塔尔大学，并担任世界伊斯兰学者联盟主席、伊斯兰世界联盟教法委员会委员、伊斯兰会议组织教务委员会专家、欧洲法特瓦与研究委员会主席、卡塔尔高等教育委员会委员、卡塔尔伊斯兰教法仲裁机构成员、科威特国际则卡特机构副主席、约旦王家伊斯兰文明研究院院士、英国牛津伊斯兰研究中心研究员、印度伊斯兰文学协会会员、埃及伊斯兰经济协会会员，以及多家伊斯兰银行和金融机构顾问等。格尔达维经常应邀到阿拉伯—伊斯兰世界各著名大学讲学，参加各类学术会议，发表演说，接受报刊、电台、电视台、网络等各类公共媒体的采访，解惑释疑，针砭时弊，受到各方好评。近年来，格尔达维在卡塔尔半岛电视台《教法与生活》节目中担任主讲，颇受广大穆斯林喜爱，成为半岛电视台收视率较高的节目之一。

格尔达维目光犀利，思想敏锐，对宗教、社会问题见解独到，他倡导中间主义，认为中和是伊斯兰最突出的特点，应大力宣传，但有些穆斯林扮演的角色不光彩，没有正面地展示伊斯兰，严重损害了伊斯兰和穆斯林的正面形象，使他人对伊斯兰产生了误解，甚至曲解，将伊斯兰与"恐怖""极端"画等号。少数穆斯林只注重信仰和功修的表面形式，思想消极，理解死板，认识肤浅，方法粗暴，严重忽略了伊斯兰灵活、宽容、多元等思想特点，固步自封，不容异己者的存在，以至导致偏激思想和极端行为的出现。因此，他极力倡导以"中正""中和""宽容""创

---

① 埃及第一大城市为开罗，第二大城市为亚历山大。

新"为核心的中间主义思想。

二、优素福·格尔达维著述及其经济思想

格尔达维笔耕不辍,著述甚丰,他的著作不仅见解独到,思想深邃,而且辞藻雅致,笔锋犀利,其每一部著作几乎都风靡于阿拉伯—伊斯兰世界,有些著作多次再版,不少还被译为英文、法文、中文、马来文等多种语言。除了等身的著述,格尔达维还有大量的论文、演讲、学术报告、媒体访谈等,现在汇编出版的只是其中的一部分。

格尔达维几十年如一日坚持写作,著述近150部,内容涵盖伊斯兰教诸多学科,其中许多著作被视为当代伊斯兰法学权威作品。格尔达维尤其擅长伊斯兰教法,善于依据《古兰经》和圣训解答当前伊斯兰社会遇到的各种现实问题,已出版的4卷本的《当代伊斯兰教法释疑》解答了当今穆斯林所面临的各种疑难问题,精辟入里,深受广大穆斯林欢迎。此外,其著作还关涉伊斯兰教义、伊斯兰经济、伊斯兰复兴运动、伊斯兰思想、《古兰经》学、圣训学、当代法学、时事政治、人物传记、文学诗歌、教育等著述。格尔达维还善于演说,他的演讲被汇集成册,分7册出版,成为很多伊玛目演讲布道的范本。

《论伊斯兰教中合法事物与非法事物》是格尔达维创作生涯的正式开端。1959年,他在宗教事务部工作期间,埃及外交部收到埃及驻欧美国家使馆的信函,得知欧美国家的穆斯林迫切需要一本知识性、趣味性强的宗教简易读物,最好能涉及伊斯兰功修、社交、伦理、道德等30项内容,以解决穆斯林面临的日常宗教问题。为此,外交部起草了一份备忘录分别递交给艾资哈尔大学和基金部,最后一致决定由宗教基金部安排人撰写,时任宗教基金部宗教事务督察司司长的拜希·胡里先生便委以了格尔达维。格尔达维仅用4个月就完成了初稿,书稿从内容到形式受到评审人员的一致好评,同意出版,并决定及时翻译成英文。

《论伊斯兰教中合法事物与非法事物》共分4章:第一章论伊斯兰教关于合法与非法的基本原则;第二章论穆斯林日常生活中的合法与非法事物,内容涉及饮食、服饰、家具、谋生等;第三章论婚姻、家庭生活中的合法与非法事物,内容涉及人性、婚姻、夫妻关系、子女关系等;第四章论穆斯林公共生活中的合法与非法事物,内容涉及信仰、习俗、商业、娱乐、社会关系、穆斯林与非穆斯林的关系等。格尔达维在该书中采取折中方法,对待有分歧的教法问题,尽量采取折中立场。

该书内容新颖，风格独特，论据充实，语言简练，被视为"穆斯林生活指南"，深受西方等非阿拉伯国家穆斯林的青睐，多次出版，被译为 20 多种文字，格尔达维也因此一举成名。

《吉哈德论》是格尔达维的最新力作，也是对吉哈德思想的最新解读。吉哈德是阿拉伯语的音译，意为尽心尽力、付出努力。《吉哈德论》分上、下两册，2009 年由埃及开罗的沃海拜书店出版，一售而空，2010 年再版时，格尔达维又作了调整，新添了 100 多页内容，旁征博引，对吉哈德作了全面系统的论述。《吉哈德论》共分 10 章，每一章又分若干节，章节分别为：

第一章　吉哈德的实质、概念及教法论断；

第二章　吉哈德的种类及等级；

第三章　论吉哈德的防御性与进攻性；

第四章　吉哈德的宗旨；

第五章　吉哈德的重要性；

第六章　吉哈德军队的责任、纪律和宪法；

第七章　伊斯兰教中战争的最终目的；

第八章　战后工作；

第九章　伊斯兰内部战争；

第十章　吉哈德与民族当代问题。

格尔达维的著作凸显其思想的三大基本特征：简捷、创新、中和。他在教法研究中力求简捷，冲破死守某一固定传统教法学派观点的做法，强调在发布教法律例时，在符合《古兰经》、圣训精神的前提下因人制宜、因地制宜、因时制宜，充分体现伊斯兰教法的灵活性。格尔达维倡导宗教创新，认为当宗教创新时，思想会更新，将吸收更多的新知识和新信息，因为生活在不断地发展前进，新兴事物层出不穷，因此，既要遵循经训依据，又要结合时代的精神和要求；既要关乎细节问题，又要重视立法主旨，更要维护穆斯林大众的利益，在传统与现代、经训与理性相结合的基础上力求创新。格尔达维在费萨尔国王奖的获奖致辞中说："伊斯兰教法要解决当今伊斯兰社会所面临的各种问题，必须取得发展，发展必须基于两点：建立端正的当代创新理念，用一只眼看伊斯兰教导，用另一只眼看时代发展；法学理论必须与现实相结合，不能停留在书面理论。"[①] 中和是一种方法论，

---

① 《优素福·格尔达维诞辰 70 周年贺岁论文集》，卡塔尔书局 2003 年版，第 1023 页。

其特点是公正、均衡，即保持灵魂与肉体、思想与心灵、现世与后世、理想与现实、理论与实践、理性与感性、权利与义务、个人与团体、循古与创新之间的均衡。格尔达维的诸多著作都凸显了中间主义的思想，仅从书名就可窥见一斑，很多书名都用了"中间"或"之间"一词，如《传统与现代之间的伊斯兰教法》《沉没与极端之间的伊斯兰觉醒》《保守与开放之间的教律》《严格与松散之间的创制》《开放与封闭之间的文化》《传统与现代之间的阿拉伯伊斯兰文化》等，足以看出他对中间主义思想情有独钟。格尔达维还强调伊斯兰文化中科学与宗教的有机结合，认为科学即宗教，宗教即科学。

谈起有关则卡特的书目，必定提及格尔达维的两卷本《则卡特的法理》，《则卡特的法理》从阿拉伯语译为英文、乌尔都文、土耳其文、孟加拉文、中文等，多次再版，全球需求量仍很高。格尔达维似乎热衷于从四大伊斯兰法学派别的视域去审视则卡特，并得出自己的观点。格尔达维阐明了著写此书的目的：其一，教育穆斯林要履行包括则卡特在内的宗教义务；其二，虑及制定则卡特税基的复杂性，通过研讨使则卡特适应 20 世纪的社会发展；其三，强调则卡特既是一种社会救助性的税收，亦为一种投资性的税收。

格尔达维在《则卡特的法理》中阐明，在 20 世纪，书写则卡特的原因是多方面的。首先，这一主题本身是伊斯兰五大功修的第三大功修，伊斯兰经济思想的基石，需要以适应现代社会的方式重写这一议题，以与传统法学家的著述相比对。虑及传统四大教法学派对这一议题的歧见，重写就尤显重要。其次，则卡特中的一些新问题在早期法学家时期并不存在，即便存在，程度亦有差异，这就要求做出解释和深入的讨论，以便能够明了则卡特的应用，例如物业出租、大型商业、现代工业、船舶、商用车辆、飞机、具有多种资金结构和所有制形式的不同类型的公司创造的丰厚收入，还有非工业部门、雇佣产生的工资收入等，古典教法书籍对此类则卡特的税基、税率都不甚明了，这让一些人认为，则卡特以及伊斯兰经济不再适应现代社会，因之，有必要就这一议题用现代社会的语言架构起沟通传统法理与现实社会的桥梁，从主要是物物交换的经济基础向货币交易的经济基础的转变增加了用现代语言重写这一议题的必要性。再次，现代伊斯兰国家的税收体系是重写这一主题的另一缘由。伊斯兰国家可否有权征收除则卡特之外的其他税收，不仅是穆斯林的关注点，亦是伊斯兰公共财政的争论点。一些人认为，如果则卡特收入不足以满足社会需要，国家有权征收其他税收，另一些人则认为，除却则卡特，国家无权征收任何税收。

第八章　20世纪中后期的伊斯兰复兴与伊斯兰经济思想

在《则卡特的法理》中，格尔达维首先收集了《古兰经》、圣训中关于这一议题的论述，其次对内容加以分类，再对四大哈里发以及四大教法学派关于这一议题的看法作全面的比较，并将伊斯兰教与其他神启宗教的相关规定加以比对，又对这一规定作了分析与阐释，突出其原因和目的，最后对争议性的问题得出自己的结论，并辅以相当明晰的原因解释，运用伊智提哈德做出阐扬，给出建议性意见。

《则卡特的法理》是格尔达维的第二部力作，1970年出版，《则卡特的法理》以则卡特为核心论述了伊斯兰经济思想，得出了符合时代精神的结论。格尔达维以一种全新的方法阐述了《古兰经》和圣训中的则卡特思想，结合当今穆斯林利益的需求总结出最现实的教法结论，阐明了有关则卡特新问题的看法，展现了则卡特的实质，将其与现代各种税赋进行了对比，阐释了则卡特的宗旨及其社会保障作用，纠正了有关则卡特制度的错误思想和误解。格尔达维不完全拘泥于传统的治学方法，而是结合传统与现代，敢于创新，特别是对阿拉伯联盟第三届会议上提出的经济问题进行了全面分析，论据充分，论点新颖，在继承前辈学者传统的基础上演绎创新，提出了一些新设想和结论，以致有人评价格尔达维确已具备独立创制演绎教法（伊智提哈德）的资格。[①]

《则卡特的法理》章节如下：

第一章　则卡特在伊斯兰教中的地位及其独特性；
第二章　必须缴纳则卡特的人群；
第三章　必须缴纳则卡特的物类及则卡特定额；
第四章　《古兰经》中提到的接受则卡特的八种人；
第五章　缴纳则卡特的途径及则卡特的国家行为；
第六章　则卡特的宗旨和作用；
第七章　斋课捐；
第八章　伊斯兰教中除则卡特外的经济义务；
第九章　则卡特与税赋的关系及比较；
结束语　总结了则卡特制度的特点，以及则卡特在实现公正和社会保障中的作用。《则卡特的法理》一经出版即受好评，巴基斯坦伊斯兰促进会的首任主席毛杜迪评价该书是伊历14世纪（公元20世纪）最伟大的伊斯兰教法典籍之一，著名《古兰经》学教授穆罕默德·穆巴拉克评价其为则卡特教法百科全书。

[①]《优素福·格尔达维诞辰70周年贺岁论文集》，卡塔尔书局2003年版，第623页。

《则卡特的法理》对伊斯兰经济研究做出了重要贡献,站在 20 世纪伊斯兰经济研究的角度,可与 8 世纪艾布·优素福的《哈拉吉》相媲美。

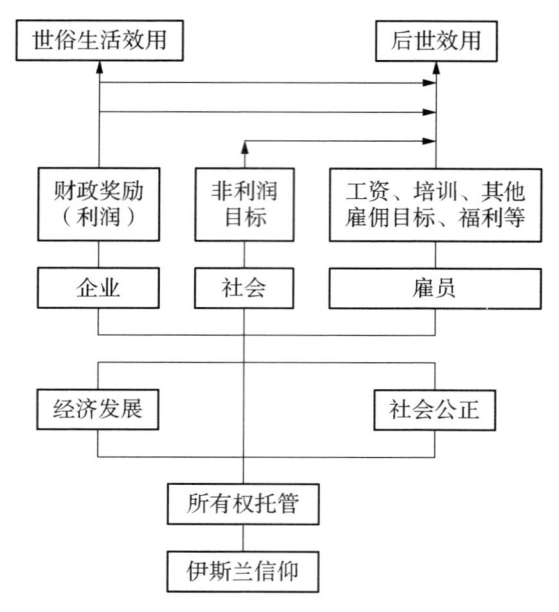

上编图 8-1　伊斯兰企业的目标

资料来源：El-Ashker, *The Islamic Business Enterprise*, Croom Helm, 1987, p.123.

下编
卧格夫研究

理 论 篇

绪　论

伊斯兰兴起后，卧格夫成为伊斯兰文明的表征之一，它属于公益慈善，在伊斯兰文明史上发挥了突出作用。卧格夫赋予穆斯林以接近真主的机会，带给信众以心理慰藉，它须是合法的财物，受益对象也须是慈善领域。所以，卧格夫可以进入所有的社会领域，成为振兴社会的主要途径之一，为促进社会发展发挥了良好作用，已成为伊斯兰社会服务机制的有力补充。卧格夫的捐赠通常围绕清真寺、教育、穷人等范畴展开，但随着时空的不同，其捐赠目标亦会出现差异。诸如，奥斯曼帝国时期的卧格夫，侧重于慈善救助；马来西亚的卧格夫，侧重于修建清真寺或为清真寺捐献卧格夫；埃及近现代的卧格夫，则侧重于教育等。

卧格夫作为伊斯兰社会的一种重要社会存在，已有千年历史，并将伴随伊斯兰社会的存在而继续存在。对它的解读，应是方方面面的，因为无论是谈论伊斯兰经训规约，还是伊斯兰经济思想，抑或是伊斯兰慈善、清真寺经济，都会涉及卧格夫，这可从一个侧面说明卧格夫在伊斯兰世界的深度和广度。卧格夫提供的慈善活动与社会保障相互联系，社会保障是服务于弱势群体的最基本要素，与西方的社会契约论等观念紧密相连。捐赠者与贫穷者构成慈善的两端，通过卧格夫慈善行为维持着社会的基本公平，服务于社会契约和平衡。卧格夫制度为穆斯林慈善事业的持续性提供了切实机会，推动了各个社团慈善事业的发展。除了提升社会福利，卧格夫也能用于穆斯林社团的其他领域，诸如教育、研究、宣教、金融、保险等。在伊斯兰世界，卧格夫理念尽人皆知，卧格夫遍布大多数伊斯兰社区，以往没有卧格夫的地区也设立了新的卧格夫。很多伊斯兰国家的卧格夫从体制、管理和立法方面进行了改革。

由于现存的卧格夫建筑物众多，史料丰富，卧格夫已成为伊斯兰文明一个颇具生命力的研究领域，涌现出了很多著名的研究人员。近代伊斯兰国家的卧格夫制度关乎殖民者的殖民利益,因而卧格夫的研究人员也包括19—20世纪的殖民官员。除了众多的研究人员,由各国的卧格夫基金部、高等院校、文化研究中心等机构发起的卧格夫国内外会议和学术活动亦不绝如缕。1997年12月,阿拉伯联合酋长国大学法学院召开了伊斯兰卧格夫研讨会。2003—2017年,科威特卧格夫基金部主办,并与世界伊斯兰发展银行及卡塔尔卧格夫基金部等部门联合召开了8届卧格夫国际研讨会。当代阿拉伯世界的卧格夫研究著作更是异常丰富。2011年,沙特阿拉伯学者优素福·艾哈迈德·哈桑对当代阿拉伯世界的卧格夫研究著作进行了统计,仅卧格夫专著(其中包括大学研究生毕业论文)就达157种(这不包括卧格夫学术研讨会及期刊上递交的几百篇论文)。

卧格夫是伊斯兰历史上清真寺、教育、医疗、文化、济贫等机构的主要资金来源之一,很多大型机构都是在卧格夫资金的支持下成立的,至今仍发挥着作用。研究伊斯兰历史文献、游记和名人传记,定会处处感受到伊斯兰这一古老的慈善对历代伊斯兰社会生活的导善功能。由于缺乏寻常百姓或小手工业者捐建卧格夫的建筑或史料佐证,因此,当回顾和研究伊斯兰济贫史时,工笔史书基本不会过多着墨于寻常百姓的慈善行为。其实,除了熠熠生辉的大型卧格夫建筑群和大宗的济贫慈善,历史的发展轨迹从来不乏寻常百姓不绝如缕的点滴卧格夫捐赠。只不过相较于规模盛大的大型卧格夫,它更易被湮没在历史的尘埃中罢了。

第九章 卧格夫概况

第一节 何为卧格夫

一、卧格夫的含义

"卧格夫"(Waqf),其词根源于动词"卧嘎法"(Waqafa),其复数形式为"奥嘎夫"(Awqaf),意为持有、禁闭或禁止。关于卧格夫,学者们从不同角度给出了主旨一致、措辞不一的定义。

莱索尼(Raissouni)认为,"从语言视域看,卧格夫意味着禁止运动、运输或交换"。[①] 他倾向于伊本·古达麦(Ibn Qudama)的定义:"它意味着遗赠产业、奉献收益。"[②]

别奥利(Bewley)认为,"在阿拉伯语中,卧格夫的字面含义为限制或禁止。在法律用语中,它意味着产业所有权不可转让,它指向一定的慈善目的,且意味着一劳永逸"。[③]

蒙泽尔·卡夫(Monzer Kahf)认为,"从沙里亚法视域来看,卧格夫可被定义为,出于正义和(或者)慈善目的,对持有的资产禁止反复提取其用益权。因

[①] Raissouni, Ahmed, *Islamic "Waqf Endowment" Scope and Implications*, ISESCO, Rabat, Morocco, 2001, p. 13.

[②] Raissouni, Ahmed, *Islamic "Waqf Endowment" Scope and Implications*, ISESCO, Rabat, Morocco, 2001, p. 14.

[③] Bewley, Mufti Abdalhaqq Sayf Al-Ilm, 2001, *Zakah the Fallen Pillar of Islam*, Dar al-Hijrah, Cape Town, South Africa, 2001, p. 62.

此，卧格夫是一种只要保留其本金，就可有持续性使用权的资产"。①

贝尔乎嘉（Belkhoja）则采用了伊玛目伊本·阿卜杜·班尔（Ibn Abdel Bar）关于卧格夫的概念："一位业主从其收益、果实、农作物或者房地产中拿出他所意欲的，使其产量、税收和效益按照他所意愿的设定进行。这是寻求真主恩惠的路径之一。这种情况下的永久营运，意味着不管其价值几何，它都既不能出售，又不能被馈赠，亦不能被继承。"②

由于卧格夫包含着所有权的转移，遗赠和捐赠等并不能表达该词的确切含义。艾哈迈德·哈桑努丁（Ahmed Hasanuddin）认为，"英语中没有相应的词汇或表述能涵盖伊斯兰中卧格夫的真正概念和含义"。③

穆罕默德·艾布·祖赫莱（Muḥammad Abu Zuhra）对卧格夫的定义颇具概括性。他认为，卧格夫是指保留物件的本身，不得将其买卖、馈赠，也不得作为遗产继承。根据卧格夫主人的意愿，将所得利润用于慈善事业。④

《中国伊斯兰百科全书》对卧格夫词条作了如下解释：伊斯兰教法用语。亦译"卧各夫""卧各甫"。在北非亦作"哈伯斯"（Habs）或"胡伯斯"（Hubs），法文作"哈波斯"（Habous），为同义词。阿拉伯语音译。原意为"限制""保留""留置"，专指保留真主对人世间一切财富的所有权，或留置部分有用益价值的土地、产业。这种永久性冻结所有权、限定用益权（只能用以弘扬主道事业）、禁止出售、抵押、典当、继承、赠予的土地、产业，泛称为"瓦克夫"，在中国亦称为"义地""义产"。中世纪教法学家据圣训提出的有关规定，即瓦克夫制度。⑤

综上，可以明确，卧格夫有宗教公产、宗教基金之意，专指保留真主对人世间某些财富的所有权，将其用益价值用于符合伊斯兰教法的宗教与社会慈善事业。它是伊斯兰史上最广泛的持续性慈善，旨在建立与维持恒久的慈善事业。其特点是以奉献真主之名义冻结了产业的所有权，明确限定了用益权，卧格夫的所有

---

① Monzer Kahf, *Financing the Development of Awqaf Property*; Paper Presented at the Seminar on Development of Awqaf Organized by Islamic Research and Training Institute (IRTI), Kuala Lumpur, Malaysia, March 2-4, 1998, p. 4.
② Belkhoja, Muhammad Alhabib, Undated, *Waqf and Development*, www.awqafsa.org.za, p. 7.
③ Ahmed Hasanuddin, *Strategies to Develop Waqf Administration in India*, Research Paper No. 50, Islamic Research and Training Institute, Islamic Development Bank, Jeddah, Saudi Arabia, 1998.
④ 穆罕默德·艾布·祖赫莱：《卧格夫专题讲座》，开罗阿拉伯思想出版社，第44页。
⑤ 中国伊斯兰百科全书编辑委员会编：《中国伊斯兰百科全书》，四川辞书出版社2007年版，第580页。

权归真主所有,禁止做任何形式的买卖交易。

二、与卧格夫相关的词语

伊斯兰的慈善形式多样,称谓各异。主要有则卡特(天课)、索德格(施舍)、海迪叶和黑拜(馈赠)、太班鲁尔(捐赠)、阿里亚(无偿借用)、沃岁叶(遗赠)、费图勒(斋课捐)、费迪业(罚赎),等等。在这些慈善形式中,卧格夫居其一,它并非宗教义务,却有明确的圣训为据,是受真主喜悦、先知倡导且践行过的善举,在伊斯兰世界应用广泛。

1. 太班鲁尔(捐赠)。意为以慈善为目的的无偿捐赠。

2. 索德格(施舍)。一般指专为取悦真主而捐献的财物,也指施舍给穷人的财物。教法学家的界定是,生前将财物所有权无偿地转给他人。

大多数教法学家侧重以索德格指代自愿的施舍。有时索德格亦指卧格夫。

3. 黑拜(馈赠)。意为无偿地赠予。著名教法学家伊本·古达迈认为:"黑拜、索德格、海迪叶、阿腾叶诸词意思相近,均指生前将财物所有权无偿地转给他人。其中,阿腾叶一词涵盖了诸词的含义。"①

卧格夫与黑拜的区别在于,卧格夫中原财物的所有权归于真主,受赠者只有权享受其收益,无权支配原财物。黑拜则是将原财物的所有权赠予他人,受赠者有权任意支配原财物。

4. 阿里亚(无偿借用)。指一个人将自己的物件无偿地借给他人,但仍拥有该物件的所有权。其与卧格夫的共同点是无偿地让别人受益。

5. 沃岁叶(遗赠)。指一个人生前嘱托,自己殁后赠予他人的财物或财物的收益。

伊斯兰法学家认为,伊斯兰的首个卧格夫是麦加的克尔白(Kaaba)。"为世人而创设的最古的清真寺,确是在麦加的那所吉祥的天房、全世界的向导。"②当然,这是就克尔白的尊贵地位而言。依据卧格夫的特征,伊斯兰历史上首个卧格夫是麦地那的库巴清真寺(Mosque of Quba),它位于麦加以北400公里处,建于622年先知来麦地那之时。库巴清真寺建成半年后,麦地那的先知清真寺建立。

---

① 伊本·古达迈:《穆格尼》(第5卷),贝鲁特思想出版社1985年版,第649页。
② 《古兰经》:仪姆兰的家属(阿黎仪姆兰)章第96节。

如今,扩建后的库巴清真寺依然矗立于此。

先知之后,卧格夫有了长足发展,成为一种强大的社会存在。无论到伊斯兰世界的哪里,只要有穆斯林社团,多会发现卧格夫。一些伊斯兰国家的非穆斯林,为造福其社团也建立了卧格夫。

今天,卧格夫的理念已众所周知,其实践已遍布世界,几乎每个伊斯兰国家都有一个卧格夫管理部门。在某些伊斯兰国家,卧格夫在社会财富中占据了相当比例。例如,在摩洛哥,"卧格夫捐款采取了不同的形式,其效益延伸至所有种类的科学和教育需要。许多世纪以来,捐赠者掌管着诸多部委,诸如教育部、高等教育部、科学研究和文化部,并延及于今"。① 在欧洲和美国,卧格夫则冠以基金会,尤其是宗教和慈善基金会之名存在。单就美国就有数以万计的基金会。

第二节 卧格夫的种类

一、从卧格夫的属性分类

1. 永久卧格夫。卧格夫是一种自愿慈善,它具有产生持久收益的能力,是一种持续性慈善。卧格夫具有永久性,一旦某种产业,被捐做卧格夫,它就永远是卧格夫。若要消除其卧格夫特性,无疑是有困难的,要经过漫长的过程,需用当地法院认可的其他等价产业来交换,新产业的用途,以及受益人需和之前卧格夫相一致。

卧格夫的永久性带来了卧格夫产业的积累,其财产恒继(Perpetuity)为广泛而深入的宗教和慈善活动提供了持续性保障。根据伊斯坦布尔、耶路撒冷、开罗和其他城市的卧格夫注册资料,卧格夫土地占据了总耕地面积相当大的比例。在 16 世纪中叶的巴勒斯坦,890 份产业中有 233 份卧格夫,与此相较的是,108 种私人所有权中有 92 份卧格夫。1812 年和 1813 年对埃及的一项土地调查表明,卧格夫在 250 万费丹②总量中占据了 60 万费丹。③ 1841 年,阿尔及利亚首都

---

① Raissouni, Ahmed, *Islamic "Waqf Endowment" Scope and Implications*, ISESCO, Rabat, Morocco, 2001, p. 37.
② 费丹(Feddan),埃及面积单位。1 费丹 = 1.038 英亩,1 英亩 = 6.07 亩。换言之,1 费丹 = 6.3 亩。
③ Ramadan, Mustafa Muhammad, "Dawr al Awqaf fi dam al Azhar", in *Proceeding of the Symposium of Awqaf Institution*, op. cit., p. 128.

阿尔及尔的大型清真寺的卧格夫契据数量是543份，土耳其约1/3的土地是卧格夫。[1] 卧格夫的收益最多用于清真寺，这通常包括伊玛目、教师、宣教者的薪金，还有礼拜毯、清洁、供水、灯油等的费用支出。在这些独立的资金资助下，宗教领导人和教师总是能够采取独立于统治阶级的社会和政治立场。1831年法国占领阿尔及利亚时期，殖民当局掌控了卧格夫产业，以便压制反对占领的宗教领导人。[2]

2. 临时卧格夫。大多数教法学家认为，卧格夫本质上是永久性的，它保证了卧格夫产业的历史积淀。例如，一旦宣布清真寺为卧格夫产业，清真寺只能一直保持这种状态。但时至今日，一些穆斯林社团在一定程度上是流动的，清真寺本身仅是临时性需要，也需要卧格夫的临时性。还有诸如抚养一个孤儿直至成人，赡养一位老人直至去世，资助一名学生直至毕业，这种卧格夫的需要都是临时性的，可谓之临时卧格夫。临时卧格夫要求捐赠者明确表达其意愿、产业属性以及目标。马立克学派强烈主张卧格夫的临时性和永久性共存，但一些当代法律将所有的卧格夫都整齐划一，没有为临时性需要提供足够空间。

二、从卧格夫的受益人分类

1. 公共卧格夫。其服务对象是笼统的社群，诸如清真寺、学校、孤儿院、穷人和有需要者、旅行者等。

2. 私人卧格夫。指受益人与捐赠者有某种特定关系的卧格夫。此类卧格夫通常为后嗣设置，故亦称家庭卧格夫（Family Waqf）或后嗣卧格夫（Posterity Waqf）。

"艾奈斯曾把他在麦地那的一座宅院捐为瓦克夫，每当他来到麦地那，就住在那里。

"祖拜尔把他的所有宅院都捐为瓦克夫，但他允许他已离婚的一位女儿住在其中，不许她欺辱他人，也不许他人欺辱她。若她有了丈夫，再无权居住其中。

---

[1] Armagan, Servet, "Lamhah an Halat al Awqaf fi Turkia"[A Glance at the State of Awqaf in Turkey], in al Amin, Hasan Abd Allah, ed. *Idarat wa Tathmir Mumtalakat al Awqaf*, Islamic Research and Training Institute (IRTI)of the Islamic Development Bank, Jeddah 1989, p. 339.

[2] Abu al Ajfan, Muhammad, "al Waqf ala al Masjid fi al Maghrib wa al Andalus"[Waqf on Mosques in North West Africa and Andaluthia], in *Studies in Islamic Economics*, Internatonal Center for Reaseach in Islamic Economics, King Abd al Aziz University, Jeddah, 1985, p. 325.

"伊本·欧麦尔将他从欧麦尔的宅院中所得的份额指定给阿卜杜拉家属中需要房子的人住。"①

不像美国基金会限定于宗教或慈善目的,伊斯兰社会的卧格夫可以是为了家庭和后嗣。后嗣卧格夫本质是慈善的,因为它将用益权免费留于后人,通过代际传承积累了资本,改善了后嗣的经济生活,减少了政府的社会福利负担。这在西方社会尤其是美国得到了认可。在过去的几十年里,美国社会不同类型的家庭基金非常普遍,这些信托受到了多项税收优惠。

3. 共同卧格夫。即卧格夫收益既用于捐赠者的后裔,也用于公共慈善事业。

教法学家认为,所有类型的卧格夫都是慈善性的,因为它始终将收益用于各种慈善事业。

---

① 《布哈里圣训实录全集》(第2卷),商务印书馆2018年版,第912页。

第十章　卧格夫的教法依据

伊斯兰教有四大教法依据：《古兰经》、圣训、公议、类比。卧格夫亦有其教法依据，除却《古兰经》的慈善倡议，也源于圣训和公议。

一、卧格夫的《古兰经》依据

《古兰经》有大量命人行善的经文。其中有两节经文成为卧格夫的主要法源，也成为卧格夫制度的发端。

1. "你们绝不能获得全善，直到你们分舍自己所爱的事物。你们所施舍的，无论是什么，确是真主所知道的。"[1]据艾奈斯·本·马立克（求真主喜悦他）传述，艾布·泰勒哈是在麦地那枣园最多的一位辅士，他最喜欢的财产是先知寺对面的拜鲁哈枣园。真主的使者常去那里饮其醇水。当"你们绝不能获得全善，直到你们分舍自己所爱的事物"之经文降示时，艾布·泰勒哈站起来说："真主的使者啊！真主说：'你们绝不能获得全善，直到你们分舍自己所爱的事物。'我最喜欢的财产是拜鲁哈枣园，我立意为真主施舍它，我向真主指望代价和报酬。真主的使者啊！你看怎么适合就怎么处置吧！"真主的使者说："妙极了，这正是获利的财产，这正是获利的财产。我听到了你所说的话，依我看，你还是分舍给亲属们为好。"艾布·泰勒哈说："真主的使者啊！我会照办的。"艾布·泰勒哈去把它分施给了自己的亲属和堂兄弟们。[2]

2. "谁以善债借给真主？他将以许多倍偿还他。真主能使人窘迫，能使人

---

[1] 《古兰经》：仪姆兰的家属（阿黎仪姆兰）章第 92 节。
[2] 《布哈里圣训实录全集》（第 3 卷），第 4554 段，商务印书馆 2018 年版，第 1471 页。

宽裕,你们只被召归于他。"①据穆罕默德·本·穆阿维叶·安马提·内沙布里由赫莱夫·本·哈里发由胡迈德·艾阿莱吉由阿卜杜拉·本·哈里斯给我们传述,阿卜杜拉·本·迈斯欧德说:"当'有谁愿意把善债借贷给真主'这节经文降示后,艾布·代赫达哈说:'真主的使者!难道真主不是向我们借贷吗?'使者说:'艾布·代赫达哈,真主确实在向我们借贷。'艾布·代赫达哈说:'请把你的手伸出来。'使者向他伸出了手,(艾布·代赫达哈抓住使者的手)说:'我有一处种植了六百棵椰枣树的园圃,我立意将其借贷给真主。'接着艾布·代赫达哈来到园圃,乌姆·代赫达哈(他妻子)带着孩子们在园圃里干活。艾布·代赫达哈喊道:'乌姆·代赫达哈!'妻子应声道:'在这里!'艾布·代赫达哈说道:'你快出来,我已经把有六百棵椰枣树的园圃借给了真主。'"②

二、卧格夫的圣训依据

1. 据伊本·欧麦尔传述:"欧麦尔·本·哈塔卜分得了海拜尔的一块土地,他便来与先知商量怎样处置那块土地,他问:'真主的使者啊!我从来没有得到过比这更昂贵的财产,请你指示我该怎样处置它?'先知说:'若你愿意,你将它作为一种捐献,用收益去周济人。'于是,欧麦尔将其作为卧格夫周济他人,但条件是,不许将其出售,不许馈赠他人,不许作为遗产继承,只须用来周济穷人、亲属,帮助奴隶还债赎身,支持为主道出征的人、旅客和客人。其主人可以合理地享用,待客,但不可贪婪。"③

2. 有位名叫穆海利格的犹太人举意在他死后,将他在麦地那的 7 处果园送给穆罕默德。希吉拉历 4 年,此人去世,先知接手了果园,将其作为慈善卧格夫。④

3. 奥斯曼传述,先知赶到麦地那,意识到城里极度缺乏饮用水,只有鲁麦井(Bi'r Ruma)。他问道:"谁来买下鲁麦井,与穆斯林大众共用其水?"于是奥斯曼(求真主喜悦他)就买下了它。⑤

4. 据艾布·胡莱赖传述,真主的使者说:"人死后,他的一切功修中断,唯有

---

① 《古兰经》:黄牛(百格勒)章第 245 节。
② 艾布·贾法尔·塔伯里:《塔百里经注》(第 2 卷),贝鲁特伊本·哈兹姆出版社 2013 年版,第 463 页。
③ 《布哈里圣训实录全集》(第 2 卷),第 2737 段,商务印书馆 2018 年版,第 894—895 页。
④ Kahf, Monzer, 'a' undated, Waqf: A Quick Overview, www.monzer.kahf.com, p. 2.
⑤ 《布哈里圣训实录全集》(第 2 卷),商务印书馆 2018 年版,第 752 页。

三件事与其保持联系：溪水般常流的施舍；益人的知识；经常为其祈祷的善良后代。"①"溪水般常流的施舍"被解读为卧格夫。

三、卧格夫的公议依据

先知和四大哈里发时期，随着伊斯兰的扩征，穆斯林得到了丰厚的战利品。一些圣门弟子拿出部分战利品，赠予他人或作为公共财产惠及大众，这种善举得到了先知的认可。

1. 贾比尔说："凡我知道的有财物的迁士和辅士，均设置了永久性的索德格，永不出售，不得馈赠，也不许作为遗产继承。"

2. 伊本·古达迈说："设置卧格夫属于圣门弟子一致认可的行为，凡有能力设置卧格夫的圣门弟子均设置了卧格夫。当时盛行设置卧格夫，无人口出微词，设置卧格夫成为圣门弟子认同的公议。"②

3. 伊本·鲁世德道："设置卧格夫是真主的使者及其后的穆斯林一贯奉行的道路。"③

关于卧格夫的缘起，西方学者与我国学者看法各异。

四、西方学者的观点

近代以来，西方学者对卧格夫制度进行了研究。例如法国学者昂里·马塞认为，卧格夫制度源自古阿拉伯人和犹太人所共有的一种产业观，只要把产业的一部分"归还"给创造万物的"真主"（或上帝），才可以合法地占有和使用。④ 这种看法主要基于对伊斯兰经训里表示施舍的则卡特（Zakat）和索德格（Sadak）所作的词义考证，前者的原意为净化，后者的原意为正义，后来才转意为施舍。二者在伊斯兰经训里基本同义，后来随着两种不同形式施舍的出现，才产生了词义上的区别，则卡特表示法定施舍（天课），索德格则表示自愿施舍（卧格夫）。

西方学者大多注重从思想渊源来探究卧格夫的成因，很少从社会经济关系

---

① 《穆斯林圣训实录全集》（第3卷），第1631段，商务印书馆2016年版，第900页。
② 伊本·古达迈：《穆格尼》（第5卷），贝鲁特思想出版社1985年版，第599页。
③ 穆罕默德·艾哈迈德·欧莱希：《教法明解》（第8卷），贝鲁特思想出版社1989年版，第108页。
④ 昂里·马塞：《伊斯兰教简史》，商务印书馆1978年版，第124页。

入手。比较注重社会经济分析的当推法国的东方学家戈德弗鲁瓦·德蒙班,他注意到卧格夫制度与早期伊斯兰国家经济体制和产业关系的内在联系。

五、我国学者的观点

观点一:伊斯兰法学家在说明卧格夫制度缘起时,大都引证哈里发欧麦尔将海拜尔的战利品土地捐为卧格夫的圣训。对此,我国学者也有不同的认识:"这则源自《布哈里圣训实录》的传说,与后来关于卧格夫制度的有关规定几乎别无二致。考虑到圣训形成的历史背景,很可能是后世法学家为论证卧格夫制度的神圣性,把当时流行的习惯和法学家们自己的主张假托为穆罕默德的言论,而这则孤立的、有争论的圣训传说事实上则是伊斯兰教法律文献中关于卧格夫制度起源的最早的文字依据,后来关于卧格夫制度的种种学说,都是在此基础上构筑起来的。"[1]

圣训的辑录成册,是先知辞世后圣门弟子和早期圣训学家根据其生前言行追述而成。与《论语》的成书颇有相似之处。这种成书背景为后世研究者理解圣训打开了一种视域,不少非伊斯兰学者据此质疑部分圣训的真伪。东方学家中更有甚者,认为圣训都是伪作。[2] 具体到这则伊本·欧麦尔传述的圣训,认为这是世人假托穆罕默德之名伪造的圣训,以增强卧格夫的合法性。笔者不大认同这一观点:其一,关于卧格夫的圣训依据并非只此一条,如若这则圣训系伪训,依然能找出其他的圣训依据以支持卧格夫的合法性;其二,圣训作为伊斯兰教的重要典籍,后辈人不宜随意揣度其真伪。即便是这一领域的研究者,没有圣训学方面的精深功力,恐怕也不便轻言定性。笔者早期阅读过极少量的圣训简本后也曾有已观其旨的自满感,其后随着这方面研读的深入,才知圣训以及圣训学如若用博大精深来形容亦不为过,后来者想编造都绝非易事。再者,编纂者出于对真主的极度虔诚以及对先知的敬重,所秉持的那种极度严谨的学风,超乎吾辈想象,亦绝不适宜后人简单地以"比附""假托"之类的措辞轻言概之。

---

[1] 吴云贵:《卧格夫制度的由来和演变》,《世界宗教研究》1986年第1期。
[2] 东方学家中研究圣训者众多,有些对圣训持质疑态度。诸如匈牙利籍犹太学者伊格纳兹·戈尔德戚厄(Goldziher. Y., 1850—1921)、荷兰著名闪语学家兼伊斯兰教研究专家文辛克(Arent Jan Wensinck, 1882—1939)、荷兰著名东方学家约瑟夫·沙赫特(Joseph Schachet, 1902—1969)。伊格纳兹·戈尔德戚厄和文辛克对圣训的准确性和真实性提出疑问。约瑟夫·沙赫特的结论更为直接,他根据对圣训正文的评判否认圣训,视其为后人杜撰,从而全盘否定了圣训。

观点二：家庭卧格夫的出现是对伊斯兰教继承法的一种补充调整。"家庭卧格夫,同样产生于现实经济生活的需要。或者说,它的出现实质上是对伊斯兰教继承法所作的一种习惯调整。伊斯兰教继承法(法定继承)规定法定继承人仅有权继承经典里规定的固定份额部分,没有资格接受遗嘱转让部分的遗产。亦即,直系血亲实际所得部分不超过被继承人全部净资产的三分之一,另外三分之一遗产属于遗嘱继承范围,分配给远亲和在亡人生前以各种方式提供过帮助的外人。这项基本原则,从发展的观点来看,无疑削弱了直系血亲的地位,因此随着原始父系大家族的解体和以父母、子女、祖父母为基本成员的核心小家庭的出现,势必引起产业关系的新的调整。历史上,伊斯兰教法并非由国家颁布,封建统治者没有神圣立法权,所以只好通过社会习惯来调整。由于上述原则以圣训为据,得到逊尼派法学家一致确认的根本原则,所以只能通过其他法律部门来加以调整。因之,为了维护直接继承人的权益,被继承人通常采取生前赠予的方式,变相将全部或大部资产转让给直系血亲。而按照伊斯兰教赠予法的惯例,生前赠予不同于临终前的遗嘱,可赠予任何人(包括法定继承人),而且所赠产业的数量不受限制。这样,便逃避了继承法的监督和约束。在形式上把这类赠予解释为只转移用益权,不涉及所有权的家庭卧格夫。"①

这种观点的核心在于对伊斯兰教继承法的理解。伊斯兰教继承法是否如一些学者的理解:"直系血亲实际所得部分不超过被继承人全部净资产的三分之一,另外三分之一遗产属于遗嘱继承范围,分配给远亲和在亡人生前以各种方式提供过帮助的外人。"《古兰经》对遗产继承的规定,主要集中于第四章(妇女/尼萨仪)第 11 节、第 12 节、第 176 节,它规定了继承人的具体继承份额,另外第二章(黄牛/百格勒)的第 180 节和第四章的第 7 节、第 8 节、第 33 节也都涉及遗产伦理,但这些章节并未出现上述观点。圣训作为《古兰经》的重要补充,也明文提及了继承问题:据塞阿德(求真主喜悦他)传述,辞朝期间我病重时,真主的使者来看望我,我说:"我已病成你所见的这个样子,我有些钱,而我的继承人只有我的一个女儿,我能否把我三分之二的钱施舍?"他说:"不行。"我说:"用一半。"他说:"不行。"我又说:"三分之一。"他说:"三分之一已经很多了。你让你的继承人富裕,强于你让他们因贫穷而向人乞讨。凡是你为追求真主的喜悦而支出的费

---

① 吴云贵:《真主的法度——伊斯兰教法》,中国社会科学出版社 1994 年版,第 95 页。

用,你必得到回报,甚至你喂到你妻子口中的[食物]。"①这则圣训在《穆斯林圣训实录全集》等其他的几大部圣训集中也有记载,它也是伊斯兰教继承法的重要教法依据。

借此可知,伊斯兰教高度保护直系血亲的财产利益,被继承人如若要将遗产留于非直系血亲,其遗嘱权限仅限于三分之一以内。如若没有遗嘱,则全部财产必须留于直系血亲。如此,无须存在"为了维护直接继承人的权益,被继承人通常采取生前赠予的方式,变相将全部或大部资产转让给直系血亲"。因为只要被继承人不刻意立嘱,遗产会自动全部留给直系血亲,通过卧格夫这一生前赠予的方式,实是多此一举。

观点三:运用唯物史观,着重分析了卧格夫制度形成的社会经济关系的历史原因。"种种迹象表明,卧格夫制度始自我们所知甚少的伍麦叶王朝末期,发展、完善于阿拔斯王朝,它的形成过程从一个侧面反映了阿拉伯国家封建经济关系形成的始末,而这一过程与伊斯兰教法和各项宗教社会制度差不多是同步完成的。由于封建化过程来得迅猛,阿拉伯人对原始公社制还留有许多美好的记忆,正在形成的土地产业关系需要披上一件神圣的外衣:土地被宣布为'真主赐我之产业',唯有先知的继承人哈里发有权支配。据此可以认为,卧格夫制度很可能是从哈里发对大量'无主土地'的处置开始的。""这类土地,可由哈里发随意支配,或留作战利品,或用于社会公益事业(卧格夫)。作为军事采邑的土地,领有者虽有权役使农民代耕,但须向国家纳税,并仅有所有权和使用权,死后须归还哈里发。这些仅有用益权、没有所有权和处分权的土地关系,刚好与后来形成的卧格夫制度的有关规定相吻合。由此我们可以推断:最初从所谓'无主土地'的分配和调整开始的卧格夫制度,显然同随着大量新占领土地而引起的封建化的一般过程相联系。"②这种观点,与法国学者戈德弗鲁瓦·德蒙班从社会经济关系来探究卧格夫成因多有雷同。

总之,对于卧格夫制度的缘起,伊斯兰学者与非伊斯兰学者的立场和视域不同,观点自然不同。站在历史唯物主义的立场,"一种制度的产生,必然具有深刻的社会思想渊源和社会经济关系的历史原因。作为伊斯兰教这种极为突出精神、思想引导作用的宗教所制定的制度,深刻的思想渊源是把握其制度形成原因

---

① 《布哈里圣训实录全集》(第 4 卷),第 5 668 段,商务印书馆 2018 年版,第 1923 页。
② 吴云贵:《真主的法度——伊斯兰教法》,中国社会科学出版社 1994 年版,第 96 页。

的关键。当然思想、精神的东西又必须适应现实的社会经济的背景,或者社会经济的背景的发展变化导致这种制度的产生"。[①] 因此,有学者认为,"从源渊上看,卧格夫源于罗马、拜占庭和萨珊的法律和实践,发展于穆斯林的法律和文化需要,以及地方政治、社会和经济现实"。[②] 或者认为"卧格夫制度源自古阿拉伯人和犹太人所共有的一种产业观"。这是一种更为久远的社会发展形态,笔者不大具备相关的扎实知识背景,不宜妄自评议。但笔者认为,抛开这种"辩证""历史"的角度,就伊斯兰教自身而言,面对爽直的阿拉伯游牧民族,穆罕默德不管是出于引导信众行善,还是通过倡导行善吸引民众,增强伊斯兰教的魅力和向心力,都完全可以有类似卧格夫的相关圣训出现。

[①] 吴云贵:《真主的法度——伊斯兰教法》,中国社会科学出版社1994年版,第95页。
[②] 杨瑾:《信仰与慈善救济——伊斯兰历史上的贫困与济贫研究》,文物出版社2012年版,第97页。

第十一章　卧格夫的教法断定

教法学家将卧格夫界定为:"保留原物件,将其所有权奉献给真主,收益用于自己所意欲之人,不得用于自己。"①"我把这座宅院捐为卧格夫",即"我保留这座宅院,专用于主道,阻止其他用途"。设置卧格夫属于善举,具体状况不同,卧格夫的断法亦不同。(1)有时卧格夫属于必须的主命,如许愿的卧格夫。譬如有人说:"倘若我的儿子这次能够平安回来,我就将这座宅院捐为卧格夫,专供过往旅客歇息。"若他儿子平安回来,他必须履行诺言,设置卧格夫。(2)有时设置的卧格夫无效,如穆斯林给教堂庙宇设置卧格夫。若要给子女设置卧格夫,须一视同仁,不许重男轻女,否则设置的卧格夫也属无效。有几则圣训谈到给孩子馈赠须一视同仁。诸如:据伊本·奥尼由舍阿比传述,努尔曼·本·拜希尔说,我父亲赠予我一些财产,接着他带我去见真主的使者,以便让使者见证。使者问:"你给你每个孩子都赠予了同样的财产吗"他说:"没有。"使者说:"难道你不希望他们像这个孩子一样孝顺你吗?"他说:"当然希望。"使者说:"所以我不会见证。"伊本·奥尼说,我给穆罕默德讲述了这段圣训,他说:"曾有人给我这样讲述:'使者说:你们应当公平对待孩子。'"②

第一节　卧格夫的要素

众教法学家共同认为,卧格夫的要素有四个:表决词,卧格夫捐赠者,卧格

---

① 《科威特教法大百科全书》"卧格夫"词条解释之"卧格夫的教法断定"。
② 《穆斯林圣训实录全集》(下册),第 1623 段,商务印书馆 2016 年版,第 892—893 页。

夫的被捐赠对象,用来捐赠卧格夫的物件。

一、卧格夫表决词

教法学家一致认为,只有明确表决后卧格夫才能生效。卧格夫表决词指捐赠者或口头言明,或通过书面文字,或请人作证,或以实际行动明确表示他已将自己的财物捐为卧格夫。阿拉伯语通常表达为"卧格夫图"(وَقَفْتُ)和"哈白斯图"(حَبَسْتُ),意为我将某某财产捐为卧格夫。也可以用其他形式表达,"我将自己的某某财产作为永久性索德格,他人不得占有,不得买卖,不得馈赠"。据伊本·阿拔斯(求真主喜悦他父子俩)传述,当赛阿德·本·乌巴德(求真主喜悦他)(白尼·萨伊德祖的人)的母亲去世时,赛阿德不在家,后来他来问先知:"真主的使者啊!我母亲去世时,我不在家,若我替她施舍,她能否受益?"使者说:"能受益。"赛阿德说:"我请你作证,我的米哈拉夫枣园已成为替她的施舍之物。"[①]

若卧格夫的被捐赠对象是固定的个人或群体,他们必须口头表示接受。若捐赠给公共群体,则无须表示接受。被捐赠者不得将卧格夫转赠他人。

倘若被捐赠的对象拒绝接受或退回卧格夫,卧格夫的所有权仍回归捐赠者。若被捐赠对象去世,法官可将卧格夫移至其他需要的人。

一旦卧格夫被捐赠,就具有了永久性。捐赠者不再对其拥有支配权,不得收回、买卖、馈赠、继承。艾布·哈尼法对此持不同见解,他认为捐赠者生前可以收回卧格夫,可作为遗产继承,但属"麦克鲁海"(可憎行为)。他认为卧格夫的永久性需具备的条件为:或由法官判定,或为遗赠。

二、卧格夫捐赠者

卧格夫的捐赠者,阿拉伯语谓之瓦给夫(Wagif)。捐赠卧格夫属于施舍,故捐赠者必须是有资格施舍之人。(1)捐赠者须是理智健全的成年人,儿童和理智不健全者的捐赠无效。(2)捐赠者须是自由公民。奴隶本身是他人的财产,故其捐赠无效。(3)捐赠须是自愿行为,被强迫捐赠的卧格夫无效。(4)捐赠者不是因不善理财或破产而暂时被取消其理财权之人。关于这一点,四大教法学派各

[①]《布哈里圣训实录全集》(第 2 卷),第 2762 段,商务印书馆 2018 年版,第 906 页。

有己见：一些哈奈斐学派的学者认为，负债者捐赠的卧格夫无效；马立克学派认为，应将其捐赠的卧格夫出售后偿还债务；沙斐仪学派和罕百里学派则认为，未被取消理财权的破产者捐赠的卧格夫有效。沙斐仪认为，即使暂时被取消理财权的破产者，倘若不负债，其捐赠依然有效。(5)捐赠者须拥有被捐赠物的实际所有权。(6)若法官将某些公共财产立为卧格夫，用于公众利益，则其立法有效，但法官不可以卧格夫谋私。

（一）病人临终前捐赠的卧格夫

病人临终前捐赠的卧格夫有效，须按遗赠对待，但不得超过总遗产的 1/3，否则须征得遗产继承人的同意。继承人若不同意，就限于 1/3 以内。倘若一个人临终前将自己的一座宅院捐为卧格夫，受益者为自己的三个女儿，她们也是他唯一的遗产继承人，这种情况下若她们同意，整座宅院可作为卧格夫，若不同意只能将宅院的 1/3 捐为卧格夫，2/3 属于三个女儿，她们可以任意支配。

（二）负债的病人临终前捐赠的卧格夫

众教法学家一致认为，负债的病人临终前捐赠的卧格夫须看债务的情况而定。若负债数额较大，即使包括被捐赠的卧格夫也不能偿清债务，则需出售卧格夫用于还债。若债务不涵盖捐赠者所有财产，卧格夫就在偿清债务后余留总财产的 1/3 内执行。

（三）异教徒捐赠的卧格夫

众教法学家一致认为，非穆斯林捐赠的卧格夫有效，信奉伊斯兰教与否不是卧格夫有效的必要条件。

（四）卧格夫捐赠者提出的条件

捐赠卧格夫属于自由慈善行为，捐赠者可按自己喜欢的方式捐赠给意欲之人。捐赠卧格夫时可以提出不违背教法或卧格夫实际情况的条件，提出的条件具有教法效力。

(1)捐赠者提出不符合卧格夫情况的条件。如捐赠者提出，他有权随时收回卧格夫，或将捐赠的卧格夫出售、馈赠、抵押等。此类条件无效。

(2)附有条件的卧格夫。譬如：有人将一批书籍捐为卧格夫，但提出不许外借,除非有东西作为抵押。又如:捐赠者提出条件,由子女负责管理卧格夫,拥有卧格夫管理人员的任免等一切权力,不许法官参与。此类条件有损于受益者的公共利益,此种情况下卧格夫有效,但条件无效。

(3) 有效的条件。捐赠者提出的条件若不违背教法规定,也无损于卧格夫本身,不影响受益者的权益,应予以接受。这类条件一般涉及卧格夫收益的分配、受益者对象、分配的时间及数额等。譬如,捐赠者说:"我为真主将这块地捐为永久性卧格夫,其收益归栽德和阿慕尔两人,他俩去世后归其他穷人。条件是先给栽德分配,从所得利润中每年给他一千迪尔汗,再给阿慕尔足够一年的粮食。"在分配中,先给栽德一千迪尔汗,再给阿慕尔一年的粮食,余者由栽德与阿慕尔平分。如若所得利润不及捐赠者提出的数额,则先给栽德分配,余者再给阿慕尔。若无剩余,阿慕尔无所得。

(五) 论如何对待被捐赠的对象

捐赠者可以提出条件,平等或区别对待被捐赠的对象。例如捐赠者说:"我的这块地是为某某家族设立的卧格夫,但分配利润时我要区别对待他们。"或者说:"大人分得小孩的一倍,学者分得普通人的一倍,穷人分得富人的一倍。"此种区分均属有效。但若是给子女,则必须平等对待。

(六) 论指定将卧格夫收益给持某一学派观点的人

众教法学家认为,若捐赠者指定将收益给予坚持某一学派观点的人,此条件有效。换言之,若有人改变观点,转向另一学派,则不再是卧格夫的受益对象。此类条件有效。

(七) 论提出享受卧格夫的优先条件

众教法学家认为,捐赠者可以提出享受卧格夫的优先条件。譬如捐赠者说:"我设立的卧格夫其利润专给背诵《古兰经》之人,若忘记了已背诵的《古兰经》则无资格享受卧格夫。"如此,卧格夫收益只可给予背诵《古兰经》之人,没有背诵《古兰经》或背诵后又忘记者无资格享受。

(八) 论更改卧格夫的有效条件

哈奈斐学派认为,为了公众利益,可以更改捐赠者提出的有效条件。譬如捐赠者提出不许更换卧格夫负责人。但出于公众利益的考虑，法官可以更换不胜任的卧格夫负责人。又如捐赠者提出条件，租赁其卧格夫不得超过一年，但承租人不愿只租赁一年，或一年以上的租赁利润更丰厚，更益于受益者。这种情况下，法官有权更改条件。

（九）卧格夫捐赠者提出的特殊条件

（1）捐赠者提出自己作为受益者。按照教法，尤其是依照马立克学派和罕百里学派的普遍看法，捐赠者自身并不能作为卧格夫的受益人，自身为受益人有悖于卧格夫的慈善特征。(2)卧格夫的终止。即捐赠者或受益人收回其卧格夫产业，除了艾布·哈尼法，这一权利不被其他法学家接受，当然，艾布·哈尼法接受的前提是卧格夫无法通过司法行为获得永久性。(3)卧格夫的临时性。如用卧格夫收益抚养一位孤儿，直至他成年。对于卧格夫的临时性，教法学家均予以认可。

有学者认为，当代生活充满了不确定性和不可预测性，加之家庭和部落之间金融互助的松懈，这三种变量对卧格夫捐赠者而言变得非常重要。如果个体确信，他（她）能在退休、晚年、疾病等原因需要卧格夫收益时，能够成为自己卧格夫的优先受益人，或者他（她）可以使用卧格夫资产和收益，如此会大大鼓励更多产业成为卧格夫。基于此，当代教法和卧格夫法必须重新定义卧格夫捐赠者提出的条件，以便服务于现实需要。应当指出的是，约旦和沙特阿拉伯等一些国家的新卧格夫法接受了卧格夫的自我受益（Self-Beneficiary），科威特新提议的卧格夫法也允许捐赠者更改条件。

三、卧格夫的被捐赠对象

被捐赠对象亦即卧格夫受益者，既可确指个人或群体，也可指向穷人等笼统的对象。被捐赠对象有诸多条件：(1)被捐赠对象应是有资格拥有卧格夫者，如穷人、清真寺、客栈、道路等。(2)被捐赠对象不能是捐赠者自己。多数教法学家主张这类卧格夫无效。(3)被捐赠对象须是可持续性的，如穷人和清真寺。(4)被捐赠对象须是明确可知的。譬如有人说，"我将我的某某财产捐为卧格夫"，多数学者认为这种卧格夫有效。若有人笼统地捐赠了卧格夫，未明确受益对象，"我将我的某某财产为某人与某人之一捐为卧格夫"，则其卧格夫无效。(5)被捐赠者既可以是穆斯林，也可以是非穆斯林。相传先知的妻子索菲娅曾给她信奉犹太教的兄弟捐赠了卧格夫。

哈奈斐学派认为,卧格夫捐赠声明书(Waqfiyya)最后必须注明永久存在的受益人——穷人。该学派的著名法学家艾布·优素福(伊历113—182/公元731—798)认为,卧格夫自建立之日起就将穷人作为受益人包含在内。罕百里学派和沙斐仪学派认为,最好的慈善是给亲戚施舍。马立克学派则认为,卧格夫应赠予捐赠者家族中的穷人或广义上的穷人。

四、卧格夫捐赠物

(一) 能否作为卧格夫的财物

教法学家对于哪些财物可以作为卧格夫未做明确的界定。哈奈斐学派认为,卧格夫须是可以估价的财物,须是人们交易的动产或不动产。

1. 不动产卧格夫。教法学家一致认为,房地产、水井、桥梁等不动产均可以作为卧格夫,因为圣门弟子曾将田产作为卧格夫。其中,欧麦尔捐赠海拜尔土地的圣训便是最有力的依据。

2. 动产卧格夫。沙斐仪学派、罕百里学派和马立克学派主张,可以将家具、牲畜、武器等动产作为卧格夫。据艾布·胡莱赖传述,真主的使者说:"谁为归信真主和坚信真主许诺,为主道将一匹马捐为卧格夫,马所吃的草料、所饮之水、排出的粪便,复生日均能使捐赠者的善功簿加重分量。"[1]"哈立德把自己的铠甲和战马及装备作为瓦克夫(义产)奉献于主道。"[2]哈奈斐学派的有些学者勉强认可将动产作为卧格夫,也有学者不予认同,认为卧格夫的条件是持久,而动产一般不长久。

3. 利润卧格夫。哈奈斐学派、沙斐仪学派和罕百里学派主张,不能将所得利润作为卧格夫,认为卧格夫必须是长期存在收益的实体。马立克学派则认为,可以将所得利润作为卧格夫,如有人将房产定期租赁,其租金作为卧格夫,租赁期限结束卧格夫也随之结束,因为持久不是卧格夫的必要条件。

(二) 卧格夫捐赠物必备的条件

1. 必须是明确的实物。众教法学家认为,卧格夫的捐赠物必须是明确的实

---

[1] 《奈萨仪圣训集》,第3582段,利雅得赛俩目出版社1999年版,第458页。
[2] 《布哈里圣训实录全集》(第1卷),第1468段,商务印书馆2018年版,第476页。

物，不能将不可知的东西作为卧格夫。倘若有人将拥有的众多地产之一捐为卧格夫，但未言明具体是哪一块地产，则其卧格夫无效。又如，有人将马匹中的一匹马作为卧格夫，但未言明是具体哪一匹，其卧格夫亦无效。

2. 必须是长期收益。众教法学家认为，卧格夫必须是有长期收益的实体。因此，沙斐仪学派、罕百里学派和马立克学派主张，不能将食物和饮料等消耗品作为卧格夫，因为卧格夫的本质是永久性保留原物件，利用的是其收益。哈奈斐学派则认为，消耗品若有替代品，可以作为卧格夫。如将小麦借贷给无种粮的农民，丰收后只收取同等数额的粮食，再借贷给其他穷人，如此循环借贷。

3. 卧格夫的捐赠物不牵涉他人利益。依据多数学者的观点，若财物牵涉他人利益，如抵押品、租赁物等，不能将其作为卧格夫，除非事先征得主人的同意。

4. 卧格夫捐赠物须是可以交易的实体。罕百里学派、沙斐仪学派认为，卧格夫须是能够买卖的实体。据此，教法学家伊本·古达迈认为，抵押品、狗、猪等不能买卖的东西，[①]不能作为卧格夫。因为卧格夫意味着物体主权的更迭，恰似买卖。此外，自身不能产生利益的，不能将其作为卧格夫。[②]

（三）将共有的财物捐为卧格夫

沙斐仪学派和罕百里学派认为，可以将与他人共有的财物中自己的份额捐作卧格夫。依据是欧麦尔从海拜尔缴获的战利品田产中分得了一百份份额，他请示先知如何处理，先知建议将其作为卧格夫。依此，若有人将共有财产中自己的份额捐作卧格夫，则视为有效。另据艾奈斯（求真主喜悦他）传述，先知下令修建清真寺，先知说道："白尼·楠贾尔族的人们啊！请你们就这个枣园向我议个价。"众人说："不，以真主起誓！我们只向真主祈求代价。"[③]据此，一群人可以将共有的一块地或财产捐为卧格夫。

（四）有关卧格夫财产的支配问题

1. 卧格夫财产的天课。哈奈斐学派和沙斐仪学派认为卧格夫财产无天课，

---

① 伊斯兰经训明确禁止食用和买卖猪、狗。诸如《穆斯林圣训实录全集》第1567段明确提到禁止使用卖狗的钱、占卦费、卖淫的钱、禁止卖猫。第1581段明确提到禁止卖酒、自死物、猪和佛像。——《穆斯林圣训实录全集》（下册），商务印书馆2016年版。
② 伊本·古达迈：《穆格尼》（第5卷），贝鲁特思想出版社1985年版，第641页。
③ 《布哈里圣训实录全集》（第2卷），第2771段，商务印书馆2018年版，第910页。

因为天课的主要条件之一是拥有财物的所有权,而卧格夫的主权不属于任何人。

2. 卧格夫田产、树木收成的天课。四大教法学派一致认为,卧格夫田产和树木收获的庄稼果实,若是定向捐赠,只要收获的谷物果实达到满贯就须缴纳天课(什一税),因为被捐赠者完全拥有收获的谷物果实的所有权。再者,什一税是针对收成的,不是针对土地的,是否拥有土地的所有权与什一税无关。若是非定向捐赠,譬如是对清真寺或穷人的笼统捐赠,除罕百里学派,其他三派学者都认为,只要收成达到满贯就须缴纳其天课,因为"在收获的日子,你们当施舍其中的一部分"。[①]

第二节 卧格夫的租赁

一、谁有权租赁卧格夫

教法学家一致认为,若捐赠者指定由某人负责管理卧格夫,就由此人负责租赁该卧格夫。若无指定的管理者,被捐赠对象可以将其租赁,租金归自己。沙斐仪学派认为,若无指定的管理者就由法官负责租赁,因为卧格夫的主权归属真主,法官最适宜代为管理。

二、须遵守捐赠者提出的租赁条件

四大教法学派一致认为,租赁卧格夫时须遵守捐赠者提出的租赁条件。譬如,捐赠者提出不许出租卧格夫或租期不得超过一年,则这一条件必须得以遵守。哈奈斐学派认为,若遇到特殊情况,可以酌情变通。

三、卧格夫租金的计算

卧格夫的租金一般依照当地行情。沙斐仪学派和罕百里学派认为,若管理者租赁的是自己受益的卧格夫,租金可以低于市场价。若租赁的是他人受益的

[①]《古兰经》: 筵席(马以代)章第141节。

卧格夫，则其租赁无效，除非管理者自己弥补差价。如果依据市场价将卧格夫租赁不久，租金看涨或有愿意提价者，马立克学派、罕百里学派的多数学者主张，应维持原先的租赁合同。哈奈斐学派个别学者认为，应废除原合同，重新签约，除非承租者愿意支付差价。若租赁合同到期，承租者还有尚未收获的庄稼，可按行情续租，直至收获。

四、关于在卧格夫田地里的树木和建筑

哈奈斐学派认为，承租方可以在卧格夫土地上种植树木等，只要对土地不造成影响，无须请示管理者，但不允许挖水池等。若承租方拥有卧格夫土地的居住权，他可以挖水渠、植树和砌墙等，条件是不能对卧格夫土地造成损失。倘若有人在清真寺栽植了树木，则树木归清真寺所有，因为任何人不得在清真寺里谋私。

马立克学派认为，若修建者或种植者是被捐赠对象，他声明所造建筑或所植树木是私有财产，则这些产业按其私有财产处置，他死后归其法定继承人所有。若他声明建筑或树木均属卧格夫，或未声明就去世，无论数量多少均按卧格夫处置，不得作为遗产继承。假若种植者或修建者既非管理者，亦非定向被捐赠者，若他声明是卧格夫，就依卧格夫对待。若他声明是私有财产或未声明就去世，应作为遗产处理，其继承人有权拆除或折价索取赔付。

沙斐仪学派认为，倘若有人将一块地定向捐赠为卧格夫，被捐赠者可以收益。但未经捐赠者允许，不得改变卧格夫的原初状态。

罕百里学派则认为，倘若管理者是唯一的被捐赠对象，其栽植的树木、建造的建筑均归属本人，任何人不得变更。倘若卧格夫是多人合作，未经合伙人同意，任何一方不得自行修建或种植。

五、卧格夫的分割

卧格夫财产不得分割，因为其主权归属真主。若卧格夫是一座住宅或一块耕地，收益不足以分配给定向受益者，也不允许将卧格夫实体加以分割，因为受益者有权享有收益，但并不拥有卧格夫实体的主权。

第三节　卧格夫功能受损或受限时的举措

一、尽可能修缮

修缮卧格夫主要是为了保护卧格夫产业，以确保其长期收益。卧格夫修缮有两种情况：一是卧格夫虽然暂时无缺陷毛病，但为了充分利用，对其进行预防性的加固修缮；二是卧格夫受损后必需的修缮。卧格夫的收益应首先用于必要的修缮，余者用于其他方面。倘若有人将一座宅院捐作卧格夫，专供穷人居住，修缮费用应由居住者支付。卧格夫财产受损若是人为使然，由破坏者承担损失。若是非人为因素，则修缮费用从卧格夫收益中开支。倘若卧格夫急需修缮，而卧格夫收益不足以支付开支，管理者可通过借贷开支。

二、置换卧格夫

四大教法学派认为，当卧格夫功能受损无法利用时，可将其出售，购置别的替代物。

哈奈斐学派认为，即使卧格夫未受损，也可将其出售，以他物替代，但有很多具体条件。

马立克学派将动产与不动产区别对待，认为若动产卧格夫受损无法修缮，可将其置换。譬如有人将奶牛或奶驼捐作卧格夫，随着牛和骆驼的年长无法生育产奶时可将其出售，再购买能产奶的牛和骆驼。至于不动产，马立克学派认为不能将其变更，除非受损严重无法再利用，可以用其他不动产置换。该学派还认为，若某海乙寺急需扩建，没有别的资金来源，可以出售其卧格夫用以清真寺扩建。同样，若穆斯林公墓或公路需要扩建，必要时可以出售卧格夫用于公墓和道路建设。

沙斐仪学派认为，卧格夫清真寺若要淘汰废旧拜毯、地板等，与其将其焚烧或闲置，不如卖作废品，即便所得甚微仍可用于清真寺开支。类似废旧品基本无使用价值，其售卖不能视为是出售卧格夫。如果卧格夫清真寺濒临坍塌，经法官同意可拆除后重建，否则保留原址，另建清真寺，以维护卧格夫捐赠者的初衷。

再如，有人修建了一座卧格夫桥，结果河床干涸不再发挥其功用，需要别处架桥时，可将该桥梁移至需要的地方。又如，捐作卧格夫的椰枣树枯死，或捐赠的牲畜瘫痪，遇到此类问题，沙斐仪学派的学者或认为与清真寺一样不许将其出售，或认为可以出售，因为这些东西无法利用，与其废弃不如折价变卖。清真寺作为不动产，虽然破旧，仍可在其废址上礼拜或重建。可以出售的卧格夫，一般是指卧格夫易耗品。

罕百里学派主张，卧格夫不能出售、移置和置换，除非其功能彻底废止。亦即，当卧格夫不再发挥功能，无法再利用时可以将其置换，无论原卧格夫是动产还是不动产。譬如有一座卧格夫清真寺无法容纳礼拜者，也无法扩建，或由于坍塌等原因无法正常使用，可将其出售，在别处修建清真寺。又如，有人将一匹战马捐作了卧格夫为主道而战，当这匹马老迈不堪可将其出售，再购买能出战的马匹作为替代。其断法依据是，闲置卧格夫等同于荒废财物，卧格夫追求永久性收益，如果无法拥有收益可置换成其他物品，以实现卧格夫的最终目的。

三、卧格夫主权回归捐赠者

依据学者的主流观点，已经成为卧格夫的财产永远是卧格夫，主权不再归任何人所有。据此，哈奈斐学派的著名大法官艾布·优素福认为，这种情况下，就清真寺卧格夫而言，应由法官下令将旧清真寺的主权归属另一座清真寺，将其拆除变卖后合并到一起。该派中与艾布·优素福齐名的著名法学家穆罕默德·本·哈桑（Muhammad ibn Hassan，伊历132—189）则认为，当一座卧格夫清真寺无法使用，或无法修缮，或附近另建了一座清真寺无须旧清真寺时，该清真寺的主权回归原主人，若他已经离世，则归其继承人。

第四节　卧格夫管理的教法断定

众教法学家一致认为，卧格夫的管理须遵守卧格夫捐赠者提出的条件。马立克学派认为，捐赠者自己不能管理卧格夫，其他三派则认为无妨。如果捐赠者指定由某人管理，应遵守其条件。因为欧麦尔·本·哈塔卜曾提出，他捐赠的卧格夫由女儿哈芙赛负责管理,她去世后由其家族中有见识者负责管理。[①] 如果捐赠者未指定管理人,马立克学派和罕百里学派认为,此种情况要视被捐赠对象而定。若是非定向卧格夫,可由最高行政长官委任中意之人。若是针对固定对象的定向卧格夫,就由被捐赠者自己负责,条件是被捐赠者理智健全、善于理财,若理智不健全或不擅理财则由其监护人代管。哈奈斐学派的艾布·优素福认为,应由捐赠者自己管理。若捐赠者亡故,由其继承人管理。若无继承人,由行政长官负责。艾布·优素福的同门穆罕默德·本·哈桑则认为,捐赠者不能管理自己的卧格夫。沙斐仪学派认为,如果捐赠者未指定管理者,则由法官指定。该派部分学者主张,由捐赠者自己负责,亦有人主张由受益者负责。

卧格夫管理者通常称为姆塔瓦利(Mutawalli)、纳齐尔(Nazir)或盖伊姆(Qayyim),其职责是为受益人管理卧格夫产业,以实现效益最大化。卧格夫捐赠声明书通常会提及姆塔瓦利的责任。捐赠者指定姆塔瓦利意味着每个卧格夫都有其独立的管理。此外,卧格夫管理有其明显的地方特征,捐赠者一般会从当地委任一位姆塔瓦利,卧格夫产业和姆塔瓦利通常都为当地社区所熟知。卧格夫产业的独立管理和地方性在卧格夫的成功管理中至关重要,因为每位姆塔瓦利都与该地区的其他姆塔瓦利比较其表现,从而处于当地社区的监督之下。

一、姆塔瓦利必须具备的条件

1. 能履行宗教义务。教法学家一致认为,姆塔瓦利必须是理智健全的成年人。
2. 公正。姆塔瓦利必须公正无私,诚实可靠。若出现不公行为,包括个人品德失范和教门操守违纪等,法官可将其罢免,委任他人管理。
3. 能力。即胜任管理卧格夫一职。
4. 穆斯林。通常情况下,卧格夫受益者是穆斯林群体和清真寺,因此,姆塔瓦利必须是穆斯林。若受益对象是定向的非穆斯林,可以由非穆斯林管理。哈奈斐学派认为,信奉伊斯兰教不是姆塔瓦利必须的条件,只要胜任,非穆斯林也可以负责卧格夫。

如若姆塔瓦利不能满足这四个条件,可将其罢免。

[①] 拜海基:《大圣训集》(第 6 卷),贝鲁特知识书局 2003 年版,第 161 页。

二、姆塔瓦利的薪资

（一）姆塔瓦利有收取薪酬的资格

众教法学家认为，姆塔瓦利可以收取相应的薪酬。一者依据圣训，据伊本·欧麦尔（求真主喜悦他父子俩）传述，欧麦尔对他所捐的瓦克夫提出条件，允许负责管理瓦克夫的人可以从中享用，也可以招待朋友，但不可贪婪敛财。① 再者，天课征收官可以享用天课。因此，姆塔瓦利也可以享用卧格夫收益。

（二）姆塔瓦利的薪酬

姆塔瓦利的薪酬不外乎两种情况：或由捐赠者规定，或由法官规定。如果捐赠者规定的薪酬高于市场价，则予以认可。若低于市场价，法官有权要求按照市场价付薪。沙斐仪学派认为，倘若捐赠者提出由自己管理卧格夫，他可以收取薪酬，但不能高于行情，否则卧格夫无效，因为这等同于给自己捐赠卧格夫。② 马立克学派认为，姆塔瓦利的薪酬由捐赠者或法官规定，若捐赠者对姆塔瓦利的薪酬未做任何规定，就由法官按行情决定。

（三）姆塔瓦利的薪酬由谁支付

四大教法学派一致认为，无论姆塔瓦利的薪酬由捐赠者规定，抑或由法官决定，均从卧格夫收益中支付。

（四）姆塔瓦利应担负的责任

收获须与付出等值。姆塔瓦利的职责是看护卧格夫，对其进行修缮，负责将其租赁，使卧格夫收益增值，将其用于慈善。若姆塔瓦利好逸恶劳，玩忽职守，可以扣除其部分薪酬。

（五）对姆塔瓦利的监管

教法学家认为，应该对姆塔瓦利的行为实施监管。监管方可以是法官，也可

---

① 《布哈里圣训实录全集》（第2卷），第2772段，商务印书馆2018年版，第911—912页。
② 伊本·古达迈：《穆格尼》（第2卷），贝鲁特思想出版社1985年版，第380页。

以是卧格夫受益者。对于姆塔瓦利的辩词,是否需要辅证?若无辅证,是否需要其发誓?其誓言是否有效?对此,教法学家观点不一。

哈奈斐学派认为,若姆塔瓦利是众所周知的可靠之人,法官无须对卧格夫收益的支出情况进行详细的核实,过问概况即可。若姆塔瓦利是有嫌疑或被指贪污之人,法官可让他做出解释。若他有意隐瞒,拒不解释,可强制执行。若还不做解释,就让其发誓。若法官询问具体细节,他须以誓言作保。

马立克学派认为,当捐赠者去世,又无出纳、会计等财务人员时,若姆塔瓦利属于可靠之人,卧格夫收益的开支情况依其言辞为准。若设立卧格夫时提出每项开支须有证人,则不可相信姆塔瓦利的一家之言,须有人证。

沙斐仪学派认为,对于姆塔瓦利的监管要根据卧格夫的性质区分对待。若是定向卧格夫,受益者有权要求姆塔瓦利公布账目明细。若是非定向卧格夫,伊玛目有权要求姆塔瓦利公布账目明细。若有嫌疑,可令其发誓。

罕百里学派认为,若姆塔瓦利是义务志愿者,卧格夫的支出情况以其言辞为准。若是收取薪酬的职员,其解释须有证据。

(六)论罢免姆塔瓦利,唯贤任用

1. 捐赠者是否有权罢免姆塔瓦利。沙斐仪学派和罕百里学派多数学者认为,如果捐赠者设立卧格夫伊始就提出条件,说明由自己管理卧格夫,后来又委托他人代管,则他有权任免姆塔瓦利。但同时认为,无明确原因不可随意任免。两派的个别学者认为,捐赠者无权任免姆塔瓦利,因为他既已捐赠了卧格夫,就不再有所有权。罕百里学派补充了一点,倘若设立卧格夫时捐赠者就声称他有任免权,则可以行使这一权利。若事先未作说明则无权任免。

哈奈斐学派的穆罕默德·本·哈桑的观点与罕百里学派补充的观点相近。如果捐赠者事先提出条件,由自己和子女负责管理和任免事宜,之后又将卧格夫交付他人管理,则他有权任免姆塔瓦利。若事先未提出任何条件,他将卧格夫交付姆塔瓦利之后不再拥有任免权。

马立克学派则认为,捐赠者若指定或提名由他人负责管理,就该执行其提议。捐赠者不可自己管理卧格夫,但有权罢免他曾提议的姆塔瓦利。

2. 法官是否有权任免姆塔瓦利。法官具有最高裁决权,姆塔瓦利若有贪腐或不具备管理资格,法官有权罢免由捐赠者指定的姆塔瓦利,但不得随意罢免。

三、是否可以设立多位姆塔瓦利

教法学家认为，一项卧格夫可以设立多位姆塔瓦利。假若一项卧格夫指定由两人负责，其是否拥有单方面处理卧格夫收益的权力？对此，沙斐仪学派、罕百里学派和艾布·哈尼法认为，两人不能单方面处理卧格夫事项，必须达成一致后共同处理，除非捐赠者事先提出条件，允许两人单方面行事。假若一项卧格夫指定由两人负责，分工明确，一人负责修建和维护，另一人负责收益，如此可单独履行自己的职责。未经捐赠者同意和授权，姆塔瓦利不得擅自委任他人代管。

四、结语

1. 卧格夫的教法断定涉及面很详细、复杂。卧格夫是伊斯兰世界一种广泛存在的社会现象，且有深厚的历史积淀，其牵涉的事务也较为繁杂。唯其如此，教法学家才会对它有详尽的探讨和规定，在此基础上，它也才能形成为一种制度，得以持续发展。

2. 卧格夫的很多教法断定并未统一。教法学派不同，断定结果也多有相异，甚至同一学派内部学者的意见也会不同。从理论层面而言，不同学派教法断定的相异会引起实践层面的混乱，但实际并非如此。因为在伊斯兰世界，不同的国家和地区往往遵从不同的教法学派，相应地，这些国家对卧格夫的教法断定自然会依据所在国官方或习惯法奉行的教法学派。对于同一学派学者的不同观点，则以习惯法、权威教法学家的观点等助之。如此，基本保证了卧格夫制度在伊斯兰世界各国的有序发展。与此同时，卧格夫教法断定的相异性，也从一个侧面说明伊斯兰教法的灵活性和活力，这种创制精神为伊斯兰世界卧格夫产业的持续发展提供了较为坚实的制度保障。

3. 综观卧格夫的教法断定，不难看出，各大教法学派或教法学家意见较为一致的地方，往往有较为明晰的经训作为依据，或者是先知、四大哈里发、圣门弟子有过相应的实践。与此相较，各大教法学派和教法学家意见相左之处，多是没有明晰的经训依据，或者是伴随着社会发展，出现的新生事物或者新生状况无例可循。由此，可窥见《古兰经》和圣训在伊斯兰世界的神圣性和至上性。也不难理解，姆塔瓦利若以《古兰经》为誓，则其誓言具有法律效力这一现象。

4. 就卧格夫的主旨而言,除却坚定其所有权归于真主这一信念,是否公正亦是判定卧格夫是否有效的重要标杆。捐赠者提出的条件有效与否、姆塔瓦利的任命是否有效、卧格夫的租赁是否成立等,重要的衡量标准之一就是视其是否公正。大而言之,相较于佛教追求的慈悲、基督教眷顾的博爱,伊斯兰教极为讲求公正,公正与否往往成为衡量伊斯兰社会诸多社会现象的重要标杆,由此也可更好地领悟伊斯兰世界的诸多社会现象和社会思潮。

第十二章　卧格夫之社会功能

约从 9 世纪起,伊斯兰世界出现了大量的卧格夫。卧格夫对宗教实践、社会交往、文化传播、政治合法性、经济组织、城镇和村落结构等产生了巨大影响,成为伊斯兰社会最典型、最常见的慈善救济形式,提高了伊斯兰社会的整体福利,很大程度上减轻了国家负担,成为伊斯兰社会经久不衰的突出社会现象。"卧格夫是国家实施其公益事业的有益补充。在伊斯兰国家建立了各种慈善部门之后,自愿捐款的重要性尤其是卧格夫的形式并未消减。在伊斯兰世界的各个时期,这种实践都被穆斯林所普遍追随。"[①]"每个社会单位都可以有卧格夫,卧格夫旨在广泛支持社会的贫困阶层,以及有益于民众的所有活动。卧格夫可以用于清真寺、学校、医院、孤儿院、济贫院、济贫食物、盲人、受虐妇女、流动厨房(施粥所)、水井、渡槽(水渠)、喷泉、公共浴池、瞭望塔、桥梁、墓地、薪资、退休金、招待所、图书馆、书籍和动物福利。"[②]

卧格夫项目繁多,形式多样,涉猎面非常广泛,为促进社会发展发挥了巨大的正向功能。

一、为清真寺的学者和授课教师设立的卧格夫

清真寺,阿拉伯语谓之麦斯吉德、贾米尔,是伊斯兰初期最主要的教育中心。早期的清真寺不只供人礼拜,在教育方面也发挥了突出作用。大型清真寺内开设多种形式的"学习圈"——哈莱格,[③]学者们即席教授《古兰经》、伊斯兰学、阿

[①][②] Azmi, Sabahuddin, *Islamic Economics*, Goodword Books, New Delhi, India, 2002, p. 45.
[③] 哈莱格,阿拉伯语音译,意为在清真寺大殿内围着老师听讲形成的圆圈。

拉伯语、数学、历史、人物传记、文学、天文学、逻辑学、哲学、遗产继承学等。非洲最早的清真寺——埃及开罗的阿慕尔·本·阿苏清真寺一度开设 8 个讲席，相传伊玛目沙斐仪曾在此授徒讲学。当地的官吏们争相在该寺设立卧格夫讲席，每个讲席有专职谢赫和管理人员，为参加讲席的学生每日免费提供两餐，冬夏各提供一套衣服，每人每月发放 30 迪尔汗的助学金。

伊斯兰教育的发展始于清真寺内举办的哈莱格。它形同当今的开放式院校，有意者均可参加。当今伊斯兰世界的最高学府——埃及艾资哈尔大学其前身就是艾资哈尔清真寺。法蒂玛王朝的第四任哈里发穆仪兹（约 952—975 年在位）创建了艾资哈尔清真寺后，为鼓励学习，率先捐赠了卧格夫，官员们仿而效之，清真寺的一切学习活动由卧格夫承担，清真寺最终发展成为蜚声国际的综合性大学，亦是世界各地穆斯林学子的向往之地。

二、卧格夫学堂——昆塔布

昆塔布系自发的一种民间教育模式。昆塔布大多由热爱教育的贤达人士捐赠，其所有费用由专门为昆塔布捐赠的卧格夫支付，也有一些昆塔布向学生家长收取学费。

昆塔布近似于现在的学前教育或小学，通俗而言，即《古兰经》背诵学校。儿童被送到昆塔布后首先学习基本的读写，再逐渐学习《古兰经》、书法、听写和基础算术。昆塔布对入校生没有具体的年龄要求，其学制因人而宜。背诵完《古兰经》的毕业生会穿着新装，排队吟唱传统民歌前去参加《古兰经》背诵结业典礼，即昆塔布毕业典礼。毕业生或继续学业，或从事其他职业。

一般而言，昆塔布除了谢赫（校长），还有很多助教，有的助教是昆塔布的毕业生抑或是高年级学长。学生们背诵《古兰经》的进展不一，教师会逐一严格考核。每课的内容或为几节短小的经文，或为完整章节。若考核不通过，教师会责令学生重新背诵，有时会用棍子体罚。如果一堂课业多次不通过或有违纪现象，学生会被教师杖击脚心，以示责罚。①

伊斯兰史上的昆塔布最早出现于哈里发欧麦尔时期。对此，伊本·哈兹姆解释说："艾布·伯克尔去世，欧麦尔任哈里发后，波斯、沙姆、阿拉伯半岛、埃及

---

① 阿卜杜·巴西特·拜德尔：《麦地那通史》，麦地那学术研究中心 2005 年版，第 89 页。

被穆斯林全面征服。每个城镇都设有清真寺和学堂,伊玛目们在清真寺教授《古兰经》,在学堂给孩子们教授知识。"①据此,哈里发欧麦尔被视为伊斯兰史上开创昆塔布的第一人。

昆塔布最初隶属于清真寺。根据学生人数,在清真寺内指定一块地方作为教室,并制定作息时间。昆塔布不只局限于教授《古兰经》,还学习阅读、写作、算术等科目。②

昆塔布一般以教授儿童为主,所以很多昆塔布捐赠者限制入学儿童的年龄和学习时间。当有孩子背诵完《古兰经》,要为他举办大型庆祝会,等同于毕业典礼。毕业生会得到一笔可观的奖金作为毕业后的生活补贴。如果已到成年却尚未背诵完《古兰经》,会被勒令退学。有些学堂定下章程,每月请医生到学堂考察,若发现有成人迹象者,立即通报校长。

随着伊斯兰的传播,昆塔布得到了广泛发展。由于《古兰经》和圣训高度重视教育,穆斯林尤其是哈里发、官僚、富商积极捐赠卧格夫用以创办昆塔布,视其为最受真主喜悦的功德之一,于是昆塔布遍地开花,尤其是阿尤布王朝以及其后的马木鲁克王朝时期,创办昆塔布蔚然成风。凡在昆塔布的孩子一律免费吃穿,对孤儿尤为关心备至。马木鲁克王朝哈里发扎希尔·拜伯尔斯(1260—1277 年在位)在其学校旁边附设的昆塔布尤为著名,相传当时有 3 000 名孩子学习。由于占地广阔,负责管理的老师需要骑着毛驴到处巡视学生的学习情况。③ 马木鲁克王朝时期,埃及的每座清真寺、学校都设有附属昆塔布。

三、卧格夫客栈——里巴特

里巴特最初指穆斯林军队远征途中歇息的客栈,也指守护伊斯兰疆域的关卡隘口,后指苏菲人士修行的道堂,其后成为无家可归的老弱病残、离异妇女、孤儿、穷人的避风港,再其后成为文人学者相聚探讨问题的学术客栈。④

里巴特一般设在大型清真寺和学校旁边,由知名学者负责诸事宜。每座里

---

① 艾布·阿里·本·哈兹姆:《论宗教教派》(第 1 卷),开罗汗基书局 2010 年版,第 67 页。
② 穆罕默德·穆尼尔·穆尔西:《东西方教育史》,开罗图书世界 1977 年版,第 255 页。
③ 穆罕默德·穆罕默德·艾敏:《阿尤布王朝时期埃及的卧格夫与教育:阿拉伯伊斯兰教育机构与实践》,约旦安曼皇家伊斯兰文明研究中心,第 811 页。
④ 纳吉·马鲁夫:《阿拉伯文明传统》,黎巴嫩贝鲁特文化出版社 1975 年版,第 464 页。

巴特配有资料丰富的图书馆,设有阅览室、写作室、誊写室。里巴特除了住宿,其文化学术功能亦非常突出,相当于中国历史上的书院,或近似于当今的学术研究机构。伊斯兰历史上的很多名著都源于此,譬如著名学者艾布·伯克尔·花拉子密住在巴迪亚客栈里完成了其名著《有效的经文和被废止的经文》。①

在沙姆、伊拉克、埃及、希贾兹等地区,里巴特非常普遍,为提供社会服务和促进教育增益匪浅。里巴特最初都是慈善人士捐赠的卧格夫,为维持其正常运转,又专门为其捐赠了很多卧格夫。根据捐赠者的意愿,里巴特的服务对象不一,或针对所有群体,或针对某一群体,或针对已婚夫妇和家庭,或针对某一学派的学者,或针对异乡人,不一而足。

四、卧格夫学校——麦德莱赛

麦德莱赛是有计划、有组织地进行系统教育的机构。麦德莱赛大多给学生提供免费教育和食宿,授课教师人数根据捐赠者规定的条件而定。麦德莱赛的授课内容丰富,有宗教学科、人文学科和自然学科。学生每学完一门课,被授予"依贾宰",即学科结业书。其教学模式因地而异。早期较为流行的教学模式有:凯鲁万模式、科尔多瓦模式、巴格达模式和埃及模式。② 对于伊斯兰史上最早的麦德莱赛,学界说法不一,或认为是由塞尔柱王朝(1037—1194)维齐尔③尼扎姆·穆勒克(Nizam al-Mulk,1018—1092)④所建,或认为早在 10 世纪就已出现

---

① 赛义德·易司马仪·阿里:《伊斯兰教育学院》,开罗阿拉伯思想出版社 1986 年版,第 602 页。
② 穆罕默德·穆尼尔·穆尔西:《东西方教育史》,开罗图书世界 1977 年版,第 261 页。
③ 维齐尔,即首相。哈里发为其统治赋予神圣性,声称自己为真主的代理人。哈里发之下设维齐尔,权势显赫,除王储的人选,王朝的一切行政和宗教事务维齐尔均可秉承哈里发意志全权处理。
④ 尼扎姆·穆勒克(1018—1092),系塞尔柱王朝著名的政治家,伊斯兰学术文化的赞助者。本名哈桑·本·阿里·本·伊斯哈格·图西,以"尼扎姆·穆勒克"(即王国的纲纪)蜚声于时。生于波斯图斯城,从小受到良好的宗教和文化教育,后到内沙布尔拜访名师学习宗教和自然科学知识,其间同欧麦尔·赫亚姆、哈桑·本·萨巴赫结为密友。尼扎姆·穆勒克学识渊博,通晓教义学、历史学、文学、天文学,精通波斯语、阿拉伯语,其仕宦生涯亦备受当政者赏识,一生可谓恩泽优渥,震耀当世。

1049 年,尼扎姆·穆勒克供职于伽色尼王朝。1052 年,任巴尔赫总督书记。1063 年,在塞尔柱王朝苏丹阿尔布·阿尔斯兰(1063—1072 年在位)执政时任呼罗珊总督,并任后来继任苏丹之位的马立克沙(1072—1092 年在位)的太傅。1063—1092 年担任维齐尔,掌管王朝实权。尼扎姆·穆勒克大力倡导、发展教育事业,传播伊斯兰文化。除在清真寺举办传统的宗教教育外,在很多重要城市兴建了以其名命名的宗教大学。他最初在内沙布尔创办宗教大学,1065—1067 年在巴格达创办了以他的名字命名的尼采米亚大学,传授艾什尔里派的教义学和沙斐仪派的教法学,并开设哲学、历史、天文、医学、文学等课程,聘请许多著名的伊斯兰学者如安萨里等人任教,并制定了一套教学规章。尼扎姆· （转下页）

了形同麦德莱赛的教育机构。

早期的伊斯兰教育由清真寺完成。麦德莱赛的出现主要基于两个原因：(1)随着时代的发展和学术进步,各个学科的教学模式、方法、内容均有所变化,很多学科的教学尤其是凯拉姆学需要展开激烈的探讨,这会严重影响旁边的其他"学习圈",也不符合清真寺宁静、肃雅的氛围,加之"学习圈"的人数日益增加,导致礼拜和教学相扰,迫使清真寺与教学相分离;(2)创建麦德莱赛既能取悦真主,又能宣扬伊斯兰文化。

捐赠者创办麦德莱赛后,又购置枣园、商铺、住宅捐作卧格夫,用其收益支付麦德莱赛的所有开支。由于拥有大量的卧格夫产业,麦德莱赛实行免费教育,免费提供食宿,配备图书馆,购置大量图书资料,甚至不惜代价从其他国家收购手稿善本。有的捐赠者自己管理校务。有的聘请他人管理,但提出教法上须遵守哈奈斐学派抑或沙斐仪学派,或只教授宗教知识。有的捐赠者不附加任何条件,允许教授各种知识。①

麦德莱赛的规模和建筑形式形同于清真寺。其建筑风格大多是四方形,四周是建筑,中间有天井。② 每所麦德莱赛设有图书馆、阅读室、食堂、教师休息室、校长室、誊写室等,有些麦德莱赛还配备供学生体育锻炼的操场。各麦德莱赛的硬件设施因其捐赠者的经济状况和意愿而异,也直接影响到麦德莱赛的教学质量。麦德莱赛的设施通常非常简单,教室里铺着草席或地毯,师生席地而坐。苏丹和官宦捐赠的麦德莱赛则经济实力雄厚,师生待遇丰裕。譬如萨拉丁捐赠的"萨拉希亚麦德莱赛",萨拉丁支付给校长谢赫奈智门丁·赫九沙尼的教学月薪是 40 第纳尔,另加 10 第纳尔作为岗位津贴,每日还领取到 60 埃镑的面

(接上页)穆勒克奖励学术研究,庇护学者和艺术家,为宫廷招贤纳士。安萨里的《圣学复苏》和欧麦尔·赫亚姆的《鲁拜集》就是在其赞助和支持下完成的学术巨著。1074—1075 年,苏丹马立克沙采纳尼扎姆·穆勒克的建议,在赖伊(一说内沙布尔)新建天文台,集中了一批著名的天文学家进行天文观测和研究,修改波斯历法,编成了著名的太阴历《哲拉里历》(Jalali Calender)。马立克沙曾命令大臣递交革除弊政的建议,尼扎姆·穆勒克为此撰写了论治国之道的名著《政治论》(Siyasah Nam)。1087 年,尼扎姆·穆勒克推行伊克塔制,允许世袭苏丹赐予的土地,而农民除缴纳田赋,还要负担各种繁重劳役。这些举措导致了封建割据势力的称雄和王朝的分裂。1092 年,尼扎姆·穆勒克在波斯的尼哈万德附近被阿萨辛派暗杀,葬于伊斯法罕,终年 74 岁。

① 穆罕默德·萨利赫·布莱希西:《春日生活之一瞥》,麦地那文学俱乐部 1982 年(伊历 1402)版,第 147—150 页。
② 艾哈迈德·艾哈迈德·拜德威:《十字军东征时期埃及与沙姆的学术生活》,埃及复兴出版社 1982 年版,第 30 页。

饼和两大桶尼罗河饮用清洁水。①

五、卧格夫图书馆

阿拉伯图书馆起源于卧格夫图书。为学校、清真寺捐赠卧格夫者大都会捐赠图书,大量捐赠的图书慢慢形成了图书馆。图书馆都设有阅览室和誊写室,吸引了大批学者,有的人慕名远道而来,阅读或抄写书籍都需要驻留一段时间,于是解决吃住的卧格夫旅馆又应运而生。

纵观伊斯兰图书馆史,卧格夫图书馆有三大类:

(1) 公共图书馆。指各类学校、清真寺、医院的附属图书馆,可外借图书,制定了有关借书、阅读、誊写等规章制度。

(2) 私人图书馆。指哈里发、官宦、学者、文学家、富豪在家开设的图书馆。

(3) 公私兼备的图书馆。专供特定的学者和学子使用的图书馆。最著名者系阿拔斯王朝第五任哈里发哈伦·拉希德(786—809年在位)创办的智慧宫图书馆。其子马蒙(813—833年在位)时期该馆尤为兴盛,收藏了很多稀世珍本。除了大量的阿拉伯文手稿,还收藏了很多古希腊、波斯和古叙利亚文善本。

六、卧格夫医院

伊斯兰早期历史上的医院与卧格夫关联密切。医院配备了相关的卧格夫设施,如澡堂和清洁设施,有的医院为痊愈出院的人赠送特制的新衣。有些卧格夫为医疗、卫生服务工作者规定了诸多条件,诸如制作面饼时师傅不许用前臂(肘)揉面,以免胳膊上的汗水溶进面团;面点师和面时须身穿工作服;制作面点时须戴口罩,以免打喷嚏或说话时弄污食物;烹饪食物时须有专人拍赶苍蝇。②

每家医院都设有图书馆,收藏了大量医学书籍,很多医院同时也是医学院。卧格夫医学院相当普遍,这些学院往往以其创办者的名字命名。创办者为了确保其正常运行,还会为此专设卧格夫,用卧格夫收益支付医学院的所有费用。有些医学院的卧格夫捐赠者在卧格夫捐赠声明书中规定了师生比例,以及对师生

---

① 穆斯塔法·西巴伊:《我们文明的灿烂异彩》,贝鲁特伊斯兰书局1999年版,第123页。
② 欧萨迈·阿努尼:《伊斯兰社会中的行善与同情》,《黎巴嫩研究者杂志》1981年第7期。

的具体要求和生活水准。譬如穆斯坦绥里亚大学医学院的卧格夫捐赠者提出，每位穆斯林医生所教学生不得超过 10 名。① 每家医院都有医学讲堂，摆放了各种医疗器械和医学书籍。主治医生就诊时，学生会观摩，之后师生展开交流。

医学院设置专门的卧格夫款项鼓励学者进行医学研究，翻译医学书籍，编著高水平的医学百科全书。在卧格夫的资助下，穆斯林在医学领域取得了诸多成就，编纂了大量的医学书籍，推动了化学和药物学的发展。很多学者依靠卧格夫专项资金完成了学术著作，诸如伊历 5 世纪米亚法里根医院的一位科室主任法鲁基编纂完成了《医院》。②

七、卧格夫天文台

穆斯林非常重视天文学，这与《古兰经》教诲的礼拜、封斋、朝觐等功修有关。伊斯兰兴起后不久，从中亚至大西洋各地迅速出现了很多天文台，其中撒马尔罕、大马士革、开罗、菲斯、托莱多和科尔多瓦的天文台比较突出。最著名的天文台有：阿拔斯王朝第七任哈里发马蒙（813—833 年在位）在巴格达智慧宫建造的天文台；法蒂玛王朝第五任哈里发阿齐兹（975—996 年在位）在穆甘塔姆山上建造的天文台；塞尔柱王朝第三任苏丹穆厄佐丁·艾布·法塔赫·马立克沙·哈桑·本·阿尔布·阿尔斯兰（1072—1092 年在位）在内沙布尔建造的马立克沙天文台；成吉思汗之孙孛儿只斤·旭烈兀（1217—1265）于伊历 657 年经纳绥尔丁·图西（1201—1274）建议建造的马拉格天文台。

建造天文台所需的大量资金主要源于当政者、富豪和学者的慷慨捐赠。每座天文台几乎都设有卧格夫图书馆和卧格夫旅馆。例如规模宏大的马拉格天文台，不仅配备精密的观测仪器，还设有藏书 40 万册的图书馆。纳绥尔丁·图西担任台长，招聘西班牙、阿拉伯、叙利亚、波斯及中国的天文历算学家。这些天文台为从事天文研究发挥了重要作用。著名天文学家比鲁尼（973—1049/1050）就是其间培养的杰出人才。

---

① 赛哈尔·宾特·阿卜杜·拉赫曼·穆夫提·松迪格：《伊斯兰卧格夫对麦地那学术文化的影响》，沙特阿拉伯麦地那学术研究中心 2003 年版，第 67 页。
② 阿卜杜·麦里克·赛义德：《卧格夫的社会作用》，吉达伊斯兰发展银行伊斯兰研究与培训中心 1979 年版，第 282 页。

八、卧格夫苏菲道堂——扎维耶

扎维耶,系苏菲长老讲学传道之所。各苏菲学派都以自己派系的长老名字命名,有各自讲学传道、举行修行仪式的道堂。修行者在各自的道堂里根据本派传统进行修炼,聆听长老的讲道,研习前贤著作。每座扎维耶都配备图书室,藏有《古兰经》、经注及苏菲思想书籍。

扎维耶形式多样。多数扎维耶是为了苏菲的精神修炼而创建;有的扎维耶是为教育活动而创建,学者们创建的扎维耶均属于这一类,它一般配备讲经堂和藏经亭,吸引大批学子前来学习;有的扎维耶系德高望重的长老个人创建,仰慕其功德和修行的穆里德(弟子、教众)聆听长老讲道,跟随修行;有的扎维耶系长老和弟子联手创建。无论何种形式的扎维耶,基本上都属于创建者举意捐赠的卧格夫,费用均由专门的卧格夫产业支付,或由捐赠者承担,个别由长老负责。

九、卧格夫静室——塔卡亚

塔卡亚(Takiyya),亦称罕卡,后通称塔卡亚,系伊斯兰居士修行之室,多为达官贵胄捐赠。塔卡亚一般为四方形建筑,四面廊柱,中间天井,旁边设苏菲修行的密室以及苏菲长老室,还附设礼拜堂、厨房、水房等。有的塔卡亚除了其基本的苏菲修行职能,也履行大型清真寺和麦德莱赛的职能,有的还附设医院。

塔卡亚不仅为居士提供了修行场所,还为莘莘学子提供了学习知识的良好环境,为推动学术和教育发展起到了重要作用。

第十三章　卧格夫之历史沿革

第一节　先知穆罕默德和四大哈里发时期（610—661）的卧格夫

在伊斯兰历史上，卧格夫的产生与索德格有着密切联系。有学者认为，伊斯兰的首个卧格夫是先知穆罕默德的捐赠。吴侯德战役中，有位名叫穆海利格的犹太人与先知穆罕默德在一起，那人留下遗嘱，倘若他阵亡，其七处枣园全归先知穆罕默德。后犹太人阵亡，先知穆罕默德接收了他的七处枣园并将其全部捐作了卧格夫。据阿慕尔·本·哈里斯传述，真主的使者去世时未留下任何遗产，唯有他的那匹白骡、兵器和已作为施舍的一块土地。①

圣门弟子纷纷效仿先知穆罕默德，将拥有的最宝贵的财富捐作卧格夫。艾布·伯克尔将自己在麦加的家园捐作了后嗣卧格夫。欧麦尔·本·哈塔布亦将自己在麦尔维和赛宁亚的两处庄园捐作了后嗣卧格夫。奥斯曼·本·阿凡则捐赠了鲁麦井。相传白尼·基法尔族的一个人有一口称作鲁麦的水井，这人以此为生，一皮袋水换一莫德②粮食。先知对那人说："你能否用这口井来换取乐园中的甘泉？"那人说："真主的使者，我和家人除了这口井，别无依靠。"奥斯曼得知此事后，用三万五千迪尔汗买了这口井，然后来找先知说："你能否对我兑现曾对那人的承诺？"先知说："能！"奥斯曼说："我将这口井捐赠给穆斯林大众。"③阿里·本·艾布·塔里布将自己在延布的一块土地捐作了卧格夫。祖拜尔·本·

---

① 《布哈里圣训实录全集》（第2卷），第2739段，商务印书馆2018年版，第943页。
② 莫德，古代阿拉伯的计量单位。
③ 拜海基：《大圣训集》（第6卷），贝鲁特知识书局2003年版，第167页。

阿瓦姆将自己在麦加和埃及的住宅捐作了卧格夫,还将自己在麦地那的财产捐作了后嗣卧格夫。赛阿德·艾布·宛葛斯将自己在埃及的住宅捐作了后嗣卧格夫。阿慕尔·本·阿斯将自己在塔依夫的几座庄园和在麦加的住宅捐作了后嗣卧格夫。哈基姆·本·希萨姆将自己在麦加和麦地那的住宅捐作了后嗣卧格夫。艾奈斯·本·马立克将自己在麦地那的一座宅院捐作了卧格夫。

四大哈里发和圣门弟子捐建卧格夫的行为,在《布哈里圣训实录全集》《穆斯林圣训实录全集》等圣训集中都有明确记载,这种慈善行为纷纷为后世穆斯林所效仿。

第二节　伍麦叶王朝时期(661—750)的卧格夫

一、伍麦叶王朝概况

四大哈里发之后,伊斯兰社会迎来了第一个封建王朝——伍麦叶王朝。伍麦叶王朝,又称倭马亚王朝、奥美亚王朝,历时 89 年,定都大马士革,是阿拉伯—伊斯兰帝国的第一个世袭制王朝。伍麦叶王朝崇尚白色,故中国史书称其为白衣大食。四大正统哈里发执政结束后,由叙利亚总督穆阿维叶(约 606—680)创建。伍麦叶王朝末期,在阿布·阿拔斯对伍麦叶家族的屠杀中,有一名幸存者阿卜杜勒·拉赫曼(即日后的埃米尔阿卜杜勒·拉赫曼一世)逃至西班牙地区,建立了后伍麦叶王朝(756—1031),历时 275 年。后伍麦叶王朝以科尔多瓦为中心,统治着伊比利亚半岛广大地区,成为欧洲最重要的伊斯兰教政权。四大哈里发和伍麦叶王朝的两次大规模征服运动,奠定了伍麦叶王朝辽阔的疆域基础。到 8 世纪前叶,王朝版图基本成型,伍麦叶王朝也成为穆斯林历史上最强盛的王朝之一。伍麦叶王朝时期,建立了伊斯兰教最重要的几座清真寺,包括耶路撒冷的岩石圆顶清真寺和阿克萨清真寺,以及大马士革的伍麦叶大清真寺等。

661 年 7 月,阿拉伯帝国的贵族们聚集在耶路撒冷圣殿山,要求将穆阿维叶封为"穆民的埃米尔",并以阿拉伯传统方式向其宣誓效忠。[①] 然后穆阿维叶拜

---

① 效忠的方式是行拜伊阿(Bayʻah)礼。这是一种握手礼,表示服从。Bayʻah 来源于 baa(出售),意为"宣誓效忠",引申义为"契约""许约"。《古兰经》忏悔(讨白)章第 111 节云:"你们要为自己缔结的契约而高兴。那正是伟大的成功。"四大正统哈里发时期以及以后的各王朝,Bayʻah 礼专指对新任哈里发的臣服和效忠。

访了圣墓大教堂和圣母墓,他并非作为一个朝圣者去拜访,而只是以此表明两种宗教的延续性以及他是保护这块圣地的帝国统治者。如同穆阿维叶,第五任哈里发阿卜杜拉·马利克('Abd al-Malik,646—705)也是伍麦叶王朝一位很有作为的哈里发。阿卜杜拉·马利克用埃及七年的税收建造岩石圆顶清真寺。岩石圆顶清真寺于687年动工,691年或692年完工,它属于建筑艺术上最为恒久的杰作之一,一个人无论处在耶路撒冷的任何一个角落,都会被它的光彩所吸引。随后,阿卜杜拉·马利克和继任其位的儿子瓦利德即瓦利德一世(Al-Walid Ⅰ,705—715年在位)建造了新清真寺——阿克萨清真寺。"岩石圆顶清真寺建成后不久,阿卜杜拉·马利克的军队就收复了麦加,并以扩张真主的王国为名,与拜占庭继续展开圣战。他将庞大的帝国扩展为西跨北非、东达信德(位于今巴基斯坦)的广袤区域。在其疆域内,他整合伊斯兰世界,为此,他必须强调且在各地刻上清真言:"万物非主,唯有安拉。穆罕默德是真主的使者。"先知穆罕默德的语录——圣训——被结集成册。礼拜仪式更加严格。禁止雕刻偶像——他让铸币厂停止铸造有自己肖像的硬币。穆罕默德最早传记的官方版本和穆斯林的征服运动都将基督徒和犹太人排除在伊斯兰教之外。帝国的行政机构也已经阿拉伯化,像君士坦丁大帝一样,马利克集约西亚和圣保罗于一身,他相信在世界性的大帝国中只有一个君主,一个上帝,正是他决定了穆罕默德的社团发展成为如今的伊斯兰教。[①] 阿卜杜拉·马利克实行文字和货币的统一,确立阿拉伯文为官方通用的文字,凡公文、教育、记事、账目等必须使用阿拉伯文。695年,在大马士革建造中央铸币局,铸造统一规格和价值的第纳尔(金币)和迪尔汗(银币),铸有《古兰经》经文,严禁各地仿造。21世纪,不少阿拉伯国家的货币名称仍然叫作第纳尔,可见其影响之深远。

二、伍麦叶王朝时期的卧格夫

伍麦叶王朝时期,将占领的拜占庭帝国和波斯帝国的国有土地、王室和高级官僚的土地以及无业主的土地作为战利品,归以哈里发为代表的全体阿拉伯穆斯林所有。被征服的农民在缴纳赋税的条件下允许继续保有原来的土地。哈里发还将部分土地赐予本家族成员及其他阿拉伯贵族,称为基塔阿(Qatā'i')。基

[①] 西蒙·蒙蒂菲奥里:《耶路撒冷三千年》,民主与建设出版社2015年版,第221—222页。

塔阿面积不等,从最低的10加里布①到最高的8 000加里布,一般为60—100加里布。基塔阿地主通常住在城镇或首都大马士革,他们强制依附的农民和奴隶为其耕作,收取高额地租,同时享受国家给予的丰厚年金。基塔阿也授予做出贡献的普通穆斯林。由于准许转让或买卖,基塔阿后来变成了私有财产。比基塔阿规模更大的穆斯林私有土地称为达伊亚(Day'a)。伍麦叶家族和总督等特权阶层都拥有大面积的达伊亚。最大面积的是哈里发的沙瓦非(Sawafi)。此外,清真寺和一些慈善机构也占有相当数量的土地即卧格夫。帝国的赋税主要源自农民,穆斯林占有的土地只缴纳什一税。

伍麦叶王朝时期,人们的生活水平普遍提高,卧格夫得到了空前发展,数量大幅度增加。希沙姆·本·阿卜杜·麦里克(724—743年在位)执政时期,成立了监管卧格夫的独立部门,由最高大法官负责。首位负责管理卧格夫的法官是埃及大法官陶拜·本·奈米尔。此前卧格夫均由捐赠者及其继承人或姆塔瓦利负责管理。陶拜·本·奈米尔担任法官后说道:"我认为这些索德格(卧格夫)的受益者只是穷人。我要亲自管理,以免这些财产丢失或当作遗产被人继承。"②卧格夫管理部门将所有卧格夫进行统计,统一管理,由捐赠者具体负责,卧格夫形成了制度化管理。

伴随着帝国的急速扩征以及滚滚而来的财富,当伍麦叶王朝的哈里发们沉浸于希腊化宫殿与歌舞升平的美妙时,帝国的发展达到了极限。"王朝就像人那样有着自然的寿命。"③经过了生气盎然的盛时之舞,衰落的、幅员辽阔的伍麦叶王朝渐渐走到了自己的终点,迎来了生机勃勃的阿拔斯王朝。

---

① 1加里布约为1.6平方米。
② 艾布·欧麦尔·穆罕默德·本·优素福·肯迪:《长官与法官书》,贝鲁特耶稣神父书局1908年版,第346页。
③ 语出伊本·赫勒敦(Ibn Khaldun, 1332—1406),中世纪阿拉伯著名哲学家、历史学家、政治活动家,本名阿卜杜·拉赫曼·本·穆罕默德,生于突尼斯,系塞维利亚阿拉伯贵族后裔。其精通经训、教义、教法、哲学和历史学,通晓语言学和文学。1352年,他步入政治生涯,先在突尼斯哈夫斯王朝供职,后在摩洛哥菲斯城担任苏丹宫廷书记官,曾受谗言下狱。1374年,他隐居伊本·萨拉迈城堡,潜心学术研究。1406年逝于开罗。
  伊本·赫勒敦著述很多,大多已散佚。现存的著名历史哲学巨著是《阿拉伯人、波斯人和柏柏尔人的历史》,其中《历史概论》亦译《历史绪论》,被译成多种文字出版。其学说为欧洲哲学家、历史学家和社会学家所推崇,称他是"人类历史哲学和社会学的奠基者之一"。阿拉伯学者誉他为"伊斯兰划时代的史学哲人"。

第三节　阿拔斯王朝时期（750—1258）的卧格夫

一、阿拔斯王朝概况

阿拔斯王朝为阿拉伯帝国的第二个世袭王朝，因其旗帜和服饰尚黑，故中国史籍称之为黑衣大食，1258年被成吉思汗之孙旭烈兀·旭烈兀所灭。王朝统治时期，伊斯兰世界达到了极盛，尤其是哈里发哈伦·拉希德和马蒙，实为君王之翘楚，政绩卓绝。

750年，阿布·阿拔斯（750—754年在位）即位，成为阿拔斯王朝首位哈里发。阿布·阿拔斯掌握政权后，几乎将伍麦叶家族成员斩尽杀绝，恰如他在就职演说中自称的"萨法赫"（屠夫）。754年，阿布·阿拔斯将帝国的都城由伍麦叶王朝支持者众多的叙利亚的大马士革迁至伊拉克的安巴尔。第二任哈里发艾布·贾法尔·曼苏尔（707—775）时期，以伊拉克为中心，在底格里斯河畔营建新都巴格达，762年迁都至此。曼苏尔削减赖以当权的波斯人的势力，加强了统治。

在公元800年时，阿拔斯王朝统治着4400万人民。巴格达是中世纪最繁华的城市之一，人烟阜盛，金碧辉煌的宫殿及其附属建筑炫人耳目。唐人杜环在巴格达生活了11年（751—762），其《经行记》描述道："郛郭之内，廛闬之中，天地所生，无物不有。四方辐辏，万物丰贱。锦绣朱贝，满于市肆。驼马驴骡，充于街巷……琉璃器皿，鍮石瓶钵，盖不可算。粳米白面，不异中华。"①杜环所历时期恰逢阿拔斯王朝第一任哈里发阿布·阿拔斯和第二任哈里发曼苏尔执政时期。

阿拔斯王朝建立初期的80余年，特别是哈伦·拉希德和马蒙时期，是阿拉伯帝国的极盛时代。780年和782年，身为王子的哈伦·拉希德两次率军远征拜占庭帝国。第二次远征直抵博斯普鲁斯海峡，逼近君士坦丁堡，代表君士坦丁五世摄政的拜占庭摄政女皇爱利尼被迫乞和纳贡。其父哈迪（785—786年在位）为表彰他的战功，特赐予"拉希德"（即正直者）称号。哈伦·拉希德依据波斯萨珊王朝（224—651）的统治经验，健全行政体制，加强中央集权，完善司法制度，设立驿站，实行新税制，发展农业、手工业、商业和对外贸易，并重视文化和艺

---

① （唐）杜佑：《通典》卷193。

术的发展。

马蒙执政时,重用波斯贵族掌管军政大权,缓和同什叶派的矛盾,兴修水利和公路,减轻土地税,奖励学术,发展伊斯兰文化,并支持穆尔太齐赖派的宗教和哲学观点。830年,在巴格达创建综合学术机构智慧宫,并大力提倡翻译外国典籍,使伊斯兰世界得以初次亲密接触其他文明。对政治反对派,马蒙坚持武力镇压。马蒙的政策为其后几位继任者所沿袭。

马蒙之后,阿拔斯王朝的政权开始腐化。其继任者穆尔台绥木(833—842年在位)任用土耳其奴隶作卫队,而此卫队在巴格达不孚众望,迫使穆尔台绥木迁都至底格里斯河上游160公里处的萨马拉。萨马拉作为首都历时56年,历经8任哈里发。9世纪中叶以后,土耳其人逐渐取得权势,土耳其将领拥兵自重,任意废立甚至杀害哈里发,哈里发徒负虚名。此后8次十字军东征(1096—1291),同样给王朝政权造成了极大的冲击。

为了维持阿拔斯家族的统治,帝国不断加强对农民、手工业者和奴隶的残酷剥削,致使阶级矛盾、民族矛盾和宗教矛盾不断激化,人民起义、教派斗争此起彼伏。9世纪后,百姓起义遍及帝国全境,声势最为浩大的有巴贝克起义、卡尔马特起义、赞吉起义、穆盖奈尔起义和黑奴起义。黑奴起义由北非至幼发拉底河的硝石矿工发动,起义持续了13年(870—883),王室屡次平叛未果。由于内乱频仍,阿拔斯王朝国势日微。

所谓天子衰,诸侯兴。外族入侵、起义迭起之际,王朝的数个行省亦趁机宣布部分或完全独立,有的部落也通过起义来独立,通过宗教维系帝国的统一已不复存在。北非摩洛哥、阿尔及利亚地区建立了伊德里斯王朝(778—974);波斯、中亚先后建立了塔希尔王朝(821—873)、萨曼王朝(819—999)、萨法尔王朝(861—1003)、阿拉菲德王朝(864—928)、伽色尼王朝(975—1187)、布韦希王朝(945—1055)、塞尔柱帝国(1037—1194)、卡尔提德王朝(1231—1389);北非和地中海东岸建立了阿格拉布王朝(800—875)、图伦王朝(868—905)、阿尤布王朝(1171—1250)、哈姆丹王朝(905—1003)、法蒂玛王朝(909—1171)和赞吉王朝(1127—1262)。其中属什叶派的法蒂玛王朝较为强大,向阿拔斯王朝发起挑战。塞尔柱帝国通过扩张,领土激增,实力远超阿拔斯王朝,十字军所必须对付的土耳其人就是塞尔柱土库曼人。

阿拔斯王朝的最后几位哈里发中,只有第34位哈里发纳赛尔(1180—1225年在位)名实相符,握有与其身份相称的权力。然大厦将倾,非一木所支也,帝国国势仍一路下滑。

1258年,孛儿只斤·旭烈兀(1217—1265)率军围攻巴格达,末代哈里发穆斯台绥姆(1242—1258年在位)弃城出降,与北宋末代皇帝宋钦宗赵桓(1100—1156)一样,终落得被马踏践而终。阿拔斯王朝灭亡。

二、阿拔斯王朝时期的卧格夫

阿拔斯王朝著名哈里发纳赛尔·丁(1180—1225年在位)时期,在首都巴格达建立了规范的慈善救助体系。他下令每天给穷人分发面饼和肉等施舍物。每逢节庆日等特殊时期,便设立粥棚,广泛施济。他还给朝觐者分发食物和衣服等物品。其母祖姆鲁德·哈敦(Zumurrud Khatun)也以虔诚和慈善见称,她建造了很多慈善机构,受到穷人的广泛拥赞。[①]

阿拔斯王朝时期,卧格夫得到长足发展。卧格夫的受益对象不只局限于救济穷人,还涉及伊斯兰文明的诸多方面。"卧格夫或用于建设学校和图书馆,或用于帮扶求学者,或用于修建医院,或用于建设养老院等社会福利机构。"[②]这一时期,卧格夫管理不再由法官负责,成立了专门的管理机构——萨德尔卧格夫(卧格夫管理司),委任专人负责卧格夫收益,根据实际情况进行再分配。

阿拔斯王朝时期,王室妇女捐建卧格夫者亦不乏其例,祖拜黛(Zubayda,?—831)便是其一。祖拜黛是哈里发艾布·贾法尔·曼苏尔之女,哈里发哈伦·拉希德之妻。她在不同地区资助修建了大量的基础设施,也热衷于资助艺术和文学的发展。最有名的善举就是修造了从巴格达到麦加的朝觐之路上的供水设施。祖拜黛曾与婆婆,即哈伦·拉希德之母海祖兰(?—789)数次朝觐,在麦加慷慨施舍,也因此了解到朝觐之路沿线和麦加城的缺水窘况,因此斥巨资在朝觐沿线修建水井、水库、地下管道、喷泉等。此外,麦加城有著名的祖拜黛井,确保朝觐者的供水。祖拜黛还在朝觐沿线修建救济院等。

[①] Amy Singer, *Constructing Ottoman Beneficence: An Imperial Soup Kitchen in Jerusalem*, New York: State University of New York Press, 2002, p. 146.
[②] 易卜拉欣·穆罕默德·哈姆德·穆宰尼:《卧格夫对建设伊斯兰文明框架的影响》,沙特阿拉伯宗教事务与基金部伊历1420年版,第25页。

第四节　法蒂玛王朝时期(909—1171)的卧格夫

一、法蒂玛王朝概况

法蒂玛王朝(Fatimid Caliphate)系北非伊斯兰王朝,中国史籍称之为绿衣大食。历时262年,历14任哈里发。

阿拔斯王朝建立后,什叶派屡遭统治者非难,一部分人集体迁往北非。893年,也门什叶派的伊斯玛仪派达伊(Da'i)[①]艾布·阿卜杜拉·侯赛因(Abū 'Abd Allāh ash-Shi'ī, ?—911)[②]在朝觐时接受北非柏柏尔朝觐者邀请,并受伊斯玛仪派总部派遣,随这批朝觐者到达突尼斯,开始在基塔麦部落传播伊斯玛仪派教义,宣称马赫迪即将复临人间,号召民众起来摧毁现存秩序,建立公平正义的伊斯兰社会。艾布·阿卜杜拉·侯赛因在宣教过程中赢得众多信徒拥戴,遂组建了一支武装力量,成为当地著名的政教领袖。不久,伊斯玛仪派伊玛目赛义德·本·侯赛因为逃避哈里发迫害,乔扮商人从叙利亚萨拉米亚的伊斯玛仪派总部赴突尼斯与艾布·阿卜杜拉·侯赛因会合,但被突尼斯艾格莱卜王朝(800—875)的埃米尔齐亚德·阿拉二世(903—909年在位)捕获入狱。902年,艾布·阿卜杜拉·侯赛因率柏柏尔军发动起义。909年3月,攻占首都拉卡达

[①] 达伊(Da'i),阿拉伯语音译,指伊斯兰教的宣教师。
[②] 艾布·阿卜杜拉·侯赛因,全名 Abu Abdallah al-Husayn ibn Ahmad ibn Zakariyya al-Shi'i。生于伊拉克库法,一说也门萨那。是伊斯玛仪派在也门和北非的达伊,主要在库塔玛柏柏尔人(Kutama Berbers)中宣教,其教义征服了易弗里基叶,最终奠定了法蒂玛王朝。
　　早期,艾布·阿卜杜拉·侯赛因在伊本·霍沙布(Ibn Hawshab)领导下,在也门和麦加传教。892年(伊历279年),艾布·阿卜杜拉·侯赛因在麦加朝觐,遇到一些库塔玛柏柏尔人,后者表达了欲脱离艾格莱卜王朝的独立意愿。艾布·阿卜杜拉·侯赛因预感到机遇的来临,随即接受了他们的邀请。893年,他到达马格里布,在库塔玛桑哈斯人(Kutama Sanhajas)(今卡比尔人)中成功宣传了伊斯玛仪派教义。在此基础上,艾布·阿卜杜拉·侯赛因成功组建了一支由柏柏尔农民组成的军队,开始攻占易弗里基叶,909年,占领了靠近凯鲁万的拉卡达,意在营救在西吉尔马萨(Sijilmasa)(今属摩洛哥)狱中的阿卜杜拉·马赫迪·比拉并成功将其救出。艾布·阿卜杜拉·侯赛因希望阿卜杜拉·马赫迪·比拉是精神领袖,将世俗事务交付他管理,失望后遂生叛意。反叛马赫迪的谋划被库塔玛柏柏尔指挥官加兹维亚(Ghazwiyya)出首,并被后者于911年2月暗杀。Brett, Michael, *The Rise of the Fatimids*: *The World of the Mediterranean and the Middle East in the Fourth Century of the Hijra*, *Tenth Century Ce*. Leiden: BRILL, 2001, p. 109.

(Raqqada),[①]推翻艾格莱卜王朝,将赛义德·本·侯赛因从狱中救出并拥戴其为哈里发。赛义德·本·侯赛因,号阿卜杜拉·马赫迪·比拉(Abdullah al-Mahdi Billah),自称是什叶派第七代伊玛目伊斯玛仪的子孙,先知穆罕默德之女法蒂玛的后裔,故立国名为法蒂玛王朝。初建都拉卡达,920 年迁都马赫迪耶(Al-Mansuriya),[②]973 年迁都开罗。

阿卜杜拉·马赫迪·比拉(909—934 年在位)即位后,奉什叶派的伊斯玛仪派为国教,在聚礼日祈祷词中为阿里和哈里发祝福。阿卜杜拉·马赫迪·比拉东征西战,对外扩张领土,为法蒂玛王朝奠定了基础。其继任者仍奉行扩张政策。

第四代哈里发穆仪兹(952—975 年在位)执政后期,派昭海尔·绥基利(? —992)率海陆军多次西征。967 年,肃清了后伍麦叶王朝在马格里布的影响。968 年,昭海尔率 10 万大军东征埃及。翌年,占领埃及伊赫什德王朝首都福斯塔特,并遣其副将占领原属伊赫什德王朝的领土叙利亚、巴勒斯坦和希贾兹,将之并入法蒂玛王朝版图。970—972 年,穆仪兹在福斯塔特北郊营建新都开罗,973 年迁都于此。972 年,建艾资哈尔清真寺。王朝统治中心遂转到埃及。第五代哈里发阿齐兹(975—996 年在位)时期,国势极盛,成为强大的伊斯兰国家,同巴格达的阿拔斯王朝和西班牙的后伍麦叶王朝形成了鼎足之势。

11 世纪后期,法蒂玛王朝开始衰落,大部分属地先后被塞尔柱王朝和十字军占领。1171 年,法蒂玛王朝大臣萨拉丁在近卫军支持下发动政变,推翻末代哈里发阿迪德(1160—1171 年在位),建立了阿尤布王朝。

二、法蒂玛王朝时期的卧格夫

法蒂玛王朝的卧格夫发展空前高涨。王朝非常重视卧格夫管理,无论是个人抑或是哈里发捐赠的卧格夫均由国家统一管理,再根据捐赠者事先提出的条件分配卧格夫收益。穆仪兹时期,下令将所有卧格夫收益纳入国库,要求卧格夫受益者出具享受卧格夫的资格证明,再对其划拨分配,余者上缴国库。

法蒂玛王朝第六任哈里发哈基姆(996—1021 年在位)捐赠了大量卧格夫,专用于各大清真寺的开支。宰相塔拉亚·本·鲁宰克(? —1160)捐赠的卧格夫

---

① 今凯鲁万城。
② 今突尼斯马赫迪耶省首府。

亦不在少数。当政者、达官显贵或富豪邸宅除了为清客提供膳食,在节日也和公共施粥所以及道堂一样为更多人分发食物。王朝统治者在开罗和福斯塔特广布饭桌,在各种节庆期间公开给所有前来就餐的人供应饭菜。"人们在清真寺礼拜完后,会来分享苏丹的恩惠,人们相信哈里发亲手施舍的食物具有传递祝福和恩宠的力量,得到苏丹施舍的人会将食物存放起来做纪念,然后通过给其他人施舍表达对哈里发和捐助者的感激。最著名的是希伯伦的亚伯拉罕之桌(Simat al-Khalil),据说最早是亚伯拉罕给所有穷人和旅客提供饭食的地方。11世纪的波斯旅行家纳赛尔·赫斯鲁(Nasir-al Khusraw,1004—1088)记载:希伯伦大主教坟墓前的穷人厨房最有名。每天给500名朝觐者分发面饼、油炒兵豆和葡萄干。该圣所像大主教亚伯拉罕一样好客。任何到希伯伦来的人每天都能收到一块圆面饼和一碗橄榄油烹制的兵豆和葡萄干。"[1]慈善的影响就这样逐渐扩散开来,使更多人得到救助。

第五节 赞吉王朝时期(1127—1262)的卧格夫

一、赞吉王朝概况

赞吉王朝(Zengid Dynasty)是在叙利亚和伊拉克北部建立的伊斯兰教王朝,历时135年,亦称努尔王朝、曾吉王朝,首府先后定于摩苏尔和阿勒颇。奠基者为土耳其奴隶出身的军事将领伊马德丁·赞吉(1127—1146年在位)。伊马德丁·赞吉原是塞尔柱王朝苏丹马立克沙的奴隶,后任苏丹艾勒卜·艾尔斯兰[2]的太

---

[1] 杨瑾:《信仰与慈善救济——伊斯兰历史上的贫困与济贫研究》,文物出版社2012年版,第308页。
[2] 艾勒卜·艾尔斯兰(Alb Arslan,约1030—1072),本名穆罕默德·艾布·舒贾尔,塞尔柱王朝第二任哈里发,塞尔柱王朝呼罗珊统治者卡格里贝格·达乌德之子,著名的苏丹、军事家。艾勒卜·艾尔斯兰为称号,土耳其语意为英勇的狮子。艾勒卜·艾尔斯兰早年受过伊斯兰教育,尚武善骑。在其叔父图格鲁克贝伊(?—1063)执政时,任锡吉斯坦总督,协助平息了易卜拉欣的叛乱。1063年,图格鲁克去世,他继任苏丹,迁都伊斯法罕,后期由呼罗珊总督尼扎姆·穆勒克辅政。他在征战的同时,采纳尼扎姆·穆勒克的建议,对王朝的政治、经济、税收制度进行了初步改革,创办宗教学校,发展伊斯兰教育,赞助学术文化的发展。在各地宗教学校宣传艾什尔里学派的教义,并向各地派出卡迪掌管司法。同时,尊崇阿拔斯王朝哈里发的宗教地位。他为大塞尔柱王朝奠定了基础。1072年12月,在进军中亚河外地区途中被弑。其子马立克沙(1072—1092年在位)年方十三,继任苏丹,首相尼扎姆·穆勒克辅政。艾勒卜·艾尔斯兰和马立克沙父子二人文韬武略卓著,帝国大治,强于天下。

傅。担任巴士拉总督时,镇压了一次企图推翻苏丹的叛乱,因功勋卓著,1127年苏丹敕封其艾塔伯克[①]称号,领有阿勒颇、哈兰、摩苏尔三大城市。自此,他以摩苏尔为首府,建立了赞吉王朝。伊马德丁·赞吉以太傅身份独立施政,不断扩充势力范围。1144年,他率军收复十字军占领的埃德萨城,标志着西亚人民反击十字军的开始。1146年去世时,王朝领有叙利亚大部分地区和美索不达米亚,成为强大的伊斯兰王朝。殁后二子平分了王朝的领地。长子赛福丁·加齐(赛义夫·加齐一世,1146—1149年在位)袭用艾塔伯克称号,以摩苏尔为首府,领有美索不达米亚。次子努尔丁·马哈茂德(Nur al-Din Mahmud,1118—1174)以阿勒颇为首府,领有叙利亚地区。努尔丁·马哈茂德(1146—1172年在位)继其父捍卫伊斯兰教,取得了抗击十字军的重大胜利。1151—1164年,努尔丁联手兄长赛福丁·加齐夺取十字军建立的埃德萨伯国、大马士革和安提俄克公国的一部分,俘虏了埃德萨伯国统治者佐塞林二世、的黎波里伯国统治者雷蒙三世和安提俄克公国统治者菩西蒙德三世,遏制了十字军的大规模进攻。1164年,努尔丁·马哈茂德应埃及法蒂玛王朝哈里发之请援,遣将希尔库和侄子萨拉丁赴埃及迎战十字军,大破之,后叔侄二人先后任法蒂玛王朝大臣。1171年,萨拉丁推翻法蒂玛王朝,在埃及建立阿尤布王朝,但仍称臣于努尔丁·马哈茂德。1183年和1185年,萨拉丁先后攻占阿勒颇和摩苏尔,赞吉王朝在叙利亚和美索不达米亚的各地领主臣服于阿尤布王朝。1262年,赞吉后裔在各地的封建领主政权被马木鲁克王朝所灭。

二、赞吉王朝时期的卧格夫

赞吉王朝时期,卧格夫数量大幅度增加,卧格夫种类也趋于多样化,努尔丁·马哈茂德时期尤为兴盛。努尔丁·马哈茂德在巩固边防、抗击法兰克人的同时,重视民生,颇有作为。(1)广建城墙、碉堡、城楼、官邸、客店、医院、清真寺、宗教学校、苏菲道堂等,并专设卧格夫,其收益用于支付这些设施的开支;(2)作为伊斯兰史上圣训学院的开创者,在大马士革兴建了一所努尔丁圣训学院,并为其专设卧格夫,聘请著名的圣训学家伊本·阿萨基尔等讲授圣训学;(3)在阿勒颇、霍姆斯、哈马、巴勒贝克等城市兴建清真寺附属学校,为学生免费提供食宿,采用巴格达的尼采米亚大学的章程,传授逊尼派教义和沙斐仪派教法学说,消弭

[①] 艾塔伯克(Atabeg),即太傅、保护人。

什叶派在叙利亚地区的影响；(4)在大马士革创建努尔丁医院，为兵士和贫寒者免费治疗，后发展成一所高等医学院，吸引了西亚各地的学生来此求学。努尔丁的内外政策巩固了伊斯兰世界的前哨阵地。

上有所好，下必甚焉。赞吉王朝的朝臣们也纷纷仿效哈里发，捐赠卧格夫，卧格夫更是一片兴盛。

第六节 阿尤布王朝时期（1171—1250）的卧格夫

一、阿尤布王朝概况

阿尤布王朝的缔造者萨拉丁，全名纳赛尔·萨拉丁·优素福·本·阿尤布·本·沙迪·本·马尔万·阿尤比(Ṣalāḥ-Dīn Yūsuf bn Ayūb bn Shādī bn Marwān Ayūbī,1137/1138—1193)，中世纪伊斯兰世界著名的军事家、政治家。萨拉丁推翻埃及法蒂玛王朝末代哈里发阿迪德(1160—1171年在位)，自立为苏丹，建立了历时79年的阿尤布王朝。

阿尤布王朝奉行逊尼派教义，苏丹均自称为伊斯兰教的捍卫者，尊崇阿拔斯王朝哈里发的宗教领袖地位，修葺和保护三大圣地的宗教建筑，由国库拨付巨额宗教基金资助圣地的宗教活动；为弘扬逊尼派教义和学说，王朝向各地清真寺委派逊尼派长老，在艾资哈尔大学和其他宗教学校传授逊尼派教义和四大教法学说；在全国各地建立济贫院、里巴特、扎维耶等，接待游方的苏菲修士，供养达伊讲经布道，培养门徒，并给各道堂赐予卧格夫土地；对埃及和叙利亚的基督徒宽容有加，允许修建教堂和进行宗教活动；在开罗、大马士革、希贾兹、也门等地创建独立的或由清真寺附设的伊斯兰大学，免费提供食宿，仅大马士革就有20所高等学校，其中以开罗的沙菲希叶学校最为有名；艾资哈尔大学得到扩建和发展，成为逊尼派的教育学术中心。虽然国祚短暂，但阿尤布王朝捍卫了埃及文明和伊斯兰文化。

二、阿尤布王朝时期的卧格夫

阿尤布王朝时期，王室妇女戴法·凯佟(Dhayfa Khatun，1183—1242)捐建了不少卧格夫。戴法·凯佟系阿德尔（al-Adel，1200—1218 年在位）国王之女，苏丹阿勒颇·扎西尔·噶兹（Aleppo al-Zahir Ghazi，1172—1216）之妻。其子苏丹阿布杜·阿齐兹（Abdul-Aziz，1171—1200）殁后，孙子年方 7 岁，凯佟听政 6 年。葬于阿勒颇。

戴法·凯佟是个很有作为的女性，执政期间成功应对了来自蒙古人、十字军以及塞尔柱王朝的军事威胁；取消了阿勒颇地区所有不合理的税收；创办慈善组织帮助穷苦人民；设立多个专项基金来维持并运行自己的慈善组织。

戴法·凯佟不仅在阿勒颇地区扮演着重要的政治及社会角色，还是一名杰出的教育资助者。执政期间，戴法·凯佟创建了两所学校：（1）费尔道斯（Firdaws）[①]清真寺及其附属学校，该校主攻伊斯兰教学法及信仰学，拥有 20 名专业学者、1 名教师、1 名伊玛目，配有教学区和生活区；（2）堪卡哈，该校专攻伊斯兰教法学及相关领域。

阿尤布王朝时期，尤其是萨拉丁执政期间，卧格夫数量剧增，涉及国家所有的福利领域。王朝后期，由于国家监管部门的混乱和纰漏，腐败丛生。一些卧格夫管理者或用卧格夫收益中饱私囊，或伪造契据将卧格夫财产据为己有。有些卧格夫田地因疏于管理而荒废。

赞吉王朝和阿尤布王朝时期的卧格夫主要用于修建清真寺和兴办教育。

第七节　马木鲁克王朝时期（1250—1517）的卧格夫

一、马木鲁克王朝概况

马木鲁克王朝，又称马穆鲁克王朝，历时 267 年，历任 47 位苏丹，首都开罗。创建者为穆斯林女王谢杰莱·杜尔（Shajara Durr，？—1257）。王朝真正的奠基者是拜伯尔斯（1260—1277 年在位）。王朝分前后期。前期为布海尔王朝（Bahri Dynasty，1250—1390），由钦察土耳其奴隶主主政，苏丹大多世袭。布海尔，阿拉伯语意为河海，因这些土耳其奴隶主早期在尼罗河巡游，故名。后期为布尔吉王朝（Burji Dynasty，1382—1517），由高加索人特别是切尔克斯人组成，

[①] 地名，今属伊朗东部呼罗珊省。

实行苏丹推举制。

马木鲁克王朝实行军事分封制,将大批土地以伊克塔(Iqta')①的形式分封给贵族和将领,作为其任职或服役的报酬,后期成为世袭领地。王朝建有庞大的正规军和近卫军。各地长官均由马木鲁克军官担任,掌管地方行政、军事和税收等事宜。

王朝前期的经济在东方世界居重要地位。王朝兴修水利,改进耕作技术,农业相当发达。埃及和叙利亚的铜器、玻璃、纸张、地毯等传统手工业的工艺达到很高水平。开罗、亚历山大港、大马士革商业发达,商贾云集,境内外贸易兴盛,王朝从中获取巨额关税。15世纪起,经济衰落,财政见绌,国力渐衰。

二、马木鲁克王朝时期的卧格夫

马木鲁克王朝属于逊尼派,居民大多遵奉沙斐仪学派。为确立马木鲁克人政权统治的合法性,王朝恢复了哈里发制度。1260年,苏丹拜伯尔斯推出阿拔斯王室后裔艾布·卡西姆,由宗教界委员会推举他为"穆斯林的哈里发",封号"穆斯坦绥尔"(求真主赐予胜利者),再由哈里发册封和授权苏丹执政。王朝将哈里发和苏丹的名字铸在钱币上,聚礼时同时向哈里发和苏丹祈祷。哈里发主管宗教基金,为苏丹主持加冕礼,保管先知穆罕默德的遗物——绿色斗篷和拐杖。1260—1517年,马木鲁克王朝出任了16位徒具象征意义的哈里发。逊尼派四大教法学派得到官方认可,各学派选派1名法官,设立了四大法官制度。苏菲主义极其盛行,埃及有巴达维教团、沙兹里教团等,在各地建有扎维耶、学校、长老陵墓,开罗、坦塔、亚历山大、大马士革等成为苏菲派的传教中心。王朝设卧格夫基金,在各大城市兴建清真寺,著名的有苏丹·哈桑清真寺和穆艾耶德·希哈布丁清真寺,其建筑艺术受到叙利亚—美索不达米亚学派的影响。除发展清

---

① 中世纪伊斯兰国家的土地制度之一。阿拉伯语音译,意为"分割""受赐""领受"。阿拉伯帝国哈里发赐予行政和军事官员的土地。伊克塔制度在伍麦叶王朝时正式产生,至10世纪盛行。原规定伊克塔土地所有权归国家所有,不得转让、买卖和世袭。受领者称"穆克塔"(Muqta'),有权向农民征收田赋及其他赋税,其收入除少量上缴国库外,其余作为行政军事开支及年俸。伊克塔规模不等,用益权有一定期限,如总督调职或死亡即收回伊克塔。阿拔斯王朝哈里发给各省总督分封的土地亦称伊克塔,其数额扩大,向农民征收的赋税加重。随着分封土地的高度集中和封建职位的世袭,伊克塔逐渐转变为私有,成为世袭的领地,加速了封建小王朝的分裂割据。在塞尔柱王朝和奥斯曼帝国时期,伊克塔制度继续存在和发展,并以法律的形式作了明确规定。此制亦流行于中世纪时中亚、南亚次大陆的一些伊斯兰国家。

真寺附设的宗教大学,王朝还在开罗和大马士革等城市创建《古兰经》及圣训学校、罕百里教法和沙斐仪教法学校,培养宗教学者和法官。艾资哈尔大学作为伊斯兰世界的最高学府,在各学科成就斐然。教法学家伊本·泰米叶(1263—1328)著有500部著作,发展罕百里教法学说,提出凭《古兰经》立教、纯洁伊斯兰教的主张,成为伊斯兰复兴运动的思想先驱。圣训学家和法学家贾拉鲁丁·苏尤蒂(1445—1505)著有560多种著作,著名的有《古兰经学》。史学家艾布·菲达(1273—1332)撰有《人类史纲要》。史学家伊本·麦格里齐(1364—1442)著有《埃及志》。传记作家伊本·赫里康(1211—1282)著有《名人传记》,收录了600余年间穆斯林帝王、将相、学者、诗人等865位名人的传记,包括其族系、生平、业绩、逸事、考证、评论等。医学家伊本·奈菲斯(1213—1288)著有《医典解剖学注释》,阐述了血液小循环理论。

"由土耳其高级奴隶建立的马木鲁克王朝实行穆斯林婚姻家庭、财产继承和私人身份法,鼓励上层捐献卧格夫,强化大型陵墓卧格夫、孤儿学校及苏菲道堂对穷人的救助功能。虽然伊斯兰教法始终未成为国家行之有效的法律制度,但教法学家进一步发展了贫困观念与慈善济贫实践活动,其中一些基本元素后来被奥斯曼人所吸收。"[1]马木鲁克王朝时期,卧格夫数量更加巨大,埃及的很多土地都成为卧格夫。马木鲁克人热衷于捐赠卧格夫,一者出于宗教动机,以此博取真主的喜悦;再者担心财产被国家没收充公,抑或自己去世后继承者经营不善而丧失大量的财产。马木鲁克人吏治腐败,财产被没收充公的现象时有发生,与其被没收充公,或被不肖后代挥霍,莫若捐作卧格夫,因此这一时期的卧格夫空前繁盛,很多清真寺以及公共设施的费用均源自卧格夫。

阿尤布王朝和马木鲁克王朝的济贫活动很具有代表性。清真寺、苏菲道堂、经学院、《古兰经》学校、圣墓等场所为学生、教师、旅行者、穷人提供免费食物。分发的食物数量不等,有的仅够一个人食用,有的一个人吃不完还可以带回去给其他人。亚当·萨布拉(Adam Sabra)的研究表明,在15世纪的马木鲁克王朝,除了常见的个人或家庭的不定期、非机构慈善救助,卧格夫机构性救助基金充足,在定期救济穷人方面起着重要作用。在当时,专门为贫困穆斯林儿童,特别是孤儿捐献的《古兰经》学校非常流行,新兴的陵墓卧格夫在供养穷人方面也起着积极作用。此前救济穷人的活动多在节庆和危机时期进行,马木鲁克王朝则

---

[1] 杨瑾:《信仰与慈善救济——伊斯兰历史上的贫困与济贫研究》,文物出版社2012年版,第84页。

形成以小型卧格夫等为主较为固定化的机构救助,主要施舍对象包括学生、囚犯、穷人等。亚当·萨布拉认为,出现这种慈善救助模式的原因是 15 世纪后期埃及财政危机频发,建造和维护陵墓卧格夫比捐建宗教学院或清真寺便宜,对中产阶级有较大吸引力。① 由于卧格夫数量剧增,王朝成立了三个卧格夫管理部门:(1)清真寺卧格夫管理部;(2)私人卧格夫管理部;(3)两大圣寺卧格夫及其他公共慈善机构卧格夫管理部。

第八节 奥斯曼帝国时期(1299—1922)的卧格夫

奥斯曼帝国的创立者为土耳其人奥斯曼·加齐(Osman Gazi),史称奥斯曼一世(Osman 1,1280—1326 年在位)。奥斯曼帝国消灭东罗马帝国后,定都君士坦丁堡,将其更名为伊斯坦布尔。奥斯曼帝国地处东西文明交汇处,掌握东西文明的陆上交通线达 6 个世纪之久。第十位苏丹苏莱曼大帝(1494—1566)时期,帝国日趋鼎盛,其领土在 17 世纪更达最高峰,在巴巴罗萨的带领下,其海军掌控了地中海。奥斯曼帝国的货币为阿克切(Akçe)、库鲁(Grus)、里拉(Türk Lirası)。②

奥斯曼帝国曾是彪炳于世界史册的庞大封建军事帝国,国祚绵长,历时 623 年,历经 36 任苏丹,鼎盛时期的版图横跨欧、亚、非三大洲。及至 16 世纪末,奥斯曼帝国一直是世界上最强大的帝国之一。进入 17 世纪,伴随西方的崛起和奥斯曼帝国对欧洲一系列战争的失败,以及帝国内部各种危机,国势转衰。奥斯曼帝国是 15—19 世纪唯一能挑战崛起的欧洲基督教国家的伊斯兰势力,但它终不能抵挡近代化欧洲列强的冲击,以卡洛维茨条约为主要标志,于 19 世纪初趋于没落,最终于第一次世界大战败于协约国之手,奥斯曼帝国因此分裂。其后,凯

---

① Adam Sabra, *Poverty and Charity: Mamluk Egypt*, 1250‐1517, Cambridge: Cambridge University Press, 2000, p. 92.
② 阿克切银币,源于阿斯普隆(Asper),是奥斯曼帝国的主要货币单位。3 阿克切 = 1 帕拉(Para),120 阿克切 = 1 库鲁。后来库鲁慢慢取代阿克切成为主要货币单位。苏莱曼清真寺兴建时据称花费了 5 900 万阿克切,可见工程规模之大。
　　里拉、库鲁亦为奥斯曼帝国时期的货币。1843 年,库鲁和金币利用金银复本位组成了土耳其里拉。土耳其里拉由于面值太大使用不便,一度成为世界上最不值钱的货币之一。2005 年 1 月 1 日,启用新土耳其里拉(Yeni Türk Lirası)。100 万旧土耳其里拉兑换 1 新土耳其里拉。1 新土耳其里拉 = 100 库鲁。目前土耳其的货币为新土耳其里拉,辅币为库鲁。

末尔领导起义,击退欧洲势力,建立土耳其共和国,奥斯曼帝国灭亡。

奥斯曼帝国时期,卧格夫范围继续扩大,由专人负责管理。起初国家未设专门负责管理卧格夫的机构,后帝国欲将所有卧格夫纳入国家统一管理,遂利用卧格夫收益资助、开创各种公共机构,苏丹们委任亲信负责管理卧格夫。马哈茂德二世(1808—1839年在位)颁令组建"皇家卧格夫管理部",委任专人负责皇室卧格夫以及两大圣寺卧格夫。从此,卧格夫被正式纳入官方管理。1863年,国家颁布了卧格夫管理条例,成为管理卧格夫的基本章程,后经修订沿用至帝国告终。1920年,土耳其国会颁布新令,成立了宗教事务与卧格夫基金部,等同于奥斯曼帝国时期的伊斯兰长老会。宗教事务与卧格夫基金部运行了13年,因哈里发制被废黜,旋被取缔。①

一、奥斯曼帝国时期的卧格夫类型

(一)依据捐赠者分类

1. 皇室卧格夫。奥斯曼帝国的苏丹既要继承前人的慈善成就,弘扬其仁政,又要新创卧格夫,争得明君的赞誉,这在一定程度上促进了卧格夫的发展。"为了缓解城市人口增长带来的各种压力,解决大批宗教人员和贫困人口的生活问题,奥斯曼统治精英在皇室建筑师的精心规划下,根据城市地理位置、宗教地位、商业、经济和文化价值及城市自身历史传统,有选择性地布控瓦克夫慈善资源,首先保证首都、圣城及重要城市的供应。"②从世祖奥斯曼一世起,奥斯曼历代苏丹都慷慨捐献卧格夫,帝国各地分布着苏丹捐建的煊赫的综合建筑群,诸如伊斯坦布尔的苏莱曼清真寺综合建筑群,包括清真寺、四所宗教学院、一所军事学院、一所小学、一家医学院和一家医院、一处公共施粥所、一处土耳其浴室、客栈、商店、苏莱曼及其皇妃许蕾姆苏丹的陵园、室内大市场、廉租公寓、公厕等,宽阔的花园可以欣赏到金角湾和博斯普鲁斯的美景。附近商店、市场的租金用于支撑综合建筑群的开支。

奥斯曼帝国苏丹捐建的大型综合建筑群既为居民提供了社会福利,也昭彰

---

① 阿里·艾兹瓦克:《土耳其现代伊斯兰社会伊斯兰卧格夫管理》,安曼皇家伊斯兰文明研究中心1997年版,第339页。
② 杨瑾:《信仰与慈善救济——伊斯兰历史上的贫困与济贫研究》,文物出版社2012年版,第289页。

了苏丹的权威和浩浩皇恩,同时也与基督教和犹太教竞争了空间和信众。法蒂赫清真寺(Fatih Mosque,建于 1462—1470 年)、苏莱曼清真寺(Suleymaniye Mosque,建于 1550—1557 年)、赛里姆二世清真寺(Selim Mosque,建于 1569—1575 年)、蓝色清真寺(Blue Mosque,建于 1609—1617 年)等大型卧格夫综合建筑群,主体建筑是清真寺,环之以图书馆、学校、医院、施粥所、捐献者陵园等,均为典型的奥斯曼皇室文化产物。

苏丹除了自己捐献卧格夫,还支持皇室女眷及各级官员建立卧格夫。皇室贵妇先向苏丹提出申请,获准后得到土地或村庄的所有权,然后将其捐赠为卧格夫。最有影响的皇室女眷卧格夫有:(1)古尔巴哈尔的卧格夫。古尔巴哈尔(?—约 1510),又名阿伊莎皇后,巴耶济德二世(1481—1512 年在位)之妻,赛里姆一世(1512—1520 年在位)之母。在土耳其东北部的港口城市特拉布宗建造了大型公共施粥所。(2)许蕾姆苏丹(Hürrem Sultan)的卧格夫。许蕾姆苏丹,又名罗西拉娜(Roxelana,1500—1558),乌克兰人。克里米亚鞑靼人击败莫斯科公国的军队后,将罗西拉娜进献给苏莱曼,遂取名为许蕾姆苏丹,获得"哈赛克苏丹"(Hasseki Sultan,意为苏丹至爱)之殊宠。其为苏莱曼诞育五子一女:赛扎德·穆罕默德(Sehzade Mehmed)、公主米丽玛苏丹(Mihrimah Sultan)、赛扎德·阿卜杜拉、赛里姆(Selim)、赛扎德·巴耶赛特、赛扎德·希汗吉尔。其中,赛里姆成为苏莱曼的继承者,是为赛里姆二世(Selim Ⅱ,1566—1574 年在位)。许蕾姆苏丹非常热衷于慈善事业,其卧格夫包括伊斯坦布尔的哈赛克库丽耶(Hasseki Külliye)综合建筑群,包括清真寺、宗教学校、世俗学校、施粥所,还有著名的许蕾姆苏丹公共浴池等。许蕾姆苏丹还在三圣地修建了公共施粥所,并在麦加修建了四所学校,在耶路撒冷修建了一座清真寺。其卧格夫还有在伊斯坦布尔和其他城市的无数小清真寺、道堂、桥梁、学校、女子医院、男女浴室、供水设施等。许蕾姆苏丹是奥斯曼帝国历史上第一位修建清真寺的女性,为后世拥有权势的后宫妇女所效仿。

古尔巴哈尔和许蕾姆苏丹捐建的卧格夫都建有施粥所,其卧格夫捐献声明书都规定:施粥所每天要给本地贫穷穆斯林、学生、苏菲、旅客分发两顿饭菜。这种大型卧格夫集赢得真主的喜悦、实现个人抱负、维护至尊地位和赢取民心等多重功效于一身,其规模与影响之大,远非普通卧格夫所能比拟。

2. 精英阶层的卧格夫。奥斯曼帝国时期,行省总督、军政要员和上层乌里玛纷纷建立大型卧格夫。相较而言,乌里玛的卧格夫数量和规模相对较小。

苏莱曼大帝的皇家首席建筑设计师科查·米马尔·锡南（Kochar Mimar Sinan，1489—1588），一生所致多为卧格夫建筑。锡南，安纳托利亚人，出身于信奉基督教的建筑工匠家庭，后改宗伊斯兰教。他一生设计建造了79座清真寺、34座宫殿、55所学校、19座陵墓、33所公共浴室、16幢住宅、7所经学院、12家客栈和18家殡仪馆。此外建有谷仓、军械库、桥梁、喷泉、医院和大型水渠等。代表作有3座瑰丽壮观的清真寺：赛扎德清真寺、苏莱曼清真寺和赛里姆清真寺。其设计构思将罗马建筑、波斯建筑和阿拉伯伊斯兰风格融为一体，形成了土耳其风格的建筑艺术。

奥斯曼帝国时期，各行省总督亦是捐建大型卧格夫的主要力量。皮里·迈赫迈德帕夏用其卧格夫年收益的3 116 641阿克切支持伊斯坦布尔的聚礼寺、宗教学院、苏菲道堂、锡利夫里（Silivri）①的清真寺、公共施粥所和宗教学院。科卡·穆斯塔法帕夏（Koca Mustafa Pasha）的卧格夫年收入为558 041阿克切，全部用于支持伊斯坦布尔苏鲁·马纳斯塔尔（Sulu Manas-tir）附近的清真寺、公共施粥所、宗教学院、小学、埃于普苏丹大清真寺（Eyyup Sultan Camii）②、耶尼杰·卡拉苏（Yenice Karasu）的施粥所，以及鲁米利亚（Nevrekob或Rumelia）一座包括清真寺和小学在内的综合建筑。

为表示对圣城的尊崇以获得更多的精神回报，也为在伊斯兰世界树立圣君和圣城保护者的形象，增强其政治合法性，奥斯曼统治者也在圣地捐赠卧格夫，供养圣地宗教人士和穷人。圣地卧格夫在客观上改善了圣城的基础设施和城防能力，创造了更多就业机会，促进了经济发展，为当地穆斯林提供了福利。

（二）依据卧格夫的物件属性分类

1. 食物卧格夫。卧格夫还提供持久而广泛的机构性食物分配，其中大型皇

---

① 锡利夫里，位于伊斯坦布尔省锡利夫里区，临靠马尔马拉海沿岸，是伊斯坦布尔的度假胜地。
② 埃于普（Eyyup），应系艾优布（Ayyub）的土耳其语音译。埃于普苏丹大清真寺位于伊斯坦布尔老城区的西北角。建于1458年，规模不大，是最早由奥斯曼土耳其人兴建的清真寺之一。据说它毗邻先知穆罕默德的弟子——艾布·艾优布·安萨里的陵墓。艾布·艾优布·安萨里在674—678年的圣战中殉教，葬于此地。坟墓受到崇敬。

曾有两个传说：为了保护艾布·艾优布·安萨里的墓穴，阿拉伯骑兵将其踏为平地；另一说是拜占庭人崇敬艾布·艾优布·安萨里，将其墓地保护起来。1453年，穆罕默德二世（1451—1481年在位）想要寻找墓穴，却无人知晓，直到有一天其大臣做梦梦到了这里，带人来此找到了一块石碑，上刻"Eba Eyyup"的字样，自此将其改造成了圣殿。后来，奥斯曼帝国的苏丹登基之时都要在此举行加冕礼，接受奥斯曼之剑。直到今天，许多穆斯林男孩要盛装来此举行割礼。

室施粥所尤为明显。16世纪的伊斯坦布尔有18所施粥所,其中9所施粥所由皇室开办,且都是作为清真寺综合建筑的附属部分。如法蒂赫清真寺施粥所、巴耶济德施粥所、赛里姆施粥所、许蕾姆苏丹施粥所、赛扎德施粥所、苏莱曼清真寺施粥所、埃于普苏丹大清真寺施粥所、于斯屈达尔(Üsküdar)①的米丽玛苏丹(Mihrimah Sultan)②施粥所、努尔芭奴苏丹(Nurbanu Sultan)施粥所。其余9所施粥所隶属于大维齐尔和其他贵胄建造的清真寺综合建筑,如马哈姆·德帕夏施粥所、穆拉德帕夏施粥所、达弗德帕夏施粥所、卡拉·穆斯塔法帕夏施粥所、阿提克·阿里帕夏施粥所、卡拉·阿赫迈德帕夏施粥所、加拉塔和卡西姆帕夏捐建的独立施粥所、于斯屈达尔的古尔菲姆哈敦(Gulfem Hatun)③施粥所、巴布萨德·阿贾希·侯赛因阿加(Babussaade Agasi Huseyin Aga)捐建的小圣索菲亚(Kucuk Ayasofya)施粥所。除了努尔芭奴施粥所,其余均建于1560年之前。

施粥所在为市民提供福利方面发挥着重要作用。当时伊斯坦布尔的居民——皇宫居民和军事阶层除外——达15万人,施粥所每天分发的饭菜超过12 500份。其中,11 500份分发给大众,1 000份给旅客。此外,施粥所还给每人分发两块面饼。面饼数量与每天发放的饭菜数量相当,通常发给宗教学院的学生和清真寺综合建筑中的工作人员。约15%的城市人口能得到饭菜或面饼。

2. 衣物卧格夫。几乎所有的衣物卧格夫都是为社区小学或社区的孤儿和贫穷孩子设立。衣物通常整套捐出,一年一次,在开斋节统一发放。

例如,赛泽利·噶西姆帕夏(Cezeri Kasim Pasha)区的哈吉菲尔哈德·本·阿卜杜拉(Haci Philhade Ben Abdullah)的卧格夫捐赠声明书规定,接受衣物的孩子须在6—12岁之间。其他捐赠文件规定为青春期或成年以前。捐献整套衣装出资100阿克切,可增至150阿克切。整套衣装包括:一顶瓜皮帽、一顶尖帽、一件衬衫或外套、一件毛卡夫坦(长袍)或一件风衣、一根腰带、一条宽松裤、一双鞋。卧格夫每年有能力为300—350个孩子制作整套行头。阿提克·瓦利德的大型综合建筑卧格夫捐赠声明书规定,用500阿克切在开斋节给穆斯林孤儿准备约10—15套衣服。无力支付整套衣装的卧格夫至少要设法施舍一件毛

---

① 于斯屈达尔,土耳其最大城市伊斯坦布尔一个面积广阔、人口密集的市区。位于博斯普鲁斯海峡的安纳托利亚一侧,有博斯普鲁斯公路大桥与海峡以西的市区相连,人口约50万,有工业区和商业区。历史上的巴格达铁路由此向东修筑。
② 米丽玛苏丹,苏莱曼大帝与许蕾姆苏丹之女。
③ 苏莱曼大帝的妃子。

卡夫坦或一双鞋。1509 年，哈吉苏克丁·伊里亚斯（Haci Sucauddin Ilyas）的卧格夫规定，捐赠的鞋价格为 5 阿克切，粗毛布质地的卡夫坦为 25 阿克切。

相较而言，在皇室和其他贵胄的大型卧格夫捐赠声明书中，很少有施舍衣物的规定。

3. 现金卧格夫。奥斯曼帝国时期出现了新的救助形式——现金卧格夫。

奥斯曼帝国之前的卧格夫多为不动产，奥斯曼人出于现实统治和社会发展的需要，对传统的伊斯兰教法予以创制，允许穆斯林用现金捐献卧格夫，以利息进行公益活动，这是奥斯曼人对卧格夫制度的重要发展。

奥斯曼帝国最早的现金卧格夫始于阿尔巴尼亚人巴拉班·巴德拉帕夏（Balaban Badra Pasha）。1442 年，巴拉班·巴德拉帕夏用 3 万阿克切（以 10% 的年息借贷）在埃迪尔内①的加里波利（Gallipoli）捐献了大型卧格夫综合建筑，包括一座清真寺、一座施粥所、一所学校、四家商店和一家浴室，并支付宗教人员和教师薪资以及学生奖学金。

将现金卧格夫合法化的首倡者为哈奈斐学派的穆罕默德·艾布·苏欧德（Seyhulislarn Ebu's-Su'ud，1490/1491—1574/1575），全名穆罕默德·艾布·苏欧德·阿凡迪·本·姆乎引丁·穆罕默德·本·姆苏里赫丁·穆斯塔法·伊玛迪。初事教学，后任法官和军队法官，经常出入奥斯曼宫廷，任首都伊斯坦布尔的首席穆夫提达 30 年之久，任期之长为奥斯曼帝国时期的穆夫提之最。穆罕默德·艾布·苏欧德首创了官方性质的"穆夫提协会"，负责布道、演讲、发布教令，被誉为"伊斯兰的长老"。在穆罕默德·艾布·苏欧德的极力倡导下，现金卧格夫合法化。

史料记载，现金卧格夫主要流行于安纳托利亚和巴尔干地区，但学术界关于现金卧格夫的流行范围仍无定论，或认为在帝国境内普遍流行，或认为主要局限于安纳托利亚和巴尔干地区，鲜见于操阿拉伯语的地区。尽管争论不息，但现金卧格夫在慈善救助方面所起的积极作用不容置疑。甚至有人认为，在 19 世纪奥斯曼帝国建立银行以前，现金卧格夫与其他卧格夫的剩余收益构成了信托基金的重要来源，在奥斯曼社会发挥着重要作用，被誉为 18—19 世纪奥斯曼银行

---

① 埃迪尔内（Edirne），土耳其西部城市，埃迪尔内省省会。曾为奥斯曼帝国首都。旧称"亚德里亚堡"或"哈德良堡"。1369 年，哈德良堡被奥斯曼帝国苏丹穆拉德一世征服，改名为埃迪尔内。现代希腊语仍沿用罗马时期的旧称。

制度①的前身。"15世纪早期,现金卧格夫开始被奥斯曼人接受,16世纪末在安纳托利亚和罗姆里很多地方盛行,表明对小额借贷者开放了法律禁止和政府控制的金钱市场,现金卧格夫对帝国社会结构发展具有重要意义,堪称卧格夫法律的一次革命。奥斯曼帝国的健康、福利和教育完全依靠施舍和卧格夫收入。"②

现金卧格夫是否合法,各教法学派见解不一。

哈奈斐学派和马立克学派出于公共利益考量,接受了现金卧格夫。哈奈斐学派系奥斯曼帝国的官方学派。遵从哈奈斐学派的穆罕默德·艾布·苏欧德提出,合法的利息为15%。认为现金卧格夫有益于社团利益,能给更多穷人和有需要者提供无息贷款。"为了人民的利益(Istihsan),让我们实际一点吧。"③定居在索菲亚苏菲道堂的哈尔瓦提教团(al-Tariqah al-Khalwatiyyah)的长老巴利额芬迪强调,现金卧格夫是所有机构经济活动的基础,法律应该反映人们的情感。他多次上奏苏丹,立场坚定地支持现金卧格夫:"毁坏慈善机构的行为是异端的……它剪断伊斯兰教的命脉……罗姆里的一些救济院、学校和大多数清真寺都由现金卧格夫支持,城镇供水设施都以现金卧格夫为基础。还有新建造的清真寺、救济院、学校和其他善事都由它支撑。如果禁止现金卧格夫,有多少地方的人将会放弃每日的宗教实践啊!有多少周五聚礼清真寺将无法维持!……如果反对者了解伊斯兰教在罗姆里如何根深蒂固,他就会知道现金卧格夫到底是对还是错!"④"作为在罗姆里定居已久的土耳其家庭代表,巴利额芬迪了解现金瓦克夫支持的清真寺和救济院在该地区伊斯兰教化过程中的重要作用。"⑤

沙斐仪学派和罕百里学派以有害于社会道德为由反对现金卧格夫,如迈赫迈德·比尔盖威额芬迪(1520—1573)。而作为奥斯曼帝国的官方学派,哈奈斐

---

① 1856年,英国商人与法国巴黎银行、奥斯曼帝国政府在奥斯曼帝国首都伊斯坦布尔的加拉塔商业区成立了奥斯曼银行。银行成立时共有135 000份股份,其中8万股由英国方面控股,5万股由巴黎银行控股,剩余5 000股由奥斯曼帝国政府控股。1863—1924年,奥斯曼银行一直充当奥斯曼政府的官方中央银行,政府给予了这家银行诸多优惠。1996年,银行被出售给道格斯集团,自此,银行的业务基本局限在了土耳其国内。2001年,奥斯曼银行被土耳其担保银行收购。

② Jon E. Mandaville, "Usurious Piety: The Cash Waqf Controversy in the Ottoman Empire", *IJMES*, 1979, p. 290.

③ Haim Gerber, "The Public Sphere and Civil Society in the Ottoman Empire", *The Public Sphere in Muslim Societies*, Miriam Hoexter, Shmuel N. Eisenstadt, etc. edited, State University of New York, 2002, p. 73.

④ Jon E. Mandaville, "Usurious Piety: The Cash Waqf Controversy in the Ottoman Empire", *IJMES*, 1979, pp. 303-304.

⑤ 杨瑾:《信仰与慈善救济——伊斯兰历史上的贫困与济贫研究》,文物出版社2012年版,第218页。

学派则遵从唯美原则(Istihsan),即以大众利益为重认可了现金卧格夫。现金卧格夫承担了很多社会职能,为奥斯曼帝国的福利事业提供了资源,在奥斯曼社会组织中发挥了重要作用。

无独有偶。14 世纪,当格拉纳达(Granada)①的法官被问到:拜加亚(Bijaya)捐献的产业旨在支持从阿尔梅里亚②流放的人、为贫穷的女孩置办嫁妆、负责清真寺的照明和维护费用,受益人包括一位管理者、《古兰经》经师、孤儿和未婚的年轻女性,但后来卧格夫收益不足以资助所有项目,这种情况下,用阿尔米利亚用途不明(不知底细)的产业带来的收益进行补贴是否合法?法官解释道,为了完成"慈善救济和一项善事"的任务,卧格夫受益人有权利分享(来源)用途不明的产业收益。他在判决书中注明目的不明的收益与目标明确的资产的收益具有同等效力。显然,凡是以救助穷人的名义引起的卧格夫法律争议,法官一般会做出有利于穷人的判决。③

现金卧格夫在救济穷人方面发挥着巨大作用,随着时间的推移,其不足之处逐渐显现。现金卧格夫建立后,捐赠者规定的固定利率不能随着经济形势与时变更,缺乏灵活性。加之阿卜杜拉·哈米德二世(1876—1909 年在位)时期,成立了卧格夫管理委员会,将很多现金卧格夫收归国有。至 19 世纪中晚期,现金卧格夫逐渐衰落。

上述卧格夫在救济范围和功能上互有重叠,一个穷人有时可以得到多个机构的救助,这种网络式社会保障体系有效应对了奥斯曼社会的济贫需要。捐赠者与受益人之间建立起持久固定的经济和精神联系,同时也将地方与中央、城镇与乡村联系起来、将以苏丹为代表的统治阶层与普通民众联系了起来。

---

① 格拉纳达是西班牙安达卢西亚(Andalucia)自治区格拉纳达省的省会。711—1492 年,柏柏尔人在伊比利亚半岛建立了穆斯林政权。柏柏尔人在西班牙的最后一个王朝——奈斯里德王朝(Nasrid Dynasty,1238—1492),曾定都于格拉纳达。
② 阿尔梅里亚(Almeria),西班牙南部良港,是西班牙安达卢西亚地区阿尔梅里亚省首府。临地中海的阿尔梅里亚湾,原为腓尼基人所建古城,罗马帝国时名为马格纳斯港。8 世纪时为摩尔人占领,改今名,并发展成繁荣的商港。1937 西班牙内战时,遭德舰炮轰,受严重破坏,后修复。城市建筑富摩洛哥色彩,有建于 733 年的摩尔堡垒和高塔,可眺望城港,还有哥特式天主教堂(1524 年)和地震站。
  阿尔梅里亚人口约 64 万(2006 年)。气候温和,多阳光,全年可供旅游,是西班牙南部旅游业中心,常供摄制电影外景。每年 8—12 月,因大量出口柑橘、葡萄等,海运业旺盛。
③ 杨瑾:《信仰与慈善救济——伊斯兰历史上的贫困与济贫研究》,文物出版社 2012 年版,第 212—213 页。

二、奥斯曼帝国时期卧格夫的影响

为建立可持续发展的穆斯林共同体，更广泛地传播伊斯兰教，奥斯曼人在借用各种文化传统的基础上形成了强调皇家慈善的社会福利观念，因地制宜地在帝国各地尤其是安纳托利亚、巴尔干地区和阿拉伯各省建立了慈善机构和设施，加速了奥斯曼文化与各地习俗的融合。

奥斯曼帝国时期，随着伊斯兰社会财富的激增，卧格夫产业发展异常迅猛。"奥斯曼社会留给医疗、教育和福利的卧格夫系统基金是如此庞大，以至于可以毫不夸张地说：感谢奥斯曼帝国时期卧格夫的繁荣，一个人将出生在卧格夫房间，睡在卧格夫摇篮里，吃喝都来自卧格夫产业，读着卧格夫书籍，在卧格夫学校接受教育，从卧格夫管理中领取工资，当他死亡时安放在卧格夫棺椁里，埋葬在卧格夫的墓地里。"[1] 卧格夫在奥斯曼帝国时期急剧增长，原因是多重的。米里亚姆·霍克斯特（Miriam Hoexter）认为，这种机构"特别好地迎合了一个父系的、古代体制政府的需要"。[2] 也是穆斯林男性成员完成一些基本心理需要的载体：展示虔诚、永保经济利益。尽管在运转过程中出现过被操纵和腐败问题，但却梢存枝，终归无法掩映卧格夫制度的慈善本性。奥斯曼帝国时期的现金卧格夫反映了这种制度的弹性。

19 世纪以前的奥斯曼帝国，政府基本不负责社会服务领域。宗教、教育、公共设施、文化和科学活动基本由卧格夫支撑。卧格夫制度通过改变物体的占有方式实现财富的重新分配，对奥斯曼帝国的社会生活产生了巨大影响。

卧格夫是奥斯曼帝国在征服地区和帝国边疆推行伊斯兰化和城镇化的有力手段。在这些地区，有些基督教堂、修道院及其他大型建筑被转化为伊斯兰社团的公共服务机构，如征服者穆罕默德二世（1444—1446、1451—1481 年在位）将圣索菲亚大教堂变成阿亚索菲亚清真寺。穆罕默德二世还招集帝国贵胄，要求他们每人在城镇创办施粥所综合建筑。大宰相马哈穆德帕夏（Mahmood Pasha）和其他臣僚都在城市中心和金角湾地区建造了精美的施粥所综合建筑群，吸引

---

[1] Baskan, Birol, *Waqf System as a Redistribution Mechanism in Ottoman Empire*, www.awqafsa.org.za.
[2] Miriam Hoexter, "Charity, the Poor, and Distribution of Alms in Ottoman Al-giers", in Michael Bonner, et., *Poverty and Charity in Middle Eastern Contexts*, p.157.

着人们在附近形成了新居民区。

卧格夫还是新征服地区伊斯兰化的重要代理。苏菲道堂的建立——包括礼拜堂、生活区、厨房、待客设施,有时还有耕地——促进了乡村的发展和伊斯兰化进程,营造了安定团结的社会环境。在边远地区,苏菲道堂不仅吸引过往旅客,也聚拢了四周乡邻,人们获益于苏菲修士的精神服务,从道堂或教团获得了一种亲近感和隶属感。特别是巴尔干地区和安纳托利亚地区的苏菲道堂,吸引了大批修士、贫困移民、旅客和边缘群体,逐渐发展成为穆斯林征服与管理基督教地区的基层单位和军事前哨,加速了伊斯兰化和奥斯曼化进程。

16世纪中期,军事征服的大片田产划归为皇室卧格夫,源源不断的战利品为资助慈善机构提供了充足资金,卧格夫建筑规模愈益扩大,功能更趋齐全。在布尔萨①、埃迪尔内和伊斯坦布尔等皇家都城,皇室捐献的大型卧格夫综合建筑群极大地促进了城市化进程。尤其是伊斯坦布尔,从1453年被征服时起,每位苏丹都为城市增添新建筑,政要们也为城市建设做出了很大贡献。据乔伊·弗瑞勒(Johe Freely)统计,1546—1596年,伊斯坦布尔的卧格夫数量由1 594个增至3 180个,反映出公共机构增长速度之快。② 有些机构至今仍在发挥作用。

卧格夫还是城镇稳定发展的重要载体。在18—19世纪叙利亚的阿勒颇城,信众捐献的大清真寺、塔卡亚(苏菲道堂)形塑了城市的基本框架,吸引着更多捐赠者的关注与支持。1742—1878年,该城的1 484份卧格夫捐赠声明书记录着具体的捐献时间、捐赠者姓名、捐献产业类型、卧格夫规模以及最初和最终受益人。大多数卧格夫(65%)规模较小,诸如一间房、一间商铺,少数属中等规模的城镇和乡村产业。56%的卧格夫将著名的伍麦叶清真寺作为首选资助对象。阿基里塔卡亚(Takiyya Aqiliyya)在1779—1828年是10份卧格夫的主要资助对象和另外10份卧格夫捐献声明书中提到的受益者。它们大多是小型卧格夫,捐赠者来自各个阶层——帕夏之女、伊玛目、小业主、社会下层人士。21份卧格夫捐献声明书提到贾鲁姆(Jallum)区的希拉里塔卡亚(Takiyya Hilaliyya)。至少20份卧格夫捐献声明书提到马萨宾(Masabin)区的萨德里希塔卡亚(Takiyya

---

① 布尔萨(Bursa),旧称"布鲁萨"。土耳其西北部城市,布尔萨省的省会,位于乌卢山北麓。其在拜占庭帝国统治时,为一军事要地。1326—1426年曾为奥斯曼帝国首都,为当时的宗教和文化中心。在17世纪,是奥斯曼帝国的三京之一,仅次于伊斯坦布尔的第二大城市。1855年大地震时受到严重破坏。该市多伊斯兰教古迹。

② Johe Freely, *Istanbul: The Imperial City*, London, 1996, p.185.

Sdlihiyya)。19份卧格夫捐献声明书提到哈提姆小集市（Suwayqa Hatim）区的卡亚里塔卡亚（Takiyya Kayyaliyya）。18份卧格夫捐献声明书提及城外的艾布·伯克尔塔卡亚（Takiyya AbBakr）。

奥斯曼人庞大的卧格夫产业承担起了帝国的社会福利事业，受益者范围广博，诸如广义的穷人或某一特定群体的贫困者，某些公共服务机构如宗教学院、教育和研究机构、福利和健康服务，甚至一群动物。凭借卧格夫，奥斯曼人恰当地解决了疆域辽阔导致的管理的鞭长莫及和疏漏之弊病，卧格夫成为奥斯曼帝国开展济贫活动的坚实支柱，与信众的定期施舍相互补益，构建了奥斯曼社会基本的济贫网络。

第九节　20世纪的卧格夫

随着奥斯曼帝国的崩溃和哈里发制度的废黜，伊斯兰世界四分五裂，很多国家被西方列强殖民。殖民列强沿袭大多数伊斯兰国家卧格夫由中央控制的模式，弥漫在伊斯兰世界的整体不发达和落后的气氛也笼罩在了卧格夫产业上。1830年，法国殖民当局在突尼斯、摩洛哥和阿尔及利亚接管了卧格夫的管理权，以永久性租赁的方式将清真寺占有的土地租予佃户耕种，佃户对土地的使用权改为世袭制，直至没有继承人时再归还给卧格夫基金组织。这是在西方殖民主义国家的干预下，对卧格夫制度所做的首次实质性改革。

20世纪中叶，许多阿拉伯—伊斯兰国家陆续摆脱了殖民统治。独立后的伊斯兰国家进行了全方位的改革，其中自然包括卧格夫。伊斯兰国家普遍加强了对卧格夫的管理，许多国家就此颁布了一系列条例，采取了许多重大改革措施，古老的卧格夫制度开始发生前所未有的深刻变化。

许多新独立的伊斯兰国家创建了民族国家，对传统文化采取了较为消极的姿态，在否定传统，力图快速迈入现代化进程的大背景下，新领导人经常对卧格夫持消极态度。在叙利亚、埃及、土耳其、突尼斯、阿尔及利亚，许多卧格夫被充为政府、军队的公产，或通过土地改革和其他方式分散出去，现今的卧格夫大多仅指清真寺卧格夫，原先通过卧格夫资助得以运转的清真寺、宗教学校等，改由政府拨款。很多国家制定了卧格夫法，成立了宗教事务与卧格夫基金部。随着时间的推移，许多国家对传统事务的态度由消极转向了温和，卧格夫领域也是如此，一些国家诸如黎巴嫩、约旦、苏丹、科威特、阿尔及利亚等制定了新的卧格夫法，以复兴卧格夫。苏丹和科威特进一步制定了法律，为新的卧格夫实体提供制度保障，并鼓励人们捐赠新的卧格夫，使之服务于社会慈善事业。

继北非三国——突尼斯、阿尔及利亚、摩洛哥的改革之后，埃及总督穆罕默德·阿里（Muhammad Ali，1769—1849）颁布敕令，禁止将土地捐赠为公益卧格夫，但这项命令后来形同虚设。1946 年，埃及颁布了卧格夫法以规范卧格夫的管理。埃及议会就是否继续保留卧格夫制度展开辩论，最后达成折中性改革方案，颁布了第一部卧格夫条例《遗嘱处分法》，它也是迄今伊斯兰国家关于卧格夫制度的最完整、最明确的基本法规。它有几项重要改革：（1）强调任何卧格夫产业必须符合国家现行法律；（2）为了防止滥用法律，对各类卧格夫的期限做了明确规定；（3）修改了捐赠者无权收回卧格夫产业和无权改变用益条件的传统规定；（4）重申了法定继承人权益；（5）规定不许将卧格夫产业作为借贷基金，以免因管理不善和监督不力而成为死债。

1948 年，黎巴嫩出台了与埃及基本一致的卧格夫法，其目的主要是针对卧格夫中存在的一些弊端。1952 年，埃及政府正式废除了私人卧格夫。同年，叙利亚废除了私人卧格夫，并规定卧格夫只许捐赠给慈善事业，翌年又颁令所有慈善卧格夫均归卧格夫部统一管理。1955 年，伊拉克颁布了与埃及、叙利亚、黎巴嫩相同的卧格夫法，全面废除了私人卧格夫。从此，各国的卧格夫被纳入国家法制化管理。[①]

今天，整个北非地区只保留了公共卧格夫，但西亚的伊斯兰国家依然存在着公共卧格夫和私人卧格夫这两种形式的卧格夫。

大多数伊斯兰国家对卧格夫的忽视已近百年，近代伊斯兰复兴思潮重新发掘了卧格夫，并试图提高卧格夫在乌玛社会的慈善职能。历史上，在叙利亚、土耳其、埃及、摩洛哥、阿尔及利亚、伊拉克和巴勒斯坦，其重要城市中超过 1/3 的农业土地，有时甚至约有 1/2 的建筑物，都是卧格夫产业。但时至今日，大部分这些国家的卧格夫收益甚至都不足以支付清真寺的维护，政府的一般预算总要补贴卧格夫部。虽则如此，在伊斯兰世界，卧格夫理念尽人皆知，卧格夫产业遍布大多数伊斯兰社区，以往没有卧格夫的地区也建立了卧格夫。

---

① 穆斯塔法·穆罕默德·阿尔加维："自古迄今卧格夫对社会与文化的影响"，《伊斯兰卧格夫论文集》，阿拉伯联合酋长国大学法律系 1997 年版，第 294—297 页。

实 践 篇

第十四章　沙特阿拉伯王国近现代卧格夫
——以麦地那为例

沙特阿拉伯王国（Kingdom of Saudi Arabia），通称沙特阿拉伯（Saudi Arabia），简称沙特。位于亚洲西南部的阿拉伯半岛，首都为利雅得。沙特的夏都为塔伊夫，外交之都为吉达。

沙特阿拉伯始建于1750年的阿拉伯半岛中部地区，埃米尔穆罕默德·本·沙特（Muhammad bin Saud，1697—1765）与伊斯兰改革家穆罕默德·阿卜杜·瓦哈卜（Muhammad Abd Wahhab，1703—1792）结盟建立了新政权。之后的150多年中，沙特阿拉伯家族的势力时起时落，为争夺半岛的控制权不断与埃及（时属奥斯曼帝国）、奥斯曼帝国发生冲突，并两度失去政权。

现代沙特阿拉伯由阿卜杜勒·阿齐兹（1932—1953年在位）建立。阿卜杜勒·阿齐兹，全名阿卜杜勒·阿齐兹·本·阿卜杜勒·拉赫曼·阿勒沙特，又名伊本·沙特。1902年，阿卜杜勒·阿齐兹率领人马从其家族避难地科威特出发，从敌对的拉希德家族手中一举夺回利雅得。1913—1926年间，阿卜杜勒·阿齐兹相继征服了内志（纳季德）和汉志（希贾兹）两部分领土并成为国王。1927年5月20日，签署的《吉达条约》使得沙特阿拉伯正式脱离英国的统治，获得独立。1932年9月22日，沙特阿拉伯正式宣布统一。1938年3月3日，在沙特阿拉伯发现的石油改变了这个国家的命运。

麦地那（Madina），也称麦迪纳、麦迪莱。位于沙特西部赛拉特山区的开阔平地上，四面环山，属于山区高原城市。麦地那是伊斯兰教的第二圣城，与麦加、耶路撒冷一起被称为伊斯兰教的三大圣地。麦地那旧称叶斯里卜或雅斯里布（Yathrib）。先知穆罕默德带领迁士来此后改称麦地那，意为光辉之城。先知穆罕默德和四大哈里发时期，麦地那为伊斯兰教的政治和文化中心，因此在伊斯兰教史上占有十分重要的地位，穆斯林曾冠之以"被照亮之城""和平之城""胜利之城"等美名。

第十四章　沙特阿拉伯王国近现代卧格夫

一、近代(1750—1926)麦地那卧格夫概况

奥斯曼帝国后期,麦地那卧格夫非常活跃。卧格夫项目多样,形式多元,其中很多项目一直持续到新沙特时期(1926年/伊历1344年至今)。卧格夫占据了麦地那大面积的土地,仅隶属于先知清真寺(圣寺)的卧格夫土地就多达434处,其他慈善卧格夫达378处,占地面积约20平方公里,占麦地那总面积的34％。[①]

奥斯曼帝国后期,麦地那的多数卧格夫针对文化教育而设立。

(一)给先知清真寺的学者和授课教师设立的卧格夫

先知寺,又称麦地那清真寺,是伊斯兰教第二大圣寺,坐落在麦地那城的拜尼·纳加尔区,是伊斯兰教史上继库巴清真寺之后的第二座清真寺。先知寺始建于622年,先知穆罕默德亲自参与建造。伍麦叶王朝哈里发瓦利德(al-Walid, 705—715年在位)时期进行了全面重建,后经多次扩建,先知寺已成为一座庞大的建筑群,占地面积为16326平方米,成为全世界最大的清真寺之一。

先知清真寺是麦地那最大的学术文化中心,从先知时代至今经久不衰。虽然在过去的14个世纪里麦地那历经风雨,但先知清真寺内从未中断过"学习圈",著名学者们稳坐讲台教授《古兰经》、伊斯兰学、阿拉伯语、数学、历史、人物传记、天文、逻辑、哲学、遗产继承学等。每天晨礼结束后授课直至上午,第二次授课从晡礼结束后开始,昏礼后也会授课,宵礼后很少上课。[②] 学生有权自由选择喜好的课程和老师,学生通过一门学科,被授予"依贾宰"(结业证书),意味着他有资格向他人教授这门学科。凡在先知清真寺授课的老师,事先须由先知清真寺教育管理委员会指定的权威学者面试考核,考核通过者方有资格任教,而且有具体的教学计划和制度。

先知清真寺的教师起初免费授课,后来奥斯曼帝国给其中部分教师发放薪资。授课教师一度达18人,年薪不一,150—500奥斯曼皮亚斯特[③]不等。有些

[①] 穆罕默德·绍基·易卜拉欣:《麦地那的卧格夫土地》,《达莱杂志》1985年(伊历1405年)第2期,第37页。
[②] 阿卜杜·巴西特·拜德尔:《麦地那通史》(第3卷),麦地那研究中心1993年版,第84页。
[③] 皮亚斯特,阿拉伯语称为"基尔什",货币名称。皮亚斯特一词来源于西班牙语的"Peso De Ocho"(银圆),其词汇更深层的来源可追溯至意大利语,本意是"薄的金属盘子"。奥斯曼帝国施行币制改革,亦发行皮亚斯特,规定与英国的2便士等值。

293

教师家境富裕,拥有自己的生意或商铺田产,免费授课。许多有志之士和热衷于传播伊斯兰文化的人士纷纷捐赠卧格夫,其收益专门用于支付先知清真寺授课教师的薪资等。有些捐赠者提出条件,其卧格夫收益专用于某一学派的学者。例如:

——马格里布人哈吉穆罕默德·本·阿里将自己在麦地那罕百里巷的一处宅院捐作卧格夫,用其收益支付先知清真寺授课的马立克学派的学者;若无马立克学派的学者,则资助所有定居麦地那的马格里布人;若无马格里布人,则用于帮助居住在麦地那的所有穷人。

——马格里布人欧麦尔·本·阿里将自己在麦地那拜尔布里亚和艾布·舒舍的两处豪宅捐作卧格夫,用其收益资助定居麦地那的马格里布人中的罕百里派学者。若无此派学者,则用于先知清真寺的修缮。

——突尼斯人穆斯塔法·本·阿里·萨卜格将自己在麦地那曼西亚巷迈吉德门外的一处豪宅捐作卧格夫,用其收益资助麦地那的马立克学派学者。

——艾哈迈德·本·达希鲁拉·本·松迪格和儿子欧麦尔·本·艾哈迈德将他们在麦地那的所有房产——18间商铺和1幢三层的咖啡楼捐作卧格夫,用其收益资助先知清真寺里授课的四大教法学派的学者。[①]

历代以来,捐给先知清真寺的此类卧格夫不胜枚举,这些卧格夫无疑推动了麦地那的学术和教育活动。

(二)卧格夫学堂——昆塔布

昆塔布在麦地那非常普遍,或设在先知清真寺里,或设在校长家里,或设在客栈,或设在苏菲道堂里。根据当时希贾兹省(麦加与麦地那)的官方统计,1884—1892年(伊历1301—1309年),在希贾兹地区,包括苏丹马哈茂德创办的昆塔布在内,隶属于苏丹阿卜杜·迈吉德的"迈吉德昆塔布"如下:

下编表 14-1　伊历 1301—1309 年(公元 1884—1892)希贾兹省的"迈吉德昆塔布"统计表

年份	昆塔布数目(座)	教师数目(个)	助教数目(个)	学生数目(个)
1301	13	12	12	250
1303	13	12	12	250

---

① 赛哈尔·宾特·阿卜杜·拉赫曼·穆夫提·松迪格:《伊斯兰卧格夫对麦地那学术文化的影响》,沙特阿拉伯麦地那学术研究中心2003年版,第81—88页。

续 表

年份	昆塔布数目（座）	教师数目（个）	助教数目（个）	学生数目（个）
1305	13	12	12	360
1306	13	12	12	360
1309	13	12	12	360

根据阿里·本·穆萨在1886年（伊历1303年）的统计，麦地那共有24座昆塔布。[①] 其教学模式多元，所授内容或侧重于背诵《古兰经》，或侧重于教授波斯语，或侧重于书法。

许多昆塔布拥有专门为其设立的卧格夫，其开支多源自卧格夫收益。麦地那较著名的昆塔布有：苏丹阿卜杜·迈吉德捐赠的迈吉德昆塔布、谢赫阿卜杜·嘎迪尔·拜希尔昆塔布、伊泽特·巴夏客栈昆塔布、克什米里昆塔布、格沙希昆塔布、谢赫穆罕默德·穆希昆塔布等。卧格夫对这些昆塔布发挥了重大作用，有效推动了当地的学前教育和初级教育。

（三）卧格夫书院式客栈——里巴特

麦地那的里巴特始建于阿拔斯王朝时期。第一座客栈"外宾里巴特"建于1161年（伊历555年）。据史书记载，当时麦地那只有4座里巴特。直至伊历766年（公元1364年），里巴特数量大增。据赛哈维（卒于902年）统计，他生活的年代麦地那共有32座里巴特，伊历13世纪（公元19世纪）初，已发展到82座，至伊历14世纪（公元20世纪），里巴特已近百座。由于入住里巴特的人数繁众，接待来自四面八方的朝觐者、旅客和学子，里巴特的数目大大超过了麦德莱赛（学校）。[②]

根据捐赠者的意愿，里巴特的服务对象有所不一。或针对所有群体，或针对某一群体，或针对已婚夫妇和家庭，或针对某一学派的学者，或针对异乡人。这些里巴特成为穷人、无家可归者、学子、学者和修士的云集之地。每座里巴特配有资料丰富的图书馆，设有阅览室、写作室、誊写室，由知名学者负责里巴特的事务。这种里巴特除了住宿，其文化学术功能亦非常突出，相当于中国历史上的书

[①] 阿里·本·穆萨：《麦地那概貌》，利雅得耶玛麦研究、翻译、出版发行社1983年版，第52页。
[②] 目松丁·赛哈维：《麦地那历史荟萃》（第1卷），黎巴嫩贝鲁特知识书局1993年版，第37页。

院,或近似于当今的学术研究机构。

里巴特一般以其捐赠者的名字命名,如帕夏里巴特、阿加里巴特;有的以居住者群体的身份命名,如贵族里巴特、马格里布人里巴特;有的因学术氛围浓郁而命之以麦德莱赛,如古莱·巴希麦德莱赛,该里巴特除了提供住宿,还配备了藏书丰富的图书馆。最著名的里巴特有:伊泽特帕夏里巴特、古莱·帕夏里巴特、希法里巴特、奥斯曼·本·阿凡里巴特、外宾里巴特、杰伯尔特里巴特等。

以伊泽特帕夏里巴特为例,该里巴特位于麦吉德门附近,是麦地那最大的里巴特之一,总面积约5 200平方米,艾哈迈德·伊泽特帕夏于1904年(伊历1322年)捐赠。① 它包括好几个附属卧格夫:有人为该里巴特捐赠的麦地那郊外的卧格夫;伊泽特帕夏的妻子拜希娅·卡尼姆·阿凡提捐赠的卧格夫,包括位于迪旺大街的两座宅院、两间商铺和商铺顶层的四间房子。② 根据卧格夫文献记载,伊泽特帕夏里巴特共有34间客房,内设礼拜堂,还有专门教授儿童背诵《古兰经》的小学堂、厨房、洗衣房、水房等。另有6间房作为小医院,其中3间房供异乡病人居住(相当于住院部),一间供医生和药剂师(兼护理)使用(相当于门诊、治疗室),一间作为病人的厨房、后勤室,一间作为药房。③ 伊泽特·帕夏里巴特规模较大,服务功能齐全,开支庞大,全部开支均来自卧格夫收益。

下编表 14-2　伊泽特帕夏里巴特捐赠者为其工作人员制定的薪资明细表

职务(事项)	年薪(开支)
医生	4 800 基尔什(皮亚斯特)
药剂师	3 000 基尔什
厨师	1 440 基尔什
护理工	1 200 基尔什
药品、照明、小件维修、病膳等	4 700 基尔什
里巴特馆长	3 600 基尔什

---

① 阿绥姆·哈马丹·阿里·哈马丹:《艾格瓦特巷:伊历14世纪麦地那文学状况的展现》,基卜莱伊斯兰文化社1992年版,第141页。
② 赛哈尔·宾特·阿卜杜·拉赫曼·穆夫提·松迪格:《伊斯兰卧格夫对麦地那学术文化的影响》,沙特阿拉伯麦地那学术研究中心2003年版,第99页。
③《伊泽特·帕夏里巴特卧格夫文献》,麦地那宗教大法庭伊历1322年/公元1904年第396期,第200页。

续　表

职务(事项)	年薪(开支)
门卫(负责一日五次礼拜的宣礼、看门、清洁礼拜殿和照明等)	1 200 基尔什
勤杂工	1 200 基尔什
每年更新汲水、运水设备	120 基尔什
每年购换礼拜殿的席垫	40 基尔什
给每位病人每年的更换物	床单、被子、一对枕头、两顶帽子、两件棉质内衣和内裤
更换旧床单、被子	980 基尔什

伊泽特帕夏里巴特的卧格夫捐赠者提出诸多条件：凡入住里巴特者须事先得到先知清真寺总长老和麦地那大法官的同意；入住者须是无技能、无职业、无生活保障的穷人；来自印度、中国、中亚、土耳其和沙姆地区的迁居者；学者和学子优先入住；里巴特的医生、药剂师白天不得离岗，夜间轮流值班；厨师日落前不得离开医院，护理工昼夜不得离开医院，除非有特殊情况。

到了新沙特时期，伊泽特帕夏里巴特被纳入国家卧格夫基金部统一管理。后由于城市扩建，该地段被统一规划，用其补偿金购置了两幢居民楼，以安置里巴特的原居民。还在麦地那中心地段购置了一块地建起了一座商业大厦，根据其捐赠者的初衷，用其中一部分地皮建造了医院、《古兰经》背诵学堂和清真寺。

（四）卧格夫苏菲道堂——扎维耶

根据阿里·本·穆萨在《麦地那概貌》中的统计，奥斯曼帝国后期麦地那较著名的扎维耶见下编表 14-3。

下编表 14-3　奥斯曼帝国后期麦地那较著名的扎维耶

扎维耶名称	地 理 位 置
希曼扎维耶	先知清真寺妇女门对面
吉拉尼扎维耶	隶属于赛义德·阿卜杜·嘎迪尔·吉拉尼派，位于塞基夫·埃米尔

续表

扎维耶名称	地 理 位 置
巴达维扎维耶	隶属于赛义德·巴达维派,位于先知清真寺仁慈门前面
赛努西扎维耶	隶属于谢赫·赛努西,位于玛纳赫的安伯利亚区
格沙希扎维耶	塔雅尔巷的格沙希胡同
朱奈德扎维耶	迪亚尔·阿什莱巷——辅士艾布·安优布的故居
伊本·阿里旺扎维耶	宰尔旺
萨维扎维耶	迈瓦立德巷的艾格瓦特胡同,隶属于谢赫萨维
里法伊扎维耶	先知清真寺东面的布杜尔巷
毛来维亚扎维耶	萨哈,隶属于毛来维亚派谢赫
赛阿迪亚扎维耶	萨哈
杜素基扎维耶	塔雅尔巷
米哈达尔扎维耶	库巴门
沙兹林叶扎维耶	先知清真寺附近,由众多小扎维耶汇集而成
丹德拉威扎维耶	迈吉德门
提贾宁叶扎维耶	迈吉德门
奈格什班迪叶扎维耶	比达尔
艾格瓦特巷扎维耶	艾格瓦特巷

资料来源:阿里·本·穆萨:《麦地那概貌》,利雅得耶玛麦研究、翻译、出版发行社,第 53 页。

麦地那的扎维耶派系众多,较大的苏菲派系在麦地那基本都设有扎维耶,每个扎维耶有各自的长老主持事务。穆里德在长老亲自授受下学习和修炼,达到一定程度时,长老让穆里德穿戴苏菲服饰,视为结业。

(五)卧格夫静室——塔卡亚

奥斯曼帝国时期,麦地那的塔卡亚非常多,主要供专门投身于功修的居士修行。叶吉姆·立兹方于 1898—1899 年旅行到麦地那时,统计到的塔卡亚共有 7—8 座,且规模都很小。[①] 易卜拉欣·利弗尔特认为,当时麦地那共有 8 座塔卡

---

① 叶吉姆·立兹方:《一百年前的朝觐》,贝鲁特伊斯兰派互动社 1993 年版,第 86 页。

亚,其中"埃及塔卡亚"最为著名。① 埃及塔卡亚地处安伯利亚门内侧右边的玛纳赫,是时任埃及总督穆罕默德·阿里于伊历 1232 年为麦地那的穷人捐赠的卧格夫。埃及塔卡亚每年拿出 3 000 埃镑救济贫困家庭和以寺为家的困难者,麦地那的穷人每天到该塔卡亚领取面饼和粥。埃及塔卡亚内设礼拜殿、库房、面饼屋和厨房,所需用的小麦、大米及其他所需品由埃及卧格夫部供给。类似的还有赛义德·穆斯塔法·巴比·哈莱比捐赠的塔卡亚,该塔卡亚每年拿出约 270 埃镑资助 40 名学子,还附设医院,有两位医生坐诊,设有药房。②

除了埃及塔卡亚,影响较大的还有"谢赫穆祖希尔塔卡亚",亦称作"穆祖希尔·阿罕麦迪里巴特"或"谢赫穆祖希尔麦德莱赛"。该塔卡亚始建于 1875 年(伊历 1292 年),坐落在艾格瓦特巷的迈瓦立德胡同,是一座三层建筑,共 90 间房,所有房间通风和采光良好,内设讲经堂和洗浴室。其图书馆藏书丰富,至今以其收藏的稀世手稿善本而闻名。麦地那伊斯兰大学复印了其中大量的手稿。谢赫穆祖希尔塔卡亚有别于其他塔卡亚,其创建初衷是为了给奈格什班迪派的阿罕麦迪人提供住宿,后来其职能多元化,配备了资料丰富的图书馆,还附设学校,成为集里巴特、扎维耶、图书馆、麦德莱赛于一身的塔卡亚。这种职能多元化的塔卡亚在麦地那并不多见。③

(六) 卧格夫学校——麦德莱赛

麦地那创办了很多"莱希德④麦德莱赛",所有莱希德麦德莱赛教授土耳其语、数学和历史。教师多为土耳其人,用土耳其语授课,讲授阿拉伯语语法时亦用土耳其语讲解,这使得很多麦地那人不愿送子女到此就学。1916 年,侯赛因·本·阿里掀起反对土耳其人的运动,这些学校被迫停办,代之以"哈希姆麦德莱赛",其水平跟昆塔布不相上下,类似于现今的小学。这类麦德莱赛虽然数量不少,但教学水平低下,远远满足不了人们让子女接受良好基础教育的期望。这激发了一些热衷于伊斯兰教育的有识之士的善举,于是出现了很多卧格夫麦德莱赛。显然,卧格夫麦德莱赛的出现基于很多原因:其一,由于麦地那在伊斯

---

① 易卜拉欣·利弗尔特帕夏:《两禁寺透视》(第 1 卷),开罗埃及书局 1925 年版,第 86 页。
② 马蒙·马哈茂德·雅辛:《麦地那之行》,黎巴嫩当代思想出版社 1987 年版,第 147 页。
③ 纳吉·穆罕默德·哈桑·安萨里:《麦地那教育:伊历 1 世纪至伊历 1412 年》,开罗迈纳尔出版社 2000 年版,第 305 页。
④ 莱希德,人名,土耳其人。

兰教中的特殊地位，很多穆斯林学子向往到麦地那求学，也有很多人向往迁居麦地那。每年到麦地那参谒先知清真寺的外籍穆斯林看到麦地那教育状况凋敝，很多人产生了在麦地那创办卧格夫麦德莱赛的想法。其二，麦地那人非常担心子女被土耳其化和世俗化，便创办卧格夫麦德莱赛，让孩子接受正统的伊斯兰教育，并学习标准的阿拉伯语。

1884年（伊历1301年）的统计资料显示，当时麦地那的宗教学校（麦德莱赛）有12所。[①] 易卜拉欣·利弗尔特帕夏于1901—1908年先后4次到麦地那，统计到当时麦地那共有17所麦德莱赛。[②] 叶吉姆·立兹方旅行到麦加时途经麦地那，他提到的麦地那的麦德莱赛数目与易卜拉欣·利弗尔特帕夏一致，即麦地那共有17所宗教学校，学生共有250人。[③] 另据资料统计，奥斯曼帝国时期，麦地那的麦德莱赛发展到31所。这些麦德莱赛均为慈善人士捐赠的卧格夫，每所麦德莱赛大都有附属的卧格夫资产，有固定收益。教师的薪资、学生的助学金均从卧格夫收益中支付，学生食宿实行免费。每所麦德莱赛都配备有图书馆。麦德莱赛开设大讲堂，晨礼后开始授课，所有住校生必须听各自老师的一堂课，然后自由支配时间，也可在听完自己老师的课后去先知清真寺聆听喜欢的课程，晚上9点前必须返校。学制不限，全凭学生的意愿。这些卧格夫麦德莱赛中影响较大的有萨格兹里麦德莱赛、拜希尔·阿加麦德莱赛、哈米迪亚麦德莱赛、马哈茂德亚麦德莱赛、齐里·纳齐里麦德莱赛、伊和桑尼亚麦德莱赛等。

以萨格兹里麦德莱赛为例，它是赛义德·艾哈迈德·本·易卜拉欣·萨格兹里于1720年（伊历1132年）捐赠的卧格夫，坐落在萨哈大街上。相较于同类学校，萨格兹里麦德莱赛规模较大，共有15间堂屋、1间教师房间、10间学生寝室、1间图书室、1间储藏室、1间门卫室、1间勤杂室、1间讲经堂，二楼另设3间教室，水房、厨房等设施一应俱全。萨格兹里还将很多房产、宅院、商铺捐作了卧格夫，以保障这所麦德莱赛的正常运行。为确保卧格夫资产的有效使用，萨格兹里提出如下条件：紧挨着萨格兹里麦德莱赛的房子包括所有设施供教师居住并使用，萨哈大街上的一座房子供校长居住。隶属于萨格兹里麦德莱赛的所有卧格夫资产由萨格兹里本人负责管理，他去世后由男性子嗣管理。若无男性子嗣，

[①] 穆罕默德·阿卜杜·拉赫曼·沙米赫：《奥斯曼帝国后期麦加与麦地那的教育》，沙特阿拉伯欧鲁姆书局1982年版，第72页。
[②] 易卜拉欣·利弗尔特帕夏：《两禁寺透视》（第1卷），开罗埃及书局1925年版，第414页。
[③] 叶吉姆·立兹方：《一百年前的朝觐》，贝鲁特伊斯兰派系互动社1993年版，第170页。

则由其兄长或弟弟负责管理。若无符合上述条件者,则由校长负责管理。萨格兹里还提出条件,住宿者须是外籍学生(主要以土耳其学生为主),未婚,遵从哈奈斐教法学派,不抽烟,品行端正。若发现品行不端或抽烟现象,便开除学籍。从学生中选出一人兼做总管,负责卧格夫收益,由全校人员负责监督,一旦发现有徇私舞弊现象即刻开除。任何人不得私自将宿舍出租,未经总管或校长允许,不允许接纳他人入住。

下编表 14-4 萨格兹里麦德莱赛卧格夫收益年支出明细表

支出项目	数目(个)	金额(艾哈迈尔)	补贴	备注
教师	1	35		
总管	1	15	每日6迪瓦尼	负责修缮卧格夫房产
校长	1	25		
卧格夫书记员	1	12		
学生(每人助学金为3艾哈迈尔)	10	30	15艾哈迈尔	学生朝觐补贴
门卫	1	3	10皮亚斯特	5皮亚斯特为饮水服务的补贴,另5皮亚斯特为浇灌椰枣树、牲畜饮水等服务的补贴
全校师生饮水		16		
勤杂人员	2	2		
维修		30		
公共饮水		6		
铜器活		3		
欧麦尔清真寺维修		2		
欧麦尔清真寺门卫	1	2		
卧格夫捐赠者遗孀	1	15		
合计	19	196		

萨格兹里麦德莱赛有一座藏书丰富的图书馆,图书均为他人捐赠的卧格夫,

很多书籍上有捐赠者留言。例如一本名为《希法》的书扉页上写道:"奉独一真主的尊名,愿真主赐福于封印先知。为了取悦真主,希冀临近真主的使者,我将此书捐给麦地那萨格兹里麦德莱赛图书馆,以供阅读。除了可靠人随意借阅,他人需办理相关手续后方能外借,须限定外借期限,期满后必须归还。信誉为重。伊历1312年4月25日。"所盖图章上写着:"此书为哈吉赛义德·阿里·立达·易卜拉欣捐赠的卧格夫。"①该图书馆后被并入麦地那公共图书馆,后又并入阿卜杜·阿齐兹国王图书馆。

上述麦德莱赛均规定所开设的教法课程一律以哈奈斐派为准,因为哈奈斐派是奥斯曼帝国的官方教法学派。学生多来自土耳其及其周边国家。麦德莱赛为推动麦地那的教育和学术活动影响巨大。

(七)卧格夫图书馆

里巴特、塔卡亚、麦德莱赛一般都设有图书馆,还有不少达官贵胄捐赠的卧格夫图书馆。安优布·萨布里在1887年(伊历1304年)用土耳其文出版的《两禁寺透视》记载,当时麦地那共有19座图书馆,总藏书量达22 615册,其中先知清真寺图书馆和阿里夫·希克麦特图书馆最为著名。这些图书馆后来均并入公共图书馆。

先知清真寺图书馆的图书多源自历代富贵人士。譬如,1185年(伊历580年),先知清真寺有两间大藏书阁,藏有很多捐赠的《古兰经》和卧格夫书籍。易卜拉欣·莱贾布·本·罕玛德·莱瓦希(卒于137年/伊历755年)给先知清真寺捐赠了很多珍贵的卧格夫书籍。波斯苏丹沙·舒加尔·本·穆罕默德·本·穆祖法尔·叶兹迪(卒于1386年/伊历787年)为先知清真寺捐赠了一座图书馆。1482年(伊历886年),先知清真寺发生火灾,所有藏书被付之一炬,后来重建图书馆,得到各地的支持和捐赠。突尼斯丞相穆罕默德·阿齐兹于1902年(伊历1320年)一次性捐赠了2 000册。此馆随着不断发展,所藏书籍颇具规模,成为近代麦地那最著名的图书馆之一。②

阿里夫·希克麦特图书馆由谢赫阿里夫·希克麦特·本·易卜拉欣于1853年(伊历1270年)创建,位于先知清真寺南侧。该馆是麦地那最大规模的

---

① 哈马迪·突尼斯:《麦地那公共图书馆的过去与现状》,阿卜杜·阿齐兹国王大学1981年版,第37—38页。
② 哈马迪·突尼斯:《麦地那公共图书馆的过去与现状》,阿卜杜·阿齐兹国王大学1981年版,第23页。

珍贵图书馆之一,以藏书之多著名,尤其收藏了大量的手稿善本。馆内干净整洁,管理制度完善,得到了一致好评。"谢赫阿里夫·希克麦特图书馆藏书之多,在希贾兹地区独一无二。"[①]"在麦地那,最著名的图书馆有两座:一座是苏丹马哈茂德图书馆,收藏了大量的书籍和手稿。或许在整个奥斯曼帝国最好、最整洁、藏书最全的要数谢赫阿里夫·希克麦特图书馆,藏书近万卷。"[②]谢赫阿里夫·希克麦特图书馆藏书丰硕,有《古兰经》及《古兰经》学、经注、圣训、圣训学、教法学、遗产继承学、语言学、修辞学、文学、韵律学、辩论学、哲学、苏菲学、逻辑学、伦理学、解梦学、历史、地理、数学、几何、工程、化学、天文学、植物学、医学、农耕学、军事学、印刷术等各种学科。该馆本身是谢赫阿里夫·希克麦特生前捐赠的卧格夫,很多人又为此捐赠了不少卧格夫,用其收益支付图书馆的费用。1960年(伊历1380年),沙特阿拉伯成立朝觐与卧格夫基金部,包括阿里夫·希克麦特图书馆在内的所有麦地那图书馆全部归属朝觐与卧格夫基金部管辖。后来由于先知清真寺的扩建,该馆并入阿卜杜·阿齐兹国王图书馆。

综上,麦地那的卧格夫形式多种多样,有专为先知清真寺学者及授课教师设立的卧格夫,以及卧格夫昆塔布、卧格夫里巴特、卧格夫扎维耶和塔卡亚、卧格夫麦德莱赛、卧格夫图书馆等,它们为振兴麦地那的文化教育和丰富学术活动发挥了积极作用。

二、新沙特时期(1926年至今)麦地那卧格夫状况

(一) 卧格夫在持续增加

新沙特时期,麦地那的卧格夫数量继续增多,很多慈善人士都愿意捐赠公共慈善性质的卧格夫诸如清真寺、里巴特和儿童背诵《古兰经》的学堂等交给卧格夫部管理。在卧格夫部的统一管理下,通过对卧格夫产业的开发,其收益也不断提升,实现了卧格夫收益的最大化。卧格夫麦地那分部取得的业绩主要体现在:

1. 专属于先知清真寺的卧格夫项目
(1) 由胡珊公司承建的布索与奈希尔中心修建项目,总耗资 207 105 002.92

---

① 阿里·本·穆萨:《麦地那概貌》,利雅得耶玛麦研究、翻译、出版发行社1983年版,第47页。
② 穆罕默德·库尔德·阿里:《麦地那之行》,《穆格泰伯斯杂志》(第7卷),730年(伊历1330年),第763页。

(二亿零七百一十万五千零二点九二)里亚尔。① 1997 年(伊历 1417 年)交付使用。

(2) 由拉米公司承建的达乌迪亚中心修建项目,总耗资 109 554 737.7(一亿零九百五十五万四千七百三十七点七)里亚尔,1997 年(伊历 1417 年)交付使用。

(3) 延布伯莱克·艾菲德大厦修建项目,总耗资 6 047 232.9(六百零四万七千二百三十二点九)里亚尔。

(4) 卧格夫部与国际伊斯兰项目公司合资的先知清真寺卧格夫股份达 9 000 000(九百万)里亚尔。

(5) 入股拉吉希融资公司的先知清真寺卧格夫项目资金 15 000 000(一千五百万)里亚尔。

(6) 巴希里亚公寓、饭店中心项目总投资 126 175 269(一亿两千六百一十七万五千二百六十九)里亚尔。

合计: 553 872 247.52(五亿五千三百八十七万二千二百四十七点五二)里亚尔。

2. 其他清真寺修建项目

(1) 阿卜杜拉·嘎米迪公司承建的朱尔夫②法图姆清真寺,耗资 499 725(四十九万九千七百二十五)里亚尔,1995 年(伊历 1415 年)交付使用。

(2) 努尔库公司承建的伊玛里清真寺,总价值 966 037.97(九十六万六千零三十七点九七)里亚尔,1996 年(伊历 1416 年)交付使用。

(3) 穆罕默德·易卜拉欣·本·侯赛因公司承建的艾布·欧努格清真寺,总价值 3 207 831.70(三百二十万七千八百三十一点七)里亚尔,1997 年(伊历 1417 年)交付使用。

(4) 穆罕默德·易卜拉欣·本·侯赛因公司承建的布戴里清真寺,总价值 2 483 497.34(二百四十八万三千四百九十七点三四)里亚尔,1995 年(伊历 1415 年)交付使用。

(5) 1999 年(伊历 1420 年)开始修建的豪赛勒清真寺,总价值 1 697 124(一

---

① 里亚尔,系沙特阿拉伯货币名称。1986 年,里亚尔与美元兑换实行固定汇率制,沙特里亚尔实行同美元挂钩的货币政策,美元与里亚尔之间的固定汇率为 1∶3.7。2020 年 7 月银行间外汇市场人民币与沙特里亚尔之间的兑换汇率为: 1 元人民币(CNY) = 0.536 27 沙特里亚尔(沙币/SAR)。

② 沙特地名。

百六十九万七千一百二十四)里亚尔。

(6) 计划修建的巴杜赖格清真寺(原阿里清真寺),总价值1 022 266(一百零二万二千二百六十六)里亚尔。

3. 其他卧格夫项目

(1) 1995—1996 年(伊历 1415—1416 年)购置的卧格夫建筑

① 购置艾布·拜莱卡特里巴特卧格夫 9 栋大楼,总价值 53 150 000(五千三百一十五万)里亚尔。

② 购置易卜拉欣·鲁兹·纳米吉卧格夫大厦,总价值 1 226 450(一百二十二万六千四百五十)里亚尔。

③ 购置阿因里巴特卧格夫大厦,总价值 9 000 000(九百万)里亚尔。

④ 购置马沃尔迪、莱赫亚·卡齐姆里巴特卧格夫大厦,总价值 8 048 920.80(八百零四万八千九百二十点八)里亚尔。

⑤ 购置基达姆卧格夫大厦,总价值 3 400 000(三百四十万)里亚尔。

⑥ 购置奥利克道堂卧格夫大厦,总价值 1 600 000(一百六十万)里亚尔。

⑦ 购置宰赖伊里巴特卧格夫大厦,总价值 3 300 000(三百三十万)里亚尔。

⑧ 购置萨德尔里巴特卧格夫 2 栋楼,价值 5 625 000(五百六十二万五千)里亚尔。

⑨ 购置拜格赖里巴特大厦,总价值 240 000(二十四万)里亚尔。

合计：88 590 370.80(八千八百五十九万零三百七十点八)里亚尔。

(2) 计划建设的伊泽特帕夏酒店、商务中心项目,总投资 66 521 614(六千六百五十二万一千六百一十四)里亚尔。①

沙特阿拉伯政府非常重视卧格夫的管理工作,凡参加卧格夫服务的工作者其薪资全部由政府支付,以确保卧格夫收入的完整性。卧格夫收益用于开发和投资项目,以使卧格夫产业效益最大化。为了发展卧格夫文化,沙特财政与国民经济部为卧格夫部提供了 5 亿里亚尔的贷款,以推动沙特的慈善卧格夫。

(二) 卧格夫管理取得了历史性发展

整体而言,阿拉伯半岛的生活环境相对封闭,卧格夫形式相较单一,数量相

---

① 赛哈尔·宾特·阿卜杜·拉赫曼·穆夫提·松迪格：《伊斯兰卧格夫对麦地那学术文化的影响》,沙特阿拉伯麦地那学术研究中心 2003 年版,第 245—248 页。

对有限。但地处希贾兹地区的麦加与麦地那由于其特殊的宗教地位,受到历代穆斯林的高度重视,伊斯兰世界各地的仕宦阶层和豪商富贾纷纷向两圣寺(麦加的禁寺与麦地那的先知清真寺)捐赠卧格夫。随着两圣地卧格夫的不断增多,迫切需要加强对卧格夫产业的管理。奥斯曼帝国时期,麦地那的卧格夫管理机构称作"圣寺大藩库",其职能主要是保护先知清真寺的所有资产,包括管理先知清真寺的卧格夫产业,负责修缮卧格夫和收取卧格夫收益,维护卧格夫产业的正常运行,以及通过投资发展卧格夫产业。圣寺大藩库还负责管理麦地那的所有清真寺,支付各清真寺伊玛目及工作人员的薪资,定时更换拜毯和照明等设施,以确保所有清真寺的正常运转。① 需要说明的是,虽然在奥斯曼土耳其时代设立了卧格夫管理机构,但麦地那卧格夫仍由法官负责管理。②

沙特家族收复麦地那后,穆罕默德·本·阿卜杜·阿齐兹·沙特亲王继续沿用原有体制,保持奥斯曼土耳其时期的所有管理体系,卧格夫归法官负责管理,圣寺大藩库仍由法官穆罕默德·易卜拉欣负责。监督与改善机构由谢赫哈菲兹·沃海拜负责。谢赫穆罕默德·阿里、图尔基·易卜拉欣·泰布布、穆罕默德·苏莱曼、图尔基、艾哈迈德·苏卜希·曼齐、穆罕默德·萨利赫·纳绥夫任监督委员会委员,该委员会等同于卧格夫管理委员会。③

1926 年(伊历 1344 年),阿卜杜·阿齐兹国王(1932—1953 年在位)敕令在麦加组建卧格夫管理局,任命谢赫穆罕默德·赛义德·艾布·海尔为局长,规定禁寺所有职员的薪资均从"皇家藩库"即国库支付,并在麦地那和吉达分别组建了卧格夫管理局,从此卧格夫管理从先知清真寺事务中分离出来。虽然麦加、麦地那、吉达分别组建了卧格夫管理局,但三者之间并无关联。1935 年(伊历 1354 年),所有卧格夫管理局收归麦加卧格夫总部管理。阿卜杜·阿齐兹国王制定了一套详尽完善的"善款"分配制度,由隶属于卧格夫总部的中央委员会负责实施。④ 1962 年(伊历 1381 年),卧格夫管理局改为"朝觐与卧格夫部",由谢赫侯

---

① 雅辛·艾哈迈德·雅辛·黑雅里:《伊历 14 世纪至 18 世纪麦地那社会生活存照》,吉达知识书局 1993 年版,第 127—128 页。
② 阿卜杜拉·本·艾哈迈德·本·艾·栽德:《沙特阿拉伯的卧格夫现状与发展前景》,载《卧格夫在宣教与促进社会发展中的作用会议论文集》,沙特阿拉伯伊斯兰事务、卧格夫基金与宣教指导部 1999 年(伊历 1420 年)版,第 18 页。
③ 阿卜杜·莱提夫·本·穆罕默德·胡迈德:《沙特阿拉伯的卧格夫》,沙特阿拉伯伊斯兰事务、卧格夫基金与宣教指导部 1999 年(伊历 1420 年)版,第 14 页。
④ 海鲁丁·宰莱克里:《阿卜杜·阿齐兹国王简史》,黎巴嫩贝鲁特迈拉因知识出版社 1991 年版,第 322 页。

赛因·阿拉伯首任部长。

新沙特时期,先知清真寺事务管理委员会隶属麦地那卧格夫管理局,宰努·阿比丁首任先知清真寺事务管理委员会主任。成立了先知清真寺卧格夫管理处,由谢赫穆罕默德·哈桑·希曼负责。卧格夫管理处主要负责先知清真寺的服务工作,诸如检查清真寺的卫生,保护清真寺的卧格夫及所有资产,负责卧格夫房产的租赁和维修,负责先知清真寺的维修和其他清真寺的修建,选任先知清真寺的宣礼员和伊玛目(领拜师),更换清真寺的礼拜毯,负责接收来自世界各地朝觐者捐赠给先知清真寺的礼物。[1] 1932年(伊历1350年),卧格夫管理处要求动用一切合法渠道设立专门负责两圣寺卧格夫的机构,总部设在麦加。尽管如此,后来两圣寺的所有开支均由沙特政府支付,两圣寺的卧格夫收益均用于投资,以拓展其卧格夫产业。为进一步重视和加强对两圣寺的管理,1977年(伊历1397年),两圣寺事务由谢赫纳绥尔·穆罕默德·拉希德统一管理。

1966年(伊历1386年),沙特政府组建了卧格夫最高委员会,负责沙特所有的卧格夫,制定了一系列既符合教法,又不影响捐赠者初衷的规章制度。卧格夫最高委员会设主任一名,由朝觐与卧格夫部大臣(部长)担任。设副主任三名,第一副主任由伊斯兰事务与卧格夫部次大臣(副部长)担任,第二副主任由财政与国民经济部次大臣担任,第三副主任由文化部文物管理司司长担任。以上三位既是副主任又是委员,另设五名委员,一位是由司法大臣提名的宗教学专家,另四位是由朝觐与卧格夫部大臣推荐的社会贤达。卧格夫最高委员会的成立对加强卧格夫系统化管理,维护卧格夫资产,促进卧格夫财产的合理利用和开发起到了很大作用。卧格夫最高委员会下设的地区委员会等同于协商顾问委员会,向最高委员会建言献策,地区委员会呈交的提议通常都会被采纳。地区委员会设有小组,专门研究当地的卧格夫项目,对项目进行可行性研究后呈交最高委员会审批,对于总投资不超过50万里亚尔的卧格夫项目允许地区委员会自行开发。

卧格夫麦地那分部委员会机构设置为:主任一名,由卧格夫部大臣代表担任;副主任一名,由麦地那卧格夫分部部长担任;委员五名,其中一名是司法局局长提名的宗教人员,另设四名委员,其中两名分别是麦地那市市长和财政局局长,另两名是卧格夫部次大臣提名后由大臣认定的社会贤达。

新沙特时期迄今,卧格夫管理几经变化,渐趋成熟,尤其是卧格夫与朝觐事

---

[1] 阿里·哈菲兹:《麦地那历史篇章》,吉达麦地那印刷出版公司1996年版,第418页。

务合并管理时期,沙特的卧格夫形成了系统化的全面管理制度,大力推动了卧格夫的开发。

1994 年(伊历 1414 年),时值法赫德国王执政时期,卧格夫与朝觐事务相分离,成立了"伊斯兰事务、卧格夫与宣教指导部"(简称卧格夫部),阿卜杜拉·本·阿卜杜·穆赫辛·图尔基博士首任大臣。其具体职能与权限如下:

(1) 维护卧格夫资产,将所有卧格夫统计后造册登记,进行统一管理,保存所有卧格夫契约,防止卧格夫流失。

(2) 开发卧格夫资源,通过可行的合法渠道对卧格夫资产进行投资。在符合教法的前提下,可将一些卧格夫资产置换抑或变卖,以实现卧格夫收益最大化。

(3) 采取各种可行措施扩大卧格夫收益。

(4) 根据捐赠者的捐赠初衷和条件,合理地将卧格夫财产用于慈善事业。

(5) 负责管理卧格夫图书馆,购置图书,配备必要的设施,为研究人员和学子提供便利。

(6) 加强里巴特的维护和发展,扩大里巴特数量,使其更好地发挥社会职能。

(7) 致力于创新结合时代需要的卧格夫新词语。

(8) 广泛宣传卧格夫的正向功能,激励社会各界踊跃捐赠卧格夫。

卧格夫部下设投资局、资产局、技术事务局、慈善福利事务局、图书馆局、财政与行政事务局。

当今沙特的卧格夫部侧重于对卧格夫资产的管理和开发,主要体现在建设公寓、商场及租赁等投资项目,忽略了发展文化教育和促进社会服务项目。根据沙特卧格夫部的统计,除了清真寺和宣教事务的费用开支,专用于扶贫救济的慈善卧格夫占 60.4%,专用于里巴特的卧格夫占 31.2%,用于其他方面的卧格夫占 8.2%。显然,用于文化教育的卧格夫微乎其微。[1] 对此,有识之士认为,卧格夫部可以运用雄厚的资金创办大学和中学,招贤纳士,让教育部负责管理,以确保优质的教育和管理,还可以创设奖学金、助学金、优等生和特困生免收费用等多项资助项目。

如同大多数阿拉伯—伊斯兰国家,新沙特的卧格夫管理亦存在种种弊端:

(1) 缺乏卧格夫管理的专业人才和现代管理技术,统计、注册等仍依靠原始

---

[1] 沙特阿拉伯伊斯兰事务、卧格夫与宣教指导部:《沙特阿拉伯伊斯兰事务、卧格夫与宣教指导部(1996—1997/伊历 1416—1417)年鉴 2》,第 28 页。

方法，未能对数量庞大的卧格夫进行系统有序的登记。

（2）很多卧格夫由于管理不善，被废置或被私人占有。

（3）卧格夫大多地处最佳地段，具有很高的开发利用价值，增值率高。然而缺乏有效的监管机制，缺乏增值创收的竞争性和动力。

（4）卧格夫管理存在严重的官僚作风，权力高度集中，难以做出及时有效的决议，往往错失商机，荒废卧格夫的价值。

（5）大量卧格夫资金被冻结在银行里，未被投资利用，不能增值。

（6）对里巴特的监管不到位，不了解入住者是不是真正有资格入住的对象。

基于卧格夫管理存在的种种缺憾，1999年（伊历1420年），沙特卧格夫部在麦加召开了"卧格夫的地位及其对宣教与发展的影响"大会。在提交的论文中有人指出，沙特阿拉伯应该借鉴其他伊斯兰国家的卧格夫成功经验，充分利用卧格夫，使其效益最大化，并就卧格夫的管理和运行提出了一系列建设性意见。

第十五章　摩洛哥王国的卧格夫

摩洛哥王国,简称摩洛哥,是非洲西北部的一个沿海阿拉伯国家。面积446 550万平方公里。全国人口3 528万(2016年),城市人口占总人数的1/2以上。主要有阿拉伯人(约占80%),还有柏柏尔人、图阿雷格人等。首都拉巴特,人口约165万。除阿拉伯语,也使用法语和西班牙语。

伍麦叶王朝时期,阿拉伯帝国的对外征服达到了一个高潮。穆阿维叶登基伊始,就开始了大规模的对外征服。在西面,阿拉伯人以埃及为基地,进入北非。675年,占领迦太基(遗址在突尼斯),旋即又占领北非西部的马格里布,直至大西洋沿岸。继而又渡过直布罗陀海峡进入西班牙。阿拉伯远征军将领欧格白·本·纳菲厄(622—683)和哈萨尼·本·努尔曼(? —705)在征服柏柏尔人的征程中,战不旋踵,立下了赫赫战功。

667年,欧格白·本·纳菲厄带领400名骑兵从锡尔特出发,讨伐利比亚城市的黎波里的南部沙漠和费赞的叛乱部落,阿拉伯人在利比亚沙漠的势力得以巩固。欧格白·本·纳菲厄还远征突尼斯南部地区,攻占了加夫萨,降服了所有的绿洲。670年,穆阿维叶任命欧格白·本·纳菲厄为易弗里基叶①总督,并为其增派1万名骑兵。同年,欧格白·本·纳菲厄征服了突尼斯凯鲁万城,并以此为据点西征,征服了丹吉尔,但并未占领该地。670—675年,欧格白·本·纳菲厄兴建凯鲁万城,该城后来成为征服马格里布的大本营和宣传伊斯兰教的中心。同期,欧格白·本·纳菲厄兴建了以其名字命名的著名的欧格白清真寺,始建于670年的欧格白清真寺是阿拉伯人在北非建造的首座宏伟的大清真寺。870年,艾格莱卜王朝(800—875)埃米尔齐亚德·特拉一世(817—838年在位)在历代

---

① 阿拉伯人对北非东部的称呼。

修葺的基础上扩建该寺，修建了 4 米高的围墙。易卜拉欣二世（874—902 年在位）再次大规模修缮了欧格白清真寺。

欧格白·本·纳菲厄以凯鲁万为基地，对马格里布发动猛烈进攻，摧毁了拜占庭人在北非的据点。据说，他曾打到大西洋沿岸，面对波涛起伏的海洋才勒住他的坐骑。684 年，欧格白·本·纳菲厄在班师回朝途中被柏柏尔人袭击，在比斯克拉附近阵亡，就地埋葬，其坟墓成为人们朝拜的圣地。欧格白·本·纳菲厄之后，拜占庭人与柏柏尔人结成同盟，夺回了易弗里基叶。

709 年，伍麦叶王朝的埃及总督穆萨·本·努赛尔（640—716）率领阿拉伯军队占领丹吉尔。711 年，穆萨·本·努赛尔手下的柏柏尔人将领塔里克·本·齐亚德（Tarik ibn ziyad，670 或 679—720）率领以柏柏尔人为主的 1.2 万人，由休达（Ceuta）的朱利安伯爵提供船只，在一座峭壁前登陆，这座峭壁因此称为塔里克山（Gibal Tariq）。穆斯林军队渡过直布罗陀海峡，[①]进入伊比利亚半岛。712 年，穆萨·本·努赛尔率军进入安达卢西亚，翌年与塔里克·本·齐亚德会合。阿拉伯人征服了马格里布，确立了阿拉伯人在北非的统治，柏柏尔人开始接受伊斯兰教和阿拉伯语。

15 世纪起，葡萄牙、西班牙、法国等西方列强先后入侵摩洛哥。在反对欧洲殖民主义的斗争中，摩洛哥建立了萨阿德王朝（1553—1666）。1666 年，阿拉维王朝取代萨阿德王朝，收复了被殖民者占领的休达及少数沿海失地。1956 年，摩洛哥独立。

一、摩洛哥的卧格夫历史

卧格夫在摩洛哥的诞生与伊斯兰教传入摩洛哥紧密相连。伴随伊斯兰教的传入，卧格夫也随即诞生。穆斯林远征者来到摩洛哥，就在驻地修建清真寺。据史料记载，欧格白·本·纳菲厄攻入摩洛哥后，先后在德拉和阿克萨建造清真寺。

---

① 直布罗陀，名称源于阿拉伯语。8 世纪初，伍麦叶王朝对外发动了阿拉伯历史上空前的大征服，穆萨·本·努赛尔统率阿拉伯军队入侵北非，到达今摩洛哥西海岸，占领了重要港口丹吉尔，并任命其部将塔里克·本·齐亚德为丹吉尔总督。711 年，塔里克·本·齐亚德奉穆萨·本·努赛尔之命，率 7000 精兵横渡海峡，于 7 月 19 日强行登陆，站在如今的直布罗陀巨岩上指挥作战，击溃了 10 万西班牙守军，创造了以少胜多的典范。随后塔里克·本·齐亚德下令在登陆处修建一座城堡，为纪念这次渡海作战的胜利，城堡命名为"直布尔·塔里克"（Gibal Tariq），阿拉伯语意为"塔里克山"，海峡因此被称为"直布罗陀海峡"（Strait of Gibraltar）。

继欧格白·本·纳菲厄之后,远征者和穆斯林执政者也积极建造清真寺。穆萨·本·努赛尔在白尼·罕萨尼部落修建的清真寺保留至今,更名为"麦俩依凯清真寺"(天使清真寺)。塔里克·本·齐亚德建造的清真寺仍以其名字命名。

伊德里斯王朝(788—974)时期,在菲斯城修建了著名的卡拉威因大清真寺和安达卢西亚大清真寺。此外,祖纳特人①也建造了很多清真寺、旅馆、澡堂和磨坊,其中绝大多数是为清真寺设立的卧格夫。

卡拉威因大清真寺的捐建者是一位穆斯林女性法蒂玛·费哈里(Fatima al-Fehri)。法蒂玛·费哈里出身书香门第,对教法学及圣训学均有造诣。年幼时跟随父亲从突尼斯搬迁到了摩洛哥著名的菲斯城。859年,法蒂玛·费哈里用父亲留给她的一大笔遗产为族人修建了一座清真寺,并配备了学府,此即闻名于世的卡拉威因大清真寺,亦有人称之为卡拉威因大学。有学者甚至认为,卡拉威因大清真寺是世界上第一所大学。鼎盛时期的卡拉威因大学吸引学子们来此研习天文学、语言学、法学及伊斯兰信仰学,对阿拉伯数字在欧洲的传播与使用贡献尤为卓著。卡拉威因大学亦是当今摩洛哥著名的高等学府,也是世界上最古老的大学之一。

穆拉比特王朝(al-Murabitun,1061—1147)时期,也非常重视卧格夫。王朝创始人优素福·本·塔什芬(Yusuf ibn Tashifin,? —1106)经常视察菲斯城内的清真寺,斥资修缮清真寺,并在菲斯城兴建供水站和澡堂。如若发现菲斯城某个区域无清真寺,他就会处罚该地的居民,强迫他们修建清真寺。

穆瓦希德王朝(Muwahhidun,1147—1269),又称阿尔摩哈德王朝。王朝创始人、教义学家穆罕默德·本·图迈尔特(约1078—1130)提出要维护伊斯兰教的基本信条,其门徒被称作穆瓦希德,西班牙语转音为阿尔摩哈德,意为信仰独一神之人。穆罕默德·本·图迈尔特大力倡导修建清真寺和礼拜点,并加以维护。该王朝在叶尔库白·优素福(1163—1184年在位)和叶尔库白·曼苏尔(1184—1199年在位)时期,国势强盛,经济繁荣,伊斯兰文化得到很大发展。1170年,迁都塞维利亚,王朝统治中心北移。政治方面,哈里发实行世袭制,建立了从中央到地方的行政管理制度,朝廷设首席大臣和大臣会议处理国务,各行省总督、军事将领和法官直接由哈里发任命。宗教方面,新建清真寺和宗教学校,尤以马拉喀什的清真大寺和塞维利亚的伊斯兰大学负有盛名,传播艾什尔里

---

① 祖纳特人,北非部落名,柏柏尔人。马格里布中部地带(现今阿尔及利亚)的原住民柏柏尔两大部族之一,形同阿拉伯半岛的游牧人。这一部落大部分人居住在一个叫祖纳特的地方,故称其为祖纳特人。

派的学说。教法方面,遵从罕百里教法学派,主张以《古兰经》和圣训立法,反对教法学家的创制。文化方面,王朝赞助和奖励学术研究,倡导对希腊哲学和科学著作的翻译,马拉喀什、科尔多瓦、塞维利亚成为王朝的伊斯兰文化中心,学者云集,著书立说蔚然成风。朝廷招贤纳士,著名医学家、哲学家伊本·图菲利(Ibn Tufail,1100—1185)和伊本·鲁世德(Ibn Rushd,1126—1198)均在朝廷担任大臣和御医,且学术成就斐然。叶尔库白·曼苏尔在马拉喀什等地兴建的医院驰名于世,对外派遣海军船只支援萨拉丁抵抗入侵的十字军。

哈里发叶尔库白·曼苏尔及其儿子穆罕默德·纳希尔(1199—1213年在位)时期,在卧格夫领域尤有作为。仅菲斯城就有782座清真寺,并为清真寺设立了数目可观的卧格夫,如澡堂、旅馆、磨坊、店铺和高档服装厂等。卡拉威因大清真寺的卧格夫数量尤为可观。在菲斯城,卧格夫慈善机构不断增多,菲斯城的各大清真寺都设有《古兰经》学校和图书馆,藏有大量的《古兰经》和其他卧格夫书籍。市郊还开设了很多卧格夫客栈。

马林王朝(公元1213—1554/伊历657—869)被认为是摩洛哥卧格夫发展史上最重要的时期。卧格夫无论是数量还是形式都得到了飞跃发展。公共卧格夫数量倍增,相较之下,私人卧格夫显得冷清。马林王朝最初的几任统治者高度重视卧格夫,除了宗教和文化机构,还大力兴建各种卧格夫社会机构。

马林王朝时期,卧格夫的种类与形式繁多,表现在如下三方面:

(1)宗教与文化机构。如卧格夫清真寺、卧格夫《古兰经》学堂、卧格夫书籍、卧格夫课桌、卧格夫学校、卧格夫图书馆和麦加卧格夫。

(2)具有社会特色的卧格夫。马林人修建了卧格夫精神病医院、卧格夫养老院、卧格夫扎维耶等,还专门设立了一些卧格夫性质的慈善机构专供穷人和智障人士受益,这类卧格夫系马林人新创。此外还设立了专门用于吉哈德战士、救赎穆斯林俘虏和守卫边疆战士的卧格夫。

(3)公共服务设施。如建设卧格夫供水站、卧格夫小净堂、卧格夫道路照明等。

马林王朝卧格夫的兴盛与当时相对稳定的宗教、政治、社会环境密切相关。宗教的冲突、政治的动荡、社会的失稳肯定会对卧格夫产生消极影响,因此到了正统马林王朝(1195—1465)后期,尤其是瓦塔斯时期(1472—1554),[①]卧格夫大

[①] 1472年开始,马林人的旁支瓦塔斯人当政,仍称马林王朝。瓦塔斯时期历经7代君主,历时82年,1554年亡于萨阿德王朝。

幅减缩。

萨阿德王朝对卧格夫进行了大面积修缮，并重新制定卧格夫管理制度。他们主要侧重于清真寺的建设和修缮，创办学校，创建图书馆，并给原有的图书馆增添图书。

艾哈迈德·曼苏尔（Ahmad al-Mansur，1578—1603 年在位）时期，是萨阿德王朝的全盛时期。艾哈迈德·曼苏尔实行伊斯兰教法，发展农牧业，鼓励商业，倡导伊斯兰学术文化，马拉喀什和菲斯城仍为伊斯兰文化的中心。艾哈迈德·曼苏尔还远征西非，攻占廷巴克图（Timbuktu），[①]控制黄金商路，带回了大量黄金充盈国库。此外，艾哈迈德·曼苏尔加强中央政权，建立了一套沿用至今的行政机构。

阿拉维王朝（Sulala Alawiyya，1666 年至今），亦称谢里夫王朝、塔菲拉勒王朝。谢里夫拉希德·阿拉维（1631—1635 年在位）以推翻萨阿德王朝统治、捍卫伊斯兰教为号召，率军攻占菲斯，并建都于此，自立为苏丹。拉希德·阿拉维极为重视各类卧格夫。

1672 年，穆拉·伊斯玛仪（1672—1727 年在位）继位苏丹。他加强了中央集权，组建了一支由黑人穆斯林组成的训练有素的军队，对内平息王族争权引起的动乱，对外反对西方殖民主义的入侵和奥斯曼帝国的控制，先后光复了西班牙侵占的马穆拉和英国侵占的丹吉尔等。1691 年起，解放了大西洋沿岸外国入侵者占领的土地，初步赢得了摩洛哥的民族独立。穆拉·伊斯玛仪执政期间，王朝复兴，经济繁荣，同欧亚一些国家贸易频繁，伊斯兰学术文化昌盛，菲斯和马拉喀什仍保持着马格里布伊斯兰学术文化中心的地位，因此被誉为"伟大的苏丹"。穆

---

① 廷巴克图（Timbuktu），一译丁布各都，现名通布图（Tombouctou）。位于西非马里，距尼日尔河 7 公里，出城即为撒哈拉沙漠，是撒哈拉沙漠通道和尼日尔河的联结点。1087 年（另一说为 1100 年），为图阿雷格人所建。

历史名城廷巴克图从 14 世纪中叶起，相继成为马里帝国和桑海帝国的重要都市，修建了防卫城墙和清真寺。此时的廷巴克图在曼丁哥帝国治下已成为重要的文化中心，城市的基本布局就在那时候确定下来。阿斯吉亚王朝（1493—1591）时期，廷巴克图是西非的文化和宗教中心，世界各地的伊斯兰学者纷纷来此讲学布道，能工巧匠更是大显身手，城市声威远震，与开罗、巴格达和大马士革齐名，是当时著名的伊斯兰学术中心之一。

16 世纪末期，廷巴克图遭摩洛哥人侵占，受到破坏，开始衰落。1893 年，法国殖民者占领此地，廷巴克图更加衰败，从此一蹶不振。今天的廷巴克图只有 1 万名左右居民（另一说为几千人），在马里独立后得到建设和发展，是马里最北部的一座重要城市，也是通布图区（全国八大行政区之一）首府，声名显赫的科兰尼克·桑科雷大学所在地。留存至今的穆萨清真寺、津加里贝尔清真寺、桑科尔清真寺和西迪·牙希亚清真寺反映了廷巴克图的黄金年代。

拉·伊斯玛仪尤为重视卧格夫，极力保护各类卧格夫免遭流失，且非常重视新增卧格夫。他责令各地的卧格夫负责人对所有卧格夫造册登记，作为留给后辈的法律和历史文献，有助于后来者了解卧格夫财产和捐赠者的初衷。其下令编纂的《伊斯玛仪里亚卧格夫纪实》保存至今。

穆斯塔迪·本·伊斯玛仪（1738—1740）时期，成立了卧格夫监管总局。卧格夫监管总局拥有现代卧格夫部（基金部）所拥有的一切权限。换言之，卧格夫部早在17世纪阿拉维王朝初期就已存在。

穆罕默德三世（1757—1790年在位）时期，王朝政治趋于稳定，经济有所复兴。卧格夫由每个地区设一位管理者单独管理。

阿卜杜·拉赫曼·本·哈希姆（1822—1859年在位）时期，王室内讧，地方势力割据，加之法国等殖民势力的入侵，致使统治者政令不出，王朝基本衰亡。阿卜杜·拉赫曼·本·哈希姆仿效穆罕默德三世，每个中心只设一位管理者负责所有公共卧格夫。

如同摩洛哥的历代统治者，阿拉维王朝的统治者将卧格夫视为专属于穆斯林大众的遗产，其利润专用于慈善、传播宗教知识以及与宗教相关的学术文化发展方面，卧格夫收入一般都用于清真寺、学校、难民营、精神病院和医院等，有时也用于加固关隘要塞、道路照明、卫生环保、供给净水等。王朝统治者认为，一个地区的卧格夫收入可根据需要用于另一地区。阿拉维王朝对卧格夫的重视一直持续到殖民时期。

1906年1月16日，在西班牙的阿尔赫西拉斯（Algeciras）召开了阿尔赫西拉斯会议。4月7日，会议通过《最后议定书》，共123条，承认摩洛哥独立。但规定摩洛哥的警察组织和治安权力交由法国和西班牙管理；对摩洛哥财政实行国际监督，由与会的几个大国提供资金，成立国家银行，法国占较多股份，业务活动遵从法国法律；外侨可以购置土地，从事商业、采矿等活动；关税由一名政府代表、一名外国代表和一名国家银行代表组成的常务委员会管理。这次会议实际上是欧洲几个大国以牺牲摩洛哥主权为代价，推行帝国主义强权政治的一次交易。在此次会议中，摩洛哥拒绝将卧格夫问题纳入议程，因为卧格夫属于纯宗教问题，与外国无任何关系。会议将这一观点写入《最后议定书》第63条。

阿卜杜·哈菲兹（Abdul Al Hafiz，1907—1912年在位）时期，法国与摩洛哥于1912年3月签订《菲斯条约》，摩洛哥沦为法国的被保护国。《菲斯条约》第一条明确申明要尊重宗教机构和伊斯兰卧格夫。

阿拉维王朝重视制定卧格夫法。1912—1924年,苏丹优素福(Yusuf,1912—1927年在位)颁布了30多条卧格夫管理细则,包括多项决议以及说明,阐明了卧格夫管理者的权限,以防卧格夫财产被出售、抵押或没收,也为防止被民事部门、军管部门抑或法国占有,同时保障卧格夫收入不被用于非伊斯兰用途。

二、卧格夫在摩洛哥社会生活中的作用

卧格夫为摩洛哥很多生活设施提供资助,甚至成为有些机构的基本资金来源。在宗教、文化、社会、经济和医疗卫生领域做出了巨大贡献。

1. 卧格夫在宗教领域的作用

卧格夫在宗教领域的作用主要体现在清真寺。诸如修建清真寺,帮助清真寺设立卧格夫,发放伊玛目(教长)、穆安津(宣礼员)、海推布、[①]执事及穆贾维尔[②]等的薪资,还负责为清真寺购置礼拜毯和水电照明等费用。

2. 卧格夫在教育、文化领域的作用

卧格夫在教育、文化领域的作用主要体现于资助学生完成学业,资助学者传播知识。还建立了几所卧格夫性质的大学,吸收大批的学者传播知识,丰富了思想与文化生活,为马格里布留下了丰富宝贵的文化遗产。

3. 卧格夫在社会领域的作用

卧格夫在社会领域的作用主要是关注鳏寡孤独,扶危济困。侧重于开设难民营、澡堂、磨坊和供水站,建造专门举行婚庆等喜庆聚会的场所。

4. 卧格夫在经济生活中的作用

卧格夫在经济生活中的作用主要是开垦、修护农田。有些卧格夫机构拥有大量的资金,专款专用,为需求者提供无息贷款。除了现金借贷,还有实物(粮食)借贷,专为那些需求种子的农民提供种粮,俟收获后还贷。

摩洛哥的卧格夫主管部门利用卧格夫土地进行开发,种植各种树木。这类卧格夫土地总面积有近1万公顷,占摩洛哥卧格夫土地总面积的13%。摩洛哥的卧格夫田产推动了全国的农业生产,尤其是大大提高了橄榄和椰枣的收成。因此,卧格夫部被视为橄榄和椰枣的最大生产者。卧格夫椰枣园部门通过与其

---

① 海推布,一般指主麻、两大节日等较大型场合的布道师。
② 穆贾维尔,负责清真寺的清洁等事务之人。

他方联合开发，制定了一系列有效措施，改良卧格夫椰枣树的生产技术，卧格夫椰枣园占摩洛哥椰枣园收成的 4％。卧格夫田产产业也给农村社会创造了更多的就业机会，在一定程度上和缓了农村劳动力向城市迁徙的浪潮，大大减缓了因此带来的经济、社会等各种压力。

卧格夫还对激活全国的房地产市场有所裨益。卧格夫产业每年要建造很多公寓、商铺、写字楼，既为大批无力购房者提供了廉租房，也为建筑工人提供了大量的就业机会。

三、摩洛哥的卧格夫类型

伊历 1333 年（1914 年），摩洛哥颁布的第 19 项法令第 73 条对卧格夫做了如下界定："卧格夫是由穆斯林捐赠者捐赠的资产，专用于帮助捐赠者指定的受益对象。"摩洛哥的卧格夫大致分为两类：一类是公共卧格夫；另一类是各种扎维耶卧格夫和私人卧格夫。该法令第 75 条规定，允许设立公共卧格夫，由卧格夫总局统一管理。私人卧格夫则由私人或相关机构负责管理，由卧格夫总局监管。

（1）公共卧格夫。系笼统捐赠的卧格夫，不指定具体的受益者。诸如为清真寺、医院、学校、养老院、孤儿院设立的卧格夫田产、书刊、器械等。此外有马格里布人专为麦加禁寺、麦地那先知寺和耶路撒冷阿克萨清真寺设立的卧格夫。

根据伊历 1404 年（1983 年）颁布的第 6 项法令规定，所有专为履行伊斯兰宗教仪式设立的场合均视为穆斯林大众的卧格夫。这意味着，所有履行宗教仪式的场所，诸如清真寺、扎维耶、墓地等，均不再属于个人，成为公共财产。摩洛哥有 25 000 多座清真寺，这些清真寺相应地也成为卧格夫。这类卧格夫还包括一些文化、医疗、社会机构，诸如专为《古兰经》设立的动产卧格夫。

摩洛哥的公共卧格夫主要分为两类：一种是卧格夫耕地。总面积占摩洛哥卧格夫土地面积的 13％，其中 1 万公顷被卧格夫管理部门作为果园或植树地，其余 87％的土地用于租赁；另一种是房产，即公寓、商铺、工厂、面包房、澡堂等，租赁后收取租金，这类房产数量超过 45 000 处。

（2）扎维耶卧格夫和私人卧格夫。私人卧格夫属于定向卧格夫，针对固定的人群。例如有人将一座宅院设为卧格夫，专供男性子嗣居住，以便泽被子孙。

在摩洛哥，公共卧格夫的数量远超私人卧格夫。

四、摩洛哥的卧格夫管理

卧格夫与伊斯兰事务部（或称基金与伊斯兰事务部）是摩洛哥卧格夫的主管单位，主要负责鼓励捐赠卧格夫，保护和管理卧格夫资产，开发卧格夫产业，将其收益用于定向项目。

伊历 1333 年（1914 年），卧格夫与伊斯兰事务部颁布的条例规定了该部门的权限和组织结构。除了部长司，还包括中央行政司、地方管理司和对外事务司。

中央行政司下设机构：

1. 秘书局。主要负责卧格夫部相关事务，指导其工作进程，负责各种预测性的研究。

2. 总监局。负责监管、评估、研究、调查等事务，对公共卧格夫资产的利用开发以及投资进行严格审计。

3. 管理局。负责公共卧格夫资产的开发利用、投资和维护，对扎维耶卧格夫和私人卧格夫实施监管，还负责制订卧格夫开发计划。卧格夫管理局下设机构：（1）计划与投资处。下设：研究与建设项目科；建设与装备科，房地产交易科，后嗣卧格夫管理科。（2）财务处。下设：租赁与统计卧格夫收入科，审计与预算科，运行开支督查科。（3）农业事务处。下设：租种与卧格夫土地开发科，房地产维护科。

4. 伊斯兰事务管理局。主要负责维护伊斯兰价值观，传播正确信仰，保障在摩洛哥全国各地举行伊斯兰宗教仪式。

5. 研发与公共事务管理局。主要负责宗教领域教职人员培训和卧格夫部人力资源开发。

伊历 1333 年（1914 年），卧格夫与伊斯兰事务部颁布的第 75 项条例规定，该部门负责管理全国的公共卧格夫，同时对各扎维耶卧格夫和私人卧格夫实施监管。

卧格夫与伊斯兰事务部充分发挥其职能，确保了摩洛哥的卧格夫管理和维护，深入挖掘了卧格夫的潜在职能。除了机构改革，卧格夫部的工作方式有了显著提高，技术和管理才能得到了加强，涌现出了一大批高学历、高水平的卧格夫专业人士。卧格夫部在信息领域取得了质的飞跃，在人力资源开发领域取得的成绩也令人瞩目，培养了很多宗教执事和职员，更新了房地产租赁的信息记录，有效跟进了卧格夫房产租赁和耕地开发现状。

在摩洛哥的有些地区,有两大机构扮演着卧格夫部的角色:(1)卧格夫与伊斯兰事务管理处。主要负责建设宗教、文化、社会机构以及对卧格夫资产的管理、投资开发和维护。(2)地区学术委员会。主要组织安排宗教文化讲座和劝导演说,普及文化知识,为摩洛哥全民宣扬伊斯兰精神、道德、历史基础知识。

(一) 卧格夫的开发利用及其维护制度

1. 公共卧格夫。摩洛哥的公共卧格夫一直受到国家的监管。为了规范卧格夫管理,保护和开发卧格夫并合理地应用其收益,国家颁布了很多条例。最重要的是伊历1331年(1912年)颁布的条例,该条例分五条:

第一条:阐释租赁卧格夫耕地和田产的相关措施。诸如如何成立专门机构、合作条件、租金的支付方式、承租人的相关责任、终止合同的条件等。根据此条例,耕地租期为一年,房屋租期为两年。

第二条:阐释如何租赁卧格夫空地和一些废墟场地。规定租期为10年。如果承租人在卧格夫土地上有固定投资,可以续租两次。

第三条:阐释如何对卧格夫产业进行现金拍卖。明确规定可以通过中介对无建筑的田地进行现金拍卖,必须尽快成立管理处,用所得现金再行购置田产。

第四条:阐释出售卧格夫农作物的问题。

第五条:阐释卧格夫收入的用途。明确规定卧格夫收入可用于捐赠者指定的项目,也可用于维修卧格夫物体、举行伊斯兰宗教仪式、传播知识、资助学者以及有利于穆斯林大众的公共福利事业。该条例还规定卧格夫管理处有权动用卧格夫资产修建清真寺、《古兰经》学堂和医院,也有权用卧格夫资金扶贫。亦即,只要是施惠于穆斯林大众均为可行,但须事先颁布相关的条例。

继伊历1331年(1912年)的条例之后,又连续颁布了很多条例。其中伊历1332年(1913年)颁布的一项条例旋即被两年后斋月颁布的条例所废止。

在摩洛哥,有不少卧格夫田地因处理不当未能充分发挥其效益,有些土地被永久性出租,承租人只支付低廉的租金,似乎已成为该土地的主人,年深日久,这类土地性质渐次变更,不再是单纯的被租赁卧格夫了。针对这种情况,伊历1335年(1916年)颁布的条例允许出租空旷的卧格夫土地和房屋,但租期不能太长,只限于3年、6年、9年,且租赁合同中必须注明以建筑或种植为租赁条件。伊历1336年(1917年)颁布的条例允许出租耕地,租期为两年。

租赁是摩洛哥卧格夫资产最普遍的投资运行方式。教法学家运用演绎原则,依托经训演绎出使卧格夫资产收益最大化的教法依据,从而对卧格夫田产、房产的租赁和利用加以调整。

2. 私人卧格夫。为了规范私人卧格夫并对其实施监管,伊历1336年(1917年)颁布了一项条例,明确规定私人卧格夫的各项事宜尤其是租赁和拍卖必须遵守卧格夫法令。与公共卧格夫一样,若无条例根据,不得将私人卧格夫拍卖置换。未经卧格夫部许可,私人卧格夫的租期不得超过两年。卧格夫部有权解除私人卧格夫受益人以非法形式签署的合同,以及当时或以后有可能对卧格夫造成损失的各项合约。

由于管理不善,摩洛哥的私人卧格夫收效甚微,而且很多私人卧格夫年久失修,几近废弃。根据学术委员会和摩洛哥学者联合发布的教法决议,1977年10月8日(伊历1397年10月24日)颁布了一项整顿私人卧格夫的条例,凡经受益人请求或卧格夫部相关机构建议整顿的私人卧格夫,若有必要,可对其进行整顿以保障卧格夫受益者的利益。依此,摩洛哥成功地对很多私人卧格夫进行了全面整顿。同时,根据该条例,摩洛哥立法司制定了一套整顿私人卧格夫的法律机制,但并未彻底废止私人卧格夫,也未阻止继续产生新的私人卧格夫。

(二)卧格夫部关于推广卧格夫的计划和举措

摩洛哥的卧格夫属于全体穆斯林。摩洛哥卧格夫历史悠久,为摩洛哥社会做出了巨大贡献。卧格夫与伊斯兰事务部在维护这一伊斯兰遗产中发挥了举足轻重的作用,使得卧格夫成功实现了捐赠者的初衷。为了实现更崇高远大的目标,卧格夫与伊斯兰事务部致力于:(1)维护卧格夫产业,保障卧格夫在摩洛哥的可持续性;(2)实现卧格夫资源的高增长率,以使卧格夫职能得到充分发挥;(3)宣传卧格夫,鼓励人们捐赠卧格夫。为了实现这一战略目标,20世纪80年代起,卧格夫部开始应用新的运行方式和现代技术,以使卧格夫效益最大化。

1. 卧格夫资源的投资与发展模式多样化。为了拓展田产、住宅、商铺、工厂、澡堂、面包房等卧格夫产业的收益,卧格夫管理部门将这些卧格夫产业交给租赁市场经验丰富的中介,让其进行评估和定价,然后将评估结果上报卧格夫部,依此进行租赁。

卧格夫部还负责每三年更新租约,唯有租金得到调整的澡堂可以每两年更新租赁合同。针对原始承租人将卧格夫转租第二承租人的问题,卧格夫部颁布了专门的教法决议,可根据相关文件对收取订金有所限定。无法按原状况使用的卧格夫房屋，可以租给愿意按原状况使用之人，条件是他要负责维修或重建。

关于卧格夫耕地，卧格夫部重新整顿租赁事项，以便与各地区约定俗成的熟制翻种惯例相适应，同时确保承租人在合适的经济环境下正常从事农业活动。卧格夫部还鼓励人士为卧格夫耕地投资，给予他们足够的时间以收取回报。这一系列改革大大提高了卧格夫田产的租金收入，卧格夫净收入有了显著增长，使得卧格夫部有能力更广泛地拓展卧格夫的职能，为更多投资项目融资。

2. 保护卧格夫本金。为了让卧格夫产业长期保值，必须弥新损耗部分。为此，卧格夫部每年从卧格夫所得利润中抽出部分资金投入以下项目：（1）对卧格夫建筑和宗教机构设施进行修缮，（2）更新设备和农业机械，（3）保护卧格夫果园，（4）维护房地产，（5）联合其他慈善组织对宗教、文化机构进行改良。

3. 发展卧格夫产业。在摩洛哥，关于卧格夫公认的规则是，不允许将卧格夫土地和建筑拍卖和置换。至于被废置的市区卧格夫土地，卧格夫部会更新其设施，提升其价值，然后进行拍卖，用拍卖所得通过以下途径再去扩充卧格夫：（1）修建住宅、商场、面包房、澡堂等，（2）对耕地进行保养和投资，（3）修建清真寺、文化中心、伊斯兰院校等。

4. 大力倡导卧格夫捐赠。（1）免除馈赠税和卧格夫捐赠税。已故国王穆莱·哈桑二世（1961—1999年在位）在1985年登基纪念日的讲话中说道："我发觉凡馈赠财物或捐赠卧格夫者，须缴纳繁重的税收，以至于无人再愿意捐赠卧格夫或馈赠财物。"为此，哈桑二世下令免除馈赠税和捐赠卧格夫税，为热衷于慈善事业的人士拓展了空间。（2）1984年10月2日（伊历1405年1月6日）颁布的条例第3条规定，不许审批修建清真寺及专门履行伊斯兰宗教仪式的场所，除非申请人在清真寺修建竣工前拥有田产，并立意将其捐赠为卧格夫，以便用其获得的收入对清真寺进行维修，支付相关工作人员的薪资。慈善人士遵循这一方针，在建设宗教、文化场所的同时还附设重要设施，以保障这些宗教、文化场所的经济独立。（3）资助其他慈善机构或慈善人士已立项的卧格夫项目。（4）从国家层面大力宣传创办卧格夫机构的重要性，将卧格夫机构视为实现社会团结的宗教机构之一。除了卧格夫部发行的《指导》杂志，还利用广播电视等传媒鼓励人们捐赠卧格夫。

（三）卧格夫的监管

摩洛哥的卧格夫接受好几个部门的监管。（1）摩洛哥卧格夫最大的特点是一直得到国王的亲自关注,这是摩洛哥卧格夫可持续发展和兴盛的最大保障之一。国王重视组建卧格夫与伊斯兰事务部,并规定其职能。卧格夫与伊斯兰事务部、地区学术委员会不隶属于当地行政部门,直接由国王垂直过问,任何一项决议最终经由国王批准。(2)立法机构的监督,以督查和审核卧格夫与伊斯兰事务部的正常运行和投资预算。(3)内政部的督查,由内政部监查总局负责督查、审核卧格夫账目。(4)中央有关部门和财政局的审计,以监督卧格夫主管部门的开支和守法情况。

第十六章　阿尔及利亚的卧格夫

阿尔及利亚(Algeria),全称阿尔及利亚民主人民共和国,位于非洲北部马格里布。领土面积238万平方公里,居全球第10位。人口4 061万(2016年),大多数是阿拉伯人,其次是柏柏尔人(约占总人口的20%),少数民族有姆扎布族和图阿雷格族。

阿尔及利亚之国名来自城市名阿尔及尔(Algiers),阿拉伯语意为"群岛",指阿尔及尔海湾处的四个岛屿。1525年后,四个岛屿逐渐和大陆连为一体。

公元6世纪,阿尔及利亚被拜占庭占领。7世纪中叶,阿拉伯军事将领欧格白·本·纳菲厄率军进驻,当地居民被迫纳贡,不断进行反抗。8世纪初,伍麦叶王朝易弗里基叶地区总督穆萨·本·努赛尔再次征服马格里布,确立了阿拉伯人在北非的统治,柏柏尔人开始接受伊斯兰教和阿拉伯语。8—9世纪,大量阿拉伯移民迁入,与当地柏柏尔人通婚融合,使伊斯兰教和阿拉伯语广为传播。这一期间,艾巴德派[①]开始传入。9—10世纪初,阿尔及利亚处于艾格莱卜王朝

[①] 艾巴德派,伊斯兰教早期派别之一,亦称易巴德派。因该派主要领袖阿卜杜拉·本·艾巴德而得名。因其政治主张与哈瓦利吉派相近,故被伊斯兰史学家视为哈瓦利吉派的一个分支。但该派否认此说,自称为"穆斯林归信者集体""穆斯林同仁"等。

艾巴德派形成于第三任哈里发奥斯曼(644—656)时期。奥斯曼重用亲族伍麦叶人掌管各地军政大权,赐封土地,社会生活日趋世俗化,排斥一些非古莱什贵族出身但曾协助先知穆罕默德传教并创建麦地那穆斯林公社的圣门弟子,导致产生了宗教和政治上的反对派。阿曼人贾比尔·本·栽德是先知再传弟子,曾被委派到巴士拉城负责教法解释工作并讲学传教,得到一些人的拥护。他不满哈里发奥斯曼的任人唯亲,提出非古莱什出身的圣门弟子也可担任要职,应该公平分配战利品,有功的穆斯林一律平等,并组成社团,为后来艾巴德派的形成奠定了基础。伍麦叶王朝建立后,贾比尔反对哈里发的世袭制和世俗化,被巴士拉总督哈贾吉流放回阿曼。贾比尔的学生阿卜拉·本·艾巴德、艾布·欧拜德·穆斯林、艾布·努哈、迪马姆·本·萨伊卜和赖比尔·本·哈比布等人,在巴士拉和阿曼等地继续宣传和捍卫老师的主张,公开谴责伍麦叶人的统治,否认其哈里发之位的合法性,阿拉伯半岛一些部落纷纷归顺。艾巴德因反对伍麦叶王朝态度最坚决,遂得到巴士拉和阿曼穆斯林的拥护,成为(转下页)

统治下,王朝建立国家行政机构,实行伊斯兰教法,兴建清真寺及宗教学校,促进了伊斯兰文化的发展。10世纪被法蒂玛王朝占领。11世纪后,相继处在穆拉比特王朝和穆瓦希德王朝统治下,完成了伊斯兰化进程,伊斯兰教在政治、经济、文化等社会生活领域占有极为重要的地位。13世纪,柏柏尔人建立了阿卜德·瓦德王朝,[①]促进了伊斯兰教的发展。突尼斯的哈夫斯王朝曾一度占领阿尔及尔。16世纪,阿尔及利亚沦为奥斯曼帝国的一个行省。其后柏柏尔人建立了哈尔·艾德登王朝。1830年,沦为法国属地,阿尔及利亚总督侯赛因(Hussein)被流放。1954年,民族解放阵线发起了争取阿尔及利亚独立的游击战争。1962年,阿尔及利亚独立。阿尔及利亚穆斯林绝大多数属于逊尼派,遵奉马立克教法学派。约有6万名穆斯林属于艾巴德教派。苏菲派的卡迪里教团、提加尼教团、沙兹里教团等,也有广泛的社会影响。

一、阿尔及利亚的卧格夫历史

早在奥斯曼土耳其人掌权之前,阿尔及利亚就已存在卧格夫。奥斯曼帝国时期,卧格夫又得到了广泛发展。逮至奥斯曼帝国后期以及法国入侵初期,卧格夫重要性尤为突出,卧格夫拥有阿尔及尔市大量的资产,自成体系。

奥斯曼帝国时期,阿尔及利亚卧格夫的突出特点是全国卧格夫数量明显剧增,这是由15世纪后期至17世纪初阿尔及利亚的总体环境使然。这一时期,宗教兴盛,苏菲和扎维耶发展迅速,群众的宗教情感浓郁。面对执政者的暴虐、欧洲列强坚船利炮的攻击,加之自然灾害频仍,阿尔及利亚人逐渐失去

(接上页)该派的著名领袖。
　　艾巴德教派主要分布于阿曼和非洲的桑给巴尔等地区。在阿曼,千余年来,艾巴德派的教义始终占据主导地位,至今阿曼的统治家族及绝大多数穆斯林仍尊崇此派。
① 阿卜德·瓦德王朝(1235—1554),13世纪马格里布中部柏柏尔人的一支泽纳塔人(Zenata)建立的伊斯兰封建王朝,亦称吉亚尼德王朝,历时319年。1235年,由亚格穆拉桑·本·阿卜德·瓦德(1235—1283年在位)建立,领有今阿尔及利亚西北部的疆土,首都特莱姆森。
　　泽纳塔人原臣服于摩洛哥的穆瓦希德王朝,后该王朝的哈里发阿卜杜·拉希德二世任命亚格穆拉桑·本·阿卜德·瓦德为特莱姆森地区总督,将马格里布中部赐为封地。1235年,趁穆拉比特王朝分裂之机,亚格穆拉桑·本·阿卜德·瓦德宣布独立,自称埃米尔,同哈夫斯王朝、马林王朝并立。亚格穆拉桑·本·阿卜德·瓦德执政48年,遵奉马立克学说,设立卡迪,全面推行伊斯兰教法。在首都特莱姆森建造大清真寺并附设宗教学校,聘请马格里布及埃及宗教学者在此讲学,促进了伊斯兰文化的发展。

安全感,设置卧格夫成为百姓青睐的理财手段和心理安慰。与此同时,奥斯曼统治者亦认为设置卧格夫是加强统治和巩固政权的最好途径,既能彰显对宗教信仰的忠诚,取悦真主,又可通过加强与群众的精神(宗教)纽带赢取民心,巩固政权。

至18世纪末,卧格夫数量明显大增,遍布全国各地,拥有了阿尔及利亚大面积的土地资源。有历史学家将卧格夫资产估计为占城市和农村全部资产的2/3。随着卧格夫数量的剧增,阿尔及利亚形成了专门的卧格夫管理体系,将其收支情况造册登记,旨在规范卧格夫管理,巩固卧格夫资源。值得注意的是,卧格夫管理体系已逐渐形成独特的地方性管理形式和享有诸多特权的独立行政机构,由一大批有能力的团队负责管理。[①]

由于奥斯曼土耳其时期卧格夫的快速而广泛发展,在阿尔及利亚卧格夫历史上可将之视为卧格夫的鼎盛时期。卧格夫资产发展到巅峰,形成了庞大的体系,满足了社会的各种需求。

遗憾的是,随着法国的殖民入侵,阿尔及利亚雄厚的卧格夫资产轰然坍塌,卧格夫遭到严重的破坏和流失。卡尔·马克思于1882年访问阿尔及利亚时对这一现象感到十分震惊,他在回忆录中写道:"阿尔及利亚的卧格夫机构曾拥有300万公顷耕地,这么多资产怎么消失的,令人不解。"[②]

卧格夫本身既是行政机构,又是掌握主动权的经济实体,它在一定程度上形塑了阿尔及利亚的经济体制和社会关系。这一体制特征严重阻碍了法国一直企图实施的扩大居住点的策略,并与法国所推行的经济原则相悖。因此,法国殖民者决意摧毁阿尔及利亚的卧格夫体系。1830年9月,法国颁布了针对卧格夫的首项决议,明确规定法国军政机构有权占有前奥斯曼统治者及凯拉哥莱人[③]的财产,还可以占有一些城市的资产。这是对阿尔及利亚投降协议第5条的亵渎和废止。同年12月,法国殖民者又颁布法令,授予欧洲人占有卧格夫的权力,由此拉开了历时5年的卧格夫整顿的序幕。最终,法国政权彻底控制了卧格夫资产,成立了由法国人穆格泰希德为首的穆斯林代理人组成的运行委员会,对

[①] 萨利赫·赫拉费:《阿尔及利亚与精神传统》,阿尔及利亚国家出版发行社1975年版,第171页。
[②] 阿卜杜拉·赛德:《伊斯兰卧格夫的现状与前景》,阿尔及利亚高等贸易学校出版社1990年版,第35页。
[③] 凯拉哥莱,土耳其语,意为奴隶的后代,产生于奥斯曼帝国时期。奥斯曼帝国占领了包括北非在内的多数阿拉伯地区,土耳其人跟柏柏尔海岸的柏柏尔妇女、阿拉伯妇女所生的混血儿被称为凯拉哥莱人。

2 000 处卧格夫进行任意处置,划分给了 200 个慈善机构。

实现对阿尔及利亚卧格夫的实际控制后,法国殖民者于 1844 年颁布了一项决议,明确规定卧格夫不再享有特权。根据这一决议,对卧格夫资产可以进行买卖交易,这直接导致占阿尔及利亚全国各大城市郊区耕地一半面积的卧格夫土地被售卖,卧格夫资产随即大幅缩减,由法国占领前的 550 处锐减至 293 处。[①]

1868 年 10 月,法国殖民者又颁布了一项法令,可按法国本土实施的土地主权法处置阿尔及利亚的卧格夫资产,从而允许犹太人、穆斯林私人占有卧格夫,并可作为遗产继承。

1962 年,阿尔及利亚独立。由于独立初期所面临的法律空白,政府颁布了一项法令,除了与国家主权相关的事务,其他事务继续沿用法国曾在阿尔及利亚实施的法律。在这种历史条件下,国家未给予残存的卧格夫足够的重视,也未加以保护和修缮,对卧格夫资产的运行仍沿用法国的法律。相关法律将卧格夫局限在特定领域,如宗教场所、《古兰经》学校等,卧格夫未得到有效管理和应用,丧失了其应有的社会功能。

为了弥补上述缺失,1964 年 9 月,在卧格夫部部长的建议下,阿尔及利亚颁布了涉及卧格夫体制的法令,但政令不通,未被实施,卧格夫的状况依然如故。1971 年 11 月,阿尔及利亚颁布了土地革命法令。虽然该法令规定不得将卧格夫土地收归国有,但未被贯彻执行,大部分卧格夫土地还是被纳入土地改革范畴。1984 年 6 月,阿尔及利亚出台了家庭法,对卧格夫仍未做出新决议,只是在家庭法第 5 条提到了卧格夫的总体概念。

阿尔及利亚独立前后,未从立法层面给予卧格夫足够的重视,这对卧格夫的可持续发展造成了消极的影响。由于年深日久疏于修缮,导致卧格夫资产大量流失,卧格夫土地流失尤为严重,大部分卧格夫资产的合同资料散佚,卧格夫的进程基本停滞。

1989 年,阿尔及利亚颁布宪法。宪法第 49 条明确规定:"卧格夫资产和慈善机构的资产必须得到认可,受相关法律保护。"自此,卧格夫资产开始得到宪法、法律的保护。

---

① 据 2000 年阿尔及利亚宗教部卧格夫管理司伊斯兰发展银行伊斯兰研究与培训学院在毛里塔尼亚首都努瓦克肖特(Nouakchott)召开的"发展伊斯兰卧格夫"大会上提交的论文。

二、阿尔及利亚的卧格夫运行机制

根据1986年5月颁布的法令,阿尔及利亚成立了卧格夫管理局,全称宗教仪式与卧格夫资产管理局,全权负责卧格夫。1989年,更名为卧格夫与宗教仪式管理局,下设卧格夫管理分局,负责管理分布于全国48个州县的卧格夫。

根据恢复卧格夫资产和在土地革命运动中被收归国有的土地政策,1992年1月,宗教事务部和农垦部联合发布部级申明,确定了落实与恢复被收归国有的卧格夫资产的法律条款,卧格夫活动日渐活跃。

1994年12月,阿尔及利亚颁布法令,卧格夫另立门户,独立组建了卧格夫管理局。该法令还规定组建宗教事务部中央管理处,下设两个分处:技术研究与矛盾调停处,卧格夫资产投资处。由此,宗教事务部成为公共卧格夫的法定主管部门,私人卧格夫仍由受益者自行管理。宗教事务部一般不介入私人卧格夫,有时作为第三方,调停私人卧格夫出现的矛盾。

振兴阿尔及利亚的卧格夫,使其能够发挥创设卧格夫的初衷,是阿尔及利亚立法司高度重视的问题。诚如前述,1989年颁布的宪法赋予卧格夫宪法保护,1996年修订后的宪法也再次重申保护卧格夫,后来又颁布了一系列有助于肯定卧格夫地位的法律,如房地产趋势指导法,强调卧格夫主权的独立性。根据相关法律,除了私人卧格夫和公共卧格夫,还将卧格夫划分为若干种类。卧格夫法授权宗教事务部负责对卧格夫的运行、管理和维护,但基本限于清真寺修建、管理、运行等职能,并未颁布其他有实效性的法令,大部分法令内容空泛,流于形式,无法保障卧格夫法的实施与贯彻执行。

尽管如此,阿尔及利亚宗教事务部通过实地考察,对所有卧格夫资产进行了详细的统计,同时对各州县被统计的卧格夫租赁事宜进行核查。该举措得到了国家和地方政府两个层面的大力支持,组织了部级联合技术委员会,搜集各种文献资料,专门研究卧格夫的恢复事宜。

三、卧格夫在阿尔及利亚的经济作用和投资渠道

目前,阿尔及利亚卧格夫所发挥的经济作用仍未超越传统范畴,即资助清真寺和《古兰经》学校,抑或让私人卧格夫受益者享用其收益。公共卧格夫的收益

纳入中央银行专设的账户，不得随便动用，除非是必要的开支，诸如调查流失的卧格夫、恢复卧格夫的费用，调研卧格夫和向法庭提出上诉的费用，还有修葺破旧卧格夫建筑的费用等。因此，卧格夫迫切需要前瞻性的指导思想，以使卧格夫能够发挥其理想有效的社会功能。

目前，阿尔及利亚的卧格夫项目主要体现于公寓、商场、店铺、耕地、果园等的租赁，以及空地的公开招标等，其收益纳入中央银行冻结账户，因为尚未确定其他开支领域。卧格夫新的投资渠道只限于已建清真寺附设的商场店铺、《古兰经》学校、伊斯兰文化中心等。面对日繁月复的社会发展，由于缺乏有效的创新和自我更新机制，阿尔及利亚的卧格夫很难发挥积极的社会功能，也无法提升民族生产力。卧格夫机制的僵滞成为摆在阿拉伯—伊斯兰国家面前的共同话题。

第十七章　约旦哈希姆王国的卧格夫

约旦哈希姆王国(The Hashemite Kingdom of Jordan),简称约旦,首都安曼,国土面积89341平方公里。位于亚洲西部,阿拉伯半岛的西北部。约旦基本上是个内陆国家,只有西南部临近亚喀巴湾有极小一段海岸。人口946万(2016年),主要民族为阿拉伯人,其中60%以上是巴勒斯坦人,还有少量吉尔吉斯人、土库曼人和亚美尼亚人。阿拉伯语为国语,通用英语。国教为伊斯兰教,92%的居民属伊斯兰教逊尼派,另有少数属什叶派和德鲁兹派。6%的居民信奉基督教,主要属希腊东正教派。1920年之前,约旦属于巴勒斯坦,故巴勒斯坦的伊斯兰教史亦即约旦的伊斯兰教史。

622年,阿拉伯人战胜罗马帝国,接管了巴勒斯坦。随着阿拉伯人不断移入并和当地居民融合,逐步形成了巴勒斯坦阿拉伯人。

1516年,巴勒斯坦被土耳其人占领,属奥斯曼帝国的大马士革省。

1920年,英国以约旦河为界,将巴勒斯坦一分为二,西部仍称巴勒斯坦,东部建立外约旦酋长国。英国扶持汉志国王侯赛因次子阿卜杜拉·本·侯赛因为外约旦酋长国酋长,阿卜杜拉则承认英国的委任统治权,外约旦成为英国委任统治下的一个半独立的埃米尔国,英国完全控制了外约旦的政治和经济。1928年,英国迫使外约旦接受为期20年的"英约协定",英国对外约旦的统治合法化。

第二次世界大战后,外约旦人民反对英国委任统治的斗争迅速发展。1946年3月22日,外约旦同英国签订伦敦条约,废除了英国的委任统治,英国承认外约旦的独立,但保留在政治、经济和军事上的特权。同年5月25日,阿卜杜拉登基为国王(1946—1951年在位),改国名为外约旦哈希姆王国。由于伦敦条约遭到人民的反对,1948年又签订《英约同盟条约》,条约规定成立联合防务委员会,英国在外约旦有驻军和使用基地的权利。1957年3月,约旦政府废除《英约同盟条约》,7月英军全部撤出约旦,从此约旦走向独立发展的道路。

一、约旦卧格夫法的诞生及发展

约旦卧格夫一直沿用1863年颁布的奥斯曼卧格夫管理制度。直至1964年,才被伊斯兰卧格夫法第10条明文废止。

1928年4月19日,约旦东省基本法出台,卧格夫得到重视。基本法第61条规定:"可根据特殊法律规范伊斯兰卧格夫事项,管理卧格夫财务等。卧格夫局为政府部门之一。"

1946年,约旦哈希姆王国成立。同年颁布的宪法认可并强调基本法关于卧格夫的规定,宪法第63条规定:"可根据特殊法律规范伊斯兰卧格夫事项,管理卧格夫财务等。"依据这一规定,同年颁布了伊斯兰卧格夫法第25条。宪法第63条还规定:"凡为穆斯林公众利益在宗教法庭和内政部登记注册的任何一项卧格夫,只有宗教法庭有权对其相关问题做出判决。"第94条明确规定:"宗教法庭可以根据伊斯兰教律运用其司法特权。"

约旦东省的基本法及1946年颁布的约旦宪法都明确规定,可以根据特殊法律规范伊斯兰卧格夫事项,不允许将卧格夫财产与其他公共财产相混同,强调卧格夫部门的独立性,赋予卧格夫产业公共财产和公共利益所享有的一切权利。宪法十分重视卧格夫的行政管理工作,制定了规范和巩固卧格夫的许多措施,从而以宪法的高度赋予了约旦卧格夫应有的权益,保障了约旦卧格夫的良性发展。

塔拉勒·本·阿卜杜拉国王(1951—1952年在位)时期,于1952年1月颁布新宪法。新宪法第107条重申了1946年宪法第63条:"可根据特殊法律规范伊斯兰卧格夫事项,管理卧格夫财务等。"新宪法第105条明确规定,只有宗教法庭有司法权,可根据其特殊法律对若干问题做出判决,其中包括与卧格夫相关的事项。宪法第106条规定,宗教法庭在判决中应践行伊斯兰教法。1962年,调整了1946年颁布的卧格夫法第25条,卧格夫不再由首相负责,而由宗教大法官直接负责。1965年再次做了修定。根据新宪法第107条,1966年6月5日,以"1966年卧格夫法"第26号草案的名义颁布了卧格夫法。该法案几经修改,最重要的一次修改是1968年的4号草案,将卧格夫法改称卧格夫与伊斯兰事务及圣地法,扩大了卧格夫部的权限范围。卧格夫部除了管理卧格夫事务,还负责管理诸多伊斯兰事务。其后,在卧格夫部工作的基础上,卧格夫法又几经修改,颇具实效性,有效指导了约旦卧格夫的实际运行。该卧格夫法在约旦实施至今。

二、约旦关于卧格夫的立法

约旦卧格夫法阐明,卧格夫事务一概遵循沙里亚法,同时遵守捐赠者提出的条件。约旦民法以沙里亚法为指导原则,结合约旦卧格夫的实际状况拟定了专门的条文,即民法第 3 辑第 2 章第 3 节(从第 1233—1270 条)、第 2 辑第 2 章第 1 节第 2 段(从第 749—759 条第 5 段落)。

卧格夫法备忘录第 1 条阐明,卧格夫法条例主要源自教法经典,主要有:古德利帕夏著的《司法书》和《人类事务指南》,伊本·阿比丁著的《精选珠玑注解》《司法》杂志及其解释,罕萨夫著的《卧格夫律例》,卡萨尼著的《奇异的行为》,赖姆利著的《需求者的终结》,设拉齐著的《节本》,祖赫迪·耶昆著的《卧格夫律例》,谢赫穆斯塔法·宰尔卡著的《伊斯兰教法新论》和《卧格夫律例》。

民法从教法和司法层面对卧格夫做了全面明确的界定。民法第 1234 条明文指出:"卧格夫就是保留所拥有的本金,不得进行交易,将其获得的利润用于慈善,即便将来才有收益。"

民法第 1235 条阐明,若卧格夫的收益被指定用于慈善,即为公共慈善;若指定具体的受益对象,俟指定的对象及子孙后代无存,可以转变为公共卧格夫;若指定将卧格夫收益既用于后嗣也用于慈善事业,则被视为共同卧格夫。[1] 第 1235 条还申明,任何情况下,卧格夫始终是生生不息的慈善事业。

民法第 1243 条申明,已创设的卧格夫不得赠送受益人,不得作为遗产继承,不得作为遗赠,不得典当抵押。卧格夫一旦被捐赠,捐赠者不再拥有其主权,也无权转让他人。

在落实卧格夫目的的前提下,捐赠者提出的条件应该得到遵守,民法对此做了明确规定。民法第 752 条第(1)节规定,租赁卧格夫时须尊重捐赠者提出的条件。若他指定了租赁期限,则不得违背。第(2)节做了更详细的阐释,若无人愿意按指定的期限承租卧格夫,卧格夫负责人也未被授予卧格夫的租赁权时,则递交法庭酌情裁决最有效的卧格夫租赁期。

---

[1] 穆罕默德·凯比希:《伊斯兰沙里亚法中的卧格夫律例》(第 1 卷),巴格达指导出版社伊历 1397(公元 1976)年版,第 42 页。

民法第 1241 条第(1)节规定："捐赠者提出的条件,其内容和含义等同于立法明文。"第(2)节规定："如有需要,法庭可以对卧格夫捐赠者提出的条件进行合理的解释。"

民法第 1244 条提到："设立卧格夫的条件、捐赠者提出的条件及受益规则均应符合伊斯兰沙里亚法和与卧格夫相关的法律。"

关于事先提出条件指定姆塔瓦利的问题,民法第 1248 条允许法庭根据受益人的请求罢免姆塔瓦利,一旦查出姆塔瓦利有欺骗行为或有教法不允许之处,法庭可以将其罢免,即便负责人是捐赠者自己亦不例外。

民法第 1237 条规定,捐赠者有权提出他本人或他人有权更换卧格夫。但第 1239 条规定,唯有卧格夫清真寺不得更换,即"不得更换卧格夫清真寺以及相关的卧格夫设施"。

民法第 1237 条第(4)节规定,捐赠者有权更换负责人,即使在创设卧格夫时他未曾提出这个条件。该条第(1)节明确规定："若捐赠者在创设卧格夫伊始提出条件,他本人或他人有权对卧格夫进行变更、利润分配、增减,更换则他本人或他人可以运用该项权力,但须通过明确的方式进行。"第 1238 条第 2 段规定："若卧格夫附带有不正确的条件,则卧格夫有效,条件无效。"

民法第 1240 条阐明："凡违背教法,或致使卧格夫利益受损,或有损于卧格夫受益人利益的条件一概无效。"法律奉行的原则是只在确保卧格夫利益、保障卧格夫宗旨实现的范围内尊重捐赠者提出的条件。

民法第 1247 条规定,卧格夫部应按照捐赠者提出的条件管理和利用公共卧格夫。该条款指出:在尊重捐赠者提出的条件基础上,卧格夫与伊斯兰事务及圣地部负责对公共卧格夫的管理和利用,将其收益用于捐赠者指定的慈善事业。

卧格夫与伊斯兰事务及圣地部在操作过程中十分重视上述条款与卧格夫管理实际需要之间的相适应性。亦即,这些条款在开展实际工作时有很大的弹性。

三、约旦的卧格夫机构管理

卧格夫与伊斯兰事务及圣地部负责对公共卧格夫的管理和经营,这包括在土地部门做过登记的卧格夫,以及直接以卧格夫部名义注册登记的卧格夫,还有进行土地注册登记时已确认属于卧格夫的土地。私人卧格夫则由其负责人管理,但须由宗教司法机构监管。根据决定,"当受益人对私人卧格夫发生争执或主人与管理人员发生分歧而宗教法官无法解决时,要将私人卧格夫管理权移交伊斯兰卧格夫管理局"。

(一) 卧格夫与伊斯兰事务及圣地部的职能

1966年颁布的第26号卧格夫法及其后修订的第4条阐明:"卧格夫与伊斯兰事务及圣地部享有崇高的品性、财务和行政独立。"同时还阐明了卧格夫部的运行方式以及责任与义务。根据宪法,大臣(部长)承担管理卧格夫部的全部责任。宪法第5条规定:首相(总理)和大臣(部长)要共同对众议院负责。宪法第47条第(1)节规定:大臣(部长)负责管理与该部门相关的所有事项,凡超出其权限范围的问题须上报首相(总理)。

卧格夫法还阐明,卧格夫与伊斯兰事务及圣地部事务繁多,具体由以下部门负责分管:

(1) 卧格夫与伊斯兰事务及圣地委员会。

(2) 卧格夫秘书长(次大臣、副部长)。

(3) 卧格夫部执行机构。

卧格夫法规定了上述机构的权利和义务。卧格夫法第6条阐明了如何组建卧格夫与伊斯兰事务及圣地委员会的程序,"委员会由以下人员组成:卧格夫大臣(委员会主任),卧格夫次大臣(秘书长),此外由内政部、教育部、劳动部、宣传部各推选一位代表,再选出热衷于卧格夫与伊斯兰事务的五位人士,由卧格夫大臣提议,国务院发文加以委任"。

卧格夫法第7条赋予卧格夫与伊斯兰事务及圣地委员会诸多特权。卧格夫领域最重要的权限有:

(1) 制定卧格夫与伊斯兰事务及圣地部总方针。

(2) 制定卧格夫资产投资及实现卧格夫法确定的目标。

(3) 年初制定财政预算,呈交内阁审批。

(4) 创建高等院校、宗教学校、孤儿院、技校和学术研究机构,对其负责管理,制定学费标准以及免收学费的条件。这些须征得相关部门的同意。

(5) 制定聘用高等院校、宗教学校、孤儿院的教学团队、技术人员和行政管理人员的规章制度,负责其行政与财政事务。

(6) 置换卧格夫田产,必要时,经由田产所属地区宗教法庭许可,冻结卧格夫田产。

(7) 审定租期超过三年的卧格夫租赁合同,审批卧格夫土地的修建。

(8) 根据委员会制定的章程实施奖赏与承包。

(9) 负责审批各种诉讼,处理调停各种矛盾。

(10) 经由首相(总理)同意,审批与卧格夫项目相关的无息贷款。

(11) 任免存入卧格夫资金的无息银行及财务机构的负责人。

1997年,约旦卧格夫部出台了与行政管理相关的16号章程第3条条款,确定了实现上述目标的方法:

(1) 重视并保护伊斯兰圣地,负责管理其事务。重视伊斯兰宗教文物古迹,如清真寺古迹、道堂等。

(2) 负责清真寺的修建、维护以及清真寺事务的管理,以便让清真寺充分发挥其社会职能。

(3) 负责管理《古兰经》学校,继续创建卧格夫部附属的《古兰经》学校,举办国内国际《古兰经》背诵与诵读大赛。

(4) 负责管理各文化中心与伊斯兰中心,继续创建隶属卧格夫部的文化与伊斯兰中心。

(5) 印刷《古兰经》,审批《古兰经》的印行,负责对国内印行的《古兰经》以及从国外入境的《古兰经》的严格审订。印刷伊斯兰书籍尤其是伊斯兰古典文籍,鼓励伊斯兰研究。

(6) 鼓励为众多慈善事业捐赠公共卧格夫,大力宣扬伊斯兰卧格夫的意义及其在促进经济、社会发展和社会团结中的作用。

(7) 宣传伊斯兰伦理道德,指导穆斯林从善向上,通过举办学习班、聚礼日的演讲、讲座、学术会议、印刷品及一切行之有效的方式,普及穆斯林宗教常识。

(8) 组织正朝与副朝事宜。

(二) 卧格夫与伊斯兰事务及圣地部组织结构

1997年出台的16号章程明确了卧格夫部拥有以下行政结构:

1. 秘书长及相关司署:(1)副秘书长(多位),(2)法律事务司司长,(3)朝觐事务司司长,(4)阿克萨清真寺事务司司长,(5)公共关系与传媒司司长,(6)行政规划与发展司司长,(7)督查与顾问。

2. 主管行政与财务副秘书长及相关司署:(1)职员事务司,(2)卧格夫部卷宗司,(3)财务司,(4)后勤服务司,(5)计算机司。

3. 主管伊斯兰宣教指导事务副秘书长及相关司署：(1)劝导司，(2)宗教教育司，(3)清真寺事务司，(4)研究与印刷品司，(5)认证与宣教司，(6)妇女事务司，(7)宗教演说家与伊玛目培训中心，(8)国父阿卜杜拉·本·侯赛因国王清真寺司。

4. 主管卧格夫事务副秘书长及相关司署：(1)卧格夫资产司，(2)卧格夫开发与投资司，(3)建设与维修司，(4)旅游与伊斯兰文物古迹司。

5. 主管耶路撒冷事务副秘书长及相关司署：(1)耶路撒冷卧格夫司，(2)阿克萨清真寺与圆顶清真寺修建委员会技术与行政署，(3)耶路撒冷约旦卧格夫部附属机构、学院及宗教文化中心署。

卧格夫法第 6 条阐明，对于在卧格夫部工作的职员，如同政府其他职员一样实行聘任制，给予他们同等待遇。根据卧格夫与伊斯兰事务及圣地委员会的提议，国务院可以制定相关规定。多年来，卧格夫部的人事制度如聘任、薪资、升职、调动、退休等一直类似于政府职员，只有少数职员享受社保待遇。

至于财务管理，卧格夫法第 9 条第 1 节规定："在卧格夫与伊斯兰事务及圣地委员会的监督下成立中央基金，将卧格夫与伊斯兰事务及圣地的所有收入集中在一起，根据预算从中开支被明确决定的项目。"

卧格夫法第 11 条规定："卧格夫与伊斯兰事务及圣地部可以根据现代商业规则或财政部奉行的原则整理自己的账户和单据，所有的单据和账单须由卧格夫委员会认可的法定审计单位审核。"该条例还规定："首相(总理)可以责成审计局监督卧格夫部的账户，审核其单据和运行情况。"这也是长期以来的惯例。

卧格夫法第 14 条规定，卧格夫与伊斯兰事务及圣地部的所有资产等同于国库资产，可根据税法或类似的律法征税。卧格夫法第 8 条规定，对所有卧格夫资产、交易、诉讼免去所有税收，但卧格夫土地承租人在卧格夫土地上建造的建筑在租赁期间须缴纳税收。还有被捐赠为公共卧格夫的田地，其主人提出条件还要使用若干时间，则使用期间应向其征税。

四、卧格夫对促进约旦经济与社会发展发挥的作用

鉴于卧格夫在促进经济与社会发展中的重要性，自 1972 年起，约旦哈希姆王国的国家未来发展规划中将卧格夫部单独列为一章，包括对卧格夫与伊斯兰事务及圣地部所取得的成就、面临的困难、计划目标、管理措施以及规划项目等进行评估。

为了让实施发展规划的负责人意识到卧格夫部门对促进经济与社会发展的重要性,约旦政府大力支持卧格夫的发展,加大了对卧格夫与伊斯兰事务及圣地部的预算拨款。截至1999年,政府拨款已达1300万约旦第纳尔。

在约旦,政府对公共卧格夫重要性的认可源于1959年出台的57号公共卧格夫法所界定的公共卧格夫概念。该法第2条明确指出,所谓公共卧格夫,是指收益或利润归大众或一部分群体的所有捐赠或运营。其用途包括:传播伊斯兰教、履行宗教仪式、扶贫、传播科学知识、有利于人类社会的任何工作。

1966年出台的26号卧格夫法确定了卧格夫与伊斯兰事务及圣地部发展公共卧格夫的目标,鼓励人们对各种慈善事业捐赠卧格夫,宣扬卧格夫的现实意义。约旦民法第1247条规定,卧格夫部在尊重捐赠者提出的条件的基础上,负责管理约旦境内所有的公共卧格夫。

约旦卧格夫在促进经济与社会发展中发挥的作用主要表现为:

(一)社会发展领域

1. 清真寺。卧格夫部通过举办宗教讲座、聚礼日的演讲、培训伊玛目和演说家,致力于实现清真寺的使命,使得清真寺能够更好地发挥作用。同时,还为清真寺的布道师提供相关资料,包括解决各种社会问题,譬如以吸毒、交通事故、指导如何正确消费为主旨的演讲范本,以提高全民觉悟,抵制各种社会弊病,培养有能力、懂奉献、具备高尚美德、信仰真诚的青年一代穆斯林。卧格夫部建设清真寺的计划还包括为地方服务而修建的基础设施,如医疗卫生中心、托儿所、图书馆、文化中心、《古兰经》学校等,其目的是为了支持国家对促进社会发展所做的各种努力。

2. 宗教院校。有几项公共卧格夫专为创建宗教院校而创设。卧格夫部创办了宣教与宗教原理学院(本科)和伊斯兰经学院(大专),建立了四所高中。还有很多对外阿拉伯语学校,专门给母语为非阿拉伯语的外国人讲授阿拉伯语,就读的学生基本来自伊斯兰世界。这些院校致力于培养布道家、伊玛目及演说家。

3. 孤儿院。许多伊斯兰孤儿院是专为抚养和教育孤儿及烈士子女而设的卧格夫。卧格夫部致力于创办职业技术学校,教授孤儿各项技能,如木工、印刷、藤编、室内装潢、车辆和机械组装等。

4. 医疗卫生中心。卧格夫部指定在卧格夫土地上修建诊所,与美国得克萨斯州伊斯兰金融公司合作,专门治疗穷苦的病人。同时,很多清真寺设有附属医疗中心。

（二）经济发展领域

卧格夫具有重要的经济功能。卧格夫为解决诸如疾病、贫穷、愚昧等社会问题，为照顾弱势群体做出了贡献。卧格夫的建设也有助于解决住房困难，扩大商用建筑，拉动经济。

卧格夫通过实施农业项目，出租大批的耕地，对促进约旦的农业发展起到了重大作用。

近年来，约旦卧格夫部迈出了新的战略步伐。卧格夫部集中落实全方位（经济、社会、环境、宗教）发展原则，特别重视当地社会及周边环境的发展，其中最能体现这一目的的举措是在穆厄泰、卡拉克省南马扎里两座城市分别修建烈士①清真寺及其墓冢，这也是约旦的重要宗教景点之一，卧格夫部通过王家修建委员会修建烈士清真寺及其陵墓，对该地区进行开发，建造完整的配套设施，主要包括能容纳3000人礼拜的清真寺、圣门弟子陵园、商场、清真寺伊玛目和宣礼员的住宅、游客及贵宾楼、学校、多功能厅、图书馆和小广场，项目总投资约2000万美元。该项目颇具社会意义：

1. 对国民经济的影响。该项目通过吸引和招揽伊斯兰世界的大批游客，创造了约旦宗教旅游的新景象，刺激了国民经济的发展。

2. 对促进当地社会与经济建设的影响。该项目的投资为当地注入了新的活力，为当地带来了广泛的就业机会，改善了其经济、社会和环境面貌。

3. 对教育与文化层面的影响。根据项目本身的特点，通过《古兰经》学校与伊斯兰经学院，为加强下一代的伊斯兰常识教育发挥了重要作用。

4. 对进一步开发卧格夫及增加其资源的影响。该项目扩大了卧格夫的应用范围，将商场出租并直接投入使用，增加了旅游项目收入，并将闲置的卧格夫空地纳入了未来投资计划。

通过王家修建委员会，约旦卧格夫与伊斯兰事务及圣地部建成了多个项目，遍布国内很多重要的宗教景点。这些项目包括：

1. 在约旦谷地中部修建著名圣门弟子艾布·欧拜德·占拉哈清真寺及文

---

① 烈士指穆尔台战役中牺牲的三位圣门弟子：贾法尔·本·艾布·塔里布、栽德·本·哈里塞、阿卜杜拉·本·拉瓦哈。

化中心。

2. 在约旦谷地北部和中部分别修建著名圣门弟子迪拉勒·本·艾兹沃尔清真寺、舒莱哈比勒·本·哈赛奈清真寺、阿米尔·本·艾布·宛葛斯清真寺、穆阿兹·本·杰拜里清真寺。

3. 在萨勒特市附近的舒阿布谷地修建先知舒艾布清真寺。

4. 在萨勒特市附近修建尤舍尔清真寺。

5. 在拜绥拉村镇修建著名圣门弟子哈里斯·本·乌迈尔·艾泽迪清真寺。

6. 拓展安曼"洞中人"遗址景点项目,包括修建一座具有天文原理的穹顶,展示《古兰经》提到的"洞中人"故事。

上述项目对刺激约旦的旅游业起到了重要作用。

伊斯兰卧格夫的经济开发需有一个专业熟练的管理团队,负责项目的实施。因此,管理水平与经济开发互不分离、相互作用。没有高效的管理机构,就不可能实现经济开发的目标。同时,卧格夫的经济开发迫使管理人员不断提升管理能力,拓宽管理范围,以便卧格夫各管理部门能够承担卧格夫规划所赋予的新责任。为此,约旦卧格夫与伊斯兰事务及圣地部出台了新的管理制度,即 1997 年的第 16 号文件,旨在保障优秀的管理团队,负责实施卧格夫与伊斯兰事务及圣地部所制订的开发计划,同时制订了与约旦管理学院联合培训人才的计划。

约旦卧格夫资产的投资形式有以下七项:

1. 自筹资金。卧格夫部对提议的各项目进行详细全面的研究和规划,从卧格夫部的发展预算中支出所需费用。

2. 投标招租。卧格夫部与某一方就租赁卧格夫土地达成协议,以便在卧格夫土地上面承建卧格夫部所同意的项目。投资方可根据协定的条件和期限修建项目并开发利用,项目最终归卧格夫部所有。

3. 合伙经营。卧格夫部对立项的项目进行研究和规划,然后从其发展预算中拿出项目总投资 1/3 的资金支付工人工资,建筑材料由卧格夫部与符合伊斯兰教律的经营机构以合伙经营的形式购买,材料费由卧格夫部开支,合伙经营的利润由双方协定分配。

4. 垫资承建。由卧格夫部与投资方达成协议,投资方根据卧格夫部制订的计划在卧格夫土地上承建项目。项目建成后,卧格夫部验收项目,投入使用,连本带利分期支付投资方所有的建设费用。

5. 投标合资。卧格夫部与投资方达成合资协议,卧格夫部投入立项的卧格夫土地，投资方投入项目所需的一切费用，利润按双方所占股份分配。同时，投资方须逐渐将自己所占的股份转让给卧格夫部，收回本金的同时，可以收取项目每年所得利润中固定的比例。

6. 合伙耕种。卧格夫部与有关方面达成协议，将所得收益依协定按固定份额分配。

7. 借贷债券。将项目所需资金分为若干份，为其发行债券，将项目所得利润按固定比例分给债券持有人，同时从项目所得利润中抽取一部分资金偿还债券，逐渐偿清所有债务，最终使项目主权归卧格夫部所有。发行的债券可以流通，债券发行说明须包括借债合同中法定的所有资料，诸如所需资金数额，利润分配情况，符合伊斯兰教法的发行条件等。债券发行之时，政府或借贷人可以信得过的其他相关部门为其担保，定期偿清借债。①

五、约旦卧格夫的管理前景

（一）约旦卧格夫部振兴卧格夫的规划

约旦卧格夫与伊斯兰事务及圣地部制定了很多项目规划，广泛展开研究，以推进卧格夫事业，实现其社会目标。为此采取了一系列措施：

1. 卧格夫部全面引进计算机技术，建立现代管理中心，以规范卧格夫管理。卧格夫部将所有的卧格夫详细资料编入计算机系统，使得卧格夫管理部门的工作更加规范健全。

2. 对卧格夫发展与投资司进行责任改进，令其做出卧格夫资产投资的必要规划，研究根据伊斯兰教法充分利用卧格夫资金的最佳模式。这有助于通过开发资源扩大卧格夫捐赠，加大群众对各种慈善部门和公益事业的捐赠力度。卧格夫发展与投资司致力于制定资金利用规划，通过采取多种决议实现用现金置换卧格夫资产。卧格夫发展与投资司还负责提议在卧格夫土地上建设的项目，督查其经济效益与技术运营，努力为项目筹措必要的资金。卧格夫发展与投资司成功对 16 个项目进行了详细周密的研究和规划，总投资约 4 400 万约旦第纳尔。这些投资项目覆盖约旦全国，其中有些项目通过卧格夫资金实施，有些项目由伊斯兰金融机构融资，尤其是孤儿的财产管理与发展机构的集资，有些项目通

---

① 根据吉达伊斯兰会议组织伊斯兰教法研究委员会的决议，债券担保须由慈善机构承担。

过发行债券运行，有些项目通过合伙经营运行。

3. 卧格夫部致力于卧格夫资产的开发，无论是教法演绎层面还是具体操作实施，卧格夫部都积极参与。

4. 卧格夫部重视卧格夫项目的多样化和覆盖面，关注投资领域的最新动态，重视项目的宗教、文化、社会、经济、技术因素。开发了先知清真寺、圣门弟子清真寺及其陵墓的旅游项目，修建了完整的配套设施。除了清真寺，还有文化中心、学校、图书馆、市场、公园、广场、旅馆、博物馆、孤儿技能学校、宗教院校、收容所、慈善培训、广播宣礼等服务项目。

5. 卧格夫部对约旦境内所有卧格夫土地进行全面详细的统计和研究，旨在对其统一规划，投资开发。

6. 卧格夫部出台了新的卧格夫与伊斯兰事务及圣地法，以应对在卧格夫管理与投资领域出现的新情况。

根据对 1966 年颁布的第 26 号卧格夫法的多处修订，明确了卧格夫部的责任与义务，修订后的卧格夫法成功出台。

修订后的卧格夫法第 3 条明确规定，所谓伊斯兰卧格夫是指：（1）为永久性慈善事业或终将归于永久性的慈善事业捐赠的土地、房地产、资金（包括不动产和动产）；（2）专用于埋葬亡人的伊斯兰公墓，或为准备埋葬亡人而捐赠的墓地；（3）清真寺及其附属设施；（4）伊斯兰宗教文物遗址，如清真寺古迹、陵园等。

修订后的卧格夫法第 8 条对卧格夫委员会进行重组，将约旦总穆夫提吸收为委员会委员以作为最高法官代表。总穆夫提的加入给广大群众吃了一剂定心丸，使之不再对卧格夫领域相关教律的实施产生疑虑。

修订后的卧格夫法第 14 条明确规定，凡归卧格夫与伊斯兰事务部的房地产和土地须如实注册登记。

修订后的卧格夫法第 15 条明确规定，已捐赠为卧格夫的土地，原主人不得收回或抵押。

修订后的卧格夫法第 16 条明确规定：无论是动产还是不动产，宗教法庭颁布的法令等同于有效的司法判决。还规定卧格夫法长期有效，无论何时上报土地注册部门都须依照卧格夫法注册登记。

修订后的卧格夫法第 21 条规定，清真寺以及群众礼拜的地方均属于名副其实的卧格夫，注册部门须以卧格夫的名义注册登记，附属清真寺的其他建筑和设施亦同。私人用自己的土地修建的清真寺抑或经主人同意后修建的清真寺，一经注册为卧格夫就不再是私有财产。

7. 鉴于伊斯兰卧格夫管理与投资的重要性，卧格夫部成立了一个独立机构专门负责卧格夫房地产的管理与投资，以保障最可靠的投资和卧格夫利润最大化。该机构由专业技术人员负责管理，与卧格夫部其他领域相对独立，以便更好地为卧格夫服务。

8. 为了实现全国范围内清真寺均衡分布的迫切需求，卧格夫部做了详细全面的调研，对迫切需要修建清真寺的地区进行登记并修建清真寺。

9. 卧格夫部制订了一套全面的宣传计划，鼓励慈善人士踊跃参与卧格夫，为各种慈善与公益事业慷慨捐赠。卧格夫部一如既往地为各清真寺、学校、医院、收容所设立了专用卧格夫，这项计划采取了多种现代宣传方式，包括制作纪录片、电视广播节目、展览、博物馆、福利商场、书刊和传单等。

（二）约旦卧格夫机构的发展前景

鉴于卧格夫管理的特殊性，卧格夫与伊斯兰事务及圣地部享有财政与行政独立。宪法第 107 条规定："所有伊斯兰卧格夫事务的处理及其财务等管理均由专门的法律处理解决。"

由于卧格夫机构负责人员长期不懈的努力，还有对卧格夫立法的重视，约旦卧格夫部成为行政与财政独立的突出典范，这无疑加深了不同阶层的群众对卧格夫机构的关注和支持，民间人士也纷纷加入各民间小组和委员会，积极参与卧格夫机构的工作，大力推动了卧格夫机构的职能。卧格夫机构下设的民间委员会有：清真寺筹建委员会、清真寺事务管理委员会、则卡特征收及其分配委员会、卧格夫管理辅助委员会，此外还有很多慈善项目委员会和伊斯兰文化机构。

约旦政府对卧格夫也给予了相当的重视。政府规范了卧格夫事务的各项立法，为卧格夫部配备了行政管理人员和必要的技术支持，还划拨与其预算相匹配的资金。约旦的卧格夫年均收入不超过 100 万约旦第纳尔，政府划拨给卧格夫部的年度资金近 1 300 万第纳尔，每年还在不断增长。此外，政府直接给卧格夫部立项的诸多庞大项目注入资金，每年总投入约 300 万第纳尔。同时，政府给予卧格夫部职员与政府其他部门职员同等待遇，免去卧格夫机构一切税收。[①]

[①] 阿卜杜·繁塔哈·萨拉赫：2000 年 5 月 13—14 日在大马士革由叙利亚卧格夫部、伊斯兰发展银行研究与培训学院、科威特卧格夫总部联合召开的沙姆地区国家卧格夫经验研讨会上提交的论文。

约旦卧格夫部也面临诸多困难和问题,诸如很多人只局限于修建清真寺,但不给清真寺另设专用卧格夫,也慢慢开始不再向其他慈善事业捐赠卧格夫。卧格夫部努力引导、鼓励居民除了维修清真寺,还为清真寺捐赠附属卧格夫,诸如《古兰经》学校、图书馆、医疗卫生所、学校、幼儿园等,使其成为所在社区的中枢。同时,卧格夫部努力说服立意修建清真寺的慈善人士,实现清真寺资源在全国范围的均衡配置。

第十八章　黎巴嫩的卧格夫

黎巴嫩共和国(Republic of Lebanon),简称黎巴嫩,旧译利巴嫩。位于亚洲西南部地中海东岸,习惯上称为中东国家。该国东部和北部与叙利亚接壤,南部与以色列(边界未划定)为邻,西濒地中海。国土面积 10 452 平方公里。黎巴嫩行政区划包括 6 个省(括号内为首府):贝鲁特省(贝鲁特)、黎巴嫩山省(巴卜达)、北部省(的黎波里)、南部省(赛达)、贝卡省(扎赫勒)、奈拜提耶省(奈拜提耶)。省下设 25 个县,县下设镇。

黎巴嫩人口为 601 万(2016 年),主要民族为阿拉伯人,占居民绝大多数,还有亚美尼亚人、希腊人、土耳其人和库尔德人等。阿拉伯语是国语,因为曾受法国、英国殖民,故通用法语和英语。居民约 54%信奉伊斯兰教,主要是什叶派、逊尼派和德鲁兹派。45%信奉基督教,主要有马龙派、希腊东正教、罗马天主教和亚美尼亚东正教等。黎巴嫩是中东地区最西化的国家之一,这和基督教有着密切关系。

7 世纪前,黎巴嫩属拜占庭帝国叙利亚行省,居民大多信奉基督教。636 年,伊斯兰教第二任哈里发欧麦尔派穆斯林军队攻占黎巴嫩,伊斯兰教开始传播。当时山区居民虽保持原来的宗教信仰,但在语言、文化和生活习惯上已逐渐阿拉伯化。后历经伍麦叶王朝和阿拔斯王朝,11 世纪,一半居民已伊斯兰化。其后,黎巴嫩先后处于法蒂玛王朝、阿尤布王朝、马木鲁克王朝治下。11 世纪,黎巴嫩被十字军占领。16 世纪初,黎巴嫩埃米尔法赫鲁丁二世(1590—1635 年在位)势力逐渐壮大,新建了军队并实行社会改革,建立起事实上独立的大黎巴嫩。但土耳其大军压境,法赫鲁丁二世投降并被处死。1517 年,黎巴嫩沦为奥斯曼帝国的属地。18 世纪末,黎巴嫩埃米尔贝希尔·谢哈布二世(1788—1840 年在位)继承法赫鲁丁二世的未竟事业,利用农民起义铲除了几个强大的封建家族,将统治权集中到自己手中。1831 年,贝希尔·谢哈布二世与反抗土耳其统治的埃及总督穆罕默德·阿里结盟,将土耳其人逐出黎巴嫩。1840 年,埃及军队从黎巴嫩撤退,英、法两国为争夺黎巴嫩市场,不断挑起基督教马龙派与伊斯兰教德鲁兹派之间的斗争,土耳其乘机于 1842 年重新占领黎巴嫩,并将黎巴嫩分为两个省,北部由亲法的马龙派封建主管辖,南部则归亲英的德鲁兹派封建主统治。1860 年,黎巴嫩发生马龙派基督徒与德鲁兹派穆斯林之间的激烈冲突,法国出兵干涉。此后黎巴嫩成为得到国际承认的自治区,由土耳其政府任命并经法、英、俄等国同意的一位信奉基督教的行政长官统治。

1920 年,黎巴嫩成为法国委任统治地,基督教势力日渐增长。

1926 年 5 月,黎巴嫩宣告成为共和国,颁布了宪法,但仍保留法国的委任统治权。

1941 年 6 月,英军在自由法国部队协助下占领黎巴嫩。同年 11 月,自由法国部队宣布结束对黎巴嫩的委任统治。

1943 年 11 月 22 日,黎巴嫩正式宣布独立,成立黎巴嫩共和国,首都贝鲁特。1946 年 12 月,英、法军全部撤离黎巴嫩。

一、黎巴嫩的卧格夫历史

黎巴嫩曾隶属于奥斯曼帝国。出于宗教的虔诚和社会福利的考量,亦为了加强政治合法性,创设卧格夫成为奥斯曼帝国历代苏丹和王侯将相们一贯的做法,奥斯曼帝国管辖地区自然产生了多样化的卧格夫产业。每种卧格夫受制于捐赠者事先提出的条件,都具有独立性,姆塔瓦利一般都是捐赠者指定的人选。宗教首席法官是所有卧格夫事务的总监,因此,首席法官往往以不同形式行使对姆塔瓦利的任免权。

为了有效规范众多零散的卧格夫产业,奥斯曼帝国作为最高权力机构行使卧格夫管理权,针对卧格夫产业颁布典章制度。(1)由宗教首席法官负责的司法机构颁布卧格夫法令、任免姆塔瓦利、落实捐赠者提出的条件;(2)负责制定与卧格夫资产相关的规章制度,掌管卧格夫产业的收益。

苏丹阿卜杜·阿齐兹(1860—1876 年在位)时期,成立了奥斯曼卧格夫监管局,明确了对卧格夫产业的监管制度和税收制度,以及与"长期租赁"和"二重租赁"①相关的转租制度，阐明了允许置换卧格夫田产的条件。后来，根据捐赠者提出的条件以及相关条件，又制定了在各大清真寺和宗教院校如何发挥宗教职能的规章制度。根据这一系列规章制度，公共卧格夫划分为以下几种：

1. 官方卧格夫，或指苏丹捐赠由国家负责管理的卧格夫，或指法定管理人缺失后由卧格夫监管局接管的卧格夫，或指由公共卧格夫管理局接管的卧格夫。

2. 通例卧格夫，由指定的管理人员负责管理、卧格夫监管局负责审计的卧格夫，或指任命管理人之后由卧格夫监管局负责监管的卧格夫。

3. 变例卧格夫，指既非官方卧格夫也非通例卧格夫，而是根据捐赠者提出的条件指名其管理者，这类卧格夫直接由宗教大法官负责审定。

黎巴嫩依循以上规章制度，并根据下述原则成功制定了卧格夫管理法：(1)每种卧格夫都有其独立性；(2)具体负责人缺失的情况下，卧格夫管理局负责委任姆塔瓦利；(3)卧格夫资产的分配须依循与捐赠者提出的条件和慈善事业相关的有效规章；(4)卧格夫资产来自各种卧格夫收益和相关税收。

根据黎巴嫩全国卧格夫的行政划分，苏丹阿卜杜·阿齐兹时期的黎巴嫩分为三大区域：的黎波里、贝鲁特、赛达，每个区域都设有隶属阿斯塔纳（今伊斯坦布尔）卧格夫监管总局的卧格夫委员会分局，局长由奥斯曼帝国苏丹任命，主要职责是负责公共卧格夫，对私人卧格夫、变例卧格夫以及涉及他人权益的卧格夫田产负责人进行审核，这种状况持续至1918年协约国侵入叙利亚和黎巴嫩。

1920年，黎巴嫩成为协约国主要成员之一的法国的委任统治地。法国委任政权作为最高权力机构接管了黎巴嫩的卧格夫，并立即结束了叙利亚和黎巴嫩从奥斯曼帝国分离后的过渡状态，有意激发了国内的种族仇恨。法国委任政权规定卧格夫管理须保持其独立性和独特性，由有能力的穆斯林负责管理，直接与驻叙利亚和黎巴嫩的法国最高使领馆联系。1922年，公使专员发表的一项决议申明，黎巴嫩卧格夫实施的司法与行政法均源自宗教法规，而宗教法规迥异于政府其他部门所执行的法律。根据这一决议，成立了伊斯兰卧格夫督查总局，负责叙利亚和黎巴嫩全境卧格夫的督查工作。该督查总局享有行政与财政独立权，由公使专员直接负责，并享有法律特权。伊斯兰卧格夫督查总局下属三个主要

---

① "长期租赁"和"二重租赁"均属于卧格夫利用形式。"长期租赁"是指卧格夫承租人根据合同有权在卧格夫土地上建筑或种植，卧格夫承租人每年须另支付"利用金"，租金须是卧格夫田产总价值的0.25%。"二重租赁"是指某人长期性获得卧格夫田产使用权，须另行支付租金，该租金由现金支付以作为转让金，租金须是卧格夫田产总价值的0.3%。

部门：(1)卧格夫最高委员会，(2)卧格夫总局，(3)卧格夫总监。卧格夫产业遵循以下原则：(1)卧格夫由政府选出的政府职员负责管理；(2)对所有卧格夫投资实行伊斯兰法；(3)根据出台的规章制度，所有相关机构的开支均从卧格夫收益中支出，以便让这些机构有效履行其职责。

卧格夫最高委员会被视为卧格夫的最高督查机构，卧格夫总局则被视为最高行政权力机构，这两大机构的组建须由公使专员表决。卧格夫总监由公使专员提名任命，直接向他负责，其职责是全权负责叙利亚与黎巴嫩的卧格夫管理局，并对其实施督查。

法国委任政权颁布的 753 号决议指出：“每位穆斯林都有义务维护卧格夫，因而人人有责任实施督查，以免卧格夫局长或卧格夫管理员有可能产生的不良行为。”所有的行政与宗教决议须经由公使专员下令才得以执行。决议还明确规定，卧格夫监管总局公使专员的个人代表担任最高公使馆房地产事务顾问，卧格夫总监须呈报自 1918 年以来的各大机构、清真寺、宗教院校及其活动的卧格夫报表，并对其实施督查。

法国委任政权颁布这一系列严厉制度，是因为他们意识到了卧格夫财富对穆斯林的重要性，以及穆斯林捐赠卧格夫的崇高宗教目的。因此，卧格夫必须由法国全权接管，以便服务于法国利益，也有利于分解卧格夫财富。自此，贝鲁特、呼代尔、奥扎伊等地区的卧格夫产业大面积流失，十不存一。

1930 年，因采取分权制度，叙利亚卧格夫从黎巴嫩卧格夫中分离出去，但保留了法国监管总局的督查权。叙利亚卧格夫的监管权由政府首脑直接负责，黎巴嫩的卧格夫由法国委任政权下属的穆斯林官员负责管理，私人卧格夫和变例卧格夫的监管权移交宗教法庭。贝鲁特、大马士革、阿勒颇、拉塔基亚分别设立了卧格夫管理分局，每个分局设有学术委员会、管理委员会、职员编制委员会。首次举行穆斯林选举委员会，分别推选学术委员会和管理委员会委员。选举委员会由 14 种人员组成，主要是穆斯林代表、国务委员、商会代表、农会代表、律师协会代表、工程师协会代表、医生协会代表、穆夫提协会代表、慈善协会代表、卧格夫负责人协会代表。

独立后的黎巴嫩卧格夫管理仍沿用法国委任时期的惯例，卧格夫管理局成为官方机构。后因黎巴嫩教派局面的特殊性，卧格夫管理渐次趋于全面独立。自 1955 年颁布后沿用至今的联合法令明确规定，各教派自行负责其宗教与卧格夫事务，从此，宗教与卧格夫事务的管理完全独立，与国家行政体制完全分离。

二、黎巴嫩的卧格夫管理

（一）卧格夫管理机构及其权限

1955年，黎巴嫩颁布了组建伊斯兰宗教事务和卧格夫事务管理机构的联合法令。这一法令的颁布对规范宗教与卧格夫事务的管理起到了关键作用，由此确定了卧格夫的管理机构，明确了其选举方式、权限、责任和合作方式。联合法令第1条明确规定："逊尼派穆斯林对自己的宗教事务及公共卧格夫享有全面独立的自主权，可根据伊斯兰教法和相关法律，自行制定宗教与卧格夫事务管理条例。"

上述立法与行政独立政策通过以下途径实施：

1. 黎巴嫩共和国总穆夫提。总穆夫提是所有穆斯林的宗教领袖，也是政府权力机构中穆斯林的全权代表，是所有宗教学者的直属领导，也是卧格夫事务的最高权威。他同各省县的地方穆夫提和宗教法官一起分析穆斯林的宗教与社会状况，研究教法决议及卧格夫事务，任免行政管理人员和教职人员。

2. 伊斯兰教法最高委员会。协助总穆夫提行使其职责，享有某些权限，诸如组建卧格夫事务的管理和监管体制，审批卧格夫预算，任免卧格夫行政管理人员，限定卧格夫房地产投资渠道等。众议院于1956年颁布的法令明确规定："伊斯兰教法最高委员会有权对1955年法令提出的所有判决进行审阅，为实现其基本宗旨，有权对其中认为有必要的内容进行修订。最高委员会对教法决议、宗教事务管理、卧格夫管理做出的各项决议均有法律效力，但不允许与国家体制相关的法律相冲突。"伊斯兰教法最高委员会委员由选举产生，每4年选举一次。通过选举产生专职常务理事，其他理事由总统提名任命。最高委员会行使管理权，对1955年联合法令进行修订，明确了责任和权限，成立了总统顾问委员会。最高委员会还建立了穆斯林金融局独立基金，以提高穆斯林的宗教、文化、社会、医疗水平，该机构后由1984年成立的则卡特局取代。最高委员会还对决议做了修订，免去了所有兼职人员的委员资格。1966年，最高委员会做出了新的根本性调整，组建伊斯兰选举委员会，缩减委员人数，修订推选总穆夫提的方法，总穆夫提的最高任职年龄不得超过72岁。

3. 地方穆夫提。就卧格夫事务而言，地方穆夫提的权限为：委任当地管理委员会的主席主持当地卧格夫委员会的各项工作，每三个月向共和国总穆夫提提交一份报表。

4. 地方管理委员会。协助卧格夫总局局长的工作，其权限包括：制定卧格夫预算，审计卧格夫账目和卧格夫负责人账目，负责卧格夫房地产的租赁、置换和维护。地方管理委员会由多方代表选举组成。

5. 卧格夫总局局长。其权限包括：负责管理首都的卧格夫，并负责各地区的卧格夫管理局。卧格夫总局局长直接向共和国总穆夫提和伊斯兰教法最高委员会负责，他是所有卧格夫管理机构职员的直属领导，有权提议他们的任免和升职。总局局长还负责实施地方管理委员会的各项决议，并对其进行审定。

6. 卧格夫地方委员会。负责管理各乡村的卧格夫事务。后来很多地区设立了卧格夫管理局，地方委员会被解散。

（二）卧格夫总局的编制与行政结构

黎巴嫩的卧格夫总局总部设在贝鲁特。总局在各省下设分局，每个分局由行政与宗教两大机构组成：行政与法律事务处，财务处，卧格夫房地产处，宗教事务处。这四个处室又下设很多科室。

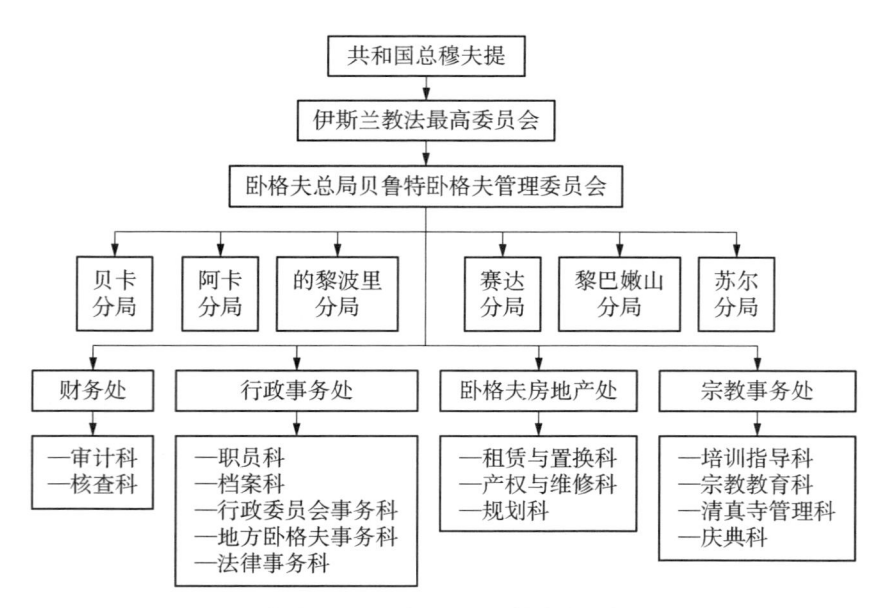

```
                    共和国总穆夫提
                         │
                 伊斯兰教法最高委员会
                         │
            卧格夫总局贝鲁特卧格夫管理委员会
     ┌─────┬─────┬─────┬─────┬─────┬─────┐
   贝卡   阿卡  的黎波里  赛达  黎巴嫩山  苏尔
   分局   分局   分局    分局   分局    分局

   财务处      行政事务处       卧格夫房地产处     宗教事务处
   —审计科    —职员科          —租赁与置换科     —培训指导科
   —核查科    —档案科          —产权与维修科     —宗教教育科
              —行政委员会事务科  —规划科           —清真寺管理科
              —地方卧格夫事务科                   —庆典科
              —法律事务科
```

下编图 18-1　黎巴嫩的卧格夫管理机制

三、黎巴嫩卧格夫产业现状

黎巴嫩卧格夫总局的财政源自黎巴嫩国内所有省区的卧格夫产业收益，由于卧格夫产业庞大，所以卧格夫总局拥有雄厚的资金库。卧格夫产业主要是房地产财富，属于公共卧格夫，私人卧格夫不被视为卧格夫总局的财富，因为无法得知私人卧格夫的具体位置和数量。此外，私人卧格夫还附带捐赠者的诸多条件，而且关系着固定受益者的权益。卧格夫总局通过整顿卧格夫，由本部门或民事法庭从私人卧格夫收取的收入占卧格夫总局总收入的15％。

黎巴嫩卧格夫总局对卧格夫资产并无清晰的思路，也无详细的统计数据，为此卧格夫总局求助于吉达的伊斯兰发展银行，伊斯兰发展银行拨款10万美元帮助卧格夫总局展开了全面专业的调研。1989年，泰姆工程公司推出研究结果，对黎巴嫩卧格夫房地产做出了全面的统计报表。报表共分四册，详细记录了黎巴嫩的所有卧格夫产业，用图画和明细表的形式说明了卧格夫的所在位置、面积、收益、使用情况等。此外，还对卧格夫法和投资情况做了专门研究，提出了一套卧格夫发展方案，并在多个地区对卧格夫田产以适合的融资方式开展试点研究。可以说，这项研究是黎巴嫩卧格夫总局取得的巨大成果，倘若当时充分利用这项研究成果，将会带来更大的成就，尤其是研究结果推出不久后的一段时期，因为自1991年起，黎巴嫩的安全与经济局势相对稳定，处于最佳重建时期。这份研究结果应该成为卧格夫领域的前沿研究，以摆脱卧格夫总局长期以来所处的困境，遗憾的是这项研究至今只停留在人们的记忆中。[①]

根据泰姆工程公司的研究，黎巴嫩的卧格夫房地产共有1974处。其后，北部省的多处田产被置换，贝鲁特市商业中心重建，多处地产更换产权，还有一些地产以入股形式投入房地产公司，凡此种种使得卧格夫数量有所变化。黎巴嫩的卧格夫房地产遍布全国各地，北部省、南部省、沿海地区、山区、城市、农村均有卧格夫。有些卧格夫房地产地处要地，收入颇丰。有些卧格夫地处边远地区，收益甚微。大多数卧格夫房地产产权归卧格夫总局，也有一些产权与他人共有。

根据泰姆工程公司的研究，黎巴嫩卧格夫房地产的利用情况如下：

[①] 迈尔旺·本·阿卜杜·莱欧夫·格巴尼，1998年5月5—8日，伊斯兰发展银行伊斯兰研究与培训学院在摩洛哥卡萨布兰卡召开的主题为"当代伊斯兰经济实践"会议上提交的论文。

(1) 530 处卧格夫房产用于宗教和社会用途（清真寺、学堂、公墓），符合卧格夫目的。

(2) 1 025 处卧格夫房产用于投资，其中大部分投资已有 10 年以上，收益甚微。

(3) 419 处房地产闲置，其中 403 处房地产产权完全独立，根据其所处位置可用于任何有益的项目，其余 16 处房地产产权与他人共有，可以置换成有独立产权的卧格夫。

上述卧格夫产业一般都是按年度租赁。虽然卧格夫租赁法规定每过几年重新调整租赁合同，根据物价上涨的幅度按合同期限以适当的比例提升租金，但由于过度的通货膨胀，这种形式的投资收益不断在缩减。此外，农村的卧格夫土地租赁给农民，由于农耕项目收益微薄，这类卧格夫的收益几近于零。泰姆工程公司的统计研究表明，1989 年投资利用的卧格夫房地产总利润未超过总投资的 0.5%，通过调整租金，收益会有所提升。但相较于房地产价格的大幅攀升，租金仍很低微。

黎巴嫩卧格夫的效益低下，卧格夫总局难辞其咎。卧格夫总局管理能力低下，未能发挥应有的职能作用，伊斯兰宣教事业、清真寺事务、教职人员、宗教教育等事项未能得到应有的关注。不仅如此，卧格夫总局职员的薪资相当低微，这在一定程度上影响了职员的工作积极性。卧格夫总局过于关注卧格夫收益的投资利用，忽略了公共开支和薪资等的提升。

有的捐赠者将一处房地产捐为卧格夫，限定具体的受益对象，并提名具体的负责人，以期对卧格夫进行最有效的投资利用，实现卧格夫效益的最大化，这意味着对卧格夫有效利用的任何缺陷和纰漏直接影响着卧格夫管理者的诚信度和可靠度。卧格夫管理局应是大家信赖的机构，负责管理卧格夫资产，所以卧格夫管理局必须有效利用卧格夫资产，力求实现效益最大化，用于慈善事业。玩忽职守或疏于经营等同于漠视捐赠者的初衷，无视其良好的愿望。有一则圣训与卧格夫的管理语殊意同。据艾奈斯·本·马立克传述，先知说："你们应当使孤儿的财产不断增值，以免被索德格（天课）吞噬。"[①]负责管理卧格夫资产亦复如此，必须对其进行有效的开发利用，以免通过大量的施舍或通货膨胀使得卧格夫财产被吞噬殆尽。

---

① 《穆宛塔圣训集》，第 677 段，卡拉奇布什拉书局 2011 年版，第 132 页。

四、黎巴嫩的卧格夫投资利用

黎巴嫩学者伊斯提沙利对黎巴嫩的卧格夫资产做了详细全面的研究,提议了诸多投资项目,并制订了初步计划。这些项目可以形成一套推动卧格夫资产投资利用的规划,预计 5—10 年内完成。伊斯提沙利给每个项目附有实施说明,诸如如何保障合乎教法,以及保障技术、商业、管理、财政等问题。

房屋租赁方面。伊斯提沙利提出了 13 个项目,根据其内部收益率(IRR)顺序排列,还提出了几个置换修建项目。

农业领域提议的项目有:(1)高效农业项目,如建造塑料种植大棚,创办农业技校;(2)建设养鸡场;(3)普通农业项目,如各种果园,尤其是新品种果园;(4)农业加工项目,如水果和蔬菜包装;(5)育牛养殖及乳产品开发项目。

上述项目的提议均根据每一块地产的实际用途为基础。同时,对黎巴嫩市场及其需求量做了充分的调查研究,了解了劳工情况。显然,黎巴嫩的卧格夫产业投资方向广阔,具有良好的发展前景。

五、黎巴嫩卧格夫投资利用的建议与解决困难的办法

过去几十年里,黎巴嫩卧格夫局一直面临着诸多困难,积弊难改,严重阻碍了其基础性发展。若要发展卧格夫,须花费大力气铲除顽疾,以便让卧格夫产业创造理想的效果。

为了使黎巴嫩卧格夫局充分发挥其职能,迈尔旺·本·阿卜杜·莱欧夫·格巴尼提出了如下解决办法:[①]

(一)立法领域

20 世纪 80 年代,黎巴嫩虽已颁布了整顿卧格夫状况的相关规定,但也不过是以特殊形式对管理层面立法不足的弥补而已,未涉及滥用卧格夫问题及其投资利用的立法问题,也未制定发展卧格夫的制度框架。目前沿用的仍是早期的

---

① 迈尔旺·本·阿卜杜·莱欧夫·格巴尼,1998 年 5 月 5—8 日,伊斯兰发展银行伊斯兰研究与培训学院在摩洛哥卡萨布兰卡召开的主题为"当代伊斯兰经济实践"会议上提交的论文。

旧规陈约,时过境迁,尤其是投资领域变化迥异,与时俱进成为卧格夫管理部门的要务,但至今各卧格夫管理机构依旧注目于一些关乎枝末的教法问题。基于此,迈尔旺·本·阿卜杜·莱欧夫·格巴尼认为可以采用以下步骤,对卧格夫局的立法状况进行调整,这属于伊斯兰教法最高委员会的权限。

1. 统一与卧格夫管理及置换原则相关的各项卧格夫制度。

2. 接受发展置换原则。(1)将收效低微的卧格夫田产、无法产生效益的偏僻地产以及无法有效投资利用的产业变卖后,用其价值购置具有高投资回报的地皮;(2)在卧格夫土地上兴建住宅楼,将其变卖后再投资其他高利润项目,以便能够发展其他项目;(3)调整卧格夫管理局关于商业、工业、农业活动的相关规定,不要将卧格夫局限于传统的租赁业务。若卧格夫管理局无力独自实施这些项目,应当允许有经验的专业机构与卧格夫管理局进行合作。

(二)行政领域

黎巴嫩的卧格夫行政管理机构错综复杂,往往政令频出,同一个问题有很多意见。此外,由于职员少,又缺乏投资和管理的专业知识,使得卧格夫行政机构效率低下,管理混乱。这导致人们对卧格夫管理局能力的不信任,严重制约了卧格夫投资领域的发展,很多人不再与卧格夫管理局联合开发卧格夫项目。

鉴于卧格夫管理局行政机构的积弊,有必要采取以下步骤:

(1)成立卧格夫资产投资处。给予其特殊权限,以免除繁杂的行政制约。其权限包括对各种投资项目进行必要的研究,寻求多种融资和实施渠道,将可行的方案提交卧格夫管理局立项。这方面科威特的卧格夫管理经验值得借鉴。

(2)卧格夫管理局聘用善于理财的高水平专业技术人才。

(3)改进卧格夫管理机构,配备必要的处理信息和统计的现代设施。

(4)在贝鲁特设卧格夫分局,授权局长负责管理其他省区的卧格夫机构。

(5)将其他省区的卧格夫机构一律以"分局"命名,配备高水平的专业人员。

(6)加强创设卧格夫的宣传力度。

(三)投资领域

投资领域一直是黎巴嫩卧格夫改革的重点之一。处理好投资问题,就可以改善卧格夫的管理职能,从而裨益于黎巴嫩的伊斯兰总体状况。为实现这一目的,可以采取以下步骤:

1. 充分利用泰姆工程公司所做的研究，其中很多项目和建议足以推动整个黎巴嫩局势。

2. 为泰姆工程公司所做研究中建议的规划项目寻求融资渠道。(1)伊斯提素纳尔(垫资承建)。这是伊斯兰的合法融资形式。出资方负责在卧格夫土地上承建项目，竣工后完整地交付卧格夫管理局投入运营。投资方分期收回垫付的资金，又分得项目利润中固定的份额。(2)B. O. T 合同。[①] 即投资方定期租用卧格夫土地用于建设项目，单方面投资开发利用，每年向卧格夫管理局支付事先协定好的租金，租期结束后项目产权回归卧格夫管理局。(3)善债。若融资方信任卧格夫管理局且后者具有偿还能力，融资方可以提供无息贷款(善债)。

---

① BOT 是英文 Build—Operate—Transfer 的缩写，即建设—经营—转让。BOT 融资方式亦称为"特许权融资方式"，指国家或者地方政府部门通过特许权协议，授予签约方的外商投资企业(包括与外商合资、与外商合作、外商独资)承担公共性基础设施(基础产业)项目的融资、建造、经营和维护。在协议规定的特许期限内，项目公司拥有投资建造设施的所有权，允许向设施使用者收取适当的费用，由此回收项目投资、经营和维护成本并获得合理的回报。特许期满后，项目公司将设施无偿地移交给签约方的政府部门。

第十九章　科威特的卧格夫

科威特国（The State of Kuwait），通称科威特，是一个位于西亚地区阿拉伯半岛东北部、波斯湾西北部的君主世袭制酋长国。埃米尔既是国家元首，又是宗教领袖。首都科威特城。科威特国土面积为17820平方公里。行政区划上共分六个省：首都省、哈瓦里省、艾哈迈迪省、法尔瓦尼亚省、贾哈拉省、穆巴拉克·卡比尔省。科威特人口数量为400多万。主要民族为阿拉伯人，阿拉伯语为官方语言。历史上曾是英国的殖民地，故通用英语。科威特宪法规定，伊斯兰教为国教，伊斯兰教法为立法之基础，国家元首即埃米尔由萨巴赫家族世袭。居民中95％信奉伊斯兰教，逊尼派占72％，遵奉马立克和哈奈斐教法学派。什叶派占23％，大多为十二伊玛目派，少数为伊斯玛仪派。

7世纪，伊斯兰教开始传播，科威特城是其重要港口。9世纪末，什叶派的卡尔马特派在美索不达米亚和波斯湾沿岸发展其势力，建立了巴林卡尔马特国。10世纪初，占领科威特，将它划为巴林的一个行省。经过200余年的发展，卡尔马特派在科威特成为强盛的宗教派别，并建立了政权。1581年，哈立德家族成为科威特的统治者。1710年，阿拉伯半岛内志地区阿奈扎部落的萨巴赫家族迁到科威特，1756年，萨巴赫·本·贾比尔被推选为领袖，建立了政教合一的科威特酋长国，萨巴赫家族统治科威特后，逊尼派重振为科威特的国教。1871年，科威特隶属于奥斯曼帝国巴士拉省，实际上仍保持独立。1899年，英国侵入科威特，奥斯曼帝国承认科威特为英国保护下的独立国。1961年6月19日，科威特宣布独立。

一、科威特的卧格夫历史及其管理机构

科威特自国家诞生就有了卧格夫。科威特有史料记载的首座清真寺是"伊

本·巴哈尔清真寺",约建于1695年(伊历1108年)。一般认为科威特的卧格夫亦发端于此。当时的卧格夫通常由捐赠者自己管理,或通过某位知名宗教大法官的认可委任他人负责管理。谢赫穆罕默德·本·阿卜杜拉·阿德萨尼(1857—1919)就是当时负责委任姆塔瓦利的著名大法官之一。

卧格夫捐赠者通常根据周围环境的需要确定受益对象及其用途,所以卧格夫种类多样,有住宅、商铺、水井、椰枣园、水产养殖场等。卧格夫收益的用途也相当广泛,如清真寺、引水工程、背诵《古兰经》、济贫、提供书本文具等。科威特的卧格夫用于慈善事业,对促进社会团结和社会保障发挥了极大作用,但这种崇高的举动却未得到应有的重视,卧格夫并未在更广阔的社会领域得以发展。

直至20世纪初,科威特国家机构简易单一,政府只侧重于国防、安全、海关、贸易和海事活动的机构建设。20世纪上半叶,世界形势巨变,冲突四起,国际利益格局发生了根本变化。在迈向现代化之路上,科威特统治者和平民百姓都非常重视社会的全面发展,政府部门发展迅速,其管辖范围不断扩大,涵盖了广泛的社会层面,其中就包括卧格夫管理部门。

1921年,科威特成立了卧格夫管理局,其主要职责是制定卧格夫管理制度,最大可能地促进卧格夫的全面发展。科威特政府不仅带头组建了卧格夫管理机构,还致力于拓宽卧格夫管理局的管辖范围。

1948年底,科威特政府成功扩充了卧格夫管理局的权限范围,使得卧格夫管理局能够更大限度地发挥慈善功能。与此同时,政府还加强了对卧格夫事务的管理,鼓励民间组织积极参与卧格夫,成立了由许多民间人士组成的卧格夫委员会,由已故的前国家元首谢赫阿卜杜拉·贾比尔·萨巴赫任委员会主席。1949年1月,组建了第一届委员会,此后于1951年、1956年、1957年分别组建了第二届、第三届、第四届委员会。

卧格夫管理局成立后,首先从清真寺开展工作。当时的清真寺由伊玛目(领拜师)和穆安津(宣礼员)负责管理。卧格夫管理局初期开展工作的难度相当大,很多清真寺和群众不予配合,认为卧格夫管理局在抢夺他们的权力。但卧格夫管理局与各清真寺负责人员展开对话,说服他们将清真寺交给卧格夫管理局统一管理,将卧格夫管理局视为政府授权管理所有清真寺事务的官方机构,从而渐次接管了所有清真寺及卧格夫产业。根据卧格夫工作管理办法,卧格夫管理局重视清真寺的修建和维护,对破败的清真寺进行重建,明确了伊玛目和穆安津的薪酬,这是卧格夫管理局迈出的第一步,也是科威特卧格夫管理的新进程。

1951年4月,科威特颁布了执行卧格夫相关教法决定的埃米尔令。颁布的教令综合了伊斯兰教四大教法学派的观点,对于埃米尔令未涉及的相关事务一般沿用马立克学派的教法观点,这种约定俗成的惯例一直沿用到卧格夫部新的法律出台。

1961年,科威特独立,卧格夫进入了新的历史时期。1962年1月,卧格夫局改为卧格夫部。1965年10月,改称卧格夫与伊斯兰事务部,职责范围扩大。卧格夫管理由主管行政与财务的次大臣(副部长)直接负责,这种管理体制一直持续到1982年,是年成立了独立的卧格夫机构,由次大臣(副部长)负责领导。这一时期突出的特点是民间组织与个人参与卧格夫事务的大幅减弱。

伊拉克入侵科威特期间,[1]卧格夫部继续开展工作,主要任务是保护和转移古老的卧格夫图书,免遭佚失。

伊拉克军队撤出科威特后,迎来了现代科威特的新时期。科威特举国上下呈现出一派新气象,民众强烈要求执政当局应对各种挑战与困难,奋力提升科威特社会的现状,制定新的战略规划,建设国家辉煌的未来。在这种形势下,科威特出台了重组卧格夫与伊斯兰事务的决议,卧格夫机构下设两大部门:卧格夫资源开发委员会;另一部门专门负责管理卧格夫的其他事务。卧格夫部的这种改组在很大程度上实现了卧格夫工作所需的柔性和弹力,吸引了更多群体参与卧格夫工作,产生了积极影响。这一时期的主要特点是重组并调整卧格夫机构的各科室,同时,公共卧格夫也开始参与解决社会问题。伊拉克军队撤出科威特后的前三年,科威特卧格夫机构的发展与改良并不令人乐观,卧格夫须进行根本性的转变才能具备充分进入社会领域的能力与弹性,促进卧格夫对服务社会、促进社会繁荣的功能,鼓励民间组织与个人积极参与卧格夫事务。为此,根据1993年11月颁布的埃米尔令成立了卧格夫总秘书处。埃米尔令第2条明确规定:"秘书处专门负责卧格夫的宣传,负责处理与卧格夫事务相关的所有问题,包括卧格夫资产的管理、投资及合理开支卧格夫收益,以实现卧格夫的宗教目的,促进社会发展,减缓困难者的社会负担。"从此,科威特的卧格夫部开始了新起点,开辟出了一套卧格夫新经验,无论是对科威特本国还是其他伊斯兰国家都是一种难得的创新。

---

[1] 1990年8月2日,科威特被伊拉克侵占,由此引发了海湾战争。1991年2月28日,海湾战争结束,科威特埃米尔贾比尔等政府官员返回科威特本土。

二、科威特卧格夫机构的结构

科威特卧格夫机构的结构并不单一,它由诸多庞大的分支机构组成,下设七大部门。

1. 卧格夫总秘书处。是卧格夫的官方中央机构,代表政府负责管理卧格夫机构,组织与协调各下属机构之间以及下属机构与其他社会机构之间的关系,对卧格夫实施监管。

2. 卧格夫专用基金部。其创设的主要目的是实现卧格夫的基本宗旨,增设不同目的的新卧格夫并加以分类管理,每项基金专款专用。

3. 卧格夫项目部。卧格夫总秘书处通过很多项目在不同领域展开活动,项目的种类和数量完全取决于卧格夫专用基金所遵奉的宗旨和目的。通过这些项目,可以将卧格夫机构的活动与官方和民间各机构的活动联系起来。

4. 社会开发部。1996年,科威特成立了国家卧格夫社会开发基金部,负责各居住区的卧格夫开发活动,资助地方的卧格夫组织。

5. 卧格夫投资部。是总秘书处之下的扩展部门,主要负责卧格夫的投资渠道和投资方式,还负责寻找各种投资机会和项目并对其进行评估。

6. 司法部。专门负责卧格夫的实施情况,还负责对卧格夫材料的认证。根据捐赠者事先提出的条件和有关卧格夫法规,对所有卧格夫管理人员的工作进行监督。

7. 私人卧格夫管理机构。如果卧格夫数量众多,就某一固定的卧格夫可以与某人、某机构抑或某一群体组织签署管理协议,不过这类托管机构不能视为卧格夫总秘书处的下属部门。任何情况下,这些托管机构必须以组织的形式管理卧格夫,与其他卧格夫和非卧格夫组织建立关系。同时,这类管理机构还须接受法律授权的所有机构的监管。

伊斯兰事务与卧格夫部[①]的战略目标由科威特卧格夫总秘书处战略蓝图决定。伊斯兰事务与卧格夫部明确规定:"其使命是与我们生活的时代主动交相呼应,与时俱进,但同时须保持社会的阿拉伯和伊斯兰身份认同,维护社会的统一和团结,为促进社会发展发挥积极作用,应对社会的各种困难,全面振兴社会。"

---

① 该部门除了卧格夫与伊斯兰事务部,还包括科威特天课局。

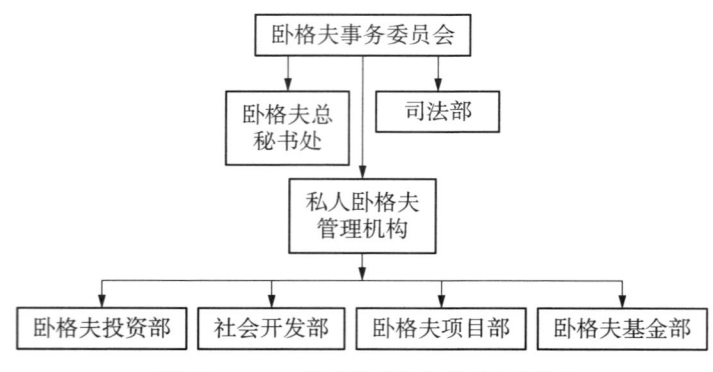

```
                    ┌─────────────────┐
                    │  卧格夫事务委员会  │
                    └────────┬────────┘
                  ┌──────────┴──────────┐
           ┌──────┴──────┐       ┌──────┴──────┐
           │ 卧格夫总     │       │   司法部     │
           │ 秘书处       │       │             │
           └──────┬──────┘       └─────────────┘
                  │
           ┌──────┴──────┐
           │ 私人卧格夫   │
           │ 管理机构     │
           └──────┬──────┘
      ┌──────┬───┴──┬──────┐
  ┌───┴──┐┌──┴──┐┌──┴──┐┌──┴──┐
  │卧格夫││社会 ││卧格夫││卧格夫│
  │投资部││开发部││项目部││基金部│
  └──────┘└─────┘└─────┘└─────┘
```

下编图 19-1　科威特卧格夫管理机构组织

基于此，秘书处制定了其战略目标：（1）落实捐赠者的宗教目的；（2）提升卧格夫乐善好施的崇高内涵；（3）加强卧格夫在社会机构建设中的有效作用；（4）不断吸纳新的卧格夫；（5）有效管理卧格夫资产。

三、卧格夫基金与卧格夫项目经验

为实现新的战略构想和目标，卧格夫总秘书处通过内部座谈会组建了卧格夫基金部和卧格夫项目部。

（一）卧格夫基金

设立卧格夫基金主要是为卧格夫工作提供更广阔的范围，通过卧格夫基金体现民间组织与官方的合作，实现共同目标。

1. 卧格夫基金的宗旨。创设卧格夫基金的主要目的是积极参与卧格夫工作的各项活动。参与方式多种多样：（1）推出社会发展项目，大力宣传为其捐赠卧格夫；（2）各项基金专款专用，制订周详的工作计划以实现开发项目利润最大化；（3）卧格夫开发项目与政府其他机构和公益协会的各项目加强密切联系。如此，卧格夫基金有望取得以下预期结果：（1）通过创设具有长远发展意义、深得民心、能够满足群众愿望和需求的各种项目，达到广泛宣传卧格夫的目的；（2）通过实现卧格夫各项目之间相互完善、择优选择的协调机制，不断更新卧格夫的发展作用；（3）通过推出新范例发展慈善福利工作；（4）以适当的形式满足被忽略的各种社会需求;(5)民间参与卧格夫的宣传、创设和项目管理;(6)通过制定一系列相关的规章制度赋予卧格夫工作很大的弹性,严格律己的同时确保工作的积极性和正常疏通。

2. 卧格夫基金管理。每项卧格夫基金由管理委员会负责管理。管理委员会由5—9名民间人士组成,由卧格夫事务最高委员会提名,还可以另加2名政府基金工作部门的代表。基金管理委员会任期2年,期满后可连任。委员会从委员中推选出主席和副主席。

管理委员会是负责基金管理、审批各项决策、实施计划、落实基金宗旨的最高机构,但必须遵守卧格夫总秘书处制定的总策略和相关制度,同时还须坚持设立基金的宗旨。

管理委员会主席负责主持基金部的工作。委员会每年至少召开6次会议,以与会人员多数投票通过的方式颁布会议决议。若赞同票数与反对票数相等,主席所在方视为胜方。

管理委员会任命一位主管经理负责基金工作,由总秘书处秘书长任命,可以从秘书处委员中任命,也可以从他人中选拔。主管经理必须是管理委员会委员,任委员会秘书,可根据工作需要设一位或几位经理助理。主管经理负责聘用职员,接纳志愿者,组建工作小组和团队,酌情安排工作。每项基金须有一个职能机构,根据工作需要限定人员和职责。此外,主管经理还负责基金日常工作,执行管理委员会的各项决议,行使章程所赋予的一切财政权限。

3. 卧格夫基金的资金来源。(1)卧格夫收入以及卧格夫总秘书处从其他资源中给基金部划拨的专款,(2)符合捐赠者条件的新卧格夫收入,(3)基金部通过举办各种活动和服务所获资金,(4)各种馈赠、遗赠和捐赠的善款。

4. 卧格夫基金部与其他部门之间的关系。卧格夫基金部在工作中必须遵守卧格夫总秘书处或国家相关机构的规章制度。卧格夫基金部与很多机构有业务往来。为实现公共利益,必须与相关机构协同合作。

卧格夫基金部与卧格夫总秘书处的关系。卧格夫总秘书处是负责卧格夫部门的官方中央机构,其职能为:(1)负责给卧格夫基金部提供各种便利条件,以提高基金部的工作职能水平,保障基金部工作的正常运转和各基金之间的相互协调,防止出现矛盾,尽量缩减项目运行开支;(2)负责卧格夫基金及其项目和计划的公众宣传,鼓励人们捐赠卧格夫,同时为各项基金提供教法、法律、财务、行政、技术、宣传方面的相关咨询;(3)负责监督卧格夫基金主管部门,以确认该部门遵守相关的规章制度，并每年给予一定的财政补贴。

卧格夫基金部与其他政府机构的关系。卧格夫基金部可与政府部门进行项目合作，以求实现公共利益。所有卧格夫基金部均有政府相关部门的代表担任管理委员会委员，以监督基金部项目是否超越卧格夫基金的权限。

卧格夫基金部与公益协会的关系。每一项卧格夫基金有权独自与志趣相同的公益协会合作，可以与那些协会联合开发项目。卧格夫基金部应该进行协调，以确保不发生有损公共利益的恶性竞争。为促进相互关系，很多公益组织以公益组织代表的身份加入了卧格夫基金管理委员会。

卧格夫各基金相互间的关系。每项基金必须遵守自己的职责，不可干预其他基金的事务。有时几个基金分部联合开发项目，并联合为项目做宣传活动。

卧格夫基金总则第 18 条规定："经总秘书处同意，可以组建一个小组，由各基金分部主管经理出任小组成员，以协调各基金分部之间的关系，交流经验，研究各种现象和问题，并提出适当的解决办法。"该规定说明了各基金分部之间进行协调和交流经验与信息的重要性。

1994 年，颁布了第 102 号行政决议，成立了卧格夫基金协调委员会，卧格夫总秘书长任主席，其他卧格夫分部主管经理任委员，还吸收了一些总秘书处的负责人。该行政决议第 2 条明确限定了各卧格夫基金分部的协调领域，这些领域被视为协调委员会的核心任务。

5. 卧格夫基金的应用领域。现行的卧格夫基金主要用于《古兰经》及《古兰经》学研究、照顾残障人士、文化与学术发展、抚养贫困家庭、环保、医疗卫生开发、清真寺、伊斯兰合作、社会开发等。

（二）卧格夫项目

为实现卧格夫促进社会发展的战略目标，秘书处一直致力于开辟新的工作环境，创建了许多项目。这些项目都是为了提供公共设施或公共服务，抑或是服务于社会的特殊群体。

鉴于卧格夫的独特性质，卧格夫项目的运行不可能完全依照政府部门既定的法律，也不可能完全采用公益协会组织的模式，加之大多数卧格夫项目投资方均有官方和非官方机构参与，且由于卧格夫项目不具备商业性，故不适合采用商业公司的运作模式。卧格夫项目的运营除了依据卧格夫法，因地因时制宜尤为重要,从而使得卧格夫工作具有了很大的弹性。[①]

　　就科威特经验而言,当代卧格夫的复兴之路在诸多领域发展了慈善,诸如建立数据库、关照手工艺者、抚养孤儿、照顾残障人士、发展儿童文化、照顾贫困家庭、发展科技创新等,为科威特的现代化发展之路做出了贡献。

[①] 阿卜杜·穆赫辛·奥斯曼,伊斯兰发展银行伊斯兰研究与培训学院于1997年在毛里塔尼亚首都努瓦克肖特召开的"推动卧格夫的发展作用"大会上提交的论文。

第二十章　苏丹共和国的卧格夫

苏丹共和国（Republic of the Sudan），国名源自阿拉伯语"Bilad-al-Sudan"，字面意思为"黑人的土地"。苏丹位于非洲东北部，东北濒红海。面积 250.581 3 万平方公里，居非洲各国之首。人口 3 958 万（2016 年）。行政区划上，共设 17 个州。全国有 570 个部族，中、北部主要为阿拉伯化的苏丹人，占总人口的 39%，南部为非洲黑人，约占 30%，北部还有努比亚人、①努巴人、富尔人等，约占人口总数的 31%。穆斯林占全国人口的 73%。阿拉伯语为国语，通用英语。首都喀土穆，设有"非洲伊斯兰中心"总部。

651 年，阿拉伯穆斯林军队从埃及进攻苏丹境内信奉基督教的努比亚人，迫其进贡奴隶，但未占领土地。750 年之后，阿拉伯商人和小批移民迁居苏丹，伊斯兰教在北部传播。10 世纪时，阿拉伯人开始从埃及南部蚕食努比亚人领土，迫使一些努比亚人改信伊斯兰教，后建立了几个独立的穆斯林小国。13 世纪前期，蒙古人洗劫巴格达等城市，大批阿拉伯人迁居苏丹，伊斯兰教和阿拉伯语随之流传。15 世纪，苏丹北部已阿拉伯化。16 世纪初，苏丹东部地区芬吉人在首领欧麦尔·东古领导下征服阿尔瓦基督教王国，以森那尔为都城，建立芬吉苏丹国，②促使大批居民皈信伊斯兰教，卡迪里教团和沙兹里教团等传入。同时，苏

---

① 努比亚人（Nubians），苏丹的一个民族，另有部分分布在埃及南部，从阿斯旺往南直至德巴是其主要活动地区。其祖先和埃及王朝前期的居民属于同一民族，后由于大量尼格罗人迁入发生融合，体质具有尼格罗人的一般特点，尤以其主要支系巴拉布拉人为典型代表。阿拉伯人征服埃及后，8 世纪中叶侵入努比亚，13 世纪最终征服努比亚全境。从此，阿拉伯文化和伊斯兰教在努比亚广为流传，努比亚日益伊斯兰化和阿拉伯化。

② 芬吉苏丹国（Saltanah Funj，1504—1821），苏丹芬吉人建立的苏丹地区首个伊斯兰教国家，亦译"丰吉王朝"。芬吉黑人是尼罗河中上游吉齐拉地区的游牧部落，后部分人改事农耕。原奉多神信仰。13 世纪，阿拉伯部落迁入该地，伊斯兰教得到广泛传播。14 世纪，芬吉人改奉了伊斯兰教。后在（转下页）

丹西部建有富尔苏丹国，首都法希尔（Al Fashir）。从此，伊斯兰文化在苏丹得到发展。19世纪初，奥斯曼帝国埃及总督穆罕默德·阿里侵占苏丹。1874年，埃及灭富尔苏丹国，统一了整个苏丹。1881年，苏丹伊斯兰领袖穆罕默德·艾哈迈德自称"马赫迪"，发动武装起义，反抗英、埃入侵。1885年，以恩图曼[①]为首都建立苏丹马赫迪王国，实现了苏丹的政治统一，实行伊斯兰教法，政教合一，促进了伊斯兰教的进一步发展。1899年，苏丹成为英国和埃及的共管国。1956年，宣告独立，成立苏丹共和国。

苏丹的穆斯林均属逊尼派，在教法上分别遵从哈奈斐学派和马立克学派，此外还有马赫迪教派、卡特米教派以及卡迪里、沙兹里、提加尼等苏菲教团组织。苏丹社会主义联盟组织主张根据伊斯兰教义制定国家法律，宗教组织有"喀土穆伊斯兰教中心"。

一、苏丹的卧格夫历史

阿拉伯人征服埃及后，8世纪中叶侵入努比亚，遭到努比亚人的顽强抵抗，以其擅长的专射敌人眼珠的高超射箭术使穆斯林军队遭到重创。在埃及总督阿卜杜拉·本·艾布·赛赖哈（？—656）的领导下，穆斯林最终战胜了努比亚人，

（接上页）其部落酋长伊玛拉·敦古斯与北部阿拉伯部落首领阿卜杜拉·贾玛哈的领导下联合组建穆斯林军队，于1504年消灭了以索巴城为中心的基督教阿尔瓦王国，建立了芬吉苏丹国，首都赛纳尔。苏丹达丁·瓦立德·奈斯尔（约1561—1576年在位）时期，加强法制，将伊斯兰教法与部落习惯法结合，颁布了芬吉第一部法典。苏丹巴迪二世（1645—1680年在位）将西部疆域扩展到科尔多凡东部，大力推行伊斯兰化。苏丹巴吉·艾布·苏卢克时期，领土大为扩展，但国势削弱。1762年，科尔多凡总督哈马杰人艾布·列凯立克举兵反叛，掌握国家实权，操纵苏丹的任免，从此国势大衰。1821年，芬吉苏丹国被埃及总督穆罕默德·阿里所灭。

芬吉苏丹国以逊尼派为国教，遵奉哈奈斐学派，沙斐仪学派亦有传播。著名长老为苏丹的宗教顾问，被苏丹授予"加希"称号，主持苏丹和各地总督的就职仪式。16世纪，在苏丹的支持下，苏菲谢赫易卜拉欣·本·贾比尔和谢赫塔吉丁在各地建立扎维叶，将卡迪里教团和沙兹里教团的教义传入苏丹。

首都赛纳尔和索巴等城市成为伊斯兰学术文化的中心，来自希贾兹、埃及、伊拉克、马格里布的伊斯兰教学者云集于此，并到各地讲学布道。国家还派遣学生到埃及艾资哈尔大学、麦加和麦地那学习。苏丹赐封给清真寺、宗教学校和扎维叶大量的卧格夫土地和财产，免除税赋，并资助学者著书立说，促进了芬吉伊斯兰学术文化的发展。

① 亦译"乌姆杜尔曼"，苏丹名城。在白尼罗河左岸同青尼罗河汇合处。人口52.6万（1983年）。隔河与首都喀土穆和北喀土穆相望，有桥梁相连，构成首都"三镇"。

将基督教王国穆库拉①首都的东古拉教堂改为清真寺,沿用至今。②

苏丹建立诸侯国和苏丹国时期,其统治者创设的卧格夫多种多样,甚至外延至苏丹以外的国家。统治者将大量的建筑和椰枣园捐为卧格夫,专用于麦加禁寺与麦地那先知清真寺,并资助前往两圣地求学的苏丹学子,其中很多卧格夫以"赛纳立亚卧格夫"的名义沿用至今。

苏丹历代统治者创设了形式多样、数量庞大的卧格夫。最著名的是柏柏尔的吉卜什(Jibsh)学堂卧格夫(昆塔布)。苏丹近代马赫迪运动领导人穆罕默德·艾哈迈德·本·赛义德·阿卜杜拉(约1840—1885)曾在该学堂接受宗教教育。吉卜什学堂卧格夫拥有广袤的耕地,其收入专用于清真寺及其附属的《古兰经》学堂。苏丹著名的古老卧格夫还有:卡迪巴斯清真寺及其学堂卧格夫、乌姆·端巴尼卧格夫、哈拉温卧格夫、巴格达迪卧格夫等。其中巴格达迪卧格夫拥有大量的房地产和住宅,是为喀土穆大学医学院学生专设的卧格夫。

苏丹近代史上出现了不少慷慨仗义的卧格夫捐赠者。卓越者如阿卜杜·穆尼伊姆·穆罕默德,他将收益丰盈的很多房地产捐赠为卧格夫,以此供养很多院校,被视为近代专为学校和医疗设施捐赠卧格夫的先驱。布鲁克、艾布·栽德等人步其义举,为医疗卫生事业捐赠卧格夫。此外,还有谢赫谢尔瓦尼创办的几所宗教院校。

二、苏丹的卧格夫管理

英国和埃及统治苏丹时期,重视统一管理卧格夫事务。1902年,颁布了《宗教法庭法》。1903年,颁布了《宗教法庭章程》,该章程第53条明确规定除了大法官——苏丹卧格夫总局长做出明确判决的问题,其他相关教法问题均遵循哈奈斐学派。从此,苏丹的卧格夫教法问题由原来依循的马立克学派转变为哈奈斐学派。根据大法官的指示,间或采用其他学派的观点。

虽然1903年苏丹就已颁布了卧格夫事务管理章程,但直至1970年,苏丹才

---

① 1世纪左右,在苏丹,地处东非交通要冲和贸易枢纽的麦罗埃王国昌盛起来。4世纪,麦罗埃的统治者发生内讧,国势受损,一度被强大起来的阿克苏姆国征服。6世纪中叶,从埃及传入基督教并成为麦罗埃的正式宗教。不久以后,麦罗埃分裂为两个基督教国家:穆库拉和阿罗亚。穆库拉以东古拉为都,故又称东古拉王国,后并入埃及。阿罗亚则建都索巴,暂时保持独立。
② 曼齐·舒柏凯:《历史上的苏丹》,喀土穆大学出版社1990年版,第15页。

出台了公共卧格夫法,实现了对卧格夫事务的全面管理。根据新出台的卧格夫法,宗教事务部接管了所有卧格夫,任命卧格夫管理人员。

1986年,苏丹出台了宗教事务与卧格夫法,指定宗教事务与卧格夫部部长担任卧格夫总管。根据该法令,卧格夫管理局被视为独立部门,有豁免权和专用公章,有权以自己的名义进行法律诉讼,负责管理苏丹的所有公共卧格夫。宗教事务与卧格夫法还规定,卧格夫管理局须致力于卧格夫资产的开发,但须遵守卧格夫教法,遵照捐赠者提出的条件。根据该法令,凡是为伊斯兰慈善事业捐赠的卧格夫,卧格夫管理局均须详细造册登记。宗教事务与卧格夫法还规定,卧格夫管理局应妥善保存已被他人占有的卧格夫资产资料,无论占有者是个体还是政府部门。应收回被他人占去的卧格夫资产,或收取相应的补偿。根据这一规定,卧格夫管理局成功收回了很多卧格夫产业的产权,其中包括产权已移交政府的卧格夫财产,例如苏丹著名的友谊大会堂和喀土穆电信局的产权。根据宗教事务与卧格夫法规定,卧格夫管理局还负责进行旨在促进卧格夫资产开发的经济与技术研究,运用最先进的技术方法以确保研究的顺利开展。宗教事务与卧格夫法赋予卧格夫管理局必要的职权,授权成立了管理局行政管理委员会。根据管理委员会的决议,任命卧格夫局总局长担任卧格夫管理局的首席执行官。卧格夫管理局接受社会规划部部长的领导,在苏丹各省下设分局。

苏丹虽于1986年颁布了宗教事务与卧格夫法,但三年后才付诸实施,成立了秘书处,设立了相关机构:(1)社会规划部。负责管理苏丹所有卧格夫的最高部门。(2)伊斯兰卧格夫管理局管理委员会。负责制定政策和规划,管理下属的各公司。(3)卧格夫管理局总局长。负责实施管理委员会制定的规划和政策,落实卧格夫管理局的各项宗旨,规范管理局各行政机构的活动。执行部、公共关系与宣传部、内部督查部均由总局长直接负责。(4)财政与行政事务管理处。设职员事务科、会计科、行政服务科、储备科和计算机科。(5)投资管理处。包括项目研究科、投资程序执行科、督查科。(6)工程事务管理处。包括建设科、维修科、卧格夫产权科。(7)法律事务处。包括教法决议科、学术研究科、法律科。

苏丹的卧格夫管理经验主要体现于修订卧格夫法和完善卧格夫管理体制,努力摆脱官僚作风和管理松散现象,坚持规范卧格夫事务,确定卧格夫事务依循教法而行。

1989年伊始,卧格夫管理局依托上述机构开展卧格夫工作,招纳了一大批行政干部和高级技术人员,对苏丹境内的所有卧格夫进行详尽调查,成功收回了被占用的卧格夫产业，对可租赁的房地产以市价重新签订租赁合同。卧格夫管理局还制定卧格夫发展规划，通过传媒加大了对卧格夫的宣传，呼吁将卧格夫理念及其影响写进教科书，鼓励开展和参加卧格夫研讨会，撰写相关的学术论文。

为了扩大卧格夫产业，卧格夫管理局发行了卧格夫股份，给一些拥有小额资金的人提供了参股的机会，让捐赠者在由卧格夫局成功立项且人们又非常需要的固定项目中拥有捐赠的卧格夫股份。其后，卧格夫管理局又成立了卧格夫总公司，这是一家法定的卧格夫控股公司，总投资约30亿苏丹镑。控股公司负责收纳卧格夫资源，管理已立项的卧格夫投资项目。借此，卧格夫管理局成功实现了很多官方与民间机构无力企及的巨大成就。在苏丹首都喀土穆，除却在闲置多时的卧格夫废墟上投资的幢幢卧格夫高楼，还新建了新型的房地产，如黄金首饰中心、阿拉伯市场的卧格夫大厦、艾布·精齐尔商业中心、沃德·麦德尼市的妇女市场等。此外，卧格夫管理局在其他城市也成就斐然，修建了很多设施。

毋庸置疑，苏丹卧格夫所取得的巨大成就与国家的决策和支持密不可分。国家为卧格夫提供了法律保障和行政改革，使得卧格夫局收回了被他人占用甚至被政府占有的卧格夫资产，并给予卧格夫广泛的舆论宣传。总统签发的895号共和国令明确规定，苏丹各省要规划出一片土地让卧格夫局自主开发。凡此种种，为苏丹卧格夫局开展工作创造了良好氛围。

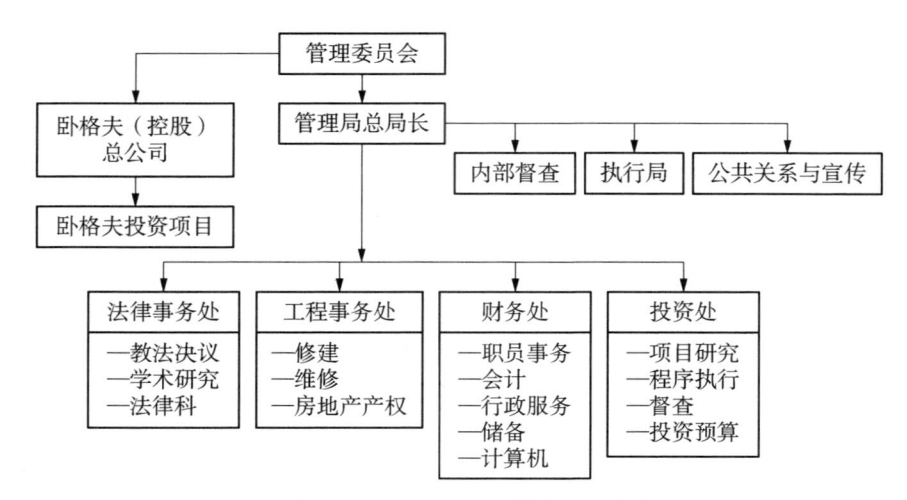

下编图20-1 苏丹的卧格夫管理机制

经过大规模的机构改革，苏丹卧格夫管理局由原先依赖国家补贴的政府部门一跃发展为有影响力的机构，为教育部、伊斯兰宣教机构、慈善协会提供资助。所有活动均恪守伊斯兰教法，不超越捐赠者提出的条件。苏丹卧格夫管理局不断努力发展卧格夫事业，尽己之力以减轻国家的教育、医疗卫生及社会负担。

第二十一章　马来西亚的卧格夫

马来西亚(Malaysia),简称大马。马来西亚被南中国海分为两部分:位于马来半岛的马来西亚半岛及位于加里曼丹岛北部的马来西亚沙砂。马来西亚是一个多民族、多元文化的国家。国土面积为 330 257 平方公里。行政区划上,分为 13 个州。官方语言为马来语,曾遭受西方殖民入侵,故通用英语。宪法规定伊斯兰教为国教,保护宗教信仰自由。伊斯兰文化对于马来人产生了深远影响,但同时它也受到马来民族的影响。

10 世纪,伊斯兰教传至马来西亚。但直到 14—15 世纪,三佛齐文明覆灭后不久,伊斯兰教才在马来半岛奠定根基。这一地区有众多苏丹国,最突出的是马六甲苏丹王朝,马六甲末位苏丹之子在民丹岛建立了柔佛苏丹王朝。马六甲的统治消失后,马来群岛分裂为众多小国,其中最重要的有亚齐、文莱、柔佛和霹雳,其他国家有万丹、日惹、吉打、雪兰莪、苏禄和登嘉楼等。

16 世纪末,欧洲商人在马来亚北部发现了锡矿,霹雳富强起来,殖民势力在此区域扩张。1511 年,葡萄牙控制了盛产香料的摩鹿加群岛的贸易。1571 年,西班牙占领马尼拉。

1607 年,亚齐苏丹国兴起,成为马来群岛最富强的国家。在伊斯坎达尔·慕达(Iskandar Muda,1583—1636)治下,其势力延伸到苏门答腊与马来半岛的大部分地区。伊斯坎达尔·慕达征服马来半岛的锡矿产地彭亨,并将彭亨苏丹掳往亚齐。1629 年,其所向披靡的舰队在攻打马六甲时败北。依据葡萄牙史书记载,葡萄牙与柔佛的联军摧毁伊斯坎达尔·慕达的所有船舰,屠兵 19 000 名,然而亚齐的实力并未被摧毁。同年,亚齐征服了吉打,并将许多吉打人迁至亚齐。伊斯坎达尔·慕达的外甥伊斯坎达尔·萨尼(Iskandar Thani,1610—1641)是彭亨的王子,后继位亚齐。伊斯坎达尔·萨尼统治期间,亚齐致力于内部及宗教统一。

这一时期，马来亚各苏丹国的孱弱为其他地区人民的移入创造了条件。印度尼西亚东部的武吉斯人（Bugis）海盗经常袭击马来亚海岸。1699 年，他们刺杀了柔佛最后一位马六甲血统的苏丹穆罕默德二世（Mahmud Ⅱ），控制了柔佛，其他武吉斯人控制了雪兰莪。15 世纪，来自印尼苏门达腊的米南加保人（Minangkabau）也迁入马来亚，在森美兰建立了城邦。柔佛的覆灭在马来半岛留下了一个权力真空，暹罗的大城王国趁机将北部的五个马来国家——吉打、吉兰丹、北大年、玻璃市、登嘉楼变为自己的属国。柔佛的覆灭让霹雳成为马来亚苏丹国之首。

18 世纪，马来亚对欧洲的经济重要性快速增长，尤其是英国与中国之间的茶叶贸易增加了对马来亚高品质锡的需求。锡用于茶叶包装的内衬具有防潮作用。吉兰丹和彭亨有金矿。锡矿和金矿及其附属产业的发展导致了移民涌入马来人的世界，始为阿拉伯人和印度人，继为华人，华人定居在城镇并很快掌控了经济活动，这奠定了往后 200 年的马来亚社会格局。

1942—1945 年，马来亚被日本占领。1957 年 8 月 31 日，马来亚独立。1963 年 9 月 16 日，马来半岛十一州、沙巴州、砂拉越州及新加坡组成马来西亚，首都吉隆坡。1965 年 8 月 9 日，新加坡退出马来西亚，独立建国。

一、马来西亚的卧格夫管理

伊斯兰教传入马来群岛后，当地人的生活发生了根本性变化。在西方殖民者入侵马来群岛的两个世纪前，伊斯兰教已然枝繁叶茂。随着葡萄牙、西班牙、英国等国的入侵，马来群岛诸岛国逐渐沦为殖民地，行政、安全、法制、财政、教育等领域皆由殖民政权掌控，苏丹的权限限于宗教和文化事务。虽然殖民者未能从马来人心中铲除伊斯兰信仰，但历经几百年的统治，马来西亚实现了世俗化，伊斯兰影响只局限在信仰领域。

殖民者在马来群岛建立了英国殖民政权，马来人民反抗殖民统治及其世俗化政策的斗争持续不断，与其说是出自本能的反抗，莫如说是对同化政策的抵制，因为殖民者一直试图将民众的生活方式世俗化，并在世俗主义者和传统信教者之间点燃矛盾和冲突的火种。这种局势反而大大推进了马来半岛穆斯林捐赠卧格夫的活动。殖民时期，马来西亚的卧格夫非常兴盛，人们踊跃捐赠卧格夫作为对殖民者极力推广的世俗主义的自然回应。穆斯林非常担忧殖民者的世俗化政策将彻底消灭宗教，故而认为必须保留宗教场所，保护清真寺，宗教场所必须有持续不断的固定收入，以保障其正常运转。因此，很多人纷纷捐出大批耕地为清真寺创设卧格夫，这是马来西亚大多数卧格夫创设的初衷。基于这一心理，为宗教学校和孤儿院创设的卧格夫则非常有限。[①]

虽然马来西亚捐赠卧格夫的行为早在伊斯兰教传入马来群岛时就已开始，但对卧格夫产业的管理完全由私人负责，并未制定相关的法律和制度保障，直至1952年雪兰莪州政府出台卧格夫法。马来西亚的卧格夫管理可分为两个阶段。

（一）1950年之前的卧格夫管理

诚如前述，马来西亚的大多数卧格夫有其明确的目标，如修建清真寺、设置墓地等，为孤儿院和宗教学校创设的卧格夫非常有限。很多卧格夫由姆塔瓦利负责管理，有时则由卧格夫所在村的村长负责。卧格夫产业的捐赠大多未有正式的卧格夫凭证，往往只是由捐赠者口头说明，姆塔瓦利接受对卧格夫的管理，卧格夫产业的支配权从捐赠者彻底移至姆塔瓦利。

卧格夫事务迟迟未能形成规范的管理体制，导致卧格夫产业的大量流失。由于缺乏卧格夫捐赠的文字凭证，捐赠者或姆塔瓦利去世后，捐赠者的继承人前来追讨被捐赠的卧格夫产业，在缺乏凭据的情况下往往无法驳回其追讨诉求。同样，由于缺乏卧格夫的有效字据，姆塔瓦利也不受约束和监督，很多姆塔瓦利或其后代将卧格夫产业纳为己有。

（二）1950年之后的卧格夫管理

姆塔瓦利不受任何约束的管理方式造成了很多问题，雪兰莪州政府于1952年率先推出了以伊斯兰教法为基础的卧格夫法，其他州相继仿效。1955年，丁加奴州颁布了相同的法律，马六甲州于1959年、霹雳州于1965年、柔佛州于1978年出台了相关法律。

这几个州颁布的卧格夫法均包含了以下明文：(1)伊斯兰委员会是伊斯兰

[①] 赛义德·奥斯曼·哈白希，伊斯兰发展银行研究与培训学院于1998年3月2—4日在马来西亚吉隆坡召开的以"卧格夫与经济发展"为主题的国际会议上提交的论文。

卧格夫的总负责机构；(2)伊斯兰委员会须保存所有与卧格夫相关的文件资料；(3)严格按照捐赠者提出的条件将卧格夫收益用于定向用途。

卧格夫法令的出台使得卧格夫的规范管理成效显著。但由于无法详细统计，加之很多州的卧格夫产业缺乏足够的人力和其他行政机构的积极配合，很多卧格夫产业仍由私人负责。

二、卧格夫的行政管理体制

由于苏丹是所在州的宗教与文化领袖，苏丹及其代理人自然也是该州的伊斯兰委员会主席，沙巴和沙捞越两州除外，这两州的伊斯兰委员会主席由宗教事务局局长担任。伊斯兰委员会被视为民事服务部门，享有一定的权力。大部分州的卧格夫、则卡特、善款等事务均由指定的组织或个人负责。

管理卧格夫产业的人员数量视卧格夫产业的多寡而定。大部分州负责管理卧格夫事务的职员同时担任伊斯兰委员会秘书长，并非专职人员，由秘书和文员协助其工作。负责管理卧格夫事务的职员通常很少受过专业培训，不具备投资、立项和资产评估等资质，只略知基本的管理常识。在卧格夫职员专业技能方面，槟城和马六甲两州的伊斯兰委员会相较优质。

三、马来西亚的卧格夫资产利用

马来西亚的很多卧格夫土地位于城市中心，地理位置独特，环境优越，具有良好的投资开发优势。虽然马来西亚的大部分卧格夫产业尤其是卧格夫土地能够按照捐赠者提出的条件得以利用，但这些资产除了租赁未能以其他投资形式开发利用。此外还有农村的不少卧格夫耕地均未很好地开发利用，甚至不少被人霸占，例如霹雳州的大部分卧格夫土地被廉价出租，租期长达66—99年不等。马六甲和槟城的情况也相差无几。承租人签订长期的租赁合同，只需支付低廉的租金便在卧格夫土地上建起一座座住宅楼或写字楼，获取丰厚的收益。卧格夫房屋亦复如此，被廉价出租。事实上，很多位置优越的卧格夫土地可以更好地开发利用，以实现卧格夫收益的最大化。

20世纪70年代，适逢马来西亚全国房地产的繁荣时期。槟城、马六甲和丁加奴州的伊斯兰委员会分别成立了伊斯兰委员会投资顾问小组，成员吸收了国家经济开发局项目部经理、劳动局建筑师和工程师,还有其他技术人员和熟悉政策的官员,负责提交针对投资、建设、融资等技术领域的专业提案。

马六甲州伊斯兰委员会成立的投资顾问小组专门负责管理卧格夫及研究卧格夫的最佳开发渠道,小组成员有立法机构委员、宗教学者、政府官员和职员。1979年,伊斯兰委员会与城市发展局联合开发,由伊斯兰委员会主管,在马六甲市建成了一座占地面积约21 000平方英尺[①]的3层建筑用于商场和写字楼,同时小组还对能够投资开发利用的卧格夫做了详细研究。还有不少卧格夫土地仍由私人管理,在上面建造房屋以供出租。

槟城伊斯兰委员会成立的投资顾问小组专门为伊斯兰委员会提供卧格夫投资和融资的专业信息,小组成员有企业家和艺人。1979年,槟城伊斯兰委员会经由投资顾问小组建议,成功对一座有22间公寓和13间商铺的建筑进行扩建,增建了6间公寓。1985年,槟城伊斯兰委员会在市中心建成了一座带商铺和写字楼的4层楼房,占地面积60 200平方英尺。该项目总投资200万马来西亚令吉,根据槟城伊斯兰委员会与投资方签署的协议,槟城伊斯兰委员会每年从项目收益中分得3 000令吉用于还贷,30年还清,偿清后项目产权完全归伊斯兰委员会所有。槟城伊斯兰委员会的项目中有一座位于市中心的4层建筑,含公寓、商场和写字楼,预算投资达70万令吉,伊斯兰委员会通过向联邦政府贷款实现了项目融资,年收益85 000令吉。马来西亚伊斯兰银行成立后,槟城伊斯兰委员会将其银行储蓄业务全部转入伊斯兰银行投资储存。

除了马六甲和槟城的卧格夫资产投资尝试,霹雳、丁加奴、柔佛三州亦在做出努力。其他州的伊斯兰委员会对卧格夫产业的开发未有明显作为。

四、马来西亚卧格夫管理存在的问题

马来西亚的大部分卧格夫产业系20世纪前创设,负责管理卧格夫产业之人一般都是村长或是捐赠者认为德高望重者,抑或是清真寺管理委员会。卧格夫产业未能得到妥善的管理,也未能充分落实捐赠者的初衷,伊斯兰委员会也未能积极主动地去改善马来西亚卧格夫的管理局面。直到20世纪中叶,情况才有所好转,但依然存在问题。

---

① 1英尺合0.3048米。

1. 马来西亚卧格夫产业面临的最大难题，是所有卧格夫实体的产权移交给了伊斯兰委员会，但很多卧格夫产业已被捐赠者的后嗣或姆塔瓦利据为己有。

2. 伊斯兰委员会下属的卧格夫管理部门大都缺乏合格的干部。有人认为，缺乏人才的主要原因是这些部门收入低微，无法招贤纳士。

3. 伊斯兰委员会无法持有卧格夫产业登记的真实明细。大部分时候，伊斯兰委员会要求清真寺管委会和宗教学校提供其卧格夫产业资料，但不去核查资料是否属实。

4. 卧格夫产业的产权移交给伊斯兰委员会的程序冗长，周期缓慢，管理人员能力的低下和卧格夫机构经费的拮据使之雪上加霜。移交产权会产生财务开支，如搬运费、物品评估税等。如果移交产权的卧格夫产业没有收益或其收益不足以支付其移交费用，伊斯兰委员会就将其产权移交给州政府下属的宗教事务局，使卧格夫产业成为政府财产，从而免除一切税收。

5. 对卧格夫的重要性缺乏足够的认识。卧格夫作为一种伊斯兰机构可以为服务社会与经济发展发挥带头作用，但马来西亚政府似乎对此缺乏应有的认识和重视。

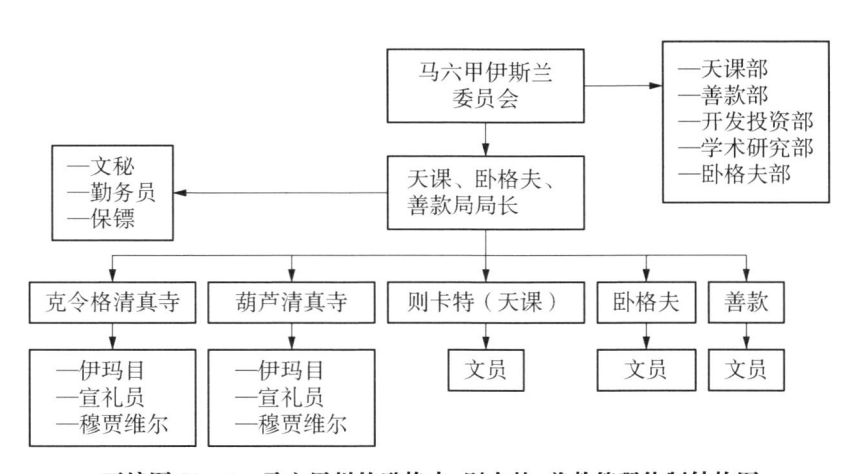

下编图 21-1　马六甲州的卧格夫、则卡特、善款管理体制结构图

第二十二章　埃及近现代卧格夫

阿拉伯埃及共和国（The Arab Republic of Egypt），简称埃及。国土面积为100.145万平方公里，大部分位于非洲东北部，只有苏伊士运河以东的西奈半岛位于亚洲西南部。国土略呈不规则的四方形。官方语言为阿拉伯语，曾被英、法殖民，故英语、法语也被广泛使用。

古埃及是世界四大文明古国之一，也是世界上最早的王国，建造了闻名世界的金字塔和帝王谷。公元前3200年，建立了统一的奴隶制国家。公元前525年，属波斯帝国。公元前30年，被罗马统治。4—7世纪，并入东罗马帝国，古埃及文明灭亡，后被波斯萨珊王朝占领。640年，阿拉伯人入侵，埃及成为阿拉伯帝国的一部分。阿拉伯帝国后期，埃及出现了法蒂玛王朝和阿尤布王朝。1249年，由马木鲁克王朝统治。1517年，被奥斯曼土耳其征服，成为奥斯曼帝国的行省。1798—1801年，被拿破仑占领。1805—1840年，在穆罕默德·阿里[①]治下进入短暂的独立。

1882年，埃及被英军占领，1914年成为英国的保护国。1922年2月28日，英国被迫承认埃及独立，但仍保留对埃及国防、外交、少数民族等权力，埃及当局仍然是英国控制下的傀儡王朝，按英埃政府间协议，英国可以随时为了在埃利益对埃及出兵。

1952年7月23日，以纳赛尔为首的自由军官组织发动军事政变，推翻了穆

[①] 穆罕默德·阿里（1769—1849），生于奥斯曼帝国鲁米利亚省的卡瓦拉（Kavala，今属希腊共和国）。1805年，被奥斯曼帝国任命为埃及总督，经过励精图治，使埃及成为地中海东部强国。穆罕默德·阿里是埃及近代史上一位杰出的人物，被视为现代埃及的奠基人。其缔造的穆罕默德·阿里王朝（1805—1953），历时148年，又称阿拉维王朝（它与摩洛哥的阿拉维王朝并无关联），辖治近代埃及和苏丹。王朝的大部分统治者冠有赫迪夫名号，故时人亦称之为赫迪夫王朝。

罕默德·阿里王朝的末代皇帝法鲁克国王,成立革命指导委员会,掌握国家政权,获得真正独立。1953年6月18日,废除帝制,成立共和国。

1954年,英国被迫同意分批从埃及撤军,但仍保持对苏伊士运河区的事实治权。1956年,纳赛尔将苏伊士运河收为国有,引发第二次中东战争,战后的埃及奠定了它在中东的领导地位。英国也认清了自身的现实国力,宣布从苏伊士运河以东撤退。

1958年2月,埃及与叙利亚合并,成立阿拉伯联合共和国。1961年9月,叙利亚退出。1971年9月,改为现国名——阿拉伯埃及共和国。

埃及人口为9568万(2016年)。伊斯兰教为国教,穆斯林占总人口的84%,科普特基督徒和其他信徒约占16%。

一、埃及的卧格夫历史

埃及的慈善体制可以追溯到拜占庭或更早的时期。拜占庭时期,埃及普遍存在一种慈善团体(Piae Causae),近似于公共卧格夫,还有一种委托遗赠(Fidi-Commissum),近似于私人卧格夫。这种慈善体制虽与卧格夫制度称谓不一,却有异曲同工之效。

639—642年,哈里发欧麦尔(634—644年在位)派军事将领阿慕尔·本·阿斯(585—664)率大军征服埃及,拜占庭总督兼主教居鲁士被迫向阿慕尔签约投降,埃及遂成为阿拉伯帝国的一部分,伊斯兰教和阿拉伯语开始传入,卧格夫旋即产生。

自伊斯兰教传入埃及,埃及先后历经伍麦叶王朝(661—750)、阿拔斯王朝(750—1258)、阿尤布王朝(1171—1250)、马木鲁克王朝(1250—1517)以及奥斯曼土耳其帝国(1517—1953)。马木鲁克王朝被认为是埃及历史上卧格夫的黄金时期,卧格夫的兴盛状况一直持续到埃及近现代史上穆罕默德·阿里(1769—1849)缔造的穆罕默德·阿里王朝(1805—1953)时期。

埃及自伊斯兰教传入就有了卧格夫。埃及的慈善体制可以追溯到拜占庭或更早的时期,当时的埃及普遍存在一种慈善团体(Piae Causae),近似于慈善卧格夫,还有一种委托遗赠(Fidi-Commissum),近似于私人卧格夫。埃及在罗马时期的慈善体制虽与伊斯兰卧格夫制度有相似之处,均为宗教慈善行为,但二者也存在很多差异。

伴随伊斯兰教的传入,卧格夫也随之产生。史料证明,卧格夫制度传入埃及后,很快被当地人所接受,得到迅速而广泛的发展。史载,786—789 年,阿拔斯王朝哈里发马赫迪(775—785)任命易司马仪·本·耶赛尔·肯迪出任埃及法官,后者严格执行艾布·哈尼法的观点,主张捐赠者去世后,其卧格夫可以失去有效性,即卧格夫可以终止。这一做法引起了埃及人的不满,当时埃及的著名教法学家莱斯·本·赛阿德就此事找他商榷,见易司马仪固执己见,便致信哈里发:"你给我们任命了一位当着我们的面亵渎真主的使者圣行的人。"[1]可见当时的埃及人对卧格夫的执着精神。

埃及的马木鲁克王朝(1250—1517)时期被认为是埃及历史上卧格夫的黄金时期,卧格夫的兴盛状况一直持续到近代穆罕默德·阿里王朝(1805—1953)。[2]

最初的卧格夫捐赠物主要以房产为主,随着土地农田由国有制变为私有制,以农田耕地捐赠卧格夫的现象日益增多。自阿尤布王朝(1171—1250)、马木鲁克王朝(1250—1517)至奥斯曼土耳其征服埃及(1517—1953),在 780 余年的时间里,埃及被捐赠为卧格夫的耕地达埃及全部耕地的 40% 之多。

历史上,埃及的卧格夫主要用于:(1)清真寺,麦加的禁寺与麦地那的先知清真寺备受青睐;(2)教育机构,包括与教育相关的一切服务和设施,诸如提供图书、图书馆、师生宿舍等;(3)医院,包括资助和奖励医学、药剂学和化学;(4)公共设施,譬如挖水渠、开凿运河、修建桥梁、铺路、创办集市商场、设立导航灯塔、凿井、设立人畜饮水站、修建客栈等;(5)扶贫,诸如给穷人和丧失劳动能力者提供生活保障、抚养孤儿、赡养鳏寡老者、创建慈善公墓、帮助穷人出殡、奴隶赎身等;(6)社会娱乐活动,尤其是宗教节日、添丁之喜、婚庆等。遭逢战事,还用卧格夫收益武装军队,保国护民。[3] 随着卧格夫的不断发展,飞禽走兽也成为卧格夫的受益对象,如有人规定从卧格夫收益中拿出若干专用于每日给鸟儿供食。

伴随政治的变化以及当政者对公共事务的干预程度,埃及卧格夫的社会功能也时强时弱。及至近现代,埃及的卧格夫得到了长足发展。主要基于两大因素:其一,传统的宗教价值观使然。伊斯兰经训积极鼓励行善,卧格夫的设立大都是为取悦真主和期待后世的回报。许多捐赠者设立卧格夫的声明中首先引证相关的经训,譬如艾哈迈德·帕夏·敏沙维于 1903 年 9 月 22 日呈交西部省宗

---

[1] 艾布·穆罕默德·本·优素福·肯迪:《埃及总督史》,贝鲁特出版社 1987 年版,第 280—281 页。
[2] 易卜拉欣·班尤米·伽尼姆:《埃及的卧格夫与政治》,开罗曙光出版社 1998 年版,第 79 页。
[3] 易卜拉欣·班尤米·伽尼姆:《埃及的卧格夫与政治》,开罗曙光出版社 1998 年版,第 83 页。

教法庭的卧格夫捐赠声明书开头就引证了经文:"你们绝不能获得全善,直到你们分舍自己所爱的事物。"①"至于赈济贫民,敬畏真主,且承认至善者,我将使他易于达到最易的结局。"②"如果你们公开地施舍,这是很好的;如果你们秘密地施济贫民,这对于你们是更好的。这能消除你们的一部分罪恶。真主是彻知你们的行为的。"③除了上述经文,还引证了两段圣训:"你们为谨防火狱而施舍,即便是施舍半个椰枣。"④"人死后,他的一切功修中断,唯有三件事与其保持联系:溪水般常流的施舍;益人的知识;经常为其祈祷的善良后代。"⑤

其二,埃及近现代的社会背景。政治、经济、社会和法制状况对卧格夫的发展起到了关键作用。埃及近现代局势对确立卧格夫模式影响深远,虽然政府并未直接干预卧格夫事务,但卧格夫操作的自由性在一定程度上受到限制,国家建设过程中出现的全方位巨变对卧格夫乃至卧格夫制度产生了影响。曾几何时,捐赠的房产、生产工具、耕地等财产的"全面所有权"究竟归属于谁,成为当时确定卧格夫捐赠是否有效的先决条件。后来允许私人拥有卧格夫财产的所有权,制约卧格夫发展的条条框框日渐减少;同时,政府不再过多地干预公共服务领域,各种形式的卧格夫捐赠复趋活跃。

卧格夫财产所有权的归属问题直接关系到卧格夫本身的存在和发展,近现代埃及政府的核心工作之一就是确定社会上普遍存在的所有权问题。

埃及近现代卧格夫经历了四个发展过程:

1. 卧格夫国有制阶段。穆罕默德·阿里时期,进行了几次土地制度改革,绝大多数耕地收归国有,截至 1815 年底,所有耕地都转变成了政府农场,土地管理彻底被政府掌控。虽然穆罕默德·阿里于 1820—1821、1844 年分别实行了两次耕地再分配,但土地所有权仍未变更,土地一直被政府掌控,农民只有经营权,毫无所有权。1846 年和 1854 年颁布的条令明确规定,土地的所有权归国家所有,农民只有受益权,以至于人们怀疑穆罕默德·阿里的土地改革政策是醉翁之意不在酒,是借土地改革之名行整顿卧格夫之实。因为根据 1812 年穆罕默德·阿里下令做出的统计,当时埃及耕地总面积约 250 万费丹。埃及的卧格夫土地

---

① 《古兰经》:仪姆兰的家属(阿黎仪姆兰)章第 92 节。
② 《古兰经》:黑夜(赖以里)章第 5—7 节。
③ 《古兰经》:黄牛(百格勒)章第 271 节。
④ 《布哈里圣训实录全集》(第 1 卷),第 1 417 段,商务印书馆 2018 年版,第 458 页。
⑤ 《穆斯林圣训实录全集》(下册),第 1 631 段,商务印书馆 2016 年版,第 900 页。

面积约 60 万费丹,接近埃及耕地面积的 1/4。事实证明,穆罕默德·阿里的目的是为了整顿卧格夫,他想阻止这一现象的继续蔓延,因为除了土地,对于其他卧格夫,他从未干涉。

2. 卧格夫私有制阶段。这一制度始于赫迪夫①赛义德(1854—1863 年在位)时期。1858 年 8 月 5 日,赫迪夫赛义德颁布条令,明确承认土地私有权。根据伊斯兰沙里亚法,农民去世后,其子女享有继承父母遗留土地的权利。

3. 社会主义阶段。始于 1952 年 7 月 23 日革命成功。这一时期,无论是房产抑或是耕地,所有制产生了根本性变更。一方面,消灭了大型耕地产权,拓宽了小型私有制范围;另一方面,出现了掌控国民经济的官方机构,实行产权的国有化,官方机构直接干预卧格夫的社会职能。埃及政府奉行社会主义体制,1952 年颁布的第 178 号法令大力实施土地改革,分三个阶段大力削弱私有制。第一阶段私有土地从 1952 年的 200 万费丹减至 1961 年的 100 万费丹。20 世纪 50 年代末,政府又颁布了土地国有化政策,在其后的 1962 年、1963 年、1964 年,国有化政策被推向了极致,1969 年私有土地又减至 50 万费丹。

土地改革和土地国有化两项政策严重制约了私有制,使私有制缩小到了最低限度,公有制作为基本国策涉及生产、服务、社会娱乐等各个领域。1952 年颁布的第 180 号法令取消了私人卧格夫,将其视为成功实施土地改革的有效措施。政治、经济、司法的限制,不但制约了卧格夫的发展,卧格夫制度本身也产生了深刻的变更,大大局限了卧格夫的社会功能。

4. 开放阶段。20 世纪 70 年代中期至 90 年代,政府实施了一系列经济体制改革,纳赛尔执政时期的社会主义和计划经济体制转变为资本主义和自由经济体制。所有制发生了变化,无论是房产、土地抑或是其他经济领域,制约私有制的条条框框逐渐被取消。相较于 60 年代,公有制比例锐减。随着伊斯兰复兴思潮的崛起,又涌现出了一些新式卧格夫。

综上,卧格夫的发展除了伊斯兰教的慈善倡议,还与社会的政治、经济背景有着直接关联。穆罕默德·阿里时期至 20 世纪末,埃及的卧格夫建设经历了两个漫长的浪潮。

高潮。始于 19 世纪中叶,20 世纪 40 年代中期达到高潮。1946 年颁布了第

---

① 赫迪夫(Khedive),穆罕默德·阿里王朝统治者的最高称呼。1867 年,英语首次出现"Khedive"一词,源自古波斯语"khvadata",意为"主人"。穆罕默德·阿里王朝在伊斯梅尔、阿拔斯一世(1848—1854 年在位)及赛义德一世(1854—1863 年在位)治下得以用赫迪夫称号辖治埃及和苏丹。

48号卧格夫法令后,开始衰退。

退潮。从1952年颁布第180号法令起,卧格夫开始退潮,1952年7月23日革命后,彻底退潮。直到20世纪末,卧格夫一直处于低谷。

下编表22-1　埃及近现代卧格夫的发展过程

时间 说明	1940—1946	1946—1952	1952—1958
新式卧格夫总数	2833	892	188
卧格夫年增长数	472	149	31

二、埃及近现代卧格夫的捐赠主体

穆罕默德·阿里推行的土地改革大大推进了私有制的发展。直到19世纪末,埃及已全面实行私有制,这为土地卧格夫的捐赠创造了有利条件。至20世纪中叶,埃及的卧格夫数量剧增,收益丰硕。直到1952年革命前,卧格夫发生了质与量的巨大变化,成立了"卧格夫捐赠者协会"。捐赠者有达官显贵、平民百姓、穆斯林和非穆斯林。捐赠的卧格夫实体形式多样,有土地、房产、动产、现金等。捐赠的数量多寡不一,少则不足1费丹的土地、合伙拥有的一间屋子中所占的份额、几本书,多则大片的土地和建筑群。卧格夫涉及的地域也非常之广,遍及全国各地。

就社会与经济结构而言,埃及近现代卧格夫的捐赠者分为五大群体。

(一)统治阶层捐赠的卧格夫

自19世纪初穆罕默德·阿里执政至20世纪中叶法鲁克国王统治期间,统治阶层大量参与了卧格夫的捐赠活动。直到埃及革命成功,统治阶级的社会和政治地位发生巨变,这一群体的卧格夫捐赠活动趋于停滞。

1. 穆罕默德·阿里家族捐赠的卧格夫。穆罕默德·阿里家族统治埃及达148年之久,历任10位统治者——穆罕默德·阿里(1805—1848年在位)、易卜拉欣帕夏(1848年在位)、阿拔斯一世(1848—1854年在位)、赫迪夫赛义德

(1854—1863年在位)、①赫迪夫伊斯梅尔(1863—1879年在位)、②赫迪夫陶菲格(1879—1892年在位)、赫迪夫阿拔斯·希里米二世(1892—1914年在位)、苏丹·侯赛因·卡米勒(1914—1917年在位)、福阿德一世(1917—1936年在位)、法鲁克国王(1936—1953年在位)。1900年成立了专门负责管理王室家族卧格夫的独立机构——王室家族卧格夫署,由专人负责管理,后更名为王家卧格夫署。从穆罕默德·阿里至末代国王法鲁克,历代统治者几乎都参与了王家卧格夫的创建。穆罕默德·阿里家族的其他宗亲贵室也参与了卧格夫的创建,较为突出的有:穆罕默德·阿里之女宰娜拜·哈尼姆(1825—1882)的卧格夫、阿拔斯一世之母本芭·葛丹的卧格夫、赫迪夫伊斯梅尔之女法蒂玛公主的卧格夫、艾因·哈娅公主的卧格夫、凯马鲁丁·侯赛因亲王的卧格夫、优素福·凯马尔亲王的卧格夫、欧麦尔·图松亲王的卧格夫等。有些亲王因功绩卓著,获得国王或哈里发封赏,遂将被封赏的土地捐赠为卧格夫。有些是继承或购置的卧格夫。

1813年,穆罕默德·阿里因平叛阿拉伯半岛的瓦哈比运动有功,受到奥斯曼帝国苏丹马哈茂德二世(1444—1446,1451—1481年在位)的封赏,得到希腊海域的萨索斯岛(Thassos),穆罕默德·阿里遂将其捐赠为卧格夫。该岛地处地中海,原隶属于希腊,总面积约50平方千米。③ 平叛瓦哈比运动后,穆罕默德·阿里在麦加和麦地那创建了两处卧格夫客栈,还捐赠了四处大型卧格夫,统称为卡瓦拉卧格夫,它包括:(1)希腊卡瓦拉卧格夫,穆罕默德·阿里在希腊卡瓦拉市创办了一所学校和一座图书馆,在其附近又创建了一所卧格夫《古兰经》背诵中心;(2)埃及库夫尔·谢赫卧格夫土地,总面积约10 842费丹16基拉特;④ (3)埃及西部省卧格夫,将两个村庄捐赠为卧格夫,面积分别约2 136费丹6基拉特、740费丹19基拉特;(4)希腊卡瓦拉卧格夫,共两处,包括住宅、马厩、花园、树木。埃及西部省两个村庄的卧格夫收益专用于麦加和麦地那两处客栈的费用开支,以便人们顺利完成朝觐功修,其余卧格夫收益专用于穆罕默德·阿里在其

---

① 赫迪夫赛义德(1822—1863),穆罕默德·阿里第四子,穆罕默德·阿里家族第4任总督。
② 赫迪夫伊斯梅尔(1830—1895),穆罕默德·阿里的长子易卜拉欣(1789—1848)之子,亦即穆罕默德·阿里之孙。穆罕默德·阿里家族第五任总督。执政期间,大力发展埃及的土木建设、经济和管理制度,取得了显著成效,被誉为继穆罕默德·阿里之后埃及的第二位建造者。后来奥斯曼帝国迫于英国压力,将其罢免。
③ 1460年,希腊被奥斯曼帝国统治,卡瓦拉成为奥斯曼帝国的领土。1952年以后,穆罕默德·阿里在希腊卡瓦拉和萨索斯岛创设的卧格夫主权归属问题一直是埃及与希腊谈判的主题,至今仍未全面解决。
④ 基拉特,为埃及土地丈量单位。1基拉特为1费丹的1/4,约175平方米。

家乡卡瓦拉创办的学校、《古兰经》背诵中心和图书馆。

穆罕默德·阿里对卧格夫土地采取了严格的限制措施，引起了学者们的抗议。但他对清真寺卧格夫网开一面，不但自己参与清真寺的建设和修缮，还将1 347费丹的土地作为卧格夫捐赠给清真寺、礼拜点和公墓。穆罕默德·阿里卧格夫的主要特点是面积庞大，经其后历代统治者的不断扩充，卧格夫面积不断扩大。例如，1900年，赫迪夫赛义德在原有卧格夫的基础上又扩充了1 836费丹6基拉特，总收益为43 464埃镑。至1950年，扩充至7 856费丹12基拉特。在王室家族诸多卧格夫当中，面积最大、收效最快的要数赫迪夫伊斯梅尔的卧格夫。截至1895年去世，赫迪夫伊斯梅尔创设的卧格夫土地高达49 540费丹，涵盖埃及全境，还有很多牲畜、园圃、灌溉和耕种设施。其中绝大多数为慈善卧格夫，约36 972费丹，其余是为三位妻子和子女创建的卧格夫，约12 568费丹。

1952年革命后，穆罕默德·阿里的卧格夫发生了巨大变化，绝大多数卧格夫被没收充公，有些卧格夫被置换，有些被公开拍卖，成为有史以来寿命最短的家族卧格夫。

2. 达官显贵捐赠的卧格夫。穆罕默德·阿里家族统治时期，臣僚们也捐赠了不少卧格夫，其中私人卧格夫比重很大。尤其是穆罕默德·阿里、阿拔斯一世、赛义德、伊斯梅尔执政时期，很多身居要职的高官将自己的所有或部分财产捐作卧格夫。例如哈桑帕夏·穆纳赛特热里，他曾担任穆罕默德·阿里的机要秘书、内务部总理兼全埃及司法委员会主席，他将吉萨、盖勒尤卜省和明亚三处的2 500费丹土地捐赠为卧格夫。又如艾哈迈德帕夏·米尼克里，曾担任中埃及县令，后担任苏丹总督至1845年，他将自己在明亚、法尤姆、吉萨、盖勒尤卜省和代盖赫利耶省的2 500费丹土地捐赠为卧格夫。

达官贵胄捐赠的卧格夫与王室卧格夫有很多共性，如数额相对庞大，多为耕地，遍及全国各地。但二者有本质的区别，达官贵胄的卧格夫多为私人定额的慈善卧格夫，王室卧格夫为笼统的慈善卧格夫。例如，曾担任总理大臣的叶哈雅帕夏·易卜拉欣将自己的262费丹4基拉特的土地捐作卧格夫，对卧格夫收益的份额支配作了明确规定：只许将其中12费丹5基拉特土地的收益用于本家族清真寺的开支、节日庆典等活动费用。无论是王室卧格夫，还是达官显贵捐赠的卧格夫，都对卧格夫的积淀发挥了主要作用，因为这两类卧格夫面积庞大，且侧重于作为埃及主要财富来源的土地。

统治阶级捐赠的卧格夫体现了埃及社会政治、经济、文化生活中的双重现象,即这些精英人士大多曾留学欧洲,接受了西方现代教育,回国后身居要职,为推进埃及的现代化做出了贡献。与此同时,他们又借由传统的捐赠行为,将自己的全部或部分财产捐作卧格夫。虽然他们接受的是西方教育,但并未按照西方流行的民法去支配自己的财富,而且西方的民法在当时的埃及被视为文明开化的表现。

(二) 地主土绅捐赠的卧格夫

19 世纪中叶至 1952 年革命,埃及的地主土绅们大量捐赠卧格夫。由于地主土绅一般与国家机构和统治阶级关系密切,很容易获得土地的所有权,所以捐赠卧格夫土地的行为相对较早。截至伊斯梅尔执政期满,地主土绅们通过"馈赠"和"封赏"获得的土地远远多于购置的田地。例如大地主阿加·拜德拉维获封 1914 费丹的土地,1907 年,其孙艾哈迈德·拜德拉维将其中的 1 392 费丹捐作卧格夫。

1882 年法国入侵埃及后,大量的产业尤其是国有土地进入了流通领域。其实出售国有土地早在赫迪夫赛义德(1854—1863 年在位)时期就已有之。1898—1906 年,政府迫不得已大量出售土地,以偿还因开挖苏伊士运河所借的巨额外债,地主土绅成为当时的大买家。政府公开出售土地,无论是埃及本国人抑或是外国人均可购买。埃及本土的地主土绅纷纷将购置的土地捐作卧格夫,因为他们都想通过置办卧格夫来巩固自己的财产,同时也不希望埃及的土地以任何形式落入外国人之手。尤其是伊斯梅尔执政时期,埃及外债危机加剧,地主土绅们纷纷购买国家土地捐作卧格夫,这不仅是为了维护各自的财产,也是一种爱国主义精神。

就经济、社会和政治影响而言,地主土绅捐赠的卧格夫虽然逊色于统治阶级,但其数量毫不逊于后者,有些人甚至捐赠完整的村镇。例如穆罕默德帕夏·拜德拉维·阿舒尔捐赠了代盖赫利耶省的好几个村镇,总面积约 1 万费丹。这一群体捐赠的大部分卧格夫形成于 1946 年 48 号卧格夫法令颁布之前。1946—1952 年,卧格夫的捐赠数量甚微,主要是因为第二次世界大战后埃及经济疲软,政治失稳,社会问题加剧,随时有可能发生各种政治突发事件,人心惶惶,自保之心下无暇顾及卧格夫的捐赠。1952 年革命后,由于推行一系列土地改革,卧格夫捐赠行为彻底告终。

地主土绅们虽然政治倾向和宗教思想各异,但其捐赠卧格夫的思想觉悟都极高,都大力支持各种新型民间组织。例如名媛胡达·哈尼姆·谢阿拉维从她捐赠的卧格夫收益中规定固定的份额,支持"开罗民间律师公会",资助那些贫穷困难的律师。捐赠者不只是缙绅,还有大资本家和商人。例如豪商哈桑·塔拉兹在1952年革命之时将他在艾斯尤特省曼法鲁特郊区2 379费丹的土地捐作了卧格夫。艾资哈尔的大谢赫和学者中不乏有身家者,大多数有自己的卧格夫,例如艾资哈尔第24任谢赫尹巴比长老(1824—1896)除了将大量的房产和农耕用具捐作卧格夫,还将自己在吉萨等地的203费丹22基拉特的土地捐作卧格夫。

(三)埃及内陆地区居民捐赠的卧格夫

埃及各个阶层的人都不同程度地为卧格夫创建做出了贡献,内陆地区的居民也不例外。由于农业是埃及内陆和沿海地区的主要经济收入,故耕地、农作物、生产工具也成为卧格夫捐赠的主要实体。内陆地区捐赠者的社会身份多元,有农民、职员、商人、手工艺者、退休员工,多为穆斯林,亦有极少数基督徒。大多数耕地卧格夫由农民捐赠。捐赠卧格夫的农民有两个群体:拥有1.5—5费丹土地的农民,被称作"小地主";拥有5—50费丹土地的农民,被称作"中型地主"。职员、商人、手工艺者捐赠的卧格夫一般都是房产,也有少量耕地。

根据1951年的官方统计,截至1951年,内陆地区捐赠的卧格夫土地共有10 885份,其中9 786份属于"微型卧格夫"(即每份卧格夫低于5费丹)和"中型卧格夫"(即每份卧格夫低于50费丹),其余的1 009份属于"大型卧格夫"(即每份卧格夫不低于50费丹)。如果一份卧格夫按一位捐赠者计算,这意味着截至1951年,内陆"微型卧格夫"和"中型卧格夫"的捐赠者占90.7%。亦有官方统计数据显示,截至1951年,内陆的卧格夫土地总面积为240 440费丹,其中"微型卧格夫"和"中型卧格夫"只有69 185费丹,占总面积的28.7%,说明在内陆,"小地主"和"中型地主"捐赠卧格夫的比例远远超过"大地主"。

虽无较全面的官方统计数据,但保存下来的"卧格夫捐赠声明书"证明,捐赠房产作为卧格夫的形式,在上埃及大部分城镇非常普遍,而且卧格夫的规模差异明显。最小的一份卧格夫是一间小屋,例如穆罕默德·易卜拉欣·本·阿里于1903年呈交法尤姆宗教法院的"卧格夫捐赠声明书"证明,他将自己紧靠清真寺的一间小屋捐作卧格夫。较大的卧格夫有数间房屋、商铺、写字楼、加工车间不等。自1952年只允许捐赠慈善卧格夫的180号法令颁布后,内陆"小地主"和"中型地主"捐赠卧格夫的数量骤然减少,统治阶级和"大地主"的卧格夫捐赠彻底停止。1952—1996年间,内陆只出现了一份"大地主"捐赠的卧格夫,即1964

年,有人捐赠了面积为 53 费丹的土地。然而,"小型"和"中型"卧格夫的捐赠一直在持续。截至 1996 年,内陆先后捐赠的卧格夫土地共有 85 费丹,房产、商铺等共有 4104 平米,全部为慈善卧格夫,其收益用于清真寺。

(四) 沿海地区居民捐赠的卧格夫[①]

沿海地区居民的经济状况和社会结构与内陆相仿。与上埃及相比,沿海地区的卧格夫主要是土地,大多数捐赠者同样是那些小地主和中型地主。商人、职员、手工艺者捐赠的卧格夫一般都是房产、商铺、生产工具,仅有少数人将土地捐作卧格夫者。例如,哈吉阿卜杜·瓦哈布·伊瓦德是铜商,1929 年 10 月 20 日呈交迈哈莱宗教法院的"卧格夫捐赠声明书"声称,他将自己的一座宅院、两间商铺、一处库房、20 费丹 7 基拉特的土地捐作卧格夫。又如阿里·阿凡提·拜希呈交曼苏莱宗教法院的"卧格夫捐赠声明书"声称,他将 1 费丹 20 基拉特的土地捐作卧格夫,捐赠给一所教授儿童背诵《古兰经》、写字和数学的学堂。

根据《1951 年鉴》官方统计数据,沿海地区卧格夫耕地总数达到 7 079 份,其中 5 684 份为"微型卧格夫"(每份低于 5 费丹)和"中型卧格夫"(每份低于 50 费丹),占卧格夫总数的 80.29%,其余 1 395 份为"大型卧格夫"(每份高于 50 费丹)。卧格夫总面积达 349 487 费丹,中、小型卧格夫总面积为 56 096 费丹,占所有沿海地区卧格夫土地的 16%。

(五) 首都的卧格夫

首都的卧格夫主要以房产和各种生产工具居多。房产主要是住宅、商铺、写字楼、栈房、仓库、马厩、圈棚、咖啡馆、澡堂等。生产工具主要是香皂厂、鞣制厂、馍饼坊、磨坊、蓄水池、园圃、花园、车辆、渔船、渔船修理铺、纺车等,还有遍及亚历山大和开罗等地的道堂。1951—1952 年,卧格夫部对其所辖卧格夫房产的收支做了统计,该年度卧格夫房产收入为 497 395 埃镑,开支为 145 290 埃镑。对于不在卧格夫部管辖下的卧格夫,无法做出详细统计。1952 年以后,所有慈善卧格夫全归卧格夫部统一管理,并于 1971 年成立"埃及卧格夫管理署"。根据卧格夫管理署 1994—1995 年度的统计,实体卧格夫总收入高达 12 618 744 埃镑。

[①] 沿海地区居民捐赠的卧格夫,指居住在沿海一带的人捐赠的卧格夫,不包括亚历山大居民及统治阶级所捐赠的卧格夫。

根据开罗和亚历山大相关文献资料显示，这两座城市的一些卧格夫房产是自马木鲁克王朝和奥斯曼土耳其时期流传下来的，直至20世纪中叶一直在持续增加。1845—1849年，穆罕默德·阿里政府颁布全面禁止创建卧格夫令，但没有限制房产、商铺、店面、栈房、磨坊的卧格夫捐赠。1946年的48号卧格夫法令颁布前，1945年，开罗新创立的卧格夫达79处，亚历山大新创立的卧格夫达27处。1946年的48号卧格夫法令及1952年的180号法令颁布后，开罗和亚历山大的卧格夫像其他地方一样受到严重制约。1951年，开罗新创设的卧格夫只有28处，亚历山大只有4处。1952年，未创设新卧格夫。此后的卧格夫多为存入银行或投入融资项目中的现金。截至1996年，开罗共创设22份卧格夫，总额为150万埃镑，此外还有18处房产卧格夫。

开罗和亚历山大的捐赠者始终不是固定的某个群体。两地的捐赠者中，财阀居首，其次是富商、手工艺者、职业工作者（工程师、律师、医生），再次是政府职员、退休人员、家庭主妇。

各类群体捐赠卧格夫的案例不胜枚举。例如：

1. 根据卧格夫部亚历山大6号卷宗，哈吉艾哈迈德·巴乎希是亚历山大的一位商人，1868年，他将自己在亚历山大和开罗的包括磨坊、写字楼、住宅和商铺的58处房产捐作卧格夫，其收益专用于教育和社会扶贫。

2. 根据1929年6月19日呈交亚历山大宗教法院的"卧格夫捐赠声明书"，穆罕默德·本·希俩里（亚历山大的一名厨师）将建有住宅和花园的约225平方米的一处宅院捐作了卧格夫。

3. 根据卧格夫部11059—70卷宗，1937年1月28日呈交埃及法院的"卧格夫捐赠声明书"声称，身为开罗政府职员的穆罕默德·阿凡提·阿里·赛里姆将自己在开罗艾哈迈尔区建有两间铺面的一块地皮捐作了卧格夫。

4. 根据卧格夫部第50号卷宗，1920年4月29日呈交亚历山大宗教法院的"卧格夫捐赠声明书"声称，亚历山大居民赛琪娜·阿里·阿拔斯女士（家庭主妇）将自己在亚历山大的宅院的3/4份额捐作了卧格夫。

5. 根据卧格夫部33629卷宗，汗哈利里市场的很多马格里布商人将不少道堂和商铺的收益捐作卧格夫，专用于艾资哈尔清真寺马格里布讲堂的学子。

6. 根据卧格夫部22581—91卷宗，1970年9月22日呈交赫勒万房产登记所的"卧格夫捐赠声明书"声称，赫勒万退休职员哈桑·塔哈·哈桑将自己在埃及国家银行里的3000埃镑存款捐作了卧格夫。这也是自1952年之后注册的第一笔现金卧格夫。

7. 根据卧格夫部 32677 卷宗保存的一份慈善卧格夫捐赠声明书,阿里·伊斯梅尔的遗孀(住在开罗养老院的一位女士)将自己在埃及国家银行里的 9 000 埃镑存款捐作了卧格夫。

上述卧格夫主要用于教育和扶贫领域。这些卧格夫的形成主要基于三大原因:(1)捐赠者的慈善举意;(2)政府撤销对社会服务领域和困难群体的拨款后,造成了一系列连锁反应,卧格夫的创设是对这一负面影响的回应;(3)在很多贫困地区,外国慈善协会数量的剧增,刺激了埃及人的慈善意识。这三大原因促进了埃及卧格夫的再次兴起,使之在促进社会保障方面发挥了积极作用。

三、埃及近现代卧格夫的捐赠对象

卧格夫的基本职能就是通过具体措施将现世与后世利益集结于一体。基于此,卧格夫职能的实施主要通过以下方式:

1. 捐赠者将卧格夫收益通过现金或实物的形式直接交予受益者。

2. 提供特定服务,这些服务或免费实施,或象征性地收取少量费用。例如提供教育资助、医疗服务、安置穷人等。这些服务往往通过专门机构进行,有些机构本身就是卧格夫组织。

3. 创办各种职业技术学校和职业培训中心,对卧格夫受益者进行技能培训,提升其社会、经济、文化层次。这些培训机构本身可以是卧格夫机构,也可以是非卧格夫机构。

4. 利用卧格夫收益满足人们的精神需求,提供履行各种宗教仪式的便利条件,如广建清真寺、增设礼拜点、对清真寺各项设施进行维修和更新等。对于非穆斯林,同样关注其精神生活,拿出部分卧格夫收益用于教堂等。

埃及的卧格夫用途较为广泛,主要用于"依巴德特"(宗教功修),尤其是清真寺。此外,用于教育和文化领域,从私塾到艾资哈尔大学,乃至现代新型教育,都有卧格夫参涉其中。

(一) 宗教功修领域

从古至今,埃及社会各阶层卧格夫捐赠者的首选是宗教功修领域,甚至可谓宗教功修领域的卧格夫捐赠是一种恒定的社会现象,也是社会生活中一种持续的历史现象和有效机制。较之于其他领域的卧格夫,宗教功修领域的卧格夫受经济变革和现代法治的影响甚微。

卧格夫不仅是一种交易,也是一种宗教功修。一个人将财产捐作卧格夫,既遵循了经训鼓励行善、扶危济困的慈善教导,又将自己拥有的财产回归其真实的主人——真主。因此,创建卧格夫本身就是高度虔诚的依巴德特。这是卧格夫广义上的依巴德特。此处所说的依巴德特,指利用卧格夫收益创建履行宗教义务的各种宗教场所和设施,首要的是修建清真寺和礼拜点,以便人们履行各种宗教仪式、学习宗教知识、记主赞圣等。

埃及近现代卧格夫非常重视依巴德特,清真寺成为捐赠卧格夫的主要领地。包括:(1)清真寺的建设、修缮、清洁、供水、照明等;(2)配备清真寺附属设施,例如设立公墓、礼堂等;(3)安排专人负责领拜、演讲、宣礼、诵读《古兰经》等。捐赠者尤为重视清真寺的教育、医疗和社会服务功能。

统治阶级对依巴德特领域,尤其是对清真寺卧格夫尤为重视。赫迪夫伊斯梅尔将高达1万费丹的土地捐作卧格夫,言明其收益专用于建设和修缮清真寺及其各项设施,盈余用于全国各地的穷人、孤寡和旅客。赫迪夫伊斯梅尔还为依巴德特领域捐赠了197费丹土地,其收益专用于埃及的毛拉、苏莱曼尼亚道堂和嘎底忍耶道堂。此外还捐赠了1300费丹土地,其中150费丹的收益用于开罗奈菲赛清真寺,60费丹的收益用于谢赫福里清真寺,其余1090费丹的收益用于开罗的谢赫萨利哈·艾布·哈迪德清真寺。

赫迪夫伊斯梅尔在依巴德特领域捐赠的卧格夫只是穆罕默德·阿里家族捐赠卧格夫的典型案例。穆罕默德·阿里王朝的历代统治者非常重视对清真寺的创建和修缮,这或许秉承了家族创始人穆罕默德·阿里的一贯作风。据说,穆罕默德·阿里曾当着众学者庄重承诺:"凡是损毁的破旧清真寺,我负责修缮,配备必要的设施。"

除了王室,王公大臣们也重视在自家以及所辖地区修建清真寺,尤为重视创建新清真寺。例如1943年,时任总理大臣的阿里帕夏·马希尔捐赠了46费丹的土地作为卧格夫,将其中11费丹8基拉特土地的收益专用于他在布海拉县修建的绿宫清真寺。

地主土绅对清真寺及其附属设施捐赠的卧格夫与王公大臣和政府高官捐赠的情形大致相同。他们创建清真寺后以自己的名字命名,并对其捐赠卧格夫,以保障清真寺能长期履行宗教功能。这样的案例不胜枚举。

1. 根据卧格夫部2238—35号卷宗记载,1889年9月23日呈交坦塔宗教法院的"卧格夫捐赠声明书"声称,穆罕默德贝克·哈桑·善德威里将他在索哈杰县郊区700费丹的土地捐作卧格夫,并指定将其中20费丹的收益专用于他在家乡善德威里岛修建的清真寺。

2. 根据卧格夫部76—1号卷宗记载,1903年呈交法尤姆宗教法院的"卧格夫捐赠声明书"声称,阿拉伯长老莱姆鲁姆贝克·巴塞尔将面积为95费丹的土地捐作卧格夫,并指定将其中7费丹专用于他建造的莱姆鲁姆清真寺。

3. 根据卧格夫部834—8号卷宗记载,1907年2月5日呈交代盖赫利耶省宗教法院的"卧格夫捐赠声明书"声称,艾哈迈德帕夏·拜德拉维捐出了面积为3 428腕尺的一块空地作为卧格夫,在上面修建了一座清真寺。声称这座清真寺为永久性礼拜场地,供穆斯林举行聚礼和日常礼拜,履行所有宗教仪式,并在固定的地方公开宣礼,公开礼拜。他还将面积为1 392多费丹的土地捐作卧格夫,指定其中25费丹的收益在他死后专用于祖坟以及旁边的清真寺和道堂,并用于清真寺的拜毯、照明、伊玛目和诵经师的工资、聚礼日专门诵读《古兰经》"凯海府章"的诵经师的工资等。

以上例证说明,捐赠者往往不但用卧格夫收益建设清真寺,还长期承担着所建清真寺的必要开支。此类清真寺都有详细的收支明细表。穆罕默德贝克·哈桑·善德威里修建的清真寺明细表显示,捐赠给该清真寺的卧格夫份额总收入为354埃镑120米利姆[①](穆罕默德贝克·哈桑·善德威里指定给该清真寺的卧格夫份额是20费丹,根据1952年汇率兑算,平均每费丹收入为17埃镑706米利姆。)。清真寺还有往年结算的余额186埃镑100米利姆,二者共计540埃镑200米利姆。其开支明细如下编表22-2所示。

下编表22-2　穆罕默德贝克·哈桑·善德威里所建清真寺1952年开支明细表

开支项目	金 额	
	埃镑	米利姆
照明与灯具	16	595
卫生清洁及医药费	15	600

---

① 米利姆(Millienm)为埃及货币最小单位,1埃镑=100艾尔什,1艾尔什=10米利姆。即1埃镑=1 000米利姆。

续　表

开支项目	金　　额	
清真寺维修	31	900
聚礼日诵经师薪资	45	—
清真寺照明费用	23	—
清真寺毛拉薪资	36	
清真寺清洁工薪资	42	
清真寺伊玛目薪资	60	

合计：270 埃镑 95 米利姆

虽然在依巴德特领域有很多种卧格夫捐赠形式，但清真寺卧格夫是其最核心的捐赠形式。清真寺卧格夫的捐赠有两大特征。

1. 财政和管理的独立性

卧格夫产生伊始，清真寺得到了捐赠者的高度重视。清真寺通常由捐赠者或管理委员会负责管理。捐赠者在创建清真寺的同时，往往也会为清真寺创建相应的卧格夫，固定的卧格夫收益能够满足清真寺的各项需求，使得清真寺具有了财政和管理的独立性。为清真寺创设的卧格夫主要用于：（1）清真寺的配套设施建设，诸如拜毯、照明、用水、卫生洁具、维修等的费用支出，以便保障长期顺利地履行各种宗教功课；（2）聘用清真寺教职人员，从卧格夫收益中开支教职人员的薪资，清真寺教职人员的职能一般包括领拜、演讲、宣礼、授课以及在特定时间尤其是聚礼日诵读《古兰经》等。

捐赠者对清真寺教职人员的聘任条件大致相同，通背和吟诵《古兰经》普遍被视为伊玛目、演讲者和授课者的首要条件，还须精通教法，谙熟宗教学科知识。有的捐赠者还提出条件，教职人员必须获得艾资哈尔大学、坦塔艾哈迈迪经学院等宗教院校的学士学位，以便有能力给前来礼拜者讲授教法知识。例如优素福·阿凡提·哈赛奈尼夫妇在"卧格夫捐赠声明书"中明确提出，在清真寺给普通大众讲课之人必须获得某一宗教院校的资格证书，此外清真寺教职员工必须品学兼优，操守高尚，聪明睿智。以下是聘任清真寺教职人员的两则范例。

（1）穆斯塔法贝克·卡米里·格姆拉威于1903年创建的卧格夫捐赠声明书明确提出："本卧格夫收益专用于德才兼备且具有教学能力和演讲口才的学

者。其主要职能是负责在卧格夫捐赠者创建的清真寺里领拜、演讲、讲授宗教知识;全年在昏礼与宵礼区间讲课一小时,聚礼日、节日和宗教庆祝日除外,也除去一年中著名的七个夜晚:阿舒拉日(伊历元月初十)、圣纪、莱贾布月(伊历7月)第二十七夜晚、谢尔邦月(伊历8月)月中之夜(俗称白拉提夜)、莱麦丹月(伊历9月,亦称斋月)第二十七夜晚(俗称盖德尔夜)、两大节日夜晚;在两大节日的昏礼与宵礼区间讲述故事以及与之相关的经训,上述夜晚宵礼后亦同;整个斋月期间都要讲课,讲课时间从晡礼后开始,至昏礼前。根据环境条件和卧格夫财政状况,可以聘任两名学者担任该职务。"

(2)艾哈迈德帕夏·敏沙维于1903年捐赠了建于坦塔的著名的敏沙维清真寺,其卧格夫捐赠声明书明确提出了聘任教职人员的条件和薪资。

下编表 22-3　艾哈迈德帕夏·敏沙维对清真寺教职人员的聘任条件

序号	职位	聘任条件	年薪(埃镑)
1	清真寺伊玛目	每天带领大家按时礼五时拜	18
2	海推卜(演讲师)	负责聚礼日及两大节日的呼图白	12
3	穆安津(宣礼员)	按时在清真寺宣礼塔上的五次宣礼	12
4	诵经师	每个聚礼日诵读"山洞章",每日晡礼的宣礼与礼拜的间隙选读10节《古兰经》经文	6
5	赞颂者	4名擅长颂念赞词的廉洁之士,每日晨礼前在捐赠者指定的清真寺颂念早晨的赞词,为捐赠者夫妇祈祷	34
6	授课教师	8名获艾资哈尔清真寺或艾哈迈迪清真寺学士学位的学者,教授艾布·哈尼法、马立克和沙斐仪三大学派的教法,并教授圣训和经注等宗教学科	144
7	特聘布道师	从以上8人或他人中选出一名学者,每逢阿舒拉、圣纪、夜行与登宵纪念日授业布道,所授内容必须是可靠学者的观点	5

清真寺的卧格夫虽说广泛,且具有财政和管理的自主性,但埃及的所有清真寺并非同一种模式。有些清真寺虽有卧格夫,但不能自给自足;有些清真寺由于经营不善,管理混乱,卧格夫收益无法满足正常开支;有些清真寺没有卧格夫,这类清真寺往往破旧不堪,终被废弃,以至被卧格夫部接管。1952年革命后,翌年

颁布了247号法令,政府接管了所有慈善卧格夫,清真寺从此失去了卧格夫的财政独立性。1960年,颁布了157号法令,政府开始将所有清真寺收归卧格夫部统一管理,清真寺自此失去了自主管理的独立性。

2. 本土性

卧格夫捐赠声明书显示,本土性是依巴德特领域卧格夫捐赠的主要特征之一,在卧格夫清真寺的创建、卧格夫收益的分配方面尤为如此。捐赠者首选本坊的清真寺作为捐赠对象,这种地域特征的表现形式有以下几种:

(1) 捐赠者明确提出,将卧格夫收益或其中的若干份额专用于本坊清真寺或自己创建的清真寺。例如:第一种情况,1903年,贝尼苏韦夫村镇的农民罕玛德·本·哈桑在卧格夫捐赠声明书中明确提出,自他创建卧格夫之日起,将自己1费丹土地的收益专用于他家附近比巴岛的清真寺开支以及清真寺履行宗教仪式所用;第二种情况,1907年,谢赫马哈茂德·奈智门丁及其胞弟侯赛因·阿凡提·萨利姆(库夫尔·甘纳姆村村长)的卧格夫捐赠声明书声明,他俩捐赠的6费丹16基拉特土地的收益全部用于两人在库夫尔·甘纳姆村建造的清真寺的修缮、附属设施的照明和清洁、清真寺中五位学者的薪资等。

(2) 捐赠者明确表示,无法对本坊的清真寺或自己创建的清真寺进行利润支配时,优先考虑将卧格夫收益划拨给当地其他清真寺。例如省迈特·葛木尔镇拜希拉村的穆罕默德·赛义德·沃哈什将1费丹土地捐作卧格夫,其卧格夫捐赠声明书提到,该卧格夫专为拜希拉村头的伊本·阿南清真寺捐赠,卧格夫收益专用于该清真寺的修建和履行宗教仪式。如果该清真寺无法支配,则将收益用于离拜希拉村头这座清真寺较近的其他清真寺。如果对附近的清真寺也无法支配,而且拜希拉别无其他清真寺,就将其收益分发给拜希拉的穷人。

(3) 捐赠者明确提出,若因多种原因,家庭卧格夫的受益者不存在的情况下,将其卧格夫收益用于本坊清真寺。例如达迈·恩兹·艾哈迈德·萨希尔女士于1902年将4费丹土地捐作卧格夫,其卧格夫捐赠声明书提到,该卧格夫收益用于代盖赫利耶省散杜布村清真寺的维护,如果无法用于该清真寺,则分发给散杜布村的鳏寡孤独。

上述三种现象充分说明了卧格夫捐赠的本土性,但有两种现象跨越了这一特点:

(1) 有些捐赠者明确指定,卧格夫的收益专用于埃及境内的圣裔清真寺和圣贤清真寺。这多半是他们特别敬仰圣裔或圣贤使然。

（2）有些捐赠者明确提出，卧格夫收益专用于麦加的禁寺和麦地那的先知清真寺。这两座清真寺在穆斯林心中具有崇高地位，耶路撒冷的阿克萨清真寺（远寺）也受到捐赠者的重视。

麦加禁寺和麦地那的先知清真寺受到埃及社会各阶层捐赠者的高度重视。截至 1952 年，在埃及，两寺的卧格夫有独立的管理机构和预算，与埃及的其他卧格夫互不掺和，该管理机构自马木鲁克王朝以来就具有官方色彩。根据 1951—1952 年两寺卧格夫最后一次年度统计，在埃及，两寺的卧格夫耕地已高达 6 281 费丹，此外还有捐给两寺的很多卧格夫建筑等。据该年度统计，两寺的卧格夫总收入高达 101 000 埃镑。

（二）教育领域

自伊斯兰教传入埃及，教育与卧格夫一直有着紧密的联系，这种联系主要体现在各大清真寺所履行的教育和文化服务。大型清真寺都设有开展教学活动的庭院和附属讲堂，随着时代的变迁，这些讲堂慢慢变为独立于清真寺的学堂，能够容纳大批的学子，教授不同的学科。

在漫长的历史时期，埃及的教育一直由民间举办，属于社会力量办学，大型清真寺都设有开展教学活动的庭院和附属讲堂。随着时代的变迁，这些讲堂慢慢变为独立于清真寺的学堂，能够容纳大批的学子，教授不同的学科。清真寺学堂一般不由国家管理，国家也无正式的教育管理部门，卧格夫是所有教育机构的主要甚至是唯一的经济来源。这种情况一直持续到近代埃及穆罕默德·阿里时期。穆罕默德·阿里为改变埃及社会的贫弱落后，使国家富强起来，积极仿效西方国家，大力发展现代教育，同时大幅压缩传统教育，奠定了现代埃及官方教育的基础，将教育纳入政府的全面管理。随着建立现代国家的构想，穆罕默德·阿里进行了一系列改革，对旧体制和国家机构进行重组，传统的卧格夫制度也受到影响。伴随近现代埃及社会的风云变幻，埃及卧格夫也几经沉浮，教育领域的卧格夫捐赠不再是传统活动的历史延续，而是具有了新的内涵。

为了加强国家实力，建立强国基础，以穆罕默德·阿里为代表的最高权力机构颁布了实施西方现代教育模式的决议。为了实现这一宏伟目标，穆罕默德·阿里特别重视选派留学生到国外学习医学、工程、工业制造、军事和管理知识。同时，为满足改革的需要，埃及成立了很多新型的专业学堂。大约 1833 年，穆罕默德·阿里强行关闭了上埃及的很多清真寺学堂和私塾，将学生转入新型学堂，清真寺学堂和私塾的数量骤减。同时,穆罕默德·阿里对卧格夫采取了严厉管制,很多清真寺、私塾、艾资哈尔清真寺的卧格夫都收归政府管理,从此,艾资哈尔丧失了其财政和管理的独立性。

1836年,埃及成立了学堂协商委员会。1838年,更名为学堂管理署。这是埃及有史以来成立的首个负责管理教育事务的官方机构。从此,西方模式的教育体制成为了建设新型国家的主要机构之一,严重影响了主要依靠卧格夫生存的民间教育机构,其中传统的教育机构——私塾和艾资哈尔首当其冲。随着学堂管理署的出现,埃及首次出现了官方性质的教育预算拨款。起初教育预算不足国家总预算的5%,随着官方教育体制的不断扩大,教育预算也逐步提高,1951—1952年,教育预算占国家总预算的12.43%。英国殖民埃及期间,教育预算一直是外界干预埃及政策和实施压力的主要凭借。

穆罕默德·阿里一味强化现代教育,不重视根深蒂固的传统教育,认为传统教育课程中缺乏社会发展所需要的现代科学知识,从而使得艾资哈尔的教育受到严重忽视。只有在赫迪夫伊斯梅尔时期,谢赫穆罕默德·阿拔斯·马赫迪出任艾资哈尔长老院长老,对艾资哈尔实施了一些改革。总之,自从穆罕默德·阿里时期,在建立现代国家的进程中,埃及在教育领域所经历的各种变化对埃及社会产生了直接影响。

(1) 埃及有史以来首次出现了双重教育体制。一种是欧洲模式的现代教育体制,接受这种教育者能在政府机构谋到一官半职。另一种是以艾资哈尔和遍及全国各地的宗教院校、私塾为代表的传统教育体制,接受此种教育者的前景不似接受现代教育者那样灿烂。

(2) 随着教育体制的改革,埃及涌现出了很多外国学校,主要是常驻埃及的外国侨民学校和教会学校,外国教育风靡全国,而且这类学校还在持续增加。截至1875年,埃及的外国学校多达93所,学生共计8916名,而当时埃及的官方学校只有36所,学生共计4878名。1914—1915年,王家(官方)学校只有55所,外国学校则达307所。

外国学校数量庞大,培养了一批接受西方文化的新一代思想精英,与当地的传统文化和宗教信仰产生碰撞,产生了思想的交锋。

(3) 现代教育体制阶级化。早在赫迪夫伊斯梅尔时期,埃及所有官方学校一律实行免费教育。英国殖民埃及后向埃及政府施压,开始收缩直至最终取消了免费教育制度。很多适龄儿童因缴不起学费而辍学,受教育群体严重缩小,有教无类成为一种追忆,加剧了阶级分化。

(4) 严重的自我优越论。由于现代教育体制系官方体制,故接受现代教育者持有一种自我为中心的强烈优越感。这种自我优越感对教育进程本身带来了一系列消极影响,导致教育体制的活力下降,严重缺乏批判精神和责任感。

在现代教育体制的影响下,埃及教育领域的卧格夫体制也产生了变革。卧格夫除了在私塾领域占有相当重要的地位,也开始资助民办大学里的现代教育,同时也资助大量留学生到国外留学深造。

1. 私塾卧格夫。在传播传统教育基础知识和大面积扫盲方面,私塾教育举足轻重。私塾系民间基础教育基地。穆罕默德·阿里采取的一系列卧格夫管理措施,使得私塾在 19 世纪上半叶遭到压制。

19 世纪中叶,教会学校和外国侨民学校盛行。面对殖民主义的挑战和外来文化的侵袭,埃及民众再次掀起创建卧格夫的浪潮,很多捐赠者创办私塾,并指定固定的卧格夫收益用于私塾的开支。除了平民百姓,仕宦阶层也纷纷加入支持传统教育的行列,以维护个人的身份认同,为此设立的卧格夫莫过于赫迪夫伊斯梅尔。1865 年,即赫迪夫伊斯梅尔执政两年后,他捐赠的卧格夫土地就高达 1 万费丹。其卧格夫捐赠声明书明确指出,收益全用于开罗清真寺和私塾的修缮、开支及履行各项伊斯兰宗教仪式。1870 年,赫迪夫伊斯梅尔还将自己在艾斯尤特的一座行宫捐作卧格夫,指定将其改为教授宗教、文学、西方语言和其他外语的私塾。1876 年,赫迪夫伊斯梅尔又将东部省 21 918 费丹的土地捐作卧格夫,其卧格夫捐赠声明书明确申明,该卧格夫的收益全用于埃及民办私塾的教育经费,如果因各种原因无法用于私塾,则其收益分发给全埃及的穷苦穆斯林。①

赫迪夫伊斯梅尔时期,卧格夫还是政府开展初级教育的资金来源。1866 年,根据阿里·帕夏·穆巴拉克呈交的教育组建计划,司法协商委员会颁布了几项决议,倡导用卧格夫收益和民间捐款在全国创办更多的私塾和小学,掀起了兴办初级教育的浪潮。1866—1878 年,私塾由 1 219 所增至 5 370 所,学生由原先的 44 059 名上升至 137 553 名。至 1897 年,私塾的数量上升至 9 647 所,学生达 180 547 名。②

在振兴民族传统教育方面,埃及民众对教育的捐赠远超政府投入。许多卧格夫捐赠者的共同愿望是给穆斯林儿童教授《古兰经》和教他们识字。

---

① 艾布·穆罕默德·本·优素福·肯迪:《埃及总督史》,贝鲁特出版社 1987 年版,第 211 页。
② 哈桑·法基:《埃及教育文化史》,开罗复兴出版社 1966 年版,第 117 页。

艾哈迈德帕夏·敏沙维于 1903 年捐赠的卧格夫被视为私塾领域卧格夫捐赠的典范。艾哈迈德帕夏·敏沙维捐建了 30 所私塾，遍及 33 个村镇，又为每所私塾指定卧格夫收益份额用于其开支。他提出：（1）每所私塾必须聘请若干教师和《古兰经》的专职讲师，给孩子们教授《古兰经》、阿拉伯文书写、基础算术、宗教信仰。授课从每天日出至下午，聚礼日、节日和宗教庆祝日休假。（2）给学生分发奖金，每背诵一朱兹欧[①]《古兰经》，就奖励 5 基尔什（硬币），直至全部背诵。（3）给每位学生每半年发放一次助学金。（4）给每所私塾定期划拨经费，用于其开支。（5）给贫困生购买《古兰经》、书本等学习用具。（6）每所私塾配备必要的配套设施和锅碗瓢盆等生活用具，并配备勤杂人员。（7）凡在私塾里精准背诵了《古兰经》且想在敏沙维清真寺继续求学之人，造册登记，当即给予助学金。[②]

敏沙维卧格夫是诸多卧格夫私塾的一个典型。所有卧格夫私塾都有其基本共同点：每所私塾都重视教授阿拉伯语、阿拉伯文书写、伊斯兰教基础知识、背诵《古兰经》；给优秀学生颁发奖金或奖品；给孤儿和贫困生提供免费教育，包括免费的吃穿住宿；平等对待男女儿童；提供清洁、照明等必要的服务。

总之，卧格夫振兴了私塾教育，为维护阿拉伯语和普及伊斯兰文化基础知识做出了积极贡献，在殖民主义者极力抹杀伊斯兰文化之时，尤为如此。私塾教育依靠卧格夫和民间捐资独立运行，普遍具有教育的自主独立性，这是殖民当局不愿看到的。为此，殖民当局试图通过一个统一的中心机构——教育管理署来控制全埃及的教育机构。1890 年，殖民当局下令将隶属于国家卧格夫部的一切附属机构全部划归教育管理署，包括卧格夫部属下的 132 所私塾。将卧格夫部属下的私塾划归教育管理署，并非殖民当局为控制传统教育采取的唯一措施，他们还通过金钱诱惑试图控制传统教育机构，公开宣布要大力资助符合其条件的私塾。但埃及人民宁肯通过卧格夫维系私塾的生存，也不愿拿殖民当局分文，以免他们乘机控制私塾，阻止私塾发挥维护民族身份认同的职能。

有人认为，私塾、伊斯兰宗教院校和艾资哈尔，传播着一种僵硬守旧的教育理念。但毋庸置疑，埃及的私塾在传承传统文化、维护民族传统、民族身份认同方面发挥着积极作用。

[①] 朱兹欧，阿拉伯语音译，意为一部分。《古兰经》共有 30 朱兹欧，一朱兹欧为一卷本，30 朱兹欧即为 30 卷本。先知时期，并无将《古兰经》分为多少卷本之说。后世学者们将《古兰经》分为 30 朱兹欧，方便背记、诵读等。

[②] 易卜拉欣·班尤米·伽尼姆：《埃及的卧格夫与政治》，开罗曙光出版社 1998 年版，第 134 页。

2. 艾资哈尔的卧格夫。穆罕默德·阿里将艾资哈尔的卧格夫收归政府管理,作为其推行改革的举措之一,以充盈国库。他通过全面控制埃及土地,彻底根除了马木鲁克王朝(1250—1517)遗留下来的古老体制。穆罕默德·阿里对艾资哈尔苛吝异常,非常重视现代教育,不惜重金派送学生赴欧留学。穆罕默德·阿里此举并非打压艾资哈尔的传统教育,而是为了加快改革和强国进程。他认为如果依靠艾资哈尔自身推进改革,恐怕需要漫长的时日。

艾资哈尔既是民间社会与统治阶级进行疏通的纽带,亦是应对和抵抗外部势力的坚固堡垒,这在1882年埃及人民抵抗法国入侵和1919年抵抗英国殖民的运动中表现得尤为突出。虽然穆罕默德·阿里将艾资哈尔的卧格夫收归国有,且对艾资哈尔非常苛吝,但民间也有对策,目的是确保卧格夫制度的持续存在,维护艾资哈尔的正常运行和发展,同时也体现了广大民众对艾资哈尔的关注,因为艾资哈尔是传统教育体制的典范,正统伊斯兰文化的象征。

19世纪上半叶,艾资哈尔出现了很多卧格夫,这体现了民众对艾资哈尔和传统教育的重视及支持。欧麦尔·穆坎拉姆在1809—1820年捐赠的卧格夫即为一例。

1809年,欧麦尔·穆坎拉姆为艾资哈尔清真寺的学生创建了其首份卧格夫,明确规定其收益专用于艾资哈尔学子,且只要一直是艾资哈尔的学子,可以代代使用。1812年,欧麦尔·穆坎拉姆将开罗的一些土地捐作卧格夫,规定其收益永远专用于在艾资哈尔攻读教法学的学子。1820年,他又将自己在开罗和艾斯尤特的全部财产捐作卧格夫,规定其收益用于艾资哈尔学子的生活用度。[①]

从19世纪后半叶开始,随着创建新卧格夫浪潮的兴起,艾资哈尔及其附属院校重新获得了很多卧格夫的资助,尤其是针对私塾教育的卧格夫骤增。19世纪末至20世纪初的25年,是对艾资哈尔捐赠卧格夫的鼎盛时期。

穆罕默德·阿里去世后,率先为艾资哈尔捐赠卧格夫者是穆罕默德·阿里家族之人,尤其是女眷。譬如穆罕默德·阿里之女宰娜拜公主于1860年创建了一份大型卧格夫,捐献了代盖赫利耶省10 299费丹的土地,指定其收益用于各种慈善事业,其中包括艾资哈尔哈奈斐教法学派学者的薪资和馍饼费(餐费)。1941年至20世纪50年代末的近20年,该卧格夫的总收入为3 353埃镑,60年代上升至7 631埃镑,1981年上升至18 000埃镑,1991年上升至27 000

---

① 易卜拉欣·班尤米·伽尼姆:《埃及的卧格夫与政治》,开罗曙光出版社1998年版,第213页。

埃镑。① 王室其他成员及王公大臣们也给艾资哈尔捐赠卧格夫,诸如赫迪夫伊斯梅尔时期的大臣艾布·伯克尔·拉缇布帕夏、大臣委员会首席大臣穆斯塔法·利雅得帕夏等。不少地主土绅也给艾资哈尔捐赠了卧格夫。

平民百姓也为艾资哈尔捐赠卧格夫。19世纪末和20世纪的25年,平民百姓为艾资哈尔捐赠的卧格夫多为耕地。譬如,1891年,代盖赫利耶省迈特·葛木尔镇库姆·努尔村的农民哈吉阿卜杜乎·赛俩迈捐赠的86费丹土地作为卧格夫,指定其中55费丹12基拉特②的收益专用于艾资哈尔的7名长老以及伊本·迈阿麦尔讲堂的沙斐仪学派教师和学子,其余收益用于穷人和其他慈善事业。1911年,曾为军官的优素福·阿凡提·松迪格将23费丹的土地捐作卧格夫,指定其若干收益专用于艾资哈尔的学子。1924年,伊泰·巴鲁迪镇库夫尔·曼杜尔村的哈尼姆·曼杜尔将5费丹8基拉特的土地捐作卧格夫,指定其一半的收益专用于在艾资哈尔长期求学的贫困学子。索哈杰省杜什纳镇的法蒂玛·侯赛因·阿里和奈菲赛·阿卜杜·格尼两位女士,联合将33费丹1基拉特的土地捐作卧格夫,指定其中7费丹的收益专用于艾资哈尔索阿依达(上埃及)讲堂的贫困学子。③

根据1940—1941年艾资哈尔年度预算,艾资哈尔的卧格夫总数达190份,年总收入为342600埃镑。艾资哈尔的卧格夫通常由艾资哈尔总长老负责管理,但有大约一半的卧格夫归私人管理,所以艾资哈尔的卧格夫管理较为分散混乱。1952—1995年,由于政治、经济体制发生了根本性变化,只出现过一例为艾资哈尔捐赠的卧格夫,即1981年,国会议员穆罕默德·邵基·丰杰里将自己在费萨尔伊斯兰银行的几笔投资存款和纳赛尔社会银行的一笔存款捐作卧格夫,而且不断扩充资金。他指定一半收益用于资助就读于艾资哈尔,尤其是来自亚洲国家的贫困生,帮助他们完成学士、硕士、博士阶段的学业,以便他们学有所成,服务于祖国,服务于伊斯兰。另一半收益用于多项慈善项目,例如救治艾资哈尔的病人,资助贫困生,奖励艾资哈尔大学宣教系、宗教原理系和《古兰经》系的优秀生。截至1995年,穆罕默德·邵基·丰杰里捐赠给艾资哈尔的卧格夫基金达30万埃镑。④

---

① 艾布·穆罕默德·本·优素福·肯迪:《埃及总督史》,贝鲁特出版社1987年版,第159页。
② 基拉特为埃及土地丈量单位。1基拉特为1费丹的1/4,约175平方米。
③ 易卜拉欣·班尤米·伽尼姆:《埃及的卧格夫与政治》,开罗曙光出版社1998年版,第225页。
④ 易卜拉欣·班尤米·伽尼姆:《埃及的卧格夫与政治》,开罗曙光出版社1998年版,第228页。

3. 艾资哈尔附属院校的卧格夫

20世纪初至中叶,艾资哈尔的附属院校得到了卧格夫的高度关注。这些附属院校大多附属于艾资哈尔清真寺,也有的附属于其他清真寺,例如附属于坦塔的艾哈迈迪清真寺、杜素基市的杜素基清真寺、亚历山大的易卜拉欣·帕夏清真寺等。这些院校得益于附属于这些清真寺的卧格夫,清真寺会拿出一定数额的卧格夫收益用于教育,因为发展教育也是各大清真寺最基本的职能。

根据1908年艾资哈尔清真寺1号法令,以艾资哈尔模式运行的学校一律称作伊斯兰宗教专科学院。1911年,又颁令改称伊斯兰专科宗教学院。其中第一条例明确提出,艾资哈尔清真寺乃最大的伊斯兰专科宗教学院。类似的宗教学院还有:亚历山大学院、坦塔学院、杜素基学院、杜姆亚特学院。凡在埃及创办的学院均由逊尼派负责管理,所有学院均为私立学校,隶属于艾资哈尔清真寺或其他院校。①

截至1911年,隶属于艾资哈尔的附属学院共有4所。1930年,颁布了重组艾资哈尔的49号法令,开罗、宰加济格、艾斯尤特三地的学院隶属于艾资哈尔,后又吸纳了基纳学院,因而至40年代初,艾资哈尔的附属学院共有7所。20世纪中叶,因卧格夫管理等原因,贝尼苏韦夫、明亚、吉尔贾、曼苏拉4处学院也成为艾资哈尔的附属学院。

下编表22-4　1940—1941年度艾资哈尔附属学院卧格夫的收益概况

序号	学院名称	卧格夫总数(个)	卧格夫收益(埃镑)
1	亚历山大学院	6	174
2	艾哈迈迪学院	24	2 630
3	艾斯尤特学院	12	362
4	宰加济格学院	6	86
5	杜素基学院	4	400
6	杜姆亚特学院	4	268
7	基纳学院	10	13
合计		66	3 933

资料来源:罕萨夫:《卧格夫制度》,开罗宗教文化出版社1997年版,第98页。

---

① 谢赫艾哈迈迪·扎瓦希里:《知识　学者　教育体制》,开罗知识书局1955年版,第157页。

（1）坦塔的艾哈迈迪学院拥有的卧格夫最多

该学院历史悠久，有艾哈迈德·巴达维①的名人效应，加之地处坦塔和尼罗河三角洲的中心，地理位置优越，其重要性仅次于艾资哈尔的附属学院。1875年，艾哈迈迪学院的学生人数为3 827名。20世纪初，学生人数为4 000名，当时的艾资哈尔有近7 000名学生。1918年，学生人数则达15 000名。

艾资哈尔附属院校的卧格夫多产生于19世纪的最后10年以及20世纪最初的25年，20世纪中叶亦有卧格夫捐赠，但相对较少。此前只有阿里·艾哈迈德贝克于1771年捐赠的一份卧格夫，他指定其收益专用于坦塔的艾哈迈德清真寺的教学，其卧格夫收益足够教授700名学生。穆罕默德·阿里将所有大清真寺的卧格夫收归国有，但阿里·艾哈迈德贝克的卧格夫却保留了下来，一直用于艾哈迈迪清真寺的教学。②

（2）尼罗河三角洲地区的卧格夫捐赠亦较为丰厚

20世纪初，有3位豪绅分别为尼罗河三角洲地区的艾资哈尔附属院校捐赠了卧格夫。

a. 艾哈迈德帕夏·敏沙维，他指定卧格夫收益专用于坦塔的艾哈迈迪学院、杜素基学院、杜姆亚特学院的师生。根据1940—1941年度统计，3所学院卧格夫的收益共3 298埃镑。此外，敏沙维还创办了一所艾资哈尔附属学院，至今仍以其名命名，即坦塔敏沙维学院，全部生活开支和教学用度均从其卧格夫收益中支出。1952年，坦塔敏沙维学院从其卧格夫收益中的开支高达6 954埃镑500米利姆。③

b. 艾哈迈德贝克·谢里夫，他指定卧格夫收益专用于艾哈迈迪和杜素基两所学院。根据1940—1941年度预算，每所学院各支付140埃镑。④

c. 艾哈迈德帕夏·拜德拉维，他指定每年从卧格夫收益中各支付20埃镑给艾哈迈迪学院和杜素基学院。⑤

除了给上述历史悠久的传统宗教院校捐赠卧格夫，20世纪上半叶，地主土

---

① 艾哈迈德·巴达维（1199—1276），在埃及创立了"艾哈迈迪耶教团"（Ahmadiyyah）。但为了与同名的另一教团相区别，故被称为"巴达维教团"。
② 穆罕默德·阿卜杜·嘉瓦德：《坦塔艾哈迈德大清真寺及其附属学院历史》，开罗复兴出版社1947年版，第112页。
③ 易卜拉欣·班尤米·伽尼姆：《埃及的卧格夫与政治》，开罗曙光出版社1998年版，第232页。
④⑤ 穆罕默德·阿卜杜·哈桑：《艾资哈尔及宗教院校卧格夫收入明细》，开罗民族文献出版社1941年版，第45页。

绅也参与创办新式学院并为其捐赠卧格夫。根据国家数据统计总署1951—1952年的统计数据,隶属于艾资哈尔的附属院校多达26所,学生19 277名,全部接受免费教育。① 此外亦有捐赠者额外拿出一定数额的现金或实物奖励品学兼优的学生。地主土绅为艾资哈尔附属院校捐赠卧格夫的例子不胜枚举。

(3) 沿海地区的卧格夫实例

赛义德贝克·阿卜杜·穆泰阿里,19世纪初曾担任萨姆努德市委员会主席,当地缙绅,他将908费丹20基拉特的土地捐作卧格夫,还将在萨姆努德市的一幢2层共6个房间的小楼、一处牛羊圈棚、两处骆驼圈棚、一间写字楼、一座磨坊、一家轧棉厂全都捐作卧格夫,指定用其收益在萨姆努德市中心创建一所宗教学院,支付教师的薪资和教学用度。明细如下:

院长,负责巡视师生情况,每日在学院讲授一堂经注或圣训课,月薪4埃镑;

3位获得某一宗教院校学士学位的学者,负责教授学院教学大纲规定的宗教课程,每人月薪6埃镑;

给全院40名学生每人每月支付25皮亚斯特,②共计10埃镑。每日给师生分发馍饼;

学院卫生清洁费每月2埃镑;

每月水费50皮亚斯特;

学院3位教师年人均服装费4埃镑,共计12埃镑。每年莱麦丹斋月初领取;

学院清洁工和水工的服装费每人2埃镑,共计4埃镑,每年莱麦丹斋月初领取。

除了上述固定开支,赛义德贝克·阿卜杜·穆太阿里还指定从卧格夫收益中支付学院必要的其他开支,诸如咖啡、糖、煤炭、照明、师生和访客的饮用水等。③

学院开设的课程由赛义德贝克·阿卜杜·穆太阿里制定,课程有教法学、信仰学、遗产分配学、《古兰经》经注、圣训等伊斯兰学科,还有修辞学、词法、文法、算术、地理、历史等,与其他艾资哈尔附属学院的课程基本相似,以便符合艾资哈尔的要求,使学生能够顺利考入艾资哈尔大学。

1922年,赛义德贝克·阿卜杜·穆太阿里去世,与其学院相关的卧格夫仍

---

① 国家数据统计总署编:《埃及教育院校1951—1952年鉴》,皇家印书馆1953年版,第284—285页。
② 皮亚斯特(Piastres),埃及货币单位。1埃镑=100皮亚斯特。
③ 易卜拉欣·班尤米·伽尼姆:《埃及的卧格夫与政治》,开罗曙光出版社1998年版,第232页。

然照常运行。1952 年的埃及七月革命[①]后,政府接管了所有卧格夫,由国家卧格夫部统一管理。1953 年,颁布了 247 号法令,授权卧格夫部统管所有慈善卧格夫。从此,该学院的所有卧格夫全部收归国有,包括 773 费丹的土地和诸多房产,6 962 埃镑的卧格夫银行存款全部冻结。[②]

(4) 内陆地区的卧格夫

1918 年,赛阿德·扎格卢勒(又称柴鲁尔)、阿里·舍阿拉威、阿卜杜·阿齐兹三人组成华夫脱党,组织请愿团,伸张埃及国家权益,要求政治独立,最终赢得了胜利。其中,阿里·舍阿拉威是立法协会委员,其妻胡达·穆罕默德·苏尔坦,以胡达·舍阿拉威闻名,是 1919 年革命时期埃及妇女运动的领袖。根据 1918 年埃及宗教法院签发的卧格夫捐赠声明书,阿里·舍阿拉威将地处明亚和艾斯尤特的 7 126 费丹的耕地捐作卧格夫,还捐出了明亚 1 费丹的空地,用来创建一所艾资哈尔附属院校、一座清真寺以及他个人和家人的墓地。阿里·舍阿拉威指定用其中 1 562 费丹土地的收益创建艾资哈尔附属学院,并支付学院的开支,提出学院的教学体制必须永远与艾资哈尔清真寺的教学保持一致。他亲自制定了学院的教学课程,涵盖所有宗教学科以及算术、文学、历史、地理、书法,还特意提出要在学院聘任教授《古兰经》背诵和七种读法的老师。其宗旨是要像艾资哈尔那样既培养出获得学士学位的现代型人才,又培养出能够背诵《古兰经》且熟悉著名的七种读法的诵读家。[③]

1922 年,阿里帕夏·舍阿拉威去世。1950 年,他筹划的学院竣工,耗资 11 783 埃镑 106 米利姆。每年从卧格夫收益中支出 4 000 埃镑,用于学院的开支。1953 年,埃及成立卧格夫部,学院的所有卧格夫全部收归卧格夫部管理。1962 年,根据 44 号法令,卧格夫部又将所有卧格夫纳入土地改革,阿里帕夏·舍阿拉威捐赠的卧格夫被充公。[④]

自埃及民众开始重视为艾资哈尔附属院校捐赠卧格夫起,卧格夫捐赠多用于初等教育(私塾)和高等教育(艾资哈尔大学),中等教育(小学、中学)并未得到

[①] 埃及七月革命,也称"七二三"革命。1952 年 7 月 23 日由埃及自由军官组织领导的民族民主革命。这次革命是埃及近现代史的转折点,它推翻了穆罕默德·阿里王朝的末代国王法鲁克。新政权颁布《土地改革法》,没收了王室土地,取消了社会等级和贵族称号。翌年成立了埃及共和国。
[②] 易卜拉欣·班尤米·伽尼姆:《埃及的卧格夫与政治》,开罗曙光出版社 1998 年版,第 233 页。
[③] 易卜拉欣·班尤米·伽尼姆:《埃及的卧格夫与政治》,开罗曙光出版社 1998 年版,第 237 页。
[④] 穆罕默德·拜希:《艾资哈尔发展史》,开罗埃及人民出版社 1964 年版,第 191 页。

广泛重视。20世纪70年代中期,谢赫阿卜杜·哈里姆·马哈茂德出任艾资哈尔长老院长老,制订了一项计划,即依靠民间捐资助学的方式,而非卧格夫在全国各地开设学院,因为当时政府对依靠卧格夫办学的教学机构管制严格。

1952—1996年,专为艾资哈尔附属学院捐赠的卧格夫只有4个。

1960年,阿卜杜·哈米德·奈拜韦捐赠的卧格夫。他指定将自己的图书馆捐赠给布里比思艾资哈尔学院。

1972年,卢西娅·马哈茂德女士捐赠的卧格夫。她捐出了144平方米且附有建筑的一块地皮,指定其收益专用于东部省的哈海亚学院,条件是该学院必须教授宗教课。

1978年,穆萨·哈桑捐赠的卧格夫。他捐出了19基拉特的耕地,指定其收益专用于代盖赫利耶省迈特·葛木尔镇迪马斯村的艾资哈尔附属初中。

1980年,埃及著名的《古兰经》诵经师谢赫马哈茂德·赫里尔·呼索里捐赠的卧格夫。他将自己的银行存款和一些房产捐作卧格夫,指定其1/3的收益专用于呼索里清真寺、呼索里学院以及艾资哈尔学院,作为教师的薪资和背诵《古兰经》之学生的用度。[①]

值得一提的是,历史上的艾资哈尔及其附属院校依靠自己的卧格夫收益运行。穆罕默德·阿里将卧格夫收归国有后,每年由国家给艾资哈尔及其附属院校划拨经费。较之艾资哈尔自身的卧格夫收益,政府划拨的经费微不足道,艾资哈尔千百年来积累下来的卧格夫资产不再具有卧格夫性质,变为国有资产。穆罕默德·阿里之后,民众又开始给艾资哈尔及其附属院校捐赠卧格夫。1952年革命后成立的卧格夫部以及推行的土地改革,又一次将卧格夫收归国有。

4. 现代转型教育的卧格夫

传统的卧格夫捐赠一般注重私塾→宗教学校→艾资哈尔为主线的传统教育体制。到了近现代,尤其从19世纪末到20世纪中叶,捐赠者重视传统教育体制的同时,也重视现代教育体制,创建了一种集传统教育与现代教育为一体的教育模式,注重伊斯兰院校,也注重高等教育和海外留学,还非常重视诸如图书馆、博物馆、文物馆等公共文化机构的建设。

(1)卧格夫与伊斯兰学校(慈善协会发挥的作用)

1892年,随着伊斯兰学校的出现,相继出现了3个规模较大的慈善协会:开

---

① 易卜拉欣·班尤米·伽尼姆:《埃及的卧格夫与政治》,开罗曙光出版社1998年版,第239页。

罗伊斯兰慈善协会、亚历山大坚柄协会、米努夫省勤恳工作协会。这三大协会共同的宗旨就是致力于传播文化知识、开办穷人免费教育。卧格夫的主要职能就是有序地给每个协会开展的教育项目提供资金支持。这些教育项目自产生起就深深印刻上了伊斯兰的烙印，成为慈善机构学校的鲜明特征。不隶属于慈善协会的其他慈善学校被称作自由伊斯兰学校。

受卧格夫资助的伊斯兰学校，集现代教育与传统教育于一体，既不同于艾资哈尔附属院校，也不同于现代化院校，而是介于二者之间。因此被称为伊斯兰学校，具有特殊的历史背景，充分体现了反殖民和反对外国势力渗透的爱国精神。当时的埃及受到殖民压迫，教会学校遍及全国，其数量超过了王家学校（官方学校），殖民当局打压埃及的传统教育，取缔免费教育，刻意忽略阿拉伯语、宗教、民族历史课程，教育侧重为殖民主义利益服务。在这种恶劣的环境下，为了应对外来侵略势力和文化压制，伊斯兰慈善机构和伊斯兰学校应运而生。根据有关慈善协会的资料，伊斯兰学校主要依靠卧格夫收益运行，卧格夫往往是这类学校的唯一资金来源。

慈善机构和伊斯兰学校的产生体现了传统思想与现代意识的结合，使得卧格夫从个人（家族）管理转变为专业机构管理，同时严格遵守捐赠者提出的条件。"慈善协会管理委员会"履行监管和年度核查职责，这种现象在传统卧格夫管理模式中不曾存在。这种管理模式既满足了捐赠者的初衷，又符合政府的相关管理制度。很多卧格夫捐赠声明书明确提出，要开设阿拉伯语、《古兰经》诵读、伊斯兰教常识、历史、外语、现代科学和技能课程，提倡男女平等教育。同时提出，如果慈善机构的条件允许，创办独立的女子学校。

民间创建伊斯兰学校的初衷是为了广泛开展教育，兴办更多的学校，这是对殖民当局所推行教育的一种对抗，也是很多捐赠者指定用卧格夫收益创办更多学校的原因。

资助创办伊斯兰学校最早的卧格夫如下：1899年，穆罕默德·阿凡提·萨利姆、谢赫舍利卡米·穆罕默德2人捐赠了3费丹土地，指定其收益专用于基纳伊斯兰慈善学校。[①] 1921年，哈尼法·赛里哈达尔女士捐赠了1794费丹的土地和一些房产，指定将其中460费丹土地的收益专用于在埃及创建一所伊斯兰学校，免费给穷困穆斯林子女实施教育。这也是这一时期该领域最大的卧

[①] 易卜拉欣·班尤米·伽尼姆：《埃及的卧格夫与政治》，开罗曙光出版社1998年版，第243页。

格夫。① 1923年，米努夫省城市委员会将967费丹的耕地捐赠给了勤恳工作协会创办的学校，这是一次集体卧格夫，参与者众多，其中有些人并无土地，但他们捐献现金购置土地入股。此举是为了保障学校稳定的财政来源，免得教育被殖民当局垄断，也充分展示了卧格夫制度的教育功能。卧格夫捐赠往往只是一人或同一家族的几个人，集体卧格夫是卧格夫民间管理的一种创新。米努夫省城市委员会的卧格夫是最大的集体卧格夫。此前也出现了一次集体卧格夫，即1918年组建的"埃及伊斯兰大会"，用捐款购置了144费丹土地，将其捐作卧格夫，指定其收益专用于资助伊斯兰慈善协会认定的高等教育。②

埃及遭受殖民时期，教育成了抵抗殖民侵略的爱国主义运动战场，卧格夫捐赠则成为支持这场爱国运动的核心力量，受到群众的广泛支持，继而展开了普及教育和粉碎英国殖民主义在教育领域的桎梏的一系列改革，掀起了利用卧格夫收益和个人捐款兴办学校的运动。虽然第一次世界大战期间学校数量大幅度减少，但时隔不久，伊斯兰学校尤其是自由伊斯兰学校遍地开花（见下编表22-5）。

下编表22-5　殖民时期埃及卧格夫学校　　　　　　单位：所、名

年份	隶属伊斯兰慈善机构		自由伊斯兰学校		隶属卧格夫部		隶属王家卧格夫署		合计		教育部学校总数	教育部学生总数
	学校数目	学生数目	学校数目	学生数目	学校数目	学生数目	学校数目	学生数目	学校总数	学生总数		
1914—1915	46	8 722	170	17 321	23	4 604	#	#	239	30 647	65	14 374
1924—1925	44	8 904	116	11 893	13	12 264	5	1 977	178	35 038	136	38 078
1951—1952	37	19 359	294	125 161	1	527	5	1 147	337	146 194	919	427 979

资料来源：罕萨夫：《卧格夫制度》（阿拉伯文版），开罗宗教文化出版社1997年版，第111页。

伊斯兰学校均匀分布在全国各地，并非只集中在首都等大城市，这也是伊斯兰慈善协会学校的突出特点。伊斯兰慈善协会在1911年有9所学校，分布在9座城市。其特点如下：

---

① 易卜拉欣·班尤米·伽尼姆：《埃及的卧格夫与政治》，开罗曙光出版社1998年版，第244页。
② 易卜拉欣·班尤米·伽尼姆：《埃及的卧格夫与政治》，开罗曙光出版社1998年版，第245页。

a. 开展免费教育与女子教育。取消免费教育是殖民当局推行的恒定政策,理由是免费教育有悖常理。针对这一政策,当时很多的卧格夫捐赠声明书显示:实施免费教育,尤其是针对贫困家庭子女的免费教育,是大多数给学校捐赠卧格夫者的共同心声。例如,1914 年,书记员古图布贝克及其胞弟谢赫阿卜杜拉在其卧格夫捐赠声明书中指定,将 20 费丹土地的收益专用于伊斯兰合作学校,为达曼胡尔的贫困孩子实施免费教育。[①]

有些大型卧格夫的捐赠者不仅提出免费教育,还承担学生的一切用度,免费提供学习用具、校服、伙食、助学金,对女生尤为照顾。例如赫迪夫伊斯梅尔之女法蒂玛公主于 1910 年将大量的土地捐作卧格夫,指定其中 184 费丹土地的收益专用于曼苏尔市拜尔奈希赛法蒂玛学校。(1)给学生购买书本笔墨等学习用具。(2)给 60 名男生和 60 名女生订购校服。明确提出须是贫困穆斯林子女。男生校服包括红毡帽、白色衬衣、白色上衣、马甲、衣领、领带、裤子、腰带、袜子、皮鞋。女生校服包括中等质地的丝裙、白色棉纱衬衫、印花棉布外衣、皮鞋、袜子。每套校服不能低于 2 埃镑。每年莱麦丹斋月第 27 日晚上举行庆典,由校长和全体师生参加,捐赠者或其代表亲临现场给学生分发校服。(3)给每位已婚或准备结婚的女生发放 20 埃镑的结婚补贴。[②]

大富豪艾哈迈德帕夏·拜德拉维于 1907 年捐赠的卧格夫明确提出:(1)自己创办的学校实施免费教育,并承担一切教学用度;(2)每日给贫困生和孤儿提供必要的中等伙食;(3)每半年给贫困生和孤儿发放一套得体的服装;(4)优先照顾穷人家的孩子和孤儿。[③]

殖民当局不提倡女子教育,所以卧格夫捐赠者特别重视女子教育。例如达尔布伦·哈尼姆·舒克里女士创建了一所卧格夫学校,专用于女子教育,另捐赠了 120 费丹的土地,指定其收益专用于该校各项开支。(1)学校要招收 7—12 岁的贫困孤女,不得少于 50 人。教授读书、写字、背诵《古兰经》以及其他初级女子学校所教授的课程,还教她们学习缝纫和烹饪手艺,制作便餐和甜食。(2)聘任一名德才兼备的男士或女士担任校长。(3)给女生订购校服。(4)除了莱麦丹斋月,每日给全校学生提供一顿午餐。(5)开斋节前三天给学生们发放斋月伙食

[①] 易卜拉欣·班尤米·伽尼姆:《埃及的卧格夫与政治》,开罗曙光出版社 1998 年版,第 247 页。
[②] 易卜拉欣·班尤米·伽尼姆:《埃及的卧格夫与政治》,开罗曙光出版社 1998 年版,第 248 页。
[③] 易卜拉欣·班尤米·伽尼姆:《埃及的卧格夫与政治》,开罗曙光出版社 1998 年版,第 249 页。

费。(6)给毕业生发放婚嫁补助金。①

这类免费女子学校遍布全国各地。例如埃及南部基纳的伊斯兰女子学校得到好几份卧格夫的资助,艾哈迈德·本·优努斯于1919年捐赠了5费丹耕地,指定其收益专用于该校。②

各慈善机构也非常重视教育,从卧格夫收益中划拨专款在所属学校实施免费教育。根据1924—1925年度官方统计,卧格夫部附属学校、王家卧格夫附属学校和自由伊斯兰学校免费教育率达46%。1951—1952年,上述学校的免费教育率达到99%。据统计,该年度隶属伊斯兰慈善机构的学校已有37所,其中有23所男子学校、6所女子学校、8所男女共读学校(分别设有男生部和女生部),男女学生总数共19 359名,其中男生14 637名,女生4 722名,全部实施免费教育。同年教育部附属学校小学阶段注册学生免费教育率达98%。1952年革命后,这些学校归教育部统一管理。③

b. 传统教育与现代教育相结合。创办伊斯兰学校的初衷是为了应对西方文化和殖民主义的思想冲击。伊斯兰学校将传统教育课程与现代教育课程相结合,开设的课程有阿拉伯语、书法、伊斯兰教常识、《古兰经》背诵、外语、工业、农业、商业、财会、美术等。

除了课程设置方面的革新,更重要的是此时埃及正处于殖民时期,政府教育完全被殖民当局控制。殖民当局只侧重教授英语,学校所有课程均以英语授课,取缔了阿拉伯语。不重视教授伊斯兰常识和《古兰经》,也不重视伊斯兰思想教育,以至于著名的思想家穆斯塔法·卡米里愤然强调教书与育人并重的必要性:"我所指的'育'就是纯粹的伊斯兰教育,因为'教育'(育人)的根本就是宗教,凡脱离宗教基础教育子女的民族必定遭到毁灭和堕落。"

为了应对殖民当局对埃及国民教育的全面控制,抵抗教育领域的霸权,埃及民众慷慨解囊,纷纷捐赠卧格夫创办伊斯兰学校,明确提出学校的课程设置要将传统教育与现代教育相结合,强调身份认同和核心价值观的同时,也重视培养国家需要的科技人才。这类学校纯属民间创办,主要由民间捐资和卧格夫基金资助。例如,1899年,贝尼苏韦夫的宰阿祖尔家族将67费丹的土地作为卧格夫,捐赠给了本家族成员赛义德·艾哈迈德贝克·宰阿祖尔创办的伊斯兰慈善学

---

①② 易卜拉欣·班尤米·伽尼姆:《埃及的卧格夫与政治》,开罗曙光出版社1998年版,第250页。
③ 易卜拉欣·班尤米·伽尼姆:《埃及的卧格夫与政治》,开罗曙光出版社1998年版,第251页。

校。条件是：(1)学校必须教授伊斯兰宗教知识、《古兰经》、算术、书法、农艺、技艺、阿拉伯语、外语等官办学校开设的课程；(2)学校为所有儿童开放；(3)卧格夫收益全部用于学校开支。[1] 1900 年，埃及南部基纳的易卜拉欣·艾哈迈德贝克将 3 费丹土地捐作卧格夫，捐赠给基纳伊斯兰慈善学校，资助学校教授书法、《古兰经》、数学、外语等，加强国民文化素质。1903 年，艾斯尤特省艾布·提吉村的马哈茂德帕夏·苏莱曼创办了一所卧格夫技校，又将 49 费丹的土地作为卧格夫捐赠给了学校。[2]

开罗的类似学校很多。1908 年，优素福·凯马勒亲王在开罗的贾马密兹区创办了美术学校，将其捐作卧格夫。翌年，又将明亚市 127 费丹的土地和亚历山大的几处房产作为卧格夫捐赠给了美术学校。其卧格夫捐赠声明书明确提出：(1)生员须满 150 名，其中 2/3 为埃及学生，1/3 为外国学生，不分性别和宗教信仰；(2)实施免费教育；(3)课程设置有现代学科，包括阿拉伯文书法、数学、建筑学、设计、绘画、雕刻等其他学校开设的通识课；(4)执教老师必须是法国或意大利人；(5)给毕业班第一、第二名学生颁发铜质奖章，正面刻有"فتحا مبينا إنا فتحنا لك"（我确已赏赐你一种明显的胜利）[3]经文字样，背面刻有"优素福·凯马勒亲王赠送留念"。1927 年，他又变更卧格夫捐赠条件，规定卧格夫收益专用于从全校 150 名学生中选拔留学生赴意大利或法国大学学习美术。[4]

在盖勒尤卜省，当地群众于 1909 年集体为工农学校捐赠卧格夫，旨在促进当地的教育。这是一项集体卧格夫，捐赠者一致决定其收益专用于班德尔·图克的技校，剩余收益用于盖勒尤卜省的其他学校。[5]

在埃及西部三角洲，有很多集传统教育与现代教育为一体的学校。1903 年，艾哈迈德帕夏·敏沙维创办了多所卧格夫学校，较为突出的是坦塔男女教育学校。敏沙维将该校移交伊斯兰慈善协会负责管理，制定了一套教学大纲，课程设置包括艺术、手工艺、思想品德、文学与文学鉴赏等，以期培养出来的学生博学多识，多才多艺，思想深邃。[6]

在布海拉，侯赛因·卡米里亲王将 76 费丹的土地捐作卧格夫，在达曼胡尔

---

[1] 穆罕默德·艾布·祖赫莱：《卧格夫专题讲座》，开罗阿拉伯思想社 1997 年版，第 42 页。
[2] 易卜拉欣·班尤米·伽尼姆：《埃及的卧格夫与政治》，开罗曙光出版社 1998 年版，第 262 页。
[3] 《古兰经》胜利（费特哈）章第 1 节。
[4] 易卜拉欣·班尤米·伽尼姆：《埃及的卧格夫与政治》，开罗曙光出版社 1998 年版，第 264 页。
[5] 易卜拉欣·班尤米·伽尼姆：《埃及的卧格夫与政治》，开罗曙光出版社 1998 年版，第 264 页。
[6] 福阿德·布斯塔尼：《阿拉伯世界大学的诞生与发展》，贝鲁特美国大学出版社 1955 年版，第 212 页。

市创办了一所技校,专门教授各种技能,以推动当地的教育和就业。①

埃及的各大城市和村镇都有这类卧格夫学校。除了民间捐资创办,王家卧格夫也创办了近 10 所新式学校,诸如开罗赫迪夫伊斯梅尔男子高中、开罗穆罕默德·阿里女子小学、开罗《古兰经》背诵学校、亚历山大妇女技艺培训中心等,试图将传统教育与现代教育相结合。

(2) 卧格夫与高等教育(本国大学和留学生)

英国殖民当局严格限制普及教育,压缩留学生人数,抵制在埃及发展高等教育。因此,创办大学充分体现了埃及社会潜在的活力和反抗殖民主义的爱国思想。1906 年,贝尼苏韦夫的大富豪穆斯塔法贝克·格姆拉威正式提出创办大学,率先捐资 500 埃镑。不久,在赛阿德·扎格卢勒的家中召开了会议,到场者共捐资 4 585 埃镑。1908 年 5 月 20 日,在全国卧格夫署成立了捐资筹建协会,推选艾哈迈德·福阿德亲王为会长,正式取名开罗大学。埃及政府决定每年划拨 2 000 埃镑,同时,按照赫迪夫阿拔斯(1892—1914 年在位)的旨意,全国卧格夫署每年资助 5 000 埃镑。②

开罗大学创建之始,卧格夫是其主要的资金来源之一。尤其是当大学财政见绌,得不到固定资金保障的时候,穆斯塔法贝克·格姆拉威又率先将 6 费丹耕地捐作卧格夫,指定其收益用于开罗大学。其后相继出现了为开罗大学捐赠的很多卧格夫,其中规模较大者首推法蒂玛公主。1913 年,法蒂玛公主捐赠了代盖赫利耶省 674 费丹的土地,指定其收益用于开罗大学,还捐赠了位于布拉格的 6 费丹土地,用于建造大学行政楼(现开罗大学本部)。此外,法蒂玛公主还捐出了自己价值 18 000 埃镑(当时的汇率)的首饰,用于大学的修建。③

1914 年,埃及各界人士为开罗大学捐赠的卧格夫土地总数为 1 028 费丹,年收益约 8 000 埃镑。此后对开罗大学的卧格夫捐赠甚微,直到 1925 年开罗大学归并教育部时,基本还是这一数字。开罗大学归并教育部后,由国家划拨经费,教学大纲和课程设置也由政府制定。此后,只出现了一例为其捐赠的卧格夫,即 1934 年穆罕默德·陶菲格·奈希姆捐赠了一份卧格夫,指定其中 1 费丹的收益专用于奖励开罗大学法学院毕业生中的佼佼者。④

---

① 易卜拉欣·班尤米·伽尼姆:《埃及的卧格夫与政治》,开罗曙光出版社 1998 年版,第 266 页。
② 易卜拉欣·班尤米·伽尼姆:《埃及的卧格夫与政治》,开罗曙光出版社 1998 年版,第 267 页。
③ 易卜拉欣·班尤米·伽尼姆:《埃及的卧格夫与政治》,开罗曙光出版社 1998 年版,第 267 页。
④ 福阿德·布斯塔尼:《阿拉伯世界大学的诞生与发展》,贝鲁特美国大学出版社 1955 年版,第 212 页。

开罗大学的创建和最初的运行全靠民间捐资和卧格夫,尤其在殖民时期,创办大学形同于一场反抗殖民主义的革命,卧格夫成了实现兴教救国、表达民众爱国意愿的主要途径。譬如,法蒂玛公主在卧格夫捐赠声明书中明确表达了意愿,希望通过创办开罗大学和外派留学生,发展本国高等教育,条件是留学生学成归国后在开罗大学任教。她指定将卧格夫 1/4 的收益专用于以下项目:(1)教授穆斯林子女各种知识和高级实用技能,以便大力推动埃及人民的发展与进步,使其能够与他国人民同步发展。(2)购置书本等各种学习用具。(3)每年择优选派 4 名获得学士学位的穆斯林学子前往外国高等学府,继续攻读科学、技艺和高级技能,为其提供必要的膳宿和用度。凡在国外完成学业获得文凭者,必须回国在开罗大学执教 5 年,无正当理由不得拒绝,否则必须支付留学期间的一切费用。为此,留学前校长会让每位学生签署保证书。①

除了法蒂玛公主,优素福·凯马勒亲王捐出了 127 费丹的土地,指定其收益用于前往欧洲专攻美术的留学生。1909 年,阿依莎·索迪格·哈尼姆捐赠的卧格夫表示,每年捐赠 200 埃镑供 2 名穆斯林学子赴欧留学。1921 年,阿里帕夏·卡米里·法海米捐出了 3 001 费丹土地,指定其年收益 3 000 埃镑专用于派送埃及青年赴欧美国家留学,学习各种先进的科技,具体事务由埃及国家教育部负责。享受其卧格夫资助的留学生统称"法海米留学生团"。②

一些慈善协会也重视高等教育和派送留学生,较为活跃的是伊斯兰慈善协会。协会旗下的卧格夫较为庞大且管理得当,汇集了思想、政治领域的很多精英人才。1919 年 9 月 28 日,经由伊斯兰慈善协会董事会决议,指定其所属卧格夫中 144 费丹土地的收益专用于派送协会附属学校的学生前往埃及国民大学或欧洲大学深造,承担其所有的学习费用。1922 年,协会派出首批 2 名留学生前往欧洲,一名叫叶哈雅·宰凯里雅·古奈姆,派往德国柏林大学攻读工业化学专业;另一名叫艾哈迈德·萨利姆·哈桑,派往美国加利福尼亚大学昆虫学系攻读农科专业。1925 年,协会派出了第二批 2 名留学生,一名叫艾哈迈德·古奈姆,派往瑞士苏黎世大学攻读化学专业;另一名叫穆罕默德·萨亚德,攻读机械工程专业。

坚柄协会也不甘落后。1913 年,协会选派附属学校的 2 名学生前往英国师从詹姆斯·巴克曼大师学习技艺。1927 年,又选派学生艾哈迈德·鲁特非·阿

---

① 易卜拉欣·班尤米·伽尼姆:《埃及的卧格夫与政治》,开罗曙光出版社 1998 年版,第 268 页。
② 艾布·穆罕默德·本·优素福·肯迪:《埃及总督史》,贝鲁特出版社 1987 年版,第 233 页。

凡提前往瑞士攻读医学博士学位。①

至20世纪20年代末,卧格夫部每年划拨550—1 000埃镑资助前往欧洲的留学生。②

王家卧格夫署也利用其卧格夫收益派送学生前往英法留学。1920年,派送了首批2名留学生前往英国,其中一名攻读历史学专业,另一名攻读地理学专业。1922年,又派送第二批2名留学生前往法国,一名攻读数学专业,另一名攻读历史学博士学位。1924年,派出了第三批1名留学生,攻读自然科学专业。这些留学生都于1928年回国执教。1928年,王家卧格夫署还派送了一批由3人组成的留学生团前往欧洲大学深造。③

开罗大学自1925年归并教育部直至1952年,再未出现卧格夫捐赠。1952年以后只出现了2例。其一是1976年穆罕默德·阿卜杜拉·哈桑捐出了5费丹19基拉特的土地,指定其年收益专用于开罗大学文学院;另一例是1995年议员穆罕默德·邵基·丰杰里捐出了自己在埃及国家银行的37万埃镑的投资存款用于开罗大学。前已述及,丰杰里捐赠给艾资哈尔的卧格夫基金高达30万埃镑。对于开罗大学,丰杰里同样慷慨解囊,他将卧格夫分为两份,一份的收益作为助学金资助开罗大学各院系的贫困生,另一份的收益专用于开罗大学法学院、文学院、传媒学院、经济与政治学院攻读硕士和博士学位研究生的助学金。第一份卧格夫取得了成效,成功实现了捐赠者的初衷。第二份卧格夫成效未果,因为大学相关部门不同意接受捐赠者制定的条件,认为这些条件不符合开罗大学的相关宗旨。这也是开罗大学归并教育部后再未获得卧格夫捐赠的原因之一。④

(三)公共文化领域

卧格夫通常用于清真寺、文化教育、医院、公共设施、济贫以及社会娱乐。随着时空的不同,其捐赠目标和侧重点会有所不同。埃及近现代时期适值西方列强对奥斯曼帝国的瓜分侵蚀,埃及作为奥斯曼帝国的属国自然未能独善其身。面对强势的殖民势力,希冀教育兴国、文化护本的埃及社会各阶层,将卧格夫捐赠倚向了文化教育,从而泽惠埃及公共文化领域。

---

① 易卜拉欣·班尤米·伽尼姆:《埃及的卧格夫与政治》,开罗曙光出版社1998年版,第269页。
② 易卜拉欣·班尤米·伽尼姆:《埃及的卧格夫与政治》,开罗曙光出版社1998年版,第270页。
③ 易卜拉欣·班尤米·伽尼姆:《埃及的卧格夫与政治》,开罗曙光出版社1998年版,第271页。
④ 哈桑·法基:《埃及教育文化史》,开罗复兴出版社1966年版,第151页。

埃及历史上,为了发展教育创办卧格夫学校者层出不穷,尤其是达官显贵创办卧格夫学校的现象尤为突出。典型者诸如:哲马鲁丁·舒韦赫·本·斯里姆(Jamal al-Din Shuwaikh Ibn Sirim)亲王创办的斯里米亚卧格夫学校;舍姆苏·道莱(Shams al-Daolah)创办的迈斯鲁尔卧格夫学校,其遗嘱还将一座小客栈捐作卧格夫,用其收益支付学校的日常开支。①

阿尤布王朝(1171—1250)时期,苏丹卡米里(1218—1238年在位)于1225年在开罗创建了一所"圣训学院",后被称作"卡米里亚学校",为了维持学校的正常运转,他将学校旁边的一家宾馆捐作了卧格夫,此外还捐建了几处卧格夫饮水工程。除了创建卧格夫学校,创办卧格夫图书馆和捐赠卧格夫书籍的活动也一直在持续。据伊本·太格里(Ibn Thagri)记载,伊历628年(公元1230年),著名医生阿卜杜·拉赫曼·本·阿里·本·达赫瓦尔(Abd al-Rahim bin Ali bin al-Dakhwar)将住宅和藏书一并捐作了卧格夫,供医生们研究查阅。②

马木鲁克王朝(1250—1517)时期,一代英主达希尔·拜伯尔斯(1260—1277年在位)在开罗创办了著名的"达希里亚学校"和"达希里亚图书馆",学校周边建造了很多商铺,其收益专用于学校的教学开支。除了图书馆,还设有一个藏书阁,专门收藏各个学科的珍贵典籍。学校旁边还开设了一处学堂,专门招收孤儿,达希尔·拜伯尔斯将自己名下的一家大型客栈捐作卧格夫,专用于支付孤儿学校的用度。③

奥斯曼人统治埃及期间(1516—1953),卧格夫捐赠蓬勃发展,所有学校、苏菲道堂、清真寺、医院等公共服务场所的开支均由卧格夫收益支付。卧格夫在推广公共文化方面亦发挥了巨大作用,各大清真寺里为民众开设的公共课就是最突出的例证。很多捐赠者都愿意从卧格夫收益中拿出若干份额来支付学者、布道师和教师的薪资,供其在卧格夫捐赠者创办的清真寺或诸如开罗侯赛因清真寺、坦塔艾哈迈迪清真寺里给广大群众讲课。④

公共文化领域最突出的是公共图书馆,捐赠公共图书馆亦是卧格夫的社会功能之一,这一功能在埃及和很多阿拉伯—伊斯兰国家传承至20世纪中叶。公

---

① 穆罕默德·穆罕默德·艾敏:《伊斯兰中世纪的卧格夫与教育体系》,巴格达阿拉伯研究所1983年版,第177页。
② 伊本·太格里:《耀眼的星辰——埃及开罗帝王史》,开罗埃及书局1996年版,第235页。
③ 苏优蒂:《开罗史》(第1卷),贝鲁特时代书局2009年版,第279页。
④ 赛义德·穆罕默德·赛义德·马哈茂德:《奥斯曼帝国史——鼎盛时期》,开罗阿达布书局2007年版,第68页。

共图书馆作为公共机构,在传播文化、普及知识、维护文献资料方面发挥着重要职能。公共图书馆通过卧格夫产生,其中有些是独立图书馆,有些是清真寺、学堂、道堂、客栈的附属图书馆,亦有不少人将私人图书馆捐作卧格夫惠泽大众。

对各大清真寺开放式讲堂、书店、公共图书馆捐赠卧格夫并非只是传播文化知识,亦是在维护一种传统的文化与行为模式,希望能够将这种传统代代传承,正因如此,为清真寺开放式讲堂捐赠卧格夫者对讲堂内容有具体的条件限制。例如1920年,优素福·阿凡提·哈赛奈尼在其卧格夫捐赠声明书中声明,每年拿出12埃镑支付给在坦塔艾哈迈迪清真寺教学,且利用空暇在赛义迪·阿里·麦利基清真寺给群众讲课的学者。① 同样,公共图书馆捐赠者也对图书馆的卧格夫书籍种类有所限制。

埃及近代史上,在图书馆领域捐赠卧格夫者有艾资哈尔的顶级学者和长老,也有具有现代文化意识的高级官员,还有穆罕默德·阿里家族的王公贵胄。在公共图书馆领域,最后一位捐赠卧格夫的马木鲁克统治者是穆罕默德贝克·艾布·宰海卜。1774年,他创建了一个大型卧格夫,下设多个公益机构,图书馆便是其一,藏书2000卷。②

穆罕默德·阿里掌控埃及实权之前也捐赠了卧格夫公共图书馆。1813年签发的卧格夫捐赠声明书声称,他在家乡卡瓦拉创建了附属于学校的一座图书馆,藏书均系各学科的扛鼎之作。除了聚礼日、礼拜二和两大节日,图书馆常年开放,开放时间为每天早晨至晡礼时分。③ 遗憾的是无任何资料说明卡瓦拉图书馆究竟藏书多少,所藏何书。

如果说穆罕默德·阿里在卡瓦拉捐赠的卧格夫图书馆是一种文化象征,王家藏书阁则是现代埃及在公共文化领域受卧格夫资助的龙头项目。1869年,奉赫迪夫伊斯梅尔敕令,阿里·穆巴拉克将各清真寺、道堂和破旧学校里的卧格夫书籍收集在一起,建立了王家藏书阁,馆址定于开罗贾马密兹区。王家藏书阁后并入全国卧格夫署,由卧格夫署资助并与教育部联合管理。1952年革命后,王家藏书阁归文化部管理,更名为埃及书局。④

---

① 易卜拉欣·班尤米·伽尼姆:《埃及的卧格夫与政治》,开罗曙光出版社1998年版,第275页。
② Daniel Ceccelius, "The Waqf of Muhammed Bey Abul Al Dhahab in Historical Perspective", in *Middle East Studies*, 23 March, 1991, pp 57 – 81.
③ 易卜拉欣·班尤米·伽尼姆:《埃及的卧格夫与政治》,开罗曙光出版社1998年版,第277页。
④ 易卜拉欣·班尤米·伽尼姆:《埃及的卧格夫与政治》,开罗曙光出版社1998年版,第281页。

除了埃及书局,卧格夫捐赠者重视的公共图书馆还有很多。在与高等教育相关的公共图书馆中,艾资哈尔图书馆和埃及大学图书馆位居前列。艾资哈尔图书馆系埃及最古老的卧格夫公共图书馆,由捐赠艾资哈尔各讲堂的诸多图书馆集合而成,经过历代艾资哈尔长老的不懈努力,图书馆形成了相当的规模。现代意义上的艾资哈尔图书馆创建于1897年,至1943年卧格夫藏书达16 000卷,此后未出现大型的捐赠书籍活动。1931年,伊斯梅尔贝克·莱姆齐将自己的私人藏书阁连同书架作为卧格夫捐赠给了开罗大学(原埃及大学)图书馆,包括一些油画、《古兰经》经文、阿拉伯文和外文杂志,捐赠图书共678卷。[①]

埃及书局、艾资哈尔图书馆和埃及大学图书馆规模较大,藏书量较多,故称作公共中心图书馆。还有规模不等的很多卧格夫图书馆,都是卧格夫为传播文化所做的贡献。图书馆本身是卧格夫,为了保障图书馆的正常运行,让其发挥更大的作用,各界人士又纷纷捐赠卧格夫以支持图书馆的运行,这也是卧格夫发挥重叠社会功能的体现。

埃及近现代的公共文化卧格夫是埃及卧格夫历史的延续,其发展在很大程度上受到埃及社会动态的影响而有所消长。由于深深根植于伊斯兰文明体系,埃及公共文化卧格夫有其深厚的历史传统和社会基础,对提振埃及近现代的文化事业、维护民众的慈善意念发挥了积极影响,必将长期存在于埃及社会并继续发挥其社会功能。

[①] 易卜拉欣·班尤米·伽尼姆:《埃及的卧格夫与政治》,开罗曙光出版社1998年版,第282页。

第二十三章　印度的卧格夫

印度共和国(Republic of India)，通称印度，位于南亚次大陆，国土面积298万平方公里，首都新德里。人口13.24亿(2016年)，有10个大民族和许多小民族，居民主要信奉印度教(约占总人口的83%)，其次为伊斯兰教(11%)、基督教(3%)、锡克教(2%)和耆那教等。印地语和英语同为官方语言。

早在公元前2000年前后，印度就创造了灿烂的印度河文明。后经吠陀时代，到孔雀王朝时期形成了统一的奴隶制国家。8世纪起，阿拉伯、阿富汗等国开始入侵，伊斯兰教传入。1206年，印度建立了德里苏丹国(Delhi Sultanates，1206—1526)，历时320年。1526年，外族人巴布尔建立了强大的莫卧儿帝国(Mughal Empire，1526—1857)，历时331年，将伊斯兰文明推向了新的高度。1849年，印度沦为英国的殖民地。19世纪末，印度穆斯林中出现改良主义运动和不同的思想流派，最为著名的是阿利迦运动、艾哈迈迪亚运动、秋班德复古派。1906年，全印穆斯林联盟成立，它与国大党联合反对英国殖民统治，推进民族解放运动，后因政治分歧，穆盟于1932年提出两个民族理论，号召创建独立的伊斯兰国家。1947年8月，印巴分治，大部分穆斯林上层人士和中产阶级移居独立后的巴基斯坦，留在印度的除少数王公贵族，大多是贫困阶层农民和城市贫民。

印度全国有几千座清真寺，其中包括最古老的德里清真大寺(16世纪)、海德拉巴麦加清真寺(17世纪)。此外有数千所经学院，高等伊斯兰学府有阿利迦尔穆斯林大学、德里伊斯兰大学、德里阿格拉哈巴德伊斯兰研究院、马都拉尔大学、萨哈兰普尔经学院、秋班德经学院、勒克瑙伊斯兰学者书院等。德里苏丹国和莫卧儿帝国留有许多精美壮观的古迹，包括莫卧儿旧都红堡、泰姬·玛哈尔陵、克什米尔的莫卧儿花园、加尔各答附近的平交尔花园等，均有很高的审美价值。

先知穆罕默德时期，印度建造了第一座清真寺。穆斯林是印度最大的少数民族,构成了世界第三大穆斯林人口群体,位居印度尼西亚和巴基斯坦之后。印度穆斯林人口约 1.62 亿,主要分布在北方邦、西孟加拉邦、比哈尔邦和安德拉邦。卧格夫的广泛建立是穆斯林在印度的主要贡献之一,在有大量穆斯林人口的地区,邦政府都有独立的卧格夫部。艾哈迈德·哈桑努丁(Ahmed Hasanuddin)注意到,"在印度,卧格夫存在于每一个角落和缝隙里"。"印度是个幅员辽阔的国家,有着无数分散的卧格夫。"[①]印度估计有 25 万个卧格夫,价值超过 750 亿美元,能产生约 30 亿美元的收益。[②]

自 1913 年,印度中央和国家立法机构通过了一系列卧格夫法案。1954 年卧格夫法案(Waqf Act of 1954)是印度卧格夫历史上的重要发展。

一、印度的卧格夫历史

7 世纪伊斯兰教传入印度,卧格夫随即在印度展开。出于宗教与慈善目的,无数的产业成为卧格夫。印度卧格夫的文字记载始自伊斯兰统治时期,即德里苏丹国和莫卧儿帝国时期。

德里苏丹国(1206—1526)是突厥人和阿富汗军事贵族统治的北印度封建国家,建都德里。1206 年,古尔王朝(1148—1215)苏丹穆罕默德·古尔(1162—1206 年)遇刺身亡,效忠穆罕默德·古尔的印度总督库特布丁·艾巴克(1206—1210 年在位)趁机自称德里苏丹,北印度开始了德里苏丹国时期,其后的 320 年经历了彼此没有家族、种族关联的五个王朝——奴隶王朝(1206—1290)、卡尔吉王朝(1290—1320)、图格鲁克王朝(1320—1414)、赛义德王朝(1414—1451)、洛迪王朝(1451—1526)。德里苏丹国时期,土地的封赏之风日甚。苏丹将被征服的印度国土以伊克塔的形式分封给穆斯林王公贵族,亦将大量的卧格夫土地、财产捐赠给清真寺,伊纳姆[③]则赐给乌里玛。德里苏丹国的缔造者库特布丁·艾巴克为虔诚的穆斯林,在位期间兴建了不少清真寺。菲鲁兹·沙·图格鲁克

[①] Ahmed Hasanuddin, *Strategies to Develop Waqf Administration in India*, Research Paper No. 50, Islamic Research and Training Institute, Islamic Development Bank, Jeddah, Saudi Arabia, 1998.

[②] Masoud, A. B., *Islamic Voice*, Vol. 13-06 No. 150, June 1999 (www.islamicvoice.com) Report on a 3-day International Seminar on 'Awqaf Experiences in South Asia' Jointly Organized by the Institute of Objective Studies, Islamic Research and Training Institute of IDB, Jeddah and Kuwait Awqaf Public Foundation, Kuwait in New Delhi, India during May 8-10, 1999.

[③] 赐给乌里玛的终身拥有的田产。

(1351—1388年在位)亦颇有建树,他放弃了对南印度的征讨,集中力量建设德里,建造了清真寺、医院、学校、灌溉系统和怡人的花园。14世纪开始,尤其是在被征服后保持半独立地位的拉杰普特地区,中小封建主占有世袭领地。德里苏丹并未全部没收臣服的印度教王公贵胄和土著酋长的土地,他们仍可支配自己的领地,并享有豁免田赋的特权。

1526年,德里苏丹国易帜莫卧儿帝国。莫卧儿帝国是突厥化的蒙古人帖木儿(1336—1405)的后裔扎希尔丁·穆罕默德·巴布尔(1526—1530年在位)在印度建立的封建王朝,全盛时期的领土几乎囊括整个南亚次大陆以及阿富汗等地。莫卧儿帝国上层是穆斯林,民众基础则是印度教徒,波斯语是上流社会、公众事务、外交、文学语言。

莫卧儿时期有三种土地占有形式,即卡利沙、①札吉尔、②柴明达尔。③ 皇帝的领地约占全国耕地的1/2,主要在德里和亚格拉地区,其收入主要用于皇室、宫廷官员和卫队。16—17世纪中叶,札吉尔成为莫卧儿帝国土地占有的基本形式。贾汉吉尔(1605—1627年在位)时期,札吉尔约占全国耕地的70%,其持有者称札吉尔达尔。17世纪中叶,莫卧儿帝国共有8 210名不同等级的札吉尔达尔,分布全国,上层68名,由王子和贵族组成,中层587名,下层7 555名,彼此并无关联。札吉尔达尔对其札吉尔没有所有权,但有征收田赋的权利,须以服军役为条件。札吉尔是非世袭的,甚至是非终身的。奥朗则布(1658—1707年在位)时期,札吉尔同柴明达尔制渐趋一致。

莫卧儿帝国时期,由于皇帝和贵族阶层拥有大量的卡利沙和札吉尔,因而十分盛行捐赠卧格夫、兴建清真寺和宗教学校。

二、印度卧格夫立法体系的历史发展

印度的卧格夫诞生伊始,城市卧格夫一般由地方大法官负责,乡村卧格夫由清真寺伊玛目和宣礼员负责。至今有些卧格夫仍由符合捐赠者所提条件的私人

---

① 卡利沙,即皇帝的私人领地。
② 札吉尔(Jagir),其意义与伊克塔相同,为土地分封制或军事采邑。始现于13世纪德里苏丹国时期。大量土地作为札吉尔分封给贵族或军事首领,不得世袭。受封札吉尔的贵族称为穆克提或瓦利。14世纪后期,札吉尔已转变为贵族的世袭财产。莫卧儿帝国时期仍沿袭这一制度,为土地占有制的主要形式。
③ 柴明达尔,中小封建主的世袭领地。

负责管理。

英国殖民初期,殖民者奉行的原则是不触及与穆斯林和印度教徒相关的宗教事务。1772 年,法令明确了这一原则。所以卧格夫一直以传统管理模式存在,卧格夫资产利用不良,管理不善。由于卧格夫管理的失败,印度个别邦颁布法例,赋予收入管理局(Board of Revenue)对卧格夫的财务监管权,颁布的法律包括 1810 年出台的孟加拉法和米德拉斯法。

1836 年,英国托管政府颁布了宗教卧格夫法,明确规定收入管理局下属的所有宗教设施和私人管理的卧格夫均由官方接管,接着又成立地方委员会监督官方工作。1864 年,颁布了法官法。1890 年,颁布了公共卧格夫法。英国托管政府的这些法令忽略了卧格夫的宗教基础,造成了极大的不满和恶劣影响。基于此,取消的私人卧格夫后又被恢复。

1913—1954 年间颁布了多条邦级政府管理卧格夫事务的法令。如 1926 年颁布的比哈尔和奥利萨法、1934 年颁布的孟加拉法、1935 年颁布的孟买法(1945 年被重新修订)、1936 年颁布的联合省法、1943 年颁布的德里法、1947 年颁布的比哈尔法。1947 年 8 月 15 日,印巴分治,印度独立。1950 年 1 月 26 日,印度共和国成立,为英联邦成员国。1954 年,印度首次颁布中央卧格夫法,以统一的卧格夫管理法取代之前所有的邦级法令,除了孟加拉西、北方邦、马哈拉舍特拉邦,在印度其他邦全面贯彻执行。虽然该管理法未能在全国实施,却是统一全印度卧格夫管理法的首次尝试,由于该法案在实施过程中的明显不足,1959、1964、1969、1984 年几经修订,最终以 1995 年修订的卧格夫法为定本。

三、1995 年卧格夫法出台后印度卧格夫事务的管理体制

比较 1954 年与 1995 年出台的卧格夫法,就能明晰印度卧格夫法发生的变化和改良。

1. 1995 年的卧格夫法除了查谟和克什米尔,基本在全印度得以执行。1954 年的卧格夫法虽说普及面广,但未能在马哈拉舍特拉和古吉拉特的大部分地区,以及孟加拉西、北方邦、查谟、克什米尔贯彻实施。

2. 1995 年的卧格夫法规定,卧格夫委员会通过选举产生 11 位委员,其中从议会、地方立法委员会、司法局各选两位,其余 5 位提名委任,分别是著名的伊斯兰组织代表 2 名、穆斯林教法学者 2 名、地方政府官员 1 名,后者职务级别不得

低于副部级。

3. 1995 年的卧格夫法赋予卧格夫委员会主席特权，有权处置侵害卧格夫财产者。1954 年的卧格夫法则未赋予卧格夫委员会主席这一权力。

4. 1995 年的卧格夫法未限定被他人侵占的卧格夫产业的诉讼时限，卧格夫委员会和姆塔瓦利可以随时对他人占用的卧格夫产业提出诉讼。1954 年的卧格夫法则限定期限为 12 年，1984 年修订后又延至 30 年。

5. 1995 年的卧格夫法规定，根据 1954 年法令，将卧格夫中央委员会预算中卧格夫的比例从 6% 调至 7%。

6. 1995 年的卧格夫法针对姆塔瓦利对动产卧格夫的买卖、置换、抵押等行为制定了严厉的处罚制度。之前的法律未涉及这类问题。

7. 1995 年的卧格夫法规定，卧格夫实物租赁须通过公开招标的形式进行，以便获得更多的租金。之前的法律忽略了这一点。

8. 1995 年的卧格夫法规定成立地方法庭，专门审理针对卧格夫产业的各种纠纷，以便缩短审理时间，节省人力和财力。1954 年的法令对此未做出决定。

9. 1995 年的卧格夫法允许卧格夫委员会制定卧格夫管理计划，进一步开发卧格夫产业，扩大其收益。1954 年的法令则没有这项规定。

10. 1995 年的卧格夫法有实施处罚的明条。一旦查明卧格夫管理者欺诈或玩忽职守，或拒绝到卧格夫委员会做登记，可对其施以罚款、革职、监禁等处罚。

1995 年卧格夫法的修订和增补显然为保护卧格夫产业、加强卧格夫的社会功能提供了法律保障，有利于卧格夫按照捐赠者提出的条件更好地发挥正向功能。

四、中央卧格夫委员会的职能

中央卧格夫委员会是印度政府成立的卧格夫立法委员会，其目的在于发展卧格夫，加强卧格夫的慈善功能。因此，其主要职能是在与卧格夫相关的问题上为中央政府提供内参，此外还负责管理清真寺和墓地等事务。中央卧格夫委员会的主要项目有：

1. 卧格夫产业开发领域

1984 年，印度中央政府倡导成立城市伊斯兰卧格夫开发项目，拨款 50 万印度卢比。中央卧格夫委员会将其小额借贷给地方卧格夫委员会和私人卧格夫，作为对城市卧格夫产业开发项目的融资。至 1997 年，通过这种形式融资 87 项，其中 41 项已竣工,贷款资金总额约 1.5 亿印度卢比,贷款分 20 笔还清,每半年一次。通过这种融资形式,卧格夫实体价值平均以 24% 的比例得以增长。①

2. 教育领域

城市卧格夫产业开发项目筹集的基本都是无息贷款,但贷方规定每年从未还贷额中抽出 6% 作为对教育资助基金的投入,该基金由中央卧格夫委员会负责管理。教育资助包括:(1)每年在技能教育领域提供 500 个名额的奖学金(1999 年开始增加到 800 名);(2)为贫困学生发放补助金;(3)通过各地方卧格夫委员会发放宗教教育奖学金;(4)对职业技术院校的活动提供资金支持;(5)帮助志愿组织实施技能培训;(6)资助公共图书馆。迄至 2000 年,教育资助基金为 4 200 个名额成功发放了奖学金,为 686 名贫困生发放了补助金,资助了 344 家志愿组织的技能培训。

南亚次大陆独立后,中央卧格夫委员会经历了立法、体制、管理、财政等方面的多次完善,日臻成熟,已发展为有实力、有影响力的机构,解决了印度伊斯兰社会存在的诸多社会与经济问题。

---

① 穆罕默德·立祖旺·罕格,伊斯兰发展银行、科威特卧格夫总秘书处、印度人文研究学院于 1999 年 5 月 8—10 日在新德里联合召开的"南亚国家卧格夫经验"大会上提交的论文。

第二十四章 其他国家的卧格夫

一、英国的卧格夫

1984年,伊斯兰国际救援组织(Islamic-Relief)[①]成立于英国,是当今世界主要的伊斯兰非政府组织之一,其口号是"缓解世界上最贫困者的痛苦"。作为一家国际救援慈善机构,伊斯兰国际救援组织致力于为全世界不同肤色、不同种族和不同宗教信仰的贫困人口提供救助,已在全球20多个国家开展了人道主义救援活动,其实施项目的范围也从应急、救灾和扶贫逐步拓展到长期的地区可持续发展规划,项目主要覆盖饮水/公共卫生、健康/营养、教育、生产自救、孤儿资助。

2000年,伊斯兰国际救援组织设立了卧格夫未来基金(Waqf Future Fund),旨在复兴慈善传统,以泽被后世。基金允许捐助者支持许多慈善项目,并不仅仅是为那些需要即时帮助的人,也为那些需要后续帮助之人。

二、新加坡的卧格夫

新加坡的卧格夫可追溯至1826年第一座清真寺的建立。穆斯林慈善家创造了一种卧格夫收益体系,以确保清真寺能有进行维护和宗教活动的收益。1968年,按照穆斯林管理法案(Administration of Muslim Law Act,AMLA),新加坡所有的卧格夫归属于新加坡伊斯兰乌里玛委员会(Majlis Ugama Islam Singapura,MUIS)。在新加坡伊斯兰乌里玛委员会的管理下,卧格夫的产业、

[①] Islamic-Relief的中文译名应为伊斯兰救助,我国通常译为伊斯兰国际救援组织。

收益和支出信息得到校对,这带来了管理的提升和收益的增长。新加坡伊斯兰乌里玛委员会致力于卧格夫产业的商业发展。截至 2005 年,新加坡伊斯兰乌里玛委员会管理的卧格夫总资产为 2.5 亿美元。[①]

三、南非的卧格夫

南非的大多数卧格夫机构与清真寺和宗教教育机构相关。作为南非的少数创收型卧格夫机构之一,1933 年,哈吉艾哈迈德·穆罕默德·洛克哈特卧格夫(Hajee Ahmed Mahomed Lockhat Wakuff)在德班(Durban)建立。新近成立了国家卧格夫基金会(National Awqaf Foundation)。[②] 南非卧格夫(Awqaf SA)发起于 2000 年,2003 年作为信托注册,2005 年注册为非营利性组织和公益组织。

四、美国和加拿大的卧格夫

北美伊斯兰信托(North American Islamic Trust,NAIT)是一家总部设在印第安纳州的组织,旨在寻求促进北美穆斯林发展的卧格夫。

北美伊斯兰信托是一家非营利实体,在 Section 501(c)(3)国内税收代码中,作为一家免税组织,1973 年由美国和加拿大的穆斯林学生协会(Muslim Students Association,MSA)在印第安纳州建立,其前身是北美伊斯兰协会(Islamic Society of North America,ISNA)。北美伊斯兰信托向其子公司北美伊斯兰协会、穆斯林学生协会以及其他伊斯兰中心和机构提供支持和服务。北美伊斯兰协会的会长是北美伊斯兰信托理事会的当然委员(ex-officio member)。

北美伊斯兰信托拥有清真寺、伊斯兰中心、学校和其他房地产、保障措施和

[①] Abdul-Karim Shamsiah, *Contemporary Waqf Administration and Development in Singapore: Challenges and Prospects*, Paper Presented at the Singapore International Waqf Conference 2007 held in Singapore during March 6–7,2007 Organized by the Islamic Religious Council of Singapore, Islamic Development Bank, Islamic Research and Training Institute, Warees Investments Pvte. Ltd., and Kuwait Awqaf Public Foundation.

[②] Ahmed, Habib, *Role of Zakah and Awqaf in Poverty Alleviation*, Occasional Paper No. 8, Islamic Research and Training Institute, Islamic Development Bank, Jeddah, Saudi Arabia. 2004.

泳池的所有权。其业务发展与沙里亚法、美国法律相兼容，金融工具和产品符合沙里亚法，出版和发行有公信力的伊斯兰文献，促进和协调社团项目。

加拿大安大略省（the Province of Ontario）以相同的名称建立了另一姊妹组织。

结　语

在伊斯兰名目繁多的慈善体系中,卧格夫作为所有权与用益权相分离的慈善制度,与其他慈善行为既有相通之点,亦有其殊异之处。

所谓史地不分家,历史是人类社会生活的纵向反映,地理则是其横向展现。观察卧格夫亦可如此。无论是放眼伊斯兰世界历朝历代卧格夫发展的历史纵轴,还是卧格夫在疆域广阔的伊斯兰国家或伊斯兰王朝的鲜活展现,存梗却枝则不难发现,卧格夫引人关注之处有两点:其一,卧格夫之管理;其二,卧格夫之社会功能。无论是伊斯兰世界对卧格夫的关注,抑或是学界对其开展的研究,基本围绕这两点展开。

一、卧格夫之管理经验

卧格夫是伊斯兰文明史上历史悠久的社会慈善体系。卧格夫在伊斯兰文明鼎盛时期非常活跃,其功能一度发挥到极致。随着殖民主义入侵伊斯兰世界,卧格夫受到重创,甚至几度被荒废,功能几近停滞。20世纪下半叶,许多伊斯兰国家经历了全面的觉醒,重视卧格夫机构的组建与改革,致力于完善卧格夫机构管理机制,使得卧格夫能够为促进社会发展发挥积极作用。许多伊斯兰国家从立法、行政和财务三方面来实施卧格夫机构改革。

(一)卧格夫立法体系

综观诸多的卧格夫改革,所有的卧格夫成功经验均始于卧格夫的立法改革,因为无论是何机构,法律与制度是其良性运营的根本保障,也是确定目标和方向的坐标,直接关系到其各项活动的结果。有了健全的法制,才会产生良好的结果。就印度卧格夫经验而言,英国殖民者强行介入卧格夫机构,颁布的法令有悖于卧格夫的本质,违背了卧格夫的教法基础,严重制约了卧格夫的发展和社会职能。印度独立后,各邦的卧格夫立法做了大幅调整,最终通过1995年法令的出台,卧格夫立法改革取得了成功。印度虽然不是伊斯兰国家,但颁布的卧格夫法水准超越了伊斯兰世界很多国家。苏丹、科威特和约旦等国家卧格夫改革的主要起点还是始于立法。

总体而言,各国的卧格夫立法改革凸显了两大特点:(1)以伊斯兰教法为基础。新出台的卧格夫法与伊斯兰教法相一致,撤除了殖民者罔顾卧格夫宗旨造成的混乱现象。新出台的法令明确规定了卧格夫管理条件,制定了一系列相关制度,特别强调遵守捐赠者提出的条件,不得将卧格夫财产与其他公共财产或私人财产混同。(2)新出台的卧格夫法明文规定,被他人或其他部门占用的卧格夫产业必须收回。譬如苏丹卧格夫法明文规定,卧格夫管理局有权收回所有卧格夫产业包括被收归国有的卧格夫财产。印度1995年颁布的法令则废除了卧格夫诉讼的时间限制,卧格夫管理委员会和负责人可以在任何时候提出收回卧格夫的诉讼。凡此种种,均为各国卧格夫的发展提供了有力的法律保障。

(二) 行政管理改革

卧格夫部门的行政改革是卧格夫立法改革的直接反映。法制环境的改善为组建有效的行政管理铺平了道路,使管理机构能有效处理卧格夫事务,提高工作效率。纵览伊斯兰国家历代卧格夫机构的管理经验,主要有三种管理模式:

1. 私人卧格夫管理

在这种管理体制中,姆塔瓦利是卧格夫财产的直接管理者,他负责卧格夫财产的维护、投资利用和利润分配。这种管理模式历史悠久,有其可取之处,它实现了卧格夫的诸多法定要求,例如遵守卧格夫捐赠者提出的条件,保护卧格夫财产不与其他财产混合,直接了解卧格夫受益对象的实际情况等,也摆脱了行政管理的官僚主义作风。当然,这种管理体制亦有其弊端:(1)由于不受法制的约束和监督,姆塔瓦利往往越权,容易出现滥用卧格夫财产、忽视卧格夫法定条件、将卧格夫财产据为己有等现象;(2)在发展卧格夫产业及其利润最大化方面受到严重制约,马来西亚的卧格夫管理模式即为一例,很多国家由于姆塔瓦利经营不善,致使大量的卧格夫资产被荒废。

2. 政府部门负责的卧格夫管理

随着社会的不断发展和各种机构的日益增多,卧格夫的数量和种类日益繁多,私人管理卧格夫的负面影响更加凸显,诸如腐败和越权现象频出,很多卧格夫的相关凭证丢失,有些卧格夫的初衷与所在国家政策以及总体思想相悖。凡此种种,均需要对卧格夫进行有效的监督,卧格夫开始被纳入国家管理。这种情况下,卧格夫管理机构通常隶属于一个中央行政部门,除了卧格夫管理,这一中央行政部门还履行其他很多职能尤其是宗教事务,诸如宣教、伊斯兰思想指导、组织正副朝觐、负责各种宗教集会等。

如同私人管理模式,国家管理卧格夫亦是优弊参半。其优点主要是:(1)对卧格夫能够实施最大程度的行政监管和督查;(2)可以更全面地处理卧格夫的各种问题;(3)可以对卧格夫发展进行宏观指导和全面调控。其主要弊端是:(1)政府管理一般都存在官僚主义作风,管理职能和办事效率低下,具有较为严重的惰性;(2)卧格夫与其他诸多事务混同,致使卧格夫资产与其他公共财产混淆在一起;(3)难以实现捐赠者的创设初衷。虽则如此,不能断言政府对卧格夫的直接管理是失败的,约旦卧格夫管理经验便是突出的例证。约旦虽然是政府管理卧格夫,但约旦卧格夫部非常重视卧格夫各项改革的实际需求,充分发挥了卧格夫的职能。

3. 独立的卧格夫机构

近年来,一些国家出现振兴卧格夫的思想倾向,同时倡导卧格夫必须摆脱官僚主义的消极影响,以便卧格夫能够重振历史作用。在各种因素和动力的推动下,诞生了新的卧格夫管理模式——符合伊斯兰教法的独立卧格夫管理机构。一些国家成立专门的机构,配备管理和技术人才直接负责全国的公共卧格夫,并对新生的私人卧格夫、年久无凭证的卧格夫以及国家设立的卧格夫进行监管,其主要责任包括卧格夫管理、开发利用、利润统筹与分配、财政预算并上报相关部门审批等。独立的卧格夫机构还通过董事会制定政策和目标,以维护卧格夫资产,实现捐赠者提出的条件,加大对卧格夫重要性及其发展的宣传力度,吸引新的卧格夫捐赠者。

这种新型管理模式最突出的特点是,将卧格夫的总监管权交付国家最高政权(总统或部长),以求实现严格的督查,同时将执行权和行政管理权移交专业管理机构。科威特和苏丹的卧格夫便是这种新型管理模式的突出典范。尤其是科威特的卧格夫管理,对市民社会开放,欢迎民间组织参与卧格夫管理,从而了解卧格夫受益群体的需求,提高了工作效率,吸引了新的卧格夫资源。苏丹的卧格夫模式侧重于鼓励群众提高扩大卧格夫资源的积极性。

相较于私人管理和政府管理,独立的卧格夫机构模式汇集了四个要素:(1)接受最高管理机构的领导,以便对卧格夫资产实施必要的监管,确保全面引导,以实现卧格夫的社会目标,维护卧格夫财产免遭侵蚀。(2)组建高水平的管理与技术人员梯队,以振兴卧格夫。(3)成立独立的行政管理和财务制度,使其与国家官僚机构分离,以提高工作效率。根据捐赠者提出的条件,确保捐赠者的相关权益。(4)提供适当的空间和机会,让私人机构积极参与卧格夫各项活动。

(三)财务

融资难已成为阻碍卧格夫部门发展的主要难题,严重制约了卧格夫宗旨的实现。很多卧格夫机构缺乏足够的流动资金,其经济来源主要依靠卧格夫实体本身,而大部分卧格夫实体都是房产和耕地,其租金较为低廉,使得卧格夫在当今社会难以实现预期的目标。加之传统的卧格夫管理机构包括私人管理者和卧格夫管理委员会大都因循守旧,不求作为,卧格夫领域一片沉闷之气。

卧格夫的体制改革迫在眉睫。除了卧格夫的立法、行政改革,也需要建立完善的财政制度。由于卧格夫机构融资难是个普遍问题,自 20 世纪 90 年代以来,很多国家多次召开卧格夫专题会议,广泛讨论卧格夫机构如何融资。与会者或倡议卧格夫产业应以市场行情出租;或建议推行当代伊斯兰融资模式,诸如加工制造、合伙经营、投标合资等。但这些建议无法实际有效解决困难,因为卧格夫房产无法以市场价出租,原因很简单,大部分卧格夫房产虽地处显要,但年久失修,有的几近无法正常使用。至于提出的推行当代伊斯兰融资模式很难付诸实践,因为卧格夫本身不具有与商业融资机构竞争融资和投标的实际能力,无法使持股者的利益最大化。还有与会者倡议政府通过融资形式给卧格夫注入资金,然而一些国家和政府本身财政见绌,谈何给卧格夫融资,为其注入资金。因此,解决卧格夫融资问题,必须另辟蹊径。有学者认为,可以采取以下改革措施:

1. 总结各学派的教法意见,明确与卧格夫本质和卧格夫再投资利用相关的教法问题,诸如现金卧格夫、共有财产捐为卧格夫、置换卧格夫等,以便发展新的卧格夫资源,拥有一定的流动资金。譬如科威特设立了卧格夫基金和卧格夫项目,吸收了很多机构的现金卧格夫,明确定位将其用于教育或医疗等领域,通过这种融资形式获取流动现金用于卧格夫项目。苏丹推行的"卧格夫股份",有意者可以参股,专门用于定向卧格夫。麦尔旺·格巴尼博士谈及黎巴嫩的卧格夫时认为,必须采取符合时代精神的大胆立法,推行"发展置换",将收效甚微的卧格夫实体进行置换,以此开辟卧格夫部门的收入渠道。

2. 重视采用新的卧格夫财务及投资管理方式,聘任有专业技术能力的管理人员。

约旦、科威特、苏丹的卧格夫管理经验表明,全方位的改革不但有助于解决卧格夫融资问题,且能够尽量使卧格夫收益最大化,还有助于整合卧格夫资源并加以开发利用,合理地分配利润,提高卧格夫机构的信誉度,赢得各投资方的信任和与其他商业机构的竞争机会。科威特卧格夫总部便是突出的例证,它对机构内部进行全面的改革,并对投资局运行方式做了调整,提高了工作效率,成为卧格夫管理机构的成功典范。

3. 成立国际性的伊斯兰融资机构。

鉴于卧格夫机构融资难的问题,各国卧格夫部召开的历次会议多次倡议建立国际性的伊斯兰融资机构。为此,伊斯兰各国卧格夫机构积极参与该机构的创建工作,尤其是20世纪90年代末在印度尼西亚首都雅加达召开的会议,成功酝酿了成立"世界伊斯兰卧格夫局"的设想并设立投资基金,专门为卧格夫项目融资,指定由伊斯兰发展银行负责监督。为此,伊斯兰发展银行在吉达总部召开会议,邀请了很多伊斯兰银行及卧格夫机构代表出席,指定科威特卧格夫总部负责卧格夫事务协调工作。在大会上,科威特卧格夫总部提交了成立投资基金的设想和投资基金基本法草案,经过适当的修定,会议最终通过了投资基金及基本法。大会还责成伊斯兰发展银行对项目的经济效益进行全面细致的调研,并将结果分发给各伊斯兰银行和卧格夫机构。伊斯兰发展银行对许多伊斯兰国家做了抽样调查,根据相关数据和实地调研,对项目经济效益做了全面详细的分析,现已成立了投资基金,已成为伊斯兰发展银行的一个主要部门。在伊斯兰发展银行主持下,颁布了成立世界伊斯兰卧格夫局的章程,宣布世界伊斯兰卧格夫局成立,任命了总局长。世界伊斯兰卧格夫局逐渐完善其体制结构,与其成员国的卧格夫机构协调合作,定期召开与卧格夫事务相关的会议。

总之,通过很多国家卧格夫管理机构的努力,伊斯兰国家的卧格夫整体不断发展,呈现出一幅欣荣景象。当然还存在很多问题,需要进一步的完善与改革。

二、卧格夫之社会功能

今天的许多学者虽然强调卧格夫的扶贫功能;但同时建议,卧格夫的使用其结构和操作都应类似于塔卡夫勒(Takaaful,伊斯兰保险)和微观金融。

据推测,卧格夫很可能在穆斯林占少数的国家有所增长,而在那些穆斯林占多数的国度并非如此,这种推测并非牵强。卧格夫在前者扮演了一个更为活跃角色的原因在于,在一个不关注其宗教信仰及其许多特殊社会—经济需要的国度,他们不得不利用卧格夫来满足自身需要,并保护和提升伊斯兰教。[1] 非伊斯兰国家的穆斯林社团在当地法律制度的框架下组织其卧格夫,在一些社团,卧格夫依循议会法案(Act of Parliament)。例如在印度、斯里兰卡、缅甸、肯尼亚,许多卧格夫在信托、基金会、非营利组织、非政府组织和社团之下运行。蒙泽尔·卡夫(Monzer Kahf)在其多篇关乎卧格夫的论文中就"非卧格夫立法"(Non-Waqf Legislations)下的卧格夫产业的保存和保护表示了关注,并建议穆斯林社团在其法律体系内主动发展卧格夫法案。[2] 许多穆斯林社团依靠当地的卧格夫捐赠、筹款和外国援助,以满足清真寺、教育和福利机构运转的需要,收益来源的持续性促进了其可持续发展。蒙泽尔·卡夫认为,"由于卧格夫提高了社会—经济福利,因而不可低估它对穆斯林社团的贡献。我们需要努力去振兴西方社会穆斯林社团创建卧格夫的进程,创造一种永久性的和稳定的收益,以便支持社团活动,提升宗教和社会福利。创建新的卧格夫的进程可以让我们社团的每个穆斯林家庭都参与进来,而非仅仅是少数的富裕人家"。[3]

伴随着伊斯兰社会的发展以及国家提供的服务的不同,伊斯兰社会的融资需求也在发生改变。由于则卡特的受益对象受到了限制,伊斯兰社会必须依靠卧格夫等自愿捐助以满足其诸多慈善需求。卧格夫的资助对象主要有三类:

---

[1] Siddiqui, M. Nejatullah, *Role of the State in the Economy-An Islamic Perspective*, The Islamic Foundation, UK, 1996, p. 149.

[2] Monzer Kahf, 'b' undated, *Awqaf of the Muslim Community in Western Countries Preliminary Thoughts on Reconciling the Shari'ah Principles with the Laws of the Land*, www. monzer kahf. com. p. 7.

[3] Monzer Kahf, 'b' undated, *Awqaf of the Muslim Community in Western Countries Preliminary Thoughts on Reconciling the Shari'ah Principles with the Laws of the Land*, www. monzer kahf. com. p. 10.

(1)卧格夫主要用于清真寺。例如,图伦王朝的创建者伊本·图伦(Ahmad ibn Tûlûn,868—884 年在位)在埃及建造了伊本·图伦清真寺,在清真寺后殿设立了洗浴室和药房,配备了各种药物,有专人负责管理,每周五有医生坐诊,免费医治前来聚礼的病患。① (2)通常情况下,教育是卧格夫的第二大受益方。伊斯兰创传初期,教育通过卧格夫和自愿捐款筹集经费,政府资助教育通常采取兴建学校的形式,并分配一定的产业作为学校的卧格夫。阿尤布王朝、巴勒斯坦和埃及的马木鲁克王朝时期的卧格夫即是很好的例证。根据历史文献,20 世纪初,耶路撒冷有 64 所学校是卧格夫,并受巴勒斯坦、土耳其、叙利亚的卧格夫资产支持。这些学校中有 40 所是通过阿尤布王朝的缔造者萨拉丁·优素福·本·阿尤布(1138—1193)、马木鲁克王朝的君主和总督的捐赠成为卧格夫。② 艾资哈尔大学于 972 年创办于开罗,受卧格夫收益资助,直至埃及的穆罕默德·阿里于 1812 年将卧格夫收归国有。③ 卧格夫资助教育通常用于图书馆、书籍、教师薪资、学生助学金,对宗教学习方面的资金不加限制,伊斯兰教兴起阶段尤为如此。由于教育经费并非源自官方,广受卧格夫资助培养出来的学者能在较大程度上保持思想和学术之自由。换言之,除了教育自由,这种融资方法也有助于创建一个并非来自富人和统治阶层的知识阶层。有时,大多数伊斯兰学者中的贫困阶层和奴隶阶层往往非常坚定地捍卫着市民群众,反对统治者的政策。④ (3)卧格夫的第三大受益方是穷人、有需要者、孤儿等。卧格夫收益的其他使用者包括医疗卫生服务,它包含医院的建造以及医生、学徒和病人的支出,如 1898 年建于伊斯坦布尔的希施里儿童医院(Shishli Children Hospital)。⑤ 此外也有动物卧格

---

① 阿卜杜·萨塔尔、易卜拉欣·希提:《卧格夫及其促进社会发展的作用》,多哈研究中心 1998 年版,第 18 页。
② Al Asali, Kamil Jamil, "Mu'assat al Awqaf wa Madaris Bait al Maqdis," [Awqaf Institution and the Schools of Jerusalem], in the *Proceedings of the Symposium of Awqaf Institution in the Arab and Islamic World*, Institute of the Arab Reaearch and Studies, Baghdad 1983, pp. 95 - 111.
③ Ramadan, Mustafa Muhammad, "Dawr al Awqaf fi dam al Azhar", in *Proceeding of the Symposium of Awqaf Institution*, op. cit., p. 135.
④ al Syed, Abd al Malik, "al Waqf al Islami wa al Dawr al Iadhi la Ibahu fi al Numuw al Ijtimai fi al Islam," [Islamic Waqf and the Role it Played in Social Development in Islam], in *Idarat wa Tathmir Mumtalakat al Awqaf*, op. cit., pp. 237 - 258.
⑤ al Syed, Abd al Malik, "al Waqf al Islami wa al Dawr al Iadhi la Ibahu fi al Numuw al Ijtimai fi al Islam," [Islamic Waqf and the Role it Played in Social Development in Islam], in *Idarat wa Tathmir Mumtalakat al Awqaf*, op. cit., p. 287.

夫,例如大马士革的猫卧格夫和遗弃的家畜卧格夫。[1] 还有资助人们去麦加朝觐的卧格夫;给斋月期间的斋戒者提供开斋用的枣汁或果汁的卧格夫;负责宗教机构清洁和照明等日常服务的卧格夫;负责抄写、出版或修复宗教书籍的卧格夫;帮助皈依者尽快融入穆斯林生活的新穆斯林卧格夫;帮助女孩子结婚的卧格夫等凡此一个人能想到的以慈善为目的的许许多多的卧格夫。

卧格夫的永久性带来了各地卧格夫产业的积累,为广泛而深入的宗教和慈善活动提供了支持,大规模的卧格夫在伊斯兰社会生活中扮演了重要角色。根据伊斯坦布尔、耶路撒冷、开罗和其他城市的卧格夫注册资料,卧格夫土地覆盖了总耕地面积相当大的比例。例如1812年和1813年对埃及的一项土地调查表明,卧格夫在总的250万费丹中占据了60万费丹。[2] 1841年,阿尔及利亚首都阿尔及尔的大型清真寺的卧格夫契据数量是543份;土耳其约1/3的土地是卧格夫。[3] 在16世纪中叶的巴勒斯坦(卧格夫契据的数量记录至16世纪中叶),890份产业中有233份卧格夫,与此相较的是108种私人所有权中有92份卧格夫。卧格夫的收益最多用于清真寺,这通常包括伊玛目、教师、宣教者的薪资,还有礼拜毯、清洁、供水、燃油灯的费用支出。在这种独立资金来源的资助下,宗教领袖和教师总是能够采取独立于统治阶级的社会和政治立场。1831年法国占领阿尔及利亚时期,殖民当局掌控了卧格夫产业,以便压制反对占领的宗教领袖。[4]

尽管各教法学派对卧格夫的观点有所出入,但对其社会慈善功能均高度认可。

1. 卧格夫制度为穆斯林的持续性慈善提供了切实机会,推动了穆斯林社团的发展。除了提升社会福利,卧格夫也用于穆斯林社团的其他领域,诸如教育、研究、宣教等。"卧格夫创造了一个永久性的、累积性的资本基础。时至今日,可以明确的是,伊斯兰文明的发展依然有赖于卧格夫的增长和发展。卧格夫扩展

---

[1] al Sibai, *Mustafa*, *Min rawa'I hadaratina*, al Maktab al Islami, Beirut 1969.

[2] Ramadan, Mustafa Muhammad, "Dawr al Awqaf fi dam al Azhar", in *Proceeding of the Symposium of Awqaf Institution*, op. cit., p. 128.

[3] Armagan, Servet, "Lamhah an halat al Awqaf fi Turkia"[A Glance at the State of Awqaf in Turkey], in al Amin, Hasan Abd Allah, ed., *Idarat wa Tathmir Mumtalakat al Awqaf*, Islamic Research and Training Institute (IRTI)of the Islamic Development Bank, Jeddah 1989, p. 339.

[4] Abu al Ajfan, Muhammad, "al Waqf ala al Masjid fi al Maghrib wa al Andalus"[Waqf on Mosques in North West Africa and Andaluthia], in *Studies in Islamic Economics*, Internatonal Center for Reaseach in Islamic Economics, King Abd al Aziz University, Jeddah, 1985, p. 325.

了慈善的范围,它覆盖了社会福利的所有领域,许多当代经济学家和政治社会学家甚至认为,卧格夫囊括了应当属于政府职责的领域和部门,诸如医疗卫生、教育、防务。"[1]历史学家霍格森也坚持认为,自10世纪起,卧格夫作为一种私人资助伊斯兰社会的载体,支持宗教、社会、文化和经济活动,不但为伊斯兰教开展很多具体宗教活动提供了物质基础,还具有一定的政治功能。通过卧格夫,各种基础的公共设施甚至休闲场所都由私人支撑。很多耀眼的建筑,如清真寺、学校都由卧格夫支持,使得卧格夫成为伊斯兰社会最公开的慈善救济形式。

当然,对于卧格夫的慈善性质也不宜过分夸大。有研究者认为,"在中东,政府的概念并不包括公共服务,慈善救济全靠私人捐赠,即卧格夫制度支撑"。[2] 卧格夫作为伊斯兰世界一种重要的社会存在,的确在相当程度上发挥了其慈善本性,减缓了政府的公共预算和济贫负担,但此种说法似乎也颇有商榷之处。首先,在1400余年的伊斯兰发展史上,在人口众多、疆域广袤的伊斯兰国土,卧格夫的深度、广度究竟如何? 研究者以盛极一时的奥斯曼帝国时期的卧格夫作为研究和定义卧格夫在伊斯兰史上的巨大社会功能的观照点,是否有以偏概全之嫌? 其次,不能轻易定义卧格夫是伊斯兰历史上的核心赈济部门,很难想象在历时漫长、疆域广阔的伊斯兰世界,会缺乏中央政府管辖的类似官方民政部门的赈济机构,或者面对天灾人祸、百姓民生,历朝历代统治阶层会无所作为,而主要依赖散存于民间社会的卧格夫机构。卧格夫只能是伊斯兰世界中央政府慈善救助的有力补充,绝非全部。

2. 大量卧格夫的日积月累,对维系伊斯兰教的宗教制度以及传扬伊斯兰教提供了坚实的经济保障。任何宗教的可持续发展都需要经济保障,从某种意义上讲,贫穷是宗教最大的敌人,宗教经济的充裕既是维系宗教制度的有力保障,又是宗教开展慈善事业,弘扬慈善本性的坚强后盾。就伊斯兰教而言,慈善形式多样,大都与伊斯兰经济思想有所关联。对伊斯兰经济思想的书写,则卡特和卧格夫向为重中之重,这可从一个侧面说明卧格夫所牵涉面之广,影响之大。虽然卧格夫产生伊始,只是虔诚的穆斯林主观上出于对经训规约的追随,发扬其向善

---

[1] Kahf Monzer, *The Role of Waqf in Improving the Ummah Welfare*, Paper Presented at the Singapore International Waqf Conference 2007 held in Singapore during March 6 – 7, 2007 Organized by the Islamic Religious Council of Singapore, Islamic Development Bank, Islamic Research and Training Institute, Warees Investments Pvte. Ltd., and Kuwait Awqaf Public Foundation, 2007, p. 18.

[2] 杨瑾:《信仰与慈善救济——伊斯兰历史上的贫困与济贫研究》,文物出版社2012年版,第227页。

之心，以求见悦于真主。但客观上，大量卧格夫的出现有助于伊斯兰教开展救济行为，弘扬其扬善本性，增强信众向心力，同时招徕外教人士的皈依和认可。

3. 卧格夫将其所有权永久归于真主，理论上具有永久性，其实卧格夫是个动态的概念。在现实社会，没有永久存在的永远的卧格夫。卧格夫始于先知穆罕默德时代，其后至今，伊斯兰社会的卧格夫更是层出不穷。从理论上讲，卧格夫的所有权属于真主，不得出售、转让、典当等，因而这些卧格夫都应得以保存，留存于现今的伊斯兰世界，至少我们可以看到不易耗损的卧格夫。但事实上我们很难发现当前的伊斯兰社会还会存在先知时期抑或其后时期的大量卧格夫，现今留存下来的卧格夫其数量相较于伊斯兰社会卧格夫的历史原貌只能是九牛一毛。由此可知，虽然永久性是卧格夫的一大特征，但社会发展的不确定因素：改朝换代、战争、当权者的意志、自然耗损等都会对其产生冲击，从而使其变得面目全非，或者消失殆尽。社会发展最大的不变，或许就是变化本身。从这个意义上讲，没有永远的卧格夫，只不过其消亡较为延缓罢了。

4. 尽管卧格夫研究人员对卧格夫本身的一些特征诸如其缘起、条件等的看法颇有不同，但就卧格夫对伊斯兰世界的巨大影响均有认同。卧格夫建筑以及相关的大量文字材料，特别是大量马木鲁克和奥斯曼时期的卧格夫，由于文字材料的丰富和现存建筑物的众多，是研究伊斯兰社会的卧格夫制度、城镇发展、教育、农业生产、建筑、饮食、劳动力价格、医药、市场供给等的珍贵材料，是研究伊斯兰社会慈善救济最直接的证据。这些卧格夫实物和史料，为我们了解伊斯兰社会历史的面貌和变迁无疑具有巨大的参考价值。卧格夫研究亦是伊斯兰世界一个颇具生命力的研究领域，涌现出了很多著名的研究人员，19—20世纪的殖民官员也非常关注卧格夫，因为卧格夫制度关乎近代伊斯兰世界的土地所有制和经济体制改革。

当然，作为一种社会存在，卧格夫制度不可能百利无虞：（1）卧格夫管理的低效、浪费和贪腐始终伴随着卧格夫制度的发展。时至今日，伊斯兰世界依然无法真正有效地解决这一问题。纵有近现代的卧格夫管理改革，亦无法使其如私人产业一样达到效益的最大化，容易造成社会资源的浪费。伊斯兰社会迫切需要激活和振兴卧格夫系统，改革其管理，提高现有的卧格夫效益。（2）如同中外历史上的大量寺院经济和教会经济，卧格夫屯留的大量产业不能进入流通领域，是否会在一定程度上阻碍市场流通，降低市场活力，也是应予关注的问题。

附录　当代阿拉伯世界的卧格夫研究专著及其国际研讨会

一、卧格夫国际研讨会

截至2017年,由科威特卧格夫基金部主办,并与世界伊斯兰发展银行及卡塔尔卧格夫基金部等部门联合召开的卧格夫国际研讨会已过8届。这些研讨会旨在从学理的高度丰富卧格夫理论,以便为进一步挖掘卧格夫的潜力,完善卧格夫管理提供有效举措。

第一届:2003年10月,在科威特召开。

第二届:2005年5月,在科威特召开。

第三届:2007年4月,在科威特召开。

第四届:2009年4月,在摩洛哥首都拉巴特召开。

第五届:2010年5月,在土耳其的伊斯坦布尔召开。

第六届:2013年5月,在卡塔尔的多哈召开。

第七届:2015年5月,在波黑的萨拉热窝召开。

第八届:2017年4月,在英国的牛津召开。

二、当代阿拉伯世界的卧格夫研究专著

2011年,沙特阿拉伯学者优素福·艾哈迈德·哈桑对当代阿拉伯世界的卧格夫研究著作进行了统计,仅卧格夫研究专著(其中包括硕士研究生毕业论文)就达157本(不包括卧格夫学术研讨会及期刊上发表的几百篇论文)。其中较为突出的专著有:

1. 穆罕默德·本·艾哈迈德·本·萨利哈:《卧格夫及其对促进社会发展

的影响》,沙特阿拉伯法赫德国王国家图书馆 2001 年版。

2. 穆罕默德·欧拜德·凯比西:《伊斯兰沙里亚法中的卧格夫律例》(上、下册),伊拉克巴格达指导出版社 1977 年版。

3. 穆罕默德·艾布·祖赫拉:《论卧格夫》,开罗阿拉伯思想社 1971 年版。

4. 穆罕默德·穆斯塔法·舍莱比:《遗嘱与卧格夫》,开罗编纂社 1967 年版。

5. 叶哈雅·马哈茂德·撒阿提:《卧格夫与阿拉伯图书馆的创建》,利雅得费萨尔国王学术研究中心 1988 年版。

6. 易卜拉欣·布优米·加尼姆:《卧格夫与政治》,开罗大学出版社 1997 年版。

7. 沙特阿拉伯伊斯兰事务与卧格夫基金部:《沙特阿拉伯的卧格夫》。

8. 穆罕默德·本·阿卜杜·阿齐兹·本·阿卜杜拉:《伊斯兰理念中的卧格夫》,摩洛哥卧格夫基金与伊斯兰事务部 1996 年版。

9. 穆罕默德·本·艾哈迈德·萨利赫:《伊斯兰沙里亚法中的社会保障》,沙特阿拉伯伊玛目大学 1993 年版。

10. 阿腾雅·阿卜杜·哈里姆·萨格尔:《卧格夫经济思想》,开罗阿拉伯复兴出版社 1998 年版。

11. 阿卜杜·瓦哈布·罕俩夫:《卧格夫律例》,开罗胜利出版社 1998 年版。

12. 穆斯塔法·艾哈迈德·宰卡:《卧格夫律例》,大马士革叙利亚大学出版社 1947 年版。

13. 穆罕默德·萨利姆·麦德库尔:《教法理论与实践层面的卧格夫》,开罗世界出版社 1961 年版。

14. 阿卜杜·迈里克·艾哈迈德·赛德:《卧格夫的社会职能》,吉达伊斯兰发展银行 1998 年版。

15. 穆罕默德·阿卜杜·哈里姆·欧麦尔:《伊斯兰卧格夫制度与西方世界同类制度比较》,埃及艾资哈尔大学伊斯兰经济研究中心 2006 年版。

16. 穆罕默德·穆罕默德·艾敏:《卧格夫与社会生活》,阿拉伯复兴社 1980 年版。

17. 福阿德·阿卜杜拉·欧麦尔:《卧格夫对就业和促进社会的贡献》,科威特卧格夫基金部 2000 年版。

18. 阿卜杜拉·本·苏莱曼·本·阿卜杜·阿齐兹·巴呼斯:《卧格夫与经

济发展》,沙特阿拉伯乌姆·古拉大学出版社 2001 年版。

19. 穆罕默德·穆瓦法格·艾尔纳欧特:《伊斯兰世界的卧格夫——过去与现在》,贝鲁特溪流出版社 2011 年版。

20. 孟齐尔·盖哈弗:《伊斯兰卧格夫的发展与管理》,贝鲁特当代思想出版社 2006 年版。

21. 赛里姆·哈尼姆:《卧格夫及其在伊斯兰当代社会中的作用》,贝鲁特使命出版社 2004 年版。

22. 苏莱曼·本·阿卜杜拉·艾拜勒·海里:《伊斯兰沙里亚法中的卧格夫及其宗教与社会职能》,利雅得纳伊夫阿拉伯公安大学研究中心 2008 年版。

23. 欧萨迈·阿卜杜·迈吉德:《卧格夫职能再现》,乌玛丛书系列第 135 期,卡塔尔卧格夫基金与伊斯兰事务部 2010 年版。

24. 易卜拉欣·艾哈迈德·易卜拉欣:《卧格夫论》,开罗沃海布书局 1994 年版。

25. 穆罕默德·艾布·达吉凡:《摩洛哥和安达卢西亚的清真寺卧格夫》,吉达阿卜杜·阿齐兹国王大学出版社 1984 年版。

26. 哈桑·阿卜杜拉·艾敏:《卧格夫资产的管理与再投资》,吉达伊斯兰研究院与伊斯兰发展银行 1994 年版。

27. 加迈尔·拜尔赞吉:《伊斯兰卧格夫》,科威特卧格夫基金与伊斯兰事务部 1993 年版。

28. 阿卜杜·凯里姆·本·优素福·胡德尔:《卧格夫新领域及其促进经济发展的功能》,麦加卧格夫基金部伊历 1420(公元 1999 年)年版。

29. 阿卜杜拉·本·艾哈迈德·本·阿里·栽德:《沙特阿拉伯的卧格夫现状》,麦加卧格夫基金部伊历 1420(公元 1999 年)年版。

30. 加尼姆·易卜拉欣·巴尤米:《埃及的卧格夫与政治》,开罗曙光出版社 1998 年版。

31. 马哈茂德·阿拔斯·哈姆德:《土耳其奥斯曼时期的卧格夫文献(伊历 1202—1208)》,开罗东方复兴出版社 1984 年版。

32. 科威特卧格夫基金与伊斯兰事务部:《科威特卧格夫的过去、现状与未来》,科威特卧格夫基金与伊斯兰事务部 1993 年版。

33. 阿里·艾苏格尔·迈尔瓦里德:《卧格夫与索德格》,贝鲁特伊斯兰书社 1990 年版。

435

英汉对译表

(一) 人名对译
Abd al-'Aziz ben Ja'far　阿卜杜·阿齐兹·贾法尔
Abd-al-Ghani al-Nabulsi　阿卜杜·格尼·纳布鲁希
Abd-al-Majid Ⅱ　阿卜杜勒·马吉德二世
Abd-al-Rahman ibn Hassan al-Jabarti　阿卜杜·拉赫曼·本·哈桑·贾巴尔提
Abd-al-Wahhab al-Sha'rani　阿卜杜·瓦哈布·沙拉尼
Abdin Salama　阿卜丁·萨拉马
Abu-al-Ala'al-Ma'ari　艾布·阿拉·麦阿里
Abu-al-Abbas　艾布·阿拔斯
Abu al-Faraj ben al-Jawzi　艾布·法拉吉·本·贾沃齐
Abu al-Qasim'Umar al-Kharaki　艾布·嘎希姆·欧麦尔·卡拉基
Abu ali Shaqiq　艾布·阿里·舍基格
Abu-Dawood　艾布·达伍德
Abu Hamid Muhammad ibn Muhammad ibn Muhammad al-Ghazali　艾布·哈米德·穆罕默德·安萨里
Abu-Musa　艾布·穆萨
Abu-Saud　艾布·苏欧德
Abu Zuhra　艾布·祖赫拉
Abdulkalim　阿卜杜·卡里姆
Abdulmalic　阿卜杜·马立克
Abraha　阿布拉哈
Abu Ya'ala al-Fara'　艾布·叶阿俩·法拉
Adud-al-Dawlah　阿多迪·道莱
Afzalur Rahman　阿夫祖勒·拉赫曼
Ahmad Irshad　艾哈迈德·伊尔哈德
Ahmad Orabi　艾哈迈德·欧拉比
Ahmed　艾哈迈德
Aisha　阿伊莎
Akbar　阿克巴

英汉对译表

al-Ansari　安萨里
al-Basri　巴斯里
Albertus Magnus　阿尔伯特·马格努斯
al-Bukhari　布哈里
al-Dasuqi　达苏奇
Al-Fangari　范格里
Al-farabi　法拉比
al-Fustat　福斯塔特
al-Hajjaj　哈贾杰
AI-Jahshiyari　贾赫希亚里
Al-Jarhi　贾尔希
al-Junayd　祝奈德
al-Khisht　凯什特
al-Ma'mun　麦蒙
al-Mansur　曼苏尔
al-Maqrizi　马格里济
Al-Misri　迷思瑞
al-Mosul　曼苏尔
al-Muktafi　穆克塔菲
al-Mustakfi　穆苏泰克菲
al-Mustansir　穆斯坦绥尔
al-Must'asim　穆尔台绥木
al-Musta'sim　穆斯塔希姆
al-Mutamid　穆塔米德
al-Mutanabbi　穆台奈里
al-Mutawakkil　穆台瓦基勒
al-Nasa'I　奈萨仪
al-Nawawi　纳瓦维
Alptigin　阿勒卜亭
al-Rafi-'I　拉菲仪
al-Raghib al-Asfahani　拉基布·伊斯法罕尼
al-Raqqah　拉卡
al-Rashid　拉希德
al-Razi　拉齐
al-Rāghib al-Asfahāni　拉基布·伊斯法罕尼
al-Saffah　萨法哈
al-Sahnun　赛哈农
al-Sawory　萨沃瑞
Al-Sayyid Murtada al-Zabidi　赛义德·穆尔太达·扎比迪
al-Shatibi　沙推比

437

al-Shirazi　舍拉齐
al-Sighnaki　希格纳吉
al-Tai'　泰伊
al-'Utbi　欧特比
al-Walid　瓦利德
al-Walid ibn-Abd al-Malik　瓦利德·本·阿卜杜·马立克
al-Wardi　阿里·沃尔迪
al-Wasit　瓦希特
Ali ibn Abu-Taleb　阿里·本·艾布·塔里布
Anderson　安德森
Anwar Iqbal Qureshi　安瓦尔·伊克巴尔·库雷希
Attiyah　阿提亚
Ayatullah Taleghani　阿亚图拉塔莱加尼
Babur　巴布尔
Baqir al-Sadr　巴齐尔·萨德尔
Barbon　巴蓬
Baybars　拜卜里斯
Caliyyan　克里彦
Chapra　查卜拉
Collard　科勒德
Constantius　康斯坦丘斯
D. Gauthier　戈捷
Damascusan　大马士库散
David Bonderman　大卫·邦德曼
Dhu al-nun al-Misri　祖浓·密苏里
Dhu-Nuwas　祖·努瓦斯
Diya'al-Din Muhammad ibn Muhammad ibn Ahmad al-Qurashi al-Shafi'I　齐亚丁·穆罕默德·本·穆罕默德·本·艾哈迈德·古来什·沙斐仪
Edmund O'Sullivan　埃德蒙·奥沙利文
F. A. von Hayek　哈耶克
F. Neumark　纽马克
Faisal bin Abdul Aziz　费萨尔·本·阿卜杜·阿齐兹
Fouad al-Omar　福阿德·奥马尔
Fudayl ibn Iyad　福德勒·本·伊雅德
Ghazan　合赞汗
Goitein　戈伊坦
Ja'aferal-Dimashqi　贾法尔·大马士基
Joseph Schumpeter　约瑟夫·熊彼特
Hajji Khalifah　哈吉哈利法
Ham　含

Hanafite Faqih al-Zarqa 哈奈斐·斐格哈·宰勒嘎
Hans Kung 孔汉思
Hassan al-Banna 哈桑·班纳
Hisham 希沙姆
Hulagu 胡拉古
Hurshid Ahmad 卡苏·艾哈迈德
l-Ashker 艾什科尔
l-Sarkhasi 赛尔赫希
Ibn'abidin 伊本·阿比丁
Ibn-al-Arabi 伊本·阿拉比
Ibn al-ukhūwwah 伊本·乌宏瓦
Ibn Buwayh 伊本·布韦希
Ibn Habib al Sulami 伊本·哈比卜·苏莱米
Ibn Qudamah 伊本·古达迈
Ibn Nabatah 伊本·奈巴特
Ibraham ibn Adham 易卜拉欣·本·艾德罕
Icnaz Goldziher 伊格纳兹·戈尔德戚厄（戈德齐赫或高德兹赫）
Ingo Karsten 英格·卡斯滕
Ismail 伊斯梅尔
Isma'il ben Ishaq 伊斯玛仪·本·易斯哈格
Jalal al-Din Dawwani 哲俩鲁丁·达瓦尼
John Maynard Keynes 约翰·梅纳德·凯恩斯
Kahf 卡哈夫
Kahf Monzer 卡哈夫·孟齐尔
Khan 汗
Khedive Ismail 赫迪夫伊斯梅尔
Khwajah Nizam al-Mulk 和卓尼扎姆·马尔克
J. B. Clark 克拉克
J. Buchanan 布坎南
J. Dusenberry 杜森贝利
J. Rawls 罗尔斯
Jaferal-Mansur 贾法尔·曼苏尔
Jalal al-Din Dawwani 哲俩鲁丁·达瓦尼
Joseph Schumpeter 约瑟夫·熊彼特
Justin Ⅰ 贾斯汀一世
Locke 洛克
M. Fahim Khan 穆罕默德·法希姆·汗
Mahmoud Abu saud 穆罕默德·艾布·沙特
Malik al-Ashtar 马立克·阿什塔尔
Mahmud Muhammad Babulli 马哈茂德·穆罕默德·巴布里

Mansur al-Hallaj　曼苏尔·哈拉智
Maxime Rodinson　马克西姆·罗丁森
McKinnon　麦金农
Metwally　迈特瓦里
Milton Yinger　密尔顿·英格
Mir Dimad　米尔迪玛
Mohammed Abdu　穆罕默德·阿卜杜
Mohammed Yusuf Mousa　穆罕默德·优素福·穆萨
Mohammad Uzair　穆罕默德·欧宰尔
Muawiyah　穆阿维叶
Muaz ibn Jabal　穆阿兹·本·贾伯里
Muhammad Abdou　穆罕默德·阿卜杜
Muhammad al-Muhibbi　穆罕默德·穆希比
Muhammad al-Faisal al-Saud　穆罕默德·费萨尔·沙特
Muhammad Akram Khan　穆罕默德·阿克拉姆·汗
Muhammad Baqir Majlisi　穆罕默德·巴齐尔·马吉里西
Muhammad ibn-Abdel-Wahhab　穆罕默德·本·阿卜杜拉·瓦哈卜
Muhammad ibn Sama'ah　穆罕默德·本·萨玛哈
Muhammad Salam Madkur　穆罕默德·萨拉姆·玛德库
Muhammad Samiullah　穆罕默德·萨米乌拉
Muhammad Shafi　穆罕默德·莎菲
Muhammad Yusuf Musa　穆罕默德·优素福·穆萨
Muhasibi　穆哈西比
Mulla Sadra　毛拉萨德拉
Munawar Iqbal　穆纳瓦尔·伊克巴尔
Mundell　蒙代尔
Musa al-Kazim　穆萨·卡兹姆
Muslim　穆斯林
Mustafa Zayd　穆斯塔法·栽德
Muwaffaq al-Dinb. Qudamah　穆瓦法古丁·古达玛
N. J. Coulson　库尔森
Naqvi　纳克维
Petty　皮特
Quesnay　魁奈
Qushayri　古筛里
R. Nozick　诺齐克
R. Brumberg　布伦贝格
Rabi'a al Adawiyyah　拉比阿·阿黛薇叶
Siddiqi　萨迪格
Sadiq al-Mahdi　萨迪格·马赫迪

Safi-al-Din　萨菲丁
Sakr　萨克尔
Salim　萨利姆
Salim Ⅰ　萨利姆一世
Saljuq　塞尔柱
Samir Mankabady　萨米尔·曼克巴蒂
Sayyid Abul Ala Mawdudi　赛义德·艾布·艾阿俩·毛杜迪
Seljuq Turks　塞尔柱·土耳其
Sesostris　塞索斯特里斯
Shah wali allah al-dihlawi　沙·瓦里云拉·达哈拉威
Shaqiq　舍基格
Shem　闪
Siddiqi　辛迪格
Sh Muhammad Ashraf　谢赫穆罕默德·艾什拉夫
Subuktigin　苏卜克亭
Sufyan al-Thawri　苏富扬·扫利
Syf-al-Dawlah　塞弗·道莱
Taha Husayn　塔哈·侯赛因
Timur Kuran　帖木儿·库伦
Trajan　图拉真
Turgot　杜尔哥
Umar ibn Abel-Aziz　欧麦尔·本·阿贝尔·阿齐兹
Umre ibn-Baria　欧姆里·本·巴里亚
Unawwar Iqbal　伊克巴尔·穆纳瓦尔
Uthman ibn Affan　奥斯曼·本·阿凡
Uthman ibn Hanif　奥斯曼·本·哈尼夫
W. Montgomery Watt　布什·蒙哥马利·瓦特
Watson　沃森
Ya'qup ibn-Ishaq al-Kinidi　叶尔古白·本·易司哈格·肯迪
Yazid　叶齐德
Yehis Gouda　亚希斯·古达
Yusri　尤斯里
Yusuf Sim'an al-Sim'ani　优素福·萨姆阿尼·萨姆阿尼
Zaim　栽姆
Zainu Ibahar Noor　宰努·艾卜哈尔·努尔
Zaki　扎基
Ziauddin　齐西丁

(二) 地名对译

Alexandria　伊斯坎德里耶

al-Hira   希拉
Almaty   阿拉木图
Al-Qayrawan   盖鲁旺城
al-Sham   沙姆
Balbees   拜比斯
Balkans   巴尔干
Balkh   巴尔赫
Byzantines   拜占庭
Deccan   德干
Farghanah   费尔干
Gaesarea   凯萨里亚
Ghaza   加沙
Iberian   伊比利亚
Heliopolis   赫利奥波利斯
Il-Khans   伊尔可汗国
Irtysh   额尔齐斯河
Khartoum   喀土穆
Khwarism   花剌子模
Khyber   海拜尔
Kuala lumpur   吉隆坡
Malva   马尔瓦
Najran   奈季兰
Ma'rib   马里卜
Nayshapur   尼沙浦尔
Old Cairo   旧开罗
Old Persepolis   波斯波利斯
Palmyrenes   巴尔米拉
Petra   皮特拉
Port Said   赛德港
Ptolemic Lake   托勒密湖
Rabat   拉巴特
Samarqand   撒马尔罕
Sigistan   赛吉斯坦
Suk Ukaz   欧卡兹
Syr-Oxus Basin   锡尔河—阿姆河盆地
Tabriz   大不里士
Tashkand   塔什干
Transjordan   外约旦
Transoxiana   中亚河
Volga   伏尔加河

Yathrib　叶斯里卜

(三) 书名对译

Aja'ib al-Athar fi al-Tarajim w-al-Akhbar　《奇闻趣谈》
al-Afsan al-Arbaah　《四重界》
al-Ahkām al-Sūltā niyyah　《苏丹政令书》
al-Ahkam al-Sultaniyyah wa al-Wilayat al-Diniyyah　《苏丹政令书》
al-Hawi al-Kabir　《大全》
al-Hisbah fi al Islam　《伊斯兰中的希斯拜》
al-lktisab fi al-Rizk al-Mustatab　《洁净生活的收入》
al-Isharah fi Mahasin al-Tijarah　《概论商贸的益处》
al-Jamiyat　《贾米业特》
al-Muqaddimah　《绪论》
al-Musnad　《穆斯纳德圣训集》
al-Nihayah　《尼哈亚教法》
al-Rutbah fi Talab al-Hisbah　《寻求希斯拜的级别》
al-Siyasah al-Shariyya　《法学策略》
al-Tabaqat al-Kubra　《名人传记》
al Turuq al Hukmiyah　《治国之道》
al-Zariah fi Makarim al-Shariah　《沙里亚法益处之简介》
Bibliotheca Orientalis Clemention-Vaticana　《梵蒂冈克莱门特东方图书馆》
Falsafatuna　《我们的哲学》
Fiqh al-Zakah　《则卡特的法理》
Futuhal-Bildan　《列国征服记》
Hujjat Allah al-Balighah　《真主确凿的明证》
I'lam al Muwaqqi'in　《法官须知》
Ihya Ulūm al-Dīn　《圣学复苏》
Imam al-Nasai，Sunan al-Nasai　《奈萨仪圣训集》
Imam al-Tirmizi, al-Jami, Sunan al-Tarmazi　《提尔密济圣训集》
Iqtisaduna　《我们的经济》
l-Ri'ayah li-huquq Allah　《论谋生与虔敬》
Kashf al-Zunun in al-Asami w-al-Funun　《书目释疑》
Kitab al-Amwal　《财富论》
Kitab al Asl　《原理之书》
Kitab al-Ibar　《绪论》
Kitab al-Umm　《温姆》
Kitab Nasihat al-Mulk　《谏王书》
Kitab Risalatal al-Iktisāb wa al Wara'　《论谋生与虔敬》(全名《论谋生与虔敬以及围绕谋生产生的疑虑，对允许与否以及获得收益的不同途径的答复》)
Kitabal-Iktisab　《收入论》

443

Kitabal-Risalahfi Usulal-Fiqh 《法源论纲》
Ma'alim al-Qurbah fi Ahkam al-Hisbah 《希斯拜律例中接近真主功修的标志》
Madarij al Salikin 《修行者的道路》
Nihayat al-Rutbah fi Talab al-Hisbah 《寻求希斯拜的最终级别》
Nizam al-Islam-al-Iqtisadi 《伊斯兰经济制度》
Qanun al-Wazarah 《辅政令》
Sahih al-Bukhari 《布哈里圣训实录》
Sahih Muslim: Sunnah of the Sayings and Doings of the Prophet Muhammad 《穆斯林圣训实录：先知穆罕默德言行的逊奈》
Sunan Abi-Dawood 《艾布·达乌德圣训集》
Sunan ibn Majah 《伊本·马哲圣训集》
Tableau Economique 《经济表》

（四）组织机构

al-barakah group 巴拉克集团
al-Dar al-Arabiyah 阿拉伯出版社
al-Rajhi Co. for currency exchange and commerce 拉吉希货币兑换和商业有限公司
Bank Muamalat Malaysia Berhard（BMMB） 马来西亚第二伊斯兰银行
Bankers Equity Ltd 银行证券有限公司
Beit Ettamouil Saudi Tounsi 沙特融资社
Dallah-al-Baraka Banking group 丹莱·巴拉克融资集团
Dar-al-Fikre al-Arabi 阿拉伯思想出版社
Dar-al-Khilafah 哈里发总署
Dar al-Kitab al-Lubnani 黎巴嫩书社
Dar-al-Mal-al-Islami/DMI 达鲁马里·伊斯兰（伊斯兰金融社）
Dar al-Nahdah al-Arabiyah 阿拉伯复兴出版社
Dar al-Uloom University 达鲁·乌卢姆大学
Diwan-al-Khatim 迪瓦尼·亥提姆
Diwan-al-Rasail 迪瓦尼·莱萨伊勒
diwan-al-zimmah 迪瓦尼·津麦
FIBS 费萨尔伊斯兰银行
High Council for Fostering Art and Literature 培养艺术与文学高级理事会
High Institute for Arabic Studies 高级阿拉伯研究院
house of worship 崇敬院
Housing Banking of Jordan 约旦住房银行
IAIB 国际伊斯兰银行协会
IAIC 伊斯兰阿拉伯保险公司
ICP 巴基斯坦投资公司
ICRIE 国际伊斯兰经济研究中心
IDB 伊斯兰发展银行

IIUM 马来西亚国际伊斯兰大学
International Association of Universities and the Association of Commonwealth Universities
　　国际大学协会和英联邦大学协会
Islam Malaysia Berhard Bank（BIMB） 马来西亚伊斯兰银行有限公司
Islamic Central Planning Committee 伊斯兰中央计划委员会
Islamic Foundation 伊斯兰基金会
Islamic Retakafol Company 伊斯兰瑞特卡夫公司
Jama'at al-Ikhwan al-Muslimun 穆斯林兄弟会
Jamaat-i-Islami 伊斯兰促进会
Krung Thai Bank（KTB） 泰京银行
Kuwait Zakah House 科威特则卡特院
League of Islamic University 伊斯兰大学联盟
Ministry of Finance and National Economy 财政和国家经济部
Mit-Ghamr Savings Bank 米特贾母斯储蓄银行
Muslim Student Association（MSA） 穆斯林学生协会
National Steering Committee of Islamic Banks 国家伊斯兰银行指导委员会
NIT 国家投资信托公司
OIC 伊斯兰会议组织
Othman-ibn-Affan Financial Society 奥斯曼·本·阿凡金融协会
Pure Assessment Mutuals 纯评估互助会
Qarmatiyyah 盖拉米塔隐秘集团
Reciprocal Insurance Exchange 交互保险社
RSPCA 防止虐待动物协会
Tadamon Islami Bank 塔达蒙伊斯兰银行
University of Fouad Ⅰ 福阿德一世大学
World Muslim League 世界穆斯林联盟
Yarikat Takaful Malaysia Sendirian Berhad 马来西亚伊斯兰保险有限责任公司
Zakat and Income Tax Department 则卡特和所得税司
zakat House 则卡特院
Zakat Research Foundation 则卡特研究基金会

（五）专有名词

Abd 顺从者
Abzir 泰卜齐尔（挥霍）
Adalah Ijtimaiyyah 社会公正
Adhan 艾赞
Ahalah 不知情
al-Hanafiyyah 哈奈斐学派
al-Hanbaliyyah 罕百里学派
al-harakah 哈拉克

al-Khilafah　代治

al-Malikiyyah　马立克学派

al-Maslahah al-Rajihah　社会公益

al-Mirath　继承法

Al-Quds　圣城委员会

al-Sawak　萨瓦克

al-Shafi'iyyah　沙斐仪学派

al-Shahid　舍希德

Al-Siddiq　笃信者

Ali-Illahis　神话阿里派

Ain Jalut war　阿因·贾鲁特战役

Akaful Act　《塔克夫条例》

Amanah　责任

Arabah　阿拉拜

Aravi　阿热卜

Ariyya　阿里亚

Asabiyyah　阿萨比亚

Atidal　适度

Aval　阿瓦利

Baqa'　白噶（永恒）

Batiniyyah　巴提尼叶（隐义派）

Bey　巴亚特

'bida'h'　比得阿

Bushe　蒲式耳

Buwayhid Dynasty　布韦希王朝

Buyu al-Gharar　白尔·格拉勒

Commenda　昆门达

Cost-plus Finance　贸易加成融资

Crowding Out Effect　挤出效应

Current Account Facilities　现金账户业务

Customs Tariff (Custom Dues)　关税

Dar-al-Hikmah (Dar al-Ilm)　智慧宫

Dhalalah　哆俩赖

Diminishing Musharakah　递减型穆沙拉卡

diwan-al-asl　管理局

Diwan al-Kharaj　迪万·哈拉吉

diwan-al-zimam　财政控制局

Economic due　收入与闲置资产税

Fai'　法伊

Falah　法拉哈

Falsafah 法里塞法
Fana' 法纳（陶醉）
Fixed-income Account，Murabahah Tawarruq 固定收入投资账户
Floatation and Control 穆哈拉巴条例
Ghanimah 格尼迈
Ghassanids 加萨尼
Ghaznawids 加兹尼
Ghurids 古利人
Golden Horde 金帐汗国
Gresham's Law 格雷欣法则
Habous 哈波斯
Hadramawt 哈达拉毛
Hajb 排除原则
Hamdanid 哈姆丹尼
Hamitic 含米特
Hammurabi's Code 汉谟拉比法典
Harar 不确定性
Hl al Hadith 圣训派
hl al-Kitab 受天经之人
Hl al Ra'y 意见派
Hiba 希巴
Hamitic-Semitic 含米特—闪米特
Himyar 希木叶尔
Hujjat al-Islam 伊斯兰权威
Hukm al-Waqf 卧格夫法
l-Attar 香水经销商"安塔尔"
l-Gabban 奶酪经销商"占巴尼"
l-Hawalah 转账（哈瓦莱）
l-Kafalah 克法莱（担保）
l-Labban 牛奶经销商"兰巴尼"
l-Nili 靛蓝经销商"尼里"
l-Tammar 椰枣经销商"谭玛尔"
l-Ujr 酬金（欧吉尔）
l-Wakalah 韦卡莱（委托）
Idrisi Movement 伊德里斯运动
Idrisids 伊德里希德
LIBOR 伦敦银行同业拆借利率
Ijara 伊吉拉制（租赁）
Ijaz 伊阿贾兹
Ijma 伊智玛尔

447

Ikhshidids　伊赫什德
Inan　伊纳尼
Iqta　伊克塔
Irtifaq　伊尔提法格
Islamic Banking Act　伊斯兰银行法案
Islamic Customs Union　伊斯兰关税联盟
Isma'iliyyah　易司马仪派
Isnad　伊斯纳德
Israf　伊斯拉夫（过份）
Istihsan　伊斯提哈桑（唯美）
Istislah　伊斯提斯俩哈（公共利益）
Istisna'a　委托制造
Iya　血锾
Jahiliyah　贾希里亚
Jaza'　杰扎
Jizyah　吉兹叶
Kafil　担保人
Kasb　凯斯卜（谋生）
Katib Chelebi　彻莱比的大作家
Khilafah　哈里发
Kindaites　肯德
Kufr　库夫勒
Lakhmids　莱赫米
Lloyds　劳伊兹
'Mahabbat-el-Kull'　宇宙的爱
Mahdiyyah Movement　马赫迪运动
Ma'in　马因
Ma'ruf　适度
Maslaha　麦斯拉哈（公众利益）
Mawal　麦瓦利
Mithaq　米萨格（缔约）
Moghul　莫卧尔
Mudarabah　穆达拉白
Mudharabah　穆哈拉白
Mufawadah　穆法瓦达
Muqaradah　穆伽拉达
Muqasamah　穆噶赛麦
Murabaha　穆拉巴哈
Murji'ah　穆尔吉阿（展缓派）
Musawamah，Bargaining　议价销售

Musharaka　穆沙拉卡
Muslaha　麦苏拉哈（公共利益）
Nabataeans　奈伯特
'Niyyah　尼叶（意向）
Nizam al-Islam fi al-Wasiyyah　伊斯兰教遗嘱制度
Nusayris　努赛尔派
Omm al-Qra　村庄之母
Pashas　帕夏
Permanent Musharaka　永久型穆沙拉卡
PLS Special Notice Deposit Accounts PLS　特别通知存款账户
Principle of Debt Purchasing　债务购买原则
Principle of Forward Delivery Transaction　远期交割的交易原则
Profit Sharing，Mudarabah　储蓄利润分享账户（现金分成账户）
Ptolemies　托勒密人
Qard Hassan　善债
Qataban　哥特班
Qata'I　基塔阿
Qirad　盖尔德
Qismah　析产
Qiyas　基亚斯（类比）
Rahn　拉海尼（抵押）
Restricted Investment Account，Mudarabah Muqayyadah　受限投资账户
Riba al-Fadl　里巴·法德勒
Riba'al-Jali　公开的利息（常规利息）
Riba'al-Khafi　伪装的利息
Riba al-Nasi'ah　里巴·奈希埃
Rizq　里兹格
Ruqa　鲁格尔
Saba'　赛伯邑
Sabour　索卜
Sadak　沙达卡
Safe Custody，Wadiah　现金保管账户（储蓄保管账户）
Saffarids　萨法里亚
Sakk　算克
Samanids　萨曼王朝
Sanad　传述系统
Sanusiyyah Movement　赛努西教派运动
Sawafi　萨瓦斐
Sharikat-ul-Amwal　股份公司
Sheikh　谢赫

Shobha　素卜哈（赞词）
Shubuhat　舒布哈特
Shufaah　先买权
Shura　舒拉
Suf　苏夫
'Sulh-el-Kull　宇宙的和平
Sultan　苏丹
Tacawun　塔克伍
Taghlib　泰格里布
Tahirids　塔希里亚
Tamin Tabaduli　互助保险
Tamin Takafuli　合作保险
Tasib　转化制
Tawakkul　泰万库勒
Tawhid　讨黑德（认主独一）
Temporary Musharaka　临时型穆沙拉卡
theory of the second best　次优原则
Trustee Safe Custody, Wadiah Yad-Amanah　受托保管
Ummah　乌玛
Ummah, Ijama'　公议
Ummah, Jama'　公众
Unrestricted Investment Account, Mudarahah Mutlaqah　非受限投资账户
Ural-Altaic　乌拉尔-阿尔泰
Ushur　乌什尔
Wadiah　瓦迪阿（信托）
Wahhabiyyah Movement　瓦哈比派运动
Wakil　沃齐勒（代理人）
Waqf　卧格夫
Wara'　瓦拉伊
White Horde　白帐汗国
Zakat　则卡特
Zaydis　栽德派

主要参考文献

一、中文参考文献

1. 艾哈迈德·爱敏：《阿拉伯伊斯兰文化史》，商务印书馆 1982 年版。
2. 昂里·马塞：《伊斯兰教简史》，商务印书馆 1978 年版。
3. （唐）杜佑《通典》卷 193。
4. 恩·克·辛哈等：《印度通史》，商务印书馆 1973 年版。
5. 范若兰：《伊斯兰教与东南亚现代化进程》，中国社会科学出版社 2009 年版。
6. 郭应德：《阿拉伯史纲 610—1945》，中国社会科学出版社 1991 年版。
7. 汉纳·法胡里：《阿拉伯文学史》，宁夏人民出版社 2008 年版。
8. 胡代光、高鸿业：《现代西方经济学辞典》，中国社会科学出版社 1996 年版。
9. 金宜久主编：《伊斯兰教》，宗教文化出版社 1997 年版。
10. 刘同旭主编：《财政与金融》，中国财政经济出版社 1998 年版。
11. 《古兰经》，中国社会科学出版社 1981 年版。
12. 《布哈里圣训实录全集》，商务印书馆 2016 年版。
13. 《穆斯林圣训实录全集》，商务印书馆 2018 年版。
14. 乔治·恩德勒等主编：《经济伦理学大辞典》，上海人民出版社 2001 年版。
15. 秦惠彬编：《伊斯兰文明》，中国社会科学出版社 2000 年版。
16. 《圣经》，中国基督教两会 2003 年版。
17. 希提：《阿拉伯通史》，商务印书馆 1979 年版。
18. 沈晓明主编：《伊斯兰银行知识读本》，中国金融出版社 2010 年版。
19. 约翰·梅纳德·凯恩斯：《就业、利息和货币通论》，商务印书馆 2007 年版。
20. 吴云贵：《当代伊斯兰教法》，中国社会科学出版社 2003 年版。
21. 杨瑾：《信仰与慈善救济——伊斯兰历史上的贫困与济贫研究》，文物出版社 2012 年版。
22. 张良垠编注：《中西交通史料汇编》，中华书局 1977 年版。
23. 周一良、吴于廑：《世界通史》，人民出版社 1972 年版。
24. 中国伊斯兰百科全书编辑委员会：《中国伊斯兰百科全书》，四川辞书出版社 2007 年版。
25. 卓新平：《宗教理解》，社会科学文献出版社 1999 年版。

二、阿拉伯文参考文献

1. 艾布·阿里·本·哈兹姆：《论宗教教派》（第 1 卷），开罗汗基书局 2010 年版。

2. 艾布·穆罕默德·本·优素福·肯迪：《埃及总督史》，贝鲁特出版社1987年版。
3. 艾布·欧麦尔·穆罕默德·本·优素福·肯迪：《长官与法官书》，贝鲁特耶稣神父书局1908年版。
4. 阿卜杜·巴西特·拜德尔：《麦地那通史》，麦地那学术研究中心2005年版。
5. 阿卜杜·拉赫曼·拉菲仪：《国民运动启蒙者穆斯塔法·卡米里》，开罗书局1939年版。
6. 阿卜杜·莱提夫·本·穆罕默德·胡迈德：《沙特阿拉伯的卧格夫》，沙特阿拉伯伊斯兰事务、卧格夫基金与宣教指导部1999年（伊历1420年）版。
7. 阿卜杜·麦里克·赛义德：《卧格夫的社会作用》，吉达伊斯兰发展银行伊斯兰研究与培训中心1979年版。
8. 阿卜杜·萨塔尔，易卜拉欣·希提：《卧格夫及其促进社会发展的作用》，多哈研究中心1998年版。
9. 阿卜杜拉·本·艾哈迈德·本·艾·栽德：《沙特阿拉伯的卧格夫现状与发展前景》，载《卧格夫在宣教与促进社会发展中的作用会议论文集》，沙特阿拉伯伊斯兰事务、卧格夫基金与宣教指导部伊历1420（公元1999年）年版。
10. 阿卜杜拉·赛德：《伊斯兰卧格夫的现状与前景》，阿尔及利亚高等贸易学校出版社1990年版。
11. 艾哈迈德·艾哈迈德·拜德威：《十字军东征时期埃及与沙姆的学术生活》，开罗埃及复兴书社1954年版。
12. 阿里·本·穆萨：《麦地那概貌》，利雅得耶玛麦研究、翻译、出版发行社1983年版。
13. 阿里·哈菲兹：《麦地那历史篇章》，吉达麦地那印刷出版公司1996年版。
14. 阿里·艾兹瓦克：《土耳其现代伊斯兰社会伊斯兰卧格夫管理》，安曼王家伊斯兰文明研究中心1997年版。
15. 阿绥姆·哈马丹·阿里·哈马丹：《艾格瓦特巷：伊历14世纪麦地那文学状况的展现》，基卜莱伊斯兰文化社1992年版。
16. 马蒙·马哈茂德·雅辛：《麦地那之行》，黎巴嫩当代思想出版社1987年版。
17. 哈马迪·突尼斯：《麦地那公共图书馆的过去与现状》，阿卜杜·阿齐兹国王大学1981年版。
18. 海鲁丁·宰莱克里：《阿卜杜·阿齐兹国王简史》，黎巴嫩贝鲁特迈拉因知识出版社1991年版。
19. 罕萨夫：《卧格夫制度》，开罗宗教文化出版社1997年版。
20. 曼齐·舒柏凯：《历史上的苏丹》，喀土穆大学出版社1990年版。
21. 穆罕默德·艾布·祖赫莱：《卧格夫专题讲座》，开罗阿拉伯思想出版社1997年版。
22. 穆罕默德·阿卜杜·拉赫曼·沙米赫：《奥斯曼帝国后期麦加与麦地那的教育》，沙特阿拉伯欧鲁姆书局1982年版。
23. 穆罕默德·艾哈迈德·欧乐希：《教法明解》（第8卷），贝鲁特思想出版社1989年版。
24. 穆罕默德·穆尼尔·穆西：《东西方教育史》，开罗图书世界1977年版。
25. 穆罕默德·穆罕默德·艾敏：《阿尤布王朝时期埃及的卧格夫与教育：阿拉伯伊斯兰教育机构与实践》，约旦安曼王家伊斯兰文明研究中心2005年版。
26. 穆罕默德·萨利赫·布莱希西：《春日生活之一瞥》，麦地那文学俱乐部1982年（伊历1402年）版。

27. 穆斯塔法·西巴伊：《我们文明的灿烂异彩》，贝鲁特伊斯兰书局 1999 年版。
28. 纳吉·马鲁夫：《阿拉伯文明传统》，贝鲁特文化社 1975 年版。
29. 穆斯塔法·穆罕默德·阿尔加维：《自古迄今卧格夫对社会与文化的影响》，载《伊斯兰卧格夫论文集》，阿拉伯联合酋长国大学法律系 1997 年版。
30. 目松丁·赛哈维：《麦地那历史荟萃》（第 1 卷），黎巴嫩贝鲁特知识书局 1993 年版。
31. 纳吉·穆罕默德·哈桑·安萨里：《麦地那教育：伊历 1 世纪至伊历 1412 年》，开罗迈纳尔出版社 2000 年版。
32. 萨利赫·赫拉费：《阿尔及利亚与精神传统》，阿尔及利亚国家出版发行社 1975 年版。
33. 赛哈尔·宾特·阿卜杜·拉赫曼·穆夫提·松迪格：《伊斯兰卧格夫对麦地那学术文化的影响》，沙特阿拉伯麦地那学术研究中心 2003 年版。
34. 赛义德·易司马仪·阿里：《伊斯兰教育学院》，开罗阿拉伯思想出版社 1986 年版。
35. 沙特阿拉伯伊斯兰事务、卧格夫与宣教指导部：《沙特阿拉伯伊斯兰事务、卧格夫与宣教指导部（1996—1997/伊历 1416—1417）年鉴 2》。
36. 《伊泽特帕夏里巴特卧格夫文献》，麦地那宗教大法庭伊历 1322 年第 396 期。
37. 叶吉姆·立兹方：《一百年前的朝觐》，贝鲁特伊斯兰派系互动社 1993 年版。
38. 易卜拉欣·利弗尔特帕夏：《两禁寺透视》（第 1 卷），开罗埃及书局 1925 年版。
39. 雅辛·艾哈迈德·雅辛·黑雅里：《伊历 14 世纪至 18 世纪麦地那社会生活存照》，吉达知识书局 1993 年版。
40. 易卜拉欣·穆罕默德·哈姆德·穆宰尼：《卧格夫对建设伊斯兰文明框架的影响》，沙特阿拉伯宗教事务与基金部伊历 1420（公元 1999 年）年版。
41. 穆罕默德·凯比希：《伊斯兰沙里亚法中的卧格夫律例》（第 1 卷），巴格达指导出版社伊历 1397 年（1976 年）版。
42. 伊本·古达迈：《穆格尼》（第 5 卷），贝鲁特思想出版社 1985 年版
43. 易卜拉欣·班尤米·伽尼姆：《埃及的卧格夫与政治》，开罗曙光出版社 1998 年版。

三、英文参考文献

1. A. Layish, *The Contribution of the Modernists to the Secularization of Islamic Law*；EI "Istihsan and Istislah"；EI2Mahkama.
2. Abdul Azim Islahi, *Economic concepts of Ibn Taiyiyah*, The Islamic Foundation, 1988.
3. Abdullah, Ahmad Ali, "Zakatable Funds of the State and Modes of their Collection", in Ahmed A. F. El-Ashker and Muhammad Sirajul Haq (eds.), *Institutional Framework of Zakah: Dimension and Implicatiion*, Islamci Research and Training Institute, Islamic Development Bank, 1995.
4. Abu al Ajfan, Muhammad, "al Waqf ala al masjid fi al Maghrib wa al Andalus" [Waqf on mosques in North West Africa and Andaluthia], in *Studies in Islamic Economics*, Internatonal Center for Reaseach in Islamic Economics, King Abd al Aziz University, Jeddah, 1985.
5. Abu-Saud, M., *Contemporary Zakat*, Zakat and Research Foundation, USA, 1988.
6. Abu-Yusuf, *Book of Kharaj*, *Kitab al-Kharaj*, trans. Ali, Abid Ahmad & A. H. Siddiqui, Islamic Book Centre, 1979.

7. Abu Yousuf, Yaqub bin Ibrahim, *Kitab al-Kharaj (The Book of Taxation)*, Al-Maktabah al-Salafya, Cairo; [1346]1927.
8. Adam Sabra, *Poverty and Charity: Mamluk Egypt*, 1250–1517, Cambridge: Cambridge University Press.
9. Ahmed EL-Ashker and Rodney Wilson, *Islamic Economics a Short History*, Leiden · Boston, 2006.
10. Ahmed Hasanuddin, *Strategies to Develop Waqf Administration in India*, Research Paper No. 50, Islamic Research and Training Institute, Islamic Development Bank, Jeddah, Saudi Arabia, 1998.
11. Ahmed, Ziauddin, Munawar Iqbal and M. Fahim Khan (eds.), *Fiscal Policy and Resource Allocation in Islam*, Institute of Policy Studies, and International Centre for Research in Islamic Economics, 1983.
12. Al-Dimashqi. Jafar, *Kitab al-Ishara ila Mahasin al-Tijara (The Book of Knowledge of the Virtues of Commerce)*, Martba'at al Mu'ayid, Cairo, translated into German by H. Ritter as "Ein Arabisches Handbuch de Handelswissenschaft", Der Islam, 7,1917.
13. *Al-Iltibar fi zikre al-Khitat wa al-Aathaar*, Nile Publisher, 1324H, quoted in Philip Hitti, 1963.
14. Al-Misri, *Al-Tamin al-Islami Bayna al-Nazariyya wa l-Tatbiq*, 1st edition, N. P. 1980.
15. Al-Misri, R., "Suftaja: a Key to Understanding Riba in Islam", *Journal of Research in Islamic Economics*, Vol. 2, No. 1,1984.
16. Al-Omar, Fouad Abdullah," General Administrative and Organisational Aspects of Zakah", in Ahmed A. F. El-Ashker and Muhammad Sirajul Haq (eds.), *Institutional Framework of Zakah: Dimension And Implications*, Islamic Research and Training Institute, Islamic Development Bank, 1995.
17. Al-Saud, Prince Mohammed Al-Faisal, "Banking and the Islamic Standpoint" in *Islam and Contemporary Society*, Longman, London and New York, 1982.
18. al Sibai, *Mustafa, Min rawa'I hadaratina*, al Maktab al Islami, Beirut 1969.
19. Amy Singer, *Constructing Ottoman Beneficence: An Imperial Soup Kitchen in Jerusalem*, New York: State University of New York Press, 2002.
20. Anderson, J. N. D., "Codification in the Muslim World" in *RABELSZ* 30(1966).
21. Ansari, Z., "An Early Discussion on Islamic Jurispredence", in Khurshid Ahmad and Zafar Ishaq Ansari (eds.), *Islamic Perspectives: Studies in Hounour of Sayyid Abul A'ala al-Maudoui*, Islamic Foundation in association with Saudi Publishing House, 1979.
22. Ariff. M., "Monetary Policy in an Interest-Free Islamic Economy — Nature and Scope" in M. Ariff (ed.), *Selected Papers Presented to the International Seminar on the Monetary and Fiscal Economics held at Mekkah under the auspices of the International Center for Research in Islamic Economics*, King Abdulaziz University, Jeddah, 7–12 October 1978.
23. Armagan, Servet, "Lamhah an halat al Awqaf fi Turkia"[a glance at the state of Awqaf in Turkey], in al Amin, Hasan Abd Allah, ed., *Idarat wa Tathmir Mumtalakat al Awqaf*, Islamic Research and Training Institute (IRTI) of the Islamic Development Bank,

Jeddah 1989.
24. Armstrong, Karen, *Islam: A Short History*, Phoenix Press, 2000.
25. Aznan, Syed Jaafar, "The Role of Islamic Development Bank (IDB) in the Promotion of Intra- Regional-Trade Among OIC Countries", paper presented at the OIC Business Forum, organized by the Asian Strategy and Leadership Institute (ASLI) in conjunction with the 10th OIC Summit, 15 – 16 October, 2003, Putrajaya, Malaysia.
26. Bahtiar Effendy, *Islam and the State in Indonesia*. Research paper by Dr Ahmed EI Naggar presented at the scientific seminar on the organizational studies of Islamic Banks, the Islamic Banks International Union, Cairo, 1979.
27. Belkhoja, Muhammad Alhabib, undated, *Waqf and Development*, www.awqafsa.org.za.
28. Ben • Shemesh, *Taxation, in Islam*, Vol. II, Qqdama B. Jafar's Kitab al-Kharaj, Leiden E. J. Brill, 1967.
29. Bonderman, David, "Modernization and Changing Perceptions of Islamic Law", in *Harvard Law Review*, Vol. 81 April 1968, No. 6.
30. Bonne, Alfred, *The Economic Development of the Near East*, New York, 1945.
31. Chapra, *The Future of Economics: An Islamic Perspective*, Islamic Foundation: England, 2000.
32. Chapra, *Towards a Just Monetary System*, the Islamic Foundation, 1985.
33. El-Ashker, *The Islamic Business Enterprise*, Croom Helm, 1987.
34. El-Ashker, Ahmed, "On the Theory of Consumer Behaviour: A Socio-economic Approach with an Islamic Emphasis", *Social Science Working Paper* No. 57, Paisley College of Technology, 1983.
35. Goitein, *A Mediterranean Society*, Vol. 1, Economic Foundation, Berkeley and Loss Angeles, University of California Press and Cambridge University Press, 1967.
36. Goitein, S. D., "Letters and Documents on the India Trade in Medieval Times", *Islamic Culture*, 1963, July.
37. Haim Gerber, "The Public Sphere and Civil Society in the Ottoman Empire", Miriam Hoexter, Shmuel N. Eisenstadt, etc. edited, *The Public Sphere in Muslim Societies*, State University of New York, 2002.
38. Hashim Makaruddin, *Islam and the Muslim Ummah: Selected Speeches of Dr. Mahathir Mohamad*, Subany Java: Pelanduk Publications (M) Sdn Bhd. 2000.
39. Hitti, Philip K., *History of the Arabs: from the Earliest Times to the Present*, 8th Ed., Macmillan & Co., 1963.
40. Hitti, Philip K., *The History of Syria (including Lebanon and Palestine)*, Macmillan, London, 1951.
41. Holland. Muhtar (trans.), *Ibn Taimiyah's Public Duties in Islam: The Institution of the Hisbah*, The Islamic Foundation, Leicester, 1982.
42. Homa Katouzian, "Shi'ism and Islamic Economic: Sadr and Bani Sadr", in Nikki R. Keddie, *Religion and Politics in Iran: Shi'ism from Quietism to Revolution*, Yale

University, 1983.
43. Ibn AI-Qayyim, *al Da'wa*, *al Dawa'* (*The Disease and the Medicine*), Matba'ah al Madani, Cairo, 1958.
44. Ibn AI-Qayyim, *al Turuq al Hu km iyah* (*The Rules of Governance*), Matba'ah al Sunnah al Muhamadiyah, Cairo, 1953.
45. Ibn AI-Qayyim, *Bada'i al Fawa'ed* (*The Best of Benefits*), part 3, "Dar al Kutub al Arabiah", Beirut; n. d.
46. Ibn AI-Qayyim, *I'Lam al-Muwaqqi'in'an Rab al-'Alamin* (*Informing Those Who Sign on Behalf of the Lord of the Worlds*), Vol. 2, "Maktabah al-Tijariyah al-Kubra", Cairo; 1955b.
47. Ibn AI-Qayyim, *Madarij*, *al Salikin* (*Paths of the Seekers*), Vol.1, "al Muhammadiyah", Cairo; 1983.
48. Ibn AI-Qayyim, *Shifa'al'Alil fi Masa'il al-Qada'wa al-Hikmah wa al-Ta'lil* (*Healing the Sick on Issued of Decree, Predetermination, Wisdom, and Reasoning*), Maktabah Dar al Turath, Cairo, 1975.
49. Ibn AI-Qayyim,*'Uddah al Sabirin* (*Tools of the Patience*), Vol. 3, Dar al Jadidah, Beirut; 1978.
50. Ibn AI-Qayyim, *Zad al Ma'ad fi Hadi Khayr al'Ibad* (*Provisions for the Return of the Guidance of the Best of Worshippers*), Vol.1, AI Matba'ah al Misriyah wa Maktabatuha, Cairo, n. d.
51. Ibn Taimiyah Al-Hisbah wa mas'uliyah al-Hukumah al-Islamiyah, or Al-hisbah fi-Islam, ed. , *Salah Azzam*, Dar AI-Sha'b, Cairo, 1976.
52. Ibn Taimiyah, al-Shaykh al-Imam, AI-Siyasah al-Shariyah fi Islah al Rajyah, eds *AI-Banna and Ashur*, Dar AI-Sha'b, Cairo, 1971.
53. Ibn Taimiyah, Majmu' Fatawa Shaikh al-Islam Ahmad Ibn Taimiyah, 35vols + 2vols index, Matabi al-Riyad, Riyadh; 1983 – 9, Vol. 24.
54. *International Journal of Middle East Studies*, 21, May 1989.
55. Iqbal Munawar; M. Fahim Khan "A Survey of Issues and a Programme for Research in Monetary and Fiscal Economics of Islam", International Center for Research in Islamic Economics, King Abdul Aziz University, Jeddah, and Institute of Policy Studies Islamabad, August 1981.
56. Jalbani, G. N. , "The Economic Thought of Shah Wali-Allah", in Abul Hasan Sadeq and Aidit Ghazali (eds.), *Readings in Islamic Economic Thought*, Longman, Malaysia, 1992.
57. Johe Freely, *Istanbul: The Imperial City*, London, 1996.
58. Jon E. Mandaville, "Usurious Piety: The Cash Waqf Controversy in the Ottoman Empire", *IJMES*, 1979.
59. Kahf, Monzer, "A Contribution to the Theory of Consumer Behaviour in an Islamic Society", in Khurshid Ahmad, *Studies in Islamic Economics*, Linternational Centre for Research in Islamic Economics and Islamic Foundation, 1980.

60. Kahf, Monzer, 'a' undated, *Waqf: A Quick Overview*, www.monzer.kahf.com. Raissouni, Ahmed, 2001, *Islamic "Waqf Endowment" Scope and Implications*, ISESCO, Rabat, Morocco. 2001.
61. Kahf Monzer, *Financing the Development of Awqaf Property*, paper presented at the Seminar on Development of Awqaf organized by Islamic Research and Training Institute (IRTI), Kuala Lumpur, Malaysia, March 2-4, 1998.
62. Kahf, Monzer, "Taxation Policy in an Islamic Economy", in Ahmed, Ziauddin, Munawar Iqbal and M. Fahim Khan (eds.), *Fiscal Policy and Resource Allocation in Islam*, Institute of Policy Studies, and International Centre for Research in Islamic Economics, 1983.
63. Karsten, Ingo, "Islam and Financial Intermediation", in *International Monetary Fund Staff Papers*, Vol. 29, No. 1, March 1982.
64. Khan, Muhammad Akram, *Islamic Economics: Annotated Sources in English and Urdu*, 2 vols., The Islamic Foundation, 1983 and 1991.
65. Khan, "Legal, Adminstrative and Financial Control of Zakah", in Ahmed A. F. El-Ashker and Muhammad Sirajul Haq (eds.), *Institutional Framework of Zakah: Dimension and Implicatiions*, Islamic Research and Training Institute, Islamic Development Bank, 1995.
66. Khurshid Ahmad (ed.), *Studies in Islamic Economics*, International Centre for Research in Islamic Economics, and Islamic Foundation, 1980.
67. Laoust Henri, "Ibn Kayyim al-Djawziyya", in *Encyclopaedia of Islam*, 3, Luzac & Co., London, 1971.
68. Laoust Henri, "Ibn Taimiyya", in *Encyclopaedia of Islam*, 3, Luzac & Co., London, 1971.
69. Lapidus, *A History of Islamic Society*, Cambridge University, 2002.
70. Levy, Reuben, *The Social Structure of Islam*, Cambridge University Press, 1962.
71. li, Basharat, *Muslim Social Philosophy*, Jamiyatul Falah Publications, Karachi; 1967.
72. Looney, Robert E., "The Gulf Co-opeation Council's Approach to Economic Integration", *Journal of Economic Coperation Among Islamic Countries*, Vol. 24, No. 2, April 2003.
73. M. Raquibuz Zaman, "Banking, Investment, Insurance and Muslims in North American", in *Journal of Institute of Muslim Minority Affairs* Vol. 5, No. 1, January 1984.
74. M. Umar Chapra, "The Islamic Welfare State and Its Role in the Economy", in Mohammed Ariff, *Islamic Banking in Southeast Asia*, Singapore: Institute of Southeast Asian Studies, 1988.
75. Muhammad, Faiz, "Relationship between Obligatory Official Zakah Collection and Voluntary Zakah Collection by Charitable Organisations", in Ahmed A. F. El-Ashker and Muhammad Sirajul Haq (eds.), *Institutional Framework of Zakah: Diemnsions and Implications*, Islamic Research and Training Institute (IRTI), Islamic Development Bank (IDB), 1995.
76. Naqvi, S., *Ethics and Economics: An Islamic Thesis*, Islamic Foundation, 1981.
77. Raissouni, Ahmed, 2001, *Islamic "Waqf Endowment" Scope and Implications*,

ISESCO, Rabat, Morocco, 2001.
78. Ramadan, Mustafa Muhammad, "dawr al Awqaf fi dam al Azhar", in *Proceeding of the symposium of Awqaf Institution*, op. cit.
79. Siddiqui, M. Nejatullah, *Role of the State in the Economy-An Islamic Perspective*, The Islamic Foundation, UK, 1996.
80. Rayees Muhammad Ziauddin, *AI-Kharaj fi Daulat al-Islam (Land Taxation in the Islamic State)*, Cairo.
81. Robert W. Hefner, "Islamzing Capitalism on the Founding of Indonesia's First Islamic Bank", in Arskal Salim and Azyumardi Azra (eds), *Sharia and Politics in Modern Indonesia*, Singapore: Institute of Southeast Asian Studies, 2003.
82. S. M. Ghaianfar and A. Azim Islahi, *Exploration in Medieval Arab-Islamic Economic Thought*, London and New York: Routledge Curzon, 2003.
83. Samiullah Muhammad, "Prohibition of Riba (Interest) and Insurance in the Light of Islam" in *Islamic Studies*, Vol. 21, No. 2, Summer 1982.
84. Schumpeter, Joseph A., *History of Economic Analysis*, Oxford Universiy Press, New York, 1954.
85. Shahab, H. V. (ed.), *Interest Free Banking: Introduction and Operation in Pakistan*, Asian Secretarial International, Association of Islamic Banks, Karachi, 1982.
86. Siddiqi, Muhammad, N., *Banking Without Interest*, Islamic Publication Limited, Lahore, 1973.
87. Siddiqi, Muhammad, N., "Muslim Economic Thinking: A Survey of Contemporary Literature", in Khurshid Ahmad (ed.), *Studies in Islamic Economics*, Islamic Foundation, 1980.
88. Smith, Margaret, *An Early Mystic of Baghdad: A Study of the Life and Teaching of Harith B. Asad al-Muhasbi A. C. 781 – 857*, London: Sheldon Press, 1977.
89. Spengler, Joseph J., "Economic Thought of Islam: Ibn Khaldun", *Contemporary Studies in Society and History*, No. 3, 1964.
90. Syed Waseem Ahmad, "Islamic Insurance in Malaysia", in Mohamed Ariff (ed.), *The Muslim Private Sector in Southeas Aaia*, Singapore: Institute of Souheast Aaia Studies, 1991.
91. Timur Kuran, "The Economic System in Contemporary Islamic Thought: A Critical Interpretation", Kuran quotes the opinions of Fouad Agabani of the Faisal Islamic Bank of Sudan and of Ingo Karsten of the International Monetary Fund.
92. Tuma, Elias H., "Early Arab Economic Policies, $1^{st}/7^{th} - 4^{th}/10^{th}$ Centuries", *Islamic Studies*, Vol. 4, No. 1, March 1965.
93. Udovitch, A. L., *Partnership and Profit in Medieval Islam*, Princeton University Press, 1970.
94. Umaruddin, M., "Ibn Taimiyah: A Thinker and Reformer", in Usbu al-Fiqh al-Islami wa-Mihrajan Ibn Taimiyah, Cairo, 1963.
95. Vardit Rispler, *Insurance in the World of Islam: Origins, Problems and Current*

Practice, Copyright 1985.
96. Watson, Andrew M., "A Medieval green revolution: new farming and corps techniques in the early Islamic world", in A. L. Udovitch (ed.), *The Islamic Middle East, 700 -1900: Studies in Economic and Social History*, The Darwin Press, 1981.
97. Wilson Rodney, "The Contribution of Muhammad Baqir al-Sadr to Contemorary Islamic Economic Thought", *Journal of Islamic Studies*, Vol. 9, No. 1,1998.
98. Khurshid Ahmad (ed.), *Studies in Islamic Economics*, International Centre for Research in Islamic Economics, and Islamic Foundation, 1980.

主要术语简介

白尔·格拉勒(不确定的销售)。伊斯兰谴责在不确定产品数量的基础上预先缔结协议。认为在买卖交易中,由于交付的数量模糊不清,因而卖方无法确定他兑现协约的能力,有可能影响到合同将来的效用,如卖方要在将来某一时限给买方出售产品(地里的谷物、在某一时间段内捕获的鱼、一次出海的产量、动物的胎羔等),则协约不合法。交易商品的数量、样式、位置、时间、价值等的不确定性可能会导致买卖双方的争议,致使协议失效,谓之不确定的销售(白尔·格拉勒)。先知曾对此予以谴责。

迪万(Diwan)。伊斯兰教国家政府管理机构的称谓。阿拉伯语音译,亦译为"狄万",意为"名册""诗集""登记集"。在伊斯兰教创立早期,凡参加征战的穆斯林按军功大小登记造册,分配战利品,此登记簿称为迪万。伊斯兰教第二任哈里发欧麦尔执政时,专门设立迪万财政机构,该机构的职能是统一管理国库岁入,除用于国家统一的开支外,其剩余部分按穆斯林军功大小分等造册予以分配。伍麦叶王朝时期则指政府专管税收、邮政等的一些职能部门。伊朗各穆斯林王朝直至19世纪通常还用迪万专称中央政府。印度莫卧尔王朝则从16世纪起指政府财政部门及其官员。奥斯曼帝国时期,迪万指国家最高法庭,有时将苏丹主持的国务会议也称为迪万。在现代土耳其共和国,迪万指农村的一个基层行政单位。

法伊。亦谓格尼迈,即战利品。《古兰经》区隔了投降状态和实际战斗中的战利品。未经过任何实际的战斗敌方就投降或归顺,这种情况下获得的战利品都要上缴国家,战士没有份额。但由于战利品在吉哈德中赢得,这由真主决定,先知引导执行,故真主与使者都应得到份额,真主的份额用于社会福利,先知的份额给予本人及其亲属。但若是经过战役或获胜后对方投降从而缴获了战利品,国家只能分得战利品的 1/5,即胡姆斯。先知时期,战利品收入很有限,先知对其作了全权处理。欧麦尔时期,伴随伊斯兰国家的扩张,这一资源日趋重要。

哈拉吉。系阿拉伯语词源,本义为定期支付、归还。广义通常指公共金融,包含所有的税收及其分配方式,狭义指代土地税,因此国家哈拉吉指国家总财政收入,土地哈拉吉指代土地税的收入。早期的穆斯林作者用哈拉吉指土地税,国库多种来源的税收中哈拉吉是最重要的一种。有学者认为,伊斯兰之前,哈拉吉作为一种土地税在波斯已广为人知。

吉兹叶。系阿拉伯语"杰扎"之音译,又谓人丁税、人头税。人头税以人作为课税对象,古代各国曾普遍实行,由于它不虑及纳税人的财产状况,故渐被废除。中国清初推行的"摊丁入亩",其赋税意义为第一次从根本上消除了人头税。

阿拉伯人的军事势力向外扩张时,曾依据《古兰经》忏悔(讨白)章第 29 节"你们当与那些不信真主和末日,不遵真主及其使者的戒律,不奉真教的人,即曾受天经的人战斗,直到他们依照自己的能力,规规矩矩地交纳丁税"的启谕,向被征服地区的非穆斯林征收吉兹耶。哈里发欧麦尔向外征战时,向被征服地区提出三种选择:(1)归信伊斯兰教,可享受穆斯林待遇,免征包括人丁税在内的一切贡赋。(2)立约投降(苏勒哈),求得伊斯兰教的保护。作为"顺民"可以不服兵役,并保持原来的宗教信仰,但必须缴纳人丁税在内的一切贡税。(3)抵抗则杀,战俘或被处死,或为奴隶,或以现金赎身。被征服地区的非阿拉伯人大量改宗,称为麦瓦利,即非阿拉伯穆斯林。伍麦叶王朝时期的欧麦尔二世(717—720 年在位)执政时,很多麦瓦利离开农村进入城市,享有了穆斯林的待遇,结果国家税收减少,为此哈里发政府修改了纳税制度,麦瓦利仍须缴纳人丁税和土地税。人丁税的税率分为三等,即富人缴纳 4 枚第纳尔(金币),中等条件的人缴纳 2 枚第纳尔,穷人缴纳 1 枚第纳尔。免征对象有:(1)鳏、寡、孤、独;(2)丧失劳动能力者与神经失常者;(3)妇女、儿童、乞丐;(4)舍希德(殉教者)家属;(5)圣裔及阿拉伯贵族;(6)有重大战功者及其家属;(7)宗教上层人士及寺院;(8)宗教学校教职人员。这些原则由先知制定,四大哈里发时期得以延续。伍麦叶王朝对吉兹叶作了一些修订,伴随牧师财富的增长,牧师不再免于吉兹叶,但贫者与老者仍然免税。阿拔斯王朝时期,人丁税由各地的税收机构征收,地方留一部分以备自用,余者上缴国库,以备行政、军事及宗教公益事业所需,由专门的税收部门——哈拉吉部统一掌管开支。吉兹叶是一种年税,只针对个人,如果一个人在缴纳它之前死亡,则其继承人没有义务去缴纳,不扣除继承人的继承份额。

鲁格尔。 伍麦叶王朝时期从波斯引进并改良的几种金融工具之一。用阿拉伯语书写，用以表达支付命令。

里巴（Riba）。阿拉伯语音译，意为"利息""重利"。其含义在不同时期有不同的解释。《古兰经》明文规定："真主准许买卖，而禁止重利"[黄牛（百格勒）章第 275 节]，禁止"重复加倍的利息"[仪姆兰的家属（阿黎仪姆兰）章第 130 节]，劝导信士"放弃余欠的重利"[黄牛（百格勒）章第 278 节]，或对窘迫的债务者给予宽限[黄牛（百格勒）章第 280 节]，"违禁而取利息，并借诈术而侵蚀别人的钱财"，必将受到"痛苦的刑罚"[妇女（尼萨仪）章第 161 节]。据此教法规定了利息禁令，即禁止放债取利或以一切不正当手段牟取暴利，并提倡穆斯林友爱互助，扶贫济危，反对少数人以不正常手段聚敛财富，以消除社会上业已出现的贫富不均和两极分化现象。圣训就里巴问题做了进一步的解释，其含义包括：（1）一切不劳而获的利息和收入；（2）用欺诈、赌博、投机取巧等不正当手段或不等价交换所获的收入；(3)高利贷的收入。圣训提及六类属于利息禁令的商品交易，即黄金、白银、小麦、大麦、椰枣和葡萄干等的不等量或不等价的交换。后来麦地那、库法等地的早期教法学家在"圣训派"的影响下，对利息的含义作了更宽泛的界定，泛指一切不劳而获和投机取巧之所得。禁令的范围亦从放债取利扩及一般民商交易，成为商业道德的基本规范。认定凡属不等量物交易或一方拖延交货期限的交易均含有非法利息的因素。之后，教法学家们根据类比原则推导出的律例，使利息的含义更加广泛。沙斐仪和罕百里教法学派认为，禁令适用于一切食品的交易；马立克派认为仅适用于可储藏食品的交易；哈奈斐派则认为适用于通常按重量或尺度出售的一切可替代商品的交易。近代以后，随着商业活动规模的不断扩大，对利息禁令的解释日趋放宽，但自 20 世纪 70 年代以后，又出现了重视禁令的倾向。主要有两种观点：（1）现代派认为，除私人（自然人）间借贷禁取利息外，商业、金融活动中可不受利息禁令的限制；（2）遵古派则认为凡属利息（包括赌博、投机、放债、存款取利等）应一律严加禁止。当代伊斯兰学者认为，禁止重利也是伊斯兰经济理论的基本原则之一，利息因包含有不劳而获、投机取巧等因素，故为非法，而利润为通过自己的劳动所得，故不同于利息，为合法收入。从这一基本原则出发，当代部分伊斯兰国家（沙特、埃及、科威特、阿联酋、伊朗、巴基斯坦）开办了一批无息伊斯兰银行，以投资所得利润的方式代替利息，这种新的存放款制度在一定程度上代替了各国的常规商业银行。

穆达拉白（利润分享）。阿拉伯语对穆达拉白还有两种表述：盖尔德、穆伽拉达,这三种术语音异而义同,只是受地理位置的影响产生了语音之隔,伊斯兰教产生之前就存在于阿拉伯半岛。伊斯兰教继承了这一商业模式,成为伊斯兰的合法商业形式之一,即一位或一群投资人将资本或商品委托给一位代理人,代理人动用这些资金或商品经商,然后返还给投资人本金和先前商定的利润分成,代理人可分得部分利润作为酬劳。任何由紧急状态或失策的商业计划产生的损失只由投资者承担,代理人不承担责任,他损失的只是时间与精力。

穆拉巴哈(成本加利润销售)。是销售方以成本加一定利润的形式出售指定货物的销售方式。其基本特征是销售方须明确告诉购买方货物的成本和想得到的利润。销售方若只是提出了总价,但未告知购货方成本,即便总价是在成本的基础上获得了一定的利润,也不属于穆拉巴哈交易,因为销售不是基于成本加利润。作为一种特殊的销售方式,穆拉巴哈除了即时付款,根据合约双方当事人的约定也可以延期付款。采用延期付款方式的穆拉巴哈也称为延期销售。

穆沙拉卡(穆沙拉卡)。其字面含义为"参与"。指所有合伙人共享收益、共担风险的合伙形式。伊斯兰教禁止利息,利息不能用于任何形式的资金供应,因此,穆沙拉卡在基于伊斯兰原则的经济体制中发挥着重要的作用。

苏夫塔杰。伍麦叶王朝时期从波斯引进并改良的几种金融工具之一。在异地、异国转运贷款时,为避免运输风险即可运用苏夫塔杰,风险完全由债务人承担,且债务人没有任何酬金和工资等回报。法学家认为苏夫塔杰有害于债务人,从而限定了苏夫塔杰的使用:首先,它对债权人有益,对债务人有害,应禁止;其次,如果它对债务人有益,对债权人没有任何益处,债权人在他国制定了付款条件,则允许;再次,如果对债权人和债务人都有益,则允许。苏夫塔杰的使用相当广泛,盛行于埃及及其东临国以及开罗和巴格达之间。"哈瓦莱"是苏夫塔杰的另一种形式,债务人可将债务转移给自己的债务人或另一位有能力支付最初债权人之人。它至少包含三方,类似现代的汇票,汇票的法语词汇"阿瓦利"即源于此。

算克。伍麦叶王朝时期从波斯引进并改良的几种金融工具之一。系签发的契据和文件。

萨瓦斐(Sawafi)。奥斯曼帝国时期,国家将那些由于伊斯兰的征战而逃离伊拉克或叙利亚的业主留下的土地收归国有,谓之萨瓦斐。换言之,萨瓦斐是由于伊斯兰的征战,原业主离弃不顾的土地,此类土地纳入伊斯兰国家的直接管理。

乌什尔(Ushur)。即关税。源于哈里发欧麦尔,起初是作为外国对伊斯兰国家臣民征税的一种回应。欧麦尔的一位长官艾布·穆萨·艾什阿里在来信中提到："我们领地的穆斯林商人去敌国，会对他们征收乌什尔（十分之一）。"对此，欧麦尔予以回复："如同他们向穆斯林商人征税一样向他们征收乌什尔税。"乌什尔税的阈限为200迪尔汗，每年对过境的同一商品征一次税，而不管它们越境的次数，税收覆盖过境的所有商品。欧麦尔实施优惠关税，不同信仰者征收不同的乌什尔税及其他税收，穆斯林商人付2.5％，犹太教徒、基督徒、袄教徒商人付5％，持其他信仰的商人征收其商品价值的10％。做如此区隔，是基于保卫国家的重任主要在穆斯林而非其他教徒身上，无论是保卫抑或扩征，非穆斯林均可免于参战。欧麦尔一般将乌什尔收入用于国家事务。伍麦叶王朝与阿拔斯王朝时期，继续实施这一税种。

五一税。 即穆斯林战士赢得的战利品，要将1/5的份额上缴国家，包括征占土地产出的宝藏和矿物。依据《古兰经》："城市的居民的逆产，凡真主收归使者的，都归真主、使者、至亲、孤儿、贫民和旅客，以免那些逆产，成为在你们中富豪之间周转的东西。凡使者给你们的，你们都应当接受；凡使者禁止你们的，你们都应当戒除。你们应当敬畏真主，真主确是刑罚严厉的。"[放逐（哈什尔）章第7节]

希斯拜。 早期希腊的市场管理员和罗马营造官的伊斯兰版本。这种严格管理经济活动的组织广泛存在于早期希腊和罗马文明，中世纪的伊斯兰社会对此作了相当程度的继承，并给予一定文化体制上的调整。据称，第一个希斯拜机构设立于伍麦叶王朝哈里发希沙姆·本·阿卜杜·麦立克（伊历105—125/公元724—743年在位）时期，旨在实现阿拉伯化、货币与农业改革，并建立公正的市场。希斯拜极具权威性和声望，其管理者——穆哈泰希卜的委任要经过一种独特的礼仪。依据当代伊斯兰学者的观点，希斯拜履行着一种行政控制职能，政府根据伊斯兰原则或当时通行的正面习俗管理宗教、经济以及公共事务，以确保社会的公正与正义。直至20世纪初，作为一种伊斯兰式的机构，希斯拜还广泛存在于伊斯兰世界。

希斯拜并不源于《古兰经》，但其目标与功用不违背经文要旨。一些伊斯兰学者据以下经文作为设立希斯拜的法源："你们中当有一部分人，导人于至善，并劝善戒恶；这等人，确是成功的。"[仪姆兰的家属（阿黎仪姆兰）章第104节]此外，先知穆罕默德时期的一些传统也作为设立希斯拜的依据。通过希斯拜，监督和管理市场中关涉公共利益的经济活动，并延及道德、精神以及对社会和市民活动的监督，尤其顾及官方权威部门没有涉猎的地方，推而广之，可用于整个伊斯兰社会。

伊纳尼和穆法瓦达。伊斯兰合法的合伙商业形式。伊斯兰的合伙分为两种主要类型：穆法瓦达，伊纳尼。二者的区别在于：(1) 穆法瓦达合作关系中，合伙人之间的关系建立在相互担保和相互代理的基础之上，伊纳尼合作关系则只建立在相互代理基础之上；(2) 穆法瓦达要求宗教信仰一致，伊纳尼则无此要求，只要非穆斯林合伙人遵守有关商业合作的沙里亚法即可；(3) 穆法瓦达不限制合作伙伴的权利，伊纳尼中合伙人则受条件限制，大部分利润会分配给具体的经营者作为对其劳作的补偿，若有损失，合伙人要按照资金投入的比例承担损失；(4) 至于合伙人的财政责任，穆法瓦达合作关系不予限制，伊纳尼合作关系中则受限制。

伊斯拉夫和泰卜齐尔。使用资源时，无论是生产还是消费都要做到效益最大化，对此《古兰经》提到两个重要概念：伊斯拉夫（过份）和泰卜齐尔（浪费）。这两个概念可延伸至任何经济或非经济活动，伊斯兰社会的生产与消费活动明显受此影响。

伊斯拉夫指消费水准超过了基本需要，达至奢侈消费。在存储与消费关系中，也指牺牲将来的消费与存储用于即时消费，反映了消费者分配当前和将来消费的时间偏好。

泰卜齐尔指经济资源的一种不必要的使用，是对资源的过度、浪费使用。伊斯兰认为，泰卜齐尔会导致真主的惩罚，实践泰卜齐尔者被视为撒旦的兄弟，被天园摒弃，进入炼狱，不被真主饶恕。

伊斯兰继承法。系穆斯林遗产继承法规的统称。主要内容包括遗产管理、遗嘱、遗赠和法定继承（按经、训、教法规定的固定份额继承遗产，亦称"份额继承制"、遗嘱继承等。逊尼派与什叶派各有自己的继承制度，逊尼派四大教法学派之间亦有细微的差别。20 世纪以来，在西方法治的影响下，部分伊斯兰国家制定了新的继承法，有的国家还分别就法定继承、遗嘱继承及与此相关的卧格夫制度制定了新的单行法，新法规以传统继承法为基础，做了某些修改和补充，以使遗产继承更趋公正和合理。总体上看，伊斯兰国家的遗产继承仍深受教法的制约和影响。

伊吉拉（租赁）。租赁作为一种流行的伊斯兰金融工具约占伊斯兰金融交易量的 10%，是伊斯兰金融机构基本的投资方式。租赁是指金融机构根据客户的需要购买某项资产或物品，在特定的时间内赁予客户，收取固定金额的租赁费，租赁方拥有对该项资产或物品的所有权，并承担相应的风险或责任。租赁一般用于船舶、飞机和机械设备的投资。一些伊斯兰金融机构由于资金不足，会邀请其他投资者一起与客户签署租赁合同,租金收益根据各自的出资比例进行分配,金融机构在租赁期间可以购回其他投资者的所有权份额。

伊克塔(Iqta)。阿拉伯语音译,意为"分割""受赐""领得"。阿拉伯帝国哈里发赐予行政和军事官员的土地。史学家称为"土地分封制"或"军事采邑制",中世纪伊斯兰国家的土地制度之一。第三任哈里发奥斯曼执政时,将一些土地分封给出身于伍麦叶家族的官员。伊克塔制度在伍麦叶王朝时正式产生,盛行于10世纪。伊克塔土地起初规定归国家所有,不得转让、买卖和世袭。受领者称"穆克塔"(Muqta'),有权向农民征收田赋及其他赋税,其收入除少量上缴国库外,其余均作为军事开支及年俸。伊克塔的规模大小不等,领有者有一定期限,如总督调职或死亡会收回伊克塔。阿拔斯王朝哈里发给各省总督分封的土地亦称伊克塔,其数额扩大,向农民征收的赋税加重。随着分封土地的高度集中和封建职位的世袭,伊克塔逐渐转变为私有,成为世袭领地。因各地总督有独立的封建经济基础,逐渐发展为封建小王朝的分裂割据。在塞尔柱王朝和奥斯曼帝国时期,伊克塔制度继续存在和发展,并以法律的形式作了明确规定。此制亦流行于中世纪时中亚、南亚次大陆的一些伊斯兰国家。

则卡特(Zakat)。又称"天课",是伊斯兰教继礼拜之后最重要的支柱之一。则卡特原意为"净化""清洁""成长"和"增长",即穆斯林财产若达到一定的起征点(旧译满贯),则需从满足基本需求的剩余财物中拿出一部分钱财用于救济穷人等有需要之人,从而纯洁其心灵,净化和保护其财产并使财富有所增长。则卡特在《古兰经》和圣训中一般称作"索德格"。《古兰经》往往将礼拜与则卡特相提并论,足以凸显则卡特的重要性。

1. 缴纳则卡特者的条件。伊斯兰教法规定,应当缴纳则卡特者必须信仰伊斯兰、成年且理智健全。大众学者认为,若未成年人和精神病患者拥有的财产达到满贯,其监护人须负责代理缴纳则卡特。哈奈斐学派则认为,未成年人和思维不健全者拥有的财产无须缴纳则卡特。

2. 应缴纳则卡特的财产种类及起征点。(1)金银,包括各种金银首饰。黄金的起征点为20米斯卡勒(约合85克)。(2)各种流通货币,包括现钞和银行存款,以黄金衡量,凡达到85克黄金的等值者其课率为2.5%。(3)商品货物,凡以买卖交易为目的的房地产、食品等物资,若达到85克黄金的等值,须从中缴纳2.5%的天课。(4)农作物。农作物若是一年两收,须缴纳两次则卡特。哈奈斐学派以外的其他教法学派一致认为,应缴纳则卡特的农作物须经得起长时间储藏,诸如小麦、大麦、椰枣、葡萄干、大米和玉米等,而诸如西瓜、石榴等不能长时间储藏的瓜果蔬菜无需缴纳则卡特。此外,除哈奈斐学派以外的其他教法学派一致认为农作物也有起征点,其起征点是600公斤,不足此则无须缴纳则卡特。农作物的课率视灌溉情况而定,若是天然雨水浇灌需缴纳总收成的1/10(什一税),若是人工浇灌则需缴纳1/20。(5)牲畜。牲畜的起征点和课率因牲畜种类而异,须缴纳则卡特的牲畜指牧养而非用于耕地和运输的牛、羊和骆驼。羊的起征点是40只。牛的起征点是30头。骆驼的起征点是5峰。(6)矿藏。矿藏的课率是1/5。

3. 接受则卡特的对象。《古兰经》明确规定,有资格接受则卡特者有八种人:"赈款只归于贫穷者、赤贫者、管理赈务者、心被团结者、无力赎身者、不能还债者、为主道工作者、途中穷困者;这是真主的定制。真主是全知的,是至睿的。"[忏悔(讨白)章第60节]教法学家对以上八种人又作了具体的界定。"贫穷者"指拥有的生活用度还不济自己和家属半年所需之人。"赤贫者"指拥有半年生活用度之人;"管理赈务者"指专门负责则卡特的征收、分配、记录和保管之人;"心被团结者"指部落的首领和长老等人,通过则卡特使之能够信奉伊斯兰继而让整个部族的人都能归信伊斯兰,或通过则卡特使其伊斯兰信仰更加坚定,或使类似者接受伊斯兰;"无力赎身者"指通过则卡特帮助签署了卖身契约的奴隶赎身,使其获得人身自由;"不能还债者"指在与债权人商定的时间内无法偿还债务之人,前提是他们并非为犯罪而负债累累,或曾经犯罪但已悔过自新,却无力还债,可通过则卡特助其清偿债务;"为主道工作者"指参加吉哈德之人,即便他们很富裕也有享受则卡特的资格;"途中穷困者"指旅行途中断了盘缠之人,当然前提是他旅行的目的不是去犯罪,即使他本人很富有,但旅途困顿亦能接受则卡特。

4. 则卡特制度的意义。伊斯兰教既维护私人财产权,肯定现实社会贫富差异的合理性,又主张人人都应享有真主所赐财产的权利,彰显了其相对均平的思想主旨。贫困者有权分享公共财富,这种公共财富以社会缴纳——则卡特为制度性组织方式,履行则卡特是穆斯林最高的宗教义务之一,并成为大部分伊斯兰国家社会保障系统的核心之一。则卡特在实现社会公正方面有很多闪光之处:通过财富再分配解决贫富失当问题,发挥着自动稳定器之功效;注意到个体智力因素对收入的影响,这实际上已部分地涉及了起点的公平问题;通过则卡特医治吝啬等心理疾病,使财物变得纯洁,祛除财产对人的困扰;帮助身陷困境之人解决需求,使受施者减少对他人财富的妒忌和仇视,避免非法侵占他人财产，而施课者亦凭此求取真主的喜悦并建立起对弱者的同情心，对维持社会稳定具有积极意义。

卧格夫（Waqf）。阿拉伯语音译。北非亦谓"哈波斯"。原意为限制、保留、留置，指真主保留产业的所有权，其用益权用于慈善。这种永久性冻结所有权，限定用益权、禁止出售、抵押、典当、继承、赠予的产业，泛称为卧格夫。在中国亦称为义地、义产等。

卧格夫专用于符合伊斯兰教法规定的宗教与社会慈善事业，由此产生的留置财产的方式发展为一种特殊的经济制度，历史上曾广泛流行于西亚、北非、南亚各伊斯兰国家。其特点是以奉献真主之名义永久性地冻结财产的所有权，明确限定了用益权，留作卧格夫的产业只能用于慈善目的。捐赠卧格夫的范围包括清真寺、扎维叶、医院、养老院、卫生设施、路桥、水井、喷水池、朝圣者的栈房和其他许多公共服务工程。除了兴建、维护清真寺和类似建筑物的宗教慈善，卧格夫最重要的功能就是用于教育。

后　　记

　　本著述可视为国内系统论述伊斯兰经济思想史和卧格夫制度的首部专著。因国内几无参考资料，伏案之劳自不必言。辛劳无须示人，本是职业分内之事，何示之有？然感念之情不可无，付梓之际特示谢意。

　　致谢青海民族大学民族学与社会学学院的资助出版。

　　致谢青海民族大学马成俊副校长基于对民社院的感情和期许，对本书出版事宜的相助。

　　致谢上海社会科学院出版社董汉玲老师的辛勤付出。感念董老师严谨的文字校勘风格，我等受益良多。本书出版一定程度上受助于董老师对书稿的肯定和知遇之情，在此真诚致谢！

图书在版编目(CIP)数据

伊斯兰经济思想研究 / 马玉秀著 .— 上海 ：上海社会科学院出版社，2023
ISBN 978-7-5520-4212-2

Ⅰ.①伊… Ⅱ.①马… Ⅲ.①伊斯兰教—经济思想—研究 Ⅳ.①F091

中国国家版本馆 CIP 数据核字(2023)第 157861 号

伊斯兰经济思想研究

著　　者：马玉秀
责任编辑：董汉玲
封面设计：周清华
出版发行：上海社会科学院出版社
　　　　　上海顺昌路 622 号　邮编 200025
　　　　　电话总机 021-63315947　销售热线 021-53063735
　　　　　http://www.sassp.cn　E-mail: sassp@sassp.cn
照　　排：南京前锦排版服务有限公司
印　　刷：上海颛辉印刷厂有限公司
开　　本：710 毫米×1010 毫米　1/16
印　　张：30
插　　页：4
字　　数：522 千字
版　　次：2023 年 10 月第 1 版　2023 年 10 月第 1 次印刷

ISBN 978-7-5520-4212-2/F·738　　　定价：145.00 元

版权所有　翻印必究